고급 중국어와 HSK의 동시 완성

표준 중국어

5급 상

원제 HSK标准教程_5上
편저 姜丽萍
편역 진윤영

본서

다락원

고급 중국어와 HSK의 동시 완성

표준 중국어 5급 상

본서

편저 姜丽萍
북경어언대학 국제중국어교육연구기관 교수
『HSK标准教程』 시리즈 대표 저자
『体验汉语基础教程』, 『魅力汉语』 시리즈 대표 저자
외 刘畅, 鲁江

편역 진윤영
연성대학교 항공서비스과 외래 교수
멀티캠퍼스 및 시원스쿨 중국어 대표 강사
다락원, 멀티캠퍼스, 시원스쿨, YBM E4U,
문정아중국어 등에서 40여 편 동영상 강의
『新HSK 한권이면 끝 3급』,
『한권으로 끝내는 TSC 첫걸음 4급 공략』,
『초단기 BCT Speaking 공략』,
『상상 중국어 1, 2』 외 13권 집필

고급 중국어와 HSK의 동시 완성

표준 중국어

5급 상

본서

다락원

★ 들어가는 말 ★

2009년 HSK 개정 이후 전 세계적으로 시험에 응시하는 학습자가 계속하여 늘고 있고 학업, 취업, 승진 등에서 HSK 성적이 갖는 중요도는 갈수록 높아지고 있습니다. 북경어언대학출판사는 HSK 성적의 향상과 더불어 중국어 의사소통능력을 함께 높이고 싶어 하는 많은 학습자들의 수요에 부합하고자 중국 정부 기관인 '한반(汉办)'과 함께 『HSK标准教程』 시리즈를 출간하게 되었습니다. 다락원은 원서가 가진 특징과 의도를 살림과 동시에 다년간의 풍부한 강의 경험을 갖고 계신 HSK 전문 강사들의 편역을 거쳐 이 시리즈의 한국어판을 선보이게 되었습니다.

『표준 중국어』 시리즈는 다음과 같은 특징을 갖고 있습니다.

철저히 HSK의 출제 요강에 따랐습니다.

『표준 중국어』 시리즈는 HSK 출제 요강 및 다수의 기출 문제 자료를 연구·분석한 것을 토대로 매 단원의 어휘, 어법, 주제, 의사소통기능을 선정하였습니다. 학습자들은 급수별로 나누어진 각 시리즈를 통해 HSK 어휘로 구성된 본문을 학습하며 중국어 회화 능력을 높이고 동시에 HSK 시험 감각을 익힐 수 있습니다.

워크북의 모든 연습문제는 HSK 형식으로 구성되어 있습니다.

시리즈의 각 권은 본서와 워크북으로 구성되어 있습니다. 본서의 매 단원 학습이 끝나면 워크북을 활용해 보세요. HSK 형식을 반영한 워크북을 통해 본서에서 학습한 어휘와 어법을 복습할 수 있습니다. 즉, 한 권의 학습을 모두 마친 후에 HSK를 접하는 것이 아니라 단원별로 본서의 어휘와 어법에 맞게 출제된 HSK 문제를 풀어볼 수 있습니다.

HSKK(중국어 말하기 능력 평가 시험)에도 대비할 수 있습니다.

본서는 HSK 어휘로 구성된 다양한 유형의 말하기 연습문제를 제공하고 있습니다. 본서를 잘 활용한다면 HSK 외에 HSKK(중국어 말하기 능력 평가 시험)에도 충분히 대비할 수 있습니다.

본 시리즈는 단순히 HSK만을 위한 교재가 아니라 말하기·듣기·읽기·쓰기의 전반적인 의사소통능력을 기를 수 있는 종합 학습서입니다. 중국어 공부를 처음 시작하는 입문자부터 HSK의 고득점을 목표로 하는 학습자까지 본 시리즈를 통해 중국어 실력 향상의 기쁨과 성취의 뿌듯함을 함께 맛보실 수 있기를 바랍니다.

다락원 중국어 출판부

표준 중국어 시리즈 소개

『표준 중국어』시리즈는 중국 정부 기관 '한반(汉办)'과 중국 북경어언대학출판사가 공동 개발한 『HSK标准教程』시리즈의 한국어판으로, **HSK의 출제 요강에 따라 체계적으로 설계된 교과 과정을 기반으로 하여 HSK 내용과 형식, 등급을 전면적으로 반영한 종합 학습서**입니다.

시리즈의 각 권은 본서와 워크북으로 구성되어 있습니다. 본서는 대화문과 서술문으로 이루어진 본문과 그에 따른 어법 및 어휘 해설, 연습문제로 구성된 중국어 학습 교재로, 학습자는 본서를 통해 말하기·듣기·읽기·쓰기 능력을 종합적으로 훈련할 수 있습니다. 워크북은 HSK 문제 형식을 반영한 연습 교재입니다. 본서의 매 단원 학습을 끝내면 워크북을 통해 복습할 수 있으며, 자신의 수준에 맞는 HSK 문제를 풀어볼 수 있습니다.

HSK의 급수에 따라 시리즈가 구성되어 있으며 4급부터는 상·하로 나누어져 총 9권으로 출간됩니다. 시리즈의 각 권별 구성은 다음과 같습니다.

원서 편명	한국어판 편명	HSK 급수	누적 어휘 수	학습 시간(차시)
HSK标准教程_1	초급 중국어와 HSK의 동시 완성 표준 중국어 1급	1급	150개	30~34
HSK标准教程_2	초급 중국어와 HSK의 동시 완성 표준 중국어 2급	2급	300개	30~36
HSK标准教程_3	중급 중국어와 HSK의 동시 완성 표준 중국어 3급	3급	600개	35~40
HSK标准教程_4上	중급 중국어와 HSK의 동시 완성 표준 중국어 4급 상	4급	1,200개	75~80
HSK标准教程_4下	중급 중국어와 HSK의 동시 완성 표준 중국어 4급 하			
HSK标准教程_5上	고급 중국어와 HSK의 동시 완성 표준 중국어 5급 상	5급	2,500개	170~180
HSK标准教程_5下	고급 중국어와 HSK의 동시 완성 표준 중국어 5급 하			
HSK标准教程_6上	고급 중국어와 HSK의 동시 완성 표준 중국어 6급 상	6급	5,000개 이상	170~180
HSK标准教程_6下	고급 중국어와 HSK의 동시 완성 표준 중국어 6급 하			

1급부터 순차적으로 출간되는 『표준 중국어』시리즈는 중국어의 종합적인 의사소통능력을 향상시킴과 동시에 HSK의 고득점 합격을 목표로 하는 학습자들에게 꼭 필요한 교재가 될 것이며, 중국어 교육 현장에 계신 선생님들께도 유용한 교육서가 될 것입니다.

차례

- 들어가는 말 2
- 표준 중국어 시리즈 소개 3
- 차례 4
- 이 책의 구성과 활용 8

UNIT 01 了解生活 삶을 이해하다

01 爱的细节 사랑의 세심함 · 11

어법 포인트	단어 비교하기
• 如何 • 靠 • 居然	如何 vs 怎么

02 留串钥匙给父母 부모님께 열쇠를 드리다 · · · · · · · · · · · · · · · · · · · 23

어법 포인트	단어 비교하기
• 以来 • 临 • 立刻	悄悄 vs 偷偷

03 人生有选择，一切可改变 인생에는 선택이 있고, 모든 것은 바꿀 수 있다 · · · 35

어법 포인트	단어 비교하기
• 包括 • 各自 • 勿 • 时刻	舒适 vs 舒服

4

UNIT 02 谈古说今 고금에 대해 이야기하다

04 子路背米 자로가 쌀을 지고 나르다 49

어법 포인트	단어 비교하기
· 至今 · 顶 · ……得+不行 · 反而	满足 vs 满意

05 济南的泉水 지난의 샘물 61

어법 포인트	단어 비교하기
· 从而 · 于 · 为 · 동사+起来	美丽 vs 优美

06 除夕的由来 섣달그믐의 유래 73

어법 포인트	단어 비교하기
· 替 · 说不定 · 似的 · 纷纷	打听 vs 询问

UNIT 03 倾听故事 옛이야기를 귀담아듣다

07 成语故事两则 고사성어 두 편 87

어법 포인트	단어 비교하기
· 瞎 · 分别 · 根 · 便	忽然 vs 突然

08 "朝三暮四"的古今义 '조삼모사'의 고금 의미 99

어법 포인트	단어 비교하기
· 倒 · ……来……去 · 要不	彼此 vs 互相

09 别样鲁迅 루쉰의 또 다른 모습 111

어법 포인트	단어 비교하기
· 算 · 作为 · 曾经	亲自 vs 自己

UNIT 04 走近科学 과학에 접근하다

10 争论的奇迹 논쟁의 기적 — 125

어법 포인트
- 毕竟 • 逐渐 • 或许

단어 비교하기
显示 vs 显得

11 闹钟的危害 알람 시계의 위협 — 137

어법 포인트
- 동사+来/过来 • 所 • 相当 • 数

단어 비교하기
持续 vs 继续

12 海外用户玩儿微信 해외 유저가 웨이신을 사용하다 — 149

어법 포인트
- 以及 • 程度

단어 비교하기
发达 vs 发展

UNIT 05 放眼世界 세계를 바라보다

13 锯掉生活的"筐底" 삶의 '바구니 바닥'을 잘라내다 — 161

어법 포인트
- 何况 • 何必 • 多亏

단어 비교하기
激烈 vs 强烈

14 北京的四合院 베이징의 쓰허위안 — 173

어법 포인트
- 所谓 • 则 • 为……所……
- 동사+起

단어 비교하기
通常 vs 常常

15 纸上谈兵 탁상공론 — 185

어법 포인트
- 过 • 迟早 • 再三

단어 비교하기
胜利 vs 成功

UNIT 06 修养身心 몸과 마음을 다스리다

16 体重与节食 체중과 다이어트   199

어법 포인트
- 即 · 个别 · 非

단어 비교하기
临时 vs 暂时

17 在最美好的时刻离开 가장 아름다운 순간에 떠나다   211

어법 포인트
- 以 · 平常 · 宁可

단어 비교하기
忽视 vs 轻视

18 抽象艺术美不美 추상 미술은 아름다운가, 그렇지 않은가   223

어법 포인트
- 极其 · 其余 · 可见

단어 비교하기
目前 vs 现在

부록

- 본문 해석 238
- 모범 답안 248
- 단어 색인 266

이 책의 구성과 활용

1 본서

본서는 총 18개 단원으로 구성되어 있습니다. 600~700자로 구성된 본문을 학습하며 HSK 5급의 어휘와 어법을 익힐 수 있습니다. 본서는 기본적으로 이전 시리즈의 구성을 따랐고, HSK 5급 난이도에 맞는 학습 내용을 제공합니다.

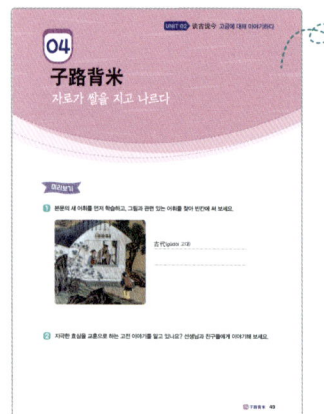

미리 보기
다양한 그림 혹은 사진을 통해 본문에서 학습할 주제와 어휘를 미리 확인합니다.

본문 읽기
본문은 HSK 5급 어휘와 어법으로 짜여 있으며, 독해 영역에 자주 출제되는 주제로 구성되어 있습니다. 본문을 읽고 녹음도 들으면서 듣기와 독해 능력을 높여 보세요.

어휘 익히기
본문에 출현한 HSK 5급 어휘를 순서대로 정리하여 쉽게 찾아 학습할 수 있습니다.
5급에 해당하지 않는 어휘에는 ★표를 하여 구분했습니다.

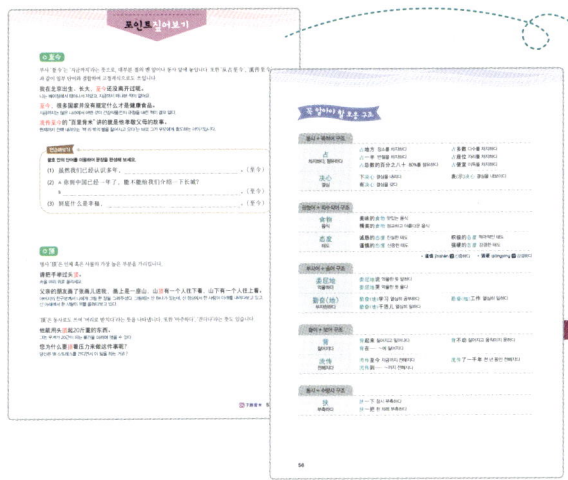

포인트 짚어보기
본문에 출현한 어법 포인트를 익힐 수 있도록 자세한 설명과 예문을 제공합니다. 각각의 어법 포인트에 달려 있는 연습문제도 함께 풀어 보세요.

★ 꼭 알아야 할 호응 구조
HSK 5급 시험에 자주 출제되는 호응 구조를 품사별로 정리했습니다.

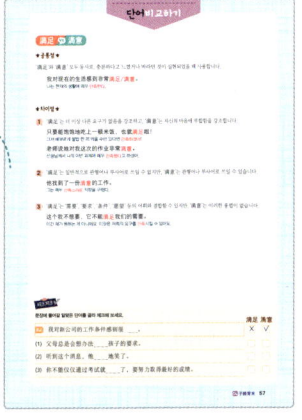

단어 비교하기
헷갈리기 쉬운 두 단어의 뜻과 용법을 자세한 설명과 예문을 통해 비교하며 한층 심화된 어법 지식을 쌓아 보세요.

실력 다지기, 실력 향상 플러스
본문에서 배운 어휘와 호응 구조를 반복 연습하고, 제시된 주제에 대해 토론하고 글도 써 보면서 학습 내용을 점검합니다.

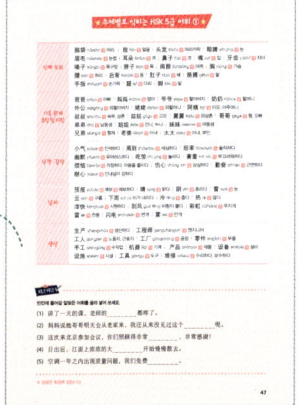

주제별로 익히는 HSK 5급 어휘
3개 단원이 끝날 때마다 HSK 5급 어휘를 주제별로 묶어 추가로 정리했습니다. 주제별로 어휘를 학습하고, 간단한 테스트를 통해 어휘력을 쌓아 보세요.

9

2 워크북

워크북은 본서와 연계된 HSK 5급 문제 형식의 연습 교재입니다. 본서의 매 단원 학습이 끝나면 워크북에 있는 해당 단원의 문제를 풀며 HSK 형식에 익숙해지도록 합니다. 본 시리즈로 지도하시는 선생님께서는 워크북을 학생들의 숙제로 활용하셔도 좋습니다.

MP3

* 본서와 워크북의 녹음 해당 부분에 MP3 트랙 번호가 기재되어 있습니다. 🔘 01-01

* MP3 음원은 '다락원 홈페이지(www.darakwon.co.kr)'에서 무료로 다운로드 받으실 수 있습니다. 스마트폰으로 QR 코드를 스캔하면 MP3 다운로드 및 실시간 재생 가능한 페이지로 바로 연결됩니다.

일러두기

① 중국의 지명, 건물, 기관, 관광명소 등은 중국어 발음을 한국어로 표기했습니다.
  예) 北京 베이징   济南 지난   趵突泉 바오투취안

② 인명은 각 나라에서 실제 사용하는 발음을 기준으로 하여 한국어로 표기했습니다.
  예) 鲁迅 루쉰   梅西 메시   斯坦福 스탠포드

③ 중국어의 품사는 다음과 같이 약어로 표기했습니다.

품사명	약어	품사명	약어	품사명	약어
명사	명	양사	양	조사	조
고유명사	고유	수량사	수량	감탄사	감
동사	동	조동사	조동	의성사	의성
형용사	형	부사	부	접두사	접두
대사	대	개사	개	접미사	접미
수사	수	접속사	접		

UNIT 01　**了解生活** 삶을 이해하다

爱的细节
사랑의 세심함

미리보기

1 그림을 보고 각 신체 부위에 해당하는 중국어 명칭을 써 보세요.

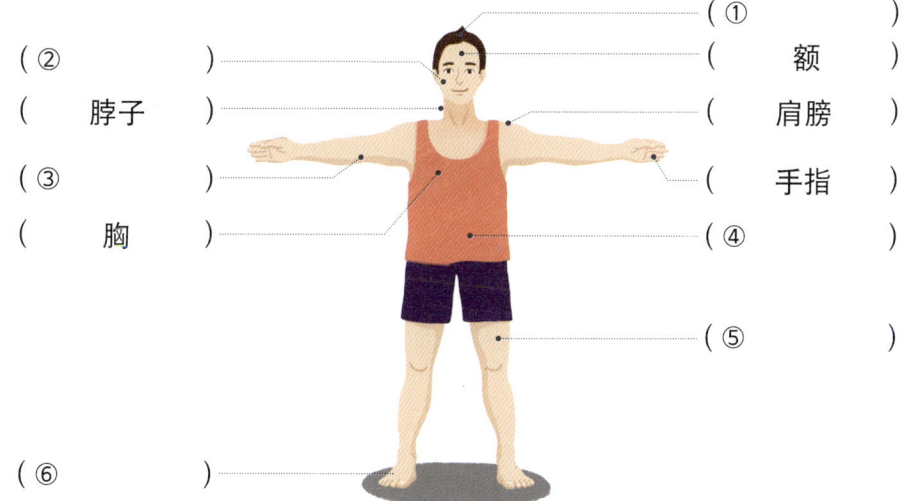

2 말이나 입 동작과 관련된 어휘를 빈칸에 써 보고, 각각의 뜻을 말해 보세요.

본문 새 어휘　抱怨(bàoyuàn 원망하다), 吵架(chǎo jià 다투다), 喊(hǎn 소리치다), 叮(dīng 물다)

그 외 어휘

爱的细节

662字

电台要选出一对最恩爱的夫妻。对比后，有三对夫妻入围。

评委叫第一对夫妻说说他俩是如何恩爱的。妻子说，前几年她全身瘫痪了，医生说她站起来的可能性很小。别人都觉得她的丈夫会跟她离婚，她也想过要自杀。但丈夫一直鼓励她，为她不知找了多少家医院，并且几年如一日地照顾她，从不抱怨。在丈夫的爱护和努力下，她终于又站了起来。她的故事十分感人，评委们听了都很感动。

随后进来的是第二对夫妻，他俩说，十几年的婚姻生活中，他们从来没为任何事红过脸、吵过架，一直相亲相爱、相敬如宾。评委们听了暗暗点头。

轮到第三对夫妻了，却很长时间不见人。评委们等得有些不耐烦，就走出来看个究竟。只见第三对夫妻仍然坐在门口，男人的头靠在女人的肩膀上，睡着了。一个评委要上前喊醒那个男的，女的却伸出手指做了个小声的动作，然后小心地从包里拿出纸笔，用左手歪歪扭扭写下一行字递给评委，而她的右肩一直让丈夫的脑袋靠着。评委们看那纸条上面写着：别出声，他昨晚没睡好。一个评委提起笔在后面续写了一句话：但是女士，我们得听你们夫妻俩的叙述啊！女人又写：那我们就不参加了。

大家很吃惊，这个女人为了不影响丈夫睡觉，居然放弃这次机会！但评委们还是决定先不催他们，而是再等待一段时间。

过了一会儿，男人醒了。评委们问他怎么那么累。男人不好意思地笑笑说："我家住一楼，蚊子多。昨晚半夜我被蚊子叮醒了，我怕我老婆再被吵醒，所以后半夜就在为她赶蚊子。"

最后的结果是，电台增加了两项奖项，将第一对夫妻评为"患难与共夫妻"，将第二对夫妻评为"相敬如宾夫妻"，而真正的"最恩爱夫妻"奖，却给了第三对夫妻。

改编自《今日文摘》

어휘익히기

细节 xìjié 몡 세부, 세부사항, 디테일
电台 diàntái 몡 방송국
* 恩爱 ēn'ài 혱 (부부간의) 금슬이 좋다, 애정이 깊다
对比 duìbǐ 동 대조하다, 비교하다
* 入围 rùwéi 동 선발을 통해 순위권에 들다
* 评委 píngwěi 몡 심사위원
如何 rúhé 떼 어떻게
* 瘫痪 tānhuàn 동 마비가 되다
离婚 lí hūn 동 이혼하다
* 自杀 zìshā 동 자살하다
抱怨 bàoyuàn 동 원망하다
爱护 àihù 동 소중히 하다, 아끼다
婚姻 hūnyīn 몡 결혼, 혼인
吵架 chǎo jià 동 말다툼하다, 싸우다
* 相敬如宾 xiāngjìng-rúbīn 부부가 서로 손님을 대하듯이 존경하다
暗暗 àn'àn 부 몰래, 암암리에
* 轮 lún 동 차례가 되다, 순번이 되다
不耐烦 bú nàifán 귀찮다, 성가시다, 못 참다
靠 kào 동 기대다, 의지하다
肩膀 jiānbǎng 몡 어깨
喊 hǎn 동 외치다, 부르다
伸 shēn 동 (신체 일부를) 내밀다, 뻗다
手指 shǒuzhǐ 몡 손가락
* 歪歪扭扭 wāiwāiniǔniǔ 혱 비뚤비뚤하다
行 háng 양 줄, 행
递 dì 동 건네다, 전해주다

脑袋 nǎodai 몡 머리
女士 nǚshì 몡 여사, 숙녀, 부인
叙述 xùshù 동 서술하다
居然 jūrán 부 뜻밖에, 의외로
催 cuī 동 재촉하다, 다그치다
等待 děngdài 동 기다리다
* 蚊子 wénzi 몡 모기
* 半夜 bànyè 몡 심야, 한밤중
* 叮 dīng 동 (모기 등이) 물다, 쏘다
老婆 lǎopo 몡 아내, 처
吵 chǎo 동 시끄럽게 하다 혱 시끄럽다
项 xiàng 양 종목, 항목, 조항
* 患难与共 huànnàn-yǔgòng 어려움과 고난을 함께 겪다

포인트 짚어보기

▶ 如何

'如何'는 '어떻게'라는 뜻의 대사입니다.

我们明天举行会议，讨论这个问题该如何解决。
우리는 내일 회의를 열고, 이 문제를 어떻게 해결할지 토론할 것입니다.

评委叫第一对夫妻说说他俩是如何恩爱的。
심사위원단은 첫 번째 부부에게 그들이 어떻게 서로를 사랑하는지 이야기해보라고 했다.

'如何'는 문장의 맨 끝에 놓여 상대방의 의견을 구하거나 물을 때 쓸 수 있습니다.

我们希望由你来负责解决这个问题，如何？
우리는 당신이 책임지고 이 문제를 해결해주셨으면 하는데, 어떠세요?

"80后"们月收入情况如何？
'80년생'들의 수입 상황은 어떠한가요?

연습해보기

괄호 안의 단어를 이용하여 문장을 완성해 보세요.

(1) 请你说一说，_____。（如何）

(2) A _____？（如何）
    B 他们相敬如宾，关系很好。

(3) A 你能不能简单地叙述一下那部电影的内容?
    B _____。（如何）

▶ 靠

동사 '靠'는 주로 '靠着/在……' 형식으로 사용됩니다. 신체 일부를 다른 사람 혹은 어떤 사물에 기댄다는 뜻입니다.

王老师喜欢靠着桌子讲课。
왕 선생님은 탁자에 기대서 수업하는 것을 좋아합니다.

男人的头靠在女人的肩膀上，睡着了。
남자의 머리를 여자의 어깨에 기댄 채 자고 있었다.

'靠'는 '의지하다', '~덕분이다'라는 뜻으로도 쓰입니다.

"在家靠父母，出门靠朋友"，有什么事情我能帮忙的，你们尽管开口。
'집에서는 부모에게 의지하고, 밖에서는 친구에게 의지한다'라고 했어. 내가 도울 수 있는 일이 있다면 언제든지 말해줘.

没有一个人可以完全不靠别人而生活。
다른 사람에게 전혀 의지하지 않고 살 수 있는 사람은 없습니다.

'靠'는 '근접하다'의 뜻으로도 쓰입니다.

我的座位是17号，是靠窗的座位。
제 좌석은 17번이고, 창가 자리예요.

以后我一定要买一个靠海的房子，这样我每天都能听到大海的声音。
나중에 나는 반드시 바다에 근접한 집을 살 거예요. 그러면 나는 매일 바다의 소리를 들을 수 있으니까요.

> **연습해보기**
>
> 괄호 안의 단어를 이용하여 문장을 완성해 보세요.
>
> (1) 快要到站了，你别＿＿＿＿＿＿＿＿＿＿＿＿＿＿＿＿＿＿，不安全。（靠）
>
> (2) A 下个星期的考试，你需要我帮忙吗?
> B ＿＿＿＿＿＿＿＿＿＿＿＿＿＿＿＿＿＿＿＿＿＿＿＿。（靠）
>
> (3) A 您好，请给我登机牌。
> B 好的，＿＿＿＿＿＿＿＿＿＿＿＿＿＿＿＿＿＿＿＿＿?（靠）

居然

부사 '居然'은 '생각지도 못하게', '놀랍게도'라는 뜻입니다.

这么简单的题，你居然也不会做？上课时都干什么去了？
이렇게 간단한 문제를 너는 의외로 못하는구나? 수업 때 뭔 거니?

没想到居然在这儿碰到你！你也去上海?
생각지도 못하게 여기에서 널 만나네! 너도 상하이에 가니?

> **연습해보기**
>
> 괄호 안의 단어를 이용하여 문장을 완성해 보세요.
>
> (1) 我快被气死了！＿＿＿＿＿＿＿＿＿＿＿＿＿＿＿＿＿＿＿。（居然）
>
> (2) A 你听说了吗? 小王和小李离婚了！
> B ＿＿＿＿＿＿＿＿＿＿＿＿＿＿＿＿＿＿＿＿＿＿＿＿。（居然）
>
> (3) A ＿＿＿＿＿＿＿＿＿＿＿＿＿＿＿＿＿＿＿＿＿＿＿＿。（居然）
> B 是啊，比赛之前我以为他肯定会赢呢。

꼭 알아야 할 호응 구조

동사 + 목적어 구조

抱怨 원망하다
- 抱怨别人　다른 사람을 원망하다
- 抱怨妻子　아내를 원망하다
- 抱怨餐厅的菜不好吃　음식점의 맛이 없다고 원망하다

爱护 아끼고 보호하다
- 爱护环境　환경을 아끼고 보호하다
- 爱护花草树木　꽃, 풀, 나무를 아끼고 보호하다
- 爱护公物　공공기물을 아끼고 보호하다
- 爱护学生　학생을 아끼고 보호하다

관형어 + 피수식어 구조

细节 디테일
- 电影(的)细节　영화의 디테일
- 小说(的)细节　소설의 디테일
- 生活(的)细节　생활의 디테일

电台 방송국
- 电台(的)记者　방송국의 기자
- 电台(的)广播　방송국의 라디오
- 电台(的)新闻　방송국의 뉴스

부사어 + 술어 구조

对比 비교하다
- 简单地对比　간단하게 비교하다
- 详细地对比　상세하게 비교하다

喊 소리치다
- 大声地喊　큰소리로 소리치다
- 兴奋地喊　흥에 겨워 소리치다
- 对他喊　그에게 소리치다

술어 + 보어 구조

伸 내밀다, 뻗다
- 伸出(来)　내밀다
- 伸进(去)　뻗어 들어가다
- 伸开……　펴다
- 伸到……　~로 뻗다, 내밀다

吵 시끄럽다
- 吵醒　시끄러워서 깨다
- 吵死了　시끄러워 죽겠다
- 吵散　떠들어서 엉망이 되다

• 散 sàn 동 흩어지다, 분산하다

수량사 + 명사 구조

一项
한 종목, 항목

一项运动　운동 한 종목
一项工作　업무 한 항목
一项任务　임무 한 종목
一项计划　계획 한 종목
一项技术　기술 한 종목
一项研究　연구 한 종목
一项调查　조사 한 종목
一项奖项　상 한 종목

단어비교하기

如何 VS 怎么

★공통점★

'如何'와 '怎么' 모두 대사이며, 방식을 물을 때 사용됩니다.

只有知道如何/怎么停止的人，才知道如何/怎么高速前进。
어떻게 멈춰야 하는지 아는 사람만이 어떻게 속도를 높여 전진할 수 있는지를 안다.

★차이점★

1. '如何'는 주로 글말에 사용되고, '怎么'는 주로 구어에 사용됩니다.

   该如何爱护我们的地球？
   어떻게 우리의 지구를 보호해야 할까요?

   你今天是怎么来的？
   너는 오늘 어떻게 왔어?

2. '怎么'는 이유를 물을 때 쓸 수 있지만, '如何'는 이러한 용법이 없습니다.

   今天怎么这么冷？
   오늘 어쩜 이렇게 추운 거예요?

3. '如何'는 문장의 맨 끝에 놓여 상황을 묻거나 의견을 구하는 데 쓸 수 있습니다. '怎么'는 문장 맨 앞에 놓여 놀라움을 나타냅니다.

   最近身体如何？
   요즘 몸은 어때요?

   怎么，你不认识我了？
   어쩜, 당신 나를 모를 수 있어요?

체크체크 ✓

문장에 들어갈 알맞은 단어를 골라 체크해 보세요.

		如何	怎么
예시	他向经理叙述了自己是＿＿＿解决这个问题的。	✓	✓
(1)	你＿＿＿这么不耐烦？	☐	☐
(2)	谁知道他们是＿＿＿吵起来的？	☐	☐
(3)	听说你去电台工作了？情况＿＿＿？	☐	☐

실력다지기

1. 보기에서 알맞은 단어를 골라 빈칸에 써 보세요.

| 보기 | 催 | 递 | 喊 | 项 | 爱护 | 抱怨 | 等待 |

(1) 她从小就_____小动物。

(2) 关于这段对话，下面哪_____是正确的?

(3) 请大家耐心地_____一会儿，不要_____他。

(4) 请把那本杂志_____给我。

(5) 火车快到的时候你_____我一声。

(6) 不要总是_____别人，要想想能不能改变自己。

2. 제시된 두 단어를 보고 빈칸에 알맞은 것을 골라 보세요.

(1) A 如何　B 怎么

你的病都好了吗? 现在感觉_____?

(2) A 耐心　B 耐烦

电视里广告太多让观众感到很不_____。

(3) A 吵　B 吵架

这儿太_____了，我们换个地方吧。

(4) A 居然　B 仍然

他这么年轻，没想到_____是一位著名的作家。

3. 괄호 안의 단어가 들어갈 알맞은 위치를 골라 보세요.

    (1) 如果___A___是你___B___，你会___C___选择___D___呢？　　　　　（如何）

    (2) 你跟___A___你的同屋___B___吵___C___架___D___吗？　　　　　　（过）

    (3) ___A___机会是要___B___自己努力___C___去___D___获得的。　　　（靠）

    (4) 请不要___A___把头___B___到车窗外___C___去___D___。　　　　　（伸）

4. 제시어를 이용하여 본문의 내용을 자신의 말로 이야기해 보세요.

    (1) 본문 내용: 第一对夫妻

> 离婚、自杀、抱怨、爱护

    (2) 본문 내용: 第二对夫妻

> 婚姻、吵架、暗暗

    (3) 본문 내용: 第三对夫妻

> 不耐烦、靠、喊、伸、催、等待、半夜、吵

실력향상 플러스

이 세상에는 친구 관계, 동료 관계, 이웃 관계 등 다양한 관계들이 있지요. 이 중에서 가장 친밀한 관계는 바로 부부 관계일 것입니다. 어떤 사람은 부부 관계에서 가장 중요한 것은 사랑이라고 하고, 어떤 사람은 진실함, 어떤 사람은 관심과 이해라고 합니다. 본문에 등장하는 세 쌍의 부부 이야기를 읽으며 여러분은 어떤 생각이 드나요?

토론하기

理想的夫妻关系是什么样的?

1 本文提到的三对夫妻中，哪对夫妻给你留下的印象最深?
2 这对夫妻的什么地方让你感动? 为什么?
3 你认为理想的夫妻关系应该是什么样的?

작문하기

请以"理想的夫妻关系"为题写一段话。尽量用上本课所学的生词，字数不少于100字。

UNIT 01　了解生活 삶을 이해하다

留串钥匙给父母
부모님께 열쇠를 드리다

미리보기

1 본문의 새 어휘를 먼저 학습하고, 빈칸에 알맞은 중국어 호칭을 써 보세요.

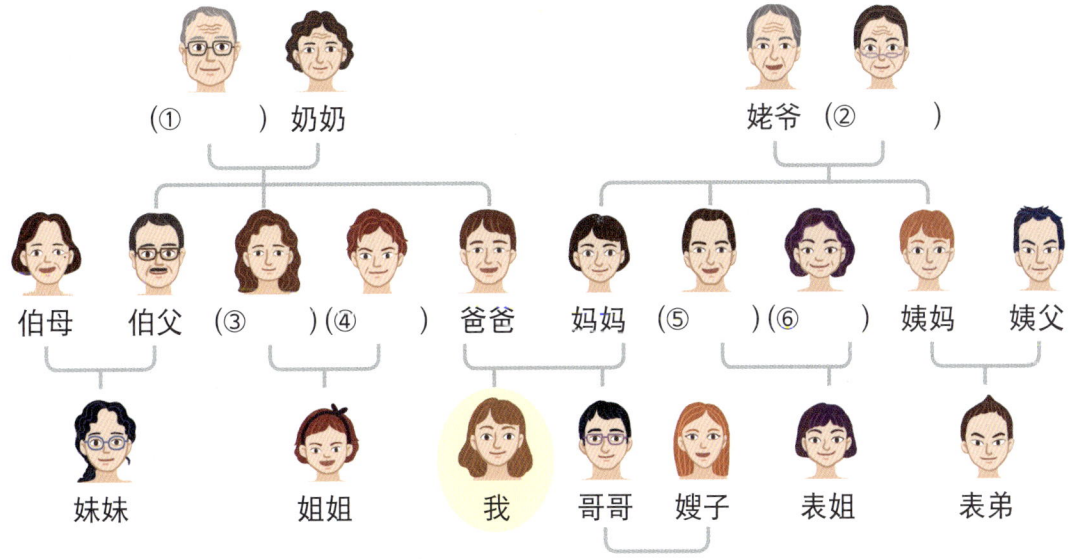

2 가족이나 친척을 부르는 호칭에 대해 한국과 중국은 어떤 다른 점이 있나요? 예를 들어 설명해 보세요.

留串钥匙给父母

593字

　　父母一辈子住在农村老家,对老屋的感情,就像没断奶的孩子对母亲一样。因此长年以来,父母很少离开老屋,尽管姥姥、舅舅和姑姑都在城里,父母也坚决不在城里住。

　　去年,在我和妻子的努力下,我们终于用打工挣的钱,在县里买了一套新房。新房装修完,父母第一次走进新房时,高兴得不得了。妻子提出留一串钥匙给父母,可他们拒绝了。那天,父亲喝醉了,等他醒时,天色已晚。我和妻子强烈留父母在新房住一夜,第二天再回,但他们仍坚持坐上了最后一趟回老家的车。

　　一段时间后,我和妻子又准备去外地打工,新房只能上锁空着。临走那天,父亲从老家赶来送我们。父亲悄悄把我拉到一边说:"你妈说了,你还是留一串新房的钥匙给我们,要是我和你妈什么时候想来了,就来住上几天,顺便给你们晒晒被子，打扫打扫卫生。"父亲说这话时，轻声细语，还红着脸，像个害羞的孩子。

转眼又是半年，我们回家时是一个深冬的夜里。下了长途车，儿子被冻得大哭。我和妻子想象着打开家门满是灰尘、冷冷清清的景象，觉得心里发寒。来到楼下，抬头一看，却发现自家亮着灯光。上了楼，开门的竟是微笑着的父母，温暖的气息立刻扑面而来：室内打扫得干干净净，暖气开着，水已温热，卧室床上的被子已铺好，厨房里飘来阵阵饭菜香……

父亲说："你妈昨天接到电话，知道你们今晚回来，今天来新房忙了一天了。"原来父母要我留下串钥匙，只是为了让我们回来时，能立刻感受到家的温暖！我鼻子一酸，流下了热泪……

改编自《中国电视报》

어휘익히기

- * 串 chuàn 양 꾸러미, 뭉치
- 一辈子 yíbèizi 명 한평생
- 农村 nóngcūn 명 농촌
- 屋(子) wū(zi) 명 집
- 断 duàn 동 끊다
- 以来 yǐlái 명 ~이래로
- 姥姥 lǎolao 명 외할머니
- 舅舅 jiùjiu 명 외삼촌
- 姑姑 gūgu 명 고모
- 坚决 jiānjué 형 단호하다, 결연하다
- 打工 dǎ gōng 동 (임시로) 일하다
- 挣 zhèng 동 (돈을) 벌다
- 县 xiàn 명 현 [중국 행정 구획 단위의 하나]
- 套 tào 양 벌, 세트
- 装修 zhuāngxiū 동 실내 장식이나 내부 공사를 하다
- 不得了 bùdéliǎo 형 매우 심하다
- 醉 zuì 동 (술에) 취하다
- 强烈 qiángliè 형 강렬하다, 강력하다
- 夜 yè 명 밤
- 锁 suǒ 명 자물쇠 동 잠그다
- 临 lín 개 곧 ~하려고 하다, ~할 때가 되다
  동 가깝다, 인접하다
- 悄悄 qiāoqiāo 부 몰래, 살그머니
- 晒 shài 동 햇빛을 쪼이다
- 被子 bèizi 명 이불
- 长途 chángtú 형 장거리
- 冻 dòng 동 얼다, 매우 춥다

- 想象 xiǎngxiàng 동 상상하다, 생각하다
- 灰尘 huīchén 명 먼지
- * 冷清 lěngqing 형 썰렁하다, 적막하다
- * 景象 jǐngxiàng 명 상태, 광경, 모습
- 亮 liàng 형 밝다, 환하다 동 (빛을) 밝히다
- 微笑 wēixiào 동 미소를 짓다 명 미소
- 温暖 wēnnuǎn 형 따뜻하다 동 따뜻하게 하다
- * 气息 qìxī 명 호흡, 숨결
- 立刻 lìkè 부 즉시, 바로
- * 扑 pū 동 몰려오다, 돌진하다
- 卧室 wòshì 명 침실
- * 铺 pū 동 깔다
- 飘 piāo 동 (바람에) 흩날리다, 나부끼다
- 阵 zhèn 양 차례, 바탕 [잠시 동안 지속되는 일이나 동작을 세는 단위]
- 感受 gǎnshòu 동 느끼다 명 느낌, 감정
- 流泪 liú lèi 동 눈물을 흘리다

포인트 짚어보기

▶ 以来

명사 '以来'는 '~이래로'라는 뜻으로, 과거의 어느 시점부터 현재까지의 시간을 나타냅니다.

改革开放以来，中国发生了巨大的变化。
개혁 개방 이래로 중국에는 큰 변화가 발생했습니다.

一直以来，"80后"这个词儿都含有年轻的味道。
줄곧 이 '80년대생'이라는 단어는 젊다는 의미를 포함해왔어요.

- 改革开放 gǎigé kāifàng 개혁 개방
- 巨大 jùdà 형 거대하다
- 含有 hányǒu 동 함유하다

연습해보기

괄호 안의 단어를 이용하여 문장을 완성해 보세요.

(1) 到中国以来，_____。

(2) A 他们夫妻俩的关系怎么样?
    B _____。(以来)

(3) A 最近这几年空气污染比较严重。
    B _____。(以来)

▶ 临

개사 '临'은 '~할 때가 되다'라는 뜻으로, 동사의 앞에 쓰여서 어떤 동작의 발생이 임박했음을 나타냅니다.

这是我临离开北京的时候买的。
이것은 내가 베이징을 떠날 때쯤 사둔 거예요.

临走那天，父亲从老家赶来送我们。
가는 날이 가까워졌을 때, 아버지께서 고향에서 우리를 배웅하러 오셨어요.

'临'은 동사로도 쓰여 '가깝다', '인접하다'라는 뜻을 나타냅니다.

我想买一套不临街的房子，这样不会太吵。
나는 거리에 인접하지 않은 집을 사고 싶어요. 그래야 시끄럽지 않거든요.

临江新修了一条路，晚饭后很多人都去那儿散步。
강 가까이에 새로운 길이 하나 생겼는데, 저녁 식사 후에 많은 사람들이 그곳에 가서 산책을 해요.

연습해보기

괄호 안의 단어를 이용하여 문장을 완성해 보세요.

(1) A 你觉得这套房子怎么样?
B _____。（临）

(2) A 你一个人来中国，你的爸爸妈妈放心吗?
B _____。（临）

(3) A 你卧室里的新被子真漂亮，哪儿买的?
B _____。（临）

▶ 立刻

부사 '立刻'는 동사의 앞에 쓰여 '곧', '금방'의 뜻을 나타냅니다. 어떤 동작이 앞선 동작에 이어서 발생한다는 것을 강조합니다.

那两只羊一见到青草，就立刻去吃草了，哪还有心思打架呢？
그 두 마리의 양은 풀을 보자마자 바로 먹으러 갔는데, 싸울 마음이 어디 있었겠어요?

原来父母要我留下串钥匙，只是为了让我们回来时，能立刻感受到家的温暖！
부모님께서 나에게 열쇠를 달라고 했던 것은, 그저 우리가 돌아왔을 때 바로 집의 온기를 느끼게 해주고 싶으셨던 거예요.

• 心思 xīnsi 명 생각, 마음 • 打架 dǎ jià 동 싸우다

연습해보기

괄호 안의 단어를 이용하여 문장을 완성해 보세요.

(1) 一下课，_____。（立刻）

(2) 我快被气死了！_____。（立刻）

(3) A 你能帮我通知他这件事吗?
B _____。（立刻）

꼭 알아야 할 호응 구조

동사 + 목적어 구조

断 끊다
- 断水 물을 끊다
- 断电 전기를 끊다
- 断联系 연락을 끊다

晒 (햇빛을) 쪼이다
- 晒太阳 햇빛을 쪼이다
- 晒被子 (햇볕에) 이불을 쪼이다
- 晒衣服 (햇볕에) 옷을 쪼이다

관형어 + 피수식어 구조

强烈的 강렬한
- 强烈的阳光 강렬한 햇빛
- 强烈的感情 강렬한 감정
- 强烈的对比 강렬한 대비

长途 장거리
- 长途旅行 장거리 여행
- 长途汽车 장거리 버스
- 长途电话 장거리 전화

부사어 + 술어 구조

一辈子 한평생
- 一辈子住在农村 한평생 농촌에서 살다
- 一辈子没出国 한평생 출국한 적이 없다
- 一辈子也忘不了 한평생 잊지 못하다

坚决 단호히
- 坚决要求 단호히 요구하다
- 坚决反对 단호히 반대하다
- 坚决改正 단호히 시정하다

• 改正 gǎizhèng 동 시정하다

술어 + 보어 구조

断 끊어지다, 부러지다
- 打断 때려서 부러지다
- 挣断 있는 힘껏 끊어버리다
- 摔断 넘어져서 부러지다

• 挣 zhēng 동 필사적으로 애쓰다
• 摔 shuāi 동 넘어지다

不得了 매우 심하다
- 热得不得了 더워서 못 견디다
- 累得不得了 피곤해서 못 견디다
- 急得不得了 급해서 안달이 났다
- 兴奋得不得了 신나서 야단났다
- 热闹得不得了 매우 떠들썩하다

수량사 + 명사 구조	
一套 한 세트	一套房子 집 한 세트 一套家具 가구 한 세트 一套餐具 식기 한 세트 一套邮票 우표 한 세트 一套西服 양복 한 벌
一阵 한 차례	一阵风 한 차례의 바람 一阵雨 한 차례의 비 一阵歌声 한 차례의 노랫소리 一阵香味 한 차례의 맛있는 냄새

단어비교하기

悄悄 vs 偷偷

★ **공통점** ★

'悄悄'와 '偷偷(tōutōu)' 모두 부사로, '다른 사람에게 발각되지 않게, 몰래'의 뜻입니다.

> 他悄悄/偷偷地走了出去。
> 그는 조용히 걸어 나갔다.

★ **차이점** ★

'悄悄'는 소리가 작음을 강조할 때 사용하고, '偷偷'는 다른 사람에게 발각되지 않기를 바란다는 뜻을 강조할 때 사용합니다.

> 父亲悄悄把我拉到一边说话。
> 아버지는 조용히 나를 한쪽으로 잡아당기면서 말씀하셨다.
>
> 第二天半夜，王二悄悄溜进院子，把三百两银子都偷走了。
> 이튿날 밤, 왕얼은 몰래 정원에 들어가 은화 삼백 냥을 훔쳐 갔다.
>
> 他谁也没告诉，偷偷去旅行了。
> 그는 누구에게도 말하지 않고 몰래 여행을 갔다.
>
> 她偷偷地瞧了他一眼。
> 그녀는 그를 힐끔 한번 봤다.

- 溜 liū 동 몰래 빠져나가다
- 瞧 qiáo 동 보다

체크체크 ✓

문장에 들어갈 알맞은 단어를 골라 체크해 보세요.

	悄悄	偷偷
예시) 晚饭前姑姑就一个人＿＿＿地走了。	✓	✓
(1) 考试已经开始了，他才＿＿＿走进来。	☐	☐
(2) 孩子睡着了，爸爸在妈妈耳边＿＿＿说了几句话。	☐	☐
(3) 别人都不知道，她只是＿＿＿地把这件事告诉了我。	☐	☐

실력다지기

1. 보기에서 알맞은 단어를 골라 빈칸에 써 보세요.

> 보기   断   套   锁   长途   打工   强烈   想象

(1) 你觉得我穿这_____西服去电视台参加节目怎么样？

(2) 我不能_____她喝醉了会是什么样子。

(3) 国际_____电话很贵，现在我们一般上网聊天儿。

(4) 因为同学们_____要求，我们决定这个周末出去活动。

(5) 房门被反_____上了，他从窗户里跳出来，把腿摔_____了。

(6) 暑假的时候我想去_____两个月_____，挣点儿钱。

2. 제시된 두 단어를 보고 빈칸에 알맞은 것을 골라 보세요.

(1)　A 坚决　　B 坚持

他的态度很_____，恐怕不会改变主意了。

(2)　A 立刻　　B 马上

只有一个星期了，春节_____就要到了。

(3)　A 冻　　B 冷

最近气温太低，河里的水都被_____住了。

(4)　A 暖和　　B 温暖

女服务员给了我一个_____的微笑。

3. 괄호 안의 단어가 들어갈 알맞은 위치를 골라 보세요.

(1) 虽然她全身__A__瘫痪了，但__B__我会照顾__C__她__D__。　　　　　（一辈子）

(2) __A__了，他们俩__B__大吵__C__了一架__D__！　　　　　　　　　　（不得了）

(3) 他__A__病了，__B__老师和同学们__C__把他__D__送进了医院。　　　（立刻）

(4) __A__花园里__B__飘来__C__花__D__香。　　　　　　　　　　　　（一阵）

4. 제시어를 이용하여 본문의 내용을 자신의 말로 이야기해 보세요.

(1) 본문 내용: 父母的习惯

　　　一辈子、以来、坚决

(2) 본문 내용: 小夫妻的新房

　　　打工、装修、不得了、醉、强烈

(3) 본문 내용: 去打工之前

　　　锁、临、悄悄、被子

(4) 본문 내용: 去打工之后

　　　长途、想象、亮、微笑、温暖、立刻、流泪

실력향상 플러스

자식에 대한 부모의 사랑은 이타적이며, 세상의 그 무엇보다 위대합니다. 부모의 관심과 돌봄은 아이가 어릴 때만으로 한정되지 않습니다. 아이가 자라서 성인이 되고 당신 자신은 이미 늙었을지라도, 부모는 계속해서 자식을 위해 많은 것을 희생하고 내놓습니다. 단지 사랑의 방식이 예전과 같지 않을 뿐이지요.

토론하기

父母对子女的爱——最无私的爱

1. 你同意"父母对子女的爱是无私和伟大的"这种说法吗？
2. 你觉得课文中的这对父母一开始拒绝接受孩子新房钥匙的原因是什么？
3. 请说说你记得最清楚的父母关心你、爱你的一件事。

- 无私 wúsī 형 사심이 없다
- 伟大 wěidà 형 위대하다

작문하기

请以"最深的爱"为题写一段话，谈谈你对课文中父母的表现有什么看法，并说说你和自己父母亲的关系。尽量用上本课所学的生词，字数不少于100字。

UNIT 01　了解生活 삶을 이해하다

人生有选择，一切可改变
인생에는 선택이 있고, 모든 것은 바꿀 수 있다

미리보기

① 날씨를 나타내는 그림을 보고, 보기의 제시어 중 알맞은 단어를 골라 빈칸에 써 보세요.

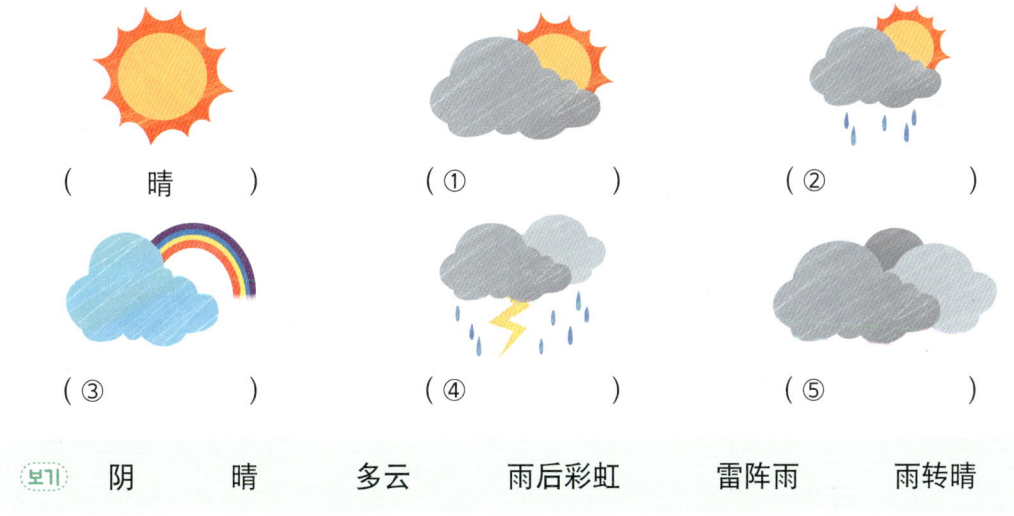

(晴)　　(① 　　)　　(② 　　)

(③ 　　)　　(④ 　　)　　(⑤ 　　)

| 보기 | 阴　　晴　　多云　　雨后彩虹　　雷阵雨　　雨转晴 |

② 여행을 갈 때 주로 어떤 방식을 선호하나요? 주로 어떤 교통수단을 이용하나요? 선생님과 친구들에게 이야기해 보세요.

人生有选择，一切可改变

656字

　　翟峰和妻子都是铁路工人，工作稳定，待遇不错。他们有房有车，从不用为生活发愁。可翟峰却不想一辈子过这样平静的生活。通过电视，翟峰迷上了帆船，他觉得帆船能带他撞开"世界之门"：只要有一艘船，就能航行在无边无际的海上，到任何自己想去的地方。

　　由于翟峰和妻子没有积蓄，于是卖房卖车，买下了一艘二手船，翟峰叫它"彩虹号"。出发前，翟峰自学了航海知识。然而，包括翟峰的父母，所有人都觉得，翟峰"疯了"。

　　2012年11月24日，辞了职的翟峰和妻子带着休学的女儿，第一次驾驶帆船出海了。白天，翟峰和妻子轮流驾船。女儿在船上看书、学习、画画儿。下午海面平静时，翟峰会和妻子下海游泳或者钓鱼。该吃饭时，妻子会给全家人做一顿美味的海鲜。

　　傍晚是一家人最舒适的时候。干完活儿，一家人坐在一起，用电脑看看电影，或者聊聊天儿。这样的生活，是翟峰盼望已久的。以前陆地上的夜晚，他们在各自的房间，一家人没有更多的交流。

中国有句老话：可上山，勿下海。美好的时刻过去后是一个个紧张的夜晚。一路上，翟峰一家经历了船身着火、漏水等大大小小十多次险情。他们最怕雷电交加的时刻，因为小船随时有可能被下一道闪电击到，一家三口只能紧紧拥抱在一起，希望闪电快快过去。

在经历了八个月、航行了4000多海里之后，翟峰一家终于回到了家。

翟峰相信，一切只是开始，航海就是他人生道路上一段长长的台阶，通向他想要的未来。"我和太太想要看看这个时代、这个世界到底是什么样子。人生有选择，一切可改变。"下一站，他们想去澳大利亚和新西兰。等待今年11月的北风南下之时，他们将再次出发。

改编自《都市快报》

어휘 익히기

人生 rénshēng 명 인생
工人 gōngrén 명 직원, 노동자
稳定 wěndìng 형 안정적이다
待遇 dàiyù 명 대우, 급여와 복지
发愁 fā chóu 동 걱정하다
平静 píngjìng 형 조용하다, 평화롭다
* 迷 mí 동 빠지다, 심취하다, 탐닉하다
* 帆船 fānchuán 명 범선, 요트
撞 zhuàng 동 부딪히다
* 艘 sōu 양 척 [배를 셀 때 쓰는 단위]
* 航行 hángxíng 동 항해하다
* 积蓄 jīxù 명 저축 동 저축하다, 축적하다
* 二手 èrshǒu 형 중고의
彩虹 cǎihóng 명 무지개
包括 bāokuò 동 포함하다
疯 fēng 동 미치다, 실성하다
辞职 cí zhí 동 직장을 그만두다, 사직하다
驾驶 jiàshǐ 동 운전하다, 조종하다
轮流 lúnliú 동 교대로 하다, 돌아가면서 하다
钓 diào 동 낚다, 낚시하다
顿 dùn 양 번, 끼니 [식사 횟수를 셀 때 쓰는 단위]
海鲜 hǎixiān 명 해산물
傍晚 bàngwǎn 명 저녁 무렵, 해 질 녘
舒适 shūshì 형 편안하다, 쾌적하다
干活儿 gàn huór 동 일하다
盼望 pànwàng 동 고대하다, 희망하다
陆地 lùdì 명 육지

各自 gèzì 대 각자
勿 wù 부 ~하지 말아라
时刻 shíkè 명 시각 부 언제나, 항상
着火 zháo huǒ 동 불이 나다
漏 lòu 동 (구멍이나 틈으로) 새다, 빠지다
* 险情 xiǎnqíng 명 위험한 상황
雷 léi 명 천둥, 우레
* 交加 jiāojiā 동 동시에 가해지다, 한꺼번에 닥치다
随时 suíshí 부 언제든지, 수시로
闪电 shǎndiàn 명 번개
* 击 jī 동 공격하다, 치다
拥抱 yōngbào 동 포옹하다, 껴안다
* 海里 hǎilǐ 양 해리
台阶 táijiē 명 계단
未来 wèilái 명 미래
太太 tàitai 명 아내
时代 shídài 명 시대

고유 명사

翟峰 Zhái Fēng 자이펑 [인명]
澳大利亚 Àodàlìyà 오스트레일리아
新西兰 Xīnxīlán 뉴질랜드

포인트짚어보기

▶ 包括

동사 '包括'는 각 부분을 포함한다는 뜻입니다.

汉语技能教学包括听、说、读、写四个方面。
중국어 기능 교육은 듣기, 말하기, 읽기, 쓰기 4가지 영역을 포함합니다.

또한 어떤 부분을 강조하면서 나열, 보충, 해석 등의 역할을 하기도 합니다.

然而，包括翟峰的父母，所有人都觉得，翟峰"疯了"。
그러나 자이펑의 부모를 포함한 모든 사람들은 자이펑이 '미쳤다'고 생각했다.

我们班所有人，包括最不爱运动的刘方，也都参加了这次运动会。
우리 반의 모든 사람들은, 운동을 가장 좋아하지 않는 리우팡까지도 모두 이번 운동회에 참가했어요.

연습해보기

괄호 안의 단어를 이용하여 문장을 완성해 보세요.

(1) 世界上使用筷子的国家主要_____。（包括）
(2) 这个节目全家人都喜欢，_____，也很爱看。（包括）
(3) A 听说你们的班主任王老师生病住院了？
    B _____。（包括）

▶ 各自

대사 '各自'는 자기 자신 혹은 각 분야에서의 자신을 가리키며, 가리키는 대상과 함께 주어, 관형어 역할을 합니다.

中场休息时间到了，比赛双方队员各自回场外休息。
중간 휴식 시간이 되어서, 시합의 양 팀 선수들은 각자 경기장 밖으로 돌아가서 쉰다.

刘经理认真看了三家广告公司各自提交的计划。
리우 사장님은 진지하게 세 광고 회사가 각기 제출한 기획서를 살펴보았다.

• 提交 tíjiāo 동 제출하다

연습해보기

괄호 안의 단어를 이용하여 문장을 완성해 보세요.

(1) 快要毕业了，同学们_____。（各自）
(2) 秋天到了，_____，有一部分飞往南方，留下来的也开始做过冬的准备。（各自）
(3) A _____。（各自）
    B 任务我们都清楚了，您就放心吧。

▶ 勿

부사 '勿'는 금지나 권고를 나타낼 때 사용합니다. 글말에서 주로 쓰이며, '不要'와 뜻이 같습니다.

非工作人员，请勿入内。
직원이 아닌 사람은 들어오지 마시오.

网上购票者须注意网站的安全性，切勿上当受骗。
인터넷에서 표를 사신 분은 반드시 웹사이트의 보안에 주의하셔서, 절대로 사기를 당하지 마세요.

- 切 qiè 부 결코, 부디
- 上当 shàng dàng 동 속다, 사기를 당하다

연습해보기

괄호 안의 단어를 이용하여 문장을 바꾸어 써 보세요.

(1) 大多数宾馆房间的门上都挂着一块牌子，提醒服务员不要打扰客人休息。
   → 大多数宾馆房间的门上都挂着一块"＿＿＿＿＿＿＿＿＿＿"的牌子。（勿）

(2) 为了他人的健康，请不要在公共场所抽烟。
   → 为了他人的健康，＿＿＿＿＿＿＿＿＿＿＿＿＿＿＿＿＿＿。（勿）

▶ 时刻

명사 '时刻'는 어떤 한 시점이나 시간대를 나타냅니다.

在最后时刻，他为本队踢进了赢得比赛的关键一球。
마지막 시점에 그는 자신의 팀을 위해 시합에서 이길 수 있는 관건이 된 한 골을 넣었다.

'时刻'는 부사로도 사용할 수 있으며 '언제나', '항상'의 뜻을 나타냅니다. '时时刻刻'와 같이 중첩하여 쓸 수 있습니다.

我们非常需要你这样的人才，只要你愿意，公司的大门时刻都为你开着。
저희는 당신과 같은 인재가 매우 필요합니다. 당신만 원한다면 회사의 문은 언제든지 당신에게 열려있습니다.

工作中，他时时刻刻提醒自己：乘客的安全是最重要的。
업무 중에 그는 항상 스스로에게 승객의 안전이 가장 중요함을 상기시킨다.

- 人才 réncái 명 인재

연습해보기

괄호 안의 단어를 이용하여 문장을 완성해 보세요.

(1) 任何时候都不要看轻自己，＿＿＿＿＿＿＿＿＿＿。（时刻）

(2) 因为工作的需要，我＿＿＿＿＿＿＿＿＿＿＿＿。（时刻）

(3) A 你为什么这么感谢他?
   B ＿＿＿＿＿＿＿＿＿＿＿＿＿＿＿＿＿＿。（时刻）

꼭 알아야 할 호응 구조

동사 + 목적어 구조

轮流 돌아가면서 하다
- 轮流驾船 돌아가면서 배를 몰다
- 轮流休息 돌아가면서 쉬다
- 轮流照看 돌아가면서 돌봐주다

盼望 고대하다
- 盼望过年 새해 맞이를 고대하다
- 盼望成功 성공을 고대하다
- 盼望(好)消息 (좋은) 소식을 고대하다

관형어 + 피수식어 구조

稳定的 안정적인
- 稳定的工作 안정적인 업무
- 稳定的生活 안정적인 생활
- 稳定的关系 안정적인 관계
- 稳定的收入 안정적인 수입

平静的 조용한, 차분한
- 平静的海面 조용한 바다
- 平静的心情 차분한 기분
- 平静的生活 차분한 생활

时代 시대
- 新时代 새로운 시대
- 黄金时代 황금 시대
- 任何时代 어떤 시대

부사어 + 술어 구조

发愁 고민하다
- 为生活发愁 생활을 위해 고민하다
- 为工作发愁 일을 위해 고민하다
- 为考试发愁 시험을 위해 고민하다

拥抱 포옹하다
- 紧紧(地)拥抱 꽉 껴안다
- 热情(地)拥抱 다정하게 포옹하다

술어 + 보어 구조

撞 부딪히다
- 撞倒 부딪혀서 넘어지다
- 撞伤 부딪혀서 다치다
- 撞断 부딪혀서 부러지다
- 撞开 부딪혀서 열리다

漏 새다	漏光 새서 다 없어지다 漏掉 다 새버리다 漏出来 새어 나오다

수량사 + 명사 구조

一顿 한 끼	一顿饭 밥 한 끼 一顿海鲜 해산물 한 끼
一道 한 가닥, 줄기	一道闪电 번개 한 가닥 一道路 길 하나 一道河 한 줄기의 강 一道烟 한 줄기 연기

동사 + 수량사 구조

一顿 한 끼, 한 차례	吃了一顿 한 끼 먹다 饿了一顿 한 끼 굶다 打了一顿 한 차례 때리다 骂了一顿 한 차례 욕하다

단어비교하기

舒适 vs 舒服

★공통점★

'舒适'와 '舒服' 모두 형용사로, 편안하고 유쾌한 감정을 나타냅니다.

饭店为入住的客人准备了舒适/舒服的房间。
호텔은 투숙하는 손님들을 위해 쾌적한 방을 준비했다.

★차이점★

1. '舒适'는 글말에 주로 사용되고, '舒服'는 구어에 주로 사용됩니다.

   这款车内部空间宽大，乘坐舒适。
   이 모델의 차량은 내부 공간이 크고, 승차감이 편하다.

   他靠在沙发上舒舒服服地看电视。
   그는 소파에 기대어 편안하게 TV를 본다.

2. '舒适'는 환경이 주는 전체적인 느낌을 강조하는 반면, '舒服'는 신체적 혹은 정신적인 느낌을 강조합니다.

   我们都需要一个轻松舒适的生活环境。
   우리는 모두 편안하고 쾌적한 생활 환경이 필요하다.

   听了他的话，我心里很不舒服。
   그의 말을 듣고 나는 기분이 좋지 않았다.

3. '舒适'는 일반적으로 거의 중첩하지 않지만, '舒服'는 AABB 형식으로 중첩이 가능합니다. 또 '舒服'는 동사로도 쓸 수 있으며 이때의 중첩 형식은 ABAB입니다.

   你脱下外套舒舒服服地坐一会儿吧。 `형용사`
   외투 벗고 편안하게 앉아 있어.

   踢完球了？洗个热水澡舒服舒服吧。 `동사`
   축구 다 했니? 따뜻한 물로 샤워하고 편안하게 있어.

문장에 들어갈 알맞은 단어를 골라 체크해 보세요.

	舒适	舒服
예시) 早晨收拾完房间后，妈妈喜欢＿＿＿地坐在那把躺椅上休息一下。	✗	✓
(1) 这家餐厅装修精美、环境＿＿＿。	☐	☐
(2) 我今天脖子有点儿不＿＿＿，左右转动时有点儿疼。	☐	☐
(3) 这艘客船就像高级宾馆一样，除了有＿＿＿的客舱外，还有餐厅、电影院、商店、舞厅、游泳池等。	☐	☐

실력다지기

1. 보기에서 알맞은 단어를 골라 빈칸에 써 보세요.

| 보기 | 漏 | 随时 | 辞职 | 待遇 | 稳定 | 发愁 |

(1) 由于在个人_____上没谈好，他最后拒绝了这家公司的邀请。

(2) 现在，让许多工厂老板_____的是有经验的技术工人很难找。

(3) 丽丽到家才发现刚买的酸奶中有一袋是_____的。

(4) 好的，您决定了以后，_____都可以给我们打电话。

(5) 公司已经接受了他的_____请求。

(6) 张老师认为王力的成绩一直都很_____，这次考试应该不会有什么问题。

2. 제시된 두 단어를 보고 빈칸에 알맞은 것을 골라 보세요.

(1) A 冷静　　B 平静

听到这个好消息后，我激动的心情久久不能_____。

(2) A 舒适　　B 舒服

王奶奶说她每天都会锻炼锻炼，身体好了，自己_____，也不给儿女添麻烦。

(3) A 盼望　　B 希望

现在，父母、妻子和孩子都_____着他早日学成回国。

(4) A 时代　　B 时刻

21世纪是一个信息_____、互联网的_____。

44

3. 알맞은 호응 구조가 되도록 연결해 보세요.

(1) 等待·　　　　·汽车　　　(2) 稳定的·　　　　·江面

　　驾驶·　　　　·世界　　　　 舒适的·　　　　·时刻

　　轮流·　　　　·机会　　　　 平静的·　　　　·座位

　　拥抱·　　　　·打扫　　　　 轻松的·　　　　·水平

4. 제시어를 이용하여 본문의 내용을 자신의 말로 이야기해 보세요.

(1) 본문 내용: 翟峰的爱好

　　　人生、稳定、舒适、帆船、未来

(2) 본문 내용: 航海的准备

　　　辞职、疯

(3) 본문 내용: 航海的经历

　　　轮流、平静、时刻、险情、盼望

실력향상 플러스

　안정적인 직장, 가정, 자동차, 집 등등은 모두 우리의 삶에서 없어서는 안 될 요소들입니다. 인생에서 우리가 어떤 선택을 하거나 변화를 주려고 할 때, 이들은 우리의 결정에 영향을 주기도 하지요.
　중국에서 요트 세일링은 아직 보편화된 스포츠는 아닙니다. 비싼 가격 때문에 개인이 요트를 구매하는 일은 거의 드물지요. 본문의 이야기에서 요트의 매력에 빠진 자이펑은 용감한 결정을 내렸지만, 자이펑의 부모를 포함한 모든 사람들은 그가 '미쳤다'고 생각했지요. 여러분은 자이펑 가족의 용감한 결정에 대해 어떻게 생각하나요?

토론하기

爱好与工作、家庭、生活的关系

1　你有什么爱好吗？它给你的生活带来了什么好处？
2　你觉得应该怎么处理爱好和工作、家庭、生活的关系？举例说明。
3　如果你的爱好影响了你的正常生活，你会怎么办呢？

작문하기

请以"如果我是翟峰，我会(/不会)……"为题写一段话，尽量用上本课所学的生词，字数不少于100字。

주제별로 익히는 HSK 5급 어휘 ①

신체 부위	脑袋 nǎodai 명 머리 | 脸 liǎn 명 얼굴 | 头发 tóufa 명 머리카락 | 眼睛 yǎnjing 명 눈 眉毛 méimao 명 눈썹 | 耳朵 ěrduo 명 귀 | 鼻子 bízi 명 코 | 嘴 zuǐ 명 입 | 牙齿 yáchǐ 명 치아 嗓子 sǎngzi 명 목구멍 | 脖子 bózi 명 목 | 肩膀 jiānbǎng 명 어깨 | 胸 xiōng 명 가슴 腰 yāo 명 허리 | 后背 hòubèi 명 등 | 肚子 dùzi 명 배 | 胳膊 gēbo 명 팔 手指 shǒuzhǐ 명 손가락 | 腿 tuǐ 명 다리 | 脚 jiǎo 명 발
가족 관계 호칭 및 지칭	爸爸 bàba 명 아빠 | 妈妈 māma 명 엄마 | 爷爷 yéye 명 할아버지 | 奶奶 nǎinai 명 할머니 外公 wàigōng 명 외할아버지 | 姥姥 lǎolao 명 외할머니 | 阿姨 āyí 명 이모, 아주머니 叔叔 shūshu 명 숙부, 삼촌 | 姑姑 gūgu 명 고모 | 舅舅 jiùjiu 명 외삼촌 | 哥哥 gēge 명 형, 오빠 弟弟 dìdi 명 남동생 | 姐姐 jiějie 명 언니, 누나 | 妹妹 mèimei 명 여동생 兄弟 xiōngdì 명 형제 | 老婆 lǎopo 명 아내 | 太太 tàitai 명 아내, 부인
성격·감정	小气 xiǎoqi 형 인색하다 | 周到 zhōudào 형 세심하다 | 坦率 tǎnshuài 형 솔직하다 幽默 yōumò 형 유머러스하다 | 吃惊 chī jīng 동 놀라다 | 害羞 hài xiū 형 부끄러워하다 烦恼 fánnǎo 형 걱정하다, 마음을 졸이다 | 伤心 shāng xīn 동 상심하다 | 勤奋 qínfèn 형 근면하다 耐心 nàixīn 형 인내심이 강하다
날씨	预报 yùbào 명 예보 동 예보하다 | 晴 qíng 형 맑다 | 阴 yīn 형 흐리다 | 雪 xuě 명 눈 云 yún 명 구름 | 下雨 xià yǔ 비가 내리다 | 冷 lěng 형 춥다 | 热 rè 형 덥다 凉快 liángkuai 형 시원하다 | 刮风 guā fēng 바람이 불다 | 彩虹 cǎihóng 명 무지개 雷 léi 명 천둥 | 闪电 shǎndiàn 명 번개 | 雾 wù 명 안개
생산	生产 shēngchǎn 동 생산하다 | 工程师 gōngchéngshī 명 엔지니어 工人 gōngrén 명 노동자, 근로자 | 工厂 gōngchǎng 명 공장 | 零件 língjiàn 명 부품 手工 shǒugōng 명 수작업 | 机器 jīqi 명 기계 | 产品 chǎnpǐn 명 제품 | 设备 shèbèi 명 설비 设施 shèshī 명 시설 | 工具 gōngjù 명 도구 | 维修 wéixiū 동 수리하다, 보수하다

체크체크 ✓

빈칸에 들어갈 알맞은 어휘를 골라 넣어 보세요.

(1) 讲了一天的课，老师的_____都疼了。

(2) 妈妈说她哥哥明天会从老家来，我还从来没见过这个_____呢。

(3) 这次来北京参加会议，你们照顾得非常_____，非常感谢！

(4) 日出后，江面上浓浓的大_____开始慢慢散去。

(5) 空调一年之内出现质量问题，我们免费_____。

※ 정답은 뒷장에 있습니다.

해석 및 어휘

(1) 하루 종일 수업했더니, 선생님은 <u>목이</u> 다 아팠다.

(2) 엄마는 엄마의 오빠가 내일 본가에서 온다고 하셨다. 나는 여태껏 <u>외삼촌</u>을 본 적이 없다.

(3) 이번 베이징에 회의하러 왔을 때 너무 <u>세심하게</u> 돌봐주셔서 정말 감사합니다!

(4) 해가 떠오르니, 강 위에 짙은 <u>안개</u>가 서서히 흩어지기 시작했다.

　　• 浓 nóng 형 (액체나 기체의 농도가) 진하다, 농후하다　　• 散 sàn 동 흩어지다, 분산하다

(5) 일 년 이내에 에어컨에 품질 문제가 발생하면 무료로 <u>수리해</u> 드립니다.

정답

(1) 嗓子　　(2) 舅舅　　(3) 周到　　(4) 雾　　(5) 维修

UNIT 02 谈古说今 고금에 대해 이야기하다

子路背米
자로가 쌀을 지고 나르다

미리보기

1 본문의 새 어휘를 먼저 학습하고, 그림과 관련 있는 어휘를 찾아 빈칸에 써 보세요.

古代(gǔdài 고대)

_____

2 지극한 효심을 교훈으로 하는 고전 이야기를 알고 있나요? 선생님과 친구들에게 이야기해 보세요.

04 子路背米 49

> 본문읽기

子路背米

710字

　　从前，大概在距今两千五百多年前的春秋时期，有一个人叫子路，他是孔子最年长的学生。流传至今的"百里背米"讲的就是他孝敬父母的故事。

　　子路的父母都是农民。由于连年的战争，家里生活非常困难。一天，子路从外面回来，听到父母在屋里说话："活了大半辈子了，别说鱼肉，只要能饱饱地吃上一顿米饭，也就满足啦！"子路听了，心里觉得十分惭愧。他暗下决心："一定要让父母吃上米饭，不能再委屈他们了！"

　　子路打听到百里之外有个有钱人，家里缺干活儿的人，决定去试一试。那家主人见他身体结实，就留下了他。子路干起活来十分勤奋，主人很喜欢这个小伙子。半年后，当子路要回家时，发现主人给的银子比他应该得到的多了许多，子路老老实实地告诉了主人。主人笑着说："孩子，工钱没算错，你做事勤快，这是我给你加的奖金。"

谢过主人，子路高兴地上路了。路过镇上，他买了一袋米、一块肉、两条鱼，背在后背上。天气非常寒冷，雪地很滑，子路不小心滑了一下，背上的米袋差点儿被甩出去。他顶着大雪往前走，扶着米袋的双手冻得不行，就停下来暖暖，再继续赶路。终于到家了，见到父母，子路把给他们买的东西及剩下的工钱都交给了他们。一家人高高兴兴地生火做饭，饱饱地吃了顿团圆饭。

后来子路的父母去世了，他也南下到了楚国。楚国国君觉得他很有本领，是个人才，就留他做了官，并给他很优厚的待遇。但他并没有因为物质条件好而感到欢喜，反而常常诚恳地说："多么希望父母能和我一起过好日子！我现在有了一点儿成就，可他们已经不在了，即使再想背米百里去孝敬双亲，也不可能了。"

中国古代有句话叫"百善孝为先"，意思是说，孝顺父母是各种美德中占第一位的。子路为了让父母吃到较好的食物，不怕辛苦，这种做法确实值得我们学习。

어휘익히기

背 bēi 동 짊어지다, 매다
从前 cóngqián 명 이전, 옛날
时期 shíqī 명 시기
流传 liúchuán 동 전해지다
至今 zhìjīn 부 지금까지
* 孝敬 xiàojìng 동 웃어른을 잘 섬기고 공경하다, 효도하다
农民 nóngmín 명 농민
战争 zhànzhēng 명 전쟁
满足 mǎnzú 동 만족하다
啦 la 조 조사 '了'와 '啊'가 합쳐진 발음으로 감탄, 의문을 나타냄
惭愧 cánkuì 형 부끄럽다, 창피하다
* 暗下 ànxià 부 살그머니, 가만히
决心 juéxīn 명 결심 동 결심하다
委屈 wěiqu 동 억울한 일을 당하게 하다 형 억울하다, 서럽다
打听 dǎting 동 알아보다, 탐문하다
主人 zhǔrén 명 주인
结实 jiēshi 형 건실하다, 튼튼하다
勤奋 qínfèn 형 부지런하다, 열심히 하다
银(子) yín(zi) 명 은, 은화
老实 lǎoshi 형 성실하다
* 勤快 qínkuai 형 부지런하다, 근면하다
* 镇 zhèn 명 진 [현(县) 아래에 속하는 행정 단위]
后背 hòubèi 명 등 [신체 부위]
滑 huá 형 미끄럽다 동 미끄러지다
甩 shuǎi 동 내던지다, 떨어뜨리다

顶 dǐng 동 무릅쓰다, 맞서다 명 꼭대기
　　 양 모자, 우산 등을 세는 단위
扶 fú 동 부축하다, 떠받치다
* 不行 bùxíng 동 '得' 뒤에 보어로 쓰여 정도가 매우 심함을 나타냄
* 团圆 tuányuán 동 한자리에 모이다
去世 qùshì 동 세상을 뜨다
* 国君 guójūn 명 군주, 국왕
本领 běnlǐng 명 능력, 재능, 수완
人才 réncái 명 인재
官 guān 명 관리, 벼슬아치
物质 wùzhì 명 물질
反而 fǎn'ér 부 오히려
诚恳 chéngkěn 형 진실하다, 간절하다
成就 chéngjiù 명 성취, 업적
古代 gǔdài 명 고대
孝顺 xiàoshùn 동 효도하다, 공경하다 형 효성스럽다
* 美德 měidé 명 미덕
占 zhàn 동 점유하다, 차지하다
食物 shíwù 명 음식

고유 명사

子路 Zǐlù 자로 [중국 고대 유학자, 공자의 제자]
春秋 Chūnqiū 춘추 시기 [B.C.770~B.C.476]
孔子 Kǒngzǐ 공자 [중국 고대 유학자]
楚国 Chǔguó 초나라

포인트 짚어보기

● 至今

부사 '至今'은 '지금까지'라는 뜻으로, 대부분 절의 맨 앞이나 동사 앞에 놓입니다. 또한 '从古至今', '流传至今'과 같이 일부 단어와 결합하여 고정격식으로도 쓰입니다.

我在北京出生、长大，至今还没离开过呢。
나는 베이징에서 태어나서 자랐고, 지금까지 떠나본 적이 없어요.

至今，很多国家并没有规定什么才是健康食品。
지금까지는 많은 나라에서 어떤 것이 건강식품인지 규정을 내린 적이 결코 없다.

流传至今的"百里背米"讲的就是他孝敬父母的故事。
현재까지 전해 내려오는 '백 리 밖의 쌀을 짊어지고 오다'는 바로 그가 부모에게 효도하는 이야기이다.

연습해보기

괄호 안의 단어를 이용하여 문장을 완성해 보세요.

(1) 虽然我们已经认识多年，＿＿＿＿＿＿＿＿＿＿＿＿＿＿＿＿＿＿。（至今）

(2) A 你到中国已经一年了，能不能给我们介绍一下长城？
　　B ＿＿＿＿＿＿＿＿＿＿＿＿＿＿＿＿＿＿＿＿＿＿＿＿＿＿。（至今）

(3) 到底什么是幸福，＿＿＿＿＿＿＿＿＿＿＿＿＿＿＿＿＿＿＿。（至今）

● 顶

명사 '顶'은 인체 혹은 사물의 가장 높은 부분을 가리킵니다.

请把手举过头顶。
손을 머리 위로 올리세요.

父亲的朋友画了张画儿送我，画上是一座山，山顶有一个人往下看，山下有一个人往上看。
아버지의 친구분께서 나에게 그림 한 장을 그려주셨다. 그림에는 산 하나가 있는데, 산 정상에서 한 사람이 아래를 내려다보고 있고, 산 아래에서 한 사람이 위를 올려다보고 있다.

'顶'은 동사로도 쓰여 '머리로 받치다'라는 뜻을 나타냅니다. 또한 '마주하다', '견디다'라는 뜻도 있습니다.

他能用头顶起20斤重的东西。
그는 무게가 20근이 되는 물건을 머리에 얹을 수 있다.

您为什么要顶着压力来做这件事呢？
당신은 왜 스트레스를 견디면서 이 일을 하는 거죠?

'顶'은 양사로도 쓰여 모자, 비교적 큰 우산 혹은 우산 모양의 형상을 가리킬 때 사용합니다.

我这顶新帽子怎么样？
나의 이 새 모자 어때요?

这项计划将成为儿童健康的一顶保护伞。
이 계획은 앞으로 아동 건강의 보호 우산이 될 것이다.

연습해보기

괄호 안의 단어를 이용하여 문장을 완성해 보세요.

(1) A 昨天爬山你去了吗？
　　B _____。(명사 顶)

(2) 虽然昨天刮大风，_____。(동사 顶)

(3) A _____。(양사 顶)
　　B 是吗？那好吧，那我就买它了。

……得+不行

'……得+不行'은 정도가 매우 심함을 나타냅니다. '……得+很/不得了'로도 사용할 수 있습니다.

他顶着大雪往前走，扶着米袋的双手冻得不行，就停下来暖暖，再继续赶路。
그는 큰 눈을 뚫고 앞으로 걸어갔는데, 쌀 포대를 받친 두 손이 심하게 얼어붙어서, 잠깐 멈춰 손을 녹인 뒤 계속해서 길을 서둘렀다.

他心里烦得很，自言自语地抱怨："怎么还有那么远啊！"
그는 속으로 너무 짜증이 나서 혼잣말로 불평했다. "어떻게 아직도 이렇게 먼 거야!"

这个地方这么热闹，孩子们高兴得不得了！
여기가 이렇게나 떠들썩하니, 아이들이 너무나 신이 났네요!

연습해보기

괄호 안의 단어를 이용하여 문장을 완성해 보세요.

(1) A 你们俩这次出去旅行了大半年，家里一直没人收拾。昨天回来，家里怎么样？
　　B _____。(……得不行)

(2) 学了一年多的汉语了，_____。(……得很)

(3) A 听说他的父母突然去世了？
　　B _____。(……得不得了)

反而

부사 '反而'은 두 개의 절 사이에 놓여 원래의 예상과 상반됨을 나타냅니다.

这样不但不能提高他们的阅读能力，反而有可能降低他们的阅读兴趣和热情。
이렇게 하면 그들의 독해 능력을 향상시킬 수 없을 뿐만 아니라, 오히려 독해에 대한 흥미와 의욕을 떨어뜨릴 수도 있어요.

大城市的生活虽然很精彩，但一辈子生活在农村的父母反而会不适应。
대도시의 생활은 비록 멋있을지라도, 한평생 농촌에서 사신 부모님은 오히려 적응을 못 하실 수 있어요.

연습해보기

괄호 안의 단어를 이용하여 문장을 완성해 보세요.

(1) 他不但不孝顺父母，_____。（反而）

(2) 他是个很有本领的人，可是，_____。（反而）

(3) A 你跟你同屋关系不是很好吗? 怎么今天吵架了?
　　B _____。（反而）

꼭 알아야 할 호응 구조

동사 + 목적어 구조

占 차지하다, 점유하다	占地方 장소를 차지하다 占一半 반절을 차지하다 占总数的百分之八十 80%를 점유하다	占多数 다수를 차지하다 占座位 자리를 차지하다 占便宜 이득을 차지하다
决心 결심	下决心 결심을 내리다 有决心 결심을 갖다	表(示)决心 결심을 내보이다

관형어 + 피수식어 구조

食物 음식	美味的食物 맛있는 음식 精美的食物 정교하고 아름다운 음식	
态度 태도	诚恳的态度 진실한 태도 谨慎的态度 신중한 태도	积极的态度 적극적인 태도 强硬的态度 강경한 태도

- 谨慎 jǐnshèn 형 신중하다   - 强硬 qiángyìng 형 강경하다

부사어 + 술어 구조

委屈地 억울한 듯	委屈地说 억울한 듯 말하다 委屈地哭 억울한 듯 울다	
勤奋(地) 열심히	勤奋(地)学习 열심히 공부하다 勤奋(地)干活儿 열심히 일하다	勤奋(地)工作 열심히 일하다

술어 + 보어 구조

背 짊어지다	背起来 짊어지고 일어나다 背在…… ~에 짊어지다	背不动 짊어지고 움직이지 못하다
流传 전해지다	流传至今 지금까지 전해지다 流传到…… ~까지 전해지다	流传了一千年 천 년 동안 전해지다

동사 + 수량사 구조

扶 부축하다	扶一下 잠시 부축하다 扶一把 한 차례 부축하다

단어비교하기

满足 vs 满意

★공통점★

'满足'와 '满意' 모두 동사로, 충분하다고 느꼈거나 바라던 것이 실현되었을 때 사용합니다.

> 我对现在的生活感到非常满足/满意。
> 나는 현재의 생활에 매우 만족한다.

★차이점★

1. '满足'는 더 이상 다른 요구가 없음을 강조하고, '满意'는 자신의 마음에 부합함을 강조합니다.

    > 只要能饱饱地吃上一顿米饭，也就满足啦！
    > 그저 배부르게 쌀밥 한 끼 먹을 수만 있다면 만족하겠어!

    > 老师说她对我这次的作业非常满意。
    > 선생님께서 나의 이번 과제에 매우 만족했다고 하셨어.

2. '满足'는 일반적으로 관형어나 부사어로 쓰일 수 없지만, '满意'는 관형어나 부사어로 쓰일 수 있습니다.

    > 他找到了一份满意的工作。
    > 그는 매우 만족스러운 직장을 구했다.

3. '满足'는 '需要', '要求', '条件', '愿望' 등의 어휘와 결합할 수 있지만, '满意'는 이러한 용법이 없습니다.

    > 这个我不想要，它不能满足我们的需要。
    > 이건 제가 원하는 게 아니에요. 이것은 저희의 요구를 만족시킬 수 없어요.

체크체크 ✓

문장에 들어갈 알맞은 단어를 골라 체크해 보세요.

		满足	满意
예시	我对新公司的工作条件感到很____。	✗	✓
(1)	父母总是会想办法____孩子的要求。	☐	☐
(2)	听到这个消息，他____地笑了。	☐	☐
(3)	你不能仅仅通过考试就____了，要努力取得最好的成绩。	☐	☐

1. 보기에서 알맞은 단어를 골라 빈칸에 써 보세요.

| 보기 | 扶 | 占 | 从前 | 本领 | 决心 | 委屈 |

(1) _____有个人叫乐广，他有个好朋友，一有空儿就到他家来聊天儿。

(2) 你去教室自习的时候，帮我_____个座位，好吗？

(3) 请您先在这儿_____一晚，明天我们就给您换个好的房间。

(4) 邻居家有一条_____高强的小狗，能看门，能送报，还能买菜。

(5) 他把那位老爷爷_____过了马路。

(6) 我下_____从明天开始早睡早起，每天锻炼身体。

2. 제시된 두 단어를 보고 빈칸에 알맞은 것을 골라 보세요.

(1)　　A 背　　　B 后背

　　昨天打不到车，是他_____着我去的医院。

(2)　　A 从前　　B 以前

　　我跟爸爸妈妈说好了，会在10点_____回家。

(3)　　A 老实　　B 诚实

　　这是在警察局，你给我_____点儿！别乱动！

(4)　　A 而且　　B 反而

　　他没有接受那份优厚的待遇，_____辞职了。

3. 괄호 안의 단어가 들어갈 알맞은 위치를 골라 보세요.

   (1) ___A___ 这个美丽的 ___B___ 故事一直 ___C___ 到现在 ___D___ 。 （流传）

   (2) 请你 ___A___ 暗中 ___B___ 一下 ___C___ 这件事，别让大家都 ___D___ 知道。 （打听）

   (3) 球 ___A___ 被 ___B___ 那个球员 ___C___ 了 ___D___ 回来。 （顶）

   (4) 这几天 ___A___ 作业 ___B___ 太多了，我累 ___C___ 不得了 ___D___ 。 （得）

4. 제시어를 이용하여 본문의 내용을 자신의 말로 이야기해 보세요.

   (1) 본문 내용: 子路从外面回来

   > 满足、惭愧、暗下决心、委屈

   (2) 본문 내용: 子路去百里之外干活儿

   > 打听、主人、勤奋、老实

   (3) 본문 내용: 子路回家

   > 背、滑、顶、扶、……得不行

   (4) 본문 내용: 子路南下到了楚国

   > 本领、人才、物质、反而

실력향상 플러스

'효(孝)'는 중국 유교 문화에서 중요하게 여겨지는 개념입니다. 공자는 『논어』에서 '효'를 언급하면서 사람은 반드시 부모에게 효도해야 하고, 형제자매를 사랑해야 한다고 했습니다.

본문에 등장하는 자로는 효성이 매우 지극했던 사람으로, 부모님이 더 평안한 삶을 누릴 수 있도록 고생이나 추위도 마다하지 않고 지극정성으로 부모님을 모셨습니다. 여러분도 자로와 같이 부모님께 효도하고 있나요?

토론하기

什么是孝顺？

1 中国人说的"孝"是什么意思？
2 你认为应该如何去关爱你的父母？
3 如果有一天，你的父母身体不好了，需要有人照顾，你会怎么做？

작문하기

请以"从《子路背米》想到的"为题，谈一谈你对这个故事和对"孝"的看法。尽量用上本课所学的生词，字数不少于100字。

UNIT 02 谈古说今 고금에 대해 이야기하다

05 济南的泉水
지난의 샘물

미리보기

1 사진을 보며 지난에 있는 샘물의 이름을 익혀 보세요.

趵突泉
Bàotū Quán

黑虎泉
Hēihǔ Quán

2 천연 샘물을 마셔본 적 있나요? 어떤 어휘로 샘물을 묘사할 수 있을지 빈칸에 써 보세요.

풍경 美丽

맛

济南的泉水

636字

济南的泉水，历史悠久，最早的文字记载可以推到3000多年前。许多文人都对它的声音、颜色、形状、味道进行过描写，留下了许多赞美泉水的诗文。而济南的老百姓住在泉边，喝着这甜美的泉水，自然对它充满感激之情，从而也产生了许多关于泉水的美丽传说。

相传很久以前，济南城里有个善良的青年，名叫鲍全，他学习医术，救了很多人。一次，他在路边救了一位晕倒的老人，并把老人接回家照顾。这老人其实是东海龙王的哥哥。通过老人的介绍，鲍全从龙王那儿求到了治病救人的白玉壶。为了不被坏人抢走，他把壶埋入地下藏了起来，于是就变成了今天有"天下第一泉"美名的趵突泉。

如今的济南市区内，分布着大大小小七百多个天然泉，这在国内外城市中是极为少有的。有如此之多的泉，名字当然也少不了。济南泉水的优美，还可

从那独特的名字上反映出来，如：以人名命名的舜泉，以动物命名的黑虎泉，以形状命名的珍珠泉，等等。

说到这里，您也许要问，这么多、这么好的泉水是如何形成的呢？济南的泉水，来自于济南市以南的广大山区，这些山区的岩石是大约四亿年前形成的一层厚厚的石灰岩。在这种石灰岩地区，陆地表面的水很容易进入地下。山区的石灰岩层，以大约三十度的角度，由南向北斜，因此大量的地下水向济南运动。而济南市区的地下岩石变为了火成岩，地下水流到这里，碰到火成岩挡住了路，就积蓄起来，越积越多。它无处可流，就得另找出路。济南旧城一带，地势低，有的地方甚至低过了地下水的水面，地下水就冲出地表，形成了众多的泉水。这就是济南"泉城"美名得来的原因。

어휘 익히기

悠久 yōujiǔ 형 유구하다
文字 wénzì 명 문자
* 记载 jìzǎi 동 기재하다, 기록하다
形状 xíngzhuàng 명 형태
描写 miáoxiě 동 묘사하다
赞美 zànměi 동 찬미하다, 칭송하다
诗 shī 명 시
老百姓 lǎobǎixìng 명 백성
充满 chōngmǎn 동 충만하다, 가득하다
感激 gǎnjī 동 감격하다, 감사하다
从而 cóng'ér 접 따라서, 그리하여
产生 chǎnshēng 동 생기다, 낳다
传说 chuánshuō 명 전설
善良 shànliáng 형 착하다, 선량하다
救 jiù 동 구하다
晕 yūn 동 기절하다, 까무러치다
龙 lóng 명 용
治(疗) zhì(liáo) 동 치유하다, 치료하다
* 玉 yù 명 옥
壶 hú 명 주전자
抢 qiǎng 동 빼앗다, 강탈하다
* 埋 mái 동 묻다, 파묻다
(躲)藏 (duǒ)cáng 동 숨기다, 감추다
如今 rújīn 명 요즘, 최근
分布 fēnbù 동 분포하다
* 天然 tiānrán 형 천연의
优美 yōuměi 형 우아하고 아름답다
独特 dútè 형 독특하다

反映 fǎnyìng 동 반영하다
* 命名 mìng míng 동 이름을 짓다, 명명하다
* 珍珠 zhēnzhū 명 진주
形成 xíngchéng 동 형성하다, 이루다
* 于 yú 개 ~에, ~로부터, ~에서
广大 guǎngdà 형 광대하다, 광활하다
* 岩石 yánshí 명 암석
亿 yì 수 억
* 石灰岩 shíhuīyán 명 석회암
地区 dìqū 명 지역
表面 biǎomiàn 명 표면
角度 jiǎodù 명 각도
斜 xié 형 기울다, 비스듬하다, 비뚤다
为 wéi 동 ~으로 되다, ~으로 삼다
* 火成岩 huǒchéngyán 명 화성암
碰 pèng 동 부딪히다, 마주치다
挡 dǎng 동 막다, 막히다
* 地势 dìshì 명 지세
冲 chōng 동 솟구치다, 돌진하다
* 众多 zhòngduō 형 (사람이) 매우 많다

고유 명사

济南 Jǐ'nán 지난 [중국의 도시명]
鲍全 Bào Quán 바오취안 [인명]
东海龙王 Dōnghǎi Lóngwáng 동해 용왕
趵突泉 Bàotū Quán 바오투취안 [지난에 있는 샘 이름]
舜 Shùn 순 [중국 전설에 등장하는 제왕 이름]

포인트 짚어보기

❶ 从而

접속사 '从而'은 '따라서'라는 뜻으로, 두 개의 절 사이에 놓여 앞 절은 원인이나 방법을, 뒷 절은 결과나 목적을 나타냅니다.

比赛前做好思想准备可以减少运动员的压力，从而取得比赛的成功。
시합 전에 마음의 준비를 하면 운동 선수들의 스트레스를 줄일 수 있으니, 시합에서 성공을 거둘 수 있어요.

在学习过程中及时复习，可以尽早发现和解决问题，加深理解，从而取得更好的成绩。
학습 과정에서 바로바로 복습을 한다면, 문제를 최대한 일찍 발견하여 해결할 수 있고 이해를 심화시켜 더 좋은 성적을 얻을 수 있습니다.

연습해보기

괄호 안의 단어를 이용하여 문장을 완성해 보세요.

(1) 玩游戏可以锻炼人的脑、眼和手，_____。(从而)

(2) 公司通过引进新技术，加强管理，提高了产品质量，_____
_____。(从而)

(3) A 时间这么紧，你们是怎么完成任务的？
    B _____。(从而)

❷ 于

개사 '于'는 용법이 다양합니다. '在(~에서)', '从(~로부터)', '对(~에 대해)', '向(~을 향해)', '比(~보다)'의 뜻으로 쓰일 수 있습니다.

这家公司成立于1997年。 시간
이 회사는 1997년에 설립되었다.

这种药主要用于感冒的治疗。 범위
이 약은 주로 감기 치료에 사용된다.

济南的泉水，来自于济南市以南的广大山区。 장소
지난의 샘물은 지난시 남쪽의 광대한 산악 지대에서 온 것이다.

运动有助于健康。 대상
운동은 건강에 도움이 된다.

队员们都认为对方的水平远远高于自己。 비교
팀원들은 모두 상대방의 실력이 자기보다 월등히 높다고 생각한다.

• 成立 chénglì 동 설립하다

연습해보기

괄호 안의 단어를 이용하여 문장을 바꿔서 써 보세요.

(1) 乒乓球运动是在19世纪末产生的，说起来还有一段有趣的故事呢。
→ 乒乓球运动＿＿＿＿＿＿＿＿＿＿＿＿＿＿＿＿＿＿＿＿＿＿＿＿。（于）

(2) 工作上，对已取得的成功，他从不满足，而是给自己提出更高的要求。
→ ＿＿＿＿＿＿＿＿＿＿＿＿＿＿＿＿＿，而是给自己提出更高的要求。（于）

为

동사 '为'는 '~으로 되다'라는 뜻입니다.

每个人都会遇到各种压力，可是，压力也可以变为动力。
모든 사람들은 각종 스트레스에 맞닥뜨리지만, 스트레스는 원동력으로 바뀔 수도 있습니다.

동사 '为'는 '~으로 삼다', '~라 할 수 있다'라는 뜻도 있습니다.

找工作时，很多人会以收入多少为第一标准，这种想法我不能接受。
일을 구할 때 많은 사람들은 수입을 첫 번째 기준으로 삼지만, 이러한 생각을 나는 받아들일 수 없어요.

在他看来，没有工作的生活就不能称其为生活。
그가 보기에 일이 없는 생활은 생활이라 부를 수 없어요.

연습해보기

괄호 안의 단어를 이용하여 문장을 바꿔서 써 보세요.

(1) 在影视作品中，常常把鲨鱼描写成可怕的海洋杀手。
→ 在影视作品中，＿＿＿＿＿＿＿＿＿＿＿＿＿＿＿＿＿＿＿＿＿。（为）

(2) 为了方便同学们报名，办公室改变了报名时间，从本月一日到十日，周六、日不休。
→ 为了方便同学们报名，＿＿＿＿＿＿＿＿＿＿＿＿＿＿＿＿＿＿。（为）

🟢 동사 + 起来

'起来'가 동사의 뒤에 쓰이면 분산되어 있다가 한데로 모아지는 것을 뜻합니다.

地下水流到这里，碰到火成岩挡住了路，就积蓄起来，越积越多。
지하수가 이곳으로 흘러들어와 화성암에 길이 막혔고, 축적되기 시작해 점점 불어났다.

渔夫想，这网一收起来，鱼一定可以装满整条船。
어부는 이 그물을 걷으면 물고기가 분명 배 한가득 실릴 거라고 생각했다.

- 渔夫 yúfū 명 어부
- 网 wǎng 명 그물
- 装 zhuāng 명 싣다, 담다

또한 '동사+起来'는 밖으로 드러났다가 감춰지는 것을 뜻하기도 합니다.

刘丽知道自己做得不对，躲起来不敢见我。
리우리는 자신이 잘못했다는 것을 알고, 숨어서 나를 만날 엄두도 내지 못했다.

为了不被坏人抢走，他把壶埋入地下藏了起来。
나쁜 사람에게 빼앗기지 않기 위해 그는 주전자를 땅에 묻어 숨겨두었다.

연습해보기

괄호 안의 단어를 이용하여 문장을 완성해 보세요.

(1) 刘方喜欢把旅游时买的门票 ＿＿＿＿＿＿＿＿＿＿＿＿＿＿＿＿＿＿ 。（起来）

(2) 你刚工作，别太着急，经验 ＿＿＿＿＿＿＿＿＿＿＿＿＿＿＿＿＿＿ 。（起来）

(3) A 儿子，是你把爸爸的烟放在这鞋盒子里的吗?
    B ＿＿＿＿＿＿＿＿＿＿＿＿＿＿＿＿＿＿＿＿＿＿＿＿＿＿＿ 。（起来）

꼭 알아야 할 호응 구조

동사 + 목적어 구조

充满 가득하다, 충만하다	充满阳光 햇빛이 가득하다 充满力量 힘이 가득하다 充满希望 희망이 충만하다 充满欢乐 기쁨이 충만하다
反映 반영하다	反映生活 생활을 반영하다 反映水平 실력을 반영하다 反映情况 상황을 반영하다 反映能力 능력을 반영하다

관형어 + 피수식어 구조

悠久的 유구한	悠久的文化 유구한 문화 悠久的历史 유구한 역사 悠久的传统 유구한 전통
独特的 독특한	独特的位置 독특한 위치 独特的看法 독특한 견해 独特的形状 독특한 형태 独特的建筑 독특한 건축물

• 传统 chuántǒng 명 전통

• 建筑 jiànzhù 명 건축물

부사어 + 술어 구조

描写 묘사하다	正确地描写 정확하게 묘사하다 认真地描写 열심히 묘사하다 生动地描写 생동감 있게 묘사하다
形成 형성하다	自然形成 자연적으로 형성되다 由此形成 이로 인해 형성되다 逐渐形成 점차 형성되다

• 生动 shēngdòng 형 생동감 있다

• 逐渐 zhújiàn 부 점차, 점점

술어 + 보어 구조

晕 기절하다	晕倒 기절하여 쓰러지다 晕过去 까무러치다
救 구하다	救活 구하여 살리다 救起 구해내다 救出 구해내다 救过来 구하여 정상으로 되돌리다

단어비교하기

美丽 vs 优美

★공통점★

'美丽'와 '优美' 모두 '아름답다'라는 뜻의 형용사로, 풍경이나 환경을 묘사할 때 쓸 수 있습니다.

济南是一座风景美丽/优美的城市。
지난은 풍경이 아름다운 도시다.

★차이점★

1. '美丽'는 생김새, 모습, 치장 등이 예쁘다고 할 때 주로 쓰이며, '优美'는 주로 동작이나 이미지가 아름답다고 할 때 쓰입니다.

   她有一双美丽的大眼睛。
   그녀는 예쁘고 큰 눈을 갖고 있다.

   演员们的动作十分优美。
   배우들의 동작이 매우 아름답다.

2. '美丽'는 주로 시각적인 느낌을 표현하지만, '优美'는 비시각적인 느낌까지 표현합니다.

   雨后天空中出现了一道美丽的彩虹。
   비가 내린 뒤, 하늘에 아름다운 무지개가 떴다.

   一进院子就听到了丽丽那优美的歌声。
   정원에 들어서자마자 리리의 그 아름다운 노랫소리를 들었다.

3. '美丽'는 아름답고 고상하다는 수사적인 의미를 나타내지만, '优美'는 이러한 뜻이 없습니다.

   她有一颗美丽善良的心。
   그녀는 아름답고 착한 마음씨를 갖고 있다.

   • 颗 kē 양 둥글고 작은 알맹이 모양의 것을 셀 때 쓰는 단위

체크체크

문장에 들어갈 알맞은 단어를 골라 체크해 보세요.

	美丽	优美
예시) 这篇文章的语言生动____。	X	√
(1) 心也像窗户一样，如果不打开，就看不到外面的____和热闹。	☐	☐
(2) 这里流传着许多____的传说。	☐	☐
(3) 当地____的自然风景吸引了很多中外游客。	☐	☐

1. 보기에서 알맞은 단어를 골라 빈칸에 써 보세요.

   | 보기 | 于 | 为 | 充满 | 从而 | 产生 | 描写 |

   (1) 这首诗主要_____了一对年轻人的恋爱经历。

   (2) 新产品很受顾客欢迎，使我对公司的未来_____信心。

   (3) 我担心长期吃这种药会对身体_____不好的影响。

   (4) 办公室让我通知你明天下午的活动改_____下周一了。

   (5) 刘经理毕业_____北京大学经济学院。

   (6) 换一个角度考虑，也许正好就能发现问题的关键，_____找到解决问题的答案。

2. 제시된 두 단어를 보고 빈칸에 알맞은 것을 골라 보세요.

   (1) A 如今　　B 现在

   _____是五点，再过一刻钟小明就放学了。

   (2) A 特别　　B 独特

   严芳长得不是_____漂亮，但仔细看却很有味道。

   (3) A 感谢　　B 感激

   我这次来是想当面向你表示_____的。

   (4) A 赞美　　B 表扬

   护士小姐_____女儿很勇敢，本来很怕打针的她这次竟然没哭。

3. 알맞은 호응 구조가 되도록 연결해 보세요.

(1) 打·　　　　·光　　　　(2) 悠久的·　　　　·性格

　　碰·　　　　·活　　　　　　善良的·　　　　·文化

　　救·　　　　·晕　　　　　　独特的·　　　　·农村

　　抢·　　　　·见　　　　　　广大的·　　　　·味道

4. 제시어를 이용하여 본문의 내용을 자신의 말로 이야기해 보세요.

(1) 본문 내용: 泉水的优美

> 悠久、记载、赞美、诗文、感激

(2) 본문 내용: "天下第一泉"的美丽传说

> 鲍全、救、龙王、白玉壶、埋

(3) 본문 내용: 优雅的名字

> 优美、独特、命名、动物、形状

(4) 본문 내용: 形成的原因

> 来自于、岩石、角度、斜、挡、积蓄、冲

실력향상 플러스

지난의 샘물은 넓게 분포되어 있고, 수량이 풍부하며, 맑고 깨끗합니다. 이렇게 깨끗한 자연환경 속에 살고 있는 지난 사람들의 삶에 대한 만족도는 매우 높았습니다. 그러나 몇 년 전부터 기후가 건조해지고 물 소비량이 늘어남에 따라 지난의 많은 샘물이 말라 버렸지요. 2003년 정부와 지난 시민들이 함께 노력한 끝에 바오투취안(趵突泉)에 마침내 다시 달콤한 샘물이 흘러나오기 시작했습니다. 물은 대자연이 선물한 소중한 보물입니다. 하지만 우리는 실생활에서 물에 대한 소중함을 쉽게 잊어버리지요. 바오투취안의 샘물이 다시 흐르게 된 지난의 이야기는 물의 중요성을 다시 한번 생각하게 합니다.

토론하기

水与我们的生活

1 在我们的生活中，哪些事是离不开水的？
2 地球上有些地方遇到了缺水的问题，你了解这方面的情况吗？
3 你觉得哪些做法是对水的浪费？为了节约每一滴水，我们应该怎样做？

• 滴 dī 방울

작문하기

请以"节约每一滴水"为题写一段话，尽量用上本课所学的生词，字数不少于100字。

UNIT 02 > 谈古说今 고금에 대해 이야기하다

除夕的由来
섣달그믐의 유래

미리보기

1 중국의 섣달그믐(除夕)과 춘절(春节)은 각각 음력 몇 월 며칠인가요? 달력에서 찾아보고 두 명절의 관계에 대해 이야기해 보세요.

星期天	星期一	星期二	星期三	星期四	星期五	星期六
					1	2
3 (12.29)	4 (12.30)	5 (1.1)	6 (1.2)	7	8	9
10	11	12	13	14	15	16
17	18	19 (1.15)	20	21	22	23
24	25	26	27	28		

2月

2 중국 춘절의 음식 문화와 풍습에 대해 알고 있나요? 한국의 설날과 비교해 보고 아래의 표를 채워 보세요.

	中国	韩国
食物	饺子，长面，鱼	
活动	放鞭炮(fàng biānpào 폭죽을 쏘다), 贴春联(tiē chūnlián 춘롄을 붙이다), 发红包(fā hóngbāo 새뱃돈을 주다)	

除夕的由来

671字

在中国，人们把农历十二月三十日这一年中的最后一天叫作除夕，这一天，全家人会一起吃年夜饭，守岁。但是，人们为什么要把年三十叫作除夕呢？

传说在很久以前，有个叫作"夕"的怪物，经常出来伤害百姓，百姓对其恨之入骨，但是又十分无奈。当时有个英雄叫作七郎，他英俊高大、力大无比。七郎还有一条狗，这条狗非常勇敢，无论咬住什么都不会松口。

一天，七郎从外边回来，看到邻居家女孩的外公坐在路边哭，于是上前询问，一问才知道，原来天真可爱的女孩被"夕"吃掉了。七郎暗暗下定决心一定要杀死"夕"，替百姓除掉这个制造灾害的东西。于是七郎带着他的狗出发了，他到处打听"夕"的消息，但是一直找不到它。

这样过了差不多一年，这天正好是大年三十，七郎来到了一个热闹的城镇。这一年来，七郎虽然没有找到"夕"，但是了解到了很多关于"夕"的情况：它一般在太阳落山后出来害人，到天亮前又会逃得连影子都找不着了；此外，它还特别害怕声响。于是七郎告诉这里的百姓,"夕"说不定晚上要出来伤害大家,让大家今晚熬夜等着,一见到"夕"就赶紧敲打东西,大家一起把"夕"杀掉。

太阳很快落山了,到了晚上,"夕"果然出来了。它想吃一户人家的姑娘,被这家人发现了,于是他们立刻敲响了家中的锅和盆子,跟着整个镇子都响了起来。"夕"吓得什么似的,急忙往外逃。七郎的狗追上了"夕",并死死地咬住了它。七郎跑上前去,一箭射死了"夕"。

除掉"夕"以后,百姓纷纷对七郎表达谢意。由于这一天很有意义,于是人们就在每年的年三十这天晚上,仍然像那天一样整晚不睡觉,敲打出响声。就这样一代代传下来,形成了除夕夜守岁、放鞭炮的风俗。

어휘익히기

06-02

除夕 chúxī 명 섣달그믐, 제석 [음력으로 한 해의 마지막 날]
* 由来 yóulái 명 유래
* 农历 nónglì 명 음력
* 年夜饭 niányèfàn 명 섣달그믐날 밤에 온 가족이 함께 먹는 밥, 제야 음식
* 守岁 shǒusuì 통 섣달그믐날 밤을 새우다
* 怪物 guàiwu 명 괴물
  伤害 shānghài 통 다치게 하다, 해치다
  恨 hèn 통 싫어하다
  骨(头) gǔ(tou) 명 뼈
  无奈 wúnài 통 어찌할 도리가 없다
  英雄 yīngxióng 명 영웅
  英俊 yīngjùn 형 재능이 출중하다, 준수하다
  咬 yǎo 통 물다, 깨물다
* 松口 sōng kǒu 통 물고 있던 것을 놓다
  外公 wàigōng 명 외할아버지
  询问 xúnwèn 통 문의하다, 알아보다
  天真 tiānzhēn 형 천진난만하다, 순진하다
  杀 shā 통 죽이다
* 替 tì 개 ~을 위해, ~때문에 통 대신하다
▶ 代替 dàitì 통 대신하다
* 除 chú 통 제거하다, 없애다
  制造 zhìzào 통 제조하다, 만들다
  灾害 zāihài 명 재해
  逃 táo 통 도망가다
  影子 yǐngzi 명 그림자
  此外 cǐwài 접 그 밖에, 이외에

说不定 shuōbudìng 부 아마도, 짐작컨대 통 확실하지 않다
熬夜 áo yè 통 밤을 새우다
赶紧 gǎnjǐn 부 서둘러, 빨리
果然 guǒrán 부 과연, 정말로
* 户 hù 명 집, 가정, 세대
姑娘 gūniang 명 아가씨, 처녀
锅 guō 명 솥
盆(子) pén(zi) 명 대야, 화분
整个 zhěnggè 형 전체의, 모든
吓 xià 통 놀라다
似的 shìde 조 ~와 같다, 비슷하다
追 zhuī 통 쫓다
* 箭 jiàn 명 화살
射(击) shè(jī) 통 사격하다, 쏘다
纷纷 fēnfēn 부 잇달아, 분분히 형 어수선하게 많다
表达 biǎodá 통 나타내다, 표현하다
意义 yìyì 명 의의, 의미
鞭炮 biānpào 명 폭죽
风俗 fēngsú 명 풍속, 풍습

고유 명사

夕 Xī 석 [중국 전설에 등장하는 괴물의 이름]
七郎 Qīláng 치랑 [인명]

포인트 짚어보기

▶ 替

'替'는 동사로 '대신하다'라는 뜻입니다. '代替'와 같은 뜻입니다.

见了外公，你替我向他问好。
외할아버지를 뵈면 나 대신에 안부 좀 전해 드려.

刘老师今天有点儿事来不了，你能替替他吗?
리우 선생님은 오늘 일이 좀 있어서 못 오세요. 그분을 대신해 주실 수 있나요?

'替'는 개사로도 쓰여 '~을 위해', '~때문에'라는 뜻을 나타냅니다.

李阳要去留学了，我们都替他高兴。
리양이 곧 유학을 간다니, 우리 모두 그를 위해 기뻐합시다.

七郎暗暗下定决心一定要杀死"夕"，替百姓除掉这个制造灾害的东西。
치랑은 속으로 반드시 '석'을 죽여 백성들을 위해 재앙을 만드는 이놈을 제거해버려야겠다고 결심했다.

연습해보기

괄호 안의 단어를 이용하여 문장을 완성해 보세요.

(1) 你放心吧，他借的钱＿＿＿＿＿＿＿＿＿＿＿＿＿＿＿＿＿＿＿＿。（替）

(2) 后天就要考试了，小明的病还没好，＿＿＿＿＿＿＿＿＿＿＿＿＿＿。（替）

(3) A 明天，我去云南出差，要带点儿什么东西吗?
　　 B ＿＿＿＿＿＿＿＿＿＿＿＿＿＿＿＿＿＿＿＿＿＿＿＿＿＿＿＿＿＿。（替）

▶ 说不定

'说不定'은 동사로 '명확하게 말할 수 없다', '확실하지 않다'라는 뜻입니다.

这事儿经理已经同意了，只是出发的时间还说不定。
이 일은 사장님이 이미 동의하시긴 했는데, 단지 출발 시간이 아직 확실하지 않아요.

咱俩到底谁赢谁输还真说不定呢。
우리 두 사람은 도대체 누가 이기고 누가 졌는지 확실하지 않아요.

'说不定'은 부사로도 쓰입니다. '짐작컨대'라는 뜻으로, 추측의 뜻이나 가능성이 매우 큼을 나타냅니다.

周末他起得晚，这会儿说不定还在睡觉呢。
주말에 그는 늦게 일어나서, 지금도 아마 아직 자고 있을 거야.

别随随便便就说放弃，说不定下次就成功了。
함부로 포기하겠다고 말하지 마세요. 아마도 다음 번에는 성공할 거예요.

연습해보기

괄호 안의 단어를 이용하여 문장을 완성해 보세요.

(1) 你再去图书馆或书店转转，_____。（说不定）

(2) A 今年的优秀毕业生定了吗？李阳有希望吗？
   B _____。（说不定）

(3) A 要想达到他那样的成就，我这辈子是不敢想了。
   B _____。（说不定）

似的

조사 '似的'는 '像/跟/好像……似的'의 형식으로 쓰여 '마치 ~와 같다'라는 뜻을 나타냅니다.

我不敢相信这是真的，好像做梦似的。
나는 이게 진짜라고 감히 믿지 못하겠어요. 마치 꿈꾸는 것 같아요.

消息一出来，询问情况的电话雪片似的纷纷打来。
소식이 나오자마자, 상황을 묻는 전화가 눈발처럼 연이어 걸려 왔다.

'……得+什么似的'의 형식으로도 쓰이는데, 이때 '什么似的'에는 어떤 상태를 대신해서 과장하려는 뉘앙스가 담겨 있습니다.

"夕"吓得什么似的，急忙往外逃。
'석'은 몹시 놀라 황급히 밖으로 도망쳤다.

刘方背着重重的电脑包挤地铁，下班回到家累得什么似的。
리우팡은 무거운 컴퓨터 가방을 메고 붐비는 지하철을 타고 퇴근해서 집에 오자 몹시 피곤했다.

• 挤 jǐ 통 빽빽이 들어 차다

연습해보기

괄호 안의 단어를 이용하여 문장을 완성해 보세요.

(1) 丽丽爱读书，一天要是不看点儿什么，_____。（似的）

(2) 李阳考上了北大，_____。（似的）

(3) A 小刘怎么了？她今天有点儿不太高兴。
   B _____。（似的）

◯ 纷纷

형용사 '纷纷'은 '어수선하게 많다'라는 뜻입니다. '동사/형용사+纷纷'의 형식으로 쓰면 의견이 분분한 상황이나 어떤 것이 마구잡이로 떨어지는 모습을 형용합니다.

秋风刮起，落叶纷纷。
가을바람이 불자, 낙엽이 흩날린다.

他救起了妻子，孩子却被大水冲走了。事后，人们议论纷纷。
그는 아내를 구했지만, 아이는 홍수에 떠내려갔다. 사건이 있은 후 사람들은 의견이 분분했다.

• 议论 yìlùn 동 왈가왈부하다

'纷纷'은 부사로도 쓰이며 바로 뒤에 동사가 옵니다. '연이어', '잇달아'라는 뜻입니다.

要下雨了，路上的人纷纷往家里跑。
비가 오려고 해서, 길을 가던 사람들이 잇달아 집을 향해 뛰어갔다.

除掉"夕"以后，百姓纷纷对七郎表达谢意。
'석'을 제거한 뒤 백성들은 연신 치랑에게 감사를 표했다.

연습해보기

괄호 안의 단어를 이용하여 문장을 완성해 보세요.

(1) 新年快到了，各大商场、购物中心_____。（纷纷）

(2) 见到熊猫的游客们非常兴奋，_____。（纷纷）

(3) A 听说了吗? 小刘的妻子生了个女儿。
    B _____。（纷纷）

꼭 알아야 할 호응 구조

동사 + 목적어 구조

制造 제조하다, 만들다
- 制造飞机 비행기를 제조하다
- 制造战争 전쟁을 벌이다
- 制造机会 기회를 만들다
- 制造难题 어려운 문제를 만들다

表达 표현하다, 나타내다
- 表达思想 생각을 표현하다
- 表达心情 기분을 표현하다
- 表达意见 의견을 나타내다
- 表达决心 결심을 나타내다
- 表达感受 느낌을 표현하다
- 表达看法 견해를 나타내다

관형어 + 피수식어 구조

天真的 천진난만한
- 天真的孩子 천진난만한 아이
- 天真的性格 천진난만한 성격
- 天真的想法 천진난만한 생각

整个 전체의, 모든
- 整个房间 방 전체
- 整个计划 전체 계획
- 整个过程 전 과정
- 整个社会 전체 사회
- 整个夏天 여름 내내

부사어 + 술어 구조

询问 물어보다
- 仔细地询问 자세히 물어보다
- 关心地询问 관심 있게 물어보다
- 急忙询问 급하게 물어보다
- 纷纷询问 잇달아 물어보다

表达 나타내다
- 准确地表达 정확하게 나타내다
- 生动地表达 생동감 있게 나타내다
- 形象地表达 생생하게 나타내다

술어 + 보어 구조

除 제거하다
- 除掉 제거해 버리다
- 除去 제거해 없애다

得+什么似的 매우, 엄청나게
- 吓得什么似的 매우 놀라다
- 恨得什么似的 아주 미워하다
- 后悔得什么似的 엄청나게 후회하다
- 急得什么似的 매우 급하다
- 吵得什么似的 매우 시끄럽다
- 羡慕得什么似的 매우 부러워하다

단어비교하기

打听 vs 询问

★공통점★

'打听'과 '询问' 모두 동사로 '물어보다'라는 뜻입니다.

他打听/询问了老人的身体和生活情况。
그는 노인의 건강과 생활 상황을 물어보았다.

★차이점★

1. '打听'은 구어에서 많이 쓰이고, '询问'은 글말에서 많이 쓰입니다.

   我跟您打听一下，附近有邮局吗？
   말씀 좀 물을게요. 근처에 우체국이 있나요?

   他仔细地询问了公司近年来的发展情况。
   그는 자세하게 회사의 최근 발전 상황을 물어보았다.

2. '打听'은 주로 어떤 정보를 찾거나 소식을 알아볼 때 사용되며, 뒤에 결과보어 '到'와 같이 쓸 수 있습니다. '询问'은 '의견을 구하다'라는 뜻이 있으며, 뒤에 결과보어 '到'를 쓰지 않습니다.

   我到处打听也没打听到这家公司。
   나는 여러 곳으로 알아보았지만 이 회사에 대해 들어보지 못했다.

   他打电话询问刘教授对论文的意见。
   그는 전화로 리우 교수님께 논문에 대한 의견을 여쭤보았다.

   • 论文 lùnwén 명 논문

3. '询问'은 뒤에 동작의 대상이 올 수 있고, 명사로도 쓸 수 있습니다. '打听'은 이러한 용법이 없습니다.

   警察询问了当天见过他的邻居。
   경찰은 그날 그를 본 적이 있는 이웃에게 물어보았다.

   他详细地回答了病人的询问。
   그는 상세하게 환자의 질문에 대답했다.

문장에 들어갈 알맞은 단어를 골라 체크해 보세요.

		打听	询问
예시	A 打扰一下，向您＿＿＿件事。你知道王老板有什么兴趣爱好吗？ B 他最大的爱好就是去各地旅游了，平时也喜欢看看书、看看电影什么的。	√	×
(1)	她＿＿＿到北京有位医生能治这个病，就带着孩子来了。	☐	☐
(2)	我＿＿＿了一下，附近像这样的房子，差不多都得一百万。	☐	☐
(3)	我＿＿＿了几个修过机器的顾客，他们对小刘的服务都很满意。	☐	☐

실력다지기

1. 보기에서 알맞은 단어를 골라 빈칸에 써 보세요.

| 보기 | 赶紧 | 无奈 | 制造 | 果然 | 伤害 | 此外 |

(1) 还真让你说对了，他_____还不知道这件事。

(2) 两岁的果果是我们家最能_____麻烦的人。

(3) 姑娘脸上表现出很_____的样子。

(4) 他喜欢音乐、电影、运动，_____还喜欢旅行。

(5) 不用送了，_____回去吧，家里还有别的客人呢。

(6) 经常熬夜对身体的_____极大。

2. 제시된 두 단어를 보고 빈칸에 알맞은 것을 골라 보세요.

(1) A 表示　　B 表达

人的思想感情是非常丰富的，有些是无法用语言准确_____的。

(2) A 急忙　　B 赶紧

你_____给他回个电话，他好像有什么急事找你。

(3) A 此外　　B 另外

今天是不可能了，你_____安排一个时间见面吧。

(4) A 果然　　B 居然

明星的影响力_____不一般。

3. 괄호 안의 단어가 들어갈 알맞은 위치를 골라 보세요.

(1) 你的担心不是 __A__ 没有 __B__ 道理的，今天李阳 __C__ 没有 __D__ 通过面试。

(果然)

(2) __A__ 学院 __B__ 所有的 __C__ 老师同学都在议论 __D__ 这件事。　　(整个)

(3) __A__ 路上的人 __B__ 他着急，拉住 __C__ 他的马，阻止 __D__ 他说："方向错了。"

(替)

(4) 忽然，他 __A__ 看见小木屋的方向 __B__ 升起了黑烟， __C__ 他 __D__ 跑过去看。

(急忙)

4. 제시어를 이용하여 본문의 내용을 자신의 말로 이야기해 보세요.

(1) 본문 내용: "夕"的情况和习性

> 怪物、伤害、制造、灾害、影子、响声

(2) 본문 내용: 七郎除掉"夕"的经过

> 敲、果然、吓、似的、逃、咬、射

(3) 본문 내용: 年三十的风俗习惯

> 意义、守岁、鞭炮

실력향상 플러스

모든 나라마다 그 나라 고유의 전통 명절이 있습니다. 춘절은 중국에서 가장 시끌벅적한 명절 중의 하나일 것입니다. 춘절이 되면 일가친척, 친구들과 서로 새해 인사를 나누고, 집집마다 글귀를 써 붙이며, 폭죽을 터트리고, 만두를 빚고, 광장에 가서 용춤과 사자춤을 구경합니다. 어른들은 잊지 않고 아이들에게 세뱃돈이 담긴 붉은 봉투를 주는데, 이를 '红包(hóngbāo)'라고 하지요. 중국의 춘절 풍속 중에서 여러분이 경험해본 것은 무엇인가요?

토론하기

我知道的有关中国新年的风俗习惯

1. 有关春节的风俗习惯，你比较了解的是什么?
2. 你是怎么知道这些情况的? 你感兴趣的地方(或原因)是什么?
3. 如果你能在中国过春节的话，你最想做的是什么?

작문하기

请以"我眼中的中国春节"为题写一段话，介绍一下你对中国春节的了解和看法。尽量用上本课所学的生词，字数不少于100字。

★ 주제별로 익히는 HSK 5급 어휘 ② ★

신분·직위	国王 guówáng 명 국왕 | 王子 wángzǐ 명 왕자 | 公主 gōngzhǔ 명 공주 总统 zǒngtǒng 명 대통령 | 总理 zǒnglǐ 명 총리, 사장 | 总裁 zǒngcái 명 총재 主席 zhǔxí 명 주석 | 主任 zhǔrèn 명 부장, 총괄 매니저 | 领导 lǐngdǎo 명 리더, 지도자 老板 lǎobǎn 명 사장 | 经理 jīnglǐ 명 사장, 팀장, 책임자
문학	文学 wénxué 명 문학 | 作品 zuòpǐn 명 작품 | 小说 xiǎoshuō 명 소설 故事 gùshi 명 이야기 | 文章 wénzhāng 명 문장, 독립된 한 편의 글 | 诗 shī 명 시 传说 chuánshuō 명 전설 | 神话 shénhuà 명 신화 | 戏剧 xìjù 명 연극 写作 xiězuò 동 글을 짓다, 저작하다 | 风格 fēnggé 명 스타일 | 魅力 mèilì 명 매력 形象 xíngxiàng 명 이미지 형 생동감 있다 | 生动 shēngdòng 형 생동감 있다
여행	旅游 lǚyóu 동 여행하다 | 旅行 lǚxíng 동 여행하다 | 游览 yóulǎn 동 (명승지나 풍경 등) 유람하다 欣赏 xīnshǎng 동 감상하다, 음미하다 | 休闲 xiūxián 동 한가롭게 보내다 名胜古迹 míngshèng gǔjì 명 명승고적, 관광 명소 | 风景 fēngjǐng 명 풍경 景色 jǐngsè 명 풍경, 경치 | 展览 zhǎnlǎn 동 전시하다 명 전람회 | 合影 héyǐng 명 단체 사진 预订 yùdìng 동 예약하다 | 团 tuán 명 단체 | 时差 shíchā 명 시차
명절 및 기념일	节日 jiérì 명 명절, 기념일 | 元旦 Yuándàn 고유 원단 [양력 1월 1일] 除夕 chúxī 명 섣달그믐 [음력 12월 30일] | 饺子 jiǎozi 명 만두 | 鞭炮 biānpào 명 폭죽 国庆节 Guóqìngjié 고유 건국기념일 [10월 1일] | 婚姻 hūnyīn 명 혼인, 결혼 | 婚礼 hūnlǐ 명 결혼식

빈칸에 들어갈 알맞은 어휘를 골라 넣어 보세요.

(1) 美国正在进行四年一次的_____大选。

(2) 这个电视剧取材于一个_____传说。

(3) 我们还是先_____好宾馆吧，到了那儿再找比较麻烦。

(4) 我昨天刚从英国回来，_____还没倒过来。

※ 정답은 뒷장에 있습니다.

해석 및 어휘

(1) 미국은 4년에 한 번 대통령 선거를 실시하고 있다.
- 大选 dàxuǎn 명 대통령 선거, 총선거

(2) 이 드라마는 신화 전설에서 소재를 가져왔다.
- 取材 qǔcái 동 소재를 가져오다

(3) 우리 그래도 일단 호텔 먼저 예약해요. 거기 가서 찾으려면 꽤 번거롭다고요.

(4) 나는 어제 막 영국에서 돌아와서, 시차에 아직 적응이 안 됐어요.

정답

(1) 总统   (2) 神话   (3) 预订   (4) 时差

UNIT 03 倾听故事 옛이야기를 귀담아듣다

成语故事两则
고사성어 두 편

미리보기

1 본문의 새 어휘를 먼저 학습하고, 사진과 관련 있는 어휘를 찾아 빈칸에 써 보세요.

大象(dàxiàng 코끼리)

_____

2 '지성이면 감천이다'라는 말은 무슨 뜻인가요? 우리에게 어떤 교훈을 주는지 이야기해 보세요.

盲人摸象

255字

很久以前,有一个很有智慧的国王。一天,他让士兵们去找一头大象和一些出生时眼睛就瞎了的人回来。士兵们分别去不同地方寻找,把找到的大象和盲人带到他面前。

国王叫盲人们去摸一摸大象,问他们:"你们觉得大象是什么样的呢?"摸到牙齿的盲人说:"我觉得像一个角。""胡说!"摸到尾巴的盲人说,"它像一条绳子。"摸到大象身子的盲人说:"我觉得像一面又高又平的墙。""不,你们都错了,应该是像一把扇子。"这个盲人摸到了大象的耳朵。

国王笑了起来:"你们每个人都只摸到了一点,就认为自己了解全部了吗?只有片面的认识是不能下结论的。"

精诚所至，金石为开

436字

西汉时期有一位著名的将军叫李广，他善于骑马射箭，作战勇敢，被称为"飞将军"。一天傍晚，他正带着士兵们在山中打猎，忽然发现远处蹲着一只大老虎。士兵们都紧张地围了上来，想要保护他。李广摇摇头，表示不要紧。只见他从箭袋里取出一支箭，摆好姿势，全神贯注，用尽全力向老虎射去。

过了一会儿，老虎没什么反应，士兵们小心地走上前去，想确定它是不是死了。没想到仔细一看，被射中的竟不是老虎，而是一块形状很像老虎的大石头，而且一整支箭几乎全都射到石头中去了！大家都很吃惊，连李广自己都不相信他能有这么大的力气，于是他想再试试。可是，这次他连续换了几根箭，都没能再射进去，有的箭头碎了，有的箭杆断了，而大石头一点儿变化也没有。"哎，怎么会这样？"士兵奇怪地你看我，我看你。"唉！大概是我不够用心了吧！"李广也无奈地说。

人们对这件事情感到很不解，就去问当时最有影响力的学者扬雄。扬雄回答说："如果诚心实意，即使像金属和石头那样硬的东西也会被打动。""精诚所至，金石为开"这一成语也便由此流传下来。

어휘익히기

成语 chéngyǔ 명 성어

则 zé 양 편, 토막 [뉴스나 글을 셀 때 쓰는 단위]

* 盲人 mángrén 명 맹인

摸 mō 동 만지다

(大)象 (dà)xiàng 명 코끼리

智慧 zhìhuì 명 지혜

士兵 shìbīng 명 사병, 병사

瞎 xiā 동 눈이 멀다 부 함부로, 쓸데없이

分别 fēnbié 부 각자, 따로 동 헤어지다 명 차이점

寻找 xúnzhǎo 동 찾다, 구하다

牙齿 yáchǐ 명 치아, 이빨

胡说 húshuō 동 헛소리하다

尾巴 wěiba 명 꼬리

绳子 shéngzi 명 끈, 줄

平 píng 형 평평하다

墙 qiáng 명 벽

扇子 shànzi 명 부채

片面 piànmiàn 형 단편적이다, 편파적이다

结论 jiélùn 명 결론

* 精诚所至, 金石为开
jīngchéng suǒzhì, jīnshí wéi kāi
정성이 지극하면 금이나 돌도 쪼개진다, 지성이면 감천이다

* 将军 jiāngjūn 명 장군

善于 shànyú 동 ~에 능하다

称 chēng 동 ~라고 부르다, 일컫다

* 打猎 dǎ liè 동 사냥하다

忽然 hūrán 부 갑자기, 홀연히

蹲 dūn 동 쪼그리고 앉다, 웅크려 앉다

* 围 wéi 동 둘러싸다, 에워싸다

摇 yáo 동 흔들다

不要紧 búyàojǐn 형 괜찮다, 대수롭지 않다

支 zhī 양 자루, 개피 [가늘고 긴 것을 세는 단위]

摆 bǎi 동 놓다, 배열하다, 배치하다

姿势 zīshì 명 자세

* 全神贯注 quánshén-guànzhù 온 정신을 집중시키다

尽(力) jìn (lì) 동 온 힘을 다하다

反应 fǎnyìng 명 반응 동 반응하다

确定 quèdìng 동 확정하다, 확실하게 하다

石头 shítou 명 돌, 바위

连续 liánxù 동 연속하다, 계속하다

根 gēn 양 개, 가닥 [가늘고 긴 것을 세는 단위]
명 뿌리, 근본

碎 suì 동 깨지다, 부서지다 형 부스러져 있다

* 杆 gǎn 명 막대, 자루

哎 āi 감 아, 에이 [놀람 혹은 불만을 나타냄]

唉 ài 감 아, 아이고 [탄식을 나타냄]

金属 jīnshǔ 명 금속

硬 yìng 형 딱딱하다

* 打动 dǎdòng 동 마음을 움직이다, 감동시키다

便 biàn 부 바로, 곧

고유 명사

西汉 Xīhàn 서한 시기 [B.C.206~A.D.25]

李广 Lǐ Guǎng 리광 [?~B.C.119]

扬雄 Yáng Xióng 양시옹
[B.C.53~A.D.18, 중국의 철학가]

포인트 짚어보기

▶ 瞎

동사 '瞎'는 '눈이 멀다'라는 뜻입니다.

聪明人用双手挡住了马的双眼，对那个人说：" 要是这马真是你的，你一定知道马的哪只眼睛是瞎的。"
똑똑한 사람이 두 손으로 말의 두 눈을 가리며 그 사람에게 말했다. "만약 이 말이 정말 당신의 것이라면, 당신은 말의 어느 쪽 눈이 멀었는지 분명히 알 수 있을 것이오."

'瞎'는 부사로도 쓰여 '함부로', '쓸데없이'라는 뜻을 나타냅니다.

别听他瞎说，不用害怕。我们不会这么倒霉的。
그의 헛소리는 듣지도 말고, 무서워할 것도 없어. 우리는 이렇게 재수 없지 않을 거야.

他自己的问题，他会想办法的，你就别替他瞎担心了。
그 자신의 문제는 그가 방법을 생각할 거야. 그를 대신해서 쓸데없이 걱정하지 마.

• 倒霉 dǎoméi 동 재수 없는 일을 당하다

연습해보기

괄호 안의 단어를 이용하여 문장을 완성해 보세요.

(1) _____，但她的脸上总是有美丽的微笑。（瞎）

(2) A 刚才的考试你考得怎么样？我有好几个题不会做。
　　B _____。（瞎）

(3) 你少跟他打交道，_____。（瞎）

▶ 分别

동사 '分别'는 '헤어지다'라는 뜻입니다.

从毕业到现在，我们已经分别20年了，一直都没有联系。
졸업해서 지금까지 우리는 이미 20년이나 헤어져 있었고, 줄곧 연락도 하지 않았어요.

'分别'는 부사로도 쓰여 '각자', '따로'라는 뜻을 나타냅니다.

我分别找两个人打听了这件事，他们的说法都是一样的。
나는 각각 두 사람을 찾아서 이 일에 대해 알아보았는데, 그들의 의견은 모두 같았어요.

士兵们分别去不同地方寻找，把找到的大象和盲人带到他面前。
병사들은 각자 다른 곳으로 가서 찾아보았고, 찾은 코끼리와 맹인을 그의 앞에 데려왔다.

부사 '分别'는 나열한 것을 하나씩 가리킬 때도 쓸 수 있습니다.

一张桌子上放着三瓶饮料，分别是茶、可乐和咖啡。
탁자 위에 음료수 세 병이 놓여있는데, 각각 차, 콜라, 커피이다.

谈到对目前工作最不满意的地方，39.1%的被调查者认为休息时间太少，发展慢、工资太低分别占20.3%和20%。
현재의 업무 중 가장 불만스러운 점에 대해 이야기하자, 39.1%의 조사 대상자들은 휴식 시간이 너무 적다고 했고, 발전이 느리다고 답한 사람과 연봉이 너무 낮다고 답한 사람은 각각 20.3%와 20%를 차지했다.

'分别'는 명사로도 쓰일 수 있으며 '차이점', '다른 점'이라는 뜻을 나타냅니다.

我不知道这两种做法有什么分别。
나는 이 두 가지 방법에 어떤 차이점이 있는지 모르겠어요.

这两张照片的分别是一眼就看得出来的。
이 두 장의 사진의 다른 점은 한눈에 바로 알 수 있어요.

연습해보기

괄호 안의 단어를 이용하여 문장을 완성해 보세요.

(1) 时间过得真快，_____。(동사 分别)

(2) A 快放寒假了，你们假期有什么打算?
    B _____。(부사 分别)

(3) A 我们有三年没见面了吧?
    B _____。(명사 分别)

根

명사 '根'은 '식물의 뿌리'라는 뜻입니다.

这棵树的根又粗又长。
이 나무의 뿌리는 굵고도 길다.

这种植物的根下雨时会大量吸水，从而满足自身的需要。
이 종류의 식물 뿌리는 비가 올 때 대량으로 물을 흡수하여 자신이 필요로 하는 것을 충족시킨다.

명사 '根'은 '사물의 근원'을 뜻하기도 합니다.

你这牙连牙根都坏了，平时难道不疼吗?
당신의 치아는 심지어 치근까지 상했네요. 평소에 안 아프셨어요?

这件事还是得从根上解决，只解决表面问题是不行的。
이 일은 그래도 근원부터 해결해야 해요. 표면적인 문제만 해결해서는 안 돼요.

'根'은 양사로도 쓰여 가늘고 긴 물건을 셀 때 사용합니다.

摸到尾巴的盲人说大象像一根绳子。
꼬리를 만진 맹인은 코끼리가 마치 하나의 끈과 비슷하다고 말했다.

这次他连续换了几根箭，都没能再射进去。
이번에 그가 연속해서 몇 개의 화살을 바꿨지만, 모두 맞추지 못했다.

연습해보기

괄호 안의 단어를 이용하여 문장을 완성해 보세요.

(1) 植物靠_____。(명사 根)

(2) 第一次用筷子的时候，_____。(양사 根)

(3) A 你今天去超市主要想买什么?
    B _____。(양사 根)

◐ 便

부사 '便'은 '바로', '곧'이라는 뜻으로, 주로 글말에서 사용됩니다.

楼上新买了一架钢琴，我们家便多了一些不安静。
윗집이 새로 피아노 한 대를 샀는데, 우리 집이 곧바로 시끄러워졌다.

很多时候，仅仅是换一种心情，换一个角度，便可以从困境中走出来。
많은 경우에 그저 기분만 바꾸고 각도만 바꾼다면, 바로 곤경에서 벗어날 수 있다.

"精诚所至，金石为开"这一成语也便由此流传下来。
'정성이 지극하면 금이나 돌도 쪼개진다'라는 이 성어는 바로 이렇게 전해져 내려오기 시작했다.

• 架 jià 양 받침대가 있는 물건을 세는 단위

연습해보기

괄호 안의 단어를 이용하여 문장을 바꾸어 써 보세요.

(1) 他刚出门，发现没带钥匙，就转身回去拿。
    → 他刚出门，发现没带钥匙，_____。(便)

(2) 朋友不停地给她介绍男朋友，但是每次不是她不喜欢别人，就是别人不喜欢她。
    → 朋友不停地给她介绍男朋友，但是每次_____
    _____。(便)

(3) 如果我们坚持原来的想法，这个工作是不可能完成的。
    → 如果我们坚持原来的想法，_____。(便)

꼭 알아야 할 호응 구조

동사 + 목적어 구조

寻找 찾다	寻找机会 기회를 찾다 寻找信息 정보를 찾다 寻找亲人 가족을 찾다 寻找人才 인재를 찾다	确定 확정하다	确定时间 시간을 확정하다 确定地点 장소를 확정하다 确定人选 적임자를 확정하다 确定方案 방안을 확정하다

부사어 + 술어 구조

片面(地) 단편적으로	片面(地)看 단편적으로 보다 片面(地)认为 단편적으로 생각하다	连续 계속해서, 연속으로	连续工作 계속해서 일하다 连续驾驶 계속해서 운전하다 连续发生 연속으로 발생하다 连续演出 연속으로 공연하다

술어 + 보어 구조

摸 만지다	摸到…… ~을 만지다 摸出(来)…… ~을 만져서 밝혀내다	碎 깨지다, 부서지다	打碎 때려 부수다 撞碎 부딪혀 부서지다 撕碎 찢다

• 撕 sī 동 찢다

수량사 + 명사 구조

一支 한 자루, 줄기, 개피	一支笔 펜 한 자루 一支花 꽃 한 줄기 一支烟 담배 한 개피	一根/一条 한 줄, 가닥	一根/一条尾巴 꼬리 한 가닥 一根/一条绳子 끈 한 줄 一根/一条皮带 허리띠 한 줄

주어 + 술어 구조

反应 반응	反应很快 반응이 빠르다 反应良好 반응이 좋다 反应强烈 반응이 뜨겁다	不要紧 괜찮다	这件事不要紧 이번 일은 걱정 마세요 他的伤不要紧 그의 상처는 괜찮아요

단어비교하기

忽然 vs 突然

★ 공통점 ★

'忽然'과 '突然' 모두 동사 앞에 쓰여 어떤 일이 빠르게 발생했거나 생각지도 못했음을 나타냅니다.

我们正在上课，他忽然/突然站了起来。
우리가 수업을 하고 있는데 그가 갑자기 일어섰다.

★ 차이점 ★

'忽然'은 부사로만 쓰여 동사나 절 앞에 놓입니다. 이때 '突然'과 바꿔 쓸 수 있습니다.

一天傍晚，他正带着士兵们在山中打猎，忽然发现远处的草丛中蹲着一只大老虎。
어느 해 질 녘, 그가 마침 병사들을 데리고 산 속에서 사냥할 때, 홀연히 먼 곳의 풀숲에 웅크리고 있는 큰 호랑이를 발견했다.

• 草丛 cǎocóng 명 풀숲

'突然'은 부사 외에 형용사로도 쓰일 수 있어서 술어, 보어, 관형어 역할을 할 수 있습니다.

这件事太突然了！ `술어`
이번 일은 너무 갑작스러웠어요!

这件事发生得太突然了！ `보어`
이번 일은 너무 갑작스럽게 일어났어요!

这突然的一声喊叫吓了我一跳。 `관형어`
이 갑작스러운 고함소리가 나를 깜짝 놀라게 했어요.

체크체크 ✓

문장에 들어갈 알맞은 단어를 골라 체크해 보세요.

		忽然	突然
예시	他抱着小狗走到门口，＿＿＿想起妈妈不允许他在家里养小动物。	✓	✓
(1)	消息来得太＿＿＿了，我完全没有准备。	☐	☐
(2)	这是一个＿＿＿的变化，我们谁也没想到。	☐	☐
(3)	有个铁路工人＿＿＿就辞了职，买帆船出海了，你听说了吗?	☐	☐

실력다지기

1. 보기에서 알맞은 단어를 골라 빈칸에 써 보세요.

| 보기 | 尽力 | 片面 | 确定 | 善于 | 寻找 | 不要紧 |

(1) 他在四处_____，但至今仍然没有结果。

(2) 不能这样_____地看问题，而要多方面地考虑。

(3) 你_____他就是我们要找的那位英雄吗?

(4) 我们班有个同学被车撞了，还好伤得不重，_____。

(5) 她很爱护学生，也很_____教育他们。

(6) 别难过了，虽然成绩不理想，但你已经_____了。

2. 제시된 두 단어를 보고 빈칸에 알맞은 것을 골라 보세요.

(1) A 摸　　B 摇

每天我一回家，可爱的小狗就_____着尾巴冲我跑过来。

(2) A 反应　　B 反映

对我们提出的意见，老板还没有做出_____。

(3) A 继续　　B 连续

我真的需要休息了，我已经_____工作20个小时了。

(4) A 唉　　B 哎

_____，我想到了一个办法，你们看看行不行。

3. 괄호 안의 단어가 들어갈 알맞은 위치를 골라 보세요.

(1) 他___A___没回家，肯定是___B___公司有事，你___C___着什么___D___急！　　（瞎）

(2) ___A___半夜里，___B___他___C___睡着睡着___D___坐了起来。　　（忽然）

(3) 这么___A___美丽的___B___图画竟然是用___C___绳子___D___做的！　　（根）

(4) 他们___A___去两个___B___不同的城市做社会调查，想了解___C___南方和北方___D___不同的风俗！　　（分别）

4. 제시어를 이용하여 본문의 내용을 자신의 말로 이야기해 보세요.

(1) 본문 내용: 盲人摸象

> 瞎、分别、摸、片面、结论

(2) 본문 내용: 精诚所至，金石为开

> 打猎、忽然、不要紧、射、确定、吃惊、连续、硬、打动

실력향상 플러스

활을 쏠 때 우리는 목표물을 정확하게 겨눠야 합니다. 이 목표물을 옛날에는 '적(的 dì)'이라고 불렀는데 이것이 바로 '목적(目的)'의 '적'입니다. 그리고 화살은 '시(矢 shǐ)'라고 했는데, 이를 합쳐서 '과녁을 보고 화살을 쏘다'라는 뜻인 '有的放矢(yǒu dì fàng shǐ)'라는 성어가 만들어졌지요. 이 성어는 목표를 정하고 일을 한다는 뜻입니다. 또한 실현 가능한 목표를 세우는 것도 중요한 일입니다. 화살이 날아가는 거리에는 한계가 있으니, 목표를 잘 세웠다 할지라도 목표점이 너무 멀리 있다면 도달할 수 없겠지요.

토론하기

凡事应有的放矢

1 你学习过射箭吗？应该怎么做才能更容易射中目标？
2 在学习、工作或者生活中，我们同样需要有目标，你的目标是什么？
3 你觉得给自己确定什么样的目标才是最合适的？

- 凡 fán 부 모두
- 目标 mùbiāo 명 목표

작문하기

请以"有的放矢"为题，谈一谈你对做事情时态度和目标的看法。尽量用上本课所学的生词，字数不少于100字。

UNIT 03 **倾听故事** 옛이야기를 귀담아듣다

"朝三暮四"的古今义
'조삼모사'의 고금 의미

미리보기

1 중국어에는 옛 뜻과 현재의 뜻이 다른 어휘들이 많이 있습니다. 다음 어휘의 옛 뜻을 살펴보고 현재의 뜻을 써 보세요.

词语	古义	今义
菜	只指蔬菜， 不包括肉类、蛋类。	
走	原来指的是小跑。	

2 '朝三暮四(조삼모사)' 이야기를 알고 있나요? 본문을 학습하기 전에 아는 대로 이야기해 보세요.

"朝三暮四"的古今义

739字

　　成语是汉语中非常有特点的一部分词汇。成语有固定的结构，不能随便更改；它的意义是整体性的，不是每个字意思的简单相加，而是综合起来表达一个完整的意思。

　　一般来说，成语的意义也是稳定的，很少发生变化，比如我们学过的"盲人摸象"和"精诚所至，金石为开"。但也有古今不同的，像我们今天要学习的"朝三暮四"。

　　中国古代有一位哲学家，在他的书中讲了这样一个寓言故事：

　　从前有位老人，喂养了一群猴子当宠物。相处久了，彼此居然可以从表情、声音和行为举止中了解对方的意思。

　　猴子太多，每天要吃大量的瓜果、蔬菜和粮食。然而，一个普通的家庭，财产不多，哪有那么大的财力满足一群猴子对食物的长期需要呢？老人甚至必须减少家人的消费，好节省些食物拿去喂养猴子。他注意到该限制猴子的食量了。

　　问题是，猴子不像猪、狗，吃不饱时仅仅只是叫叫，它们如果得不到好的待遇，就会像一群调皮的孩子，经常跟人淘气。

老人的朋友送给他很多橡子，这是一种猴子爱吃的果实。在其他粮食不足的情况下，用橡子喂猴子倒是个办法。于是老人对猴子们说："今后你们除了吃馒头，还可以再吃一些橡子。我早上给你们三颗，晚上给四颗。"

猴子们似乎只弄懂了主人前面说的一个"三"，觉得自己吃了亏，一个个立起身子跳来跳去，对着老人大喊大叫地发脾气。

老人见猴子们不接受，就换了一种方式，安慰它们说道："要不这样吧，既然你们觉得少，那就改成每天早上四颗，晚上三颗，这样总够了吧？"

猴子把主人前面说的一个"四"当成全天多得了的橡子，所以马上安静下来，显得格外开心。老人看着这情景，哈哈地笑了。

哲学家用这个故事告诉人们，不要太关心生死、得失，因为到最后我们会发现没有失去什么，也没有得到什么。不过，发展到今天，"朝三暮四"这个成语的意义已经完全改变了。你知道它现在是什么意思吗？

어휘익히기

* 朝三暮四 zhāosān-mùsì 조삼모사. 아침에 세 개, 저녁에 네 개를 준다는 뜻의 성어로, 이랬다저랬다 변덕을 부려 갈피를 잡을 수 없음을 비유함

词汇 cíhuì 명 어휘

固定 gùdìng 형 고정적이다 동 고정시키다

结构 jiégòu 명 구조, 격식

整体 zhěngtǐ 명 전체

综合 zōnghé 동 종합하다

完整 wánzhěng 형 완벽하다, 완전하다

* 哲学家 zhéxuéjiā 명 철학자
▶ 哲学 zhéxué 명 철학

* 寓言 yùyán 명 우언, 이야기

* 喂养 wèiyǎng 동 키우다, 양육하다, 사육하다

群 qún 양 무리, 단체

猴子 hóuzi 명 원숭이

宠物 chǒngwù 명 애완동물

相处 xiāngchǔ 동 함께 지내다, 함께 살다

彼此 bǐcǐ 대 피차, 서로

表情 biǎoqíng 명 표정

行为 xíngwéi 명 행위

* 举止 jǔzhǐ 명 행동거지, 거동

对方 duìfāng 명 상대방

* 瓜果 guāguǒ 명 과일

蔬菜 shūcài 명 채소

粮食 liángshi 명 곡물, 곡식, 양식

家庭 jiātíng 명 가정

财产 cáichǎn 명 재산

消费 xiāofèi 동 소비하다

节省 jiéshěng 동 아끼다, 절약하다

限制 xiànzhì 동 제한하다

猪 zhū 명 돼지

调皮 tiáopí 형 장난스럽다, 말썽을 피우다

淘气 táoqì 형 장난이 심하다 동 성가시게 하다

* 橡子 xiàngzi 명 도토리

果实 guǒshí 명 과실, 열매

不足 bùzú 형 부족하다 동 만족시키지 못하다

倒 dào 부 오히려, 도리어

馒头 mántou 명 소가 없는 찐빵

颗 kē 양 알, 방울 [둥글고 작은 알맹이 모양과 같은 것을 세는 데 쓰는 단위]

似乎 sìhū 부 마치 ~인 것 같다

吃亏 chī kuī 동 손해를 보다

方式 fāngshì 명 방식

安慰 ānwèi 동 위로하다

要不 yàobu 접 아니면, 그렇지 않으면

显得 xiǎnde 동 ~처럼 보이다

格外 géwài 부 매우

情景 qíngjǐng 명 광경, 장면

哈 hā 의성 하하 [웃음 소리]

失去 shīqù 동 잃다, 잃어버리다

포인트 짚어보기

▶ 倒

부사 '倒'는 '오히려', '도리어'라는 뜻으로, 일반적인 상황과 반대됨을 뜻합니다.

在其他粮食不足的情况下，用橡子喂猴子倒是个办法。
다른 양식이 부족한 상황에서 원숭이에게 도토리를 먹이는 것이 도리어 하나의 방법이 될 수 있었다.

少年不解地问：“怎么勇敢反倒成为缺点了？”
소년은 이해하지 못했다는 듯이 물었다. "어떻게 용감함이 오히려 단점이 될 수 있는 거죠?"

'倒'는 생각지도 못했음을 나타낼 때도 쓸 수 있습니다.

有这样的人？我倒要认识认识。
이런 사람이 있어요? 오히려 알고 지내야겠네요.

小刘租的房子虽然很小，不过收拾得倒还干净。
샤오리우가 빌린 방은 비록 작긴 해도, 정리가 오히려 깔끔하게 되어 있다.

'倒'는 양보 관계를 나타내는데, 앞 절에 '倒'를 먼저 써서 긍정을 나타낸 후 뒷 절에 다른 의견을 제시합니다.

质量倒是挺好，就是价格太贵了。
품질은 좋긴 한데, 가격이 너무 비싸네요.

我倒是很愿意参加这次活动，就是暂时无法确定是否有时间。
나는 이번 행사에 참가하고 싶긴 한데, 시간이 있을지 없을지 임의로 결정을 내릴 수가 없어요.

'倒'는 귀찮은 듯이 묻거나 재촉할 때 쓸 수 있습니다.

你究竟去还是不去？倒是说句话呀！
너 도대체 가는 거야, 안 가는 거야? 말을 좀 해 봐!

你倒是说说看，这件事你不负责谁负责？
네가 말 좀 해 봐. 이번 일 네가 책임지지 않으면 누가 책임지겠니?

연습해보기

괄호 안의 단어를 이용하여 문장을 완성해 보세요.

(1) A 你觉得这套房子装修得怎么样？
    B _____ 。(倒)

(2) _____ ，做起来可就难了。(倒)

(3) A _____ 。(倒)
    B 着什么急啊？再等两分钟，马上就好了。

⊙ ……来……去

'……来……去'를 쓰면 동작이 여러 번 반복됨을 나타냅니다. '来'와 '去' 앞에는 동사가 오는데 일반적으로 같은 동사가 반복되거나 비슷한 뜻의 동사가 옵니다.

小狗追着自己的尾巴，在草地上跑来跑去。 강아지가 자신의 꼬리를 쫓으며 풀밭에서 이리저리 뛰어다닌다.

他们研究来讨论去，还是没找出原因。 그들은 이리저리 연구하고 토론했지만, 원인을 아직 찾지 못했다.

연습해보기

괄호 안의 단어를 이용하여 문장을 완성해 보세요.

(1) 他的手机不见了，很着急，_____。（……来……去）

(2) 公园里，_____。（……来……去）

(3) A 怎么帮他把丢掉的手机找回来，你有办法了吗?
　　B _____。（……来……去）

⊙ 要不

접속사 '要不'는 '要不然'과 같은 뜻으로 '만약 ~하지 않으면'이라는 뜻입니다. '要不(然)'은 주로 뒤 절의 주어 앞에 놓입니다.

老太太说："4块，要不我不买。" 할머니께서 말씀하셨다. "4위안, 아니면 안 사."

还好碰见你了，要不然我今天肯定要迟到了。 너를 만나서 다행이지. 그렇지 않았으면 나는 오늘 분명히 지각했을 거야.

'要不(然)'은 또 다른 선택 사항을 제안할 때도 쓸 수 있습니다.

今天太晚了，要不你明天再走吧。 오늘은 너무 늦었어. 아니면 내일 가든지.

要不这样吧，既然你们觉得少，那就改成每天早上四颗，晚上三颗，这样总够了吧?
아니면 이렇게 하자. 이왕 너희가 적다고 생각하니까 매일 아침에 4알, 저녁에 3알로 바꾸는 거야. 이렇게 하면 충분하겠지?

연습해보기

괄호 안의 단어를 이용하여 문장을 완성해 보세요.

(1) 谢谢你昨晚给我发了个短信，_____。（要不）

(2) A 后天我们打算去中国朋友家过除夕，你有什么计划?
　　B _____。（要不）

(3) A _____?（要不）
　　B 我都行，看你什么时候方便吧。

꼭 알아야 할 호응 구조

동사 + 목적어 구조

限制 제한하다
- 限制数量 수량을 제한하다
- 限制年龄 연령을 제한하다
- 限制发展 발전을 제한하다

显得 보이다
- 显得很健康 건강해 보이다
- 显得格外高兴 매우 즐거워 보이다
- 显得更加美丽 더욱 아름다워 보이다

관형어 + 피수식어 구조

固定(的) 고정적
- 固定(的)结构 고정적 구조
- 固定(的)职业 고정적 직업
- 固定(的)收入 고정적 수입
- 固定(的)座位 고정적 자리
- 固定(的)地点 고정적 지점
- 固定(的)消费群体 고정적 소비층

消费 소비하다
- 消费量 소비량
- 消费群体 소비층
- 消费习惯 소비 습관
- 消费水平 소비 수준
- 消费标准 소비 표준

부사어 + 술어 구조

完整地 완벽하게, 온전하게
- 完整地叙述 완벽하게 서술하다
- 完整地取出来 온전하게 꺼내다
- 完整地保留下来 온전하게 보류하다

• 保留 bǎoliú 동 보류하다

彼此 서로
- 彼此了解 서로 이해하다
- 彼此相爱 서로 사랑하다
- 彼此心照 서로 마음이 통하다

相处 함께 지내다
- 跟朋友相处 친구와 함께 지내다
- 跟家人相处 가족과 함께 지내다
- 友好相处 사이좋게 지내다
- 和睦相处 화목하게 지내다

• 和睦 hémù 형 화목하다

술어 + 보어 구조	
固定 고정시키다	固定一下 잠시 고정시키다 固定下来 계속 고정시키다 固定在…… ~에 고정시키다
节省 아끼다	节省一点儿 조금 아끼다 节省出来 아껴내다 节省下来 계속 아끼다

수량사 + 명사 구조	
一群 한 무리, 단체	一群猴子 원숭이 한 무리 一群鸟 새 한 무리 一群牛 소 한 무리 一群羊 양 한 무리 一群马 말 한 무리 一群人 한 무리의 사람 一群学生 한 무리의 학생
一颗 한 알	一颗葡萄 포도 한 알 一颗牙齿 치아 한 개 一颗星 별 하나 一颗心 하나의 마음

단어비교하기

彼此 vs 互相

★공통점★

'彼此'와 '互相' 모두 '서로'라는 뜻으로, 서로에게 동일한 행위가 있음을 나타냅니다.

我们彼此/互相都很了解对方。
우리는 서로 상대방을 잘 압니다.

★차이점★

1 '彼此'는 대사로 동사 앞에 주어로 쓰일 수 있습니다. '互相'은 부사이며 동사 앞에 쓰일 때 주어가 필요합니다.

相处久了，彼此居然可以从表情、声音和行为举止中了解对方的意思。
함께 지낸 지 오래되자, 놀랍게도 서로 표정, 목소리, 행동거지를 통해 상대방의 말뜻을 알게 되었습니다.

好朋友应该互相帮助。
좋은 친구는 반드시 서로 도와야 합니다.

2 '彼此'는 목적어나 관형어 역할을 할 수 있지만, '互相'은 목적어, 관형어 용법이 없습니다.

我们是最好的朋友，不分彼此。 목적어
우리는 가장 좋은 친구이며 서로를 구분 짓지 않아요.

我们彼此的爱好相同。 관형어
우리 서로의 취미는 같아요.

3 '彼此'는 중첩할 수 있으며 '서로 비슷하다'라는 뜻입니다. 반면 '互相'은 중첩이 불가능합니다.

咱们俩彼此彼此，我画得比你好不了多少。
우리 둘은 비슷비슷해. 내가 그린 것이 네 것보다 그리 훌륭하지 않아.

체크 체크

문장에 들어갈 알맞은 단어를 골라 체크해 보세요.

	彼此	互相
예시) 你们是姐妹，应该＿＿＿照顾。	✓	✓
(1) 对同一个问题，＿＿＿的认识不同，是很正常的事情。	☐	☐
(2) 我们是夫妻，各自除了孝顺自己的父母，也应该孝顺＿＿＿的父母。	☐	☐
(3) 现在是我们公司最困难的时候，大家应该＿＿＿支持，＿＿＿帮助。	☐	☐

08 "朝三暮四"的古今义

실력다지기

1. 보기에서 알맞은 단어를 골라 빈칸에 써 보세요.

> 보기   颗   群   安慰   似乎   限制   相处

(1) 希望我们能够友好_____，共同发展。

(2) 他最近心情不太好，事情_____办得不太顺利。

(3) 聚在电台门口的那_____人是干什么的？

(4) 她跟丈夫离婚后非常伤心，朋友们轮流来_____她。

(5) 小明昨天掉了一_____牙齿，这是他第一次换牙。

(6) 这次的作文不_____字数，你可以想写多少就写多少。

2. 제시된 두 단어를 보고 빈칸에 알맞은 것을 골라 보세요.

(1) A 固定   B 一定

我建议这几天我们应该把下周会议讨论话题的顺序_____下来。

(2) A 词   B 词汇

汉语的_____非常丰富，你得特别注意近义_____之间的区别。

(3) A 整体   B 完整

这篇文章_____上写得不错，有些小地方还要再改改。

(4) A 似乎   B 好像

这两个女孩儿关系非常好，_____亲姐妹一样。

3. 괄호 안의 단어가 들어갈 알맞은 위치를 골라 보세요.

(1) 从成为　A　大学同学以来，　B　他们就　C　相爱　D　了。　　　　　（彼此）

(2) 他输了这场比赛不是因为能力　A　不够　B　，而是因为　C　准备　D　。
　　　　　　　　　　　　　　　　　　　　　　　　　　　　　　　　　（不足）

(3) 　A　我　B　很想辞职，但是　C　我妻子　D　不支持我的想法。　　（倒是）

(4) 你已经　A　不错了，别老觉得自己好像　B　吃了　C　亏　D　似的！　（大）

4. 제시어를 이용하여 본문의 내용을 자신의 말로 이야기해 보세요.

(1) 본문 내용: 老人和猴子的关系

> 喂养，相处，彼此

(2) 본문 내용: 老人发现的问题

> 财产，粮食，限制，节省，淘气

(3) 본문 내용: 老人和猴子的交流

> 不足，倒，似乎，……来……去，要不，显得

실력향상 플러스

'朝三暮四'의 본래 뜻은 '朝三暮四'든 '朝四暮三'이든 실질적으로는 변화가 없어서, 얻는 것도 없고 잃는 것도 없다는 것이었습니다. 하지만 오늘날 이 성어는 '이랬다저랬다 변덕스럽다'라는 뜻으로 의미가 변하였고, 사람의 감정이 한결같지 않음을 묘사하는 말로 사용되기도 합니다. 이 성어를 통해 시간의 흐름과 사용 환경에 따라 어휘의 뜻이 점차 변한다는 사실을 알 수 있습니다. 이러한 현상은 모든 언어에서 나타나지요.

토론하기

词汇的语义变化

1 请调查一下汉语中词汇语义从古代到现代发生变化的情况，例如"菜""金""汤""走"等。

2 举一个你自己母语中词汇语义变化的例子。

3 你觉得了解这种语义变化现象对你的汉语学习有帮助吗？举例说明。

• 母语 mǔyǔ 명 모국어

작문하기

请以"'朝三暮四'的古与今"为题，谈一谈你对词汇语义变化的看法。尽量用上本课所学的生词，字数不少于100字。

UNIT 03 倾听故事 옛이야기를 귀담아듣다

别样鲁迅
루쉰의 또 다른 모습

미리보기

1. 사진 속 인물은 중국의 문학가 겸 사상가인 루쉰(鲁迅 Lǔ Xùn)입니다. 루쉰에 대해 아는 대로 이야기해 보세요.

照片里的人物是鲁迅，……

2. 친구와 만나면 종종 어디에 가서 무엇을 하는지 주변의 친구들과 이야기해 보고, 아래 표에 써 보세요.

	常去的地方	进行的活动
①		
②		
③		

别样鲁迅

652字

　　美食很大一部分是靠名人推动的,这一点在民国时期表现得尤其突出。例如著名的文学家鲁迅,在吃喝这件事上,就算是个地道的行家,不但会吃,还会亲自动手做,对许多美食都有独特的见解。这是近代新时尚。

　　北京是鲁迅长期生活过的城市,仅从这一时期鲁迅写作的日记中,我们发现他去过的知名餐馆就有65家,另外,他还很爱吃稻香村的点心。作为大作家、大学问家,鲁迅对吃很讲究,吃的内容在他的日记里占了很大一部分。在众多餐馆里,鲁迅去得最多、最喜欢的是广和居,平均每周都要去一次。

　　鲁迅经常到这家店的一个重要原因是距离近,广和居的大门就在他当时住的胡同的斜对面。位于菜市口附近的广和居是北京"八大居"之首,在民国时期非常出名。广和居算不上豪华,但却很适合朋友在这里聚会、热闹。这里特别欢迎文人的光临,为他们的聚会创造了很好的条件。广和居院里分成大小不同的各种房间，有一个人的，有三五人小聚的，也有十多个人大聚会的。这大大满足了鲁迅爱和朋友吃饭的要求。他爱好交际，大方好客，常呼朋唤友，多数是三五个人一起吃，有时甚至会直接让广和居送外卖到家里，在家招待朋友。当然最重要的还是因为广和居有鲁迅喜欢的菜。那里的菜既有高档的，也有适合普通百姓的，样样都让人有胃口。

鲁迅也爱喝酒，虽然明明知道自己有胃病，不应该喝酒，但却很难戒掉。他是每顿饭必喝酒的人。现在保存的历史资料记载，他和郁达夫一起喝酒的次数最多。鲁迅酒量不大，经常喝醉，而且在喝酒的过程中烟不离手。郁达夫在1933年曾经作诗形容他："醉眼蒙眬上酒楼，彷徨呐喊两悠悠"，描写得十分形象。

改编自《民国吃家》

어휘 익히기

* 推动 tuī dòng 동 추진하다, 촉진하다
  表现 biǎoxiàn 동 나타내다, 보여주다 명 표현
  突出 tūchū 형 돋보이다, 두드러지다
* 文学家 wénxuéjiā 명 문학가
▶ 文学 wénxué 명 문학
  算 suàn 동 ~로 간주하다, ~인 셈 치다
  地道 dìdao 형 정통의, 진짜의, 본고장의
* 行家 hángjia 명 전문가
  亲自 qīnzì 부 직접, 몸소, 친히
* 见解 jiànjiě 명 견해, 의견
  近代 jìndài 명 근대 [1840년 아편전쟁부터 1919년 5.4운동까지의 기간]
  时尚 shíshàng 명 패션, 유행
  写作 xiězuò 동 작문하다, 글을 쓰다
  点心 diǎnxin 명 간식, 디저트
  作为 zuòwéi 동 ~으로 하다, ~으로 여기다
          개 ~의 신분·자격으로서
  学问 xuéwen 명 학문, 지식
  讲究 jiǎngjiu 동 중요시하다, 염두에 두다
             형 정교하다, 꼼꼼하다
             명 의의, 따져볼 만한 것
  平均 píngjūn 형 평균적이다
  胡同 hútòng 명 골목, 후통 [중국의 전통 골목]
  位于 wèiyú 동 ~에 위치해 있다
  首 shǒu 명 먼저, 처음
  豪华 háohuá 형 호화롭다
  光临 guānglín 동 왕림하다, 방문하다
  创造 chuàngzào 동 창조하다, 새롭게 만들다
  交际 jiāojì 명 교제, 사교
  大方 dàfang 형 대범하다

  好客 hàokè 동 손님 접대를 좋아하다
* 呼朋唤友 hūpéng-huànyǒu 친구들을 초대하여 즐거운 시간을 보내다
* 外卖 wàimài 명 배달 음식
  招待 zhāodài 동 접대하다, 초대하다
  高档 gāodàng 형 고급의, 고가의
  胃口 wèikǒu 명 입맛, 구미, 식욕
* 明明 míngmíng 부 분명히
  胃 wèi 명 위 [신체 부위]
  戒 jiè 동 끊다, 중단하다
  保存 bǎocún 동 보존하다
  资料 zīliào 명 자료
  曾经 céngjīng 부 일찍이
  形容 xíngróng 동 형용하다, 묘사하다
* 蒙眬 ménglóng 형 몽롱하다, 흐리멍덩하다
* 悠悠 yōuyōu 형 유구하다, 유유하다
  形象 xíngxiàng 형 구체적이다, 생동감 있다

고유 명사

鲁迅 Lǔ Xùn 루쉰 [1881년~1936년, 중국의 문학가 겸 사상가]

民国 Mínguó 중화민국 ['中华民国 Zhōnghuá Mínguó'의 준말, 1912년~1949년]

稻香村 Dàoxiāngcūn 따오시앙춘 제과점

广和居 Guǎnghéjū 광허쥐 음식점

菜市口 Càishìkǒu 차이스커우 [베이징의 지명]

郁达夫 Yù Dáfū 위다푸 [1896년~1945년, 중국의 소설가]

彷徨 Pánghuáng 『방황』[루쉰의 작품명]

呐喊 Nàhǎn 『외침』[루쉰의 작품명]

포인트 짚어보기

▶ 算

동사 '算'은 '~로 간주하다', '~인 셈 치다'라는 뜻입니다.

这钱就算我借给你的，将来你有了的时候再还我。
이 돈은 제가 당신에게 빌려주는 걸로 하죠. 이후에 (돈이) 생기면 그때 갚아요.

'算' 뒤에 '了'를 써서 '그만두다', '더 이상 따지지 않다'라는 뜻을 나타낼 수 있습니다.

不就是一个空瓶子吗？扔掉算了。
그냥 빈 병이잖아요? 그냥 버려요.

算了吧，你跑得再快，也追不上会飞的鸟啊。
그만둬. 네가 아무리 빨리 뛰어도 나는 새를 쫓을 수는 없어.

연습해보기

괄호 안의 단어를 이용하여 문장을 완성해 보세요.

(1) 从我家去公司，坐几站地铁就到了，_____。（算）

(2) A 后天是孩子的生日，你打算怎么表示一下呀？
    B _____。（算）

(3) A 电影几点开始？吃完饭再去，时间是不是有点儿紧张啊？
    B _____。（算了）

▶ 作为

동사 '作为'는 '~으로 삼다', '~으로 여기다'라는 뜻입니다.

北海公园离家最近，所以我把那儿作为每晚散步的去处。
베이하이 공원은 우리 집에서 제일 가깝다. 그래서 나는 그곳을 매일 저녁 산책하는 장소로 삼았다.

经理要请我去吃顿饭，说是作为我加班的表扬。
팀장님이 나에게 밥을 사주신다는데, 내가 야근한 것에 대한 칭찬으로 삼는 거라고 하셨다.

'作为'는 개사로도 쓰여 '~로서'라는 뜻을 나타냅니다. 사람의 신분 혹은 사물의 성질을 이끌어 낼 때 쓸 수 있습니다.

作为大作家、大学问家，鲁迅对吃很讲究，吃的内容在他的日记里占了很大一部分。
대문호이자 위대한 학자로서 루쉰은 먹는 것을 중요하게 여겼는데, 먹은 내용이 그의 일기의 대부분을 차지했다.

西红柿是世界上种植非常普遍的蔬菜，中国作为主要生产国之一也在扩大它的种植面积。
토마토는 세계에서 가장 보편적으로 재배되는 채소이다. 중국은 주요 생산국 중의 하나로서 토마토의 재배 면적을 확대하고 있다.

• 种植 zhòngzhí 동 재배하다   • 扩大 kuòdà 동 확대하다
• 面积 miànjī 명 면적

> **연습해보기**

괄호 안의 단어를 이용하여 문장을 완성해 보세요.

(1) _____，治病救人是我们的职责。（作为）

(2) A 你做的面包比外边卖的都好吃，你真应该开个店。
　　B 我喜欢现在的工作，_____。（作为）

(3) A 小明每天从早忙到晚，又是学游泳，又是弹钢琴，可学习成绩下降了很多。
　　B _____。（作为）

曾经

부사 '曾经'은 '일찍이'라는 뜻으로, 예전부터 어떤 행위가 있었거나 어떤 상황이 출현한 적이 있음을 나타냅니다.

鲁迅曾经说他是将别人喝牛奶、咖啡的时间用来学习。
루쉰은 일찍이 그가 다른 사람들이 우유나 커피를 마시는 시간에 공부를 했다고 말한 적이 있다.

孔子曾经带着学生周游各国14年，传播他的思想。
공자는 일찍이 학생들을 데리고 14년 동안 각 나라를 돌아다니면서 그의 사상을 전파했다.

• 周游 zhōuyóu 동 여러 곳을 돌아다니다
• 传播 chuánbō 동 널리 퍼뜨리다, 전파하다

> **연습해보기**

괄호 안의 단어를 이용하여 문장을 완성해 보세요.

(1) A 你和李阳好像很熟啊，你们以前就认识？
　　B 对，_____。（曾经）

(2) A 你来北京才半年，汉语怎么说得这么好？
　　B 哦，是这样的，_____。（曾经）

(3) A _____。（曾经）
　　B 真的吗？我最近也迷上了摄影，以后遇到问题可以请教他了。

꼭 알아야 할 호응 구조

동사 + 목적어 구조

讲究 중요시하다
- 讲究吃 먹는 것을 중요시하다
- 讲究穿 입는 것을 중요시하다
- 讲究卫生 위생을 중요시하다
- 讲究方法 방법을 중요시하다

戒 끊다
- 戒酒 술을 끊다
- 戒烟 담배를 끊다
- 戒零食 군것질을 끊다

• 零食 língshí 명 군것질

관형어 + 피수식어 구조

地道的 정통의
- 地道的普通话 정통의 현대 중국 표준어
- 地道的北京人 베이징 본토 사람
- 地道的北京小吃 정통의 베이징 먹거리

高档(的) 고가의, 고급
- 高档(的)礼品 고가의 선물
- 高档(的)家居 고가의 가구
- 高档酒店 고급 호텔
- 高档(的)服装 고급 의상

• 服装 fúzhuāng 명 의상, 복장

술어 + 보어 구조

算 ~인 셈 치다
- 算得上 ~할 수 있는 셈 치다
- 算不上 ~못하는 셈 치다

保存 보존하다
- 保存几百年 몇백 년 동안 보존하다
- 保存完好 온전하게 보존하다
- 保存至今 지금까지 보존하다

수량사 + 명사 구조

一首 한 곡, 수
- 一首歌 노래 한 곡
- 一首诗 시 한 수

胡同 골목
- 一条胡同 골목 하나
- 一个胡同 골목 하나

주어 + 술어 구조	
表现 표현, 태도, 활약	表现(很)好　태도가 (매우) 좋다 表现突出　활약이 돋보이다 表现稳定　표현이 안정적이다 表现积极　태도가 적극적이다 表现差　행실이 나쁘다
形象 생동감 있다	描写(很)形象　묘사가 (매우) 생동감 있다

단어비교하기

亲自 vs 自己

★공통점★

'亲自'와 '自己' 모두 자기 자신을 가리킵니다.

鲁迅不但会吃，还会亲自/自己动手做。
루쉰은 먹을 줄 알 뿐만 아니라 본인이 요리를 할 줄도 알았다.

• 动手 dòng shǒu 동 시작하다, 착수하다

★차이점★

1 '亲自'는 부사이며 주어와 동사 사이에 쓰입니다. '自己'는 대사이며 주어, 목적어, 관형어 역할을 할 수 있습니다.

老人总是亲自喂养他的猴子。 [부사어]
노인은 항상 자신이 직접 그의 원숭이를 먹였다.

婚姻是否幸福，自己最清楚。 [주어]
결혼이 행복한지 아닌지, 자기 자신이 가장 잘 안다.

自知，就是要认识自己、了解自己。 [목적어]
자기를 안다는 것은, 바로 자신을 인식하고 자신을 잘 이해하는 것이다.

请大家带好自己的资料。 [관형어]
모두들 자신의 자료를 잘 챙기세요.

2 '亲自'는 일반적으로 신분이나 지위가 비교적 높은 사람에게 쓰거나 평소에 잘 하지 않는 일에 주로 쓰입니다. '自己'는 어떤 동작을 끝맺는 이가 다른 사람이 아닌 자기 자신임을 강조할 때 쓰입니다.

这份礼物是市长亲自为生病的小孩儿做的。
이 선물은 시장님이 친히 병에 걸린 아이들을 위해 만든 것입니다.

你应该自己努力学习，不能总是靠别人。
너는 스스로 열심히 공부해야지, 항상 다른 사람에게 의지할 수는 없어.

문장에 들어갈 알맞은 단어를 골라 체크해 보세요.

	亲自	自己
예시) 这是你____的事，应该____做。	✗	✓
(1) 今年我的业绩全公司第一，新年晚会上，总裁____给我发了奖金。	☐	☐
(2) 希望您能____来参加这次活动。	☐	☐
(3) 每个学生都有____的性格特点和兴趣爱好，因此老师在教育学生时应该注意选择合适的方法。	☐	☐

실력다지기

1. 보기에서 알맞은 단어를 골라 빈칸에 써 보세요.

> 보기: 戒　　首　　保存　　地道　　讲究　　形象

(1) 著名的文学家、语言学家刘半农1920年写了一_____题为《教我如何不想她》的小诗，流传至今。

(2) 筷子是中餐最主要的进餐用具，在使用上也有很多_____。

(3) 你咳嗽得这么厉害，真得_____烟了！

(4) 作为一家北京的川菜馆，能做出如此_____的麻婆豆腐真是不容易。

(5) 新鲜的葡萄不易_____，因此其价格也比较高。

(6) 公司这次要求招聘_____好的职员。

2. 제시된 두 단어를 보고 빈칸에 알맞은 것을 골라 보세요.

(1) A 表达　　B 表现

他平时成绩一般，但在今晚的比赛中_____得很突出。

(2) A 近代　　B 现代

我对从1840年到1919年的中国_____历史很感兴趣。

(3) A 胃　　B 胃口

我今天_____不太舒服，所以没什么_____。

(4) A 曾经　　B 已经

人们_____把西红柿当作有害的果子。

3. 괄호 안의 단어가 들어갈 알맞은 위치를 골라 보세요.

(1) 这事你找我 ___A___ 商量 ___B___ 找对人 ___C___ 了，这方面我可懂得 ___D___ 不少。 （算）

(2) 我 ___A___ 听说总理 ___B___ 将 ___C___ 参加这次活动 ___D___ 。 （亲自）

(3) 请写下与你 ___A___ 关系最 ___B___ 亲近的六个朋友，记下他们每个人的睡眠时间，然后 ___C___ 算出他们睡眠时间的 ___D___ 数。 （平均）

(4) ___A___ 这 ___B___ 怎么 ___C___ 是个缺点呢？ ___D___ 是个优点呀！ （明明）

4. 제시어를 이용하여 본문의 내용을 자신의 말로 이야기해 보세요.

(1) 본문 내용: 鲁迅与美食

> 算、亲自、作为、讲究

(2) 본문 내용: 广和居

> 平均、位于、光临、交际、招待、胃口

(3) 본문 내용: 鲁迅与酒

> 胃病、戒、保存、曾经、形象

실력향상 플러스

  루쉰(鲁迅, 1881년~1936년)은 저장성(浙江省) 샤오싱(绍兴) 사람으로, 본명은 저우수런(周树人 Zhōu Shūrén)입니다. '루쉰'은 그의 필명으로, 1918년 5월에 발표한 첫 번째 백화(白话) 소설 『광인일기(狂人日记)』에서 사용하기 시작했습니다. 그는 일찍이 일본에서 의학을 공부했으나, 후에는 문학 창작에 몰두했습니다. 루쉰은 중국 현대 문학사에서 특별한 지위를 가지며, 영향력이 매우 큰 인물입니다. 그의 작품 사상은 심오하고, 마치 펜을 무기 삼아 전쟁을 하듯이 날카롭고 비판적입니다. 본문에서 언급된 『외침(呐喊)』과 『방황(彷徨)』은 그의 소설집입니다.

토론하기

我喜欢的一位名人

1 你喜欢的这位名人是谁？简单介绍一下有关他/她的情况。
2 你如何评价他/她？你喜欢他/她的理由是什么？
3 你觉得他/她对你有影响吗？有什么影响？

작문하기

请以"我喜欢的一位名人"为题，介绍一位你熟悉的著名人物。尽量用上本课所学的生词，字数不少于100字。

주제별로 익히는 HSK 5급 어휘 ③

언어
语言 yǔyán 몡 언어 | 声音 shēngyīn 몡 목소리, 음성 | 声调 shēngdiào 몡 성조
语气 yǔqì 몡 말투 | 文字 wénzì 몡 문자 | 字母 zìmǔ 몡 자모 | 词汇 cíhuì 몡 어휘
词语 cíyǔ 몡 단어와 어구 | 句子 jùzi 몡 문장 | 成语 chéngyǔ 몡 성어 | 词典 cídiǎn 몡 사전
汉语 Hànyǔ 몡 중국어 | 中文 Zhōngwén 몡 중국어 | 普通话 pǔtōnghuà 몡 현대 중국 표준어
拼音 pīnyīn 동 표음 문자로 표기하다 | 语法 yǔfǎ 몡 어법 | 标点 biāodiǎn 몡 문장 부호
疑问 yíwèn 몡 의문 | 否定 fǒudìng 동 부정하다 | 省略 shěnglüè 동 생략하다

음식
食物 shíwù 몡 음식물 | 粮食 liángshi 몡 곡물, 양식 | 蔬菜 shūcài 몡 채소 | 豆腐 dòufu 몡 두부
辣椒 làjiāo 몡 고추 | 花生 huāshēng 몡 땅콩 | 土豆 tǔdòu 몡 감자 | 玉米 yùmǐ 몡 옥수수
馒头 mántou 몡 소가 없는 찐빵 | 海鲜 hǎixiān 몡 해산물 | 香肠 xiāngcháng 몡 소시지
桃 táo 몡 복숭아 | 葡萄 pútao 몡 포도 | 桔子 júzi 몡 귤 | 果汁 guǒzhī 몡 과일 주스
咖啡 kāfēi 몡 커피 | 啤酒 píjiǔ 몡 맥주 | 牛奶 niúnǎi 몡 우유 | 米饭 mǐfàn 몡 쌀밥
面包 miànbāo 몡 빵 | 面条 miàntiáo 몡 국수 | 饼干 bǐnggān 몡 과자, 비스킷 | 糖 táng 몡 사탕
烤鸭 kǎoyā 몡 오리 구이

사회
经济 jīngjì 몡 경제 | 政治 zhèngzhì 몡 정치 | 外交 wàijiāo 몡 외교 | 国际 guójì 형 국제적인
道德 dàodé 몡 도덕 | 传统 chuántǒng 몡 전통 | 风俗 fēngsú 몡 풍습 | 制度 zhìdù 몡 제도
秩序 zhìxù 몡 질서 | 权力 quánlì 몡 권력 | 权利 quánlì 몡 권리 | 义务 yìwù 몡 의무
文明 wénmíng 몡 문명 | 人口 rénkǒu 몡 인구 | 集体 jítǐ 몡 단체 | 交际 jiāojì 동 교제하다
交流 jiāoliú 동 교류하다 | 沟通 gōutōng 동 소통하다

빈칸에 들어갈 알맞은 어휘를 골라 넣어 보세요.

(1) 写文章的时候, 不用在每个句子里都用"我", 前面已经有了, 后面就可以 _____ 了。

(2) 我不太能吃辣, 麻烦你做菜时少放点儿 _____。

(3) 每一个学龄儿童都有受教育的 _____。

(4) 乘车、购物要排队, 好的公共 _____ 需要我们每个人的努力。

※ 정답은 뒷장에 있습니다.

해석 및 어휘

(1) 글을 쓸 때 문장마다 '나'를 쓸 필요가 없다. 앞에 이미 있다면 뒤에는 생략해도 된다.

(2) 저는 매운 걸 잘 못 먹으니, 죄송하지만 요리하실 때 고추는 조금만 넣어주세요.

(3) 취학 연령의 모든 아동들은 교육을 받을 권리가 있다.
- 学龄 xuélíng 명 취학 연령

(4) 차를 타거나 쇼핑을 할 때는 줄을 서야 한다. 바람직한 공공질서는 모든 사람의 노력을 필요로 한다.

정답

(1) 省略　　(2) 辣椒　　(3) 权利　　(4) 秩序

UNIT 04 走近科学 과학에 접근하다

争论的奇迹
논쟁의 기적

미리보기

1 보기의 제시어를 사용하여 사진 속 말의 모습을 묘사해 보세요.

| 보기 | 匹(pǐ 필) 奔跑(bēnpǎo 달리다) 蹄子(tízi 발굽) 着地(zháo dì 착지하다) |

这是一位摄影师拍的照片，……

---

2 손 동작과 관련된 어휘를 빈칸에 써 보고, 각각의 뜻을 말해 보세요.

본문 새 어휘   拍(pāi 촬영하다), 插(chā 꽂다), 拦(lán 막다)

그 외 어휘

争论的奇迹

573字

　　1872年的一天，在美国加利福尼亚州的一个酒店里，斯坦福与科恩围绕"马奔跑时蹄子是否着地"进行了辩论。斯坦福认为，马奔跑得那么快，在跳起时四蹄应该都是不落地的；而科恩认为，马要是四蹄都不着地，那不是成了青蛙啦？应该是始终有一蹄着地。两人各执一词，争论得脸红脖子粗，谁也说服不了谁。于是他们就请英国摄影师麦布里奇来判断，可麦布里奇也弄不清楚。不过摄影师毕竟是摄影师，主意还是有的。他们一起来到一个操场，在一条跑道的一边等距离放上24个照相机，照相机对准跑道；在跑道另一边打24个洞，分别插进24根木棍，木棍上系着细线，细线穿过跑道，接上相机快门。

　　一切都准备好了，麦布里奇让一匹马从跑道的一头飞奔到另一头，马一边跑，一边按顺序撞断拦路的24根细线，相机连续拍下了24张相片，相邻两张相片的差距都很小。相片显示：马奔跑时始终有一蹄着地，科恩赢了。

事后，有人无意识地快速拉动那一长串相片，"奇迹"出现了：各张相片中静止的马连成了一匹运动的马，相片"活"了。这就是电影最早的样子。

　　经过艰苦的试验，电影拍摄技术逐渐改进、成熟。1895年12月28日，法国人卢米埃尔兄弟在巴黎第一次向公众播放了短片《火车到站》，这一天后来成为电影产生的纪念日，兄弟俩也成为历史上最早的电影导演。

　　留心生活的每一瞬间，并为之争论，适时请求帮助、认真研究，或许重大发现就在你的眼前。

改编自《小故事，大道理》

어휘 익히기

🔊 10-02

争论 zhēnglùn 동 논쟁하다

奇迹 qíjì 명 기적

围绕 wéirào 동 ~을 둘러싸다, ~을 중심에 두다

* 奔跑 bēnpǎo 동 달리다, 뛰다

* 蹄(子) tí(zi) 명 발굽

* 着地 zháo dì 착지하다

辩论 biànlùn 동 논쟁하다, 토론하다

* 青蛙 qīngwā 명 개구리

始终 shǐzhōng 부 시종일관, 처음부터 끝까지

* 各执一词 gèzhí-yìcí 각자 자기의 의견을 주장하고 양보하지 않다

脖子 bózi 명 목

说服 shuōfú 동 설득하다

* 摄影师 shèyǐngshī 명 사진사, 촬영 기사

▶ 摄影 shèyǐng 동 촬영하다

毕竟 bìjìng 부 마침내, 결국, 어찌 됐든

操场 cāochǎng 명 운동장

洞 dòng 명 구멍

插 chā 동 끼우다, 꽂다

* 棍 gùn 명 막대기

系 jì 동 묶다, 메다

* 快门 kuàimén 명 (카메라의) 셔터

匹 pǐ 양 필 [말을 세는 단위]

拦 lán 동 막다, 저지하다

拍 pāi 동 (사진, 영화를) 찍다, 촬영하다

差距 chājù 명 거리, 간격

显示 xiǎnshì 동 보여주다, 나타내 보이다

* 意识 yìshi 명 의식 동 깨닫다, 알아차리다

艰苦 jiānkǔ 형 고달프다, 힘들고 어렵다

* 试验 shìyàn 명 실험 동 실험하다

逐渐 zhújiàn 부 점차, 점점

改进 gǎijìn 동 나아지다, 개선하다

成熟 chéngshú 동 성숙해지다, 무르익다
　　　　　　 형 성숙하다

兄弟 xiōngdì 명 형제

播放 bōfàng 동 방송하다, 상영하다

纪念 jìniàn 동 기념하다

导演 dǎoyǎn 명 감독, 연출자 동 연출하다

* 瞬间 shùnjiān 명 순간, 찰나

* 适时 shìshí 형 시기적절하다

请求 qǐngqiú 동 요청하다, 부탁하다 명 요구, 부탁

或许 huòxǔ 부 아마도

重大 zhòngdà 형 중대하다

고유 명사

加利福尼亚州 Jiālìfúníyà Zhōu 캘리포니아주

斯坦福 Sītǎnfú 스탠포드 [인명]

科恩 Kē'ēn 코헨 [인명]

麦布里奇 Màibùlǐqí 마이브리지 [인명]

卢米埃尔 Lúmǐ'āi'ěr 뤼미에르 [인명]

巴黎 Bālí 파리 [프랑스의 수도]

포인트짚어보기

○ 毕竟

부사 '毕竟'은 '마침내', '어찌 됐든'이라는 뜻입니다.

虽然我们遇到了很多困难，但毕竟完成了任务。
비록 우리는 많은 어려움에 부딪히긴 했지만, 어쨌든 결국 임무를 완성했다.

不过摄影师毕竟是摄影师，主意还是有的。
그러나 사진사는 어찌 됐든 사진사라고, 그래도 방법이 있었다.

'毕竟'은 가장 중요하거나 정확한 부분을 가리킬 때도 사용되어 '어쨌든 결론은 이렇다'라는 뜻을 나타냅니다.

生活中总有无法解决的问题，毕竟不是所有的对错都能讲清楚，甚至可能根本就没有真正的对与错。
생활 속에서는 늘 해결할 수 없는 문제가 있기 마련이다. 결국 모든 옳고 그름을 분명하게 설명할 수 있는 것도 아니고, 심지어 진정한 옳고 그름이란 아마 아예 없는 것일 수도 있다.

他不高兴是正常的，毕竟没有人能在摔得头破血流的时候，还高兴得起来。
그가 기분이 안 좋은 것은 정상이지. 어쨌든 넘어져서 머리가 깨지고 피가 나는데, 기분 좋을 리가 있겠어.

연습해보기

괄호 안의 단어를 이용하여 문장을 완성해 보세요.

(1) 你们毕竟是好朋友，_____。

(2) A 这孩子真是太淘气了！我快被他烦死了！
    B _____。（毕竟）

(3) A 他最近脾气真是太差了，一点儿小事就发火！
    B _____。（毕竟）

○ 逐渐

부사 '逐渐'은 '점차'라는 뜻으로, 정도나 수량이 조금씩 증가하거나 감소함을 나타냅니다.

食物越来越少，老人不得不逐渐限制猴子的食量。
음식이 갈수록 줄어들자, 노인은 어쩔 수 없이 점차 원숭이의 식량을 제한했다.

这项运动首先在亚太地区流行，并逐渐受到世界各地人们的欢迎。
이 운동 종목은 먼저 아태 지역에서 유행하기 시작하여, 점차 세계 각지 사람들의 환영을 받았다.

经过艰苦的试验，电影拍摄技术逐渐改进、成熟。
어렵고 힘든 실험을 거쳐, 영화 촬영 기술은 점차 개선되고 발전하기 시작했다.

연습해보기

괄호 안의 단어를 이용하여 문장을 완성해 보세요.

(1) A 刚来北京的时候，你习惯吗?
    B _____。(逐渐)

(2) 茶首先在中国出现，_____。(逐渐)

(3) A _____。(逐渐)
    B 我觉得你说得对，就这么办吧。

或许

부사 '或许'는 '아마도', '혹은'이라는 뜻입니다.

虽然以前她不支持你，但或许这次会有变化。
비록 이전에는 그녀가 당신을 지지하지 않았지만, 이번에는 아마도 변화가 있을지 몰라요.

或许正是因为这一点一滴的努力，你就会走在别人的前面。
아마도 조금씩의 노력으로 인해, 당신은 다른 사람보다 앞서갈 수 있었을 거예요.

留心生活的每一瞬间，并为之争论，适时请求帮助、认真研究，或许重大发现就在你的眼前。
생활의 매 순간을 관찰하고, 이것을 위해 논쟁하고, 시기적절하게 도움을 구하고, 열심히 연구한다면 아마도 중대한 발견이 당신의 눈앞에 있게 될 것입니다.

• 一点一滴 yì diǎn yì dī 조금씩, 약간

연습해보기

괄호 안의 단어를 이용하여 문장을 완성해 보세요.

(1) 他的妻子前几年瘫痪了，_____。(或许)

(2) A 你猜这场比赛的结果会怎么样?
    B _____。(或许)

(3) A _____。(或许)
    B 希望是这样，那我们再等五分钟。

꼭 알아야 할 호응 구조

동사 + 목적어 구조

拍 치다, 촬영하다
- 拍手 손을 치다
- 拍桌子 탁자를 치다
- 拍照片 사진을 찍다
- 拍电影 영화를 촬영하다

改进 개선하다
- 改进工作 업무를 개선하다
- 改进方法 방법을 개선하다
- 改进态度 태도를 개선하다

请求 구하다, 청구하다
- 请求帮助 도움을 구하다
- 请求协助 협조를 구하다
- 请求赔偿 배상을 청구하다

• 赔偿 péicháng 동 배상하다

관형어 + 피수식어 구조

艰苦(的) 힘든, 고단한
- 艰苦(的)条件 힘든 조건
- 艰苦(的)生活 고단한 생활

成熟的 잘 익은, 성숙한
- 成熟的人 성숙한 사람
- 成熟的瓜果 잘 익은 과일
- 成熟的经验 숙련된 경험
- 成熟的看法 성숙한 의견
- 成熟的条件 성숙된 여건

瞬间 순간
- 每一瞬间 매 순간
- 美丽的瞬间 아름다운 순간
- 短暂的瞬间 짧은 순간

• 短暂 duǎnzàn 형 (시간이) 짧다

부사어 + 술어 구조

围绕(着)重点 요점을 둘러싸다
- 围绕(着)重点进行讨论 요점을 둘러싸고 토론을 진행하다

始终 시종일관
- 始终坚持 시종일관 견지하다
- 始终保持 시종일관 유지하다
- 始终反对 시종일관 반대하다
- 始终强调 시종일관 강조하다

• 强调 qiángdiào 동 강조하다

술어 + 보어 구조	
插 꽂다	插进(去) 꽂아 넣다 插到…… ~에 꽂다 插在…… ~에 꽂다
拦 막다	拦住 막아 세우다 拦在…… ~에서 막다

수량사 + 명사 구조	
一匹 한 필	一匹马 말 한 필
一场 한 바탕, 차례	一场争论 한 바탕의 논쟁 一场辩论 한 바탕의 토론 一场比赛 한 차례의 경기 一场大雨 한 차례의 큰 비

단어비교하기

显示 vs 显得

★ 공통점 ★

'显示'와 '显得' 모두 동사로 '보여주다', '나타내 보이다'라는 뜻입니다. 두 단어는 같은 뜻이지만 호환해서 쓸 수 없습니다.

★ 차이점 ★

1. '显示'는 어떤 태도, 능력, 상황이 드러남을 의미합니다. '显得'는 어떤 특성이나 속성이 드러남을 의미합니다.

   相片显示：马奔跑时始终有一蹄着地。
   사진은 말이 달릴 때 시종일관 어느 한 발굽은 땅에 닿는다는 것을 보여주었다.

   几年不见，他显得成熟多了。
   몇 년 동안 만나지 않았는데, 그는 많이 성숙해 보였다.

2. '显示'는 명사나 짧은 구와 결합하지만, '显得'는 형용사와 결합합니다.

   这次活动的组织显示出了他的才能。
   이번 행사의 구성은 그의 능력을 나타내주었다.

   中秋节那天，月亮显得格外明亮。
   추석 당일, 달이 유난히 밝아 보인다.

• 组织 zǔzhī 명 조직, 구성

체크체크

문장에 들어갈 알맞은 단어를 골라 체크해 보세요.

	显示	显得
예시) 他最近怎么了？总是____不太高兴。	✗	✓
(1) 调查____，只有37%的人愿意回到没有手机的时代。	☐	☐
(2) 节日的北京____更加美丽。	☐	☐
(3) 你得____出自己的本领，公司才会愿意用你。	☐	☐

실력다지기

1. 보기에서 알맞은 단어를 골라 빈칸에 써 보세요.

> 보기　插　　系　　拦　　拍　　说服　　围绕

(1) 你今天_____这条领带吧，比较正式。

(2) 地球为什么会_____太阳转，一直是科学家们很感兴趣的问题。

(3) 如果不是他在中间_____了一手，事情不会变成现在这样。

(4) 这位导演_____过二十几部电影，得过好几项国际大奖。

(5) 我始终没有办法_____他接受这个结论。

(6) 前面不知道发生了什么事，路被_____住了。

2. 제시된 두 단어를 보고 빈칸에 알맞은 것을 골라 보세요.

(1) 　A 争论　　B 辩论

在昨天举行的_____赛上，他的表现得到了大家的好评。

(2) 　A 始终　　B 终于

毕业二十年以来，我们_____保持着联系。

(3) 　A 差距　　B 距离

我们之间还有很大的_____，我要向他学习，更加努力。

(4) 　A 或许　　B 或者

吃中餐_____西餐都可以，只是我不能吃太辣的。

3. 괄호 안의 단어가 들어갈 알맞은 위치를 골라 보세요.

(1) 我 ___A___ 都十八岁 ___B___ ，能照顾好 ___C___ 自己，您就放心 ___D___ 吧。 （啦）

(2) ___A___ 是秋天了， ___B___ 再热 ___C___ 也不会 ___D___ 像夏天那样。 （毕竟）

(3) 这是 ___A___ 已经 ___B___ 经过很多人 ___C___ 证明的 ___D___ 经验。 （成熟）

(4) 真心 ___A___ 希望 ___B___ 您能同意我的 ___C___ ， ___D___ 帮我这个忙！ （请求）

4. 제시어를 이용하여 본문의 내용을 자신의 말로 이야기해 보세요.

(1) 본문 내용: 斯坦福与科恩的辩论

> 围绕、始终、说服

(2) 본문 내용: 麦布里奇的办法

> 操场、插、系、显示

(3) 본문 내용: 电影的产生

> 奇迹、逐渐、播放、纪念

실력향상 플러스

인류 역사상 수많은 위대한 발명품이 있었습니다. 중국에서도 일찍부터 많은 발명이 있었는데, 그중 가장 중요하게 꼽히는 것은 종이, 나침반, 화약, 인쇄술의 4대 발명입니다. 위대한 발명은 인류의 삶과 발전에 큰 공헌을 했지요. 흥미로운 사실은 이러한 발명이 과학자들의 전문적인 연구에 의해 탄생한 것이 아니라, 생활 속의 우연한 발견에서 비롯됐다는 것입니다. 마치 본문에서 소개한 영화 탄생의 이야기와 같이 말이지요.

토론하기

日常生活中的重大发现

1 读过课文后，你认为电影的发明最重要的原因是什么？
2 你还知道哪些重大发现或发明的故事？请简单介绍一下。
3 从你介绍的这个发现或发明中，你想到了什么？

작문하기

请以"日常生活中的大发现或发明"为题，谈一谈你所了解的日常生活中的重大发明或发现。尽量用上本课所学的生词，字数不少于100字。

UNIT 04 走近科学 과학에 접근하다

11 闹钟的危害
알람 시계의 위협

미리보기

1 평소 아침에 어떻게 잠자리에서 일어나나요? 아래의 보기 중 선호하는 것과 싫어하는 것을 고르고, 각각의 이유를 말해 보세요.

보기
- A 闹钟的铃声 (líng shēng 알람 소리)
- B 家人的催促 (cuīcù 재촉하다)
- C 鸟或狗的叫声
- D 渐亮的太阳光线 (guāngxiàn 광선)

2 본문의 새 어휘에서 수면과 관련된 것을 찾아보고, 자신의 수면 습관과 연결지어 한 문장씩 써 보세요.

	词语	与睡眠有什么关系
예시	闹钟	如果早上有课，为了不迟到，我晚上睡觉前都会定上闹钟。
①		
②		
③		

闹钟的危害

678字

　　医学研究证明，人类睡眠有其特定的机制，自然醒是最符合人体生物钟规律的。光线是自然醒的必要条件，是人体内的生物闹钟。

　　早晨，人体感受到逐渐变强的太阳光线，新陈代谢随之加快，人逐渐从熟睡过渡到浅睡，直到醒来。这就是阴雨天人们往往喜欢睡懒觉的原因。

　　紧张的现代生活，使很多上班的人无法享受轻松舒适的睡眠、自然地醒来，闹钟的用途就显得格外重要了。但实验研究证明，人们对自然醒与被闹钟铃声叫醒这两种方式所产生的反应是很不相同的。从睡眠状态过渡到清醒状态时，人的呼吸会从16次/分钟提高到24次/分钟，心跳每分钟加快10次。如果突然被闹钟叫醒，将在心理上使人产生心慌、情绪低落、感觉没睡醒等不适。如果是从深度睡眠中被突然叫醒，那么，人的短期记忆能力、计算技能都会受到影响，这些能力最多为正常状态的65%，与醉酒者相当。

出于自我保护，被闹钟叫醒时我们的身体会提高体内的肾上腺素水平。这种状态如果持续数天、数周、数月，将导致高血压、失眠和一些精神问题等。研究发现，突然被闹铃惊醒的人比自然醒的人血压更高、心跳更快。对此，专家解释说，人在睡眠时，身体会发生一些变化，因此人们在早上醒来时更容易发病，而闹铃则会使发病的可能性变得更大。如果你必须定个闹钟，应采用柔和的声音或音乐。

各种醒来方式中，当然是自然醒最符合我们的愿望。可谁能替你拉开窗帘让阳光照进来呢？近年来，市场上出现了一种新的电子产品，名为"光闹钟"。它能在室内模仿早晨自然光线的变化，通过光线的作用使人在设定的时间里自然地醒来，可避免传统闹钟突然惊醒对人体健康的伤害。希望这样能向真正的"自然醒"走近一点，再走近一点。

改编自《中国科普网》

어휘 익히기

闹钟 nàozhōng 명 알람 시계, 자명종
危害 wēihài 동 해를 끼치다, 위협하다
人类 rénlèi 명 인류
* 睡眠 shuìmián 명 수면 동 잠자다
* 机制 jīzhì 명 메커니즘, 구조
* 生物钟 shēngwùzhōng 명 체내 시계, 생체 리듬
* 生物 shēngwù 명 생물, 생물학
规律 guīlǜ 명 규칙, 규율, 법칙 형 규칙적이다
光线 guāngxiàn 명 빛, 광선
必要 bìyào 형 필요하다
* 早晨 zǎochen 명 아침, 새벽
* 新陈代谢 xīnchén-dàixiè 신진대사
* 过渡 guòdù 동 넘다, 건너다
浅 qiǎn 형 옅다, 얕다
现代 xiàndài 명 현대 형 현대적이다
享受 xiǎngshòu 동 누리다, 즐기다
用途 yòngtú 명 용도
实验 shíyàn 동 실험하다 명 실험
铃 líng 명 벨, 방울
所 suǒ 조 ~하는 바 [관형어로 쓰인 주술 구조에서 동사 앞에 놓여 관형어의 수식을 받는 중심어가 동사의 대상이 됨을 나타냄]
양 거주지나 기관을 세는 단위
状态 zhuàngtài 명 상태
* 清醒 qīngxǐng 형 분명하다 동 정신이 들다
呼吸 hūxī 동 호흡하다
心理 xīnlǐ 명 심리, 기분
慌(张) huāng(zhāng) 형 당황하다, 허둥대다
情绪 qíngxù 명 기분, 정서

* 低落 dīluò 형 우울하다, 저하되다
记忆 jìyì 동 기억하다 명 기억
计算 jìsuàn 동 계산하다
相当 xiāngdāng 동 대등하다, 맞먹다 부 상당히
* 肾上腺素 shènshàngxiànsù 명 아드레날린
持续 chíxù 동 지속하다, 계속 유지하다
数 shù 수 여러, 몇
导致 dǎozhì 동 야기하다, 일으키다
* 血压 xuèyā 명 혈압
失眠 shīmián 동 잠을 이루지 못하다
精神 jīngshén 명 정신 형 활기차다
专家 zhuānjiā 명 전문가
采用 cǎiyòng 동 채택하다, 사용하다
* 柔和 róuhé 형 온화하다, 부드럽다
愿望 yuànwàng 명 소망, 희망
窗帘 chuānglián 명 커튼
市场 shìchǎng 명 시장
产品 chǎnpǐn 명 상품, 제품
模仿 mófǎng 동 모방하다, 따라하다
* 设定 shèdìng 동 설정하다
避免 bìmiǎn 동 피하다, 모면하다
传统 chuántǒng 명 전통 형 전통적이다

포인트짚어보기

> **동사+来/过来**

'来/过来'는 방향을 나타내는 동사로 '동사+来/过来' 형식으로 쓰입니다. '醒+来/过来'는 자고 있는 상태에서 깨어남을 의미합니다.

人逐渐从熟睡过渡到浅睡，直到醒来。
사람은 점차 깊은 잠에서 얕은 잠으로 넘어오면서 잠에서 깨게 된다.

早晨醒来，我发现窗外正下着大雪。
아침에 잠에서 깨어 보니, 나는 창 밖에 눈이 많이 오고 있다는 것을 발견했다.

'동사+过来'는 원래의 상태나 정상적인 상태로 돌아오는 것을 의미합니다.

我被一阵吵闹声突然惊醒，过了半天，脑子才清醒过来。
나는 시끄러운 소리에 갑자기 놀라서 깼는데, 한참을 지나고 나서야 정신이 맑아졌다.

他救了妻子，没救孩子。有的人说他做得对，因为孩子可以再生一个，妻子却不能活过来。
그는 아내를 구했지만 아이는 구하지 못했다. 어떤 사람들은 그가 옳게 행동했다고 했는데, 아이는 다시 하나 낳으면 되지만 아내는 살아 돌아올 수 없기 때문이다.

'동사+得/不+过来'의 형식으로 쓰면 어떤 일을 할 능력이 되거나 혹은 능력이 모자란다는 뜻을 나타냅니다. 보통 부정형인 '동사+不过来'를 더 많이 사용합니다.

天上的星星那么多，谁数得过来呀？ 하늘의 별이 저렇게나 많은데, 누가 셀 수 있겠어?
最近手头的工作太多了，我都忙不过来了。 최근 수중에 일이 너무 많아서, 나는 눈코 뜰 새 없이 바빠요.

> **연습해보기**

괄호 안의 단어를 이용하여 문장을 완성해 보세요.

(1) 这棵树有上百年的树龄了，树干很粗，＿＿＿＿＿＿＿＿＿＿＿＿＿＿＿＿＿＿＿＿＿＿＿＿＿＿＿＿＿＿＿＿＿＿＿＿＿＿。（过来）

(2) 老师说我文章里的错别字比较多，＿＿＿＿＿＿＿＿＿＿＿＿＿＿＿＿＿＿＿＿＿＿＿＿＿＿＿＿＿＿＿＿＿＿＿＿。（过来）

(3) A 刘阿姨帮着照顾孙子就够累的了，下个月她女儿的孩子又要出生了。
    B 是啊！＿＿＿＿＿＿＿＿＿＿＿＿＿＿＿＿＿＿＿＿＿＿＿＿＿＿＿。（过来）

> **所**

'所'는 조사로 동사 앞에 쓰여 사물을 가리킵니다. 주로 주술 구조의 동사 앞에 놓여 주술 구조가 주어나 관형어로 쓰이도록 합니다.

山水画所表现的是人与自然的关系。 산수화가 표현하는 것은 인간과 자연과의 관계이다.
人们对自然醒与被闹钟铃声叫醒所产生的反应是很不相同的。
자연스럽게 잠에서 깨는 것과 알람 소리에 의해 깨는 것이 만들어내는 사람들의 반응은 매우 다르다.

'有/无+所+동사'의 형식으로 쓰면, '所' 뒤에 오는 동사와 함께 구를 이루어 '有/无'의 목적어가 됩니다.

调查显示，随着年龄的增大，女性的职场幸福感有所提高。
조사에 따르면, 나이가 많아짐에 따라 여성들의 직장 행복감이 향상된다고 한다.

我和李阳是无所不谈的好朋友。
나와 리양은 못 할 말이 없는 좋은 친구이다.

'所'는 양사로도 쓰여 거주지, 학교, 기관 등을 세는 단위로 사용될 수 있습니다.

来自北京一所大学的学生做了关于这个问题的实验。
베이징의 한 대학에서 온 학생이 이 문제에 관한 실험을 했다.

学校附近就有一所幼儿园，你可以把孩子送到那儿去。
학교 근처에 유치원이 하나 있는데, 너는 아이를 거기로 보내도 돼.

· 幼儿园 yòu'éryuán 명 유치원

연습해보기

괄호 안의 단어를 이용하여 문장을 바꾸어 써 보세요.

(1) 我有一个建议要送给你，希望它能帮助你。
  → 我有一个建议要送给你，＿＿＿＿＿＿＿＿＿＿＿＿＿＿。（所）

(2) 孔军是我们县出了名的好医生，这儿的人没有不知道的。
  → 孔军是位出了名的好医生，我们县的人＿＿＿＿＿＿＿＿＿＿＿＿。（所）

(3) 他在北京住了五十年，我了解的情况是他非常热爱北京。
  → 他在北京住了五十年，＿＿＿＿＿＿＿＿＿＿＿＿＿＿＿＿。（所）

○ 相当

동사 '相当'은 수량, 조건, 상황 등이 두 방면에서 비슷하다는 뜻을 나타냅니다.

这些能力最多为正常状态的65%，与醉酒者相当。
이러한 능력은 정상 상태의 최대 65%밖에 되지 않아, 술 취한 사람과 비슷하다.

这种鸟一天所食的害虫相当于自己的体重。
이 종류의 새는 하루에 먹는 해충이 자신의 체중과 맞먹는다.

· 害虫 hàichóng 명 해충   · 体重 tǐzhòng 명 체중

'相当'은 부사로도 쓰여 정도가 비교적 높음을 나타냅니다.

菜的味道好极了，服务也挺周到，我相当满意。
음식의 맛이 매우 좋고 서비스도 세심해서 나는 상당히 만족해요.

如果要问人们选择职业时主要考虑的是什么，有相当一部分人会以收入多少作为标准。
만약 사람들이 직업을 선택할 때 주로 고려해야 하는 것이 무엇인지 묻는다면, 대다수의 사람들은 수입의 많고 적음을 기준으로 삼을 것이다.

> **연습해보기**
>
> 괄호 안의 단어를 이용하여 문장을 완성해 보세요.
>
> (1) 在最后的比赛中，_____。（相当）
>
> (2) A 平常也不见你运动锻炼，可身体还这么好。
>   B 我每天上下班都爬楼梯，_____。（相当）
>
> (3) A 公司让我去上班了，你觉得我该不该接受这份工作呢？
>   B 这家公司这么有名，_____，你还犹豫什么？（相当）

数

'数 shǔ'는 수사로 '몇', '여러'라는 뜻입니다. 글말에서 주로 사용됩니다.

这里夏季的雷阵雨一般可持续数小时或者更久的时间。
이곳의 여름 소나기는 일반적으로 몇 시간 혹은 더 긴 시간 동안 지속된다.

这种状态如果持续数天、数周、数月，将导致高血压、失眠和一些精神问题等。
이러한 상태가 만약 며칠, 몇 주, 몇 개월 동안 지속된다면, 고혈압, 불면증 그리고 일부 정신적인 문제를 일으킬 수 있다.

'数 shǔ'는 동사이며 '세다', '열거하다'라는 뜻을 나타냅니다.

我大概数了一下，车上有32个学生。 내가 대충 세어봤는데, 차에 32명의 학생이 있어요.
先生，这是找您的钱，58块6，您数数。 선생님, 여기 거스름돈 58.6위안입니다. 세어보세요.

'(最)……的(要/就)数……'의 형식으로 쓰면 '제일 ~한 것은 ~을 꼽을 수 있다'라는 뜻으로, 비교하여 말할 때 사용합니다.

我觉得北京最美、最有名气的公园要数颐和园了。
제 생각에는 베이징에서 가장 아름답고 가장 유명한 공원이라 한다면 이화원을 꼽을 수 있을 거예요.

要说我们班跑得最快的，那就数李阳了。
만약 우리 반에서 가장 빨리 뛰는 사람을 말하라면, 그럼 리양을 꼽을 거예요.

- 颐和园 Yíhéyuán 명 이화원

> **연습해보기**
>
> 괄호 안의 단어를 이용하여 문장을 바꾸어 써 보세요.
>
> (1) 它的听力非常好，水下几公里外的声音它都能清楚地听到。
>   → 它的听力非常好，_____。（数）
>
> (2) 据说，四川的峨眉山是中国雾天最多的地方。
>   → 据说，_____。（数）

꼭 알아야 할 호응 구조

동사+목적어 구조

享受 즐기다, 누리다	享受自由 자유를 즐기다 享受艺术 예술을 즐기다 享受人生 인생을 즐기다 享受美酒 맛있는 술을 즐기다 享受幸福 행복을 누리다 享受快乐 즐거움을 누리다	导致 야기하다	导致错误 잘못을 야기하다 导致失败 실패를 야기하다 导致失眠 불면증을 야기하다 导致危险 위험을 야기하다 导致事故 사고를 야기하다

관형어+피수식어 구조

情绪 기분, 정서	稳定的情绪 안정적인 기분 不满的情绪 불만스러운 기분 紧张的情绪 긴장된 기분	记忆 기억	(关于)家的记忆 집에 관한 기억 童年的记忆 어린 시절의 기억 难忘的记忆 잊기 힘든 기억

부사어+술어 구조

避免 모면하다	努力避免 열심히 모면하다 尽量避免 최대한 모면하다 主动避免 주동적으로 모면하다 故意避免 고의로 모면하다 完全避免 완전히 모면하다 永远避免 영원히 모면하다	模仿 모방하다	准确地模仿 정확하게 모방하다 成功地模仿 성공적으로 모방하다 专门模仿 오로지 모방하다 故意模仿 고의로 모방하다

술어+보어 구조

计算 계산하다	计算出 계산해내다 计算出来 계산해내다	过来 되돌리다	改过来 고쳐 되돌리다 救过来 구조해내다 清醒过来 정신이 들다 明白过来 깨닫게 되다 反应过来 반응이 오다

주어+술어 구조

精神 정신	精神愉快 정신이 유쾌하다 精神放松 정신이 홀가분하다 精神饱满 정신이 충만하다	光线 빛	光线明亮 빛이 밝다 光线昏暗 불빛이 어둡다

• 昏暗 hūn'àn 형 어둡다

단어 비교하기

持续 vs 继续

★ 공통점 ★

'持续'와 '继续' 모두 동사로, 이어져서 중단되지 않음을 나타냅니다. 그러나 의미상 차이가 크기 때문에 서로 바꿔서 쓸 수는 없습니다.

★ 차이점 ★

1 '持续'는 동작이 끊임없이 지속됨을 나타내며 중간에 멈춤이 없습니다. 반면 '继续'는 동작이 끊겼다가 다시 이어질 때도 쓸 수 있습니다.

这场雨持续下了两个多小时。
이번 비는 2시간 넘게 계속 내렸다.

对不起！打扰了，你们继续学习吧。
미안해! 방해했구나. 너희들 계속해서 공부하렴.

2 '持续'는 관형어로 쓰일 수 있지만, '继续'는 관형어 용법이 없습니다.

持续的高温让许多老人感到不适。
지속적으로 이어지는 고온은 많은 노인들에게 불쾌감을 느끼게 했다.

3 '持续'는 뒤에 시량보어가 올 수 있지만, '继续'는 시량보어가 올 수 없습니다.

小明发烧持续三天了，家里人都很着急。
샤오밍이 3일 연속해서 열이 나서, 가족들이 모두 애를 태웠다.

체크 체크 ✓

문장에 들어갈 알맞은 단어를 골라 체크해 보세요.

	持续	继续
예시 真希望刘老师能____给我们上课。	X	✓
(1) 这次的宣传活动将____到9月底。	☐	☐
(2) 不管你是快乐还是难过，生活总要____下去。	☐	☐
(3) 朋友是在你失败时，鼓励你____前进的人。	☐	☐

실력다지기

1. 보기에서 알맞은 단어를 골라 빈칸에 써 보세요.

| 보기 | 所 | 享受 | 导致 | 过渡 | 必要 | 规律 |

(1) 在婚姻问题上，听听父母的意见还是很有_____的。

(2) 由于近一个月来没有降水，_____河水水位持续下降。

(3) 正如你_____估计的那样，李岩确实改变了主意。

(4) 擦擦办公桌，整理一下文件，这些都可以让你从放松的休息状态自然_____到工作状态。

(5) 生命在于运动，有_____的运动对于身体健康大有好处。

(6) 为了_____轻松的生活，夫妻俩决定把家搬到这个安静的小镇。

2. 제시된 두 단어를 보고 빈칸에 알맞은 것을 골라 보세요.

(1) A 情绪　　B 精神

实验失败了没关系，打起_____从头再来。

(2) A 来　　B 数

每晚抽出点儿时间来阅读、学习，坚持_____年之后，成功就会向你招手。

(3) A 愿望　　B 希望

作为孩子的父母，我们当然_____他能成为一个有用的人才。

(4) A 危害　　B 伤害

他的行为已经严重_____到了社会安全。

3. 알맞은 호응 구조가 되도록 연결해 보세요.

(1) 享受 •　　　　　• 灾害　　　(2) 满足 •　　　　　• 传统

　　 导致 •　　　　　• 社会　　　　　 稳定 •　　　　　• 精神

　　 危害 •　　　　　• 麻烦　　　　　 集中 •　　　　　• 愿望

　　 避免 •　　　　　• 音乐　　　　　 重视 •　　　　　• 情绪

4. 제시어를 이용하여 본문의 내용을 자신의 말로 이야기해 보세요.

(1) 본문 내용: 自然醒的过程

　　　生物钟、光线、必要、熟睡、过渡、浅睡、醒

(2) 본문 내용: 传统闹钟的危害

　　　心慌、情绪、影响、导致、失眠、精神、发病

(3) 본문 내용: "光闹钟"对传统闹钟的改进

　　　电子产品、模仿、光线、设定、避免、伤害

실력향상 플러스

일상생활에서 우리는 제시간에 일어나기 위해 알람 시계를 맞춰둡니다. 그러나 본문에서 소개한 것처럼 알람 시계는 신체 건강에 좋지 않은 영향을 줄 수 있습니다. 어떤 사람들은 알람 시계를 인류가 발명한 최악의 발명품 중 하나라고 말하기도 하지요. 알람 시계의 부정적 영향은 예전에는 결코 알지 못했거나 혹은 알고 있었다 해도 어쩔 수 없이 받아들였을 것입니다.

긴장된 생활 패턴은 현대인들의 신체적, 정신적 건강에 큰 위협이 되기 때문에 수면의 질을 높이는 것은 아주 중요한 문제입니다. 그렇다면 어떻게 해야 날마다 편안하고 쾌적한 수면을 할 수 있을까요?

토론하기

如何提高睡眠质量

1 你是从什么时候开始使用闹钟的？为什么要用闹钟？
2 本文的观点你认为哪些是有道理的？
3 你有没有关于实现"自然醒"的好的经验或做法？

• 实现 shíxiàn 동 실현하다

작문하기

请以"你真的需要闹钟吗？"为题，谈一谈你的看法。尽量用上本课所学的生词，字数不少于100字。

UNIT 04 走近科学 과학에 접근하다

海外用户玩儿微信
해외 유저가 웨이신을 사용하다

미리보기

1 세계적으로 널리 사용되는 SNS의 중국어 명칭을 익혀 보세요.

微信
Wēixìn

脸书
Liǎnshū

推特
Tuītè

2 주로 어떤 SNS를 사용하여 친구들과 소통하나요? 평소에 자주 사용하는 SNS를 소개하고 어떤 점이 편리한지 이야기해 보세요.

海外用户玩儿微信

597字

举着手机，边颠着球边拍……国际足球明星梅西用微信直播自己的颠球技术，把手机另一头一个正在哭的小宝贝逗笑。这条30秒的全新广告宣传片在全球15个国家和地区同步上线。

如此大手笔的推广，腾讯自有其底气所在。"微信在海外注册用户已经超过7000万，且在快速增长当中。"7月3日，在北京召开的2013腾讯合作伙伴大会上，腾讯总裁刘炽平言语间充满了骄傲。

2011年1月，微信上线；同年4月，以英文名WeChat正式进入国际市场；2011年12月，实现支持全球100个国家的短信注册；2012年底，覆盖国家和地区超过100个。如今，微信已经覆盖了200多个国家和地区、支持16种外语，是全球使用人数最多的移动通信应用。

在美国互联网企业"称霸"全球的背景下,作为中国自己的移动互联网产品,微信的出现,自然吸引了更多的关注。

被称为"微信之父"的腾讯公司高级副总裁张小龙介绍了微信的发展过程:微信的研究开发工作开展得很早,2010年底,移动互联网刚起步,腾讯广州产品研发中心就开始考虑相关业务。他们清楚地认识到了这样的现实——在个人计算机时代,由于中国互联网的用户数量以及市场成熟程度等都低于发达国家,在产品创新上难有领导地位,而移动互联网是一个重新开始的机会。

在经营销售上,微信针对不同的国家和地区,推出了不同的广告片,邀请当地明星和名人代言,收效相当不错。海外用户群中不仅有华裔和新移民,还出现了更多的外国人。

改编自《人民日报·海外版》

어휘익히기

* 用户 yònghù 명 유저, 사용자
* 颠球 diān qiú 트래핑 하다 [신체 부위를 사용해 공을 떨어뜨리지 않고 공중에서 가볍게 차는 축구의 한 동작]
  明星 míngxīng 명 스타, 유명 연예인
* 直播 zhíbō 동 생방송하다
  宝贝 bǎobèi 명 아기
  逗 dòu 동 어르다, 달래다, 놀리다
  宣传 xuānchuán 동 홍보하다, 광고하다
* 上线 shàng xiàn 동 (영상이) 인터넷에 올라가다, 방영되다
* 手笔 shǒubǐ 명 일하는 품, 돈 씀씀이
  推广 tuīguǎng 동 널리 보급하다, 일반화하다
* 底气 dǐqì 명 저력, 힘, 의욕
  注册 zhùcè 동 가입하다, 등록하다
  召开 zhàokāi 동 소집하다, 열다
  合作 hézuò 동 협력하다, 함께 일하다
  伙伴 huǒbàn 명 파트너
  总裁 zǒngcái 명 총재, 회장
  实现 shíxiàn 동 실현하다, 달성하다
* 覆盖 fùgài 동 가리다, 덮다
  移动 yídòng 동 움직이다, 이동하다
* 通信 tōngxìn 동 통신하다
  应用 yìngyòng 동 응용하다 명 애플리케이션
  企业 qǐyè 명 기업
* 称霸 chēngbà 동 제패하다, 패권을 장악하다
  背景 bèijǐng 명 배경
  高级 gāojí 형 고급의, 상급의
* 副 fù 형 제2의, 보조의, 차등의

  开发 kāifā 동 개발하다
* 开展 kāizhǎn 동 넓히다, 전개하다
* 起步 qǐbù 동 가기 시작하다, 앞으로 나아가다
  中心 zhōngxīn 명 센터, 중심
  相关 xiāngguān 동 관련되다
  业务 yèwù 명 업무, 사업
  现实 xiànshí 명 현실
  个人 gèrén 명 개인
  以及 yǐjí 접 및, 그리고
  程度 chéngdù 명 정도
  发达 fādá 형 발달하다
* 创新 chuàngxīn 동 창조하다
  领导 lǐngdǎo 명 리더, 지도자
  地位 dìwèi 명 지위
  经营 jīngyíng 동 경영하다
  销售 xiāoshòu 동 판매하다
  针对 zhēnduì 동 ~을 겨냥하다
  当地 dāngdì 명 현지
* 代言 dàiyán 동 대신 말하다, 광고 모델을 하다
  华裔 huáyì 명 화교
  移民 yímín 명 이민자, 이주민

고유 명사

微信 Wēixìn 웨이신 [텐센트의 메신저 애플리케이션]
梅西 Méixī 리오넬 메시 [유명 축구 선수]
腾讯 Téngxùn 텐센트 [중국의 통신 회사]
刘炽平 Liú Chìpíng 리우츠핑 [텐센트 회장]
张小龙 Zhāng Xiǎolóng 장샤오룽 [텐센트 부회장]
广州 Guǎngzhōu 광저우 [중국의 도시명]

포인트 짚어보기

○ 以及

접속사 '以及'는 '및', '그리고'라는 뜻입니다. 병렬 관계의 단어나 구를 대등하게 연결하는데, 연결된 성분은 보통 경중이나 선후의 구별이 있습니다.

吃饭时不要用筷子敲打碗、盘子以及桌面。
밥을 먹을 때 젓가락으로 그릇, 접시 및 식탁 위를 두드리면 안 돼요.

学校的领导、教师以及一些学生代表观看了演出。
학교의 교장, 교사 그리고 학생 대표 일부가 공연을 관람했다.

연습해보기

괄호 안의 단어를 이용하여 문장을 완성해 보세요.

(1) A 你认为学中文的重要性有哪些?
    B _____。(以及)

(2) 妈妈在电话里问了我很多问题，如北京的天气怎么样，吃饭习惯不习惯，
    _____。(以及)

(3) A 送人礼物的时候要注意些什么?
    B _____。(以及)

○ 程度

명사 '程度'는 '정도'라는 뜻으로, 어떤 방면에서 도달한 수준 혹은 단계를 가리킵니다.

问题已经发展到了十分严重的程度。
문제는 이미 매우 심각한 정도까지 발전했다.

在很大程度上，一个人的未来取决于他所受的教育。
큰 정도에서 한 사람의 미래는 그가 받은 교육에 의해 결정된다.

• 取决 qǔjué 동 결정하다, 달려 있다

연습해보기

괄호 안의 단어를 이용하여 문장을 완성해 보세요.

(1) _____，你应该马上去看医生。(程度)

(2) A _____。(程度)
    B 我还不能完全理解。

(3) A 对他提出的意见，你有什么看法?
    B _____。(程度)

꼭 알아야 할 호응 구조

동사 + 목적어 구조

推广 보급하다	推广产品 상품을 보급하다 推广经验 경험을 보급하다 推广新技术 신기술을 보급하다 推广汉语普通话 중국어 보통화를 보급하다	注册 등록하다, 가입하다	注册公司 회사를 등록하다 注册邮箱 이메일에 가입하다 注册会员 회원으로 가입하다

관형어 + 피수식어 구조

合作 협력하다	合作伙伴 협력 파트너 合作公司 협력 회사 合作精神 협력 정신	中心 센터	城市中心 도시 센터 政治中心 정치 센터 经济中心 경제 센터 工作中心 업무 센터 研发中心 연구개발 센터

부사어 + 술어 구조

召开 개최하다	按时召开 제때에 개최하다 顺利召开 순조롭게 개최하다 成功(地)召开 성공적으로 개최하다	应用 응용하다	普遍应用 보편적으로 응용하다 大量(地)应用 대량으로 응용하다

술어 + 보어 구조

开发 개발하다	开发出(来) 개발해내다 开发成功 개발에 성공하다	销售 판매하다	销售得…… 판매가 ~하다 销售到…… ~에 판매하다

수량사 + 명사 구조

企业 기업	一家企业 한 기업	业务 업무	一笔业务 한 건의 업무 一项业务 한 항목의 업무

단어비교하기

发达 VS 发展

★ 공통점 ★

'发达'와 '发展'은 의미적으로 관련은 있지만 용법이 다르기 때문에 서로 바꿔서 쓸 수 없습니다.

★ 차이점 ★

1. '发达'는 '발달하다'라는 뜻의 형용사이고, '发展'은 '발전하다'라는 뜻의 동사입니다.

   这个城市的经济不太发达。
   이 도시의 경제는 그다지 발달하지 않았다.

   这个城市正在大力发展经济。
   이 도시는 대대적으로 경제를 발전시키고 있다.

2. '发达'는 발전 수준이 매우 높음을 묘사하고, '发展'은 발전에 따른 변화를 나타냅니다.

   由于中国互联网的用户数量以及市场成熟程度等都低于发达国家，在产品创新上难有领导地位。
   중국 인터넷 유저수 및 시장 성숙도 등이 모두 선진국보다 낮아서, 상품 혁신면에서 선두 지위의 구축이 어렵다.

   中国还是一个发展中国家。
   중국은 그래도 발전 중에 있는 나라이다.

체크 체크

문장에 들어갈 알맞은 단어를 골라 체크해 보세요.

	发达	发展
예시) 四川是茶馆文化最____的地区之一。	✓	✗
(1) 人们常说这种动物不聪明，其实它的大脑很____。	☐	☐
(2) 方便的交通是____经济的基础。	☐	☐
(3) 她的病情____得比我们想象的还要快。	☐	☐

실력다지기

1. 보기에서 알맞은 단어를 골라 빈칸에 써 보세요.

| 보기 | 逗 | 合作 | 推广 | 业务 | 召开 | 注册 |

(1) 为了_____这项新产品，公司做了很多宣传。

(2) 原本定在周三上午_____的会议改时间了。

(3) 你做这么多事，难道只是为了_____女朋友开心？

(4) 要想在这个网站购物，你必须先_____一个它的邮箱。

(5) 那个新来的销售员这个月做成了三笔大_____，真厉害！

(6) 我们跟这家公司_____过两次，很愉快。

2. 제시된 두 단어를 보고 빈칸에 알맞은 것을 골라 보세요.

(1) A 宣传　　B 推广

像这样能够给全社会信心与快乐的事情，我们应该重点_____。

(2) A 应用　　B 使用

要吃中国菜，你首先要学会_____筷子。

(3) A 现实　　B 实现

过了这么多年，我的愿望终于_____了！

(4) A 个人　　B 自己

这是我的_____爱好，跟我学什么专业没有关系。

3. 괄호 안의 단어가 들어갈 알맞은 위치를 골라 보세요.

(1) 这个问题 __A__ 是在什么样的背景 __B__ 提 __C__ 出 __D__ 来的?　　　　(下)

(2) 公司 __A__ 新 __B__ 开发 __C__ 的产品很受 __D__ 消费者欢迎。　　　　(出)

(3) 本店销售 __A__ 电视、__B__ 冰箱、__C__ 洗衣机 __D__ 其他电器。　　　　(以及)

(4) __A__ 这个问题，__B__ 我们 __C__ 开会讨论了 __D__ 好几次。　　　　(针对)

4. 제시어를 이용하여 본문의 내용을 자신의 말로 이야기해 보세요.

(1) 본문 내용: 微信的广告

> 明星、直播、逗、宣传

(2) 본문 내용: 微信的发展情况

> 召开、骄傲、注册、实现、覆盖、应用

(3) 본문 내용: 微信的研发和营销

> 开展、中心、低于、创新、针对、推出、代言

실력향상 플러스

인류의 과학 기술은 계속 진보하여 우리의 생활을 더욱 편리하고 수월하게 해주고 있습니다. 1946년 컴퓨터가 처음으로 세상에 등장하였고, 곧이어 인터넷 기술이 출현하면서 많은 곳에 응용되고 있습니다. 또한 이제는 스마트폰을 통해 시간과 장소의 제약 없이 인터넷에 접속할 수 있게 되었습니다. 스마트폰은 이제 우리의 삶에서 없어서는 안 될 필수품이 되었지요.

과학 기술의 발전은 많은 편리함을 가져왔지만, 동시에 적지 않은 부작용도 가져왔습니다. 과도한 인터넷 사용으로 시간을 낭비하고, 건강을 해치기도 하며, 사람과 사람 간의 대면 기회가 점차 줄어들고 있습니다.

토론하기

科技对生活的影响

1 你是从什么时候开始使用智能手机的？你觉得它在你的生活中重要吗？
2 智能手机给你带来的好处是什么？
3 智能手机对你的生活有什么不好的影响吗？

• 智能手机 zhìnéng shǒujī 스마트폰

작문하기

请以"智能手机改变我的生活"为题，谈一谈你对这个问题的看法。尽量用上本课所学的生词，字数不少于100字。

주제별로 익히는 HSK 5급 어휘 ④

의복 및 장신구

装饰 zhuāngshì 명 장신구 동 장식하다, 치장하다 | 衬衫 chènshān 명 와이셔츠
裤子 kùzi 명 바지 | 牛仔裤 niúzǎikù 명 청바지 | 裙子 qúnzi 명 치마 | 袜子 wàzi 명 양말
帽子 màozi 명 모자 | 围巾 wéijīn 명 목도리, 스카프 | 领带 lǐngdài 명 넥타이
手套 shǒutào 명 장갑 | 耳环 ěrhuán 명 귀걸이 | 戒指 jièzhi 명 반지 | 项链 xiàngliàn 명 목걸이
丝绸 sīchóu 명 비단 | 布 bù 명 헝겊, 천 | 鞋 xié 명 신발 | 皮鞋 píxié 명 가죽 구두

가구·가전 및 잡화

家具 jiājù 명 가구 | 冰箱 bīngxiāng 명 냉장고 | 空调 kōngtiáo 명 에어컨
电视 diànshì 명 텔레비전 | 桌子 zhuōzi 명 테이블 | 椅子 yǐzi 명 의자 | 沙发 shāfā 명 소파
灯 dēng 명 등 | 抽屉 chōuti 명 서랍 | 书架 shūjià 명 책꽂이 | 窗帘 chuānglián 명 커튼
地毯 dìtǎn 명 카페트 | 玩具 wánjù 명 완구 | 被子 bèizi 명 이불 | 日历 rìlì 명 달력
包裹 bāoguǒ 명 소포 | 钥匙 yàoshi 명 열쇠 | 盒子 hézi 명 상자 | 镜子 jìngzi 명 거울
垃圾桶 lājītǒng 명 쓰레기통 | 装修 zhuāngxiū 동 인테리어를 하다

컴퓨터 및 인터넷

电脑 diànnǎo 명 컴퓨터 | 键盘 jiànpán 명 키보드 | 鼠标 shǔbiāo 명 마우스
光盘 guāngpán 명 CD | 硬件 yìngjiàn 명 하드웨어 | 软件 ruǎnjiàn 명 소프트웨어
信息 xìnxī 명 정보 | 数码 shùmǎ 명 디지털 | 数据 shùjù 명 데이터
程序 chéngxù 명 프로그램 | 系统 xìtǒng 명 시스템 | 网络 wǎngluò 명 인터넷, 네트워크
信号 xìnhào 명 신호 | 充电器 chōngdiànqì 명 충전기 | 病毒 bìngdú 명 바이러스
电子邮件 diànzǐ yóujiàn 명 이메일 | 网站 wǎngzhàn 명 웹사이트 | 速度 sùdù 명 속도
毛病 máobìng 명 고장, 문제 | 上网 shàng wǎng 동 인터넷을 하다 | 输入 shūrù 동 입력하다
密码 mìmǎ 명 비밀번호

체크 체크

빈칸에 들어갈 알맞은 어휘를 골라 넣어 보세요.

(1) 天气太冷了，你系条_____再出去吧。

(2) 我把光盘放在书桌左边的第二个_____里了。

(3) 我忘带手机_____了，得节省着用，先关机吧。

(4) 喂，您说什么？我听不清。这里_____不太好。

※ 정답은 뒷장에 있습니다.

해석 및 어휘

(1) 날씨가 너무 추우니, 너는 목도리를 두르고 나가라.

(2) 나는 CD를 책상 왼쪽의 두 번째 서랍 안에 두었어요.

(3) 내가 휴대전화 충전기를 깜빡해서, (배터리를) 아껴서 써야 하니 일단 전원을 끌게요.

(4) 여보세요. 뭐라고 하셨어요? 잘 안 들려요. 여기 신호가 별로 안 좋네요.

정답

(1) 围巾　　　(2) 抽屉　　　(3) 充电器　　　(4) 信号

UNIT 05 放眼世界 세계를 바라보다

锯掉生活的"筐底"
삶의 '바구니 바닥'을 잘라내다

미리보기

① 본문의 새 어휘를 먼저 학습하고, 사진 속 동작이나 사물에 해당하는 것을 찾아 빈칸에 써 보세요.

(① 篮板)

(②   )

(③   )

(④   )

② 농구를 좋아하나요? 농구를 했던 경험 혹은 재미있는 농구 경기를 본 경험에 대해 이야기해 보세요.

锯掉生活的"筐底"

659字

篮球运动是1891年由美国马萨诸塞州的体育教师詹姆士·奈史密斯博士发明的。那年的冬天特别冷,奈史密斯所在的训练学校缺乏在室内进行的球类比赛项目,他从当地人把球扔进桃子筐(当地产桃子,各家各户都备有装桃子的专用篮筐)的游戏中得到启发,将两只篮筐分别安装在体育馆两边看台的栏杆上,学生分为甲乙两队,以足球为比赛工具向篮内投,按得分多少决定输赢。

这项运动很快流行起来。不过,由于栏杆上固定的是真正的筐,每当球投进时,就得有一个人踩着梯子上去把球取出来。这样的行为必须一再地重复,为此,比赛不得不断断续续地进行,缺少了激烈紧张的气氛,连运动员都不满意,更何况看比赛的球迷呢?为了解决这个问题,大家纷纷出主意,想出了很多取球的办法。有一位工程师甚至专门制造出一种机器,在下面一拉篮筐就能把球弹出来。可是,这些办法都没能让比赛顺畅起来。

几年后的一天，一个上幼儿园的小男孩跟着父亲从一群正在进行篮球比赛的人旁边经过。看到大人们一次次辛苦地取球，小男孩好奇地问父亲："何必这么麻烦呢？把篮筐的底去掉不就行了吗？"多亏了他这句话，人们如梦初醒，一位球员连忙找来一把锯子把篮筐的底锯掉。你瞧，困扰人们很长时间的取球问题就这样被一个小孩子解决了。

　　去掉篮筐的底，本是一件简单的事，可为什么那么多人都没有想到呢？说白了，因为我们的思维像篮球一样被篮筐的底挡在了半空中。于是，我们呆呆地去搬梯子、造机器……其实，世界上本来就没有太复杂的事，复杂都是我们自己造成的。生活仿佛篮筐，许多时候，我们需要的只不过是一把锯子，来锯掉那些阻碍我们的"筐底"。

改编自《环球人物》

어휘 익히기

* 锯 jù 동 톱질하다, 썰다
* 筐 kuāng 명 바구니
  训练 xùnliàn 동 훈련하다
  缺乏 quēfá 동 부족하다, 모자르다
  项目 xiàngmù 명 항목, 프로젝트
  桃 táo 명 복숭아
  装 zhuāng 동 담다, 채워 넣다
  启发 qǐfā 동 일깨우다, 깨우치다
  安装 ānzhuāng 동 설치하다
* 栏杆 lángān 명 난간
  甲 jiǎ 명 갑, 첫째
  乙 yǐ 명 을, 둘째
  工具 gōngjù 명 도구, 수단
* 投篮 tóu lán 동 던져 넣다, (농구에서) 슛하다
  踩 cǎi 동 밟다
* 梯子 tīzi 명 사다리
  一再 yízài 부 수차, 거듭, 반복하여
  重复 chóngfù 동 중복하다, 반복하다
* 断断续续 duànduànxùxù 형 끊어졌다 이어졌다 하다
  激烈 jīliè 형 격렬하다
  气氛 qìfēn 명 분위기
  何况 hékuàng 접 하물며
  球迷 qiúmí 명 (구기 운동의) 팬
  工程师 gōngchéngshī 명 엔지니어
  机器 jīqì 명 기계
* 弹 tán 동 튕기다, 발사하다, 쏘다
* 顺畅 shùnchàng 형 순조롭다, 막힘이 없다

幼儿园 yòu'éryuán 명 유치원
好奇 hàoqí 형 궁금해하다, 신기해하다, 호기심이 많다
何必 hébì 부 구태여 ~할 필요가 있는가
　　　　　[반문의 어기를 나타냄]
多亏 duōkuī 동 ~덕분이다, 은혜를 입다
连忙 liánmáng 부 얼른, 재빨리, 즉시
* 锯子 jùzi 명 톱
  瞧 qiáo 동 보다
* 困扰 kùnrǎo 동 괴롭히다
* 思维 sīwéi 명 사유, 생각 동 생각하다
  呆 dāi 형 멍청하다, 둔하다
  　　 동 머무르다, 하는 일 없이 빈둥거리다
  造成 zàochéng 동 조성하다, 야기하다
  仿佛 fǎngfú 부 마치 ~인 듯하다 동 비슷하다
* 阻碍 zǔ'ài 동 가로막다, 방해하다

고유 명사

马萨诸塞州 Mǎsàzhūsài Zhōu　매사추세츠주

詹姆士·奈史密斯 Zhānmǔshì Nàishǐmìsī
　　　　　제임스 네이스미스
　　　　　[농구를 창시한 체육학 교수]

포인트 짚어보기

◎ 何况

접속사 '何况'은 '하물며'라는 뜻으로, 반문의 어기를 사용하여 한 단계 더 심화된 뜻을 나타내거나 앞 절에 근거하여 뒤 절의 결론이 명백하다는 것을 나타냅니다. '말할 필요도 없다'라는 뜻으로 해석할 수 있습니다.

比赛缺少了激烈紧张的气氛，连运动员都不满意，更何况看比赛的球迷呢？
시합이 격렬하고 긴장된 분위기가 사라져 운동선수들조차 불만스러워했으니, 하물며 시합을 보는 팬들은 어떻겠어요?

北京的发展变化太快，我这个土生土长的老北京还常迷路呢，何况你一个外地人。
베이징의 발전 변화는 너무 빨라요. 여기서 태어나고 자란 베이징 토박이인 나도 종종 길을 잃는데, 하물며 당신 같은 외국인은 말할 것도 없겠지요.

• 土生土长 tǔ shēng tǔ zhǎng 현지에서 나고 자라다

'何况'은 다른 이유를 보충할 때도 사용합니다.

这辆车外观漂亮，安全性高，又何况价钱也就比上次看的那辆贵了几千块，小王有点儿动心了。
이 자동차는 외관이 예쁘고 매우 안전하며, 더군다나 가격도 저번에 봤던 그 차보다 몇 천 위안밖에 안 비싸서, 샤오왕은 조금 마음이 흔들렸다.

上海冬天没有暖气，屋子里冷得让人伸不出手，何况李阳还是病人，自然是受不了的。
상하이의 겨울은 난방 장치가 없어서 방에서 손을 꺼낼 수 없을 만큼 추워요. 하물며 리양은 환자이니 당연히 참기 힘들 거예요.

연습해보기

괄호 안의 단어를 이용하여 문장을 완성해 보세요.

(1) 这段山路比较危险，_____，
还是让我来开吧。 (何况)

(2) A 这烤鸭不是你最爱吃的吗？今天怎么一口都不吃？
B 我正在减肥，连_____，_____呢？（何况）

(3) A 你原来不是很爱逛商场的吗？现在怎么都在网上买衣服了？
B _____。（何况）

◎ 何必

부사 '何必'는 '구태여 ~할 필요가 있는가'라는 뜻으로 반문의 어기를 통해 '필요 없다'라는 뜻을 나타냅니다.

食堂楼下就有个小超市，何必去学校外边呢？
식당 건물 아래에 작은 슈퍼가 있는데, 구태여 학교 밖으로 갈 필요가 있나요?

你何必亲自送一趟呢？叫个快递不就行了？
네가 직접 갖다 줄 필요가 있어? 택배를 부르면 되는 거 아니야?

연습해보기

괄호 안의 단어를 이용하여 문장을 완성해 보세요.

(1) 早知道你就有这本书，_____？（何必）

(2) 既然她已经拒绝了你，你_____呢？（何必）

(3) A 你回家等我吧，我先去超市买点儿肉、蔬菜什么的。
　　B _____？（何必）

多亏

동사 '多亏'는 '~덕분이다'라는 뜻으로, 타인의 도움이나 어떤 요인으로 인해 불행한 일을 피하거나 이득을 볼 때 사용합니다.

李老师，谢谢您，多亏您给我那瓶药，很管用。
리 선생님, 감사합니다. 저에게 주신 그 약 덕분이에요. 잘 듣더라고요.

今天搬家多亏有你在，你可帮我大忙了。
오늘 이사할 때 네가 있어서 다행이었어. 아주 큰 도움이 되었어.

연습해보기

괄호 안의 단어를 이용하여 문장을 완성해 보세요.

(1) _____，要不今天的飞机我准赶不上了。（多亏）

(2) A 星期五晚上你不是和朋友约好了见面吗？
　　B 哎呀！_____。（多亏）

(3) A _____。（多亏）
　　B 是啊，医生说再过一个星期妈妈就能出院了。

꼭 알아야 할 호응 구조

동사 + 목적어 구조

缺乏 부족하다	缺乏人才 인재가 부족하다 缺乏教师 교사가 부족하다 缺乏材料 자료가 부족하다 缺乏知识 지식이 부족하다 缺乏经验 경험이 부족하다 缺乏工具 도구가 부족하다 缺乏信心 자신감이 부족하다 缺乏勇气 용기가 부족하다	• 勇气 yǒngqì 명 용기
造成 야기하다, 조성하다	造成困难 어려움을 야기하다 造成影响 영향을 끼치다 造成浪费 낭비를 야기하다 造成危害 위험을 야기하다 造成失眠 불면증을 야기하다 造成紧张 긴장을 조성하다	
启发 깨달음	得到启发 깨달음을 얻다 给人启发 사람에게 깨달음을 주다	

관형어 + 피수식어 구조

激烈的 격렬한, 치열한	激烈的比赛 격렬한 경기 激烈的竞争 치열한 경쟁 激烈的战争 격렬한 전쟁 激烈的运动 격렬한 운동 激烈的争吵 격렬한 말다툼	• 争吵 zhēngchǎo 동 말다툼하다
气氛 분위기	家庭的气氛 집안 분위기 政治气氛 정치 분위기 节日气氛 명절 분위기 紧张的气氛 긴장된 분위기 学习的气氛 학습의 분위기 谈话的气氛 대화의 분위기	

부사어 + 술어 구조

训练 훈련하다
- 认真地训练 열심히 훈련하다
- 紧张地训练 긴장하며 훈련하다
- 艰苦地训练 힘들게 훈련하다
- 严格地训练 엄격하게 훈련하다

重复 반복하다
- 完全重复 완전히 반복하다
- 简单地重复 간단하게 반복하다
- 准确地重复 정확하게 반복하다

술어 + 보어 구조

踩 밟다
- 踩破 밟아 망가뜨리다
- 踩伤 밟아 다치다
- 踩断 밟아 끊어지다
- 踩碎 밟아 깨지다

瞧 보다
- 瞧见 보다
- 瞧得起 존중하다
- 瞧不起 무시하다
- 瞧得上 마음에 들다
- 瞧不上 얕잡아 보다

단어비교하기

激烈 vs 强烈

★공통점★

'激烈'와 '强烈' 모두 형용사로 '극렬하다', '강렬하다'라는 뜻입니다.

我不顾父母的激烈/强烈反对，偷偷地报考了表演专业。
나는 부모님의 극렬한 반대를 무릅쓰고, 몰래 연기 전공 시험에 합격했다.

★차이점★

1. '激烈'는 '첨예하고 긴장되다'라는 뜻을 중점적으로 나타내고, '强烈'는 '강력하고 힘이 있다'라는 뜻을 중점적으로 나타냅니다.

   人类最早什么时候开始用火，一直是学者激烈争论的问题。
   인류가 최초로 언제 불을 사용하기 시작했는지는 줄곧 학자들의 치열한 논쟁 거리였다.

   文章发表以后立刻引起了读者的强烈反响。
   글이 발표된 이후 즉시 독자들의 거센 반향을 일으켰다.

   • 反响 fǎnxiǎng 명 반향

2. '激烈'는 주로 여론, 분위기 혹은 시합, 투쟁 등을 형용할 때 사용됩니다. '强烈'는 주로 빛, 전류, 색채, 냄새 혹은 사람의 감정, 사상, 요구 등을 형용할 때 사용됩니다.

   人在激烈运动时，会出很多汗。
   사람은 격렬한 운동을 할 때, 땀을 많이 흘린다.

   这里夏天尽管阳光的照射很强烈，但白天气温很少超过35℃。
   이곳의 여름은 비록 햇빛은 매우 강렬하지만, 낮 기온이 35도를 넘어가는 일은 매우 드물다.

   • 照射 zhàoshè 동 비추다, 쪼이다

체크체크 ✔

문장에 들어갈 알맞은 단어를 골라 체크해 보세요.

	激烈	强烈
예시) 这种蔬菜有＿＿＿的香味，它既可以生吃，又可熟食。	✗	✓
(1) 明天我去一家公司面试，听说竞争很＿＿＿。	☐	☐
(2) 当晚的比赛紧张、＿＿＿，两队都打出了很高的水平。	☐	☐
(3) 学生们＿＿＿要求重新安排考试。	☐	☐

실력다지기

1. 보기에서 알맞은 단어를 골라 빈칸에 써 보세요.

> 보기 重复   造成   气氛   缺乏   仿佛   连忙

(1) 今天的晚会你们组织得相当好，_____搞得轻松愉快。

(2) 一觉醒来发现已经8点多了，李阳_____穿好衣服往公司赶。

(3) 他一边听，一边在本子上记着什么，_____对我的发言挺感兴趣似的。

(4) 心理学家指出，一个人的动作或想法，如果_____二十一天就会形成习惯。

(5) 每天大量饮酒确实给我的身体健康_____了很大的伤害。

(6) 在食物_____的季节，动物为了活下去就只能多睡觉。

2. 제시된 두 단어를 보고 빈칸에 알맞은 것을 골라 보세요.

(1) A 装   B 安装

要整理的东西太多了，你看，这个箱子根本_____不下。

(2) A 瞧   B 看

昨晚我失眠了，睡不着就躺着_____书，结果不知不觉天就亮了。

(3) A 缺少   B 缺乏

即使在现代社会里，故事仍然是人们生活中不可_____的一部分。

(4) A 形成   B 造成

你们知道中国人除夕夜守岁、放鞭炮的风俗是怎么_____的吗?

3. 괄호 안의 단어가 들어갈 알맞은 위치를 골라 보세요.

(1) 您＿＿A＿＿多画点儿画儿多好，＿＿B＿＿把时间＿＿C＿＿浪费在这些人的身上＿＿D＿＿？ （何必）

(2) ＿＿A＿＿年轻人＿＿B＿＿恐怕都受不了，＿＿C＿＿一个＿＿D＿＿有病的老人呢？ （何况）

(3) ＿＿A＿＿你提醒，＿＿B＿＿要不＿＿C＿＿我肯定忘了＿＿D＿＿下午还要开会。 （多亏）

(4) ＿＿A＿＿经历了那件事后，＿＿B＿＿我＿＿C＿＿一夜之间长大＿＿D＿＿成人了。 （仿佛）

4. 제시어를 이용하여 본문의 내용을 자신의 말로 이야기해 보세요.

(1) 본문 내용: 篮球运动的发明

> 训练、缺乏、项目、启发、安装、工具

(2) 본문 내용: 取球的烦恼

> 踩、一再、断断续续、激烈、纷纷、顺畅

(3) 본문 내용: 问题的解决

> 幼儿园、好奇、何必、多亏、锯

⑬ 锯掉生活的"筐底"　　171

실력향상 플러스

'生命在于运动！'생명은 운동에 달려 있다는 말과 같이, 건강한 삶을 누리기 위해서는 운동을 생활화하는 것이 중요합니다. 운동을 할 때는 개개인의 체력 조건에 따라, 환경에 따라 운동의 강도를 정해야 합니다. 체력이 약하면 너무 격렬한 운동은 피해야 하며, 체력이 좋은 사람 역시 과도하게 운동을 한다면 건강에 무리가 올 수 있지요. 또한 하루의 시간대나 운동 환경에 따라 운동의 시간과 방식을 달리 해야 합니다. 하지만 무엇보다 운동은 흐르는 물과 같이 꾸준하게 지속하는 것이 가장 중요하지요. 여러분은 꾸준히 하고 있는 운동이 있나요?

토론하기

运动与健康

1 你喜欢的运动是什么？你是怎么接触到并喜欢上它的？
2 进行这项运动有什么要求或条件？它的好处或优点是什么？
3 介绍一下现在你参加这项运动的情况以及它给你的生活带来什么影响。

• 接触 jiēchù 동 접촉하다

작문하기

请以"我喜欢的一项运动"为题，谈一谈你的看法。尽量用上本课所学的生词，字数不少于100字。

UNIT 05 放眼世界 세계를 바라보다

14
北京的四合院
베이징의 쓰허위안

미리보기

① 세계 유명 건축물의 중국어 명칭을 익혀 보고, 각각 어느 나라의 건축물인지 이야기해 보세요.

自由女神像
Zìyóu Nǚshénxiàng

金字塔
Jīnzìtǎ

比萨斜塔
Bǐsà Xiétǎ

② 베이징의 쓰허위안(四合院 sìhéyuàn)을 본 적 있나요? 만약 본 적이 있다면 선생님과 친구들에게 소개해 보세요.

北京的四合院

617字

　　四合院，是中国华北地区民居中的一种组合建筑形式。所谓四合，"四"指东、西、南、北四面，"合"就是四面房屋围在一起，中间形成一个方形的院子。

四合院在中国汉族民居中历史最悠久，分布最广泛。不过，只要人们一提到四合院，便自然会想到北京四合院，这是因为传统的北京四合院都有一套固定的样式，十分具有代表性，在各种各样的四合院中，北京四合院可以代表其主要特点。

　　北京有各种规模的四合院。最简单的四合院只有一个院子，比较复杂的有两三个，而有钱人家的，通常是由好几座四合院并列组成的。大门一般开在东南角或西北角，院中的北房是正房，比其他房屋的规模大，一般包括长辈的卧室和具备日常起居、接待客人等功能的客厅。院子的两边是东西厢房，是晚辈们生活的地方。在正房和厢房之间建有走廊，可以供人行走和休息。院子是十分理想的室外生活空间。有的人家喜欢种草、养花、种竹子，有的人家则喜欢用大盆养金鱼。院子不仅拉近了人与自然的关系，也让家里人在此得到了感情的交流，对创造生活情趣起了很大作用，因而最为人们所喜爱。

只要关闭起大门，四合院内便形成一个封闭式的小环境。住在四合院里的人不常与周围的邻居打交道。在小院里，一家人过着与世无争的日子，充分享受家庭的乐趣，自然有一种令人感到自在亲切的气氛。但也有多户合住一座四合院的情况，被称为"大杂院"，住户多为普通劳动人民。邻里之间有时虽然也有矛盾，但更多时候是互帮互助，不是亲人胜过亲人，这种浓浓的情感是许多老北京人无法忘记的。

改编自百度文库《建筑欣赏之四合院》

어휘 익히기

* 四合院 sìhéyuàn 명 쓰허위안 [베이징의 전통 주택 양식]
* 民居 mínjū 명 민가
  组合 zǔhé 동 조합하다, 구성하다 명 조합
  建筑 jiànzhù 명 건축물, 빌딩
  形式 xíngshì 명 형식
  所谓 suǒwèi 형 소위, 이른바
  方 fāng 형 네모지다
  广泛 guǎngfàn 형 광범위하다
  样式 yàngshì 명 양식, 스타일
  代表 dàibiǎo 명 대표 동 대표하다
  规模 guīmó 명 규모
  通常 tōngcháng 부 통상적으로
* 并列 bìngliè 동 병렬하다
  组成 zǔchéng 동 구성하다, 구성되다
  长辈 zhǎngbèi 명 (가족·친척 중의) 손윗사람, 연장자
  具备 jùbèi 동 구비하다, 갖추다
  日常 rìcháng 형 일상적이다
* 起居 qǐjū 명 일상생활
  接待 jiēdài 동 대접하다, 응대하다
  功能 gōngnéng 명 기능
* 厢房 xiāngfáng 명 곁채 ['正房'의 앞 양쪽에 있는 건물]
* 晚辈 wǎnbèi 명 (가족·친척 중의) 손아랫사람, 후배
* 走廊 zǒuláng 명 복도, 회랑
  空间 kōngjiān 명 공간
* 种 zhòng 동 (식물을) 심다, 기르다
  竹子 zhúzi 명 대나무

则 zé 접 오히려, 그러나 [대비나 역접을 나타냄]
* 金鱼 jīnyú 명 금붕어
* 情趣 qíngqù 명 정취, 즐거움
  因而 yīn'ér 접 그리하여
  为 wéi 개 ~에 의하여 [주로 '所'와 함께 쓰임]
  关闭 guānbì 동 닫다
* 封闭 fēngbì 동 봉하다, 폐쇄하다
  打交道 dǎ jiāodào ~와 인사하다, 교류하다
* 与世无争 yǔshì-wúzhēng 세상일에 무관심하다
  日子 rìzi 명 날, 나날
  充分 chōngfèn 형 충분하다
  令 lìng 동 ~하게 하다
  亲切 qīnqiè 형 친근하다, 친절하다
  劳动 láodòng 명 노동 동 노동하다, 일하다
  人民 rénmín 명 인민, 사람들
  矛盾 máodùn 명 갈등, 모순 형 갈등하다
  浓 nóng 형 진하다

고유 명사

华北 Huáběi 화베이 [중국의 화북 지역]

포인트짚어보기

所谓

형용사 '所谓'는 '소위', '이른바'라는 뜻으로 통상적으로 이야기하는 바를 가리킬 때 씁니다. 대부분 해석이 필요한 어휘를 언급하고자 할 때 사용됩니다.

很多时候，烦恼是自己找来的，这就是所谓的"自寻烦恼"。
대부분의 경우에 고민은 자신이 스스로 만드는 것입니다. 이것이 소위 말하는 '스스로 고민거리를 찾는다'이지요.

'所谓'는 다른 사람이 말한 것을 지적하면서 그에 동의하지 않거나 인정하지 않음을 나타내기도 합니다.

他所谓的"新闻"，其实我们早就知道了！
그가 소위 말하는 '뉴스'라는 것을 사실 우리는 일찍부터 알고 있었다고요!

现在市场上所谓的"健康食品"其实没有统一的标准。
현재 시장에서 소위 말하는 '건강 식품'이라는 것에는 사실 통일된 기준이 없습니다.

연습해보기

괄호 안의 단어를 이용하여 문장을 완성해 보세요.

(1) 四面房屋围在一起，中间形成一个方形的院子，_____。(所谓)

(2) A 这么长时间没回家了，回去后感觉怎么样？
    B _____。(所谓)

(3) 这次考试怎么又这么差？_____！(所谓)

则

'则'는 접속사로 'A……, (而)B则……'의 형식으로 써서 'A는 ~인 반면에, B는 ~이다'라는 대비의 뜻을 나타냅니다.

猫享受独处的快乐，而狗则是希望和别人分享快乐。
고양이는 혼자 있는 즐거움을 누리는 반면에, 강아지는 타인과 즐거움을 같이 나누기를 원합니다.

有的人家喜欢种草、养花、种竹子，有的人家则喜欢用大盆养金鱼。
어떤 사람은 잔디를 심고 꽃을 키우고 대나무를 심는 것을 좋아하지만, 반면에 어떤 사람은 큰 대야에 금붕어를 기르는 것을 좋아합니다.

'则'는 인과 관계를 나타낼 수도 있습니다. 주로 글말에서 사용되며, 구어에서의 '就'와 같은 뜻입니다.

北京的冬天，有风则寒，无风则暖。
베이징의 겨울은 바람이 있으면 춥고, 바람이 없으면 따뜻하다.

"欲速则不达"，人生不能总是要求"快"，其实，"慢"也是一种生活的艺术。
'일을 빨리하고자 하면 이루지 못한다'라는 말처럼, 인생은 항상 '빠름'만을 요구할 수 없다. 실은 '느림' 역시 하나의 삶의 기술이다.

• 欲 yù 통 ~하고 싶어 하다

'则'는 양사로도 쓰여 완결된 문장이나 단락을 이루는 단문을 셀 때 사용됩니다.

在第七课，我们学习了两则成语故事。
7과에서 우리는 두 편의 고사성어를 배웠습니다.

今天的报纸上有一则非常重要的新闻。
오늘 신문에 아주 중요한 뉴스 한 편이 실렸어요.

연습해보기

괄호 안의 단어를 이용하여 문장을 완성해 보세요.

(1) A 你知道中国北方人和南方人吃饭的习惯有什么不同吗?
    B _____。（접속사 则）

(2) 一项调查显示，只有37%的人愿意回到没有手机的时代，_____。（접속사 则）

(3) A 最近你读了什么有意思的书吗?
    B _____。（양사 则）

为……所……

'为……所……'는 주로 글말에 쓰이는 고정격식으로 '~에 의해 ~되다'라는 뜻입니다. 여기서 '为'는 개사이며 '~에 의하여'라는 뜻입니다.

有了科学，大自然就可以更好地为人所用。
과학이 있어서 대자연은 사람에 의해 더 좋게 이용될 수 있습니다.

认识他的人，没有人不为他认真的工作态度所感动。
그를 아는 사람들 중에 열심히 일하는 그의 근무 태도에 감동받지 않은 사람이 없어요.

연습해보기

괄호 안의 단어를 이용하여 문장을 완성해 보세요.

(1) 这个老师_____，_____。（为……所……）

(2) 在这座小城，她_____，
    因为她把这里的每一位老人都当成家人来照顾。（为……所……）

(3) A 你知道梅西这个人吗?
    B _____。（为……所……）

동사+起

동사 '起'가 다른 동사의 뒤에 쓰이면 '연결되다', '결합하다', '고정되다'라는 뜻을 나타냅니다.

拉起手，我们就是好朋友。
악수했으니, 우리는 사이 좋은 친구가 된 거야.

只要**关闭起**大门，四合院内便形成一个封闭式的小环境。
대문만 닫으면 쓰허위안의 내부는 폐쇄된 작은 환경이 형성됩니다.

对公司来说，最重要的是**建立起**一套行之有效的制度。
회사에 있어서 가장 중요한 것은 실효성 있는 제도를 정립하는 것입니다.

- 建立 jiànlì 동 수립하다, 세우다
- 行之有效 xíng zhī yǒuxiào 실행함에 효과가 있다

연습해보기

괄호 안의 단어를 이용하여 문장을 완성해 보세요.

(1) 他拉起我的手，_____。

(2) 我们两国_____。（동사+起）

(3) 这是我们自己家的事，应该_____。（동사+起）

꼭 알아야 할 호응 구조

동사 + 목적어 구조

创造 만들다	创造文字 문자를 만들다 创造历史 역사를 만들다 创造机会 기회를 만들다 创造条件 조건을 만들다 创造奇迹 기적을 만들다 创造美好生活 아름다운 삶을 만들다	(的)功能 ~의 기능	有……(的)功能 ~의 기능이 있다 具备……(的)功能 ~의 기능을 갖추다
		矛盾 갈등	有矛盾 갈등이 있다 闹矛盾 갈등을 야기하다 产生矛盾 갈등을 만들다

관형어 + 피수식어 구조

日常 일상	日常生活 일상생활 日常工作 일상 업무 日常用品 일상 용품 日常用语 일상용어	日子 날, 나날	重要的日子 중요한 날 幸福的日子 행복한 나날 困难的日子 어려운 나날 与世无争的日子 세상일에 무관심한 나날

부사어 + 술어 구조

广泛(地) 광범위하게	广泛(地)调查 광범위하게 조사하다 广泛(地)应用 광범위하게 응용하다 广泛(地)分布 광범위하게 분포하다	广泛(地)研究 광범위하게 연구하다 广泛(地)流行 광범위하게 유행하다 广泛(地)关注 광범위하게 관심을 갖다

술어 + 보어 구조

组合 조합하다	组合起来 조합하기 시작하다 组合到一起 한데로 조합하다 组合成…… ~로 조합하다	矛盾 갈등하다	矛盾极了 매우 갈등하다

주어 + 술어 구조

广泛 광범위하다	兴趣广泛 흥미가 광범위하다 爱好广泛 취미가 광범위하다 知识广泛 지식이 광범위하다 内容广泛 내용이 광범위하다	充分 충분하다	准备充分 준비가 충분하다 理由充分 이유가 충분하다

• 理由 lǐyóu 명 이유

단어 비교하기

通常 vs 常常

★ 공통점 ★

'通常'과 '常常' 모두 동일한 동작이 자주 발생한다는 것을 뜻합니다. 일부 문장에서는 바꿔 쓸 수도 있지만 강조하는 의미는 다릅니다.

我通常/常常在学校外面那个超市买东西。
나는 종종 학교 밖의 그 슈퍼에서 물건을 산다.

★ 차이점 ★

1. '通常'은 동작이 규칙적임을 강조하지만, '常常'은 동작이 여러 번 출현함을 강조합니다.

   有钱人家的，通常是由好几座四合院并列组成的。
   돈 있는 집은 통상적으로 몇 채의 쓰허위안이 병렬로 구성되어 있다.

   他成绩很好，常常受到表扬。
   그는 성적이 좋아서 종종 칭찬을 받는다.

2. '通常'은 형용사의 용법도 있으므로 관형어로 쓰일 수 있지만, '常常'은 부사이므로 관형어로 쓰이거나 구를 수식할 수 없습니다.

   我们通常的做法都是这样的。
   우리의 통상적인 방법은 모두 이렇습니다.

   他常常去上海出差，对上海很熟悉。
   그는 종종 상하이로 출장을 가서 상하이를 잘 안다.

체크 체크

문장에 들어갈 알맞은 단어를 골라 체크해 보세요.

	通常	常常
예시) 她____在家帮妈妈干活儿。	X	√
(1) ____除夕晚上都要放鞭炮、吃饺子。	☐	☐
(2) 在____情况下，火车是不会晚点的。	☐	☐
(3) 周末他____去父母家过。	☐	☐

실력다지기

1. 보기에서 알맞은 단어를 골라 빈칸에 써 보세요.

> 보기　浓　　广泛　　具备　　矛盾　　日常　　组合

(1) 现在的手机都_____很多功能，不再只是个打电话的工具。

(2) 刚开始学中文的时候，我学的主要是一些_____用语。

(3) 今天雾很_____，对面的建筑都看不清了。

(4) 这个问题需要进行_____调查，然后才能做出决定。

(5) 这本书是由三个部分_____起来的。

(6) 老人家里有两个儿子，他们俩常常闹_____。

2. 제시된 두 단어를 보고 빈칸에 알맞은 것을 골라 보세요.

(1) A 组成　　B 组合

手机已经成为人们生活中的重要_____部分。

(2) A 广大　　B 广泛

他的兴趣爱好非常_____，跟谁都能聊到一块儿。

(3) A 因而　　B 反而

他坚持锻炼，_____身体很好。

(4) A 令　　B 让

是那位工程师_____我把机器安装在这儿的。

182

3. 알맞은 호응 구조가 되도록 연결해 보세요.

(1) 产生 •　　　　　• 客人　　　(2) 充分的 •　　　　　• 日子

　　接待 •　　　　　• 家庭　　　　　广泛的 •　　　　　• 样式

　　创造 •　　　　　• 矛盾　　　　　幸福的 •　　　　　• 准备

　　组成 •　　　　　• 条件　　　　　固定的 •　　　　　• 兴趣

4. 제시어를 이용하여 본문의 내용을 자신의 말로 이야기해 보세요.

(1) 본문 내용: 什么是四合院

> 建筑、所谓、悠久、广泛

(2) 본문 내용: 北京四合院的结构与功能

> 规模、通常、功能、空间、则、因而、为

(3) 본문 내용: 四合院的人际关系

> 起、打交道、令、矛盾

'生活中不是缺少美，而是缺少发现美的眼睛。' 아름다움은 생활 속에 충분하며, 부족한 것은 아름다움을 발견하는 눈이라는 말과 같이, 아름다움은 우리의 삶 곳곳에서 찾을 수 있습니다. 건축물의 아름다움도 그중의 하나이지요. 세계 각지를 여행하다 보면 그 나라의 특징을 잘 드러내는 아름다운 건축물을 감상할 수 있고, 그 속에서 역사, 문화, 풍습을 이해할 수 있습니다. 쓰허위안은 바로 중국을 대표하는 건축물이지요. 많은 외지의 여행객들이 베이징 여행을 하면서 전통 골목(胡同 hútòng)과 쓰허위안을 감상하며 중국의 아름다움을 발견합니다.

토론하기

建筑与旅游

1. 你最喜欢(或印象最深)的建筑是什么？你是怎么知道它的？
2. 介绍一下你了解到的情况。
3. 介绍一下你通过旅行这种方式来了解各地建筑的感受及收获。

• 收获 shōuhuò 명 수확, 성과

작문하기

请以"我眼中最美的中国建筑"为题，介绍一下你了解到的或在中国旅行时亲眼所见的印象最深的一处建筑。尽量用上本课所学的生词，字数不少于100字。

UNIT 05 放眼世界 세계를 바라보다

纸上谈兵
탁상공론

미리보기

1 전국 시대 말기, 진(秦)나라는 점점 강대해져 마침내 중국을 하나의 나라로 통일합니다. 그림에서 진(秦)나라와 조(赵)나라의 위치를 찾아 보세요.

2 본문의 새 어휘에서 군사와 관련된 어휘를 찾아 빈칸에 써 보고, 각각의 뜻을 말해 보세요.

명사	军事(jūnshì 군사)
동사	

纸上谈兵

642字

两千七百多年前的战国末期,赵国名将赵奢有个儿子叫赵括,他从小读了不少兵书,跟别人谈论起军事来,没有人说得过他,就是父亲赵奢也难不住他。赵括因此很骄傲,自以为天下无敌,连父亲也不放在眼里。

但是赵奢心里明白,自己的儿子虽然对军事理论都很了解,但是没有实际作战的经验,想法很不符合实际。他曾经偷偷对妻子说:"儿子的毛病是只会讲大道理,缺乏实际锻炼,不能当大将。如果让他当了大将,迟早会害了赵国。"

几年后,赵奢去世了。这一年正好秦国军队来打赵国,赵国派老将廉颇带20万大军迎战。廉颇根据敌强我弱的形势,命令士兵们坚守阵地,绝对不可主动出战。秦军多次挑战,骂他是胆小鬼,他还是不出兵。这个办法果然非常有效,成功地把秦军拦在了国门之外。渐渐地,秦军无法快速取得胜利,粮食也快没了,有些坚持不住了。

秦人深知廉颇善于用兵，如果想在短期内打败赵国，必须想办法叫赵国把廉颇调回去。于是，他们在赵国四处散布谣言，说秦军最怕赵括，别的人都不放在眼里。

这时，赵王正因廉颇闭门不战而生气呢，听到外面的那些谣言，果然上当了，他派赵括去换回廉颇。赵括的母亲再三阻止赵王任命儿子为大将，说他还没有独立带兵作战的资格。可是，糊涂的赵王哪里听得进去！

公元前260年，赵括带兵出战。一直盲目自信、轻视秦军的他完全改变了廉颇的作战方案，死搬兵书上的理论，主动进攻秦军，结果数十万赵军全部被杀，丢掉了宝贵的生命。

这就是成语"纸上谈兵"的故事。现在常用这个成语讽刺那些只会空谈理论的人，提醒大家做事一定要灵活，要注意理论联系实际。

어휘 익히기

🔊 15-02

* 纸上谈兵 zhǐshàng-tánbīng 탁상공론
* 兵书 bīngshū 몡 병서
  军事 jūnshì 몡 군사, 군사 관련 일
  敌(人) dí(rén) 몡 적
  理论 lǐlùn 몡 이론
* 作战 zuòzhàn 동 전쟁을 하다
  毛病 máobìng 몡 단점, 약점
  道理 dàolǐ 몡 도리, 이치
  迟早 chízǎo 부 조만간, 머지않아
* 军队 jūnduì 몡 군대
  派 pài 동 보내다, 파견하다
  弱 ruò 형 약하다
  形势 xíngshì 몡 형세, 형국
  命令 mìnglìng 동 명령하다 몡 명령
* 守 shǒu 동 지키다, 수호하다
* 阵地 zhèndì 몡 진지
  绝对 juéduì 부 절대로 형 절대적이다
  主动 zhǔdòng 형 주동적이다
  挑战 tiǎozhàn 동 도전하다 몡 도전
  骂 mà 동 욕하다
  胆小鬼 dǎnxiǎoguǐ 몡 겁쟁이
* 渐渐 jiànjiàn 부 점차, 점점
  胜利 shènglì 동 승리하다
* 调(动) diào(dòng) 동 옮기다, 이동하다
* 散布 sànbù 동 퍼뜨리다, 흩어지다
* 谣言 yáoyán 몡 루머, 유언비어
  上当 shàng dàng 동 속다, 꾐에 빠지다

  再三 zàisān 부 재차, 거듭
  阻止 zǔzhǐ 동 저지하다, 가로막다
* 任命 rènmìng 동 임명하다
  独立 dúlì 동 독립하다
  资格 zīgé 몡 자격
  糊涂 hútu 형 어리석다, 흐리멍텅하다
  公元 gōngyuán 몡 서기
* 盲目 mángmù 형 맹목적이다
  轻视 qīngshì 동 경시하다, 깔보다
  方案 fāng'àn 몡 방안, 계획
* 进攻 jìngōng 동 공격하다
  宝贵 bǎoguì 형 소중하다, 귀하다
  讽刺 fěngcì 동 풍자하다
  灵活 línghuó 형 융통성이 있다, 유연하다

고유 명사

战国 Zhànguó 전국 시기 [B.C.475~B.C.221]
赵国 Zhàoguó 조나라
赵奢 Zhào Shē 조사 [조나라 장군]
赵括 Zhào Kuò 조괄 [조사의 아들]
秦国 Qínguó 진나라
廉颇 Lián Pō 염파 [조나라 장군]

포인트 짚어보기

▶ 过

'过'는 방향동사이지만 '동사+得/不+过'의 형식으로 쓰면 '~을 능가하다/능가할 수 없다'라는 뜻을 나타냅니다.

跟别人谈论起军事来，没有人说得过他。
다른 사람들과 군사에 관해 이야기하면, 말로 그를 이길 자가 없었다.

年轻人记忆力好，这一点我比不过你们。
젊은 사람들은 기억력이 좋아. 이 점은 내가 너희를 이길 수가 없구나.

我们的原材料贵，人工费用高，产品在价格上肯定竞争不过他们。
우리의 원자재는 비싸고 인건비가 높아서, 상품이 가격 측면에서 그들과 경쟁해서 이길 수 없습니다.

연습해보기

괄호 안의 단어를 이용하여 문장을 완성해 보세요.

(1) 李阳受过专业训练，_____。(过)

(2) 老张尽管是五十多岁的人了，可干起活儿来，_____。(过)

(3) A _____。(过)
    B 你是哥哥，妹妹还小，不懂事，你得让着她点儿。

▶ 迟早

부사 '迟早'는 '조만간', '머지않아'라는 뜻으로, 주로 동사 앞에 쓰여 어떤 동작이나 일이 조만간 발생할 것임을 나타냅니다.

如果让他当了大将，迟早会害了赵国。
만약 그에게 지휘관을 맡긴다면, 머지않아 조나라를 해칠 것입니다.

随着网络技术的发展，这些问题迟早都会得到解决。
인터넷 기술의 발전에 따라 이러한 문제들은 조만간 해결될 것입니다.

如果不重视技术研究和产品开发，我们迟早会被别人挤出市场。
만약 기술 연구와 상품 개발을 중요시하지 않는다면, 우리는 머지않아 다른 사람에 의해 시장에서 밀려나게 될 것입니다.

연습해보기

괄호 안의 단어를 이용하여 문장을 완성해 보세요.

(1) 王教练可严格了，你这种不认真的态度＿＿＿＿＿＿＿＿＿＿＿＿＿＿＿＿。（迟早）

(2) A 你说刘方为什么就不能原谅我呢？
　　B 你别难过，＿＿＿＿＿＿＿＿＿＿＿＿＿＿＿＿＿＿＿＿＿。（迟早）

(3) A 怎么，签证被拒签的事你还没告诉她吗？
　　B ＿＿＿＿＿＿＿＿＿＿＿＿＿＿＿＿＿＿＿＿＿＿＿＿＿＿。（迟早）

再三

부사 '再三'은 '재차', '거듭'이라는 뜻입니다. 주로 동사 앞에 쓰이지만, 목적어를 갖지 않는 자동사의 뒤에 '再三'이 놓이는 경우도 있습니다.

赵括的母亲再三阻止赵王任命儿子为大将。
조괄의 어머니는 조나라 왕이 아들을 지휘관으로 임명하려는 것을 재차 말렸다.

我最近这段时间特别忙，实在没时间参加小王的活动，可他再三邀请，出于礼貌，我只好答应了。
나는 요즘 너무 바빠서, 정말로 샤오왕의 행사에 참가할 시간이 없었다. 그런데 그가 여러 번 초대해서 예의 차원에서 나는 어쩔 수 없이 승낙하고 말았다.

朋友请他做公司的总经理，他考虑再三，最后还是客气地拒绝了。
친구는 그에게 회사의 CEO를 맡아달라고 요청했고, 그는 거듭 고려한 끝에 결국 정중히 거절했다.

연습해보기

괄호 안의 단어를 이용하여 문장을 완성해 보세요.

(1) ＿＿＿＿＿＿＿＿＿＿＿＿＿＿＿＿＿，他只好答应周末带她去玩儿。（再三）

(2) ＿＿＿＿＿＿＿＿＿＿＿＿＿＿＿＿＿，决定自己亲自跑一趟。（再三）

(3) A 这么有名的大专家居然也让你们校长请来了？
　　B ＿＿＿＿＿＿＿＿＿＿＿＿＿＿＿＿＿＿＿＿＿＿＿。（再三）

꼭 알아야 할 호응 구조

동사 + 목적어 구조

轻视 무시하다, 얕잡아 보다	轻视对方 상대방을 무시하다 轻视科学 과학을 무시하다 轻视工作 업무를 얕잡아 보다 轻视知识 지식을 얕잡아 보다 轻视成果 성과를 무시하다	• 成果 chéngguǒ 명 성과
善于 ~에 능하다	善于学习 학습에 능하다 善于发现 발견에 능하다 善于总结 마무리에 능하다 善于表达 표현에 능하다 善于分析 분석에 능하다	• 分析 fēnxī 동 분석하다

관형어 + 피수식어 구조

糊涂的 어리석은	糊涂的话 어리석은 말 糊涂的孩子 어리석은 아이 糊涂的领导 어리석은 리더 糊涂的看法 어리석은 생각 糊涂的脑子 어리석은 머리
宝贵的 귀중한	宝贵的机会 귀중한 기회 宝贵的生命 귀중한 생명 宝贵的经验 귀중한 경험 宝贵的意见 귀중한 의견 宝贵的时间 귀중한 시간

부사어 + 술어 구조

独立(地) 독립적으로, 독자적으로	独立(地)生活 독립적으로 생활하다 独立(地)分析 독자적으로 분석하다 独立(地)工作 독자적으로 일하다 独立(地)完成 독자적으로 완성하다 独立(地)发展 독자적으로 발전하다 独立(地)开发 독자적으로 개발하다 独立(地)领导 독자적으로 이끌다

主动(地) 주동적으로	主动(地)表示　주동적으로 표현하다 主动(地)提出　주동적으로 제시하다 主动(地)建议　주동적으로 건의하다 主动(地)反映　주동적으로 반영하다 主动(地)帮助　주동적으로 돕다 主动(地)解决　주동적으로 해결하다 主动(地)联系　주동적으로 연락하다 主动(地)学习　주동적으로 공부하다 主动(地)宣传　주동적으로 홍보하다 主动(地)提供　주동적으로 제공하다

주어 + 술어 구조

形势 형세	形势好转　형세가 호전되다 形势乐观　형세가 낙관적이다 形势危险　형세가 위험하다 形势严重　형세가 심각하다 形势紧张　형세가 긴장되다
毛病 단점	毛病多　단점이 많다 毛病(被)克服　단점이 극복되다　　　　　• 克服 kèfú 동 극복하다

단어비교하기

胜利 vs 成功

★공통점★

'胜利'와 '成功' 모두 동사로, 예상한 목표에 도달했다는 뜻입니다.

北京胜利/成功地举办了2008年夏季奥运会。
베이징은 성공적으로 2008년 하계 올림픽을 개최하였다.

• 奥运会 Àoyùnhuì 고유 올림픽

★차이점★

1. '胜利'는 어떤 업무가 예상한 목표에 도달했을 때를 나타내며 보통 부사어로 쓰입니다. '成功'은 업무나 사업 외에 다른 방면에서 성공을 거두었을 때 사용할 수 있습니다. 부사어, 술어로 쓰일 수 있습니다.

   经过一年多的努力，我们胜利地完成了调查工作。
   1년여의 노력 끝에 우리는 성공적으로 조사 업무를 완성했다.

   经过艰苦的努力，实验终于成功了。
   각고의 노력 끝에 실험은 마침내 성공하였다.

2. '胜利'는 전쟁이나 시합에서 상대를 물리친다는 뜻이 있지만, '成功'에는 상대를 물리친다는 뜻은 없습니다.

   谁坚持到最后，谁就是这场比赛的胜利者。
   마지막까지 버티는 사람이 바로 이번 시합의 승리자이다.

3. '成功'은 형용사이기도 하여 만족스럽다는 뜻을 나타내며 보어로 쓰일 수 있습니다. '胜利'에는 이러한 뜻이 없으며 보어로 쓰일 수 없습니다.

   这部电视剧拍得很成功，在全国播出后，受到观众的喜爱。
   이 드라마는 촬영이 아주 성공적이어서, 전국으로 방송된 이후에 관중들의 사랑을 받았다.

체크체크 ✓

문장에 들어갈 알맞은 단어를 골라 체크해 보세요.

		胜利	成功
예시	这项实验如果研究＿＿＿，将给成千上万的病人带来希望。	✗	✓
(1)	得民心者才会赢得这场战争的＿＿＿。	☐	☐
(2)	她＿＿＿地说服丈夫放弃了搬家的打算。	☐	☐
(3)	座谈会开得很＿＿＿，大家交换了意见，增进了理解。	☐	☐

실력다지기

1. 보기에서 알맞은 단어를 골라 빈칸에 써 보세요.

| 보기 | 宝贵 | 阻止 | 善于 | 独立 | 挑战 | 糊涂 |

(1) 我见朋友的小孩怎么也打不开房门，就想帮他，却被朋友_____了。

(2) 任何经验都是_____的，但并不是任何时候都是有效的。

(3) 社会上的成功人士，有不少都_____记住别人的名字。

(4) 你这脑子可真_____，银行卡的密码怎么能忘了呢?

(5) 跳伞运动以自身的惊险和_____性，被世人称为"勇敢者的运动"。

(6) 家长应尽量创造一个能让孩子_____生活和学习的环境。

2. 제시된 두 단어를 보고 빈칸에 알맞은 것을 골라 보세요.

(1) A 曾经   B 已经

我_____以为这一生我只能做一个普普通通的工人了。

(2) A 缺点   B 毛病

师傅，最近我这车出了点儿_____，空调总是不太凉。

(3) A 理论   B 道理

父母给我讲了许多做人的_____，对我的影响很大。

(4) A 绝对   B 完全

我相信这样的安排他是_____不会同意的。

3. 알맞은 호응 구조가 되도록 연결해 보세요.

(1) 克服・　　　　・战争　　　　(2) 有效的・　　　　・时间
　　下　・　　　　・毛病　　　　　 糊涂的・　　　　・形势
　　具备・　　　　・命令　　　　　 宝贵的・　　　　・经理
　　阻止・　　　　・资格　　　　　 严重的・　　　　・方案

4. 제시어를 이용하여 본문의 내용을 자신의 말로 이야기해 보세요.

(1) 본문 내용: 赵括的军事才能

> 军事、说得过、骄傲、毛病、理论、缺乏

(2) 본문 내용: 廉颇的战术

> 弱、形势、命令、坚守、主动、挑战、拦

(3) 본문 내용: 赵王上当

> 调、谣言、上当、阻止、资格、糊涂

(4) 본문 내용: 赵括之死

> 自信、轻视、进攻、宝贵、实际

실력향상 플러스

중국 고대의 병서『손자병법(孙子兵法 Sūnzǐ Bīngfǎ)』에 '전쟁은 속임수다'라는 말이 있습니다. 군사를 쓰는 방법은 변화무쌍하고 상대의 허를 찌르는 데에 있다는 뜻이지요. 전쟁을 할 때 가장 중요한 것은 다양한 전술로 적을 현혹시켜야 한다는 것입니다.

이론은 우리의 행동을 올바르게 이끌 수는 있지만, 막상 문제 상황에 직면하면 실제 상황은 끊임없이 바뀐다는 것을 알게 됩니다. 현실과 동떨어진 채 탁상공론만 하고 있다면 문제를 해결할 수 없을 것입니다.

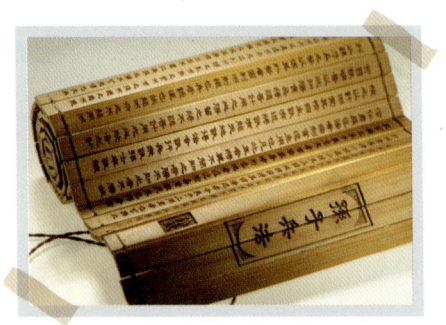

토론하기

理论与实际的关系

1. 赵括算不算一位出色的军事家？你认为赵括的死是什么原因造成的？
2. 赵括的死给你最大的启发是什么？
3. 请举一个生活中类似的例子，并说说我们在生活中应该注意什么。

작문하기

请以"从赵括之死想到的"为题，谈一谈你对这篇历史故事的看法。尽量用上本课所学的生词，字数不少于100字。

★ 주제별로 익히는 HSK 5급 어휘 ⑤ ★

체육	体育 tǐyù 명 체육 | 运动 yùndòng 명 운동 동 운동하다 | 健身 jiànshēn 동 몸을 튼튼하게 하다 项目 xiàngmù 명 경기 종목 | 武术 wǔshù 명 무술 | 太极拳 tàijíquán 명 태극권 足球 zúqiú 명 축구 | 篮球 lánqiú 명 농구 | 网球 wǎngqiú 명 테니스 乒乓球 pīngpāngqiú 명 탁구 | 羽毛球 yǔmáoqiú 명 배드민턴 | 爬山 pá shān 동 등산하다 散步 sàn bù 동 산책하다 | 游泳 yóu yǒng 동 수영하다 | 球迷 qiúmí 명 (구기 운동의) 팬 纪录 jìlù 명 기록 | 象棋 xiàngqí 명 장기 | 教练 jiàoliàn 명 코치 | 对手 duìshǒu 명 경쟁자 冠军 guànjūn 명 우승 | 决赛 juésài 명 결승전
건축·건물	建筑 jiànzhù 명 건축물 | 屋子 wūzi 명 집, 방 | 房间 fángjiān 명 방 | 卧室 wòshì 명 침실 厨房 chúfáng 명 주방 | 客厅 kètīng 명 거실 | 卫生间 wèishēngjiān 명 화장실 阳台 yángtái 명 베란다 | 入口 rùkǒu 명 입구 | 台阶 táijiē 명 계단 | 角 jiǎo 명 모서리 墙 qiáng 명 벽 | 窗户 chuānghu 명 창문 | 玻璃 bōli 명 유리 | 车库 chēkù 명 차고 宿舍 sùshè 명 기숙사 | 公寓 gōngyù 명 아파트 | 单元 dānyuán 명 동 | 隔壁 gébì 명 이웃 房东 fángdōng 명 집주인 | 大厦 dàshà 명 고층 빌딩, 맨션 | 广场 guǎngchǎng 명 광장 桥 qiáo 명 다리 | 公园 gōngyuán 명 공원 | 高速公路 gāosù gōnglù 고속도로
군사	军事 jūnshì 명 군사 | 枪 qiāng 명 총 | 射击 shèjī 동 사격하다 | 英雄 yīngxióng 명 영웅 士兵 shìbīng 명 사병 | 敌人 dírén 명 적 | 战争 zhànzhēng 명 전쟁 | 胜利 shènglì 동 승리하다 命令 mìnglìng 명 명령 동 명령하다 | 伤害 shānghài 동 해치다 | 威胁 wēixié 동 위협하다 退步 tuì bù 동 후퇴하다 | 失败 shībài 동 실패하다

체크 체크

빈칸에 들어갈 알맞은 어휘를 골라 넣어 보세요.

(1) ＿＿＿＿＿是中国传统的体育项目，＿＿＿＿＿是其中重要的组成部分。

(2) 他决心苦练一年，好在下次比赛时打败对方，拿回＿＿＿＿＿的奖杯。

(3) 她就住在我家＿＿＿＿＿，是我的邻居。

(4) 花木兰是中国古代的女＿＿＿＿＿，她替父参军并打败敌人，从而闻名天下。

※ 정답은 뒷장에 있습니다.

해석 및 어휘

(1) 무술은 중국 전통의 스포츠 종목이며, 태극권은 그중의 중요한 구성 부분이다.

(2) 그는 1년 동안 열심히 훈련하기로 결심했고, 다행히 다음 시합에서 상대방을 이겨서, 우승 트로피를 따냈다.
 • 奖杯 jiǎngbēi 명 트로피, 우승컵

(3) 그녀는 우리 집 이웃에 사는, 나의 이웃이다.

(4) 물란은 중국 고대의 여자 영웅으로, 그녀는 아버지를 대신해 전쟁터에 나가 적을 물리쳐 세상에 이름을 날렸다.
 • 参军 cān jūn 동 참전하다 • 闻名 wénmíng 동 유명하다, 이름을 날리다

정답

(1) 武术，太极拳　　(2) 冠军　　(3) 隔壁　　(4) 英雄

UNIT 06 修养身心 몸과 마음을 다스리다

16
体重与节食
체중과 다이어트

미리보기

1 본문의 새 어휘를 먼저 학습하고, 그림과 관련 있는 어휘를 찾아 빈칸에 써 보세요.

_____

_____

2 다이어트를 해본 경험이 있나요? 효과가 좋았던 다이어트 방법이 있다면 소개해 보세요.

본문 읽기

体重与节食

635字

据报道，医学专家进行了一项新研究，研究发现：由于人们在一周内的营养摄入和饮食模式会影响到他们的体重变化，因此节食者的体重会在一周内上下波动。

总共有80名年龄在25-62岁之间的成年人参与了这项研究。研究人员根据他们的相对体重变化将其分为三种类型：体重减轻者、体重增加者和体重保持者。这些成年人在每天起床之后、早餐之前称一下自己的体重，为了保证可靠性，只有那些至少连续7天以上称过体重的人才会被纳入分析。对这些志愿者的跟踪调查时间最短为15天，最长为330天。

研究成果显示：这些人的体重变化表现出清晰的模式，即周末之后体重升高，在工作日体重减轻（周五达到最低点）。研究人员还意外地发现，体重减轻者和体重增加者在体重波动模式上存在着明显不同。体重减轻者会表现出较强的补偿模式，即在周末之后体重立即下降，这一下降趋势直至周五结束；而体重增加者每天的体重都会存在差异，他们在工作日的体重并无明显减轻。

这项联合多所医学院校所做的研究发现，除了个别人以外，多数人体重的增加会从周六开始，而体重减轻则会从周二开始，特别是对于那些体重减轻者和体重保持者来说更是如此。它表明人们的体重变化在一周内会显示出一种明显的规律，工作日和周末体重的临时变化应该被视为正常现象，而非真正的体重增加，这是由于人们在周末会有更多的时间外出就餐。周末对

饮食稍微有些放纵影响不大，但为了能成功减轻体重，想要变苗条的节食者应注意到这种变化规律，周末之后不要再找任何吃美食的借口，应及时采取措施阻止这一上升趋势。

改编自《北京青年报》

어휘익히기

- * 体重 tǐzhòng 명 체중, 몸무게
- 节食 jiéshí 동 다이어트하다
- 报道 bàodào 명 보도 동 보도하다
- 营养 yíngyǎng 명 영양
- * 摄入 shèrù 동 섭취하다
- * 模式 móshì 명 모델, 패턴
- * 波动 bōdòng 동 오르내리다, 기복이 있다
- 总共 zǒnggòng 부 모두, 전부, 합쳐서
- 参与 cānyù 동 참여하다
- 人员 rényuán 명 인원
- 相对 xiāngduì 형 상대적이다
- 类型 lèixíng 명 유형
- 称 chēng 동 (무게를) 재다
- 可靠 kěkào 형 믿을만하다, 신뢰하다
- * 纳入 nàrù 동 포함시키다, 받아 넣다
- 分析 fēnxī 동 분석하다
- 志愿者 zhìyuànzhě 명 지원자
- * 跟踪 gēnzōng 동 추적하다
- 成果 chéngguǒ 명 성과
- * 清晰 qīngxī 형 분명하다, 뚜렷하다
- 即 jí 동 즉 ~이다 부 곧, 바로
- 升 shēng 동 올라가다
- 达到 dá dào 동 도달하다
- 意外 yìwài 형 의외이다, 뜻밖이다 명 뜻밖의 사고
- 存在 cúnzài 동 존재하다
- 明显 míngxiǎn 형 명확하다, 분명하다
- * 补偿 bǔcháng 동 보상하다, 보충하다
- 立即 lìjí 부 즉각, 즉시
- 趋势 qūshì 명 추세
- 差异 chāyì 명 차이
- 联合 liánhé 동 연합하다 형 연합의, 공동의
- 个别 gèbié 형 개개의, 개별적이다
- 表明 biǎomíng 동 표명하다, 분명히 밝히다
- 临时 línshí 부 임시로 형 임시적이다
- 现象 xiànxiàng 명 현상
- 非 fēi 동 ~이 아니다 부 반드시
- * 就餐 jiùcān 동 식사하다
- * 放纵 fàngzòng 동 내버려두다, 방임하다
- 苗条 miáotiao 형 날씬하다
- 借口 jièkǒu 명 구실, 변명 동 변명하다
- 采取 cǎiqǔ 동 취하다, 채택하다
- 措施 cuòshī 명 조치

포인트짚어보기

▶ 即

동사 '即'는 '즉 ~이다'라는 뜻으로, 주로 글말에 쓰입니다.

"旦"是象形字，即太阳从地平线上升起。
'旦'은 상형자로, 즉 태양이 지평선에서 떠오른다는 것이다.

这些人的体重变化表现出清晰的模式，即周末之后体重升高，在工作日体重减轻。
이 사람들의 체중 변화는 분명한 패턴을 보여주고 있는데, 즉 주말 이후로는 체중이 증가하고 근무일에는 체중이 감소한다는 것이다.

'即'는 부사로도 쓰여 '곧', '바로'라는 뜻입니다.

不懂即问是他最大的优点，也是他成功的主要原因。
모르면 바로 물어보는 것이 그의 가장 큰 장점이며, 그가 성공한 주요 원인이기도 하다.

在办公司这件事上，两人早都有打算，这次的机会让他俩一拍即合。
회사를 운영하는 이 일에서 두 사람은 일찍부터 계획이 있었는데, 이번 기회는 그들의 의견을 단번에 일치하게 했다.

- 一拍即合 yìpāijíhé 단번에 일치하다

연습해보기

괄호 안의 단어를 이용하여 문장을 바꾸어 써 보세요.

(1) 他可聪明了，什么东西一学就会。
→ 他可聪明了，_____。（即）

(2) 汉字"宇"代表上下四方，意思是所有的空间。
→ 汉字"宇"代表上下四方，_____。（即）

(3) 在鸟爸爸、鸟妈妈的精心照顾下，小鸟30~35天便可独立生活。
→ 在鸟爸爸、鸟妈妈的精心照顾下，_____。（即）

▶ 个别

형용사 '个别'는 '개개의', '개별적이다'라는 뜻입니다.

他经常采取个别谈话的方式了解情况和解决问题。
그는 자주 개별적인 담화 방식을 택해서 상황을 이해하고 문제를 해결한다.

教练针对他的技术特点进行了个别训练，达到了比较好的效果。
코치는 그의 기술 특징에 대해 개별적인 훈련을 진행했고, 비교적 좋은 효과를 달성했다.

'个别'는 또한 극히 적은 수를 나타내기도 합니다.

除了个别人以外，多数人体重的增加会从周六开始。
극소수의 사람을 제외하면, 대다수 사람들의 체중 증가는 토요일부터 시작되었다.

天气预报说今晚有小到中雨，个别地区可能有大雨。
일기예보에서 오늘 저녁에 비가 조금 내리고, 일부 지역에서는 아마도 비가 많이 내릴 거라고 합니다.

> **연습해보기**
>
> 괄호 안의 단어를 이용하여 문장을 완성해 보세요.
> (1) 旅行团里有几个小朋友，_____。（个别）
> (2) A 装修用的材料都准备好了吗?
>   B _____。（个别）
> (3) A 看课文时你有没有遇到不懂的地方或不认识的汉字?
>   B _____。（个别）

▶ 非

동사 '非'는 '~이 아니다'라는 뜻입니다.

工作日和周末的体重临时变化应该被视为正常现象，而非真正的体重增加。
근무일과 주말의 임시적인 체중 변화는 정상적인 현상으로 봐야 하며, 진정으로 체중이 증가하는 것이 아니다.

成功有时候并非想象中那么难。
성공은 때로는 상상처럼 그렇게 어려운 것이 아닙니다.

'非'는 명사성 단어 앞에서 접두사로 쓰여 해당 범위에 포함되지 않음을 나타냅니다.

在非语言的交流中，眼睛起着重要的作用。
비언어 교류에서 눈은 중요한 역할을 한다.

我们公司的技术部门都是专业人员，工资高；非专业人员做服务工作，工资不高。
우리 회사의 기술팀은 모두 전문가들이고 월급이 높다. 비전문가들은 서비스 업종에 종사하며 월급이 높지 않다.

'非'는 부사로도 쓰이는데 어떤 것을 특별히 고집하거나 기어코 어떤 일을 하려 함을 나타냅니다. 혹은 반어문에 쓰여 '이렇게까지 할 필요 없다'라는 뜻을 나타내기도 합니다.

他非要离婚，我们谁拦也拦不住。
그는 꼭 이혼을 하려고 하는데, 우리 중 누구도 말릴 수가 없어요.

我本不想提这件事，你又何必非要我说出来呢?
나는 아예 이 일을 언급하고 싶지 않은데, 너는 또 하필 꼭 나보고 말을 하게 하려는 거니?

부사 '非'는 '非……동사+不可'의 형식으로 써서 '반드시 ~하지 않으면 안 된다'라는 뜻을 나타냅니다.

有些家长已经习惯了这种竞争，非让自家的孩子考第一名不可。
일부 학부모들은 이미 이러한 경쟁에 익숙해서, 자신의 아이가 반드시 일등을 하지 않으면 안 된다.

补办学生证的事非你本人去不可。
학생증을 재발급 받으려면 본인이 가지 않으면 안 돼요.

연습해보기

괄호 안의 단어를 이용하여 문장을 바꾸어 써 보세요.

(1) 世界上并不是只有人类才会骗人，动物也会。

→ _____，动物也会。（非）

(2) 门口的牌子上写着：不是工作人员请勿入内。

→ 门口的牌子上写着：_____。（非）

(3) 听说你住院了，他一定要来看看你。

→ _____。（非……不可）

꼭 알아야 할 호응 구조

동사 + 목적어 구조

达到 다다르다	达到水平 수준에 다다르다 达到程度 정도에 다다르다 达到规模 규모에 다다르다 达到目的 목적에 도달하다 达到要求 요구에 도달하다	分析 분석하다	分析情况 상황을 분석하다 分析问题 문제를 분석하다 分析心理 심리를 분석하다 分析原因 원인을 분석하다 分析语法 어법을 분석하다 分析病句 비문을 분석하다
采取 취하다	采取措施 조치를 취하다 采取行动 행동을 취하다 采取手段 수단을 취하다 采取态度 태도를 취하다	成果 성과	出成果 성과를 내다 取得成果 성과를 얻다 积累成果 성과를 누적하다

관형어 + 피수식어 구조

意外的 의외의	意外的礼物 의외의 선물 意外的消息 의외의 소식 意外的机会 의외의 기회 意外的结果 의외의 결과 意外的发现 의외의 발견	可靠的 믿을만한	可靠的朋友 믿을만한 친구 可靠的质量 믿을만한 품질 可靠的材料 믿을만한 재료 可靠的报道 믿을만한 보도 可靠的消息 믿을만한 소식 可靠的结论 믿을만한 결론
趋势 추세	好的趋势 바람직한 추세 健康的趋势 건강한 추세 上升的趋势 상승하는 추세 战争的趋势 전쟁의 추세	现象 현상	怪现象 이상한 현상 不良现象 좋지 않은 현상 自然现象 자연 현상 表面现象 표면적인 현상 个别(的)现象 개별적인 현상

부사어 + 술어 구조

表明 표명하다	主动表明 주동적으로 표명하다 充分表明 충분히 표명하다 直接表明 직접 표명하다 清楚地表明 정확하게 표명하다	参与 참여하다	部分参与 부분적으로 참여하다 共同参与 공동으로 참여하다 正式参与 정식으로 참여하다 积极参与 적극적으로 참여하다

단어비교하기

临时 vs 暂时

★ 공통점 ★

'临时'와 '暂时' 모두 '짧은 시간 내에'라는 뜻입니다.

没找到满意的房子前，我临时/暂时借住在朋友家里。
만족할만한 집을 찾기 전까지 나는 잠시 친구의 집에 얹혀산다.

★ 차이점 ★

1 '临时'는 '일의 발생이 임박하다'라는 뜻이 있지만, '暂时'는 이러한 뜻이 없습니다.

早到了30分钟，所以我临时决定去旁边的书店看看。
30분 일찍 도착해서, 나는 잠시 옆의 서점에 가서 구경하기로 결정했다.

2 '暂时'는 명확하지 않은 비교적 가까운 시간을 나타내지만, '临时'는 이러한 뜻이 없습니다.

这套房子我很喜欢，暂时还不打算卖掉。
이 집이 나는 매우 마음에 들어서, 일단은 아직 팔 계획이 없다.

3 '临时'는 비술어 형용사로도 사용되어 '임시의'라는 뜻을 나타냅니다. '暂时'는 이러한 뜻이 없습니다.

麻烦你春节后帮刘方的女儿找份临时工作。
죄송하지만, 춘절 후에 리우팡의 딸을 도와 임시 직장을 좀 찾아봐 주세요.

체크 체크 ✓

문장에 들어갈 알맞은 단어를 골라 체크해 보세요.

	临时	暂时
예시) 我们租下了一所房子作为____的家。	✓	✗
(1) 演出结束，我想____休息一段时间，考虑一下明年的工作。	☐	☐
(2) 公司遇到一些____的困难，我们正在积极想办法。	☐	☐
(3) 这件事你____先不要告诉他。	☐	☐

실력다지기

1. 보기에서 알맞은 단어를 골라 빈칸에 써 보세요.

> 보기   总共   借口   达到   采取   可靠   参与

(1) 教师要让学生主动_____班集体管理，锻炼他们的能力。

(2) 许多人喜爱喝茶，几乎_____不可一日无茶的程度。

(3) 听声音判断水瓶是否保温的方法并不_____。

(4) 您好，您_____消费了747元。您刷卡还是付现金？

(5) 他_____家里有事，提前离开了会场。

(6) 我们虽然还不能准确预报地震，但可以_____有效措施，最大限度地保护我们的财产。

2. 제시된 두 단어를 보고 빈칸에 알맞은 것을 골라 보세요.

(1)   A 参与   B 参加

研究发现，父亲对教育子女的_____程度越高，孩子就越聪明。

(2)   A 明显   B 清楚

调查结果显示，市民对电子阅读的兴趣_____提高了。

(3)   A 成果   B 结果

我本来想完成这个计划以后再去美国，_____现在那边有更重要的事，不得不提前去。

(4)   A 报道   B 报名

关于空气质量问题，现在报纸、网络上相关的_____特别多，大家讨论得也很热闹。

3. 알맞은 호응 구조가 되도록 연결해 보세요.

(1) 达到·　　　　·措施　　(2) 下降的·　　　　·报道

　　报道·　　　　·原因　　　　可靠的·　　　　·成果

　　采取·　　　　·目的　　　　重大的·　　　　·现象

　　分析·　　　　·新闻　　　　表面的·　　　　·趋势

4. 제시어를 이용하여 본문의 내용을 자신의 말로 이야기해 보세요.

(1) 본문 내용: 医学专家的新发现

> 营养、饮食、体重、波动

(2) 본문 내용: 体重减轻者和体重保持者的波动情况

> 周末、立即、下降、趋势、一样

(3) 본문 내용: 体重增加者的波动情况

> 差异、工作日、明显

(4) 본문 내용: 如何成功减轻体重

> 临时、非、借口、采取、阻止、上升

실력향상 플러스

　누구에게나 아름다움을 추구하는 마음이 있습니다. 날씬하고 건강한 몸매를 가꾸기 위해 사람들은 다이어트를 결심하고 열심히 운동을 하지요. 현대 의학의 연구에 따르면 비만은 확실히 건강에 위협이 되며, 이 사실은 사람들이 적극적으로 다이어트를 하게 하는 좋은 구실이 되었습니다.

　날씬한 몸매를 갖기 위해서든지, 건강을 위해서든지 다이어트의 목적은 체중을 이상적인 수치까지 줄이는 데 있습니다. 그러나 다이어트가 바람직한 방법이 아니라며 거부하는 사람들도 있는데요. 그들은 다이어트가 건강을 해치는 동시에 다이어트를 멈추면 체중이 다시 늘어나는 등의 부작용이 더 많이 발생한다고 주장합니다.

토론하기

你认为节食是减肥的好方法吗？为什么？

1　你有过节食减肥的经历吗？结果满意吗？
2　对于节食减肥失败的原因，你有什么分析或经验？
3　如果要节食，你建议应该怎么做？

작문하기

请以"我支持（或反对）节食减肥的做法"为题写一段话。尽量用上本课所学的生词，字数不少于100字。

UNIT 06 修养身心 몸과 마음을 다스리다

在最美好的时刻离开
가장 아름다운 순간에 떠나다

미리보기

1 본문의 새 어휘를 먼저 학습하고, 각각의 사진과 관련 있는 어휘를 찾아 빈칸에 써 보세요.

(1) 戏剧(xìjù 연극) _____

(2) _____

2 삶의 지혜가 담긴 명언을 알고 있나요? 자신이 좋아하는 명언을 소개해 보세요.

在最美好的时刻离开

645字

我奶奶说过:"人们应该在最美好的时候离开。"因为这个认知而获得诺贝尔奖的,不是我奶奶,而是心理学家丹尼尔·卡内曼。他将这一现象命名为"峰终定律":我们对事物的记忆仅在高峰和结尾,而事情的经过对记忆几乎没有影响。高峰之后,终点出现得越迅速,这件事留给我们的印象就越深刻。

大部分人不理解这一定律。比如说为了一场戏剧演出,我们会投入很多时间,准备服装、化妆、道具、舞台美术,以创造良好的效果,争取给观众留下一个好的印象,却常常忽视结束退场时的准备。演出开始时人们认为很有魅力,但是糟糕的结局会给人留下难以忘记的坏印象。

有一次,我去参加一个婚礼,前三个小时感觉都很好,只在最后一个小时感到无聊。三个小时快乐减一个小时无聊等于两个小时快乐,也就是说,我愉快地度过了两个小时。但是,我的记忆并不是这样计算的。

如果我参加另外一次活动，只在那里待一个小时，早早地告别，我却享受了满满60分钟的快乐。与第一次相比，第二次的聚会留给我的印象更为美好。

看电影也是如此。一部电影，开始虽然剧情平平常常，如果最后半个小时能使我们感动，我们依然会向别人推荐它。相反，如果在前半个小时就把剧情的创造力表现得淋漓尽致，结尾却非常普通，那么，观众对这部电影的评价就肯定不好，甚至会说这是一部"烂片"。

作为电视节目主持人，我在工作中常常会运用"峰终定律"。例如，做节目时，与开幕式相比，我们宁可把更多的精力集中在闭幕式上，这样可以加强观众对节目的印象。虽然很多人并不了解"峰终定律"，但是，他们能从经验中体会这种做法的重要性。

改编自《广州日报》

어휘 익히기

事物 shìwù 명 사물
* 高峰 gāofēng 명 절정, 피크
* 结尾 jiéwěi 명 결말, 최종 단계
* 终点 zhōngdiǎn 명 종점, 마지막
迅速 xùnsù 형 신속하다, 빠르다
深刻 shēnkè 형 깊다, 강렬하다
戏剧 xìjù 명 연극
投入 tóurù 동 투입하다, 넣다 명 투입, 투자 형 몰두하다
服装 fúzhuāng 명 복장, 의상
* 化妆 huà zhuāng 동 화장하다
* 道具 dàojù 명 도구
美术 měishù 명 미술
以 yǐ 개 ~을 가지고 접 ~을 위해
良好 liánghǎo 형 좋다, 양호하다
争取 zhēngqǔ 동 쟁취하다, 노력하여 얻어내다
忽视 hūshì 동 소홀히 하다, 경시하다
魅力 mèilì 명 매력
糟糕 zāogāo 형 엉망이다
* 结局 jiéjú 명 결말, 결국
婚礼 hūnlǐ 명 결혼식
等于 děngyú 동 ~와 같다
度过 dùguò 동 보내다, 지내다
告别 gàobié 동 작별 인사를 하다
* 剧情 jùqíng 명 줄거리, 스토리
平常 píngcháng 형 평범하다, 일반적이다 명 평소
依然 yīrán 부 여전히

推荐 tuījiàn 동 추천하다
* 淋漓尽致 línlí-jìnzhì 남김없이 다 드러내다
评价 píngjià 동 평가하다 명 평가
烂 làn 형 썩다, 낡다, 뒤죽박죽이다
主持 zhǔchí 동 책임지고 진행하다, 주관하다 명 진행자, 사회자
运用 yùnyòng 동 운용하다, 활용하다
开幕式 kāimùshì 명 개막식
宁可 nìngkě 부 차라리 ~하는 것이 낫다
集中 jízhōng 동 집중하다 형 집약되다
* 闭幕式 bìmùshì 명 폐막식
体会 tǐhuì 동 체득하다, 이해하다 명 체득, 이해

고유 명사

诺贝尔奖 Nuòbèi'ěr Jiǎng 노벨상

丹尼尔·卡内曼 Dānní'ěr Kǎnèimàn 대니얼 카너먼 [이스라엘의 심리학자 겸 경제학자, 노벨 경제학상 수상자]

峰终定律 Fēngzhōng Dìnglǜ 피크엔드 법칙 [Peak-End Rule]

포인트 짚어보기

▶ 以

개사 '以'는 글말에 주로 쓰이며 '~을 가지고', '~을 빌어'라는 뜻입니다.

同年4月，微信以英文名WeChat正式进入国际市场。
같은 해 4월, 웨이신은 영문명 WeChat으로 국제 시장에 정식으로 진입했다.

学生分为甲乙两队，以足球为比赛工具向篮内投，按得分多少决定输赢。
학생들은 갑, 을 두 팀으로 나뉘어, 축구공을 시합 도구로 삼아 바구니에 던져 넣었고, 얻은 점수대로 승패를 결정했다.

'以'는 글말에서 접속사로도 쓰이며 목적을 나타내는 절을 이끕니다.

虽然我们已经老了，但还要坚持学习，以适应社会的发展。
비록 우리는 이미 늙었지만, 그래도 사회의 발전에 적응하기 위해서는 공부를 꾸준히 해야 한다.

为了一场戏剧演出，我们会投入很多时间，准备服装、化妆、道具、舞台美术，以创造良好的效果。
한 번의 공연 연출을 위해 우리는 많은 시간을 들인다. 좋은 효과를 만들어내기 위해 의상, 화장, 도구, 무대 미술을 준비한다.

연습해보기

괄호 안의 단어를 이용하여 문장을 완성해 보세요.

(1) A 你知道济南的泉水是怎么命名的吗?
    B ＿＿＿＿＿＿＿＿＿＿＿＿＿＿＿＿＿＿＿＿＿。（개사 以）

(2) 这一个月来，我天天训练，＿＿＿＿＿＿＿＿＿＿＿＿＿＿＿＿。（접속사 以）

(3) 虽然他不回信，但我还是坚持给他写，＿＿＿＿＿＿＿＿＿＿＿＿＿＿＿＿＿＿＿＿＿＿＿＿＿＿＿＿＿＿。（접속사 以）

▶ 平常

형용사 '平常'은 '평범하다', '일반적이다'라는 뜻입니다. AABB 형식으로 중첩하여 쓸 수 있습니다.

对小王来说，今天是一个不平常的日子，因为他今天第一天上班。
샤오왕에게 오늘은 평범하지 않은 날이다. 왜냐하면 그는 오늘 처음으로 출근을 하기 때문이다.

一部电影，开始虽然剧情平平常常，如果最后半个小时能使我们感动，我们依然会向别人推荐它。
어떤 영화가 초반부 스토리는 평범했을지라도 만약 마지막 30분이 우리를 감동시켰다면, 우리는 여전히 다른 사람에게 이 영화를 추천할 것이다.

'平常'은 명사로도 쓰여 '평소'라는 뜻을 나타냅니다.

他平常总是来得很早，今天却迟到了。
그는 평소에 항상 일찍 오는데, 오늘은 오히려 지각을 했다.

校长又告诉老师们，对待这些孩子，要像平常一样，不要让孩子或家长知道他们是被选出来的。
교장 선생님은 교사들에게 이 아이들을 대할 때는 평소와 똑같이, 아이나 학부모가 그들이 발탁된 것을 알지 못하게 하라고 또 말씀하셨다.

연습해보기

괄호 안의 단어를 이용하여 문장을 완성해 보세요.

(1) A 你觉得这本书怎么样?
　　B _____。(형용사 平常)

(2) _____，考试前就不用这么紧张了。(명사 平常)

(3) A _____?(명사 平常)
　　B 我一般都是自己做饭吃。

▶ 宁可

부사 '宁可'는 '차라리 ~하는 것이 낫다'라는 뜻으로, 다른 것과 비교하여 상대적으로 더 나은 것을 선택하겠다는 뜻입니다.

作为母亲，她宁可自己累一点儿，也不想委屈了孩子。
엄마로서 그녀는 차라리 자신이 좀 힘든 것이 낫지, 아이를 고생시키고 싶지는 않았다.

为什么大家宁可挤成一团，也不去没人的那边?
왜 모두들 비좁게 한 데 모여있을지언정 사람이 없는 저쪽에는 가지 않으려는 거죠?

做节目时，与开幕式相比，我们宁可把更多的精力集中在闭幕式上。
프로그램을 할 때, 오프닝과 비교해서 우리는 더 많은 에너지를 차라리 클로징에 쏟는 것이 낫다.

연습해보기

괄호 안의 단어를 이용하여 문장을 완성해 보세요.

(1) 我宁可花钱去餐厅吃，_____。

(2) 为了把这篇文章写好，_____。(宁可)

(3) A 这次旅行，你觉得我们是坐飞机去好还是坐火车去好?
　　B _____。(宁可)

꼭 알아야 할 호응 구조

동사 + 목적어 구조

争取 쟁취하다, 이루어내다	争取时间 시간을 쟁취하다 争取机会 기회를 쟁취하다 争取胜利 승리를 쟁취하다 争取项目 프로젝트를 쟁취하다 争取考好 시험 잘 보는 것을 이루어내다 争取准时到 제시간에 도착해내다 争取提前结束 마무리를 앞당기는 것을 해내다
主持 주관하다	主持会议 회의를 주관하다 主持工作 업무를 주관하다 主持项目 프로젝트를 주관하다

관형어 + 피수식어 구조

深刻的 강렬한	深刻的印象 강렬한 인상 深刻的记忆 강렬한 기억 深刻的道理 강렬한 이치
烂 썩은, 낡은	烂片 썩은 영화 烂苹果 썩은 사과 烂衣服 낡은 옷

부사어 + 술어 구조

迅速(地) 신속하게	迅速(地)提高 신속하게 향상되다 迅速(地)产生 신속하게 생산하다 迅速(地)出现 신속하게 출현하다 迅速(地)采取措施 신속하게 조치를 취하다 迅速(地)做出反应 신속하게 반응을 하다
运用 운용하다	正确运用 정확하게 운용하다 灵活运用 융통성 있게 운용하다 成功运用 성공적으로 운용하다 科学运用 과학적으로 운용하다 广泛(地)运用 광범위하게 운용하다

술어 + 보어 구조	
集中 집중하다	集中在…… ~에 집중하다 集中到…… ~로 집중되다 集中起来 집중하기 시작하다
体会 체득하다	体会到…… ~을 체득하다 体会出…… ~을 체득해내다 体会一下 체득해보다
投入 투입하다	投入在…… ~에 투입하다 投入到…… ~에 투입하다 投入了不少 많이 투입하다

단어 비교하기

忽视 vs 轻视

★ **공통점** ★

'忽视'와 '轻视' 모두 중요하게 여기지 않는다는 뜻입니다. 일부 문장에서 서로 바꿔 쓸 수 있지만 강조하는 의미는 다릅니다.

> 他只注重理论，忽视/轻视实践，所以失败了。
> 그는 이론만 중시할 뿐, 실천을 소홀히 하여 실패했다.

• 实践 shíjiàn 통 실천하다

★ **차이점** ★

① '忽视'는 '고려해보지 않았음'을 강조하지만, '轻视'는 '무시하다'라는 뜻을 강조합니다.

> 他忙得忽视了去医院看病。
> 그는 바빠서 병원에 가서 진찰 받는 것을 소홀히 했다.

> 你可别轻视他，他看起来很平常，其实很能干。
> 너 절대로 그를 무시하지 마. 그는 평범해 보여도 사실 매우 능력 있는 사람이야.

• 能干 nénggàn 형 능력이 뛰어나다

② '忽视'는 태도가 고의적일 수도 있고 아닐 수도 있습니다. '轻视'는 보통 고의성이 있는 경우에 쓰입니다.

> 我们常常忽视结束退场时的准备，演出开始时人们认为很有魅力，但是糟糕的结局会给人留下难以忘记的坏印象。
> 우리는 종종 공연이 끝나고 퇴장할 때의 준비를 소홀히 여깁니다. 공연이 시작할 때 사람들은 매력적이라고 생각하지만, 엉망으로 끝나는 결말은 사람들에게 잊기 힘든 나쁜 인상을 남길 수 있습니다.

> 虽然这是一次小考，你也不能轻视，要好好复习。
> 비록 이것이 작은 테스트에 불과할지라도, 너는 가볍게 여기지 말고 열심히 복습해야 해.

체크체크 ✓

문장에 들어갈 알맞은 단어를 골라 체크해 보세요.

		忽视	轻视
예시	以前我们＿＿＿了教育问题，现在要赶上去。	✓	✗
(1)	我们过多地看电视、玩手机，＿＿＿了家人之间的交流。	☐	☐
(2)	虽然这是一份平常的工作，你也不能＿＿＿，要认真做好。	☐	☐
(3)	你不要因为他是小孩子就＿＿＿他。	☐	☐

실력다지기

1. 보기에서 알맞은 단어를 골라 빈칸에 써 보세요.

<u>보기</u>　度过　　集中　　体会　　推荐　　运用　　争取

(1) 我刚开始学滑雪的时候，最大的_____就是要放松，越紧张越容易摔倒。

(2) 学知识不能死记硬背，要懂得灵活地_____。

(3) 你复习时要_____注意力，效果才会好。

(4) 一些现代营养学专家常常向大家_____"餐餐有蔬菜，每天有水果"。

(5) 我在外公外婆身边_____了美好的童年。

(6) 机会要靠自己去_____。

2. 제시된 두 단어를 보고 빈칸에 알맞은 것을 골라 보세요.

(1) A 用　　B 以

　　大家要迅速地熟悉新产品，_____更好地向顾客推广。

(2) A 深　　B 深刻

　　这次旅行给我留下了_____的印象。

(3) A 平常　　B 平时

　　这部电影很_____，我觉得没必要去看。

(4) A 评价　　B 评

　　他被_____为本校今年的十大"优秀毕业生"之一。

3. 괄호 안의 단어가 들어갈 알맞은 위치를 골라 보세요.

(1) 事情＿＿A＿＿发生后，领导＿＿B＿＿采取了＿＿C＿＿措施，＿＿D＿＿积极应对。　　（迅速）

(2) ＿＿A＿＿三加五＿＿B＿＿是＿＿C＿＿八＿＿D＿＿吗？　　（等于）

(3) 十几年＿＿A＿＿过去了，＿＿B＿＿她＿＿C＿＿那么＿＿D＿＿美丽。　　（依然）

(4) ＿＿A＿＿我＿＿B＿＿多＿＿C＿＿花点儿钱，＿＿D＿＿也要买一个质量好点儿的。　　（宁可）

4. 제시어를 이용하여 본문의 내용을 자신의 말로 이야기해 보세요.

(1) 본문 내용: 峰终定律与准备演出

> 事物、迅速、深刻、戏剧、以、争取、忽视、糟糕

(2) 본문 내용: 参加活动

> 婚礼、等于、度过、告别

(3) 본문 내용: 看电影

> 平常、依然、评价

(4) 본문 내용: 做节目

> 主持、运用、宁可、集中、体会

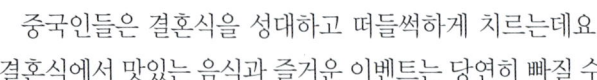

'婚礼 hūnlǐ'는 '결혼식'이라는 뜻이지요. 그런데 과거에는 결혼식을 '昏礼 hūnlǐ'라고 했다는 사실을 아시나요? '昏'은 '황혼, 저녁 무렵'이라는 뜻으로, 고대 중국인들은 저녁 무렵에 결혼식을 올려야 결혼 생활이 원만하고 행복할 수 있다고 생각했기 때문에 결혼식을 '황혼의 예식'이라 불렀다고 합니다.

중국인들은 결혼식을 성대하고 떠들썩하게 치르는데요. 결혼식에서 맛있는 음식과 즐거운 이벤트는 당연히 빠질 수 없습니다. 여러분은 중국의 결혼식에 참석해본 적 있나요? 가장 인상 깊었던 것은 무엇이었나요?

토론하기

婚礼

1 你了解过或参加过中国人的婚礼吗？印象深刻的地方是什么？
2 韩国人的婚礼和中国人的婚礼有哪些不同？
3 你觉得什么样的婚礼能给人留下难忘的美好记忆？

작문하기

请以"婚礼"为题，谈一谈你参加过的婚礼，或韩国婚礼的特点，比较一下和中国婚礼有什么相同和不同之处。尽量用上本课所学的生词，字数不少于100字。

UNIT 06 修养身心 몸과 마음을 다스리다

18 抽象艺术美不美
추상 미술은 아름다운가, 그렇지 않은가

미리보기

1. 추상 미술과 고전 미술 작품을 보고, 각각의 특징과 다른 점에 대해 말해 보세요.

2. 가장 좋아하는 예술가는 누구인가요? 좋아하는 예술가와 대표적인 작품에 대해 소개해 보세요.

抽象艺术美不美

634字

对有些人来说，抽象艺术没有古典艺术那么容易欣赏，画布上那些不规则的色块、线条，实在看不出有什么意义。抽象派画家的作品中经常见到好像随便洒上颜料而形成的画作，在有人看来极其神秘甚至丑陋，有人却从中感受到对自由、对生命的赞美。

研究者设计了一个有趣的实验。志愿者的任务很简单，每个人会看到两两一组出现的一些图画，每组中一幅出自著名抽象艺术家之手，另一幅是业余爱好者、婴儿、黑猩猩或者大象的涂鸦。志愿者必须判断每一组画作中自己更喜欢哪一幅。

其中三分之一的画作作者没有签名，而其余的则标明了身份。令人头疼的是，一些签名被故意弄错了，志愿者无法确认作者到底是谁，所以有可能志愿者认为自己看到的是黑猩猩的随手涂鸦，实际则是著名抽象艺术家的大作。

也许有人认为，在这种情况下根本不可能分辨出来。然而在每一次测试中，志愿者普遍更喜欢的作品都是由人类艺术家挥笔完成的。由此可见，志愿者能够从画作中感知艺术家的用心，哪怕他们不能够解释原因。

另一个实验是这样，志愿者同时欣赏原作和画面元素被调整后的画作，包括静物画和抽象画。结果，几乎每个人都更喜欢原作。研究者发现，当看到画上物体位置变化后，大脑中有关含意和解释的区域活跃性下降了。这表明，我们的大脑注意到了原作的布局，并且可以感知其背后的用意，即使我们还没有清楚地感受到这个事实。至少目前可以这么说，没有证据表明黑猩猩或儿童可以这样做。

我们的大脑究竟如何感知抽象艺术，是一个有趣的话题。每个人对抽象艺术可以有不同的解读，这既是挑战，也是自由。

改编自《科学画报》

어휘익히기

抽象 chōuxiàng 형 추상적이다
　　　　　　　 동 공통적이고 본질적인 속성을 이끌어내다
古典 gǔdiǎn 형 고전적이다
欣赏 xīnshǎng 동 감상하다
布 bù 명 천
规则 guīzé 형 규칙적이다 명 규칙
派 pài 명 파벌
作品 zuòpǐn 명 (문학, 예술 부분의) 작품
洒 sǎ 동 흩뿌리다
极其 jíqí 부 매우
神秘 shénmì 형 신비하다
丑(陋) chǒu(lòu) 형 추악하다
自由 zìyóu 명 자유 형 자유롭다
设计 shèjì 동 설계하다, 계획하다 명 설계, 계획
组 zǔ 명 조, 그룹 양 조, 세트
幅 fú 양 폭 [그림을 셀 때 쓰는 단위]
出自 chūzì 동 ~에서 나오다
业余 yèyú 형 여가의, 아마추어의
* 婴儿 yīng'ér 명 아기
* 黑猩猩 hēixīngxing 명 침팬지
* 涂鸦 túyā 동 낙서하다
签 qiān 동 사인하다
其余 qíyú 대 나머지, 남은 것
* 标明 biāomíng 동 명시하다, 명기하다
身份 shēnfèn 명 신분
确认 quèrèn 동 확인하다
随手 suíshǒu 부 아무렇게나, 잡히는 대로

* 分辨 fēnbiàn 동 분별하다, 구분하다
挥 huī 동 휘두르다, 흔들다
可见 kějiàn 접 ~라는 것을 알 수 있다
哪怕 nǎpà 접 설령 ~일지라도
* 元素 yuánsù 명 요소, 원소
调整 tiáozhěng 동 조정하다 명 조정
* 静物 jìngwù 명 정물
位置 wèizhì 명 위치
* 含意 hányì 명 숨은 뜻, 함의
* 区域 qūyù 명 구역, 지역
活跃 huóyuè 형 활동적이다
　　　　　　 동 활기를 띠게 하다, 활성화하다
* 布局 bùjú 명 배치, 구조
* 用意 yòngyì 명 의도, 속셈
事实 shìshí 명 사실
目前 mùqián 명 현재
证据 zhèngjù 명 증거
话题 huàtí 명 화제

포인트 짚어보기

○ 极其

부사 '极其'는 '매우'라는 뜻입니다. 글말에 주로 사용되며, 2음절이나 다음절 형용사만 수식할 수 있습니다.

在中国，餐桌上放一把刀是极其少见的现象。
중국에서 식탁 위에 칼을 놓는 것은 매우 보기 드문 현상이다.

每天说"太糟糕了""太讨厌了""真倒霉"的人，遇到的困难也格外多，运气也显得极其糟糕。
매일 '너무 엉망이야', '너무 싫어', '정말 재수없어'라고 말하는 사람은 곤경에 처하는 경우가 아주 많으며, 운수도 매우 엉망진창이다.

• 运气 yùnqì 명 운, 운수

연습해보기

괄호 안의 단어를 이용하여 문장을 완성해 보세요.

(1) 这个项目是我们用了三年时间才谈下来的，_____。(极其)

(2) _____，谁也不说话。(极其)

(3) A 你知道孔子吗?
    B _____。(极其)

○ 其余

대사 '其余'는 '나머지', '남은 것'이라는 뜻입니다.

怎么只有你们两个人? 其余的同学呢?
어째서 너희 둘뿐이야? 나머지 학우들은?

只有一个房间亮着灯，其余窗户都是黑的。
방 하나만 불이 밝혀져 있을 뿐, 나머지 창문은 모두 어두컴컴하다.

其中三分之一的画作作者没有签名，而其余的则标明了身份。
이 그림들 중 3분의 1에는 작가의 사인이 없고, 나머지는 작가가 누구인지 표기되어 있다.

연습해보기

괄호 안의 단어를 이용하여 문장을 완성해 보세요.

(1) A 这些行李怎么拿?
    B _____。(其余)

(2) A 你看过哪些中国的传统体育表演?
    B _____。(其余)

(3) 你们几个负责新产品的宣传，_____。(其余)

可见

접속사 '可见'은 주로 '(由此)可见……'의 형식으로 쓰여 '(이로부터) 알 수 있듯이~'라는 뜻을 나타냅니다. 앞에서 설명한 상황을 근거로 판단을 내릴 때 사용합니다.

他已经住院好几天了，一直诊断不出是什么问题，可见情况不太好。
그는 이미 병원에 입원한 지 며칠 되었는데, 무엇이 문제인지 계속 진단하지 못하고 있어요. 상황이 안 좋아 보여요.

由此可见，志愿者能够从画作中感知艺术家的用心，哪怕他们不能够解释原因。
이로부터 알 수 있듯이, 지원자들은 설령 원인을 충분히 설명할 수 없을지라도 그림에서 예술가의 노력을 느낄 수 있었다.

汉语中有个成语叫"自知之明"，把"自知"称为"明"，可见"自知"是一种智慧。
중국어에 '自知之明'이라는 성어가 있다. '自知'를 '明'이라 부르는 데에서 '自知'가 지혜를 뜻한다는 것을 알 수 있다.

• 自知之明 zì zhī zhī míng 자기 능력을 정확히 알다

연습해보기

괄호 안의 단어를 이용하여 문장을 완성해 보세요.

(1) 连这么简单的题你都不会，_____。(可见)

(2) A 你觉得周末的活动他会参加吗?
    B _____。(可见)

(3) A _____。(可见)
    B 是啊，我也觉得他很孝敬父母。

꼭 알아야 할 호응 구조

동사 + 목적어 구조

调整 조정하다	调整时间 시간을 조정하다 调整价格 가격을 조정하다 调整计划 계획을 조정하다 调整结构 구조를 조정하다 调整税率 세율을 조정하다

• 税率 shuìlǜ 명 세율

确认 확인하다	确认收入 수입을 확인하다 确认身份 신분을 확인하다 确认人数 인원수를 확인하다

活跃 활기차게 하다	活跃气氛 분위기를 활기차게 하다 活跃市场 시장을 활기차게 하다 活跃经济 경제를 활기차게 하다

欣赏 감상하다	欣赏作品 작품을 감상하다 欣赏音乐 음악을 감상하다 欣赏风景 풍경을 감상하다 欣赏古诗 고시를 감상하다

관형어 + 피수식어 구조

古典 고전	古典文学 고전 문학 古典小说 고전 소설 古典戏剧 고전 희극 古典音乐 고전 음악

设计 설계	设计图 설계도 设计作品 설계 작품 设计方案 설계 방안

业余 여가의, 아마추어의	业余时间 여가 시간 业余爱好 여가 취미 业余水平 아마추어 수준 业余合唱团 아마추어 합창단

• 合唱团 héchàngtuán 명 합창단

规则 규칙	交通规则 교통 규칙 比赛(的)规则 시합 규칙 游戏(的)规则 게임 규칙

18 抽象艺术美不美

부사어 + 술어 구조	
随手 아무렇게나, 잡히는 대로	随手拿来 잡히는 대로 가져오다 随手关门 드나드는 김에 문을 닫다 随手扔垃圾 아무렇게나 쓰레기를 버리다
极其 매우	极其重要 매우 중요하다 极其简单 매우 간단하다 极其困难 매우 어렵다

수량사 + 명사 구조	
一组 한 그룹, 세트	一组学生 학생 한 그룹 一组照片 사진 한 세트 一组服装 의상 한 세트 一组工具 도구 한 세트
一幅 한 폭	一幅画儿 그림 한 폭 一幅作品 작품 한 폭

단어비교하기

目前 vs 现在

★공통점★

'目前'과 '现在' 모두 '지금'을 뜻하는 시간명사로, 말하고 있는 시점을 가리킵니다. 두 단어는 서로 호환해서 쓸 수 있습니다.

至少**目前/现在**可以这么说，没有证据表明黑猩猩或儿童可以这样做。
적어도 현재로서는 침팬지나 아이도 이렇게 할 수 있음을 밝힐만한 증거가 없다고 할 수 있습니다.

★차이점★

1. '目前'은 보통 예전부터 지금까지의 어떤 시간대를 중점적으로 가리킵니다. '现在' 역시 어떤 시간대를 중점적으로 가리킬 수도 있고, 어떤 한 시점을 가리키거나 예전과의 대비를 강조할 수도 있습니다.

   到**目前**为止，事情还没有变化。
   지금까지 사건에는 변화가 없습니다.

   我**现在**就去。
   나는 지금 바로 가요.

2. '目前'은 구체적인 시간사와 함께 쓸 수 없지만, '现在'는 구체적인 시간사와 함께 쓸 수 있습니다.

   现在是北京时间上午十点钟。
   지금은 베이징 시간으로 오전 10시입니다.

체크체크

문장에 들어갈 알맞은 단어를 골라 체크해 보세요.

		目前	现在
예시	我们很着急，你____能过来一趟吗?	X	V
(1)	选择性失忆____还无法治疗。	☐	☐
(2)	调查显示，66.9%的女性对____的工作不满意。	☐	☐
(3)	____的年轻人，跟我们那时候真不一样!	☐	☐

실력다지기

1. 보기에서 알맞은 단어를 골라 빈칸에 써 보세요.

| 보기 | 幅 | 规则 | 活跃 | 调整 | 业余 | 证据 |

(1) 书房的墙上挂着一_____静物画。

(2) 因为销售情况不太好，我们正准备_____产品价格。

(3) 这块布上只有一些不_____的色块，我看不出来画的是什么。

(4) 我们只是一支_____的乐队，不够专业水平。

(5) 每次晚会他都是主持人，要靠他来_____气氛。

(6) 如果没有可靠的_____，你就不能这么说。

2. 제시된 두 단어를 보고 빈칸에 알맞은 것을 골라 보세요.

(1) A 非常　　B 极其

那个人长得_____丑。

(2) A 组　　B 套

这次展出的一_____服装是由七_____戏服组成的。

(3) A 随便　　B 随手

可能出门时我_____把钥匙放在门口的桌子上了。

(4) A 事实　　B 实际

我认为你们其实忽略了一个十分重要的_____。

3. 괄호 안의 단어가 들어갈 알맞은 위치를 골라 보세요.

(1) 我___A___对这个人___B___欣赏，我___C___认为他___D___很有才华。　　（极其）

(2) ___A___这是我___B___新___C___的作品，请您过目___D___。　　（设计）

(3) 我只认识___A___这___B___两个字，___C___都不认识___D___。　　（其余）

(4) ___A___熬夜___B___，我___C___今天___D___也得把这个计划做完。　　（哪怕）

4. 제시어를 이용하여 본문의 내용을 자신의 말로 이야기해 보세요.

(1) 본문 내용: 开头

> 欣赏、规则、作品、极其、自由

(2) 본문 내용: 第一个实验

> 设计、组、幅、业余、挥、可见

(3) 본문 내용: 第二个实验

> 原作、调整、位置、表明、布局

(4) 본문 내용: 总结

> 究竟、话题、挑战

실력향상 플러스

예술은 인류가 가진 공동의 취미이자, 국가와 언어의 한계를 뛰어넘어 사람들을 하나로 연결하는 매개체이기도 합니다. 예술에는 음악, 춤, 미술, 연극, 영상, 심지어 건축물까지 다양한 유형이 있고, 모든 나라에는 고유하고 독특한 예술 형식이 있습니다.

중국에도 고유의 문화와 전통이 녹아 있는 다양한 종류의 예술이 있으며, 많은 외국인들이 경극, 수묵화, 전지 공예와 같은 중국의 전통 예술에 깊은 관심을 갖습니다. 여러분은 일상생활에서 볼 수 있는 예술 중 어떤 것을 좋아하나요?

토론하기

艺术形式

1. 文章中说"每个人对抽象艺术可以有不同的解读",你同意这种说法吗?
2. 你对哪些艺术形式感兴趣?
3. 请介绍一种你最喜欢的艺术,并说说喜欢的理由或你对它的看法。

작문하기

请以"我喜爱的艺术"为题,谈一谈你感兴趣的艺术形式。尽量用上本课所学的生词,字数不少于100字。

★ 주제별로 익히는 HSK 5급 어휘 ⑥ ★

병원 및 의료	医院 yīyuàn 명 병원 | 医生 yīshēng 명 의사 | 大夫 dàifu 명 의사 | 护士 hùshi 명 간호사 挂号 guà hào 통 접수하다 | 打针 dǎ zhēn 통 주사를 맞다, 주사를 놓다 治疗 zhìliáo 통 치료하다 | 急诊 jízhěn 명 응급 진료 통 응급 진료를 하다 救护车 jiùhùchē 명 구급차 | 内科 nèikē 명 내과 | 诊断 zhěnduàn 통 진단하다 手术 shǒushù 명 수술 통 수술하다
건강	生病 shēng bìng 통 병이 나다 | 发烧 fā shāo 통 열이 나다 | 咳嗽 késou 통 기침하다 打喷嚏 dǎ pēntì 재채기하다 | 感冒 gǎnmào 명 감기 통 감기에 걸리다 着凉 zháo liáng 통 감기에 걸리다 | 吐 tù 통 구토하다 | 痒 yǎng 형 가렵다, 좀이 쑤시다 过敏 guòmǐn 통 알레르기 반응을 보이다 | 传染 chuánrǎn 통 감염되다 消化 xiāohuà 통 소화하다 | 受伤 shòu shāng 통 상처를 입다, 부상을 당하다 | 血 xiě/xuè 명 피 肌肉 jīròu 명 근육 | 骨头 gǔtou 명 뼈 | 胃 wèi 명 위 | 心脏 xīnzàng 명 심장 病毒 bìngdú 명 바이러스 | 寿命 shòumìng 명 수명 | 胖 pàng 형 뚱뚱하다 | 瘦 shòu 형 마르다 减肥 jiǎn féi 통 살을 빼다, 다이어트하다 | 锻炼 duànliàn 통 단련하다
방송 및 영상	电影 diànyǐng 명 영화 | 电台 diàntái 명 방송국 | 广播 guǎngbō 명 (라디오) 방송 播放 bōfàng 통 방송하다, 상영하다 | 摄影 shèyǐng 통 촬영하다 | 导演 dǎoyǎn 명 감독 角色 juésè 명 배역 | 明星 míngxīng 명 스타, 연예인 | 演员 yǎnyuán 명 배우 动画片 dònghuàpiàn 명 애니메이션 | 娱乐 yúlè 명 연예, 오락 | 录音 lù yīn 통 녹음하다 麦克风 màikèfēng 명 마이크 | 频道 píndào 명 채널 | 字幕 zìmù 명 자막 采访 cǎifǎng 통 취재하다, 인터뷰하다 | 观众 guānzhòng 명 관중 主持 zhǔchí 통 주최하다, 진행하다 명 사회자

체크 체크 ✓

빈칸에 들어갈 알맞은 어휘를 골라 넣어 보세요.

(1) 我身上也不知道被什么咬了，特别_____。

(2) 当初人们发明乒乓球是为了饭后做些运动帮助_____食物的。

(3) 我的电脑速度越来越慢了，是不是中了_____？

(4) 这个连续剧最近好几个_____都在放，你看了没有？

※ 정답은 뒷장에 있습니다.

해석 및 어휘

(1) 몸이 뭐에 물렸는지 모르겠는데, 너무 간지러워요.
- 咬 yǎo 동 물다

(2) 맨 처음 탁구를 발명하게 된 것은 밥 먹은 후 운동을 해서 음식물의 소화를 돕기 위함이었다.

(3) 내 컴퓨터 속도가 갈수록 느려지는데, 바이러스에 걸린 게 아닐까요?
- 中 zhòng 동 받다, 당하다

(4) 이 드라마는 최근 여러 개의 채널에서 방송되고 있는데, 너 봤어?
- 连续剧 liánxùjù 명 연속극, 드라마

정답

(1) 痒   (2) 消化   (3) 病毒   (4) 频道

부록

본문 해석

모범 답안

단어 색인

본문해석

01 사랑의 세심함

방송국에서 가장 서로를 사랑하는 부부 한 쌍을 선발하고자 했고, 심사 후 세 쌍의 부부가 후보에 올랐습니다.

심사위원은 첫 번째 부부에게 그들이 어떻게 서로를 사랑하는지 말해보라고 했습니다. 아내가 말하기를, 자신은 몇 년 전 전신 마비가 왔는데 의사 말로는 일어날 가능성이 매우 적다고 했습니다. 다른 사람들은 모두 남편이 아내와 이혼하고, 그녀가 자살까지 생각했을 거라고 여겼습니다. 그러나 남편은 줄곧 아내를 격려했고, 그녀를 위해 수많은 병원을 찾아다녔으며, 몇 년 동안 한결같이 그녀를 돌보면서 여태껏 원망한 적이 없었습니다. 남편의 사랑과 노력 아래 그녀는 마침내 다시 일어나게 되었습니다. 그녀의 이야기는 큰 감명을 주었고, 심사위원들은 듣고 모두 감동했습니다.

이어서 들어온 두 번째 부부는 10여 년의 결혼 생활에서 여태껏 어떠한 일로도 얼굴을 붉힌 적도, 싸운 적도 없었고, 줄곧 서로 사랑하며 깍듯이 존경해왔다고 했습니다. 심사위원들은 듣고 슬며시 고개를 끄덕였습니다.

세 번째 부부의 차례가 되었으나 한참 동안 나타나지 않았습니다. 심사위원들은 기다리다 참을 수 없어, 나와서 어떻게 된 일인지 살펴보았습니다. 세 번째 부부는 여전히 입구에 앉아 있었고, 남자가 머리를 여자의 어깨에 기댄 채 잠들어 있는 것만 보일 뿐이었습니다. 한 심사위원이 앞으로 가서 남자를 불러 깨우려고 하자, 여자는 도리어 손가락을 뻗어 조용히 하라는 동작을 한 뒤, 조심스럽게 가방에서 종이와 연필을 꺼내 왼손으로 비뚤빼뚤 한 줄을 써서 심사위원에게 건넸습니다. 그리고 그녀의 오른쪽 어깨는 줄곧 남편이 머리를 기댈 수 있게 했습니다. 심사위원들은 그 메모에 '조용히 해주세요. 남편이 어젯밤에 잠을 잘 못 자서요.'라고 씌어 있는 것을 보았습니다. 한 심사위원이 연필을 들고 뒷면에 이어서, '하지만 사모님, 저희는 사모님 부부의 이야기를 들어야 한다고요!'라고 썼습니다. 여자는 다시 '그럼 저희는 그냥 참가하지 않을게요.'라고 썼습니다.

모두 매우 놀랐습니다. 이 여인은 남편의 잠을 방해하지 않기 위해 뜻밖에도 이 기회를 포기하려고 하는 것이었습니다! 그러나 심사위원들은 우선 그들을 재촉하지 않고 좀 더 기다려 보기로 했습니다.

어느 정도 시간이 흐르자, 남편이 깨어났습니다. 심사위원들은 그에게 왜 이렇게 피곤했는지 물었습니다. 남편은 쑥스러운 듯이 웃으면서 말했습니다. "우리 집이 1층인데, 모기가 많아요. 어제 한밤중에 모기에 물려서 깼는데, 아내가 시끄러워서 깰까 봐 밤새 아내를 위해 모기를 쫓았거든요."

최종 결과, 방송국에서는 두 개의 상 종목을 추가하였고, 첫 번째 부부는 '고난을 함께 겪는 부부'로, 두 번째 부부는 '서로 존경하는 부부'로 선정하였고, 진정한 '가장 서로를 사랑하는 부부'상은 세 번째 부부에게 주었습니다.

02 부모님께 열쇠를 드리다

부모님께서는 한평생 농촌의 고향 집에 살고 계시는데, 고향 집에 대한 감정은 마치 엄마 젖을 못 끊은 아이가 엄마를 대하는 것과 같았습니다. 그래서 오랫동안 부모님께서는 그 집을 떠나지 않으셨습니다. 비록 외할머니, 외삼촌, 고모 모두 도시에 살고 계시지만, 부모님은 완강하게 도시에서 사시려 하지 않으십니다.

작년에 나와 아내의 노력으로 우리는 마침내 일해서 번 돈으로 현(縣)에 새집을 마련했습니다. 새집의 인테리어가 끝나고, 부모님이 처음으로 새집에 오셨을 때 매우 기뻐하셨습니다. 아내가 열쇠 꾸러미를 꺼내 부모님께 드렸는데, 부모님은 거절하셨습니다. 그날 아버지가 술에 취하셨고, 술이 깨기를 기다리자 이미 날이 어두워졌습니다. 나와 아내는 강력하게 부모님께 새집에서 하루 주무시고 그다음 날 가시라고 했지만, 부모님께서는 여전히 고집스럽게 고향 집으로 가는 막차를 타셨습니다.

얼마 후에 나와 아내가 타지로 일을 하러 가게 되어, 새집을 잠가 놓고 비워둘 수밖에 없게 되었습니다. 떠나는 날이 가까워지자, 아버지께서 고향에서 우리를 배웅하러 오셨습니다. 아버지는 살그머니 나를 잡아당기면서 말씀하셨습니다. "네 엄마 말이, 새집 열쇠 꾸러미를 우리에게 주고 가라고 하더라. 만약 나와 네 엄마가 언제든 오고 싶으면 며칠 와 있으면서, 겸사겸사 이불도 말리고, 청소도 해준다고 말이야." 아버지가 이 말씀을 하실 때 작고 낮은 목소리였고, 얼굴까지 붉어지시며 마치 수줍은 아이 같았습니다.

눈 깜짝할 새에 반년이 흘렀고, 우리가 집으로 돌아갈 때는 한겨울 밤이었습니다. 시외버스에서 내리자 아들은 너무 추워서 크게 울어버렸습니다. 나와 아내는 집 문을 열면 먼지가 가득하고 썰렁한 모습일 거라 상상이 되어, 마음이 서늘해졌습니다. 집 아래에 도착해서 고개를 들어보니, 우리

집의 불이 켜져 있었습니다. 올라가서 문을 열어보니, 놀랍게도 미소를 띤 부모님이 계셨고, 따뜻한 기운이 바로 얼굴로 훅 몰려왔습니다. 집은 깨끗이 청소되어 있었고, 난방도 켜져 있었고, 물은 이미 데워져 있었으며, 침실의 침대 위 이불은 깔려 있었고, 주방에서는 향긋한 음식 냄새가 간간이 풍겨오고 있었습니다.

아버지께서 말씀하셨습니다. "네 엄마가 어제 전화를 받아서 너희가 오늘 밤에 돌아온다는 걸 알고, 오늘 와서 하루종일 집을 치웠어." 알고 보니 아버지가 나에게 열쇠 꾸러미를 달라고 했던 것은 그저 우리가 돌아왔을 때 바로 집의 온기를 느끼게 해주고 싶으셨던 것이었습니다! 나는 코가 시큰해지면서 뜨거운 눈물을 흘렸습니다.

03 인생에는 선택이 있고, 모든 것은 바꿀 수 있다

자이펑과 아내는 모두 철도 회사의 직원으로, 직업이 안정적이고 급여와 복지도 괜찮은 편이었습니다. 그들은 집과 자동차도 있었고, 여태껏 생계를 위해 걱정해본 적이 없었습니다. 하지만 자이펑은 한평생 이렇게 평온한 삶을 살고 싶지 않았습니다. TV를 통해 자이펑은 요트에 빠지게 되었는데, 그는 요트가 그를 데리고 '세상의 문'을 두드려줄 것이라 생각했습니다. 배 한 척만 있다면 끝없는 바다를 항해하며, 자신이 원하는 어떤 곳이라도 갈 수 있을 것 같았습니다.

자이펑과 아내는 저축해둔 돈이 없었기 때문에 집과 차를 팔아 중고 요트 한 척을 샀고, 자이펑은 그 배에 '무지개호'라는 이름을 붙입니다. 출발하기 전, 자이펑은 항해 지식을 스스로 익혔습니다. 그러나 자이펑의 부모를 포함한 모든 사람들이 그가 '미쳤다'고 생각했습니다.

2012년 11월 24일, 직장을 그만둔 자이펑과 아내는 휴학한 딸을 데리고 처음으로 요트를 몰고 바다로 나갔습니다. 낮에는 자이펑과 아내가 돌아가면서 배를 몰았고, 딸은 배에서 책도 보고, 공부도 하고, 그림도 그렸습니다. 오후에 바다가 잔잔하면, 자이펑과 아내는 바다에 들어가 수영을 하거나 낚시를 했습니다. 밥 먹을 때가 되면 아내는 식구들에게 맛있는 해산물 요리를 해주었습니다.

해 질 녘은 식구들이 가장 편안해지는 시간이었습니다. 할 일을 다 하고, 온 식구가 함께 앉아 컴퓨터로 영화를 보거나 이야기를 나누었습니다. 이러한 삶이 자이펑이 오랫동안 바라던 것이었습니다. 예전에 육지에서의 저녁 시간에는 식구들 각자 방에 있으면서 많은 교류를 하지 않았습니다.

중국에는 '산에는 올라가도 바다에는 가지 말아라'라는 옛말이 있습니다. 아름다운 시간이 지나간 후에는 긴장된 저녁의 연속이었습니다. 항해하는 동안 자이펑 가족은 배에 불이 나고, 물이 새는 등 10여 차례가 넘는 크고 작은 위험을 겪었습니다. 그들이 가장 무서웠던 것은 천둥과 번개가 한꺼번에 치는 순간이었는데, 작은 배가 언제든지 번개에 맞을 수도 있었기 때문에 세 식구는 그저 서로 꼭 안고 번개가 빨리 지나가기를 바랄 수밖에 없었습니다.

8개월이 지나 4000여 해리를 항해하고 나서야 자이펑 가족은 마침내 집으로 돌아왔습니다.

자이펑은 모든 것이 그저 시작일 뿐, 항해는 그의 인생길 위의 길고 긴 계단이자 그가 원하는 미래로 통하는 길이라고 믿고 있습니다. "나와 아내는 이 시대가, 이 세상이 도대체 어떤 모습인지 보고 싶습니다. 인생에는 선택이 있고, 모든 것은 바꿀 수 있습니다." 다음 목적지로 그들은 호주와 뉴질랜드에 가려 합니다. 올해 11월의 북풍이 남쪽으로 내려갈 때를 기다렸다가, 그들은 다시 출발할 것입니다.

04 자로가 쌀을 지고 나르다

옛날, 지금으로부터 약 2천5백여 년 전 춘추 시기에 자로라고 하는 사람이 있었습니다. 그는 공자의 제자 중 가장 나이가 많은 학생이었습니다. 현재까지 전해져 내려오는 '백리 밖의 쌀을 짊어지고 오다'라는 이야기는 바로 그가 부모에게 효도하는 이야기입니다.

자로의 부모는 모두 농민이었습니다. 여러 해 동안 계속된 전쟁으로 생활이 매우 곤궁했습니다. 하루는 자로가 밖에서 돌아와 부모가 방에서 이야기하는 것을 듣게 되었습니다. "반평생이나 살았지만, 생선, 고기는 말할 것도 없고, 그저 배부르게 쌀밥 한 끼나 먹어봤으면 좋겠어요!" 자로는 이 말을 듣고 매우 부끄러워졌습니다. 그는 가만히 결심했습니다. "반드시 부모님께 쌀밥을 드시게 해야지. 더 이상 부모님을 서럽게 할 수는 없어!"

자로는 백 리 밖에 있는 한 부호가 집안에 일손이 부족하다는 것을 듣고, 한번 가보기로 마음먹었습니다. 그 집의 주인은 자로가 몸이 건실한 것을 보고, 그를 머물게 했습니다. 자로는 매우 부지런하게 일을 해서, 주인은 이 젊은이를 아주 마음에 들어 했습니다. 반년 후 자로가 집으로 돌아가려 할 때, 주인이 준 은화가 자신이 받아야 할 것보다 훨씬 더 많다는 것을 발견했고, 자로는 주인에게 솔직하게 말씀드렸습니다. 주인은 웃으면서 말했습니다. "얘야, 품삯은 잘못 계산된 게 아니란다. 네가 일을 성실하게 해서 내가 보태주는 상여금이야."

주인에게 감사 인사를 하고, 자로는 즐겁게 길에 올랐습니다. 진(镇)을 지나면서 그는 쌀 한 포대, 고기 한 덩이, 생선 두 마리를 사서 등에 짊어졌습니다. 날씨는 몹시 추웠고 눈이 쌓인 땅은 미끄러워서, 자로는 하마터면 미끄러져 등에 짊어진 쌀 포대를 떨어뜨릴 뻔했습니다. 그는 큰 눈을 뚫고 앞으로 걸어갔는데, 쌀 포대를 받친 두 손이 심하게 얼어붙어서, 잠깐 멈춰 손을 녹인 뒤 계속해서 길을 서둘렀습니다. 마침내 집에 도착하여 부모님을 뵙고, 자로는 부모님께 드리려고 산 물건과 남은 돈을 모두 드렸습니다. 온 가족이 즐겁게 불을 피우고 밥을 지으며 함께 모여 배부르게 식사를 했습니다.

이후에 자로의 부모님이 돌아가시고, 그 역시 남쪽으로 내려가 초나라에 도착했습니다. 초나라 왕은 그가 매우 능력 있는 인재라고 생각하여, 그를 관직에 앉히고 그에게 후한 대우를 해주었습니다. 그러나 그는 결코 물질적 조건이 좋다고 하여 기뻐하지 않았고, 오히려 항상 간절하게 말했습니다. "부모님이 나와 함께 좋은 날을 보냈다면 얼마나 좋았을까! 내게 지금 작은 업적이 생겼으나, 부모님은 이미 계시지 않으니, 설령 다시 백 리 밖의 쌀을 짊어지고 가서 효도하려 해도, 그럴 수가 없게 되었구나."

중국의 옛말에 '수많은 선행 가운데 효도가 우선이다'라는 말이 있는데, 부모님께 효도하는 것이 여러 미덕 중의 첫 번째라는 뜻입니다. 자로는 부모님께 좋은 음식을 드시게 하려고 고생도 마다하지 않았습니다. 이것은 정말로 우리가 배워야 할 가치가 있는 것입니다.

05 지난의 샘물

지난의 샘물은 역사가 유구하며, 최초의 문자 기록은 3000여 년 전으로 추측할 수 있습니다. 많은 문인들이 샘물의 소리, 색깔, 형태, 맛에 대해 묘사한 적이 있으며, 샘물을 찬미하는 많은 시를 남겼습니다. 또한 지난의 백성들은 샘물가에 살면서, 이 달콤한 샘물을 마시며 자연히 샘물에 대해 감사하는 마음으로 가득했습니다. 그래서 샘물에 관한 많은 아름다운 전설 역시 생겨났습니다.

아주 옛날, 지난의 성안에 바오취안이라는 착한 청년이 있었습니다. 그는 의술을 공부하여 많은 사람을 구했습니다. 한번은 그가 길에서 쓰러진 노인을 구했고, 그 노인을 집으로 데려가 돌봐주었습니다. 이 노인은 사실 동해 용왕의 형이었습니다. 노인의 소개를 통해 바오취안은 용왕으로부터 병을 치료하고 사람을 구할 수 있는 백옥 주전자를 얻게 되었습니다. 나쁜 사람에게 빼앗기지 않기 위해 그는 주전자를 땅에 묻어 숨겨두었는데, 이것이 오늘날 '천하제일의 샘'이라는 아름다운 이름으로 불리는 바오투취안으로 변했다고 합니다.

오늘날의 지난시 내에는 700여 개의 크고 작은 천연 샘이 분포되어 있는데, 이는 국내외 도시 중 극히 드문 것입니다. 이렇게 많은 샘이 있으니, 그 이름도 당연히 적지 않습니다. 지난 샘물의 아름다움은 그 독특한 이름에도 반영되어 나타납니다. 예를 들어 사람의 이름에서 이름 붙여진 '순임금 샘', 동물에서 이름 붙여진 '검은 호랑이 샘', 생김새에서 이름 붙여진 '진주 샘' 등등입니다.

여기까지 말한다면 당신은 아마도 이렇게 많고, 이렇게 좋은 샘물이 어떻게 형성된 것인지 궁금해지겠지요? 지난의 샘물은 지난의 남쪽의 광대한 산악 지대에서 온 것으로, 이 산악 지대의 암석은 대략 4억 년 전에 형성된 두꺼운 석회암층입니다. 이 석회암 지대에서는 육지 표면의 물이 쉽게 지하로 침투합니다. 산악 지대의 석회암층은 약 30도 각도로 남에서 북으로 기울어져 있어서, 대량의 지하수가 지난으로 흘러가게 되었습니다. 그러나 지난시의 지하 암석은 화성암으로 변하였는데, 지하수가 이곳으로 흘러들어와 화성암에 길이 막혔고, 축적되기 시작해 점점 불어났습니다. 더 이상 흘러갈 곳이 없으니 다른 출구를 찾아야겠지요. 지난의 옛 성 일대는 지세가 낮습니다. 어떤 곳은 심지어 지하수의 수면보다 더 낮아서, 지하수가 지표면으로 솟구쳐 많은 샘물이 형성된 것입니다. 이것이 바로 지난이 '샘물의 성'이라는 아름다운 이름을 얻게 된 이유입니다.

06 섣달그믐의 유래

중국에서 사람들은 음력 12월 30일을 한 해의 가장 마지막 날이라고 하여, 제석(섣달그믐)이라 부릅니다. 이날은 온 가족이 함께 제야 음식을 먹고 밤을 새우지요. 그런데 사람들은 왜 12월 30일을 제석이라고 하는 걸까요?

전해지는 말에 의하면 아주 옛날에 '석'이라는 이름의 괴물이 있었는데, 자주 나타나 백성들을 해쳤습니다. 백성들은 이 괴물을 뼈에 사무치게 증오했지만, 어찌할 도리가 없었습니다. 그 당시 치랑이라는 이름의 영웅이 있었는데, 재능이 출중하고 힘이 더없이 셌습니다. 치랑에게는 개 한 마리가 있었는데, 이 개는 매우 용감하여 무엇이든 물면 절대 놓지 않았습니다.

하루는 치랑이 밖에서 돌아왔을 때 이웃집 여자아이의 외할아버지가 길에 앉아 우는 것을 보았습니다. 그래서 가서 물어보니, 순진하고 귀여운 여자아이가 '석'에게 잡아먹혔다는 것이었습니다. 치랑은 속으로 반드시 '석'을 죽여서 백성들을 위해 재앙을 만드는 이놈을 제거해버려야겠다고 결심했습니다. 그리하여 치랑은 그의 개를 데리고 길을 나섰습니다. 그는 사방으로 '석'의 소식을 알아보았지만, 이 괴물을 줄곧 찾을 수가 없었습니다.

이렇게 거의 1년이 지나 마침 섣달그믐이 되던 날에 치랑은 한 변화한 도시에 이르렀습니다. 1년 동안 치랑은 비록 '석'을 찾지는 못했지만 '석'에 관한 정보를 많이 알게 되었는데, 이 괴물은 보통 해가 진 후에 나타나 사람을 해치고, 해 뜨기 전에 도망가 그림자조차 찾을 수 없다는 것이었습니다. 이밖에도 이 괴물은 소리를 매우 무서워한다는 것도 알게 되었습니다. 그리하여 치랑은 이곳 백성들에게 '석'은 아마도 밤에 나타나 사람을 해치는 것 같으니, 오늘 밤에 밤을 새워 기다렸다가, '석'이 보이면 재빨리 물건을 두드려 다 같이 '석'을 죽이자고 말했습니다.

해가 곧 저물고 밤이 되자, '석'이 정말로 나타났습니다. 이 괴물은 어떤 집의 아가씨를 잡아먹으려다 식구들에게 발각되었습니다. 그래서 그들은 곧바로 집의 솥과 대야를 두드렸고, 곧이어 온 마을이 모두 소리를 내기 시작했습니다. '석'은 몹시 놀라 황급히 밖으로 도망쳤습니다. 치랑의 개가 '석'을 쫓아가 죽을힘을 다해 물었고, 치랑은 앞으로 뛰어가 화살 한 발로 '석'을 죽였습니다.

'석'을 제거한 뒤 백성들은 연신 치랑에게 감사를 표했습니다. 이날은 매우 의미 있는 날이 되었으므로, 사람들은 매년 12월 30일 밤이 되면 여전히 그날처럼 밤새도록 자지 않고, 두들기며 소리를 냈습니다. 이렇게 한 세대, 한 세대 전해져 내려오면서 섣달그믐에는 밤을 새우고, 폭죽을 터트리는 풍속이 생겨났습니다.

07 고사성어 두 편

장님이 코끼리를 만지다

아주 먼 옛날, 지혜로운 왕이 있었습니다. 하루는 왕이 병사들에게 코끼리 한 마리와 태어날 때부터 눈이 먼 사람을 찾아오라고 했습니다. 병사들은 각자 다른 곳으로 가서 찾아보았고, 코끼리와 맹인을 왕 앞으로 데려왔습니다.

왕이 맹인들에게 코끼리를 만져보라고 한 뒤 그들에게 물었습니다. "너희들이 생각하기에 코끼리는 어떤 모습이냐?" 이빨을 만진 맹인이 말했습니다. "제 생각에는 뿔과 같이 생긴 것 같습니다." "헛소리입니다!" 꼬리를 만진 맹인이 말했습니다. "그것은 마치 끈과 같습니다." 코끼리의 몸통을 만진 맹인이 말했습니다. "제 생각엔 높고 평평한 벽과 같이 생긴 것 같습니다." "아닙니다. 당신들은 모두 틀렸어요. 분명 부채와 같이 생겼습니다." 이 맹인은 코끼리의 귀를 만졌습니다.

왕은 웃으며 말했습니다. "너희들은 모두 그저 한 부분만 만지고는 자신이 전부를 안다고 생각하느냐? 단편적인 인식만으로는 결론을 내릴 수 없는 것이다."

정성이 지극하면 금이나 돌도 쪼개진다

서한 시기에 리광이라 불리는 유명한 장군이 있었습니다. 그는 말타기와 활쏘기에 능했고, 전장에서 용감하여 '날아다니는 장군'이라 불리기도 했습니다. 어느 해 질 녘, 그가 마침 병사들을 데리고 산속에서 사냥할 때 홀연히 먼 곳에 웅크리고 있는 큰 호랑이를 발견했습니다. 병사들은 모두 긴장하여 주위를 에워싸 장군을 보호하려 했지만, 리광은 고개를 저으며 괜찮다는 표시를 했습니다. 다만 그가 화살 주머니에서 화살 한 발을 꺼내 자세를 바로잡고 온 정신을 집중한 채 호랑이를 향해 힘껏 활을 겨누는 것을 볼 뿐이었습니다.

잠시 후 호랑이가 별 반응이 없자, 병사들은 조심스럽게 앞으로 가서 호랑이가 죽었는지 아닌지를 확인하려 했습니다. 생각지도 못하게 자세히 살펴보니, 화살에 맞은 것은 놀랍게도 호랑이가 아니었고, 형태가 호랑이와 매우 비슷한 큰 바위였습니다. 게다가 화살 전체가 거의 바위에 박혀 있었습니다! 모두들 매우 놀랐고, 심지어 리광 자신도 자신이 이렇게나 기운이 세다는 것을 믿을 수가 없어서, 다시 한번 활을 쏴 보기로 했습니다. 그러나 이번에 그가 연이어 화살을 바꿔보았지만, 모두 명중시키지 못했습니다. 화살촉이 부서지거나 화살대가 부러졌고, 큰 바위에는 아무런 변화가 없었습니다. "와, 어떻게 이럴 수가 있지?" 병사들은 이상한 듯 서로를 쳐다보았습니다. "아! 아무래도 내가 마음이 부족한가 보구나!" 리광도 어찌할 도리가 없다는 듯 말했습니다.

사람들은 이 일이 이해가 가지 않아, 당시 가장 영향력이 있는 학자 양시웅을 찾아가 물어보았습니다. 양시웅은 대답했습니다. "만약 정성을 다한다면, 설령 금과 돌과 같이 딱딱한 물건이라도 감동시킬 수 있지요." '정성이 지극하면 금이나 돌도 쪼개진다'라는 이 성어는 이렇게 전해져 내려오기 시작했습니다.

08 '조삼모사'의 고금 의미

성어는 중국어에서 굉장히 독특한 어휘의 한 부분입니다. 성어는 고정격식이 있어서 임의로 바꿀 수 없습니다. 성어는 그 의미가 전체성을 띱니다. 각 글자의 의미가 단순히 합쳐진 것이 아니라 전체적으로 하나의 완전한 의미를 나타냅니다.

일반적으로 성어의 의미는 안정적이며 거의 변화가 생기지 않습니다. 예를 들어 우리가 배운 '장님이 코끼리를 만지다'와 '정성이 지극하면 금이나 돌도 쪼개진다'처럼 말입니다. 그러나 고금의 의미가 다른 것도 있는데, 오늘 우리가 배우려고 하는 '조삼모사'가 바로 그렇습니다.

중국 고대에 한 철학자가 있었는데, 그의 책에는 이러한 이야기가 하나 있습니다.

옛날에 한 노인이 원숭이 한 무리를 애완동물로 삼아 길렀습니다. 함께 지낸 지 오래되자, 놀랍게도 서로 표정과 목소리 그리고 행동거지를 통해 상대방의 말뜻을 알게 되었습니다.

원숭이들이 너무 많아서, 매일 대량의 과일, 채소, 곡식을 먹어야 했습니다. 그러나 평범한 가정에 재산이 그리 많지도 않은데, 어디 그렇게 많은 재력이 있어서 원숭이 무리의 음식 수요를 오랫동안 만족시킬 수 있겠습니까? 노인은 심지어 식구들의 소비를 줄이고, 음식을 아껴서까지 원숭이를 먹여야 했습니다. 그는 원숭이들의 양식을 제한해야겠다는 것을 깨닫게 되었습니다.

문제는 원숭이가 돼지나 개와 같지 않게 배불리 먹지 않으면 단순히 울기만 하는 것이 아니라는 것이었습니다. 만약 대우를 잘해주지 않으면, 마치 말썽을 부리는 아이들처럼 종종 사람을 성가시게 했습니다.

노인의 친구가 그에게 많은 도토리를 선물로 주었는데, 이것은 원숭이가 좋아하는 열매였습니다. 다른 곡식이 부족한 상황에서 도토리를 원숭이에게 먹이는 것은 도리어 좋은 방법이었습니다. 그래서 노인은 원숭이들에게 말했습니다. "앞으로 너희들은 찐빵 외에 도토리도 먹을 수 있단다. 내가 아침에 너희에게 3알을 주고, 저녁에는 4알을 주마."

원숭이들은 주인이 먼저 말한 '3알'만 알아들은 듯했고, 자신들이 손해를 본다고 생각하여, 하나씩 몸을 일으켜 이리저리 뛰어다니면서 노인에게 큰소리를 치고 신경질을 부리기 시작했습니다.

노인은 원숭이들이 받아들이지 않는 것을 보고 방식을 바꿔서, 그들을 달래며 말했습니다. "아니면 이렇게 하자. 이왕 너희가 적다고 생각하니까 매일 아침에 4알, 저녁에 3알로 바꾸는 거야. 이렇게 하면 충분하겠지?"

원숭이들은 주인이 먼저 말한 '4알'을 하루 동안 도토리를 더 많이 얻게 된 것이라고 여겼기 때문에, 바로 조용해졌고 아주 즐거워 보였습니다. 노인은 이 모습을 보고 하하 웃었습니다.

철학자는 이 이야기를 통해 우리에게 죽거나 사는 것, 얻고 잃는 것에 너무 관심을 두지 말라고 일러줍니다. 왜냐하면 결국 우리는 잃은 것도 없고, 얻은 것도 없다는 것을 알게 될 것이기 때문입니다. 그러나 오늘날에 이르러 '조삼모사' 성어의 의미는 완전히 바뀌게 되었지요. 당신은 현재 이 성어가 어떤 의미인지 알고 있나요?

09 루쉰의 또 다른 모습

맛있는 음식의 대부분은 유명한 사람들에 의해 알려지게 된 것으로, 이 점은 중화민국 시기에 가장 두드러지게 나타났습니다. 예를 들어 저명한 문학가 루쉰은 먹고 마시는 일에 정통한 전문가라고 할 수 있었습니다. 먹을 줄도 알고, 직접 만들 줄도 알았으며, 많은 맛있는 음식에 대해 독특한 견해를 갖고 있기도 했습니다. 이것은 근대 시기의 새로운 유행이었습니다.

베이징은 루쉰이 오랜 시간 생활했던 도시였는데, 이 시기에 루쉰이 썼던 일기로부터 우리는 그가 갔었던 유명한 음식점이 65개나 된다는 것을 알 수 있습니다. 그 밖에 그는 따오 시앙춘 제과점의 디저트를 매우 좋아했습니다. 대문호이자 위대한 학자로서 루쉰은 먹는 것을 중요하게 여겼는데, 먹은 내용이 그의 일기 대부분을 차지합니다. 수많은 음식점 중 루쉰이 가장 많이 갔고, 가장 좋아했던 곳은 광허쥐 음식점이었으며, 평균 매주 한 번은 갔습니다.

루쉰이 이 음식점을 자주 찾았던 중요한 이유는 거리가 가까웠기 때문인데, 광허쥐의 정문은 바로 그가 당시에 살았던 골목의 대각선 방향에 있었습니다. 차이스커우 근처에 위치한 광허쥐는 베이징 '8대 음식점' 중에서도 으뜸이었으며, 중화민국 시기에 대단히 유명했습니다. 광허쥐는 호화롭다고 할 수는 없었지만, 친구들과 이곳에서 떠들썩하게 모이기에 적합했습니다. 이곳은 특히 문인들의 방문을 환영하여, 그들의 모임을 위해 좋은 환경을 만들어주었습니다. 광허쥐 안에는 크기가 다른 여러 방으로 나뉘어 있었는데, 1인실, 3~5인의 소규모 모임을 위한 방, 10여 명의 대규모 모임을 위한 방도 있었습니다. 이것은 루쉰이 친구들과 식사를 즐기려는 요구를 크게 충족시켜주었습니다. 그는 교제하기를 좋아했고, 통 크게 손님 접대하기를 즐겼으며, 자주 친구들을 초대하여 즐거운 시간을 보냈는데, 대부분 삼삼오오 모여 함께 식사를 했습니다. 가끔은 심지어 직접 광허쥐로부터 음식을 집으로 배달시켜, 집에서 친구들을 대접하기도 했습니다. 당연히 가장 중요한 것은 광허쥐에 루쉰이 좋아하는 요리가 있었다는 것입니다. 그곳에는 고급 요리도 있었지만 일반 사람들에게 적당한 것도 있어서, 어떤 종류가 됐든 구미를 당기게 했습니다.

루쉰은 또한 술 마시는 것도 좋아하여, 자신에게 위장병이 있어 술을 마시면 안 된다는 것을 잘 알면서도 끊기 힘들어했습니다. 그는 끼니마다 술을 마셔야 하는 사람이었습니다. 현재 보존된 역사 자료에는 그가 위다푸와 함께 술을 마신 횟수가 가장 많다고 기록되어 있습니다. 루쉰은 주량이 많지 않아서 자주 취했으며, 또 술을 마시면서 담배를 손에서 놓지 않았습니다. 위다푸는 1933년에 쓴 시에서 그를 이렇게 묘사했습니다. "몽롱하게 술에 취한 눈으로 술집을 올라가고, 방황과 외침은 유구하도다." 묘사가 매우 생동감 있지요.

10 논쟁의 기적

1872년의 어느 날, 미국 캘리포니아주의 한 호텔에서 스탠포드와 코헨은 '말이 달릴 때 발굽이 땅에 닿는지 여부'를 둘러싸고 논쟁을 벌이고 있었습니다. 스탠포드는 말이 그렇게 빨리 달리는데, 달릴 때 분명히 4개의 발굽 모두 땅에 닿지 않을 거라고 생각했습니다. 하지만 코헨은 말이 만약 4개의 발굽 모두 땅에 닿지 않는다면, 그것이 청개구리 아니겠냐고 하면서, 분명히 시종일관 1개의 발굽은 땅에 닿을 거라고 생각했습니다. 두 사람은 각자 자신의 의견을 고집하며 팽팽히 맞섰고, 얼굴이 빨개지고 목에 핏대를 세우면서 논쟁하며, 서로 상대방에게 지려 하지 않았습니다. 그래서 그들은 영국의 사진사인 마이브리지에게 판단해달라고 부탁했지만, 마이브리지 역시 판단이 잘 서지 않았습니다. 그러나 사진사는 어쨌든 사진사라고, 그래도 방법이 있었습니다. 그들은 함께 운동장에 가서, 경주로 한쪽에 거리를 동일하게 하여 24개의 카메라를 놓았고 카메라가 경주로를 정확하게 향하도록 했습니다. 경주로의 다른 한쪽에는 24개의 구멍을 뚫어 24개의 나무 막대기를 각각 꽂아두었고, 나무 막대기에 가느다란 선을 묶어 이 선이 경주로를 가로지르게 하여 카메라의 셔터에 연결했습니다.

모든 것이 다 준비되자, 마이브리지는 말 한 필을 경주로 한쪽에서 다른 한쪽으로 날듯이 달리게 했습니다. 말이 달리면서 길을 가로지르고 있던 24개의 가느다란 선이 차례로 끊어졌고, 카메라가 연속으로 24장의 사진을 찍었습니다. 사진 간의 시간 격차가 매우 작아서, 사진은 말이 달릴 때 시종일관 어느 한 발굽은 땅에 닿는다는 것을 분명하게 보여주었고, 이로써 코헨이 이기게 되었습니다.

이 일이 있은 후, 어떤 사람이 무의식중에 그 일련의 사진들을 빠르게 돌려보았는데 '기적'이 나타났습니다. 각각의 사진에서는 움직임이 없던 말이 움직이는 한 마리의 말로 연결되었고, 사진이 '살아 움직이게' 된 것입니다. 이것이 바로 영화의 최초 모습입니다.

어렵고 힘든 실험을 거쳐, 영화 촬영 기술은 점차 개선되고 발전하기 시작했습니다. 1895년 12월 28일 프랑스의 뤼미에르 형제가 파리에서 처음으로 대중에게 단편 영화 「열차의 도착」을 선보였습니다. 이날은 후에 영화 탄생의 기념일이 되었고, 형제는 역사상 최초의 영화감독이 되었습니다.

생활의 매 순간을 주의 깊게 관찰하여 이를 위해 논쟁하고 시기적절하게 도움을 구하고 열심히 연구한다면, 아마도 중대한 발견이 바로 당신의 눈앞에 있게 될 것입니다.

11 알람 시계의 위협

의학 연구의 증명에 의하면 인류의 수면에는 특정한 메커니즘이 있으며, 자연스럽게 잠에서 깨는 것이 인체의 생체 리듬 규칙에 가장 부합한다고 합니다. 빛은 자연스럽게 깨어나기 위한 필요조건이자 인체 내부의 생물학적 알람 시계입니다.

아침에 사람의 몸이 점차 강해지는 햇빛을 느끼면, 신진대사가 이에 따라 빨라지게 되고, 사람은 점차 깊은 잠에서 얕은 잠으로 넘어오면서 잠에서 깨게 됩니다. 이것이 바로 흐리고 비가 오는 날에 사람들이 늦잠을 자고 싶어 하는 원인입니다.

긴장된 현대 생활은 많은 직장인이 홀가분하고 편안한 수면과 자연스럽게 잠에서 깨는 것을 누릴 수 없게 하므로, 알람 시계의 용도는 굉장히 중요해 보입니다. 그러나 실험과 연구를 통해 자연스럽게 잠에서 깨는 것과 알람 시계에 의해 잠에서 깨는 이 두 방식이 만들어내는 사람들의 반응이 매우 다르다는 것이 증명되었습니다. 수면 상태에서 완전히 정신이 맑아진 상태로 넘어올 때, 사람의 호흡은 분당 16번에서 24번으로 늘어나고, 심박 수는 분당 10번씩 빨라집니다. 만약 갑자기 알람 시계가 울려 잠에서 깬다면, 심리적으로 당황하게 되고 기분이 우울해지며 잠에서 덜 깬 듯 편치 않은 느낌을 받게 됩니다. 만약 깊은 잠에서 갑자기 깨어나게 되면, 사람의 단기 기억 능력, 계산 능력이 모두 영향을 받게 되는데, 이러한 능력이 정상 상태의 최대 65%밖에 되지 않아 술 취한 사람과 비슷하게 됩니다.

일림 시계에 의해 잠에서 깨면, 우리의 몸은 자기 보호에 의해 체내의 아드레날린 수치를 상승시킵니다. 이러한 상태가 만약 여러 날, 몇 주, 몇 개월 동안 지속된다면, 고혈압, 불면증 및 일부 정신적인 문제 등을 일으키게 됩니다. 연구에서 밝혀진 바에 따르면 갑자기 알람 소리에 놀라서 깨어난 사람은 자연스럽게 잠에서 깬 사람보다 혈압이 더 높고, 심박 수도 더 빠르다고 합니다. 이에 대해 전문가들은 사람이 잠을 잘 때 신체에 어떤 변화가 발생하는데, 이로 인해 아침에 일어날 때 더 쉽게 아플 수 있기 때문에 알람 소리가 질병을 일으킬 가능성을 더욱 높인다고 설명합니다. 만약 당신이 반드시 알람 시계를 맞춰야 한다면, 부드러운 소리나 음악을 골라야 합니다.

잠에서 깨는 여러 가지 방식 중 당연히 자연스럽게 깨는 것이 우리의 소망에 가장 부합할 것입니다. 그러나 누가 당신을 위해 커튼을 젖혀 햇빛을 비출 수 있겠어요? 최근 시장에 새로운 전자 제품이 출시되었는데, 이름이 '조명 알람 시계'입니다. 이것은 실내에서 아침의 자연광 변화를 모방한 것으로, 햇빛의 작용을 통해 사람을 정해진 시간에 자연스럽게 깨어나도록 하여, 일반적인 알람 시계가 갑자기 사람을 놀라게 해 깨워서 신체 건강을 상하게 하는 것을 방지해줍니다. 이렇게 진정한 '자연스럽게 잠에서 깨는 방식'으로 더 가까이, 조금 더 가까이 갈 수 있기를 희망합니다.

12 해외 유저가 웨이신을 사용하다

휴대전화를 든 채 트래핑을 하며 촬영을 합니다…… 세계적인 축구 스타 메시가 웨이신으로 자신의 트래핑 기술을 라이브로 보여주며 휴대전화 한쪽에서 울고 있는 아이를 달래고 있습니다. 이 30초짜리의 새로운 광고 홍보 영상은 전 세계 15개 국가 및 지역에서 동시 방영되었습니다.

이러한 큰 손 광고는 텐센트의 자체적인 저력에서 비롯된 것입니다. "웨이신은 해외 가입 유저가 이미 7천만 명을 넘어서며 빠른 속도로 성장하고 있습니다." 7월 3일 베이징에서 열린 2013 텐센트 협력 파트너 컨퍼런스에서 텐센트 회장인 리우츠핑의 말에 자부심이 가득했습니다.

2011년 1월 웨이신이 출시되었고, 같은 해 4월 영문명 WeChat으로 글로벌 시장에 정식 진출했습니다. 2011년 12월 전 세계 100개 국가의 메시지 가입 서비스를 시작하였고, 2012년 말에는 서비스 가능 국가 및 지역이 100개를 넘어섰습니다. 현재까지 웨이신은 이미 200여 개의 국가 및 지역에서 사용이 가능하고, 16종의 외국어가 지원되며, 전 세계적으로 사용자 수가 가장 많은 모바일 통신 애플리케이션이 되었습니다.

미국의 인터넷 기업들이 전 세계의 '패권을 장악'하고 있는 상황에서, 중국의 자체적인 모바일 인터넷 상품인 웨이신의 등장은 자연스럽게 더 많은 주목을 끌게 되었습니다.

'웨이신의 아버지'라 불리는 텐센트의 고위 부회장 장샤오룽은 웨이신의 발전 과정에 대해 다음과 같이 소개했습니다. 웨이신의 연구개발 작업은 일찍부터 전개되었는데, 2010년 말 모바일 인터넷이 막 나아가기 시작할 때 텐센트의 광저우 제품 연구개발 센터에서도 관련 사업을 고려하기 시작했습니다. 그들은 이러한 현실, 즉 개인용 컴퓨터의 시대에 중국의 인터넷 유저수 및 시장 성숙도 등이 모두 선진국보다 낮기 때문에 제품의 혁신 측면에서는 선두 지위의 구축이 힘들지만, 모바일 인터넷은 새롭게 시작하는 기회라는 점을 분명히 인지했습니다.

판매 경영에 있어서 웨이신은 다른 국가 및 지역을 겨냥하여 각기 다른 광고물을 내놓았는데, 현지의 스타나 유명인을 모델로 기용하여 상당히 좋은 효과를 얻었습니다. 해외 유저 군에는 화교와 이민자만 있는 것이 아니라 더 많은 외국인이 있는 것으로 나타납니다.

13 삶의 '바구니 바닥'을 잘라내다

농구 스포츠는 1891년 미국의 매사추세츠주의 체육 교사 제임스 네이스미스 박사가 발명한 것입니다. 그해 겨울은 특히 추웠는데, 네이스미스가 있었던 훈련학교에는 실내에서 진행할 수 있는 구기 시합 종목이 부족했습니다. 그는 현지인이 공을 복숭아 바구니(그곳은 복숭아 생산지였으므로 집집마다 복숭아를 담는 전용 바구니가 있었습니다)에 던져 넣는 게임에서 아이디어를 얻어, 두 개의 바구니를 각각 체육관 양쪽에 있는 관람석의 난간에 설치하였습니다. 학생들을 갑과 을 두 팀으로 나누어 축구공을 시합 도구로 삼아 바구니 안에 던져 넣어 득점하는 점수에 따라 승부를 결정했습니다.

이 스포츠는 빠르게 유행하기 시작했습니다. 그런데 난간에 고정한 것은 실제 바구니였으므로, 공을 던져 넣을 때마다 한 사람이 사다리를 밟고 올라가 공을 꺼내와야 했습니다. 이러한 행동은 반드시 거듭 반복할 수밖에 없어서, 이로 인해 경기는 어쩔 수 없이 띄엄띄엄 진행되었습니다. 격렬하고 긴장된 분위기가 사라져 운동선수들조차 불만스러워했으니, 하물며 시합을 보는 팬들은 어땠을까요? 이 문제를 해결하기 위해 모두 잇달아 의견을 내놓으며 공을 꺼낼 방법을 생각했습니다. 한 엔지니어는 심지어 전문적으로 기계를 만들어서 밑에서 바구니를 당기면 공이 튕겨 나오게 했습니다. 그러나 이러한 방법들은 모두 시합을 순조롭게 진행시키지 못했습니다.

몇 년 후의 어느 날, 유치원에 다니는 한 남자아이가 아빠를 따라 농구 시합을 하고 있는 한 무리의 사람들 옆을 지나가게 되었습니다. 어른들이 한 차례씩 고생스럽게 공을 꺼내는 것을 보고 아이는 호기심에 아빠에게 물었습니다. "이렇게 번거롭게 할 필요가 있어요? 바구니 바닥을 잘라버리면 되는 거 아니에요?" 이 아이의 한 마디 덕분에 사람들은 마치 꿈에서 깨어난 듯했고, 한 운동선수가 재빨리 톱을 찾아와 바구니의 밑바닥을 잘라버렸습니다. 보시다시피 사람들을 오랫동안 괴롭혔던 공을 꺼내는 문제는 이렇게 한 아이에 의해 해결되었습니다.

바구니 밑바닥을 잘라버리는 것은 원래 간단한 일인데, 왜 그렇게 많은 사람들은 미처 생각하지 못했을까요? 솔직하게 말해서 우리의 생각은 마치 농구공처럼 농구대 바구니의 밑바닥에 가로막혀 공중에 떠 있었던 것입니다. 그래서 우리는 멍청하게도 사다리를 옮기고, 기계를 만들어내고…… 사실 세상에는 원래 너무 복잡한 일이란 없습니다. 복잡함은 모두 우리 스스로 만들어낸 것입니다. 삶은 마치 농구대 바구니와 같아서, 많은 경우에 우리에게 필요한 것은 그저 톱 하나일 뿐입니다. 우리를 가로막고 있는 '바구니 바닥'을 잘라내 버립시다.

14 베이징의 쓰허위안

쓰허위안은 중국 화베이 지역 민가의 조합식 건축 양식입니다. 이른바 쓰허의 '쓰(四)'는 동서남북의 사면을 가리키고, '허(合)'는 사면이 가옥으로 둘러싸여 있다는 것으로, 가운데에 사각형 형태의 정원을 형성합니다. 쓰허위안은 중국 한족의 민가 중 역사가 가장 유구하며, 가장 광범위하게 분포되어 있습니다. 하지만 사람들은 쓰허위안에 관해 이야기하면 자연스럽게 베이징의 쓰허위안을 떠올리는데, 이는 전통적인 베이징 쓰허위안이 하나의 고정된 양식을 가지고 있어 상당한 대표성을 띠기 때문입니다. 각양각색의 쓰허위안 중에서도 베이징의 쓰허위안은 주요 특징을 대표합니다.

베이징에는 다양한 규모의 쓰허위안이 있습니다. 가장 단순한 쓰허위안은 정원이 하나만 있고, 비교적 복잡한 곳에는 2~3개까지 있으며, 돈 있는 집은 통상적으로 몇 채의 쓰허위안이 병렬로 구성되어 있습니다. 대문은 일반적으로 동남쪽이나 북서쪽으로 열립니다. 쓰허위안 중 북쪽 방이 본채인데, 다른 방의 규모에 비해 더 크고, 보통 손윗사람의 침실과 일상생활을 하거나 손님을 맞이하는 등의 기능을 갖춘 거실이 있습니다. 정원 양측에는 동서로 곁채가 있는데, 이는 손아랫사람들이 생활하는 곳입니다. 본채와 곁채 사이에는 회랑을 만들어 사람들이 왔다 갔다 하거나 휴식을 취할 수 있도록 했습니다. 정원은 매우 이상적인 실외 생활 공간입니다. 어떤 사람은 잔디를 심고 꽃을 키우고 대나무를 심는 것을 좋아하지만, 반면에 어떤 사람은 큰 대야에 금붕어를 기르는 것을 좋아합니다. 정원은 사람과 자연의 관계를 가깝게 해줄 뿐만 아니라, 가족들이 이곳에서 감정을 나누고 생활의 즐거움을 만드는 데 중요한 역할을 하여 사람들에게 가장 많은 사랑을 받았습니다.

대문만 닫으면 쓰허위안의 내부는 폐쇄된 작은 환경이 형성됩니다. 쓰허위안에 거주하는 사람들은 주위의 이웃들과 인사를 자주 나누지 않았습니다. 작은 집에서 온 가족들은 세상일에 무관심한 나날을 보내고 가정의 즐거움을 충분히 누리며 자연스럽게 자유롭고 친근함을 느낄 수 있는 분위기가 생겨났습니다. 그런데 여러 가구가 한 채의 쓰허위안에 함께 모여 사는 경우도 있었는데 이를 '따자위안'이라고 불렀고 대부분의 거주자는 일반 노동자였습니다. 이웃 간에 가끔 갈등이 생기기도 했지만, 더 많은 경우 서로 도우며 지냈고 친척은 아니어도 친척을 더 능가하기도 하여, 많은 옛 베이징 사람들이 이러한 진한 정서를 잊지 못하고 있습니다.

15 탁상공론

2700여 년 전의 전국 말기에 조나라 명장 조사에게는 조괄이라는 아들이 있었습니다. 그는 어려서부터 많은 병서를 읽어서 다른 사람들과 군사에 관해 이야기하면 말로 그를 이길 자가 없었고, 그의 아버지 조사 역시 그를 제압할 수 없었습니다. 조괄은 이로 인해 아주 자만하였고 자신을 천하무적이라 여겨 자신의 아버지조차 안중에 두지 않았습니다.

그러나 조사는 마음속으로 자기 아들이 군사 이론에 대해서는 잘 알지라도 실제 전쟁 경험이 없어 그의 생각이 실제에 맞지 않는다는 것을 알고 있었습니다. 그는 일찍이 몰래 아내에게 말했습니다. "아들의 단점은 그저 이론적인 원칙만 말할 줄 알 뿐 실제 경험은 부족하다는 것이라서, 지휘관이 될 수 없소. 만약 아들에게 지휘관을 맡긴다면 머지않아 조나라를 해할 수도 있소."

몇 년 뒤 조사가 세상을 떠났습니다. 이 해에 때마침 진나라 군대가 조나라를 공격해왔고, 조나라는 노장 염파에게 20만 군대를 데리고 가서 싸우게 했습니다. 염파는 적군이 강하고 아군이 약한 형세에 따라 병사들에게 진영을 지키고 절대 주동적으로 출정하지 말라고 명령하였습니다. 진나라 군대가 수차례 싸움을 걸며 그를 겁쟁이라고 욕했지만, 그는 군대를 출동시키지 않았습니다. 이 방법은 역시 아주 효과가 있어서 성공적으로 진나라 군대를 국경 밖까지 막아냈습니다. 점점 진나라 군대는 신속히 승리를 거둘 수 없었고 양식도 곧 떨어져 갔으며 버티기 힘들어졌습니다.

진나라는 염파가 용병에 능하다는 것을 잘 알고 있어서, 만약 단기간 내에 조나라를 치고자 한다면, 반드시 조나라로 하여금 염파를 (다른 곳으로) 보내버리게 할 방법을 찾아야 했습니다. 그리하여 그들은 조나라 여기저기에 유언비어를 퍼뜨리며, 진나라 군대가 가장 두려워하는 것은 조괄이지 다른 사람은 눈에 차지도 않는다고 말했습니다.

이때 조나라 왕은 염파가 성문을 닫고 전쟁을 하지 않는 것에 마침 화가 나 있는 상태였는데, 외부의 이러한 유언비어를 듣고 역시나 속임수에 빠져 조괄을 파견하여 염파를 대신하게 했습니다. 조괄의 어머니는 조나라 왕이 아들을 지휘관으로 임명하려는 것을 재차 말리면서, 아들이 아직 혼자서 군대를 이끌고 전쟁을 할 자격이 없다고 말했습니다. 하지만 어리석은 조나라 왕이 어찌 이 말을 귀담아들었겠어요!

기원전 260년 조괄은 군사를 이끌고 출정하였습니다. 줄곧 맹목적으로 자신감에 차서 진나라 군대를 깔보던 그는 염파의 전쟁 방식을 완전히 바꾸었고, 억지로 병서의 이론을 들고 와 주동적으로 진나라 군대를 공격했습니다. 그 결과 수십만 명의 조나라 군대는 전부 멸살 당하여 소중한 생명을 잃게 되었습니다.

이것이 바로 성어 '탁상공론'의 이야기입니다. 현재 이 성어는 말로만 공허하게 이론을 이야기하는 사람들을 풍자할 때 자주 사용되고 있으며, 사람들에게 반드시 융통성 있게 일하고, 이론이 실제와 연결되도록 주의해야 함을 일깨워줍니다.

16 체중과 다이어트

보도에 따르면 의학 전문가들이 어떤 새로운 실험을 했는데, 이 실험을 통해 사람들이 일주일 내에 섭취하는 영양분과 음식 패턴이 그들의 체중 변화에 영향을 미치며, 이로 인해 다이어트를 하는 사람의 체중은 일주일 안에 위아래로 요동치는 기복이 생긴다는 것을 알아냈습니다.

25~62세 연령의 총 80명의 성인이 이 연구에 참여했습니다. 연구자들은 그들의 상대적인 체중 변화에 근거하여, 체중이 감소한 사람, 체중이 증가한 사람, 체중이 유지된 사람의 3가지 유형으로 분류했습니다. 이들은 매일 아침 일어난 후 아침을 먹기 전에 자신의 몸무게를 쟀는데, 신뢰성 확보를 위해 연속으로 최소 7일 이상 체중을 잰 사람만 분석에 포함했습니다. 이 지원자들에 대한 추적 조사 기간은 최단 15일에서 최장 330일이었습니다.

연구 결과는 이 사람들의 체중 변화에 뚜렷한 패턴이 있음을 밝혀냈는데, 즉 주말 이후에 체중이 증가하고 근무일에 체중이 줄어든다는 것(금요일에 가장 최저점에 도달함)이었습니다. 연구자들이 또 의외로 발견한 것은 체중이 감소한 사람과 체중이 증가한 사람은 체중 변동 패턴에 명확한 차이가 존재한다는 것이었습니다. 체중이 감소한 사람은 비교적 강한 보상 패턴을 보였는데, 즉 주말 이후에 체중이 곧바로 감소하고 이 감소 추세가 금요일이 되어서야 멈췄습니다. 그러나 체중이 증가한 사람은 매일 체중이 달랐고 근무일에도 체중이 명확히 줄어들지 않았습니다.

많은 의과 대학이 연합하여 진행한 이 연구에서, 극소수의 사람을 제외한 대다수 사람들의 체중 증가는 토요일부터 시작되었고 체중 감소는 화요일부터 시작되었는데, 특히 체중이 감소한 사람과 체중이 유지된 사람에게서 더욱 그렇게 나타난다는 것을 발견했습니다. 이 연구는 사람들의 체중 변화가 일주일 내에 하나의 분명한 규칙을 보인다는 것을 밝혀냈는데, 근무일과 주말의 체중의 임시 변화는 정상적인 현상으로 보아야 하며 진정으로 체중이 증가하는 것이 아니라는 것입니다. 왜냐하면 사람들은 주말에 밖에서 외식할 시간이 더 많기 때문입니다. 주말에 제멋대로 음식을 먹더라도 (체중 증가에 대한) 영향이 크지는 않지만, 성공적인 체중 감량을 위해 날씬해지기를 원하는 다이어트하는 사람들은 반드시 이러한 변화 규칙에 주의해서 주말 이후에는 맛있는 음식을 먹기 위한 구실을 더 이상 찾지 말고, 이러한 증가 추세를 막으려는 조치를 제때 취해야 합니다.

17 가장 아름다운 순간에 떠나다

우리 할머니께서는 '사람은 반드시 가장 아름다운 순간에 떠나야 한다.'라고 말씀하셨습니다. 이러한 인지로 인해 노벨상을 받은 사람은 우리 할머니가 아니라, 바로 심리학자 대니얼 카너먼입니다. 그는 이 현상을 '피크엔드 법칙(Peak-End Rule)'이라고 이름 붙였습니다. 사물에 대한 우리의 기억은 절정일 때와 결말에만 있으며, 사건의 경과는 기억에 거의 아무런 영향이 없다는 것입니다. 절정이 지난 후 마지막이 빨리 출현할수록 그 일은 우리의 기억에 더욱 깊이 남게 됩니다.

대부분의 사람들은 이 법칙을 이해하지 못합니다. 예를 들어 한 번의 공연 연출을 위해 우리는 많은 시간을 들이지요. 좋은 효과를 만들어내기 위해 의상, 화장, 도구, 무대 미술을 준비하여 관중에게 좋은 인상을 남기려 노력하지만, 공연이 끝나고 퇴장할 때의 준비는 오히려 소홀히 여깁니다. 공연이 시작할 때 사람들은 매력적이라고 생각했어도, 엉망으로 끝나는 결말은 사람들에게 잊기 힘든 나쁜 인상을 남길 수 있습니다.

한번은 어떤 결혼식에 참석했는데, 앞의 3시간은 모두 좋았으나 마지막 1시간은 무료하다고 느꼈습니다. 3시간의 즐거움에서 1시간의 무료함을 빼면 2시간의 즐거움이 남습니다. 그러니 나는 즐겁게 2시간을 보낸 셈이 됩니다. 하지만 내 기억은 결코 이렇게 계산되지 않지요. 만약 내가 다른 행사에 참석해야 해서 그곳에서 1시간만 머물고 일찍 헤어졌다면, 나는 오히려 60분 내내 즐거움을 누렸을 것입니다. 첫 번째와 비교하여 두 번째의 모임이 나에게 더 아름다운 기억을 남겼을 것입니다.

영화를 보는 것도 이와 마찬가지입니다. 어떤 영화가 초반부 스토리는 평범했을지라도 만약 마지막 30분이 우리를 감동시켰다면, 우리는 여전히 다른 사람에게 이 영화를 추천할 것입니다. 반대로 만약 초반 30분에 스토리의 참신함을 남김없이 다 보여주고 결말에 가서 아주 평범해진다면, 이 영화에 대한 관중의 평가는 분명 좋지 않을 것이고 심지어 '쓰레기 영화'라고 말할 수도 있을 것입니다.

　TV 프로그램의 사회자로서 나는 일하면서 종종 '피크엔드 법칙'을 활용합니다. 예를 들어 프로그램을 진행할 때 오프닝과 비교하여 우리는 더 많은 에너지를 클로징에 쏟는데, 이렇게 해야 관중들이 프로그램에 대해 더 강한 인상을 받기 때문입니다. 비록 많은 사람들이 '피크엔드 법칙'을 전혀 알지 못한다고 해도, 그들은 경험 속에서 이러한 방법의 중요성을 체득할 수 있을 것입니다.

18 추상 미술은 아름다운가, 그렇지 않은가

　어떤 사람들에게 있어서 추상 미술은 고전 미술만큼 감상하기가 그렇게 쉽지 않습니다. 캔버스의 불규칙한 색채 덩어리나 선은 정말이지 어떤 의미를 나타내는지 알아볼 수 없습니다. 추상파 화가들의 작품 중에는 마치 아무렇게나 물감을 뿌려 만든 것 같은 작품을 종종 볼 수 있는데, 어떤 사람은 아주 신비하거나 심지어 추악해 보인다고 하고, 어떤 사람은 오히려 이로부터 자유나 생명에 대한 찬미를 느끼기도 합니다.

　연구자들이 하나의 재미있는 실험을 설계했습니다. 지원자들의 임무는 매우 간단했는데, 모든 지원자는 두 개의 그림이 한 세트로 묶인 그림들을 보게 됩니다. 매 세트의 그림 중 하나는 유명한 추상 미술가의 손에서 나온 작품이고, 다른 하나는 아마추어, 아기, 침팬지 혹은 코끼리가 낙서한 것이었습니다. 지원자는 반드시 매 세트의 그림 중 가장 마음에 드는 그림이 무엇인지를 판단해야 합니다.

　이 그림 중 3분의 1에는 작가의 사인이 없고, 나머지는 작가가 누구인지 표기되어 있었습니다. 골치 아픈 것은 일부 사인은 일부러 잘못 표기해놓아서 지원자들이 작가가 대체 누구인지 확인할 수 없다는 것입니다. 그래서 지원자는 자신이 보고 있는 그림이 침팬지가 아무렇게나 낙서한 것이라고 생각할 수 있지만, 사실은 유명한 추상 미술 대가의 작품일 수도 있는 것이지요.

　아마도 어떤 사람들은 이러한 상황에서는 아예 구별해낼 수 없다고 생각할지도 모릅니다. 그러나 모든 테스트에서 지원자들이 보편적으로 마음에 들어 한 작품은 모두 인간 미술가가 붓을 휘둘러 완성한 것들이었습니다. 이로부터 알 수 있듯이, 지원자들은 설령 원인을 충분히 설명할 수 없을지라도, 그림에서 예술가의 노력을 느낄 수 있었습니다.

　또 다른 실험은 이렇습니다. 지원자들은 정물화와 추상화를 포함하여 원작과 그림 속의 요소를 조정한 후의 그림을 동시에 감상했는데, 그 결과 거의 모든 사람이 원작을 더 선호한 것으로 나타났습니다. 연구자들은 그림 속 물체의 위치가 바뀐 것을 보고 난 후에 대뇌에서 의미를 함축하고 해석을 하는 부위의 활성도가 떨어진다는 것을 발견했습니다. 이것은 설령 우리가 정확하게 이 사실을 감지하지 못한다 해도, 우리의 대뇌가 원작의 구도를 의식하고 있을 뿐만 아니라 그 뒤에 있는 의도까지 느낄 수 있다는 것을 밝혀주었습니다. 최소한 현재로서는 침팬지나 아이도 이렇게 할 수 있다는 것을 밝혀낼 만한 증거는 없다고 말할 수 있을 것 같습니다.

　우리의 대뇌가 대체 어떻게 추상 미술을 감지할 수 있는가는 흥미로운 화제입니다. 추상 미술에 대해 모든 사람이 다 다르게 이해하고 해석할 수 있다는 것, 이것은 도전이자 자유입니다.

모범답안

01 爱的细节

미리보기

1 ① 头发　② 脸　③ 胳膊
   ④ 肚子　⑤ 腿　⑥ 脚

2 说，叫，聊天儿，讨论，吃，喝

연습해보기

▶ 如何

(1) 请你说一说，如何学好一门外语。

(2) A 他们的夫妻关系如何?
    B 他们相敬如宾，关系很好。

(3) A 你能不能简单地叙述一下那部电影的内容?
    B 可以，让我想想如何叙述好内容。

▶ 靠

(1) 快要到站了，你别靠着椅子站着，不安全。

(2) A 下个星期的考试，你需要我帮忙吗?
    B 真的吗? 太好了。"在家靠父母，出门靠朋友"，这句话一点儿也没错。

(3) A 您好，请给我登机牌。
    B 好的，我的座位是靠窗的吧?

▶ 居然

(1) 我快被气死了! 他居然随便拿走了我的手机。

(2) A 你听说了吗? 小王和小李离婚了!
    B 他们的关系一直很好，居然选择离婚了。

(3) A 他居然在比赛中输了。
    B 是啊，比赛之前我以为他肯定会赢呢。

단어비교하기

	如何	怎么
(1)	X	√
(2)	X	√
(3)	√	X

실력다지기

1 (1) 爱护　(2) 项　(3) 等待，催
   (4) 递　(5) 喊　(6) 抱怨

2 (1) A　(2) B　(3) A　(4) A

3 (1) C　(2) C　(3) B　(4) B

실력향상 플러스+

　　我认为理想的夫妻不是从不吵架，为对方牺牲自己一切，而是哪怕是生活的小细节，都先为对方着想，这才是最理想的夫妻关系。因为婚姻生活的幸福取决于互相照顾，互相关心，而这也是婚姻生活最基本的条件。

저는 이상적인 부부란 절대 싸우지 않고 상대방을 위해 자신의 모든 것을 희생하는 것이 아닌, 설령 생활의 작은 부분일지라도 먼저 상대방을 위해 생각하는 것이라고 생각합니다. 이것이야말로 가장 이상적인 부부 관계이지요. 왜냐하면 결혼 생활의 행복은 서로 돌봐주고 관심을 갖는 것에 달려 있기 때문입니다. 그리고 이것은 결혼 생활의 가장 기본적인 조건이기도 합니다.

牺牲 xīshēng 통 희생하다 | **哪怕** nǎpà 접 설령 ~일지라도 | **着想** zhuóxiǎng 통 생각하다, 염두에 두다 | **取决于** qǔjué yú ~에 달려 있다

02 留串钥匙给父母

미리보기

1 ① 爷爷(할아버지) ② 姥姥(외할머니) ③ 姑姑(고모)
   ④ 姑父(고모부) ⑤ 舅舅(외삼촌) ⑥ 舅妈(외숙모)

2 在韩国称呼家人和亲戚的词语跟中国差不多，比如说姨妈、姨夫、姑姑等这些词语十分相似。不过称呼伯父的有点儿不一样，我们叫"大爸爸"。

연습해보기

▶ 以来

(1) 到中国以来，<u>我一直在为事业发展而奋斗</u>。
   • 奋斗 fèndòu 동 분투하다

(2) A 他们夫妻俩的关系怎么样？
   B <u>一直以来都很不错</u>。

(3) A 最近这几年空气污染比较严重。
   B <u>是，自从自驾车普及以来，空气污染更严重了</u>。
   • 自驾车 zìjiàchē 자가용 | 普及 pǔjí 동 보급되다

▶ 临

(1) A 你觉得这套房子怎么样？
   B <u>很不错，这套房子临海，每天都可以听到大海的声音</u>。

(2) A 你一个人来中国，你的爸爸妈妈放心吗？
   B <u>不太放心，临走的时候，天天嘱咐我注意这注意那的</u>。
   • 嘱咐 zhǔfù 동 당부하다

(3) A 你卧室里的新被子真漂亮，哪儿买的？
   B <u>是在临街的那个百货商店买的</u>。

▶ 立刻

(1) 一下课，<u>他立刻拿着书包跑出去了</u>。

(2) 我快被气死了！<u>你立刻向我道歉</u>。

(3) A 你能帮我通知他这件事吗？
   B <u>好的，我立刻通知他，放心吧</u>。

단어비교하기

	悄悄	偷偷
(1)	√	×
(2)	√	×
(3)	×	√

실력다지기

1 (1) 套　(2) 想象　(3) 长途
   (4) 强烈　(5) 锁，断　(6) 打，工

2 (1) A　(2) B　(3) A　(4) B

3 (1) D　(2) A　(3) C　(4) C

실력향상 플러스+

　　最深的爱，应该是父母对子女的爱。因为父母对子女的爱是无私的、伟大的。像课文中的父母一样，我父母平时也不干涉我的生活，不愿给我添麻烦。但在我最困难的时刻，他们总是在我身边照顾我，帮助我。我认为世界上最深的爱莫过于父母对子女的爱。

가장 깊은 사랑은 분명 자녀에 대한 부모의 사랑일 것입니다. 왜냐하면 자녀에 대한 부모의 사랑은 사심이 없고 위대하기 때문입니다. 본문의 부모님처럼 제 부모님도 평소에는 제 생활에 간섭하지 않으시고, 제게 신세 지려 하지 않으십니다. 그러나 제가 가장 어려울 때면 항상 제 곁에서 저를 돌봐주시고 도와주십니다. 저는 세상에서 가장 깊은 사랑은 자녀에 대한 부모의 사랑보다 더한 것은 없다고 생각합니다.

干涉 gānshè 동 간섭하다 | 莫过于 mò guò yú ~보다 더한 것은 없다

03 人生有选择，一切可改变

미리보기

1 ① 阴　　② 雨转晴　　③ 雨后彩虹
　 ④ 雷阵雨　⑤ 多云

2 我喜欢自助游，因为这样可以比较自由地安排日程。去国外旅行的话，我一般利用飞机。去国内旅行的话，有时候利用火车，也有时候自己开车去。

연습해보기

▶ 包括

(1) 世界上使用筷子的国家主要是亚洲国家，包括中国、韩国、日本等等。

(2) 这个节目全家人都喜欢，包括爷爷、奶奶，也很爱看。

(3) A 听说你们的班主任王老师生病住院了？
　　B 是，所以今天我们全班同学，包括我，去医院看了他。

▶ 各自

(1) 快要毕业了，同学们各自准备毕业以后的生活。

(2) 秋天到了，候鸟各自繁忙起来，有一部分飞往南方，留下来的也开始做过冬的准备。
　• 候鸟 hòuniǎo 명 철새 | 繁忙 fánmáng 형 분주하다

(3) A 这次任务特别重要，希望大家各自努力，千万不要失误。
　　B 任务我们都清楚了，您就放心吧。

▶ 勿

(1) 大多数宾馆房间的门上都挂着一块"请勿打扰"的牌子。

(2) 为了他人的健康，请勿在公共场所抽烟。

▶ 时刻

(1) 任何时候都不要看轻自己，时刻都要相信自己。

(2) 因为工作的需要，我时刻都要集中起来。

(3) A 你为什么这么感谢他？
　　B 因为我在国外留学的时候，他时时刻刻都照顾我。

단어비교하기 체크체크

	舒适	舒服
(1)	√	X
(2)	X	√
(3)	√	X

실력다지기

1 (1) 待遇　(2) 发愁　(3) 漏
　 (4) 随时　(5) 辞职　(6) 稳定

2 (1) B　(2) B　(3) A　(4) A, A

3 (1) 驾驶―汽车，轮流―打扫，拥抱―世界
　 (2) 稳定的―水平，舒适的―座位，
　　　平静的―江面，轻松的―时刻

실력향상 플러스＋

　　如果我是翟峰，我不会选择放弃一切，义无反顾地去航海。爱好可能会给人带来一种全新的生活，但辞掉工作、让孩子休学是一个十分冒险的选择。"与众不同"的生活可能会时时刻刻威胁你，给孩子的成长会带来险情。虽然我也同意人生有多种选择，但不太赞成无谓的冒险。

　만약 제가 자이펑이라면, 저는 모든 것을 포기하고 뒤도 돌아보지 않고 바다로 가는 것을 선택하지 않을 것입니다. 취미는 새로운 삶을 가져다줄 수 있지만, 일을 관두고 아이를 휴학하게 하는 것은 꽤 위험을 무릅쓰는 선택입니다. '남들과 다른' 삶은 시시각각 당신을 위협할 수 있고, 아이의 성장에 위험을 가져올 수 있습니다. 비록 인생에 많은 선택이 있다는 것에 동의는 하지만, 의미 없는 모험에는 그다지 찬성하지 않습니다.

义无反顾 yìwúfǎngù 정의를 위해 주저하지 않고 용감하게 나아가다 | 冒险 mào xiǎn 통 위험을 무릅쓰다 | 与众不同 yǔzhòngbùtóng 남들과 다르다 | 后果 hòuguǒ 명 (나쁜) 결과 | 赞成 zànchéng 통 찬성하다 | 无谓 wúwèi 형 의미가 없다

04 子路背米

미리보기

1 背，孝敬，孝顺

2 很久以前，为了生病的老母，一个很孝顺的儿子冬天里去找软柿子。但他去哪儿都找不着。这时一只老虎向他走过来。儿子忽然觉得这只老虎是要帮他，于是骑到了老虎的背上，飞快地跑向村子。不一会他们就来到了一位富人家的门口。这位富人听了他的故事非常感动，便将家里的软柿子送给了他。老母吃了那个软柿子之后病就好了，从此母子一起过上了幸福的日子。

软柿子 ruǎnshìzi 명 홍시 | 吼叫 hǒujiào 통 으르렁대다

연습해보기

▶ 至今

(1) 虽然我们已经认识多年，但至今还不太了解对方。

(2) A 你到中国已经一年了，能不能给我们介绍一下长城？
   B 不好意思，我也至今还没去过。

(3) 到底什么是幸福，至今没有正确的答案。

▶ 顶

(1) A 昨天爬山你去了吗？
   B 去了，我爬到山顶了。

(2) 虽然昨天刮大风，但我们还是顶着大风爬山了。

(3) A 这顶帽子很适合你。
   B 是吗？那好吧，那我就买它了。

▶ ……得+不行

(1) A 你们俩这次出去旅行了大半年，家里一直没人收拾。昨天回来，家里怎么样？
   B 别提了，脏得不行，到处都是灰尘。

(2) 学了一年多的汉语了，但觉得汉语还是难得很。

(3) A 听说他的父母突然去世了？
   B 是啊，所以他现在难过得不得了。

▶ 反而

(1) 他不但不孝顺父母，反而埋怨父母经济上不援助自己。
   • 埋怨 mányuàn 통 원망하다 | 援助 yuánzhù 통 지원하다

(2) 他是个很有本领的人，可是，工作上的表现反而不太突出。

(3) A 你跟你同屋关系不是很好吗？怎么今天吵架了？
   B 他不承认自己的错误，反而责怪我什么都不对。
   • 承认 chéngrèn 통 인정하다 | 责怪 zéguài 통 책망하다

단어 비교하기 체크체크

	满足	满意
(1)	√	X
(2)	X	√
(3)	√	X

실력 다지기

1 (1) 从前　(2) 占　(3) 委屈
  (4) 本领　(5) 扶　(6) 决心

2 (1) A　(2) B　(3) A　(4) B

3 (1) C　(2) B　(3) C　(4) C

실력 향상 플러스

读课文以后，我心里感到很惭愧。父母为了我，牺牲过自己的人生，一直关心照顾我。但我长大以后，每次以工作为借口，不去多陪陪他们，甚至觉得他们的话都是唠叨。现在我懂得了孝顺就是感恩，而感恩则是一种义不容辞的责任。我们应该像子路一样，要尽心赡养侍奉父母。

본문을 읽은 후 저는 부끄러워졌습니다. 부모님은 저를 위해 자신의 인생을 희생하며 줄곧 저를 보살펴주셨습니다. 하지만 제가 성인이 된 후에 매번 일을 핑계로 부모님과 함께 하지 않았고, 심지어 부모님의 말을 다 잔소리라고 여겼습니

다. 이제 저는 효도란 바로 은혜에 감사하는 마음이고, 은혜에 감사하는 마음은 바로 기꺼이 해야 하는 책임이라는 것을 깨달았습니다. 우리는 반드시 자로처럼 온 마음을 다해 부모님을 모셔야 합니다.

借口 jièkǒu 몡 구실, 변명 │ 唠叨 láodao 동 잔소리하다 │ 感恩 gǎn ēn 동 은혜에 감사하다 │ 义不容辞 yìbùróngcí 의리상 거절할 수 없다 │ 赡养 shànyǎng 동 부양하다 │ 侍奉 shìfèng 동 부모를 모시다

05 济南的泉水

미리보기

2 풍경: 美丽，优美，独特
   맛: 香，甜美，清醇(qīngchún 맑고 그윽한 맛이 있다), 甘冽(gānliè 물맛이 좋고 시원하다)

연습해보기

▶ 从而

(1) 玩游戏可以锻炼人的脑、眼和手，<u>从而有助于发达智商</u>。
- 智商 zhìshāng 몡 지능지수, IQ

(2) 公司通过引进新技术，加强管理，提高了产品质量，<u>从而使得销售量大大提高了</u>。

(3) A 时间这么紧，你们是怎么完成任务的?
    B <u>我们提前做好了工作准备，从而可以按时完成任务</u>。

▶ 于

(1) 乒乓球运动<u>产生于19世纪末，说起来还有一段有趣的故事呢</u>。

(2) <u>工作上他从不满足于已取得的成功</u>，而是给自己提出更高的要求。

▶ 为

(1) 在影视作品中，<u>常常把鲨鱼描写为可怕的海洋杀手</u>。
- 鲨鱼 shāyú 몡 상어 │ 杀手 shāshǒu 몡 살인자, 킬러

(2) 为了方便同学们报名，<u>办公室把报名时间改变为本月十日，周六、日不休</u>。

▶ 动词+起来

(1) 刘方喜欢把旅游时买的门票<u>收集起来</u>。

(2) 你刚工作，别太着急，经验<u>会慢慢积累起来的</u>。

(3) A 儿子，是你把爸爸的烟放在这鞋盒子里的吗?
    B <u>是，我把它收拾起来了</u>。

단어비교하기 체크체크

	美丽	优美
(1)	√	✗
(2)	√	✗
(3)	√	√

실력다지기

1 (1) 描写   (2) 充满   (3) 产生
   (4) 为   (5) 于   (6) 从而

2 (1) B   (2) A   (3) A   (4) B

3 (1) 碰—见，救—活，抢—光
   (2) 悠久的—文化，善良的—性格，独特的—味道，广大的—农村

실력향상 플러스

```
　　　水是生命之源，我们的生活完全
离不开水。可是有些国家已经面临着
严重的缺水问题。我们应该节约每一
滴水。为了保护水资源，我们可以从
身边的小事做起，比如刷牙时关水，
沐浴洗头时关水等等。为了美好的未
来，希望全社会能提高节约用水的意
识，从节约点滴做起。
```

물은 생명의 근원이며, 우리의 생활에 물이 없으면 안 됩니다. 그러나 일부 국가들은 이미 심각한 물 부족 문제에 직면했습니다. 우리는 반드시 한 방울의 물이라도 아껴야 합니다. 수자원을 보호하기 위해 우리는 주변의 작은 일부터 시작할 수 있습니다. 예를 들어 양치질을 할 때 물을 잠그고, 목욕을 하고 머리를 감을 때 물을 잠그는 것 등등입니다. 아름다운 미래를 위해 전 사회가 물 절약 의식을 높이고, 물 한 방울을 아끼는 것부터 시작하기를 바랍니다.

沐浴 mùyù 图 목욕하다

06 除夕的由来

미리보기

1 除夕特指农历十二月三十(2月4日)的晚上, 而春节是农历新年的第一天(2月5日)。可是, 慢慢地人们将这两个传统节日合二为一了。

2 韩国的食物：饺子, 年糕汤(niángāotāng 떡국)
韩国的活动：家庭团聚(tuánjù 모임),
拜年(bàinián 세배하다),
发压岁钱(yāsuìqián 세뱃돈)

연습해보기

▶ 替

(1) 你放心吧, 他借的钱我替他还给你吧。

(2) 后天就要考试了, 小明的病还没好, 你替他转告老师他不能参加这次的考试。

(3) A 明天, 我去云南出差, 要带点儿什么东西吗?
   B 那你替我买些普洱茶回来吧。
   • 普洱茶 pǔ'ěrchá 图 보이차

▶ 说不定

(1) 你再去图书馆或书店转转, 说不定能买得到那本书。

(2) A 今年的优秀毕业生定了吗? 李阳有希望吗?
   B 他的成绩一直很不错, 说不定他会成为优秀毕业生。

(3) A 要想达到他那样的成就, 我这辈子是不敢想了。
   B 你只要坚持下去, 说不定哪天会取得像他那样的成就。

▶ 似的

(1) 丽丽爱读书, 一天要是不看点儿什么, 像整天没吃饭似的。

(2) 李阳考上了北大, 他现在高兴得什么似的。

(3) A 小刘怎么了? 她今天有点儿不太高兴。
   B 她好像跟男朋友吵架了似的, 整天把自己关在房间里, 不出来。

▶ 纷纷

(1) 新年快到了, 各大商场、购物中心纷纷进行各种优惠活动。

(2) 见到熊猫的游客们非常兴奋, 纷纷过来拍照。

(3) A 听说了吗? 小刘的妻子生了个女儿。
   B 真的吗? 难怪同事们纷纷向他表示祝贺。
   • 难怪 nánguài 및 과연, 어쩐지

단어 비교하기

	打听	询问
(1)	√	×
(2)	√	×
(3)	×	√

실력 다지기

1 (1) 果然 (2) 制造 (3) 无奈
  (4) 此外 (5) 赶紧 (6) 伤害

2 (1) B (2) B (3) B (4) A

3 (1) C (2) A (3) B (4) D

실력 향상 플러스

	之	前	,	在	电	视	节	目	上	看	过	有	关	中
国	春	节	的	风	俗	习	惯	。	中	国	人	过	年	时	,
全	家	人	聚	在	一	起	,	放	鞭	炮	、	包	饺	子	,
开	心	得	不	得	了	。	这	些	都	是	为	了	祝	愿	家
里	人	新	的	一	年	里	身	体	健	康	,	万	事	如	意	。
我	也	想	体	验	一	下	放	鞭	炮	、	贴	春	联	、	逛
庙	会	等	这	些	中	国	春	节	的	风	俗	习	惯	。	

얼마 전 TV 프로그램에서 중국 춘절과 관련된 풍습을 본 적이 있습니다. 중국인들은 설을 쇨 때 온 가족이 함께 모여 폭죽을 터뜨리고 만두를 빚으며 매우 즐거워했습니다. 이는 모두 식구들이 새해에 건강하고 만사형통하기를 기원하는 것입니다. 저도 폭죽을 터뜨리고 새해 글귀를 붙이고 묘회를 구경하는 등 중국의 춘절 풍습을 체험해 보고 싶습니다.

庙会 miàohuì 圐 묘회 [절에서 열리는 임시 시장]

07 成语故事两则

미리보기

1 盲人，摸，牙齿，尾巴，耳朵，身子
2 这句话的意思就是只要诚心诚意，世界上没有做不到的事情。

연습해보기

▶ 瞎

(1) 虽然她的眼睛从小瞎了，但她的脸上总是有美丽的微笑。

(2) A 刚才的考试你考得怎么样？我有好几个题不会做。
　　B 你别瞎担心了，别的人考得比你还糟糕呢。
　　• 糟糕 zāogāo 圐 엉망이다

(3) 你少跟他打交道，他总是瞎说别的人。

▶ 分别

(1) 时间过得真快，我们分别快十年了。

(2) A 快放寒假了，你们假期有什么打算？
　　B 我们分别去不同的地方度假。
　　• 度假 dùjià 圐 휴가를 보내다

(3) A 我们有三年没见面了吧？
　　B 是，但你和以前没有什么分别。

▶ 根

(1) 植物靠根吸收水分和营养。
　　• 营养 yíngyǎng 圐 영양

(2) 第一次用筷子的时候，我都夹不好一根根面条。
　　• 夹 jiā 집다, 끼우다

(3) A 你今天去超市主要想买什么？
　　B 我主要想买几根筷子和几把勺子。

▶ 便

(1) 他刚出门，发现没带钥匙，便转身回去拿。

(2) 朋友不停地给她介绍男朋友，但是每次便是别人不喜欢她。

(3) 如果我们坚持原来的想法，这个工作便是不可能完成的。

단어 비교하기

	忽然	突然
(1)	X	√
(2)	X	√
(3)	√	√

실력 다지기

1 (1) 寻找　(2) 片面　(3) 确定
　　(4) 不要紧　(5) 善于　(6) 尽力

2 (1) B　(2) A　(3) B　(4) B

3 (1) C　(2) D　(3) C　(4) A

실력 향상 플러스

		中	国	有	一	个	成	语	叫	"	有	的	放	矢	"	，
意	思	是	我	们	无	论	做	什	么	事	，	必	须	要	有
一	个	正	确	的	目	标	。	有	目	标	就	会	令	人	更
加	努	力	，	即	使	遇	到	困	难	也	不	会	轻	易	摇
动	，	坚	持	到	底	。	但	目	标	不	能	太	高	，	适
合	自	己	最	重	要	。	因	为	达	到	目	标	时	的	成
就	感	和	喜	悦	，	能	产	生	积	极	乐	观	的	态	度
提	高	自	信	心	。										

중국에는 '과녁을 보고 화살을 쏘다'라는 성어가 있는데, 우리가 어떤 일을 하든지 반드시 정확한 목표가 있어야 한다는 뜻입니다. 목표가 있으면 더욱 열심히 하게 되고, 설령 어려움을 만나더라도 쉽게 흔들리지 않고 끝까지 버틸 수 있습니다. 그러나 목표는 너무 높지 않아야 하고, 자신에게 적합한 목표를 세우는 것이 가장 중요합니다. 왜냐하면 목표에 도달했을 때의 성취감과 기쁨은 적극적이고 낙관적인 태도를 만들고, 자신감을 향상시키기 때문입니다.

摇动 yáodòng 圐 동요하다, 흔들리다

08 "朝三暮四"的古今义

미리보기

1. "菜"，现在指的是做副食品的植物。
   "走"，现在指的是步行，运行。

연습해보기

▶ 倒

(1) A 你觉得这套房子装修得怎么样？
    B 装修倒是很不错，只是家具布置不太合理。
    · 布置 bùzhì 동 배치하다

(2) 这件事情看起来倒是容易，做起来可就难了。

(3) A 你究竟什么时候做完菜啊？我等着你倒会饿死。
    B 着什么急啊？再等两分钟，马上就好了。

▶ ……来……去

(1) 他的手机不见了，很着急，在家里翻来翻去，可还是没找到。

(2) 公园里，孩子们高兴地跑来跑去。

(3) A 怎么帮他把丢掉的手机找回来，你有办法了吗？
    B 我想来想去，但还是没想到合适的办法。

▶ 要不

(1) 谢谢你昨晚给我发了个短信，要不我也差点儿忘了明天有重要的会议。

(2) A 后天我们打算去中国朋友家过除夕，你有什么计划？
    B 我暂时没有计划，要不我跟着你们一起去？

(3) A 真不好意思，这个星期我有考试，要不我们下星期去看电影怎么样？
    B 我都行，看你什么时候方便吧。

단어비교하기 체크체크

	彼此	互相
(1)	√	×
(2)	√	×
(3)	×	√

실력다지기

1. (1) 相处 (2) 似乎 (3) 群
   (4) 安慰 (5) 颗   (6) 限制

2. (1) A (2) B, A (3) A (4) B

3. (1) C (2) D (3) B (4) C

실력향상 플러스+

"朝三暮四"这个词原来指的是实际上没有变化，我们没有得到什么，也没有失去什么。但随着时间的过去，在语义上发生了变化，现在形容做事经常改变，甚至还形容一个人对感情不专一。词汇语义变化往往反映着当时社会现象，因此我觉得了解语义的变化，不仅丰富我们的语言知识，还有助于了解社会的变化。

'조삼모사'라는 이 단어는 원래 실질적으로는 변화가 없어서, 얻는 것도 없고 잃는 것도 없다는 뜻이었습니다. 그러나 시간이 지남에 따라 의미에 변화가 생겼고, 지금은 변덕스러움을 묘사하거나 심지어 사람의 감정이 한결같지 않음을 나타내기도 합니다. 어휘의 의미 변화는 흔히 당시의 사회 현상을 반영합니다. 그래서 저는 어휘의 의미 변화를 이해하는 것은 언어 지식을 풍부하게 할 뿐만 아니라 사회 변화를 이해하는 데에도 도움이 된다고 생각합니다.

09 别样鲁迅

미리보기

1. 照片里的人物是鲁迅，他是一个著名的文学家、思想家，五四新文化运动的重要参与者，中国现代文学的奠基人。他的主要作品有《狂人日记》、《阿Q正传》。他对中国社会思想文化发展有重大影响。

   奠基人 diànjīrén 명 (학문이나 사상의) 창시자

2. ① 平时跟朋友见面，常常去气氛好的咖啡厅，一边喝咖啡，一边聊天儿。

② 我跟朋友常常去位于江边的餐厅或酒吧，享受美食、聊天儿、拍照。

연습해보기

▶ 算

(1) 从我家去公司，坐几站地铁就到了，算是很方便。

(2) A 后天是孩子的生日，你打算怎么表示一下呀？
B 前几天给他买的玩具，就算生日礼物不行吗？

(3) A 电影几点开始？吃完饭再去，时间是不是有点儿紧张啊？
B 没事，来不及就算了，看电影那么重要吗？

▶ 作为

(1) 作为一名医生，治病救人是我们的职责。

(2) A 你做的面包比外边卖的都好吃，你真应该开个店。
B 我喜欢现在的工作，我把做面包作为一个业余爱好。

(3) A 小明每天从早忙到晚，又是学游泳，又是弹钢琴，可学习成绩下降了很多。
B 他现在学的太多了，作为学生，最重要的还是学习，你别让他学这学那的。

▶ 曾经

(1) A 你和李阳好像很熟啊，你们以前就认识？
B 对，我们曾经在英国一起留学过。

(2) A 你来北京才半年，汉语怎么说得这么好？
B 哦，是这样的，我曾经在韩国学习过一段时间的汉语。

(3) A 小杨曾经学习过摄影，他的摄影水平不逊于职业摄影师。
B 真的吗？我最近也迷上了摄影，以后遇到问题可以请教他了。

• 逊于 xùn yú ~에 뒤지다

단어 비교하기 체크체크

	亲自	自己
(1)	√	X
(2)	√	X
(3)	X	√

실력 다지기

1 (1) 首 (2) 讲究 (3) 戒
(4) 地道 (5) 保存 (6) 形象

2 (1) B (2) A (3) A, B (4) A

3 (1) B (2) C (3) D (4) D

실력 향상 플러스 ➕

我	最	喜	欢	的	名	人	是	"	惠	敏	"	和	尚	。
他	既	是	佛	门	弟	子	，	又	是	畅	销	书	的	作	家	。
我	读	他	的	作	品	之	前	，	天	天	都	从	早	忙	到
晚	，	工	作	、	学	习	压	力	很	大	，	无	暇	感	受
活	着	的	幸	福	感	。	不	过	从	读	完	他	的	书	以
后	，	我	懂	得	了	该	如	何	珍	惜	自	己	，	如	何
珍	惜	现	在	的	每	个	瞬	间	。	他	说	的	每	句	话
都	能	打	动	人	心	，	给	人	勇	气	。

제가 가장 좋아하는 명인은 '혜민' 스님입니다. 그는 불교의 제자이자 베스트셀러 작가이기도 합니다. 스님의 책을 읽기 전까지 저는 날마다 아침부터 저녁까지 바쁘게 지내면서 업무와 학업 스트레스가 매우 컸고, 삶에 대한 행복감을 느낄 겨를이 없었습니다. 그러나 스님의 책을 읽고 난 후 저는 어떻게 자신을 아껴야 하는지, 어떻게 현재의 매 순간을 아껴야 하는지를 알게 되었습니다. 스님의 모든 말씀 한 마디가 사람들의 마음을 감동시키고, 용기를 줍니다.

和尚 héshang 명 승려 | 佛门 fómén 명 불교 | 弟子 dìzǐ 명 제자 | 畅销书 chàngxiāoshū 베스트셀러, 인기 도서 | 无暇 wúxiá 동 겨를이 없다 | 珍惜 zhēnxī 동 소중히 여기다, 아끼다 | 勇气 yǒngqì 명 용기

10 争论的奇迹

미리보기

1 这是一位摄影师拍的照片，有一匹马正在奔跑，它奔跑时始终有一个蹄子着地。

2 그 외 어휘: 打(dǎ 치다), 摸(mō 만지다), 提(tí 들다), 抓(zhuā 움켜쥐다), 写(xiě 쓰다), 拿(ná 집다)

연습해보기

▶ 毕竟

(1) 你们毕竟是好朋友，不会因这种小事而互相误会。

(2) A 这孩子真是太淘气了！我快被他烦死了！
B 你别这样说，他毕竟是小孩子嘛！那个年龄的孩子淘气不听话是正常的。

(3) A 他最近脾气真是太差了，一点儿小事就发火！
B 不是最近的问题，动不动发脾气毕竟不是一两天的事。

• 动不动 dòngbudòng 걸핏하면

▶ 逐渐

(1) A 刚来北京的时候，你习惯吗？
B 我刚来时不太适应北方的气候，但逐渐就习惯了。

(2) 茶首先在中国出现，逐渐扩展到印度、日本等国家。

(3) A 随着时间过去，问题会逐渐得到解决的，我们还是慢慢来吧。
B 我觉得你说得对，就这么办吧。

▶ 或许

(1) 他的妻子前几年瘫痪了，但现在或许已经恢复健康了。

• 恢复 huīfù 회복하다

(2) A 你猜这场比赛的结果会怎么样？
B 虽然我们队一直输了，但或许今天的比赛会赢得胜利。

(3) A 他或许是因为路上堵车堵得厉害所以到现在还没来，我们再等一会儿吧。
B 希望是这样，那我们再等五分钟。

단어비교하기 체크체크

	显示	显得
(1)	√	X
(2)	X	√
(3)	√	X

실력다지기

1 (1) 系 (2) 围绕 (3) 插
(4) 拍 (5) 说服 (6) 拦

2 (1) B (2) A (3) A (4) B

3 (1) B (2) A (3) D (4) C

실력향상 플러스 +

　　重大发明不一定来自于科学家的刻苦研究，它也可以是生活中无意间的发现。比如牛顿的"万有引力定律"来自于日常生活中的一个自然现象，即为什么苹果只向地面落？这个故事告诉我们好奇心的作用及其价值。如果我们对周围的小事持有一种"为什么"的心态，培养求知欲，大发现或许就在你的眼前。

중대한 발명은 반드시 과학자의 고생스러운 연구에서 비롯되는 것은 아니며, 생활 속에서 무의식중에 발견될 수도 있습니다. 예를 들어 뉴턴의 '만유인력의 법칙'은 일상생활 속의 자연 현상, 즉 '사과는 왜 땅으로만 떨어지는가?'라는 물음에서 비롯되었습니다. 이 이야기는 우리에게 호기심의 역할과 그 가치를 알려줍니다. 만약 우리가 주변의 작은 일에 대해 '왜'라는 태도를 갖고 지식을 갈구하는 욕구를 키운다면, 대발견은 아마도 당신의 눈앞에 있을 것입니다.

刻苦 kèkǔ 혱 고생을 참아내다, 애쓰다 | 牛顿 Niúdùn 고유 뉴턴 | 万有引力定律 Wànyǒuyǐnlì Dìnglǜ 만유인력의 법칙 | 心态 xīntài 몡 마음가짐, 태도 | 培养 péiyǎng 통 양성하다, 키우다 | 求知欲 qiúzhīyù 몡 지적 욕구

11 闹钟的危害

미리보기

1 我最喜欢的是 D '渐亮的太阳光线'，还喜欢没有闹钟的周末。据说，跟被闹钟叫醒比起来自然醒更有助于保持健康。我真讨厌 A '闹钟的铃声'，闹钟一响起，我就感到紧张不安，全身难受。希望每天早上都能被温暖的阳光照醒。

2 ① 清醒：为了保证第二天的清醒状态，我尽量努力早点入睡。
② 失眠：我最近失眠多梦，所以白天总是没有精神。
③ 生物钟：到周末我喜欢睡懒觉，但听说这样会很容易破坏生物钟的规律。

연습해보기

▶ 동사+来/过来

(1) 这棵树有上百年的树龄了，树干很粗，<u>一个人抱不过来</u>。

(2) 老师说我文章里的错别字比较多，<u>让我到明天全部都改正过来</u>。

(3) A 刘阿姨帮着照顾孙子就够累的了，下个月她女儿的孩子又要出生了。
B 是啊！<u>又要照顾女儿，又要照顾孙子，一个人怎么忙得过来呢</u>。

▶ 所

(1) 我有一个建议要送给你，<u>希望它对你有所帮助</u>。

(2) 孔军是位出了名的好医生，我们县的人<u>无所不知道他的</u>。

(3) 他在北京住了五十年，<u>我所了解的情况是他非常热爱北京</u>。

▶ 相当

(1) 在最后的比赛中，<u>两个足球队旗鼓相当，最终以二比二战平</u>。
• 旗鼓相当 qígǔ-xiāngdāng 실력이 대등하다, 막상막하이다 | 战平 zhàn píng 무승부

(2) A 平常也不见你运动锻炼，可身体还这么好。
B 我每天上下班都爬楼梯，<u>这相当于天天运动</u>。

(3) A 公司让我去上班了，你觉得我该不该接受这份工作呢？
B 这家公司这么有名，<u>而且收入也相当高</u>，你还犹豫什么？
• 犹豫 yóuyù 통 망설이다, 주저하다

▶ 数

(1) 它的听力非常好，<u>水下数公里外的声音它都能清楚地听到</u>。

(2) 据说，<u>中国雾天最多的地方，就数四川的峨眉山</u>。
• 峨眉山 Éméi Shān 고유 어메이산

단어비교하기 체크체크

	持续	继续
(1)	√	X
(2)	√	√
(3)	X	√

실력다지기

1 (1) 必要　(2) 导致　(3) 所
(4) 过渡　(5) 规律　(6) 享受

2 (1) B　(2) B　(3) B　(4) A

3 (1) 导致－灾害，危害－社会，避免－麻烦
(2) 满足－愿望，稳定－情绪，集中－精神，重视－传统

실력향상 플러스

　　现代人每天都离不开闹钟。但被闹钟突然吵醒的危害比我们想象的更严重。其实自然醒是最符合人体生物钟规律。我建议在周末你睡觉之前把闹钟关掉，睡到感受到阳光照射你而自然地醒来。我保证自然醒的那天身体会很舒服，很爽快。我真心希望现代人能够向真正的自然醒迈近一步。

현대인들은 매일 알람 시계가 없어서는 안 됩니다. 그러나 알람 시계에 의해 갑자기 깨는 것의 위험은 우리가 상상하는

것보다 더욱 심각합니다. 사실 자연스럽게 일어나는 것이 인체의 생체 리듬에 가장 적합하지요. 저는 주말에 잠자기 전 알람을 끄고, 햇빛이 당신을 비추는 것을 느낄 때까지 잤다가 자연스럽게 깨보기를 권합니다. 자연스럽게 잠에서 깨어난 날에는 몸이 매우 편안하고 상쾌할 거라고 확신합니다. 저는 현대인들이 진정으로 자연스럽게 잠에서 깨는 것에 한 발짝 다가설 수 있기를 진심으로 희망합니다.

爽快 shuǎngkuai 형 상쾌하다, 개운하다 | 迈 mài 동 큰 걸음으로 걷다, 나아가다

12 海外用户玩儿微信

미리보기

2 由于我妹妹现在在中国工作，我们经常通过微信聊天儿。加上周围的中国朋友都在用微信，所以我天天都利用微信。我利用它随时联系住在中国的朋友，还可以知道中国国内发生的事情。不仅如此，通过微信学习中国年轻人常用的一些新词语。微信拉近了我与中国的距离。

연습해보기

▶ 以及

(1) A 你认为学中文的重要性有哪些？
B <u>是更好地了解中国、理解中国文化以及掌握经济全球化的一个必需手段。</u>

(2) 妈妈在电话里问了我很多问题，如北京的天气怎么样，吃饭习惯不习惯，<u>学校的生活怎么样以及朋友关系如何等等</u>。

(3) A 送人礼物的时候要注意些什么？
B <u>应该注意对方的文化背景、宗教以及送礼上的忌讳。</u>

・宗教 zōngjiào 명 종교 | 忌讳 jìhuì 명 금기, 터부

▶ 程度

(1) <u>我看你的感冒程度很严重</u>，你应该马上去看医生。

(2) A <u>你明白我的意思了吗？这在很大程度上取决于你的决定。</u>
B 我还不能完全理解。

(3) A 对他提出的意见，你有什么看法？
B <u>没有什么意见，我认为他对于这个问题研究的程度比较高。</u>

단어비교하기 체크체크

	发达	发展
(1)	√	✗
(2)	✗	√
(3)	✗	√

실력다지기

1 (1) 推广　(2) 召开　(3) 逗
　(4) 注册　(5) 业务　(6) 合作

2 (1) A　(2) B　(3) B　(4) A

3 (1) B　(2) C　(3) D　(4) A

실력향상 플러스+

　　随着智能手机的普及，人们的生活更加方便了。除了打电话、发短信等传统技能以外，智能手机还会提供观看视频影片、玩儿游戏、查找地图、购物等许多新技能，更可以与身在远处的亲朋好友随时随地取得联系。但是智能手机也影响了人们的工作和休息，减少了面对面的沟通。因此，我们应该学会适当利用智能手机，而不该过于依赖科学技术。

스마트폰이 보편화됨에 따라 우리의 생활은 훨씬 편리해졌습니다. 전화 걸기나 문자 보내기 등의 전통적인 기능 외에 스마트폰은 동영상과 영화 보기, 게임 하기, 길 찾기, 쇼핑하기 등과 같은 많은 신 기능을 제공하고, 또 언제 어디서든 먼 곳에 있는 친지, 친구와 연락할 수도 있습니다. 하지만 스마트폰은 사람들의 업무와 휴식에 영향을 주고, 직접 만나 소통하는 것을 줄어들게 했습니다. 우리는 스마트폰을 적당히 이용할 줄 알아야 하고, 과학 기술에 과도하게 의존하면 안 될 것입니다.

依赖 yīlài 동 의존하다

13 锯掉生活的"筐底"

미리보기

1 ② 篮筐   ③ 投篮   ④ 栏杆

2 我喜欢打篮球。我们学校每年一次的运动会都会举办篮球比赛。上次我们班跟三班对打，那时候绝对是一场精彩的比赛。听着拉拉队的高喊，我们班连进了好几球，距离比赛结束不到一分钟的时候，我们班的队长从我手中飞接过球，使尽全身力量，冲向篮筐，把球扣了进去。最终我们班赢得了胜利。全同学高兴得又蹦又跳，三班的队员也跑过来祝贺。就这样，一场精彩的篮球比赛在欢笑中结束了。

拉拉队 lālāduì 명 응원단 | 扣球 kòu qiú 명 덩크슛 하다 | 胜利 shènglì 동 승리하다 | 蹦跳 bèngtiào 동 팔짝 뛰다

연습해보기

▶ 何况

(1) 这段山路比较危险，何况你刚拿到驾照，几乎都没有开车的经验，还是让我来开吧。

(2) A 这烤鸭不是你最爱吃的吗？今天怎么一口都不吃？
    B 我正在减肥，连饭都几乎不吃，何况是肉类呢？

(3) A 你原来不是很爱逛商场的吗？现在怎么都在网上买衣服了？
    B 在网上买衣服，价钱便宜，可以省时间，何况又送货上门，我最近买什么都在网上买。

▶ 何必

(1) 早知道你就有这本书，我何必去图书馆借书呢？

(2) 既然她已经拒绝了你，你何必还苦苦恋着她呢？

(3) A 你回家等我吧，我先去超市买点儿肉、蔬菜什么的。
    B 你何必要做饭呢？在外边简单吃不就行了吗？

▶ 多亏

(1) 多亏你催我早点儿出发，要不今天的飞机我准赶不上了。

(2) A 星期五晚上你不是和朋友约好了见面吗？
    B 哎呀！多亏你提醒我，要不我真的忘掉了。

(3) A 多亏妈妈早点做手术，要不然真的要出大事了。
    B 是啊，医生说再过一个星期妈妈就能出院了。

단어 비교하기 체크체크

	激烈	强烈
(1)	√	X
(2)	√	X
(3)	X	√

실력 다지기

1 (1) 气氛   (2) 连忙   (3) 仿佛
   (4) 重复   (5) 造成   (6) 缺乏

2 (1) A   (2) B   (3) A   (4) A

3 (1) B   (2) C   (3) A   (4) C

실력 향상 플러스 +

　我以前是一个易激动、爱着急的人，所以肩膀时常疼痛。有一天医生劝我试试练瑜伽，我每天晚上看着视频练一个小时的瑜伽。开始练以后肩膀上的疼痛大大减少了，还能改善遇事不冷静的坏习惯。现在遇事我会冷静地寻找解决方法，而不会着急地处理事情。大家也试试练瑜伽吧！

　예전에 저는 쉽게 흥분하고 조급해하는 사람이어서 어깨가 늘 아팠습니다. 하루는 의사 선생님이 저에게 요가를 해 보라고 권했고, 저는 매일 저녁 동영상을 보며 한 시간씩 요가를 했지요. 시작한 이후 어깨의 통증이 크게 줄어들었고, 문제가 생겼을 때 차분하지 못했던 나쁜 습관도 개선되었습니다. 지금은 문제에 부딪히면 차분하게 해결 방안을 찾으며, 조급하게 일을 처리하지 않습니다. 여러분도 한번 요가를 해보세요!

疼痛 téngtòng 형 아프다 | 瑜伽 yújiā 명 요가

14 北京的四合院

미리보기

2 北京的四合院又称四合房，是中国的一种传统合院式建筑，其格局为一个院子四面建有房屋，从四面将庭园合围在中间。四合院至少有3000多年的历史，在中国各地有多种种类，其中以北京四合院为典型。四合院通常为大家庭所居住，提供了对外界比较隐秘的空间。

格局 géjú 图 짜임새, 구성 | 典型 diǎnxíng 图 전형적이다 |
居住 jūzhù 图 거주하다 | 隐秘 yǐnmì 图 은밀하다

연습해보기

▶ 所谓

(1) 四面房屋围在一起，中间形成一个方形的院子，这就是所谓的四合院的"合"。

(2) A 这么长时间没回家了，回去后感觉怎么样？
B 我再次感受到了所谓的"家的幸福"。

(3) 这次考试怎么又这么差？这是你所谓的"努力的结果"吗！

▶ 则

(1) A 你知道中国北方人和南方人吃饭的习惯有什么不同吗？
B 知道，北方人喜欢吃面条，而南方人则喜欢吃米饭。

(2) 一项调查显示，只有37%的人愿意回到没有手机的时代，而剩下的63%的人则满足于现在的生活。

(3) A 最近你读了什么有意思的书吗？
B 这本书介绍了一则唤醒灵魂的故事，很有意思。
• 唤醒 huànxǐng 图 깨우다 | 灵魂 línghún 图 영혼

▶ 为……所……

(1) 这个老师关心、爱护学生，因此为学生所爱戴。
• 爱戴 àidài 图 우러러 모시다

(2) 在这座小城，她是为人们所熟知的"老人的天使"，因为她把这里的每一位老人都当成家人来照顾。
• 天使 tiānshǐ 图 천사

(3) A 你知道梅西这个人吗？
B 当然知道，因为他足球踢得特别精彩，因此为全世界球迷所喜爱。

▶ 동사+起

(1) 他拉起我的手，对我访问他的公司表示欢迎。
• 访问 fǎngwèn 图 방문하다

(2) 我们两国建立起友好的关系。

(3) 这是我们自己家的事，应该我们负起责任。

단어비교하기

	通常	常常
(1)	√	X
(2)	√	X
(3)	X	√

실력다지기

1 (1) 具备 (2) 日常 (3) 浓
(4) 广泛 (5) 组合 (6) 矛盾

2 (1) A (2) B (3) A (4) B

3 (1) 接待―客人，创造―条件，组成―家庭
(2) 充分的―准备，广泛的―兴趣，
幸福的―日子，固定的―样式

실력향상 플러스

　　我去北京第一次看到故宫的时候，
为眼前的庞大建筑群所惊呆了。我从
来没有看到规模那么大的建筑。故宫
以前称为"紫禁城"，因为它位于中
天的紫微星，而且皇宫戒备森严，又
是禁地，所以称为紫禁城。通过这个
建筑，我了解到了明清时期的历史和
风俗习惯。

베이징에 가서 처음 고궁을 봤을 때 눈앞의 방대한 건축물들에 놀라서 어리둥절해졌습니다. 저는 여태껏 규모가 그렇게 큰 건축물을 본 적이 없었습니다. 고궁은 예전에 '자금성' 이라고 불렸는데, 자금성은 하늘 한복판의 북극성 위치에 있

고, 황궁의 경비가 삼엄하며 금지 구역이었기 때문에 자금성이라고 불렸습니다. 이 건축물을 통해 저는 명청 시기의 역사와 풍속 습관을 이해하게 되었습니다.

故宫 Gùgōng [고유] 고궁 | 庞大 pángdà [형] 방대하다 | 惊呆 jīngdāi 놀라 어리둥절하다 | 紫禁城 Zǐjìnchéng [고유] 자금성 [고궁의 옛 이름] | 紫微星 zǐwēixīng 북극성 | 皇宫 huánggōng [명] 황궁 | 戒备 jièbèi [동] 경비하다 | 森严 sēnyán [형] 삼엄하다

15 纸上谈兵

미리보기

2 명사: 兵书, 敌人, 军队, 阵地
  동사: 作战, 进攻

연습해보기

▶ 过
(1) 李阳受过专业训练, <u>这方面的知识你比不过他</u>。
(2) 老张尽管是五十多岁的人了, 可干起活儿来, <u>又快又好, 在工作方面, 我们公司谁都比不过他</u>。
(3) A <u>妹妹总是要抢我的玩具, 抢不过就哭, 还咬我</u>。
   B 你是哥哥, 妹妹还小, 不懂事, 你得让着她点儿。

▶ 迟早
(1) 王教练可严格了, 你这种不认真的态度<u>迟早会被他批评的</u>。
(2) A 你说刘方为什么就不能原谅我呢?
   B 你别难过, <u>等他消气了, 迟早会原谅你的</u>。
   • 消气 xiāoqì [동] 화를 풀다
(3) A 怎么, 签证被拒签的事你还没告诉她吗?
   B <u>是, 我不说也她迟早会知道的</u>。
   • 拒签 jùqiān [동] 비자 발급을 거부하다

▶ 再三
(1) <u>女儿再三央求去游乐园</u>, 他只好答应周末带她去玩儿。
   • 央求 yāngqiú [동] 조르다, 애원하다

(2) <u>她意识到问题的严重性, 考虑再三, 决定自己亲自跑一趟</u>。
(3) A <u>这么有名的大专家居然也让你们校长请来了?</u>
   B <u>是, 听说那位专家再三邀请, 我们校长被他的诚意感动了, 才决定去的</u>。

단어비교하기 체크체크

	胜利	成功
(1)	√	X
(2)	X	√
(3)	X	√

실력다지기

1 (1) 阻止 (2) 宝贵 (3) 善于
  (4) 糊涂 (5) 挑战 (6) 独立

2 (1) A (2) B (3) B (4) A

3 (1) 下一命令, 具备一资格, 阻止一战争
  (2) 有效的一方案, 糊涂的一经理, 宝贵的一时间, 严重的一形势

실력향상 플러스+

赵	括	虽	然	很	了	解	兵	书	理	论	,	但	没
能	把	理	论	联	系	到	实	际	,	结	果	造	成	数	十
万	赵	军	全	部	被	杀	。	在	我	们	的	生	活	中	也
容	易	发	现	类	似	的	事	情	,	比	如	在	学	校	死
记	硬	背	的	知	识	不	能	解	决	实	际	问	题	。	从
赵	括	之	死	我	们	可	以	知	道	,	不	要	空	谈	理
论	,	要	懂	得	把	理	论	灵	活	地	运	用	到	实	际
情	况	。

조괄은 비록 병서의 이론에 능했지만, 이론과 실제를 연결하지 못해서 결국 수십만의 조나라 군사를 죽음에 이르게 했습니다. 우리의 생활에서도 비슷한 일을 쉽게 발견할 수 있는데, 예를 들어 우리는 학교에서 무턱대고 외운 지식들로 실제 문제를 해결할 수 없습니다. 조괄의 죽음으로부터 우리가 알 수 있는 것은 공허하게 말로만 이론을 이야기하지 말고, 이론을 유연하게 실제 상황에 응용할 줄 알아야 한다는 것입니다.

死记硬背 sǐjì-yìngbèi 무턱대고 외우고 기계적으로 암송하다

16 体重与节食

미리보기

1 节食，程，体重，减少，苗条

2 现在的减肥方法五花八门。比如单一饮食减肥法，隔天进食减肥法等等。但无数的减肥方法中最有效的应该是坚持锻炼和养成正确的饮食习惯。减肥不可能短时间内成功，只有耐心地坚持下去才能成功。

五花八门 wǔhuā-bāmén 다양하다 | 隔天 gé tiān 하루를 거르다 | 进食 jìnshí 동 식사를 하다 | 遵守 zūnshǒu 동 준수하다

연습해보기

▶即

(1) 他可聪明了，什么东西一学即会。

(2) 汉字"宇"代表上下四方，意思即是所有的空间。

(3) 在鸟爸爸、鸟妈妈的精心照顾下，小鸟30~35天即可独立生活。

▶个别

(1) 旅行团里有几个小朋友，导游对个别孩子解释了安全常识。

(2) A 装修用的材料都准备好了吗？
    B 放心吧，除了个别的材料，基本上都准备好了。

(3) A 看课文时你有没有遇到不懂的地方或不认识的汉字？
    B 除了个别的汉字以外，我都看得懂。

▶非

(1) 世界上并非只有人类才会骗人，动物也会。

(2) 门口的牌子上写着：非工作人员请勿入内。

(3) 听说你住院了，他非要来看看你不可。

단어비교하기 체크체크

	临时	暂时
(1)	X	√
(2)	X	√
(3)	X	√

실력다지기

1 (1) 参与   (2) 达到   (3) 可靠
   (4) 总共   (5) 借口   (6) 采取

2 (1) A   (2) A   (3) B   (4) A

3 (1) 报道－新闻，采取－措施，分析－原因
   (2) 下降的－趋势，可靠的－报道，
       重大的－成果，表面的－现象

실력향상 플러스

　　我支持节食减肥的做法。一两天的节食有助于清肠胃，排除体内垃圾的。而且可以给身体休息的时间，恢复健康。但要注意，长时间进行节食必须要跟医生商量，且节食以后要养成按时吃饭、坚持锻炼的习惯，这样才能防止体重反弹现象，保持健康。

저는 다이어트로 살을 빼는 방법을 지지합니다. 하루 이틀의 다이어트는 위와 장을 깨끗하게 해주고, 체내의 쓰레기를 배출하는 데 도움이 됩니다. 게다가 몸이 휴식할 시간을 줌으로써 건강도 회복할 수 있습니다. 그러나 주의해야 할 것은 장시간 다이어트를 하는 것은 반드시 의사와 상의해야 하며, 다이어트 이후에는 제때 식사하고 꾸준히 운동하는 습관을 길러야 한다는 것입니다. 이렇게 해야 요요 현상을 방지하고 건강을 유지할 수 있습니다.

排除 páichú 동 제거하다 | 防止 fángzhǐ 동 방지하다 | 反弹现象 fǎntán xiànxiàng 요요 현상

17 在最美好的时刻离开

미리보기

1 (1) 服装，化妆，舞台美术
   (2) 开幕式，节目，主持

2 记得小时候奶奶常说"病从口入，祸从口出"。那时我还小，不懂奶奶为什么这么说。但长大后才发现，只有注意饮食才能保持健康，只有注意说话才能减少与别人产生矛盾。

祸 huò 명 화, 재앙

모범 답안 **263**

연습해보기

▶ 以

(1) A 你知道济南的泉水是怎么命名的?
B 知道，听说济南的泉水<u>以人、动物、形状命名的</u>。

(2) 这一个月来，我天天训练，<u>以参加下个月的马拉松比赛</u>。
- 马拉松 mǎlāsōng 명 마라톤

(3) 虽然他不回信，但我还是坚持给他写，<u>以让他接受我们报社的采访</u>。
- 采访 cǎifǎng 동 취재하다, 인터뷰하다

▶ 平常

(1) A 你觉得这本书怎么样?
B <u>内容平平常常，没有什么吸引人的部分</u>。

(2) <u>考试内容都是平常学习的内容的话</u>，考试前就不用这么紧张了。

(3) A <u>你平常怎么吃晚饭</u>?
B 我一般都是自己做饭吃。

▶ 宁可

(1) 我宁可花钱去餐厅吃，<u>也不想在小摊上随便吃</u>。
- 小摊 xiǎotān 작은 규모의 노점

(2) 为了把这篇文章写好，<u>我宁可辛苦几天，也不想应付了事</u>。
- 应付 yìngfù 동 대강하다, 그럭저럭 때우다

(3) A 这次旅行，你觉得我们是坐飞机去好还是坐火车去好?
B <u>我觉得咱们宁可花点儿时间，也要坐火车去。因为这样可以欣赏窗外的风景</u>。

단어 비교하기 (체크 체크)

	忽视	轻视
(1)	✓	✗
(2)	✗	✓
(3)	✗	✓

실력 다지기

1 (1) 体会 (2) 运用 (3) 集中
(4) 推荐 (5) 度过 (6) 争取

2 (1) B (2) B (3) A (4) B

3 (1) B (2) C (3) C (4) B

실력 향상 플러스 +

我曾经参加过中国朋友的婚礼。那时候大家都像来参加派对一样，玩得兴高采烈，真心为新郎新娘祝福。我觉得韩国大部分的婚礼全都是千篇一律，参加婚礼只是一种义务。我们应该记住，举行婚礼的意义不在于为了炫耀，而在于见证新人之间的爱情。

저는 중국 친구의 결혼식에 참석한 적이 있습니다. 그때 모두들 파티에 참석한 것처럼 매우 흥겹게 놀았고, 진심으로 신랑과 신부의 행복을 빌어주었습니다. 한국에서는 대부분의 결혼식이 천편일률적이고, 결혼식에 참석하는 것이 하나의 의무일 뿐이라는 생각이 듭니다. 우리는 결혼식의 의미가 과시하는 데 있는 것이 아니라, 신혼부부의 사랑을 증명하는 데 있다는 것을 반드시 기억해야 합니다.

派对 pàiduì 명 파티 | 兴高采烈 xìnggāo-cǎiliè 매우 흥겹다 | 千篇一律 qiānpiān-yílǜ 천편일률이다, 조금도 변화가 없다 | 义务 yìwù 명 의무 | 炫耀 xuànyào 동 자랑하다, 과시하다 | 见证 jiànzhèng 동 증명하다

18 抽象艺术美不美

미리보기

1 与抽象艺术相比，古典艺术描写得比较具体，比较清楚地了解描写的内容。但是抽象艺术的作品是好像随便洒上颜料而形成的，不容易了解描写了什么内容。

2 我最喜欢的艺术家是韩国抽象艺术的先行者"刘永国"。他将山、树木、路等周围自然描写为线条、面、色彩等抽象艺术。他的众多作品中《山》最为有名，体现了色彩的强烈对比和几何规则的结构。

先行者 xiānxíngzhě 명 선구자 | 刘永国 Liú Yǒngguó 고유 유영국 | 几何 jǐhé 명 기하학

연습해보기

▶ 极其

(1) 这个项目是我们用了三年时间才谈下来的，对我们来说这个项目极其重要。

(2) 考场上的气氛极其严肃，谁也不说话。
- 严肃 yánsù 엄숙하다, 근엄하다

(3) A 你知道孔子吗？
B 当然，他是一位极其著名的儒学家。
- 儒学家 rúxuéjiā 유학자

▶ 其余

(1) A 这些行李怎么拿？
B 你拿那个就行，其余的服务员都会帮我们拿。

(2) A 你看过哪些中国的传统体育表演？
B 我只看过武术表演，其余的都没看过。

(3) 你们几个负责新产品的宣传，其余人都负责产品的开发。

▶ 可见

(1) 连这么简单的题你都不会，可见你平时没有用功学习。

(2) A 你觉得周末的活动他会参加吗？
B 他最近一直很忙，连吃饭的时间都没有，可见他不会参加周末的活动。

(3) A 他精心照顾重病父母，可见他对父母多么孝顺。
B 是啊，我也觉得他很孝敬父母。

단어비교하기 체크체크

	目前	现在
(1)	√	√
(2)	√	√
(3)	X	√

실력 다지기

1 (1) 幅 (2) 调整 (3) 规则
(4) 业余 (5) 活跃 (6) 证据

2 (1) A (2) A, B (3) B (4) A

3 (1) B (2) C (3) C (4) A

실력향상 플러스＋

其实我对艺术领域了解得不多，不过一定要让我选一个的话，我会选择音乐。因为音乐是一种比较熟悉的、容易接触到的艺术形式。我比较喜欢古典音乐。听古典音乐不仅能缓解紧张的情绪，还有助于提高集中力。古典音乐可以说是我生活中不可缺少的一部分。

사실 저는 예술 영역에 대해 아는 게 많지 않습니다. 그러나 저에게 반드시 하나를 선택하라고 한다면 음악을 선택하겠습니다. 왜냐하면 음악은 비교적 익숙하고 쉽게 접할 수 있는 예술 형식이기 때문입니다. 저는 클래식 음악을 비교적 좋아합니다. 클래식 음악을 들으면 긴장된 기분을 완화시키고 집중력을 향상시키는 데 도움이 됩니다. 클래식 음악은 제 삶에 없어서는 안 될 부분이라고 할 수 있습니다.

缓解 huǎnjiě 图 완화되다, 풀어지다

단어 색인

HSK 5급 단어

단어	한어병음	뜻	단원

A
哎	āi	감 아, 에이 [놀람 혹은 불만을 나타냄]	07
唉	ài	감 아, 아이고 [탄식을 나타냄]	07
爱护	àihù	동 소중히 하다, 아끼다	01
安慰	ānwèi	동 위로하다	08
安装	ānzhuāng	동 설치하다	13
暗暗	àn'àn	부 몰래, 암암리에	01
熬夜	áo yè	동 밤을 새우다	06

B
摆	bǎi	동 놓다, 배열하다, 배치하다	07
傍晚	bàngwǎn	명 저녁 무렵, 해 질 녘	03
包括	bāokuò	동 포함하다	03
宝贝	bǎobèi	명 아기	12
保存	bǎocún	동 보존하다	09
宝贵	bǎoguì	형 소중하다, 귀하다	15
报道	bàodào	명 보도 동 보도하다	16
抱怨	bàoyuàn	동 원망하다	01
背	bēi	동 짊어지다, 매다	04
背景	bèijǐng	명 배경	12
被子	bèizi	명 이불	02
本领	běnlǐng	명 능력, 재능, 수완	04
彼此	bǐcǐ	대 피차, 서로	08
毕竟	bìjìng	부 마침내, 결국, 어찌 됐든	10
避免	bìmiǎn	동 피하다, 모면하다	11
必要	bìyào	형 필요하다	11
鞭炮	biānpào	명 폭죽	06
便	biàn	부 바로, 곧	07
辩论	biànlùn	동 논쟁하다, 토론하다	10
表达	biǎodá	동 나타내다, 표현하다	06
表面	biǎomiàn	명 표면	05
表明	biǎomíng	동 표명하다, 분명히 밝히다	16
表情	biǎoqíng	명 표정	08
表现	biǎoxiàn	동 나타내다, 보여주다 명 표현	09
播放	bōfàng	동 방송하다, 상영하다	10
脖子	bózi	명 목	10
不耐烦	bú nàifán	귀찮다, 성가시다, 못 참다	01
不要紧	búyàojǐn	형 괜찮다, 대수롭지 않다	07
布	bù	명 천	18
不得了	bùdéliǎo	형 매우 심하다	02
不足	bùzú	형 부족하다 동 만족시키지 못하다	08

C
财产	cáichǎn	명 재산	08
踩	cǎi	동 밟다	13
彩虹	cǎihóng	명 무지개	03
采取	cǎiqǔ	동 취하다, 채택하다	16
采用	cǎiyòng	동 채택하다, 사용하다	11
参与	cānyù	동 참여하다	16
惭愧	cánkuì	형 부끄럽다, 창피하다	04
操场	cāochǎng	명 운동장	10
曾经	céngjīng	부 일찍이	09
插	chā	동 끼우다, 꽂다	10
差距	chājù	명 거리, 간격	10
差异	chāyì	명 차이	16
产品	chǎnpǐn	명 상품, 제품	11
产生	chǎnshēng	동 생기다, 낳다	05
长途	chángtú	형 장거리	02
吵	chǎo	동 시끄럽게 하다 형 시끄럽다	01
吵架	chǎo jià	동 말다툼하다, 싸우다	01
称	chēng	동 ~라고 부르다, 일컫다	07
称	chēng	동 (무게를) 재다	16
程度	chéngdù	명 정도	12
成果	chéngguǒ	명 성과	16
成就	chéngjiù	명 성취, 업적	04
成熟	chéngshú	동 성숙해지다, 무르익다 형 성숙하다	10
成语	chéngyǔ	명 성어	07
诚恳	chéngkěn	형 진실하다, 간절하다	04
吃亏	chī kuī	동 손해를 보다	08
持续	chíxù	동 지속하다, 계속 유지하다	11
迟早	chízǎo	부 조만간, 머지않아	15
冲	chōng	동 솟구치다, 돌진하다	05
充分	chōngfèn	형 충분하다	14
充满	chōngmǎn	동 충만하다, 가득하다	05
重复	chóngfù	동 중복하다, 반복하다	13
宠物	chǒngwù	명 애완동물	08
抽象	chōuxiàng	형 추상적이다 동 공통적이고 본질적인 속성을 이끌어내다	18
丑(陋)	chǒu(lòu)	형 추악하다	18
出自	chūzì	동 ~에서 나오다	18
除夕	chúxī	명 섣달그믐, 제석 [음력으로 한 해의 마지막 날]	06

传说	chuánshuō	명 전설	05
传统	chuántǒng	명 전통 형 전통적이다	11
窗帘	chuānglián	명 커튼	11
创造	chuàngzào	동 창조하다, 새롭게 만들다	09
词汇	cíhuì	명 어휘	08
辞职	cí zhí	동 직장을 그만두다, 사직하다	03
此外	cǐwài	접 그 밖에, 이외에	06
从而	cóng'ér	접 따라서, 그리하여	05
从前	cóngqián	명 이전, 옛날	04
催	cuī	동 재촉하다, 다그치다	01
存在	cúnzài	동 존재하다	16
措施	cuòshī	명 조치	16

D

达到	dá dào	동 도달하다	16
打工	dǎ gōng	동 (임시로) 일하다	02
打交道	dǎ jiāodào	~와 인사하다, 교류하다	14
打听	dǎting	동 알아보다, 탐문하다	04
大方	dàfang	형 대범하다	09
大象	dàxiàng	명 코끼리	07
呆	dāi	형 멍청하다, 둔하다 동 머무르다, 하는 일 없이 빈둥거리다	13
代表	dàibiǎo	명 대표 동 대표하다	14
代替	dàitì	동 대신하다	06
待遇	dàiyù	명 대우, 급여와 복지	03
胆小鬼	dǎnxiǎoguǐ	명 겁쟁이	15
当地	dāngdì	명 현지	12
挡	dǎng	동 막다, 막히다	05
导演	dǎoyǎn	명 감독, 연출자 동 연출하다	10
导致	dǎozhì	동 야기하다, 일으키다	11
倒	dào	부 오히려, 도리어	08
道理	dàolǐ	명 도리, 이치	15
等待	děngdài	동 기다리다	01
等于	děngyú	동 ~와 같다	17
敌(人)	dí(rén)	명 적	15
递	dì	동 건네다, 전해주다	01
地道	dìdao	형 정통의, 진짜의, 본고장의	09
地区	dìqū	명 지역	05
地位	dìwèi	명 지위	12
点心	diǎnxin	명 간식, 디저트	09
电台	diàntái	명 방송국	01
钓	diào	동 낚다, 낚시하다	03
顶	dǐng	동 무릅쓰다, 맞서다 명 꼭대기 양 모자, 우산 등을 세는 단위	04
冻	dòng	동 얼다, 매우 춥다	02
洞	dòng	명 구멍	10
逗	dòu	동 어르다, 달래다, 놀리다	12
独立	dúlì	동 독립하다	15
独特	dútè	형 독특하다	05
度过	dùguò	동 보내다, 지내다	17
断	duàn	동 끊다	02
对比	duìbǐ	동 대조하다, 비교하다	01
对方	duìfāng	명 상대방	08
蹲	dūn	동 쪼그리고 앉다, 웅크려 앉다	07
顿	dùn	양 번, 끼니 [식사 횟수를 셀 때 쓰는 단위]	03
多亏	duōkuī	동 ~덕분이다, 은혜를 입다	13
躲藏	duǒcáng	동 숨기다, 감추다	05

F

发愁	fā chóu	동 걱정하다	03
发达	fādá	형 발달하다	12
反而	fǎn'ér	부 오히려	04
反映	fǎnyìng	동 반영하다	05
反应	fǎnyìng	명 반응 동 반응하다	07
方	fāng	형 네모지다	14
方案	fāng'àn	명 방안, 계획	15
方式	fāngshì	명 방식	08
仿佛	fǎngfú	부 마치 ~인 듯하다 동 비슷하다	13
非	fēi	동 ~이 아니다 부 반드시	16
分别	fēnbié	부 각자, 따로 동 헤어지다 명 차이점	07
分布	fēnbù	동 분포하다	05
分析	fēnxī	동 분석하다	16
纷纷	fēnfēn	부 잇달아, 분분히 형 어수선하게 많다	06
疯	fēng	동 미치다, 실성하다	03
风俗	fēngsú	명 풍속, 풍습	06
讽刺	fěngcì	동 풍자하다	15
扶	fú	동 부축하다, 떠받치다	04
幅	fú	양 폭 [그림을 셀 때 쓰는 단위]	18
服装	fúzhuāng	명 복장, 의상	17

G

改进	gǎijìn	동 나아지다, 개선하다	10
感激	gǎnjī	동 감격하다, 감사하다	05
感受	gǎnshòu	동 느끼다 명 느낌, 감정	02
赶紧	gǎnjǐn	부 서둘러, 빨리	06
干活儿	gàn huór	동 일하다	03
高档	gāodàng	형 고급의, 고가의	09
高级	gāojí	형 고급의, 상급의	12
告别	gàobié	동 작별 인사를 하다	17
格外	géwài	부 매우	08
个别	gèbié	형 개개의, 개별적이다	16
个人	gèrén	명 개인	12
各自	gèzì	대 각자	03

단어 색인 **267**

根	gēn	양 개, 가닥 [가늘고 긴 것을 세는 단위] 명 뿌리, 근본	07
工程师	gōngchéngshī	명 엔지니어	13
工具	gōngjù	명 도구, 수단	13
工人	gōngrén	명 직원, 노동자	03
功能	gōngnéng	명 기능	14
公元	gōngyuán	명 서기	15
姑姑	gūgu	명 고모	02
姑娘	gūniang	명 아가씨, 처녀	06
古代	gǔdài	명 고대	04
古典	gǔdiǎn	형 고전적이다	18
骨(头)	gǔ(tou)	명 뼈	06
固定	gùdìng	형 고정적이다 동 고정시키다	08
官	guān	명 관리, 벼슬아치	04
关闭	guānbì	동 닫다	14
光临	guānglín	동 왕림하다, 방문하다	09
光线	guāngxiàn	명 빛, 광선	11
广大	guǎngdà	형 광대하다, 광활하다	05
广泛	guǎngfàn	형 광범위하다	14
规律	guīlǜ	명 규칙, 규율, 법칙 형 규칙적이다	11
规模	guīmó	명 규모	14
规则	guīzé	형 규칙적이다 명 규칙	18
锅	guō	명 솥	06
果然	guǒrán	부 과연, 정말로	06
果实	guǒshí	명 과실, 열매	08

H

哈	hā	의성 하하 [웃음 소리]	08
海鲜	hǎixiān	명 해산물	03
喊	hǎn	동 외치다, 부르다	01
行	háng	양 줄, 행	01
豪华	háohuá	형 호화롭다	09
好客	hàokè	동 손님 접대를 좋아하다	09
好奇	hàoqí	형 궁금해하다, 신기해하다, 호기심이 많다	13
何必	hébì	부 구태여 ~할 필요가 있는가 [반문의 어기를 나타냄]	13
何况	hékuàng	접 하물며	13
合作	hézuò	동 협력하다, 함께 일하다	12
恨	hèn	동 싫어하다	06
猴子	hóuzi	명 원숭이	08
后背	hòubèi	명 등 [신체 부위]	04
忽然	hūrán	부 갑자기, 홀연히	07
忽视	hūshì	동 소홀히 하다, 경시하다	17
呼吸	hūxī	동 호흡하다	11
壶	hú	명 주전자	05
胡说	húshuō	동 헛소리하다	07
胡同	hútòng	명 골목, 후통 [중국의 전통 골목]	09
糊涂	hútu	형 어리석다, 흐리멍덩하다	15
滑	huá	형 미끄럽다 동 미끄러지다	04
华裔	huáyì	명 화교	12
话题	huàtí	명 화제	18
慌(张)	huāng(zhāng)	형 당황하다, 허둥대다	11
挥	huī	동 휘두르다, 흔들다	18
灰尘	huīchén	명 먼지	02
婚礼	hūnlǐ	명 결혼식	17
婚姻	hūnyīn	명 결혼, 혼인	01
活跃	huóyuè	형 활동적이다 동 활기를 띠게 하다, 활성화하다	18
伙伴	huǒbàn	명 파트너	12
或许	huòxǔ	부 아마도	10

J

激烈	jīliè	형 격렬하다	13
机器	jīqì	명 기계	13
即	jí	동 즉 ~이다 부 곧, 바로	16
极其	jíqí	부 매우	18
集中	jízhōng	동 집중하다 형 집약되다	17
系	jì	동 묶다, 메다	10
纪念	jìniàn	동 기념하다	10
计算	jìsuàn	동 계산하다	11
记忆	jìyì	동 기억하다 명 기억	11
家庭	jiātíng	명 가정	08
甲	jiǎ	명 갑, 첫째	13
驾驶	jiàshǐ	동 운전하다, 조종하다	03
肩膀	jiānbǎng	명 어깨	01
坚决	jiānjué	형 단호하다, 결연하다	02
艰苦	jiānkǔ	형 고달프다, 힘들고 어렵다	10
建筑	jiànzhù	명 건축물, 빌딩	14
讲究	jiǎngjiu	동 중요시하다, 염두에 두다 형 정교하다, 꼼꼼하다	09
交际	jiāojì	명 교제, 사교	09
角度	jiǎodù	명 각도	05
接待	jiēdài	동 대접하다, 응대하다	14
结实	jiēshi	형 건실하다, 튼튼하다	04
结构	jiégòu	명 구조, 격식	08
结论	jiélùn	명 결론	07
节省	jiéshěng	동 아끼다, 절약하다	08
节食	jiéshí	동 다이어트하다	16
戒	jiè	동 끊다, 중단하다	09
借口	jièkǒu	명 구실, 변명 동 변명하다	16
金属	jīnshǔ	명 금속	07
近代	jìndài	명 근대 [1840년 아편전쟁부터 1919년 5.4운동까지의 기간]	09

尽力	jìn lì	동 온 힘을 다하다	07
精神	jīngshén	명 정신 형 활기차다	11
经营	jīngyíng	동 경영하다	12
救	jiù	동 구하다	05
舅舅	jiùjiu	명 외삼촌	02
居然	jūrán	부 뜻밖에, 의외로	01
具备	jùbèi	동 구비하다, 갖추다	14
绝对	juéduì	부 절대로 형 절대적이다	15
决心	juéxīn	명 결심 동 결심하다	04
军事	jūnshì	명 군사, 군사 관련 일	15

K

开发	kāifā	동 개발하다	12
开幕式	kāimùshì	명 개막식	17
靠	kào	동 기대다, 의지하다	01
颗	kē	양 알, 방울 [둥글고 작은 알맹이 모양과 같은 것을 세는 데 쓰는 단위]	08
可见	kějiàn	접 ~라는 것을 알 수 있다	18
可靠	kěkào	형 믿을만하다, 신뢰하다	16
空间	kōngjiān	명 공간	14

L

啦	la	조 조사 '了'와 '啊'가 합쳐진 발음으로 감탄, 의문을 나타냄	04
拦	lán	동 막다, 저지하다	10
烂	làn	형 썩다, 낡다, 뒤죽박죽이다	17
劳动	láodòng	명 노동 동 노동하다, 일하다	14
老百姓	lǎobǎixìng	명 백성	05
老婆	lǎopo	명 아내, 처	01
老实	lǎoshi	형 성실하다	04
姥姥	lǎolao	명 외할머니	02
雷	léi	명 천둥, 우레	03
类型	lèixíng	명 유형	16
离婚	lí hūn	동 이혼하다	01
理论	lǐlùn	명 이론	15
立即	lìjí	부 즉각, 즉시	16
立刻	lìkè	부 즉시, 바로	02
联合	liánhé	동 연합하다 형 연합의, 공동의	16
连忙	liánmáng	부 얼른, 재빨리, 즉시	13
连续	liánxù	동 연속하다, 계속하다	07
良好	liánghǎo	형 좋다, 양호하다	17
粮食	liángshi	명 곡물, 곡식, 양식	08
亮	liàng	형 밝다 동 (빛을) 밝히다, 환하다	02
临	lín	개 곧 ~하려고 하다, ~할 때가 되다 동 가깝다, 인접하다	02
临时	línshí	부 임시로 형 임시적이다	16
铃	líng	명 벨, 방울	11

灵活	línghuó	형 융통성이 있다, 유연하다	15
领导	lǐngdǎo	명 리더, 지도자	12
令	lìng	동 ~하게 하다	14
流传	liúchuán	동 전해지다	04
流泪	liú lèi	동 눈물을 흘리다	02
龙	lóng	명 용	05
漏	lòu	동 (구멍이나 틈으로) 새다, 빠지다	03
陆地	lùdì	명 육지	03
轮流	lúnliú	동 교대로 하다, 돌아가면서 하다	03

M

骂	mà	동 욕하다	15
馒头	mántou	명 소가 없는 찐빵	08
满足	mǎnzú	동 만족하다	04
毛病	máobìng	명 단점, 약점	15
矛盾	máodùn	명 갈등, 모순 형 갈등하다	14
美术	měishù	명 미술	17
魅力	mèilì	명 매력	17
苗条	miáotiao	형 날씬하다	16
描写	miáoxiě	동 묘사하다	05
明显	míngxiǎn	형 명확하다, 분명하다	16
明星	míngxīng	명 스타, 유명 연예인	12
命令	mìnglìng	동 명령하다 명 명령	15
摸	mō	동 만지다	07
模仿	mófǎng	동 모방하다, 따라하다	11
目前	mùqián	명 현재	18

N

哪怕	nǎpà	접 설령 ~일지라도	18
脑袋	nǎodai	명 머리	01
闹钟	nàozhōng	명 알람 시계, 자명종	11
宁可	nìngkě	부 차라리 ~하는 것이 낫다	17
浓	nóng	형 진하다	14
农村	nóngcūn	명 농촌	02
农民	nóngmín	명 농민	04
女士	nǚshì	명 여사, 숙녀, 부인	01

P

拍	pāi	동 (사진, 영화를) 찍다, 촬영하다	10
派	pài	동 보내다, 파견하다	15
派	pài	명 파벌	18
盼望	pànwàng	동 고대하다, 희망하다	03
盆(子)	pén(zi)	명 대야, 화분	06
碰	pèng	동 부딪히다, 마주치다	05
匹	pǐ	양 필 [말을 세는 단위]	10
片面	piànmiàn	형 단편적이다, 편파적이다	07

단어 색인   **269**

飘	piāo	동 (바람에) 흩날리다, 나부끼다	02
平	píng	형 평평하다	07
平常	píngcháng	형 평범하다, 일반적이다 명 평소	17
平静	píngjìng	형 조용하다, 평화롭다	03
平均	píngjūn	형 평균적이다	09
评价	píngjià	동 평가하다 명 평가	17

Q

奇迹	qíjì	명 기적	10
其余	qíyú	대 나머지, 남은 것	18
启发	qǐfā	동 일깨우다, 깨우치다	13
企业	qǐyè	명 기업	12
气氛	qìfēn	명 분위기	13
签	qiān	동 사인하다	18
浅	qiǎn	형 옅다, 얕다	11
墙	qiáng	명 벽	07
强烈	qiángliè	형 강렬하다, 강력하다	02
抢	qiǎng	동 빼앗다, 강탈하다	05
悄悄	qiāoqiāo	부 몰래, 살그머니	02
瞧	qiáo	동 보다	13
亲切	qīnqiè	형 친근하다, 친절하다	14
亲自	qīnzì	부 직접, 몸소, 친히	09
勤奋	qínfèn	형 부지런하다, 열심히 하다	04
轻视	qīngshì	동 경시하다, 깔보다	15
情景	qíngjǐng	명 광경, 장면	08
情绪	qíngxù	명 기분, 정서	11
请求	qǐngqiú	동 요청하다, 부탁하다 명 요구, 부탁	10
球迷	qiúmí	명 (구기 운동의) 팬	13
趋势	qūshì	명 추세	16
去世	qùshì	동 세상을 뜨다	04
缺乏	quēfá	동 부족하다, 모자르다	13
确定	quèdìng	동 확정하다, 확실하게 하다	07
确认	quèrèn	동 확인하다	18
群	qún	양 무리, 단체	08

R

人才	réncái	명 인재	04
人类	rénlèi	명 인류	11
人民	rénmín	명 인민, 사람들	14
人生	rénshēng	명 인생	03
人员	rényuán	명 인원	16
日常	rìcháng	형 일상적이다	14
日子	rìzi	명 날, 나날	14
如何	rúhé	대 어떻게	01
如今	rújīn	명 요즘, 최근	05
弱	ruò	형 약하다	15

S

洒	sǎ	동 흩뿌리다	18
杀	shā	동 죽이다	06
晒	shài	동 햇빛을 쪼이다	02
闪电	shǎndiàn	명 번개	03
善良	shànliáng	형 착하다, 선량하다	05
善于	shànyú	동 ~에 능하다	07
扇子	shànzi	명 부채	07
伤害	shānghài	동 다치게 하다, 해치다	06
上当	shàng dàng	동 속다, 꾐에 빠지다	15
射(击)	shè(jī)	동 사격하다, 쏘다	06
设计	shèjì	동 설계하다, 계획하다 명 설계, 계획	18
摄影	shèyǐng	동 촬영하다	10
伸	shēn	동 (신체 일부를) 내밀다, 뻗다	01
身份	shēnfèn	명 신분	18
深刻	shēnkè	형 깊다, 강렬하다	17
神秘	shénmì	형 신비하다	18
升	shēng	동 올라가다	16
绳子	shéngzi	명 끈, 줄	07
胜利	shènglì	동 승리하다	15
诗	shī	명 시	05
失眠	shīmián	동 잠을 이루지 못하다	11
失去	shīqù	동 잃다, 잃어버리다	08
时代	shídài	명 시대	03
时刻	shíkè	명 시각 부 언제나, 항상	03
时期	shíqī	명 시기	04
时尚	shíshàng	명 패션, 유행	09
石头	shítou	명 돌, 바위	07
食物	shíwù	명 음식	04
实现	shíxiàn	동 실현하다, 달성하다	12
实验	shíyàn	동 실험하다 명 실험	11
始终	shǐzhōng	부 시종일관, 처음부터 끝까지	10
士兵	shìbīng	명 사병, 병사	07
市场	shìchǎng	명 시장	11
似的	shìde	조 ~와 같다, 비슷하다	06
事实	shìshí	명 사실	18
事物	shìwù	명 사물	17
首	shǒu	명 먼저, 처음	09
手指	shǒuzhǐ	명 손가락	01
蔬菜	shūcài	명 채소	08
舒适	shūshì	형 편안하다, 쾌적하다	03
数	shù	수 여러, 몇	11
甩	shuǎi	동 내던지다, 떨어뜨리다	04
说不定	shuōbudìng	부 아마도, 짐작컨대 동 확실하지 않다	06
说服	shuōfú	동 설득하다	10
似乎	sìhū	부 마치 ~인 것 같다	08

算	suàn	동 ~로 간주하다, ~인 셈 치다	09
随时	suíshí	부 언제든지, 수시로	03
随手	suíshǒu	부 아무렇게나, 잡히는 대로	18
碎	suì	동 깨지다, 부서지다 형 부스러져 있다	07
锁	suǒ	명 자물쇠 동 잠그다	02
所	suǒ	조 ~하는 바 [관형어로 쓰인 주술 구조에서 동사 앞에 놓여 관형어의 수식을 받는 중심어가 동사의 대상이 됨을 나타냄] 양 거주지나 기관을 세는 단위	11
所谓	suǒwèi	형 소위, 이른바	14

T

台阶	táijiē	명 계단	03
太太	tàitai	명 아내	03
逃	táo	동 도망가다	06
桃	táo	명 복숭아	13
淘气	táoqì	형 장난이 심하다 동 성가시게 하다	08
套	tào	양 벌, 세트	02
体会	tǐhuì	동 체득하다, 이해하다 명 체득, 이해	17
天真	tiānzhēn	형 천진난만하다, 순진하다	06
调皮	tiáopí	형 장난스럽다, 말썽을 피우다	08
调整	tiáozhěng	동 조정하다 명 조정	18
挑战	tiǎozhàn	동 도전하다 명 도전	15
通常	tōngcháng	부 통상적으로	14
投入	tóurù	동 투입하다, 넣다 명 투입, 투자 형 몰두하다	17
突出	tūchū	동 돋보이다, 두드러지다	09
推广	tuīguǎng	동 널리 보급하다, 일반화하다	12
推荐	tuījiàn	동 추천하다	17

W

外公	wàigōng	명 외할아버지	06
完整	wánzhěng	형 완벽하다, 완전하다	08
危害	wēihài	동 해를 끼치다, 위협하다	11
微笑	wēixiào	동 미소를 짓다 명 미소	02
为	wéi	동 ~으로 되다, ~으로 삼다	05
为	wéi	개 ~에 의하여 [주로 '所'와 함께 쓰임]	14
围绕	wéirào	동 ~을 둘러싸다, ~을 중심에 두다	10
尾巴	wěiba	명 꼬리	07
委屈	wěiqu	동 억울한 일을 당하게 하다 형 억울하다, 서럽다	04
胃	wèi	명 위 [신체 부위]	09
胃口	wèikǒu	명 입맛, 구미, 식욕	09
未来	wèilái	명 미래	03
位于	wèiyú	동 ~에 위치해 있다	09
位置	wèizhì	명 위치	18
温暖	wēnnuǎn	형 따뜻하다 동 따뜻하게 하다	02
文学	wénxué	명 문학	09
文字	wénzì	명 문자	05
稳定	wěndìng	형 안정적이다	03
卧室	wòshì	명 침실	02
屋子	wūzi	명 집	02
无奈	wúnài	동 어찌할 도리가 없다	06
勿	wù	부 ~하지 말아라	03
物质	wùzhì	명 물질	04

X

细节	xìjié	명 세부, 세부사항, 디테일	01
戏剧	xìjù	명 연극	17
瞎	xiā	동 눈이 멀다 부 함부로, 쓸데없이	07
吓	xià	동 놀라다	06
显得	xiǎnde	동 ~처럼 보이다	08
显示	xiǎnshì	동 보여주다, 나타내 보이다	10
县	xiàn	명 현 [중국 행정 구획 단위의 하나]	02
现代	xiàndài	명 현대 형 현대적이다	11
现实	xiànshí	명 현실	12
现象	xiànxiàng	명 현상	16
限制	xiànzhì	동 제한하다	08
相处	xiāngchǔ	동 함께 지내다, 함께 살다	08
相当	xiāngdāng	동 대등하다, 맞먹다 부 상당히	11
相对	xiāngduì	형 상대적이다	16
相关	xiāngguān	동 관련되다	12
享受	xiǎngshòu	동 누리다, 즐기다	11
想象	xiǎngxiàng	동 상상하다, 생각하다	02
项	xiàng	양 종목, 항목, 조항	01
项目	xiàngmù	명 항목, 프로젝트	13
消费	xiāofèi	동 소비하다	08
销售	xiāoshòu	동 판매하다	12
孝顺	xiàoshùn	동 효도하다, 공경하다 형 효성스럽다	04
斜	xié	형 기울다, 비스듬하다, 비뚤다	05
写作	xiězuò	동 작문하다, 글을 쓰다	09
心理	xīnlǐ	명 심리, 기분	11
欣赏	xīnshǎng	동 감상하다	18
形成	xíngchéng	동 형성하다, 이루다	05
形容	xíngróng	동 형용하다, 묘사하다	09
形式	xíngshì	명 형식	14
形势	xíngshì	명 형세, 형국	15
形象	xíngxiàng	형 구체적이다, 생동감 있다	09
形状	xíngzhuàng	명 형태	05
行为	xíngwéi	명 행위	08
兄弟	xiōngdì	명 형제	10
叙述	xùshù	동 서술하다	01
宣传	xuānchuán	동 홍보하다, 광고하다	12

学问	xuéwen	명 학문, 지식	09
询问	xúnwèn	동 문의하다, 알아보다	06
寻找	xúnzhǎo	동 찾다, 구하다	07
训练	xùnliàn	동 훈련하다	13
迅速	xùnsù	형 신속하다, 빠르다	17

Y

牙齿	yáchǐ	명 치아, 이빨	07
样式	yàngshì	명 양식, 스타일	14
摇	yáo	동 흔들다	07
咬	yǎo	동 물다, 깨물다	06
要不	yàobu	접 아니면, 그렇지 않으면	08
夜	yè	명 밤	02
业务	yèwù	명 업무, 사업	12
业余	yèyú	형 여가의, 아마추어의	18
依然	yīrán	부 여전히	17
一辈子	yíbèizi	명 한평생	02
一再	yízài	부 수차, 거듭, 반복하여	13
移动	yídòng	동 움직이다, 이동하다	12
移民	yímín	명 이민자, 이주민	12
乙	yǐ	명 을, 둘째	13
以	yǐ	개 ~을 가지고 접 ~을 위해	17
以及	yǐjí	접 및, 그리고	12
以来	yǐlái	명 ~이래로	02
亿	yì	수 억	05
意外	yìwài	형 의외이다, 뜻밖이다 명 뜻밖의 사고	16
意义	yìyì	명 의의, 의미	06
因而	yīn'ér	접 그리하여	14
银(子)	yín(zi)	명 은, 은화	04
英俊	yīngjùn	형 재능이 출중하다, 준수하다	06
英雄	yīngxióng	명 영웅	06
营养	yíngyǎng	명 영양	16
影子	yǐngzi	명 그림자	06
硬	yìng	형 딱딱하다	07
应用	yìngyòng	동 응용하다 명 애플리케이션	12
拥抱	yōngbào	동 포옹하다, 껴안다	03
用途	yòngtú	명 용도	11
悠久	yōujiǔ	형 유구하다	05
优美	yōuměi	형 우아하고 아름답다	05
幼儿园	yòu'éryuán	명 유치원	13
愿望	yuànwàng	명 소망, 희망	11
晕	yūn	동 기절하다, 까무러치다	05
运用	yùnyòng	동 운용하다, 활용하다	17

Z

灾害	zāihài	명 재해	06
再三	zàisān	부 재차, 거듭	15
赞美	zànměi	동 찬미하다, 칭송하다	05
糟糕	zāogāo	형 엉망이다	17
造成	zàochéng	동 조성하다, 야기하다	13
则	zé	양 편, 토막 [뉴스나 글을 셀 때 쓰는 단위]	07
则	zé	접 오히려, 그러나 [대비나 역접을 나타냄]	14
占	zhàn	동 점유하다, 차지하다	04
战争	zhànzhēng	명 전쟁	04
长辈	zhǎngbèi	명 (가족·친척 중의) 손윗사람, 연장자	14
招待	zhāodài	동 접대하다, 초대하다	09
着火	zháo huǒ	동 불이 나다	03
召开	zhàokāi	동 소집하다, 열다	12
哲学	zhéxué	명 철학	08
针对	zhēnduì	동 ~을 겨냥하다	12
阵	zhèn	양 차례, 바탕	02
争论	zhēnglùn	동 논쟁하다	10
争取	zhēngqǔ	동 쟁취하다, 노력하여 얻어내다	17
整个	zhěnggè	형 전체의, 모든	06
整体	zhěngtǐ	명 전체	08
挣	zhèng	동 (돈을) 벌다	02
证据	zhèngjù	명 증거	18
支	zhī	양 자루, 개피 [가늘고 긴 것을 세는 단위]	07
智慧	zhìhuì	명 지혜	07
至今	zhìjīn	부 지금까지	04
治(疗)	zhì(liáo)	동 치유하다, 치료하다	05
志愿者	zhìyuànzhě	명 지원자	16
制造	zhìzào	동 제조하다, 만들다	06
中心	zhōngxīn	명 센터, 중심	12
重大	zhòngdà	형 중대하다	10
猪	zhū	명 돼지	08
逐渐	zhújiàn	부 점차, 점점	10
竹子	zhúzi	명 대나무	14
主持	zhǔchí	동 책임지고 진행하다, 주관하다 명 진행자, 사회자	17
主动	zhǔdòng	형 주동적이다	15
主人	zhǔrén	명 주인	04
注册	zhùcè	동 가입하다, 등록하다	12
专家	zhuānjiā	명 전문가	11
装	zhuāng	동 담다, 채워 넣다	13
装修	zhuāngxiū	동 실내 장식이나 집 내부 공사를 하다	02
撞	zhuàng	동 부딪히다	03
状态	zhuàngtài	명 상태	11
追	zhuī	동 쫓다	06
资格	zīgé	명 자격	15
资料	zīliào	명 자료	09
姿势	zīshì	명 자세	07
自由	zìyóu	명 자유 형 자유롭다	18

综合	zōnghé	동 종합하다	08
总裁	zǒngcái	명 총재, 회장	12
总共	zǒnggòng	부 모두, 전부, 합쳐서	16
组	zǔ	명 조, 그룹 양 조, 세트	18
组成	zǔchéng	동 구성하다, 구성되다	14
组合	zǔhé	동 조합하다, 구성하다 명 조합	14
阻止	zǔzhǐ	동 저지하다, 가로막다	15
醉	zuì	동 (술에) 취하다	02
作品	zuòpǐn	명 (문학, 예술 부분의) 작품	18
作为	zuòwéi	동 ~으로 하다, ~으로 여기다 개 ~의 신분·자격으로서	09

고유 명사

| 단어 | 한어병음 | 뜻 | 단원 |

A
| 澳大利亚 | Àodàlìyà | 오스트레일리아 | 03 |

B
巴黎	Bālí	파리 [프랑스의 수도]	10
鲍全	Bào Quán	바오취안 [인명]	05
趵突泉	Bàotūquán	바오투취안 [지난에 있는 샘 이름]	05

C
菜市口	Càishìkǒu	차이스커우 [베이징의 지명]	09
楚国	Chǔguó	초나라	04
春秋	Chūnqiū	춘추 시기 [B.C.770~B.C.476]	04

D
丹尼尔·卡内曼	Dānní'ěr Kǎnèimàn	대니얼 카너먼 [이스라엘의 심리학자 겸 경제학자, 노벨 경제학상 수상자]	17
稻香村	Dàoxiāngcūn	따오시앙춘 제과점	09
东海龙王	Dōnghǎi Lóngwáng	동해 용왕	05

F
| 峰终定律 | Fēngzhōng Dìnglǜ | 피크엔드 법칙 [Peak-End Rule] | 17 |

G
| 广和居 | Guǎnghéjū | 광허쥐 음식점 | 09 |
| 广州 | Guǎngzhōu | 광저우 [중국의 도시명] | 12 |

H
| 华北 | Huáběi | 화베이 [중국의 화북 지역] | 14 |

J
| 济南 | Jǐ'nán | 지난 [중국의 도시명] | 05 |
| 加利福尼亚州 | Jiālìfúníyà Zhōu | 캘리포니아주 | 10 |

K
| 科恩 | Kē'ēn | 코헨 [인명] | 10 |
| 孔子 | Kǒngzǐ | 공자 [중국 고대 유학자] | 04 |

L
李广	Lǐ Guǎng	리광 [?~B.C.119]	07
廉颇	Lián Pō	염파 [조나라 장군]	15
刘炽平	Liú Chìpíng	리우츠핑 [텐센트 회장]	12
卢米埃尔	Lúmǐ'āi'ěr	뤼미에르 [인명]	10
鲁迅	Lǔ Xùn	루쉰 [1881년~1936년, 중국의 문학가 겸 사상가]	09

M
马萨诸塞州	Mǎsàzhūsài Zhōu	매사추세츠주	13
麦布里奇	Màibùlǐqí	마이브리지 [인명]	10
梅西	Méixī	리오넬 메시 [유명 축구 선수]	12
民国	Mínguó	중화민국 ['中华民国'의 준말, 1912년~1949년]	09

N
| 呐喊 | Nàhǎn | 『외침』 [루쉰의 작품명] | 09 |
| 诺贝尔奖 | Nuòbèi'ěr Jiǎng | 노벨상 | 17 |

P
| 彷徨 | Pánghuáng | 『방황』 [루쉰의 작품명] | 09 |

Q
| 七郎 | Qīláng | 치랑 [인명] | 06 |
| 秦国 | Qínguó | 진나라 | 15 |

S
| 舜 | Shùn | 순 [중국 전설에 등장하는 제왕 이름] | 05 |
| 斯坦福 | Sītǎnfú | 스탠포드 [인명] | 10 |

단어	한어병음	뜻	단원	급수
T				
腾讯	Téngxùn	텐센트 [중국의 통신 회사]	12	
W				
微信	Wēixìn	웨이신 [텐센트의 메신저 애플리케이션]	12	
X				
夕	Xī	석 [중국 전설에 등장하는 괴물의 이름]	06	
西汉	Xīhàn	서한 시기 [B.C.206~A.D.25]	07	
新西兰	Xīnxīlán	뉴질랜드	03	
Y				
扬雄	Yáng Xióng	양시옹 [B.C.53~A.D.18, 중국의 철학가]	07	
郁达夫	Yù Dáfū	위다푸 [1896년~1945년, 중국의 소설가]	09	
Z				
翟峰	Zhái Fēng	자이펑 [인명]	03	
詹姆士·奈史密斯	Zhānmǔshì Nàishǐmìsī	제임스 네이스미스 [농구를 창시한 체육학 교수]	13	
战国	Zhànguó	전국 시기 [B.C.475~ B.C.221]	15	
张小龙	Zhāng Xiǎolóng	장샤오롱 [텐센트 부회장]	12	
赵国	Zhàoguó	조나라	15	
赵括	Zhào Kuò	조괄 [조사의 아들]	15	
赵奢	Zhào Shē	조사 [조나라 장군]	15	
子路	Zǐlù	자로 [중국 고대 유학자, 공자의 제자]	04	

HSK 5급 외 단어

단어	한어병음	뜻	단원	급수
A				
暗下	ànxià	몡 살그머니, 가만히	04	–
B				
半夜	bànyè	몡 심야, 한밤중	01	–
奔跑	bēnpǎo	동 달리다, 뛰다	10	–
闭幕式	bìmùshì	몡 폐막식	17	–
标明	biāomíng	동 명시하다, 명기하다	18	–
兵书	bīngshū	몡 병서	15	–
并列	bìngliè	동 병렬하다	14	6급
波动	bōdòng	동 오르내리다, 기복이 있다	16	–
补偿	bǔcháng	동 보상하다, 보충하다	16	6급
布局	bùjú	몡 배치, 구조	18	6급
不行	bùxíng	동 '得' 뒤에 보어로 쓰여 정도가 매우 심함을 나타냄	04	–
C				
称霸	chēngbà	동 제패하다, 패권을 장악하다	12	–
除	chú	동 제거하다, 없애다	06	6급
串	chuàn	양 꾸러미, 뭉치	02	6급
创新	chuàngxīn	동 창조하다	12	6급
D				
打动	dǎdòng	동 마음을 움직이다, 감동시키다	07	–
打猎	dǎ liè	동 사냥하다	07	6급
代言	dàiyán	동 대신 말하다, 광고 모델을 하다	12	–
道具	dàojù	몡 도구	17	–
低落	dīluò	형 우울하다, 저하되다	11	–
底气	dǐqì	몡 저력, 힘, 의욕	12	–
地势	dìshì	몡 지세	05	6급
颠球	diān qiú	트래핑 하다 [신체 부위를 사용해 공을 떨어뜨리지 않고 공중에서 가볍게 차는 축구의 한 동작]	12	–
调(动)	diào(dòng)	동 옮기다, 이동하다	15	6급
叮	dīng	동 (모기 등이) 물다, 쏘다	01	–
断断续续	duànduàn xùxù	동 끊어졌다 이어졌다 하다	13	–
E				
恩爱	ēn'ài	형 (부부간의) 금슬이 좋다, 애정이 깊다	01	–
二手	èrshǒu	형 중고의	03	–
F				
帆船	fānchuán	몡 범선, 요트	03	–
放纵	fàngzòng	동 내버려두다, 방임하다	16	–
分辨	fēnbiàn	동 분별하다, 구분하다	18	6급
封闭	fēngbì	동 봉하다, 폐쇄하다	14	6급
副	fù	형 제2의, 보조의, 차등의	12	6급
覆盖	fùgài	동 가리다, 덮다	12	6급
G				
杆	gān	몡 막대, 자루	07	–
高峰	gāofēng	몡 절정, 피크	17	6급

各执一词	gèzhí-yìcí	각자 자기의 의견을 주장하고 양보하지 않다	10	–
跟踪	gēnzōng	동 추적하다	16	6급
瓜果	guāguǒ	명 과일	08	–
怪物	guàiwu	명 괴물	06	–
棍	gùn	명 막대기	10	–
国君	guójūn	명 군주, 국왕	04	–
过渡	guòdù	동 넘다, 건너다	11	6급

H

海里	hǎilǐ	양 해리	03	–
含意	hányì	명 숨은 뜻, 함의	18	–
行家	hángjia	명 전문가	09	–
航行	hángxíng	동 항해하다	03	6급
黑猩猩	hēixīngxing	명 침팬지	18	–
呼朋唤友	hūpéng-huànyǒu	친구들을 초대하여 즐거운 시간을 보내다	09	–
户	hù	양 집, 가정, 세대	06	–
化妆	huàzhuāng	동 화장하다	17	6급
患难与共	huànnàn-yǔgòng	어려움과 고난을 함께 겪다	01	–
火成岩	huǒchéngyán	명 화성암	05	–

J

击	jī	동 공격하다, 치다	03	–
积蓄	jīxù	명 저축 동 저축하다, 축적하다	03	–
机制	jīzhì	명 메커니즘, 구조	11	–
记载	jìzǎi	동 기재하다, 기록하다	05	6급
箭	jiàn	명 화살	06	–
渐渐	jiànjiàn	부 점차, 점점	06	–
见解	jiànjiě	명 견해, 의견	09	6급
将军	jiāngjūn	명 장군	07	6급
交加	jiāojiā	동 동시에 가해지다, 한꺼번에 닥치다	03	–
结局	jiéjú	명 결말, 결국	17	6급
结尾	jiéwěi	명 결말, 최종 단계	17	–
金鱼	jīnyú	명 금붕어	14	–
进攻	jìngōng	동 공격하다	15	6급
精诚所至, 金石为开	jīngchéng suǒzhì, jīnshí wéikāi	정성이 지극하면 금이나 돌도 쪼개진다, 지성이면 감천이다	07	–
景象	jǐngxiàng	명 상태, 광경, 모습	02	–
静物	jìngwù	명 정물	18	–
就餐	jiùcān	동 식사하다	16	–
举止	jǔzhǐ	명 행동거지, 거동	08	–
锯	jù	동 톱질하다, 썰다	13	–
锯子	jùzi	명 톱	13	–
剧情	jùqíng	명 줄거리, 스토리	17	–

军队	jūnduì	명 군대	15	6급

K

开展	kāizhǎn	동 넓히다, 전개하다	12	6급
快门	kuàimén	명 카메라의 셔터	10	–
筐	kuāng	명 바구니	13	6급
困扰	kùnrǎo	동 괴롭히다	13	–

L

栏杆	lángān	명 난간	13	–
冷清	lěngqing	형 썰렁하다, 적막하다	02	–
淋漓尽致	línlí-jìnzhì	남김없이 다 드러내다	17	–
轮	lún	동 차례가 되다, 순번이 되다	01	–

M

埋	mái	동 묻다, 파묻다	05	–
盲目	mángmù	형 맹목적이다	15	6급
盲人	mángrén	명 맹인	07	–
美德	měidé	명 미덕	04	–
蒙眬	ménglóng	형 몽롱하다, 흐리멍덩하다	09	–
迷	mí	동 빠지다, 심취하다, 탐닉하다	03	–
民居	mínjū	명 민가	14	–
明明	míngmíng	부 분명히	09	6급
命名	mìng míng	동 이름을 짓다, 명명하다	05	6급
模式	móshì	명 모델, 패턴	16	6급

N

纳入	nàrù	동 포함시키다, 받아 넣다	16	–
年夜饭	niányèfàn	명 섣달그믐날 밤에 온 가족이 함께 먹는 밥, 제야 음식	06	–
农历	nónglì	명 음력	06	6급

P

评委	píngwěi	명 심사위원	01	–
扑	pū	동 몰려오다, 돌진하다	02	6급
铺	pū	동 깔다	02	6급

Q

起步	qǐbù	동 가기 시작하다, 앞으로 나아가다	12	–
起居	qǐjū	명 일상생활	14	–
气息	qìxī	명 호흡, 숨결	02	–
勤快	qínkuai	형 부지런하다, 근면하다	04	–
青蛙	qīngwā	명 개구리	10	–
清晰	qīngxī	형 분명하다, 뚜렷하다	16	6급

清醒	qīngxǐng	형 분명하다 동 정신이 들다	11	6급
情趣	qíngqù	명 정취, 즐거움	14	–
区域	qūyù	명 구역, 지역	18	6급
全神贯注	quánshén-guànzhù	온 정신을 집중시키다	07	–

R

任命	rènmìng	동 임명하다	15	6급
柔和	róuhé	형 온화하다, 부드럽다	11	6급
入围	rùwéi	동 선발을 통해 순위권에 들다	01	–

S

散布	sànbù	동 퍼뜨리다, 흩어지다	15	6급
上线	shàng xiàn	동 (영상이) 인터넷에 올라가다, 방영되다	12	–
设定	shèdìng	동 설정하다	11	–
摄入	shèrù	동 섭취하다	16	–
摄影师	shèyǐngshī	명 사진사, 촬영 기사	10	–
肾上腺素	shènshàng xiànsù	명 아드레날린	11	–
生物	shēngwù	명 생물, 생물학	11	6급
生物钟	shēngwùzhōng	명 체내 시계, 생체 리듬	11	–
石灰岩	shíhuīyán	명 석회암	05	–
试验	shìyàn	명 실험 동 실험하다	10	6급
守	shǒu	동 지키다, 수호하다	15	–
守岁	shǒusuì	동 섣달그믐날 밤을 새우다	06	–
手笔	shǒubǐ	명 일하는 품, 돈 씀씀이	12	–
睡眠	shuìmián	명 수면 동 잠자다	11	–
顺畅	shùnchàng	형 순조롭다, 막힘이 없다	13	–
瞬间	shùnjiān	명 순간, 찰나	10	6급
思维	sīwéi	명 사유, 생각 동 생각하다	13	6급
四合院	sìhéyuàn	명 쓰허위안 [베이징의 전통 주택 양식]	14	–
松口	sōng kǒu	동 물고 있던 것을 놓다	06	–
艘	sōu	양 척 [배를 셀 때 쓰는 단위]	03	6급

T

瘫痪	tānhuàn	동 마비가 되다	01	6급
弹	tán	동 튕기다, 발사하다, 쏘다	13	–
梯子	tīzi	명 사다리	13	–
蹄(子)	tí(zi)	명 발굽	10	–
体重	tǐzhòng	명 체중, 몸무게	16	–
替	tì	개 ~을 위해, ~때문에 동 대신하다	06	–
天然	tiānrán	형 천연의	05	–
通信	tōngxìn	동 통신하다	12	6급
投篮	tóu lán	동 던져 넣다, (농구에서) 슛하다	13	–

涂鸦	túyā	동 낙서하다	18	–
团圆	tuányuán	동 한자리에 모이다	04	6급
推动	tuī dòng	동 추진하다, 촉진하다	09	–

W

歪歪扭扭	wāiwāiniǔniǔ	형 비뚤비뚤하다	01	–
外卖	wàimài	명 배달 음식	09	–
晚辈	wǎnbèi	명 (가족·친척 중의) 손아랫사람, 후배	14	–
围	wéi	동 둘러싸다, 에워싸다	07	–
喂养	wèiyǎng	동 키우다, 양육하다, 사육하다	08	–
文学家	wénxuéjiā	명 문학가	09	–
蚊子	wénzi	명 모기	01	–

X

险情	xiǎnqíng	명 위험한 상황	03	–
厢房	xiāngfáng	명 곁채 ['正房'의 앞 양쪽에 있는 건물]	14	–
相敬如宾	xiāngjìng-rúbīn	부부가 서로 손님을 대하듯이 존경하다	01	–
橡子	xiàngzi	명 도토리	08	–
孝敬	xiàojìng	동 웃어른을 잘 섬기고 공경하다, 효도하다	04	–
新陈代谢	xīnchén-dàixiè	신진대사	11	6급
血压	xuèyā	명 혈압	11	6급

Y

岩石	yánshí	명 암석	05	6급
谣言	yáoyán	명 루머, 유언비어	15	6급
意识	yìshí	명 의식 동 깨닫다, 알아차리다	10	6급
婴儿	yīng'ér	명 아기	18	6급
用户	yònghù	명 유저, 사용자	12	6급
用意	yòngyì	명 의도, 속셈	18	–
悠悠	yōuyōu	형 유구하다, 유유하다	09	–
由来	yóulái	명 유래	06	–
于	yú	개 ~에, ~로부터, ~에서	05	–
与世无争	yǔshì-wúzhēng	세상일에 무관심하다	14	–
玉	yù	명 옥	05	6급
寓言	yùyán	명 우언, 이야기	08	–
元素	yuánsù	명 요소, 원소	18	6급

Z

早晨	zǎochen	명 아침, 새벽	11	–

朝三暮四	zhāosān-mùsì	조삼모사, 아침에 세 개, 저녁에 네 개를 준다는 뜻의 성어로, 이랬다저랬다 변덕을 부려 갈피를 잡을 수 없음을 비유함	08	-
着地	zháo dì	착지하다	10	-
哲学家	zhéxuéjiā	명 철학자	08	-
珍珠	zhēnzhū	명 진주	05	6급
镇	zhèn	명 진 [현(县) 아래에 속하는 행정 단위]	04	-
阵地	zhèndì	명 진지	15	6급
直播	zhíbō	동 생방송하다	12	6급
纸上谈兵	zhǐshàng-tánbīng	탁상공론	15	-
终点	zhōngdiǎn	명 종점, 마지막	17	6급
种	zhòng	동 (식물을) 심다, 기르다	14	-
众多	zhòngduō	형 (사람이) 매우 많다	05	-
自杀	zìshā	동 자살하다	01	-
走廊	zǒuláng	명 복도, 회랑	14	6급
阻碍	zǔ'ài	동 가로막다, 방해하다	13	6급
作战	zuòzhàn	동 전쟁을 하다	15	-

다락원 홈페이지에서 MP3 파일
다운로드 및 실시간 재생 서비스

고급 중국어와 HSK의 동시 완성

표준 중국어 5급 상

본서

편저 姜丽萍
편역 진윤영
펴낸이 정규도
펴낸곳 (주)다락원

초판 1쇄 발행 2018년 11월 28일
초판 2쇄 발행 2023년 2월 13일

책임편집 이지연, 김아령, 이상윤
디자인 김교빈, 최영란
일러스트 이성희

 경기도 파주시 문발로 211
전화 (02)736-2031(내선 250~252/내선 430)
팩스 (02)732-2037
출판등록 1977년 9월 16일 제406-2008-000007호

HSK标准教程_5上
姜丽萍 主编
Copyright © 2015 by Beijing Language and Culture
University Press
All rights reserved
[KOREA] Copyright © 2018 by Darakwon
[KOREAN] edition arranged with Beijing Language and
Culture University Press

저자 및 출판사의 허락 없이 이 책의 일부 또는 전부를 무단 복제·전재·
발췌할 수 없습니다. 구입 후 철회는 회사 내규에 부합하는 경우에 가능
하므로 구입문의처에 문의하시기 바랍니다. 분실·파손 등에 따른 소비
자 피해에 대해서는 공정거래 위원회에서 고시한 소비자 분쟁 해결 기준
에 따라 보상 가능합니다. 잘못된 책은 바꿔 드립니다.

정가 22,000원(본서+워크북+MP3 CD 1장)
ISBN 978-89-277-2245-8 18720
   978-89-277-2212-0 (set)

http://www.darakwon.co.kr
다락원 홈페이지를 방문하시면 상세한 출판정보와 함께
동영상강좌, MP3자료 등 다양한 어학 정보를 얻으실 수 있습니다.

표준 중국어 시리즈 커리큘럼

『표준 중국어』 시리즈는 HSK의 출제 요강에 따라 체계적으로 설계된 교과 과정을 기반으로 하여 HSK 내용과 형식, 등급을 전면적으로 반영한 중국어 종합 학습 교재입니다. 본 시리즈를 통해 중국어 회화 능력의 향상과 동시에 HSK의 고득점 합격까지 마스터할 수 있습니다.

도서명	HSK 급수	누적 어휘 수
초급 중국어와 HSK의 동시 완성 표준 중국어 1급	1급	150개
초급 중국어와 HSK의 동시 완성 표준 중국어 2급	2급	300개
중급 중국어와 HSK의 동시 완성 표준 중국어 3급	3급	600개
중급 중국어와 HSK의 동시 완성 표준 중국어 4급 상 중급 중국어와 HSK의 동시 완성 표준 중국어 4급 하	4급	1,200개
고급 중국어와 HSK의 동시 완성 표준 중국어 5급 상 고급 중국어와 HSK의 동시 완성 표준 중국어 5급 하	5급	2,500개
고급 중국어와 HSK의 동시 완성 표준 중국어 6급 상 고급 중국어와 HSK의 동시 완성 표준 중국어 6급 하	6급	5,000개 이상

www.darakwon.co.kr
다락원 홈페이지를 방문하시면 상세한 출판정보와 함께 동영상강좌, MP3자료 등 다양한 어학 정보를 얻으실 수 있습니다.
다락원 TEL.(02)736-2031 FAX.(02)732-2037

고급 중국어와 HSK의 동시 완성

표준 중국어 5급 상

- **1단계** HSK 어휘와 어법으로 구성된 **본서**로 중국어 표현 학습
- **2단계** HSK 형식과 동일하게 구성된 **워크북**으로 HSK 실력 향상
- **3단계** 워크북에 포함된 **HSK 모의고사**를 풀며 실전 적응 훈련

ISBN 978-89-277-2245-8
978-89-277-2212-0(set)

정가 22,000원 (본서·워크북·MP3 CD 1장 포함)

다락원 홈페이지에서 MP3 파일
다운로드 및 실시간 재생 서비스

고급 중국어와 HSK의 동시 완성
표준 중국어

5급 상

원제 HSK标准教程_5上
편저 姜丽萍
편역 진윤영

워크북

다락원

고급 중국어와 HSK의 동시 완성

표준 중국어 5급 상

워크북

편저 姜丽萍
북경어언대학 국제중국어교육연구기관 교수
『HSK标准教程』 시리즈 대표 저자
『体验汉语基础教程』, 『魅力汉语』 시리즈 대표 저자

외 **刘畅, 鲁江**

편역 진윤영
연성대학교 항공서비스과 외래 교수
멀티캠퍼스 및 시원스쿨 중국어 대표 강사
다락원, 멀티캠퍼스, 시원스쿨, YBM E4U,
문정아중국어 등에서 40여 편 동영상 강의
『新HSK 한권이면 끝 3급』,
『한권으로 끝내는 TSC 첫걸음 4급 공략』,
『초단기 BCT Speaking 공략』,
『상상 중국어 1, 2』 외 13권 집필

고급 중국어와 HSK의 동시 완성

표준 중국어 5급 상

워크북

다락원

HSK 5급 소개

HSK 5급은 응시자의 중국어 의사소통능력을 평가하는 시험으로, 국제 중국어 능력 표준 5급, 유럽 언어 공통 기준(CEFR) C1급에 해당하는 수준입니다. HSK 5급에 합격한 응시자는 중국어 신문과 잡지를 읽을 수 있고, 중국어 영화나 TV 프로그램을 감상할 수 있습니다. 또한 중국어로 비교적 완전한 연설을 할 수 있습니다.

1. 시험 대상
매주 2~4시간씩 2년(400시간) 이상 중국어를 학습하고, 2,500개의 상용 어휘와 관련 어법 지식을 습득한 학생을 대상으로 합니다.

2. 시험 내용
HSK 5급은 듣기, 독해, 쓰기 세 영역의 시험으로 이루어지며, 총 100문제가 출제됩니다. 영역별 문항 수와 시험에 소요되는 시간은 다음과 같습니다.

시험 내용		문항 수		시험 시간
듣기	제1부분(두 사람의 대화 듣고 질문에 답하기)	20	45문항	약 30분
	제2부분(4~5문장의 대화 혹은 단문 듣고 1~2개 질문에 답하기)	25		
	듣기 영역에 대한 답안지 작성			5분
독해	제1부분(빈칸에 알맞은 단어나 문장 고르기)	15	45문항	45분
	제2부분(단문 독해하고 일치하는 보기 고르기)	10		
	제3부분(장문 독해하고 3~5개 질문에 답하기)	20		
쓰기	제1부분(어휘 조합하여 문장 만들기)	8	10문항	40분
	제2부분(주어진 어휘 및 사진을 보고 80자 내외의 글 쓰기)	2		
합계		100문항		약 120분

- 전체 시험 시간은 응시자가 이름 등 개인정보를 작성하는 5분을 포함하여 약 125분입니다.
- 듣기 영역의 모든 문제는 녹음을 한 번씩 들려줍니다.

3. 성적표
HSK 5급의 성적표에는 듣기, 독해, 쓰기 세 영역의 점수와 총점이 각각 표시됩니다. 각 영역별로 100점 만점이며, 총점 300점에서 180점 이상이면 합격입니다.
외국인이 중국 소재 학교의 입학을 위해 중국어 자격증으로 HSK 성적을 활용할 경우, 취득한 성적의 유효 기간은 시험일로부터 2년입니다.

이 책의 구성과 활용

워크북은 본서와 마찬가지로 총 18개 단원으로 구성되어 있고, 각 단원은 HSK 5급 시험과 동일하게 듣기, 독해, 쓰기 영역으로 이루어집니다. 본서의 매 단원 학습이 끝나면, 워크북을 통해 어휘와 어법을 복습하며 HSK 실력을 쌓아 보세요.

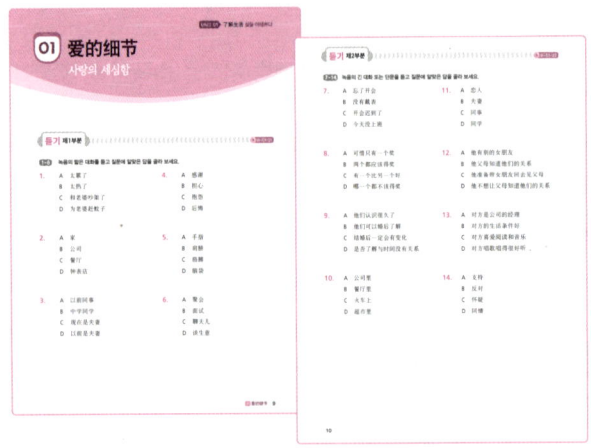

듣기

HSK 듣기 영역과 동일하게 제1, 2부분으로 구성되어, 남녀 간 대화 및 단문 듣고 질문에 답하기 문제가 제공됩니다. 먼저 시험지에 제시된 선택지를 빠른 속도로 읽고 녹음의 내용을 유추하면서 집중해서 들어 봅시다.

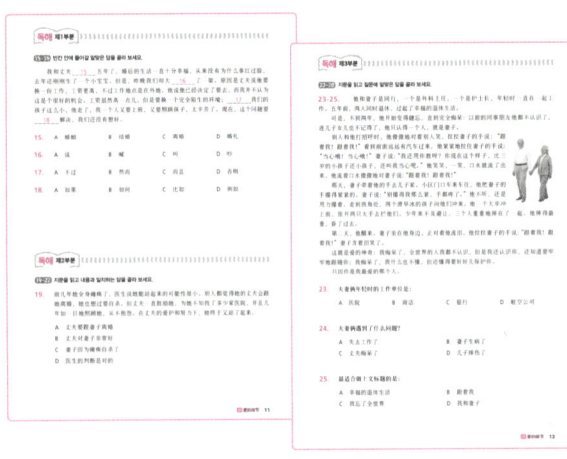

독해

HSK 독해 영역과 동일하게 제1~3부분으로 구성되어, 빈칸에 알맞은 단어 혹은 문장 골라 넣기, 단문 독해하고 일치하는 선택지 고르기, 장문 독해하고 질문에 답하기 문제가 제공됩니다.
본서에서 배운 어휘와 어법 지식을 활용하여 독해 실력을 높여 보세요.

쓰기

HSK 쓰기 영역과 동일하게 제1, 2부분으로 구성되어, 어휘 조합하여 문장 만들기, 주어진 어휘로 작문하기 문제가 제공됩니다.
중국어의 기본 어순에 맞게 어법적, 의미적으로 올바른 문장을 만들고, 원고지 작성 훈련도 해 보세요.

모범 답안 및 해설

모범 답안, 듣기 영역의 녹음 대본 및 자세한 풀이 과정이 제공됩니다.

★ 『표준 중국어 5급 하』의 워크북에 HSK 5급 모의고사 1부가 첨부되어 있으니, 상·하 권의 학습이 모두 끝난 후 최종 실력을 점검해 보세요.

MP3

* 워크북의 녹음 해당 부분에 MP3 트랙 번호가 기재되어 있습니다. W-01-01

* MP3 음원은 '다락원 홈페이지(www.darakwon.co.kr)'에서 무료로 다운로드 받으실 수 있습니다. 스마트폰으로 QR 코드를 스캔하면 MP3 다운로드 및 실시간 재생 가능한 페이지로 바로 연결됩니다.

워크북 더 잘 활용하기

워크북의 문제 유형, 문제 길이, 톤, 문체 스타일 등은 모두 실제 HSK 5급의 형식과 동일하게 짜여 있습니다. 단, 문항 수는 실제 시험보다 줄였으며 아래 표를 통해 실제 시험과 비교해 보세요.

〈실제 HSK와 워크북의 비교〉

시험 내용		문항 수		문항 수		시험 시간	시험 시간
		실제 HSK		워크북		실제 HSK	워크북
듣기	제1부분	20	45문항	6	14문항	약 35분	약 10분
	제2부분	25		8			
독해	제1부분	15	45문항	4	14문항	45분	15분
	제2부분	10		4			
	제3부분	20		6			
쓰기	제1부분	8	10문항	3	4문항	40분	15분
	제2부분	2		1			
합 계		100문항		32문항		약 120분	약 40분

차례

- HSK 5급 소개　　　　　　　　　　　　　　　3
- 이 책의 구성과 활용　　　　　　　　　　　　4
- 차례　　　　　　　　　　　　　　　　　　　7

UNIT 01 了解生活 삶을 이해하다

- **01** 爱的细节 사랑의 세심함　　　　　　　　　9
- **02** 留串钥匙给父母 부모님께 열쇠를 드리다　　16
- **03** 人生有选择，一切可改变 인생에는 선택이 있고, 모든 것은 바꿀 수 있다　　23

UNIT 02 谈古说今 고금에 대해 이야기하다

- **04** 子路背米 자로가 쌀을 지고 나르다　　　　30
- **05** 济南的泉水 지난의 샘물　　　　　　　　　37
- **06** 除夕的由来 섣달그믐의 유래　　　　　　　44

UNIT 03 倾听故事 옛이야기를 귀담아듣다

- **07** 成语故事两则 고사성어 두 편　　　　　　51
- **08** "朝三暮四"的古今义 '조삼모사'의 고금 의미　58
- **09** 别样鲁迅 루쉰의 또 다른 모습　　　　　　65

UNIT 04 走近科学 과학에 접근하다

10 争论的奇迹 논쟁의 기적   72

11 闹钟的危害 알람 시계의 위협   79

12 海外用户玩儿微信 해외 유저가 웨이신을 사용하다   86

UNIT 05 放眼世界 세계를 바라보다

13 锯掉生活的"筐底" 삶의 '바구니 바닥'을 잘라내다   93

14 北京的四合院 베이징의 쓰허위안   100

15 纸上谈兵 탁상공론   107

UNIT 06 修养身心 몸과 마음을 다스리다

16 体重与节食 체중과 다이어트   114

17 在最美好的时刻离开 가장 아름다운 순간에 떠나다   121

18 抽象艺术美不美 추상 미술은 아름다운가, 그렇지 않은가   128

● 모범 답안 및 해설   135

01 爱的细节
사랑의 세심함

UNIT 01 了解生活 삶을 이해하다

듣기 제1부분

W-01-01

1-6 녹음의 짧은 대화를 듣고 질문에 알맞은 답을 골라 보세요.

1. A 太累了
   B 太热了
   C 和老婆吵架了
   D 为老婆赶蚊子

2. A 家
   B 公司
   C 餐厅
   D 钟表店

3. A 以前同事
   B 中学同学
   C 现在是夫妻
   D 以前是夫妻

4. A 感谢
   B 担心
   C 抱怨
   D 后悔

5. A 手指
   B 肩膀
   C 胳膊
   D 脑袋

6. A 聚会
   B 面试
   C 聊天儿
   D 谈生意

듣기 제2부분

7-14 녹음의 긴 대화 또는 단문을 듣고 질문에 알맞은 답을 골라 보세요.

7.
   A 忘了开会
   B 没有戴表
   C 开会迟到了
   D 今天没上班

8.
   A 可惜只有一个奖
   B 两个都应该得奖
   C 有一个比另一个好
   D 哪一个都不该得奖

9.
   A 他们认识很久了
   B 他们可以婚后了解
   C 结婚后一定会有变化
   D 是否了解与时间没有关系

10.
    A 公司里
    B 餐厅里
    C 火车上
    D 超市里

11.
    A 恋人
    B 夫妻
    C 同事
    D 同学

12.
    A 他有别的女朋友
    B 他父母知道他们的关系
    C 他准备带女朋友回去见父母
    D 他不想让父母知道他们的关系

13.
    A 对方是公司的经理
    B 对方的生活条件好
    C 对方喜爱阅读和音乐
    D 对方唱歌唱得很好听

14.
    A 支持
    B 反对
    C 怀疑
    D 同情

독해 제1부분

15-18 빈칸 안에 들어갈 알맞은 답을 골라 보세요.

我和丈夫 __15__ 五年了，婚后的生活一直十分幸福，从来没有为什么事红过脸，去年还刚刚生了一个小宝宝。但是，昨晚我们却大 __16__ 了一架。原因是丈夫说他要换一份工作，工资更高，不过工作地点是在外地。他说他已经决定了要去，而我并不认为这是个很好的机会。工资虽然高一点儿，但是要换一个完全陌生的环境； __17__ 我们的孩子这么小，他走了，我一个人又要上班，又要照顾孩子，太辛苦了。现在，这个问题要 __18__ 解决，我们还没有想好。

15. A 婚姻　　　B 结婚　　　C 离婚　　　D 婚礼

16. A 说　　　　B 喊　　　　C 叫　　　　D 吵

17. A 不过　　　B 然而　　　C 而且　　　D 否则

18. A 如果　　　B 如何　　　C 比如　　　D 例如

독해 제2부분

19-22 지문을 읽고 내용과 일치하는 답을 골라 보세요.

19. 前几年她全身瘫痪了，医生说她能站起来的可能性很小。别人都觉得她的丈夫会跟她离婚，她也想过要自杀。但丈夫一直鼓励她，为她不知找了多少家医院，并且几年如一日地照顾她，从不抱怨。在丈夫的爱护和努力下，她终于又站了起来。

　　A 丈夫要跟妻子离婚
　　B 丈夫对妻子非常好
　　C 妻子因为瘫痪自杀了
　　D 医生的判断是对的

20. 我们不应该随意评价他人的婚姻是否幸福，更不能自以为是地去干涉他人的家庭生活。因为婚姻就像鞋，鞋子合适不合适，别人看不出来，只有自己的脚最清楚。

    A 婚姻是否幸福，谁都很清楚
    B 婚姻是否幸福，谁都不清楚
    C 婚姻是否幸福，自己最清楚
    D 婚姻是否幸福，别人更清楚

21. 他和她结婚才一年多，但已经感觉不愿再生活在一起。妻子怪他没有本事，只知道待在家里，一个大男人赚不到钱；丈夫说她只会生气、抱怨，一点儿都不懂得关心人。两个人说急了就吵架，妻子说"我后悔跟了你"，丈夫说"我也是"。于是剩下的路只有一条——离婚。

    A 结婚后他们的生活很幸福
    B 他们结婚已经很长时间了
    C 他们俩吵架都是因为钱
    D 他们俩打算离婚

22. 关于为什么要结婚，每对夫妻都有属于自己的理由。有人说，爱到了，就结婚吧；有人说，一个人太孤单，所以就结婚了；甚至还有人说，结婚比谈恋爱省钱……不管理由是什么，婚姻，就像《围城》里说的，外面的人想进去，里面的人想出来。

    A 人们选择结婚的原因是一样的
    B 有一部分婚姻的基础是爱情
    C 大家都觉得谈恋爱浪费钱
    D 人人都希望拥有婚姻

독해 제3부분

23-28 지문을 읽고 질문에 알맞은 답을 골라 보세요.

23-25. 他和妻子是同行，一个是外科主任，一个是护士长，年轻时一直在一起工作。五年前，两人同时退休，过起了幸福的退休生活。

可是，不到两年，他开始变得健忘，直到完全痴呆：以前的同事朋友他都不认识了，连儿子女儿也不记得了，他只认得一个人，就是妻子。

别人和他打招呼时，他傻傻地对着别人笑，拉拉妻子的手说："跟着我！跟着我！"看到前面远远有汽车过来，他紧紧地拉住妻子的手说："当心哦！当心哦！"妻子说："我还用你教呀？你现在这个样子，比三岁的小孩子还小孩子，还叫我当心呢。"他笑笑，一笑，口水就流了出来。他流着口水傻傻地对妻子说："跟着我！跟着我！"

那天，妻子牵着他的手去儿子家。小区门口车来车往，他把妻子的手攥得紧紧的。妻子说："别攥得我那么紧，手都疼了。"他不听，还是用力攥着。走到拐角处，两个滑旱冰的孩子向他们冲来。他一个大步冲上前，张开两只大手去拦他们。少年来不及避让，三个人重重地摔在了一起。他摔得最重，昏了过去。

第二天，他醒来。妻子坐在他身边，正对着他流泪。他拉拉妻子的手说："跟着我！跟着我！"妻子含着泪笑了。

这就是爱的神奇：我痴呆了，全世界的人我都不认识，但是我还认识你，还知道要牢牢地跟随你；我痴呆了，我什么也不懂，但还懂得要好好儿保护你。

只因你是我最爱的那个人。

23. 夫妻俩年轻时的工作单位是：

　　A 医院　　　　B 商店　　　　C 银行　　　　D 航空公司

24. 夫妻俩遇到了什么问题？

　　A 失去工作了　　　　　　B 妻子生病了
　　C 丈夫痴呆了　　　　　　D 儿子摔伤了

25. 最适合做上文标题的是：

　　A 幸福的退休生活　　　　B 跟着我
　　C 我忘了全世界　　　　　D 我和妻子

26-28. 据民政部发布的2013年社会服务发展统计公报显示，2013年全国依法办理离婚手续的共有350万对，比上年增长12.8%。这是自2004年以来，我国离婚率连续10年递增。从过去的谈离婚色变，到70后纠结于离或不离，再到如今80后的"离婚没什么大不了"，中国人的婚姻观正在发生改变。

中国的离婚率持续上升，虽然一方面说明现代人的思想观念发生了变化，更加重视爱情，重视婚姻的质量，但我们也不能不看到问题的另一个方面，那就是有的人不把婚姻当回事，对婚姻和家庭缺少责任感。

有人离婚是因为有了钱，有了权，有了名望；有人婚前情真意切，婚后便不再注意感情的培养和维护；有人离婚不是因为不爱，只是气量太小，对方有了过失就不分情况，大吵一架……凡此种种，婚姻大事成了小事，成了可以随便进行的游戏。

26. 根据上文，下列哪项不正确？

- A 2013年的离婚率是2004年的十倍
- B 十年来，离婚率一直在增长
- C 过去的人多数不愿意离婚
- D 80后不太在乎是否离婚

27. 作者认为离婚率上升：

- A 是因为金钱
- B 是因为吵架误会
- C 说明人们越来越不愿结婚
- D 可以从正反两个方面看待

28. 作者对婚姻大事成为游戏的态度是：

- A 高兴的
- B 赞同的
- C 批评的
- D 后悔的

쓰기 제1부분

29-31 제시된 단어를 순서대로 배열하여 문장을 완성해 보세요.

예제   发表   这篇论文   什么时候   是   的

这篇论文是什么时候发表的?

---

29. 她   这次的   放弃了   居然   机会

---

30. 从来没   他们   吵过架   为   任何事

---

31. 肩膀上   我   吧   靠在   睡一会儿

쓰기 제2부분

32 제시된 단어를 모두 사용하여 80자 정도의 단문을 써 보세요.

32. 等待、抱怨、对比、如何、不耐烦

02 留串钥匙给父母
부모님께 열쇠를 드리다

UNIT 01 了解生活 삶을 이해하다

듣기 제1부분 W-02-01

1-6 녹음의 짧은 대화를 듣고 질문에 알맞은 답을 골라 보세요.

1.
   - A 家里不会太脏
   - B 一年没回家了
   - C 今天别收拾了
   - D 今天到不了家

2.
   - A 行李太重了
   - B 她没带行李
   - C 她有人帮忙
   - D 她自己拿得动

3.
   - A 身体非常好
   - B 走路不方便
   - C 不经常锻炼
   - D 应该多走路

4.
   - A 牛肉味道很香
   - B 儿子出差回来
   - C 丈夫出差回来
   - D 她最爱吃牛肉

5.
   - A 不想换工作
   - B 很想换工作
   - C 工作很开心
   - D 快要退休了

6.
   - A 小李已经知道了
   - B 小李应该告诉她
   - C 小李已经告诉她了
   - D 她谁也不会告诉

듣기 제2부분

7-14 녹음의 긴 대화 또는 단문을 듣고 질문에 알맞은 답을 골라 보세요.

7.
A 支持
B 同意
C 反对
D 犹豫

8.
A 卧室里
B 床头柜上
C 钥匙柜里
D 妈妈不知道

9.
A 孩子的自由
B 孩子的教育
C 孩子的工作
D 孩子的想象力

10.
A 丈夫的爸爸
B 丈夫的妈妈
C 妻子的爸爸
D 妻子的妈妈

11.
A 兄弟
B 夫妻
C 父子
D 母子

12.
A 回自己家住
B 去姥姥家住
C 去舅舅家住
D 在儿子家住

13.
A 微笑是一种语言
B 每个人都会微笑
C 微笑会让人快乐
D 微笑的基本要求

14.
A 父母
B 客户
C 服务者
D 演员

독해 제1부분

15-18 빈칸 안에 들어갈 알맞은 답을 골라 보세요.

　　读小学的时候，我的姥姥去世了。姥姥生前最___15___我。想到再也感受不到姥姥带给我的___16___，我无法抑制心中的忧伤，每天在学校的操场上一圈一圈地跑着，跑___17___累倒在地上痛哭。那哀痛的日子持续了很久，爸爸妈妈也不知道___18___安慰我。他们知道，与其欺骗我说姥姥睡着了，还不如对我说实话：她永远都不会再回来了。

15. A 讨厌　　　　B 喜爱　　　　C 感动　　　　D 吸引

16. A 抱怨　　　　B 等待　　　　C 微笑　　　　D 温暖

17. A 的　　　　　B 地　　　　　C 得　　　　　D 着

18. A 如何　　　　B 如果　　　　C 例如　　　　D 比如

독해 제2부분

19-22 지문을 읽고 내용과 일치하는 답을 골라 보세요.

19. 一段时间后，我和妻子又准备去外地打工，新房只能上锁空着。临走那天，父亲从老家赶来送我们。父亲悄悄把我拉到一边说："你妈说了，你还是留一串新房的钥匙给我们，要是我和你妈什么时候想来了，就来住上几天，顺便给你们晒晒被子，打扫打扫卫生。"

　　A　我和妻子准备回老家
　　B　父亲要求我把钥匙留给他
　　C　我们去外地时留父母在新房看家
　　D　父母打算每天来给我们打扫卫生

20. 张英来自黑龙江。她原来是一个艺术团的歌手，去年女儿考上了北京的音乐学院附中，她就辞去了工作，来北京陪女儿读书。每天照顾女儿的生活，督促她学习。张英觉得这样很值得。

    A 张英不是北京人
    B 张英的女儿一直想当歌手
    C 张英的女儿在音乐学院学习
    D 张英不知道是不是应该这样做

21. 以前，夫妻俩在男方父母家过年是老规矩，但现在，不少男士开始跟妻子去丈母娘家过年了。因为现在独生子女多，如果按照旧传统，每年除夕，女方的父母都只能自己过，太孤单了。所以，一般来说，现在年轻的夫妻俩会选择轮着来，今年在我家过，明年就在你家过。

    A 老规矩是轮流在两家过年
    B 现在男士们都去女方家过年
    C 女方的父母只能自己过除夕
    D 习惯改变的原因是独生子女多

22. 对于很多女人来说，母女间的亲密关系是她们一生中最深切、最紧密的关系。但这种关系往往并不一定是完美的。27岁的小史和母亲的关系十分复杂。在外人眼中她们亲密无间，但在她自己看来却不是这样，她说自己和母亲的矛盾也很明显，每次当她想要独立自主地做一些事情时，她俩就会吵起来。

    A 母女关系是最完美的
    B 小史和母亲情同姐妹
    C 小史和母亲有时会吵架
    D 母亲希望小史独立自主

독해 제3부분

23-28 지문을 읽고 질문에 알맞은 답을 골라 보세요.

23-25.

传统中国家庭春节的团聚模式是"246式"，即一对老夫妻和儿子、儿媳、女儿、女婿，再加上五六个小孙子小孙女，全家人坐在一张大桌子旁，吃团年饭。可是现代社会中，无论是在除夕的餐厅里，还是在大年初一的庙会上，人们不时可以看到一对小夫妻搀扶着两对老人、领着一个小孩，家庭团聚模式由"246"变成了"421"。

王女士一家七口就是这样过年的。他们两口子把双方的父母都接到了自己家，一起包饺子、吃团年饭。现在选择这种模式的年轻夫妻不少。他们说，独生子女越来越多，过年的时候不能让"一家欢喜一家忧"。王女士也告诉记者：她和爱人是最早的那批独生子女。按照传统习惯，春节时大多是女方到男方父母家过年，那时每个家庭的子女都比较多，即使女儿不能在身边也不显得冷清。"现在为了让两家老人都能在节日里享受到天伦之乐，我们决定和两家老人一起过年。"

23. 文中"246式"中的"6"指的是：

A 一对老夫妻 B 儿子和女儿
C 五六个孙辈 D 全家三代人

24. 文中没有提到下面哪项春节习俗？

A 吃团年饭 B 包饺子
C 逛庙会 D 放鞭炮

25. 王女士一家选择的家庭团聚方式是：

A 男方到女方家过年 B 女方到男方家过年
C 双方父母到自己家过年 D 全家到饭馆吃团年饭

26-28.   大学毕业时，我在北京的一家大公司找到了工作。全家上下喜气洋洋，我也特别高兴，为即将离开家独自生活而激动。

出发的日子一天天近了。临走的那天晚上，母亲做了一大桌子菜，一家五口慢慢地吃着、喝着，为我送行。不知道为什么，气氛变得有些沉重。父亲和我尽量找着话题，搜肠刮肚地讲笑话，但把我从小带大的奶奶却不停地抹眼泪，妈妈干脆转身进了卧室，只有还不懂事的小弟弟跟着我们傻笑。

我想了想，宣布：等我过年回来的时候，要用自己亲手挣的工资给家里的每个人都买一份礼物。奶奶年纪大了，走路不太方便，我要给她买根拐杖；爸爸喜欢下棋，我可以给他买副围棋回来；弟弟最想要的肯定是玩具，我一定给他买个好的。妈妈喜欢什么呢？

于是，我走进房去问妈妈想要什么礼物。妈妈正在收拾我那些好像永远也收拾不完的行李。听到我的问题，妈妈停下手，帮我抻了抻衬衣下摆的褶子，说："孩子，把你自己好好儿地带回来，就是你给妈妈最好的礼物。"那一刻，我再也忍不住，眼泪一下子涌了出来。

26. 作者要离开家的原因是：

   A 要去上大学   B 要去买礼物
   C 要去工作   D 他喜欢北京

27. 母亲对作者的要求是：

   A 带礼物回来   B 照顾好自己
   C 学会独立生活   D 买件新衬衣

28. 作者哭了，是因为：

   A 很高兴   B 很伤心
   C 很感动   D 很生气

쓰기 제1부분

29-31 제시된 단어를 순서대로 배열하여 문장을 완성해 보세요.

예제 发表　　这篇论文　　什么时候　　是　　的

这篇论文是什么时候发表的?

29.　挣了　　出去　　打工　　这次　　不少钱

30.　让　　我　　家的温暖　　妻子的微笑　　感受到

31.　飘来　　窗外　　歌声　　一阵阵　　动听的

쓰기 제2부분

32 제시된 단어를 모두 사용하여 80자 정도의 단문을 써 보세요.

32. 装修、以来、卧室、想象、亮

UNIT 01 了解生活 삶을 이해하다

03 人生有选择，一切可改变
인생에는 선택이 있고, 모든 것은 바꿀 수 있다

듣기 제1부분 W-03-01

1-6 녹음의 짧은 대화를 듣고 질문에 알맞은 답을 골라 보세요.

1. A 现在没有打算
   B 刚刚开始准备
   C 还有新的计划
   D 没风时将出发

2. A 超市买的
   B 男的钓的
   C 别人送的
   D 餐厅做的

3. A 下雨
   B 晴天
   C 闪电
   D 有雾

4. A 天气不好
   B 还没下班
   C 还有工作
   D 打不到车

5. A 很平静
   B 受伤了
   C 来电话了
   D 没什么问题

6. A 丈夫做
   B 妻子做
   C 轮着做
   D 一起做

03 人生有选择，一切可改变 23

듣기 제2부분

7-14 녹음의 긴 대화 또는 단문을 듣고 질문에 알맞은 답을 골라 보세요.

7.
- A 十分支持
- B 不能理解
- C 觉得很有道理
- D 觉得应该再考虑

8.
- A 没听说
- B 不想去
- C 有考试
- D 要上课

9.
- A 这附近着火了
- B 最近天气不好
- C 这里不能抽烟
- D 抽烟有害健康

10.
- A 她姓丁
- B 生病了
- C 她也是护士
- D 家里有事

11.
- A 做手工
- B 开网店
- C 搞装修
- D 挣大钱

12.
- A 有点儿犹豫
- B 很想试一试
- C 准备开始做
- D 觉得不可能

13.
- A 宿舍
- B 墨尔本
- C 西班牙
- D 不知道

14.
- A 朋友心情不好
- B 朋友需要帮助
- C 他们约好打电话
- D 他说过想去西班牙

독해 제1부분

15-18 빈칸 안에 들어갈 알맞은 답을 골라 보세요.

　　常言道：“人贵有自知之明。”___15___真正了解自己，才能为自己的生活与工作做一个恰当的规划，才不至于走弯路和歪路。在我们这个___16___，每天接触的信息太多，影响我们的东西太多。所以，想获得成功，首先要有自知之明。自知，就是要认识自己、___17___自己。把自知称之为"明"，可见自知是一个人智慧的体现。而自知之明之所以"贵"，则___18___人是多么不容易自知。

15. A 既然　　B 随着　　C 只要　　D 只有

16. A 时间　　B 时代　　C 时刻　　D 当时

17. A 知道　　B 爱护　　C 了解　　D 盼望

18. A 说明　　B 叙述　　C 告诉　　D 抱怨

독해 제2부분

19-22 지문을 읽고 내용과 일치하는 답을 골라 보세요.

19. 傍晚是一家人最舒适的时候。干完活儿，一家人坐在一起，用电脑看看电影，或者聊聊天儿。这样的生活，是翟峰盼望已久的。以前陆地上的夜晚，他们在各自的房间，一家人没有更多的交流。

    A 傍晚是大家干活儿的时间
    B 翟峰喜欢一家人待在一起
    C 他们目前是在陆地上生活
    D 他们一直很注重互相交流

20. 夫妻俩里里外外地忙碌了一天，累得腰酸背痛，话都不想说。白天各自上班见不着面，晚上回了家也难有交流。长久下去，心灵的沟通越来越少，而相互间的埋怨却越来越多。缺乏交流，爱的花朵就容易被风吹落。

    A 缺乏沟通会导致腰酸背痛
    B 缺乏交流是因为见不着面
    C 夫妻之间的交流对婚姻很重要
    D 生活中的压力主要来自于埋怨

21. 据调查，虽然网络快速发展，但看电视仍然是城市居民的主要休闲活动。看电视时间与年龄有很密切的关系，按年龄组分，看电视时间的分布呈U字形，即20岁以下者和60岁以上者看电视时间长，20至40岁为最短。休息日和工作日看电视的时间差异也很大，休息日长于工作日，特别是男性，休息日看电视的时间长达2小时21分钟。

    A 网络已经取代了电视
    B 男性比女性更爱看电视
    C 30岁的人比10岁的人看电视时间长
    D 人们在休息日比工作日看电视时间长

22. 临走的时候，婆婆问了丈夫一句："路上要看的书都带了吗？"她听了，感到非常意外。这种在很多人眼里可有可无之物，在婆婆和丈夫看来是非常重要的，是必需品，要随身携带。在机场，我们看到的总是拿着手机忙着接听电话、拿着iPad浏览网页的人，生怕漏过一个其实与自己无关的信息。她先生看到这样的情景，常觉得不可思议。

    A 婆婆要求丈夫在路上看书
    B 很多人觉得看书不太重要
    C 手机是所有现代人的必需品
    D 先生很喜欢用iPad浏览网页

독해 제3부분

23-28 지문을 읽고 질문에 알맞은 답을 골라 보세요.

23-25. "世界那么大，我想去看看。"一封只有10个字的辞职信让河南省实验中学女教师顾少强走红网络。

写这封辞职信的时候，顾少强其实并没有太多顾虑，更没想到会引发关注。"当时想到这句话，提笔就写了。我平时就是这个样子，有什么说什么。早知道有这么大影响，我就把字写得好看点儿了！"顾少强开着玩笑说。

顾少强认为，辞职只是一个简单的事情，想去看看世界也是内心的真实想法。无论如何，她都会初心不改。"我就是一个特别普通的人，只是希望按照最初的想法走下去，不因为这件事改变最初的想法。"

谈到辞职原因，顾少强澄清了一些猜测。担任心理教师的这些年，她得到了很多锻炼与成长，离开只是因为想选择另一种生活方式。"我挺喜欢教师这个职业，觉得当老师挺过瘾的，以后还当老师也有可能。""不讨厌教师这份职业，辞职并非要摆脱体制束缚。"

"每个人都有选择自己生活方式的权利。"在她看来，生活本来简单。"我现在做的都是我想干的事，我现在想晒太阳就去晒太阳，想喝咖啡就去喝一杯，我觉得挺好的。"

23. 顾少强走红网络的原因是：

A 她是河南人　　　　　　　B 她很想当老师
C 她的字很好看　　　　　　D 她写了一封特别的辞职信

24. 对于教师这种职业，顾少强的看法是：

A 很普通　　　　　　　　　B 很无聊
C 很有意思　　　　　　　　D 要求字写得好

25. 顾少强辞职的原因是：

A 她不喜欢当老师　　　　　B 她觉得被体制束缚了
C 她想有选择生活方式的自由　D 她想去晒太阳、喝咖啡

26-28. 我爱好剪剪贴贴，自认为这是我养生保健的绝招，因此长年乐此不疲。我这绝招，简单地说，就是将平时在报刊上看到的保健科普小常识剪下来，分门别类地整理到专门的剪贴本上，然后再装订起来。

如此剪剪贴贴我已坚持了六七年时间，装订成册的已有150多本。我这些装订成册的剪贴资料集实用性、趣味性于一体，我自认为很有保存价值。为了能存放长久一些，我用硬纸做了封面，并写上"养生保健"的书名，于是，一本本无书号、无封面设计、无价格的"三无保健书"就这样在我手中诞生了。我这些"书"随时供家人和好友翻阅，他们都说，它是最好的家庭医生。

退休后，我长期订阅医学科普类报纸，还有《老年文摘》《中国剪报》以及其他各种各样的报纸，其中，我特别喜欢《健康时报》。虽然各类报纸每月的订报费用占我养老金的不少一部分，但读报、剪报是我生活必不可少的内容。我年年订报，天天读报，偶尔还写点儿小文章。功夫不负有心人，几年来我有了不小的收获，总共发表稿件40余篇。

剪贴读报使我获得了无尽的精神享受。在这过程中，我看到有关学打太极拳的内容，于是对太极拳产生了浓厚的兴趣，并连续参加了两期培训班。现在，打太极拳成了我每天早晨必修的课程。原先我是个老病号，打了几年太极拳，我所患的胃病、肠炎均不治而愈。

26. 作者最大的爱好是：

A 剪纸　　　　B 剪报　　　　C 写书　　　　D 治病

27. 关于作者，下列哪项正确？

A 他经常感到疲劳　　　　B 他出版过保健书
C 他已经退休了　　　　　D 他的胃病治不好

28. 最适合做上文标题的是：

A 三无保健书　　　　B 最好的家庭医生
C 我的剪报生活　　　　D 我爱太极拳

쓰기 제1부분

29-31 제시된 단어를 순서대로 배열하여 문장을 완성해 보세요.

예제 发表　　这篇论文　　什么时候　　是　　的

这篇论文是什么时候发表的?

29. 我　　干活儿　　随时　　可以　　开始

30. 就是　　我　　对　　新工作的要求　　待遇稳定

31. 让　　感受到　　雨后的彩虹　　一种平静　　他

쓰기 제2부분

32 제시된 단어를 모두 사용하여 80자 정도의 단문을 써 보세요.

32. 撞、发愁、盼望、太太、未来

UNIT 02 谈古说今 고금에 대해 이야기하다

04 子路背米
자로가 쌀을 지고 나르다

듣기 제1부분　　　　　　　　　　　　　　　　　W-04-01

1-6 녹음의 짧은 대화를 듣고 질문에 알맞은 답을 골라 보세요.

1. A 老板的家
   B 公司办公室
   C 医院的病房
   D 公园西北门

2. A 大暴雨
   B 雷阵雨
   C 连阴雨
   D 毛毛雨

3. A 熬夜累的
   B 空调吹的
   C 老公传染的
   D 游泳着凉了

4. A 丈夫上班迟到
   B 自己忘关窗户
   C 孩子回家淋雨
   D 天气预报不准

5. A 下楼取包裹
   B 马上赶回家
   C 给快递员开门
   D 给丈夫打电话

6. A 加班工作
   B 拍电视剧
   C 准备资料
   D 看体育比赛

듣기 제2부분

7-14 녹음의 긴 대화 또는 단문을 듣고 질문에 알맞은 답을 골라 보세요.

7.
- A 公司算错了钱数
- B 经理多加了工资
- C 男的还给了老板
- D 男的花光了工钱

8.
- A 没见过城墙
- B 没去过西安
- C 北京夜景没西安美
- D 北京拆掉了古城墙

9.
- A 了不起
- B 太谦虚
- C 犯了法
- D 真糊涂

10.
- A 夏天人太多
- B 景色最好看
- C 淡季门票便宜
- D 冬季才有云海

11.
- A 懂古代汉语
- B 学习古典文学
- C 能看中文原著
- D 对唐诗很有研究

12.
- A 是英国留学生
- B 在写毕业论文
- C 打算研究唐诗
- D 爱读明清小说

13.
- A 父母体弱多病
- B 赶上多年的战争
- C 家里失去了土地
- D 子路不想当农民

14.
- A 特别委屈
- B 十分难过
- C 非常生气
- D 很难为情

독해 제1부분

15-18 빈칸 안에 들어갈 알맞은 답을 골라 보세요.

父母的言传身教在很大程度上影响着孩子锻炼习惯的养成。家庭体育活动既是学校体育活动的延续和补充，又是孩子___15___课余时间的重要方式。体育活动不仅可以促进父母与孩子的交流，还能使家庭更快乐、更和谐、更幸福。

全家人一起参加体育活动，通过各种游戏或运动___16___运动中各种规则的约束，孩子更易养成遵守规则、尊重他人、公平竞争等___17___，并将其带到日常行为中。

与父母一起参加体育运动还可以起到良性互动的作用。比如父母与孩子一起爬山、游泳或滑雪，不仅能使孩子身体得到锻炼，还能培养其___18___。

15. A 抓紧　　B 浪费　　C 度过　　D 节省

16. A 并且　　B 以及　　C 另外　　D 甚至

17. A 特点　　B 能力　　C 脾气　　D 习惯

18. A 勤俭节约的思想　　B 自食其力的能力
    C 战胜困难的精神　　D 对家庭的责任感

독해 제2부분

19-22 지문을 읽고 내용과 일치하는 답을 골라 보세요.

19. 半年后，子路要回家了。子路路过镇上，买了一袋米、一块肉、两条鱼，背在后背上。天气非常寒冷，雪地很滑，子路不小心滑了一下，背上的米袋差点儿都被甩出去。他顶着大雪往前走，扶着米袋的双手冻得不行，就停下来暖暖，再继续赶路。

　　A 子路冒着大雪赶回了家
　　B 子路冻得甩掉了鱼和肉
　　C 雪地太滑所以子路摔倒了
　　D 子路买的东西多得背不动

20. 心理学家教会了一只名叫"猎人"的牧羊犬很多英文单词。这意味着，狗对人类语言的理解能力超过人类想象。"猎人"所掌握的1000多个单词里包括"飞盘""篮球"和"毛绒玩具"等。同时它还能根据作用和功能对这些单词进行分类，这与3岁儿童的能力是一样的。

    A "猎人"喜欢玩毛绒玩具

    B "猎人"的智力不如3岁儿童

    C "猎人"是最理解人类语言的狗

    D "猎人"会的单词比我们想象的多

21. 在中国历史上，许多朝代都曾经修建、扩建过长城。保存至今的秦长城已不多见，现在人们看到的大多是明长城。秦始皇时期修建的长城比明长城更靠北，并且大多是用土筑成的。在内蒙古包头一带，人们还可以看到保存较为完整的一段秦长城。

    A 明长城修建在秦长城的北面

    B 长城主要修建于秦代和明代

    C 秦代修建长城时多用土筑成

    D 秦长城仅在内蒙古包头一带

22. 唐太宗李世民改进科举考试，使大批有德有才的人当上官，为国家出力。他还努力减轻百姓的负担，发展农业生产，使百姓生活有了很大改善。他在位时，唐朝成为一个空前繁荣富强的国家，这一时期被后人称为"贞观之治"。

    A 李世民不重视发展农业生产

    B 百姓们纷纷要求减轻生活负担

    C 通过考试，李世民挑选了很多人才

    D "贞观之治"是中国社会最繁荣的时期

독해 제3부분

23-28 지문을 읽고 질문에 알맞은 답을 골라 보세요.

23-25.

在一个炎热的夏日，孔子乘坐马车去往齐国。忽然，从车窗外传来哗哗的水声。孔子说："天气说变就变。听，山那边下起了雷阵雨，快停车！"

随行的一位学生仔细听了听，说："这是山那边海浪拍打岸边岩石的声音，我是南方人，很熟悉这种声音。"孔子一听是海，非常好奇，因为他从来没见过海。于是，就带着学生们爬上山顶，去看大海究竟是什么样子。望着无边无际的大海，孔子感慨地说："大海真辽阔呀！做人就应该像大海一样，有辽阔的胸怀呀！"

过了一会儿，孔子觉得口渴，这个时候，正巧有一位渔民挑着一桶水走了过来。于是，孔子便走上前去，很客气地要水喝。渔民舀了一瓢清水，递给了孔子。孔子喝过水后，说："这海水真好喝啊！甘甜清凉。"渔民听后，忍不住笑道："海水又咸又苦，怎么能喝呢？你们可真是书呆子，连这点儿常识都不懂。"

一位学生听渔民这么说，非常生气地说："你真不知天高地厚，你知道这是谁吗？他可是大名鼎鼎的孔夫子。"

"孔夫子怎么啦？孔夫子也不见得样样都懂，刚才他不是想用海水解渴吗？海水是苦的，根本不能喝。我给他的可是清水。"渔民答道。

孔子听了，觉得非常惭愧，他沉思了一会儿，很诚恳地对学生们说："以前，我对你们讲'有些人一生下来就知道一些事情'，这话是不对的，很多事我也要学习，我们千万不能不懂装懂啊！"

23. 在路上孔子听到的是什么声音：

A 雨声　　　　　　　　　　B 雷声

C 海浪声　　　　　　　　　D 岩石滚落声

24. 那位渔民笑话孔子什么?

A 喝水的样子　　　　　　　B 自以为很了不起

C 书读得太少　　　　　　　D 不知海水是咸的

25. 孔子为什么觉得非常惭愧？

A 做错事却不改　　　　　　B 学生太骄傲了

C 自己看不起渔夫　　　　　D 自己也有不懂的事

26-28. 有个很有钱的大款，他的母亲老了，牙齿全坏掉了，于是他开车带着母亲去镶牙。一进牙科诊所，医生就建议他们镶贵一点儿的好牙，可母亲却要了最便宜的那种。医生不甘心，他一边看着大款儿子，一边耐心地讲解比较好牙与差牙的不同，想让儿子给母亲买好的。可是令医生非常失望的是，这个看起来很有钱的儿子却无动于衷，只顾着自己打电话，根本就不理他。医生没办法，同意了母亲的要求。这时，母亲颤颤悠悠地从口袋里掏出一个布包，一层一层打开，拿出钱交了押金，约好一周后再来镶牙。

两人走后，诊所里的人就开始大骂这个大款儿子，说他穿的是名牌，用的是很贵的手机，可却不舍得花钱给母亲装一副好牙。没想到，正当他们气愤地议论时，大款儿子又回来了。他说："医生，麻烦您给我母亲镶最好的烤瓷牙，费用我来出，多少钱都无所谓。不过您千万不要告诉她实情，我母亲是个非常节俭的人，我不想让她不高兴。"

孝敬父母要注意方式，应该让父母踏踏实实地按他们的习惯行事，做子女的要知道怎么才能让他们高兴，不要把自己的方式强加给他们。如果想要特别关照，一定要用心，不要让他们识破，否则好心反而会让他们不高兴。

26. 母亲为什么要去医院？

    A 生了重病   B 儿子病了
    C 要装假牙   D 要预约看病

27. 儿子开始为什么不理医生？

    A 要抽烟   B 要打电话
    C 舍不得为母亲花钱   D 不想让母亲发现实情

28. 上文主要谈的是：

    A 老人需要假牙   B 大款儿子不孝顺
    C 什么是真正的孝顺   D 好心反而会办坏事

쓰기 제1부분

29-31 제시된 단어를 순서대로 배열하여 문장을 완성해 보세요.

예제 发表　　这篇论文　　什么时候　　是　　的

这篇论文是什么时候发表的?

29. 让她　　坏脾气　　不少委屈　　我的　　受了

30. 网上阅读的人　　喜欢　　8%　　只　　占到

31. 近千年的　　在中国　　这是个　　民间故事　　流传了

쓰기 제2부분

32 제시된 단어를 모두 사용하여 80자 정도의 단문을 써 보세요.

32. 孝顺、惭愧、满足、决心、成就

UNIT 02 谈古说今 고금에 대해 이야기하다

05 济南的泉水
지난의 샘물

듣기 제1부분　　W-05-01

1-6 녹음의 짧은 대화를 듣고 질문에 알맞은 답을 골라 보세요.

1. A 去电视台
   B 做完作业
   C 收拾阳台
   D 洗洗衣服

2. A 女的不想干活儿
   B 女的感冒都好了
   C 男的不喜欢擦地
   D 男的擦地不干净

3. A 要带孩子过去
   B 请他招待朋友
   C 要去北京看他
   D 问候他的情况

4. A 出差
   B 旅游
   C 参加婚礼
   D 看老同学

5. A 美食
   B 风景
   C 京剧
   D 胡同

6. A 菜的味道很好
   B 风景很有特色
   C 感觉有些失望
   D 比想象的美丽

듣기 제2부분

W-05-02

7-14 녹음의 긴 대화 또는 단문을 듣고 질문에 알맞은 답을 골라 보세요.

7. A 没什么印象了
    B 没有宣传的好
    C 风景非常优美
    D 让她想起童年

8. A 不喜欢电影
    B 想去看故宫
    C 哪儿也不想去
    D 走路不太方便

9. A 来参加会议
    B 打算住一周
    C 想要大床房
    D 订了商务间

10. A 以前住在这里
    B 不太喜欢热闹
    C 读的小学很普通
    D 以前常路过这里

11. A 姐弟
    B 夫妻
    C 朋友
    D 母子

12. A 设施非常落后
    B 展馆面积很大
    C 刚进行过装修
    D 观众多很拥挤

13. A 学画已经9年了
    B 大家都抢购他的画
    C 看上去和同龄孩子很不同
    D 9岁就得过许多绘画大奖

14. A 绘画技巧很成熟
    B 作品色彩很丰富
    C 作品充满表现力
    D 有超人的想象力

독해 제1부분

15-18 빈칸 안에 들어갈 알맞은 답을 골라 보세요.

一只狼出去找食物，找了半天都没有收获。偶然经过一户人家，听见房中孩子哭闹，接着___15___来一位老太婆的声音："别哭啦，再不听话，就把你扔出去喂狼吃。"狼一听此言，心中大喜，便守在不远的地方等着。太阳落山了，也没见老太婆把孩子扔出来。晚上，狼已经等得___16___了，转到房前想找机会进去，却又听老太婆说："快睡吧，别怕，狼来了，咱们就把它杀死煮了吃。"狼听了，吓得一溜烟跑回老窝。同伴问它收获___17___，它说："别提了，老太婆说话不算数，___18___，不过幸好后来我跑得快。"

15. A 递　　B 传　　C 听　　D 飘

16. A 不耐烦　　B 不舒服　　C 不要紧　　D 差不多

17. A 任何　　B 如何　　C 怎么　　D 什么

18. A 就是不让我进门　　B 请我到家里做客
　　　C 害得我饿了一天　　D 跟我聊起来没完

독해 제2부분

19-22 지문을 읽고 내용과 일치하는 답을 골라 보세요.

19. 长江是我国最大最长的河流。它全长约6300公里，流域面积约180万平方公里，仅次于非洲的尼罗河和南美洲的亚马孙河，为世界第三长河。长江发源于中国西部，自西而东横穿中国中部，干流流经11个省、自治区、直辖市。长江干流通航里程达2800多公里，素有"黄金水道"之称。

A 长江全长2800多公里
B 长江是重要的航运水道
C 亚马孙河是世界第三长河
D 长江因出产黄金而著名

20. 在中国，风的变化与季节的变化有很大的关系。比如，炎热的夏天，中国大部分地区刮东南风，东南风是从海上刮来的。它带来了温暖潮湿的气流，所以夏季才会温暖、潮湿、多雨。而到了冬天，中国大部分地区开始刮西北风，西北风来自北方寒冷的蒙古、西伯利亚等内陆地区，所以冬季气候通常寒冷、干燥、少雨。

    A 中国的夏季通常会刮西北风
    B 在中国东南风来自内陆地区
    C 在中国不同地区风向也不同
    D 中国的风向变化有季节规律

21. 世界上面积最大的海洋是太平洋，大约占海洋总面积的一半，它还是水最深的大洋。太平洋中岛屿很多，大大小小共有两万多座。太平洋里生长着许多动物和植物，无论是浮游生物和海底植物，还是鱼类与其他动物，都比其他大洋丰富。太平洋底还有着丰富的石油等矿藏。

    A 太平洋的鱼类有两万多种
    B 最大最小的岛都在太平洋
    C 太平洋里的动植物最丰富
    D 太平洋的石油资源最丰富

22. 济南的泉水，历史悠久，最早的文字记载可以推到3000多年前。许多文人都对它的声音、颜色、形状、味道进行过描写，留下了许多赞美泉水的诗文。而济南的老百姓住在泉边，喝着这甜美的泉水，自然对泉水充满感激之情，从而也产生出了许多关于泉水的美丽传说。

    A 文人最喜欢描写泉水味道的甜美
    B 三千年前就有许多赞美泉水的诗文
    C 济南的百姓很感激文人对泉水的描写
    D 在百姓中流传着许多有关泉水的传说

독해 제3부분

23-28 지문을 읽고 질문에 알맞은 답을 골라 보세요.

23-25. 我的爷爷是个玉雕艺人，一辈子不知做过多少精美的玉器。晚年的时候，爷爷的名声在同行里无人不知，许多富人把拥有一件出自爷爷之手的玉器引为骄傲。

爷爷要退休了，他为他的老板干了一辈子，他没有任何过分的想法，只是想得到多年来盼望已久的一块璞玉。爷爷一生为老板赢得了无数财富，这个小小的要求，他觉得老板一定会满足他，却不想老板笑笑说："我正准备要您帮我做最后一个物件，就用这块璞玉，您用出全部的本领，能把它做成什么就是什么！"

爷爷听后，心里暗暗生气。他抱怨老板的无情，自己老了，没有用了，连这点儿情面都不给。爷爷感慨人情冷漠，把全部的失望和恼怒都发到了那块璞玉上，他做了一件非常难看的玉船。

把玉船交给老板后爷爷默默地离开，老板紧赶慢赶追上来，态度诚恳地送给爷爷一个锦缎的盒子："老人家，您为我工作了一辈子，这点儿东西，留给您做个纪念吧！"爷爷打开一看，不禁惭愧地低下了头：盒子里装的正是自己最后做的那件玉船。

23. 根据本文，晚年时的爷爷：

A 非常有名　　　　　　B 非常富有

C 爱抱怨别人　　　　　D 特别骄傲

24. 要退休时，爷爷有什么打算？

A 想痛骂老板一顿　　　B 准备做一件玉船

C 想跟老板要笔钱　　　D 希望得到那块璞玉

25. 关于爷爷的老板，从文中可知：

A 非常小气　　　　　　B 无情无义

C 很感谢爷爷　　　　　D 不想让爷爷走

26-28. 元朝修建北京城时按照严格的规划，城内的主要街道都像棋盘一般整齐划一，井然有序，因此，北京人的方位感特别强。在北京问路，指路的人一般会告诉你路南还是路北。北京的胡同都比较平直规则，大多是东西走向的，而且为了便于通行和采光，元代时规定，城区胡同宽度约为9米，由于两旁房屋低矮，哪怕在冬季，只要是晴天，胡同里便充满阳光。这一规定到明清时就不再那么严格了，这样有些地方就出现了一些不规则的胡同，有长有短，有宽有窄，有横有竖，有直有斜。其中还有许多小胡同，貌不惊人，却留下了许多历史文化印记。

前门大栅栏(Dàshílànr)原本也是一条普通胡同，宽不过七八米，长不过200多米。然而，这里却是北京最古老的商业中心之一。至今在这里仍汇集着许多著名的老字号商家，如同仁堂中药店、瑞蚨祥绸布店、张一元茶叶店、内联升鞋店……

小胡同也有自己的故事。在西城区的大街上，有一条很不起眼的小胡同，叫小羊圈胡同，入口处最窄的地方只有一米多宽，可是谁又能想得到，现代中国的大作家老舍就诞生在这条小胡同里。在老舍的《小人物自述》《四世同堂》《正红旗下》三部著名小说中，他都把小羊圈胡同作为小说主人公生活和活动的舞台，使这条本来名不见经传的小胡同被世人所熟知。小羊圈胡同后来改名为小杨家胡同。

26. 根据本文，北京人的方位感强是因为：

- A 城市不大
- B 街道整齐有序
- C 地名很好记
- D 房屋修建有规定

27. 关于北京的胡同，下列哪项不正确？

- A 多为东西走向
- B 一般宽约为9米
- C 冬季采光不好
- D 多比较平直规则

28. 关于小羊圈胡同，从文中可知：

- A 宽度只有一米多
- B 很不引人注意
- C 是老北京商业中心
- D 老舍在此写了三部小说

쓰기 제1부분

29-31 제시된 단어를 순서대로 배열하여 문장을 완성해 보세요.

예제 发表   这篇论文   什么时候   是   的

这篇论文是什么时候发表的?

29. 强烈的   两种颜色   对比   形成了   这

30. 两千多年前的   于   皮影戏   西汉时期   产生

31. 往往   能   一个人的心态   脸上的表情   反映

쓰기 제2부분

32 제시된 단어를 모두 사용하여 80자 정도의 단문을 써 보세요.

32. 传说、流传、悠久、优美、充满

UNIT 02 谈古说今 고금에 대해 이야기하다

06 除夕的由来
섣달그믐의 유래

듣기 제1부분   W-06-01

1-6 녹음의 짧은 대화를 듣고 질문에 알맞은 답을 골라 보세요.

1.
A 天快要亮了
B 雨下得很大
C 看见了彩虹
D 雨过天晴了

2.
A 除夕
B 元旦
C 大年初一
D 12月31日

3.
A 现在太热了
B 院里不安全
C 要吃晚饭了
D 没时间陪他

4.
A 看过几遍
B 没听说过
C 不感兴趣
D 看不太懂

5.
A 熬夜加班
B 经常失眠
C 很没精神
D 遇到困难

6.
A 对比赛失望
B 堵车迟到了
C 没看成比赛
D 路上迷路了

듣기 제2부분

7-14 녹음의 긴 대화 또는 단문을 듣고 질문에 알맞은 답을 골라 보세요.

7.
- A 在国庆节之后
- B 日历上没有标
- C 常在公历9月
- D 没有固定时间

8.
- A 坚决要放
- B 少买一些
- C 买了就放
- D 今年不放

9.
- A 是北方人
- B 喜欢吃肉
- C 不会包粽子
- D 爱吃肉粽子

10.
- A 很不理解
- B 好奇
- C 绝对相信
- D 觉得有趣

11.
- A 书房
- B 客厅
- C 厨房
- D 卧室

12.
- A 很少看电视
- B 很喜欢睡觉
- C 爱躺着看球
- D 是个足球迷

13.
- A 时间安排合理
- B 充分利用时间
- C 多方面地学习
- D 从不和人聊天儿

14.
- A 喜欢跑步的人
- B 找他帮忙的人
- C 爱议论别人的人
- D 很珍惜时间的人

독해 제1부분

15-18 빈칸 안에 들어갈 알맞은 답을 골라 보세요.

　　一次，奥地利著名作曲家约翰·施特劳斯去美国演出，大为轰动。

　　他身材高大，英俊不凡，特别是他的卷曲长发，很引人注目。一位姑娘想办法得到了一束施特劳斯的长发，当作珍品保存____15____。消息传开，人们____16____向他索要头发留作纪念，一时竟出现了施特劳斯的"头发热"。好心的施特劳斯____17____。于是有些人开始____18____他的头发担心。施特劳斯离开美国时，许多人前来送行。这时，只见他挥着帽子向人们告别，人们看到他的卷曲长发还好好地长在头上，只是他来美国时带来的一条长毛狗变成了短毛狗。

　　不要一味地去满足别人的需求，因为善事是做不完的。聪明的人懂得恰当地"运用"自己的善心。

15. A 过来　　　B 起来　　　C 下去　　　D 出来

16. A 果然　　　B 好像　　　C 纷纷　　　D 暗暗

17. A 一一满足了人们的要求　　B 写了一封长信表达了感谢
    C 向民众公开表示道歉　　　D 生气地拒绝了人们的要求

18. A 给　　　　B 替　　　　C 向　　　　D 对

독해 제2부분

19-22 지문을 읽고 내용과 일치하는 답을 골라 보세요.

19. 传说在很久以前，有个叫作"夕"的怪物，经常出来伤害百姓，百姓对其恨之入骨，但是又十分无奈。它一般在太阳落山后出来害人，到天亮前又会逃得连影子都找不着了；此外，它特别害怕声响。

    A "夕"常在天亮前出现
    B 百姓拿"夕"没有办法
    C "夕"会发出可怕的响声
    D "夕"跑得很快不容易见到

20. 端午节是中国民间传统节日，在每年农历的五月初五。"端"字有"初始"的意思，因此"端五"就是"初五"，而"午"与"五"同音，因此"端五"也就渐渐变为了"端午"。一般认为，端午节与屈原有关。屈原是古代爱国诗人，写过许多优秀作品，看到国家战败而投江自杀。于是人们以吃粽子、赛龙舟等方式来纪念他。

    A 屈原是端午节的创始人
    B 屈原是在这一天战死的
    C 端午节的"午"表示第五日
    D 屈原写过很多关于端午节的诗

21. "小吃"与正餐不同，"小吃"是不到吃饭时间，用来暂时解饿或是吃着玩儿的食物。北京的风味小吃历史悠久、品种繁多、用料讲究、制作精细、独具特色，反映了老北京的韵味。这些小吃过去都在庙会或沿街集市上叫卖，人们无意中就会碰到，老北京人形象地称之为"碰头食"，当然如今都进了小吃店。

    A 小吃一般在正餐之后吃
    B 小吃通常比正餐价钱便宜
    C 北京的小吃种类多、制作精美
    D "碰头食"是一种有名的北京小吃

22. 秋千，据说是古代春秋时期，从我国北方民族地区传入的，后来成为深受妇女、儿童喜爱的传统体育游戏。秋千最初是一根绳子，用手抓绳而荡，后来人们在木架上悬挂两根绳子，下面固定一块横板，人坐或站在板上，两手分别握绳，前后往返摆动。

    A 秋千在春秋时期已非常流行
    B 开始时荡秋千只用一手握绳
    C 荡秋千现在已成为体育比赛
    D 孩子可坐在秋千的板上玩儿

23-28. 지문을 읽고 질문에 알맞은 답을 골라 보세요.

23-25.

过去北京城区和郊区的寺庙几乎都会举办庙会，在祭祀的日子里，有很多人会到寺庙烧香。于是许多小商小贩纷纷赶来，在寺庙内外摆摊售货，久而久之庙会就发展为定期的集市。北京的庙会，最早的记载见于辽代。到了清朝，实际上已经成了民俗活动与集市贸易相结合的活动。北京市民去庙会已不再是去烧香，而是集购物、娱乐、饮食为一体的综合活动，去庙会要说"逛庙会"。

厂甸，是北京市和平门外琉璃厂街与新华街交叉路口一带的地名。在旧京城的众多庙会中，只有厂甸的庙会不是在寺庙内，每年只在春节才有一次，是市民过大年游乐的去处，规模大、京味浓、闻名全国。

厂甸庙会至今已有400多年的历史，新中国成立后，厂甸的庙会仍一直举行，到20世纪60年代初期，依然红火热闹，后来停办了37年。2001年，北京市又恢复了厂甸庙会，内容包括老北京传统花会、旧京民俗老照片展、老天桥绝活表演、京剧等传统剧目演出、特价书市、传统玩具、风味小吃等等，形式多样，异彩纷呈。这些与旧时不同的北京非物质文化遗产展演活动，成为如今厂甸庙会的一道独特风景。

23. 下列哪项不是现在逛庙会的目的？

A 烧香　　　　　　　　B 购物
C 看表演　　　　　　　D 吃小吃

24. 关于厂甸庙会，下列哪项不正确？

A 并不在寺庙举办　　　B 曾中断一段时间
C 规模大、全国闻名　　D 新中国成立后停办

25. 本文最后一段主要介绍了厂甸庙会的：

A 影响力　　　　　　　B 历史意义
C 发展变化　　　　　　D 文化价值

26-28. 壮族自古以来就是一个爱唱山歌的民族，壮族的青年男女在寻找恋人时，往往通过对歌的方式表达爱意。每到歌圩(xū)节时，年轻人会穿上节日的服装，相约来到预定地点，成群对歌。

一般男青年先主动唱"游览歌"，遇到有比较合适的对象，就唱"见面歌"和"邀请歌"，直唱到姑娘满意时，姑娘才答歌。有时，一些笨嘴的小伙子，一直唱了三四个小时姑娘也没反应，只好失望离去，让给唱得更好的青年。得到女方答应，就开始唱"询问歌"，彼此互相了解，便唱"爱慕歌""交情歌"，分别时还会唱"送别歌"，歌词随编随唱，比喻贴切，亲切感人。青年男女经过对歌后，建立一定感情，相约下次歌圩再会。

歌圩上，除对歌外，还举行丰富多彩的体育、游戏等文化娱乐活动，如精彩的抛绣球，有趣的碰彩蛋，热闹的放花炮，以及深受群众喜爱的壮戏等。抛绣球时，男女相对站立，姑娘向意中人扔出绣球，对方如果中意，就在绣球上系上礼物，投还给女方。碰蛋时，小伙子用手上的彩蛋碰姑娘手中的彩蛋，姑娘如果愿意和他做朋友，就留出半边蛋让他碰；不愿意，就整个握住。还有的是甲村向乙村送去彩球，相约还球时举行山歌比赛，如乙村输了，彩球不准送还，来年继续比赛，直到唱赢为止。

26. 根据本文，小伙子看到喜欢的姑娘时，会唱什么歌？

　　A 游览歌　　　　　　　B 邀请歌
　　C 询问歌　　　　　　　D 交情歌

27. 根据本文，甲村向乙村送去彩球时，乙村要做什么？

　　A 送对方彩蛋　　　　　B 跟甲村赛歌
　　C 放花炮欢迎　　　　　D 搞游戏活动

28. 关于歌圩，本文中没有提到什么？

　　A 活动的形式　　　　　B 活动的内容
　　C 活动的目的　　　　　D 活动的时间

쓰기 제1부분

29-31 제시된 단어를 순서대로 배열하여 문장을 완성해 보세요.

예제   发表   这篇论文   什么时候   是   的

这篇论文是什么时候发表的?

29. 会   这东西   有用处的   以后说不定   还

30. 下午   跳舞   整个   他们   都在

31. 楼房   代替了   方盒子   似的   北京原有的平房

쓰기 제2부분

32 제시된 단어를 모두 사용하여 80자 정도의 단문을 써 보세요.

32. 节日、意义、表达、风俗、纷纷

07 成语故事两则
고사성어 두 편

UNIT 03 倾听故事 옛이야기를 귀담아듣다

듣기 제1부분

W-07-01

1-6 녹음의 짧은 대화를 듣고 질문에 알맞은 답을 골라 보세요.

1. A 尾巴
   B 耳朵
   C 身子
   D 牙齿

2. A 屋子外面
   B 屋子里面
   C 窗户外面
   D 足球场上

3. A 夫妻交流
   B 招聘面试
   C 记者采访
   D 同事聊天儿

4. A 金属
   B 石头
   C 木头
   D 塑料

5. A 不愿意蹲下
   B 想被人发现
   C 准备去那边
   D 不会被看见

6. A 支持
   B 肯定
   C 否定
   D 兴奋

듣기 제2부분

7-14 녹음의 긴 대화 또는 단문을 듣고 질문에 알맞은 답을 골라 보세요.

7. A 这次考试太难
    B 最近不太认真
    C 考前没有复习
    D 熬夜精神不好

8. A 应该开空调
    B 开电扇就够
    C 天气很凉快
    D 电扇很费电

9. A 非常重要
    B 不需要保护
    C 失去了生命力
    D 没有办法保护

10. A 唱歌比赛
    B 射箭比赛
    C 智力问答
    D 机器维修

11. A 中国当代故事
    B 中国传统故事
    C 外国当代故事
    D 外国传统故事

12. A 饿死的
    B 冻死的
    C 渴死的
    D 累死的

13. A 春天
    B 夏天
    C 秋天
    D 冬天

14. A 天真的
    B 小气的
    C 周到的
    D 坦率的

독해 제1부분

15-18 빈칸 안에 들어갈 알맞은 답을 골라 보세요.

　　昨天的数学考试里有一道很有意思的题：有三张大小一样的卡片，上面画着不同的画。把它们__15__从中间剪开，每一张都分成上下两部分。然后把三张卡片的上半部分都__16__，把下半部分都放进第二个盒子中。拿起两个盒子摇一摇，打乱__17__的卡片，从每个盒子中各__18__一张。请问，有多大的可能，两个部分正好可以拼成原来的画？

15. A 特别　　　B 分别　　　C 区别　　　D 个别

16. A 藏起来　　　　　　　B 放进第一个盒子里
　　　C 放在桌子上　　　　　D 放在一个塑料袋里

17. A 表面　　　B 片面　　　C 对面　　　D 里面

18. A 伸出　　　B 挣出　　　C 摸出　　　D 扶出

독해 제2부분

19-22 지문을 읽고 내용과 일치하는 답을 골라 보세요.

19. 西汉时期有一位著名的将军叫李广，他善于骑马射箭，作战勇敢，被称为"飞将军"。他曾经有一次把一块大石头当成了老虎，结果把一整支箭都射进了石头中。士兵们都惊呆了。

　　A 李广是唐朝的将军
　　B 李广功夫很好，会飞
　　C 李广射死了一只老虎
　　D 李广把石头当成了老虎

20. 一个勤劳善良的农民,收获了一个好大好大的西瓜。他把这个西瓜献给国王,国王很高兴,赏给农民一匹高大结实的马。很快,这件事大家都知道了。有个富人心想:献个西瓜,就能得到一匹马;如果献一匹马,国王会赏给我多少金银或者美女呢?于是富人向国王进献了一匹好马。国王同样很高兴,告诉身边的人:"把那个农民献的大西瓜赏给这个献马的人吧。"

   A 农民向国王进献了一匹好马
   B 富人希望能得到更多的赏赐
   C 国王赏给了富人金银和美女
   D 国王对富人的进献很不满意

21. 甲骨文是刻在龟甲、兽骨上的文字。从1899年开始,大约出土了10万多片甲骨,所见单字总数近5000个,其中只有1000多字能够被准确辨认。现已发现的甲骨文大部分属于商朝时期。最早发现于河南安阳小屯的殷墟,所以又称"殷墟文字"。

   A 甲骨文的"甲"是指龟甲
   B 甲骨文都已被辨认出来了
   C 甲骨文都是商朝时的文字
   D 甲骨文都是在河南发现的

22. 汉语中的第三人称代词"她",是现代诗人刘半农首创的。古代汉语中没有"她"字,第三人称不分男女,一律写成"他"。到五四时期,曾在法国留学的刘半农觉得,白话文的兴起,加上翻译介绍外国文学作品的增加,第三人称代词使用频繁,仅仅一个看不出性别的"他"是不够的。于是,1917年,刘半农在翻译一个英国戏剧时,用了自己创造的"她"字。

   A 汉语中的第三人称代词只有一个
   B 刘半农五四时期曾经在英国留学
   C 古汉语中指称女性也用"他"字
   D "她"字与白话文是同年出现的

독해 제3부분

23-28 지문을 읽고 질문에 알맞은 답을 골라 보세요.

23-25. 　　古时候有个人，我们暂且叫他张三吧。张三辛苦了大半辈子，存了三百两银子。他心里很高兴，但是也很苦恼，怕有人把他的银子偷走，不知道放在哪里才安全。带在身上吧，不方便；放在抽屉里，觉得不妥当；放在床底下，好像还是容易被偷……他捧着银子，冥思苦想了半天，终于想到了一个自以为巧妙的办法。

　　当天晚上，他趁着夜深人静，找了一个箱子，把银子放在箱子里，然后在自家院子里的墙角边挖了个坑，把箱子埋在里面。埋完了他还是不放心，害怕别人怀疑这里藏了银子，于是就在白纸上写了"此地无银三百两"七个大字，贴在坑边的墙上，这才放心地睡觉去了。

　　这一整天，他心神不宁的样子早就被邻居王二看到了。第二天半夜，王二悄悄溜进他家的院子，把三百两银子都偷走了。王二看着白花花的银子又激动又担心。为了不让张三知道是他偷了银子，便在"此地无银三百两"的下面加上了一句"隔壁王二不曾偷"。

　　后来，人们就用这两句话来形容人自作聪明，本来想要隐藏起来、不让别人知道的事情，反而暴露了。使用时，这两句话也可以简化成"此地无银"。还有"不打自招""欲盖弥彰"等成语，都有类似的意思。

23. 张三把银子藏在了：

　　A 抽屉里　　　　　　　　B 床底下
　　C 墙里面　　　　　　　　D 地底下

24. 王二为什么要留下一句话？

　　A 他的书法很好　　　　　B 怕张三怀疑他
　　C 想让张三来找他　　　　D 怕张三不知道他是谁

25. 下列词语，哪个与"此地无银"的意思无关？

　　A 自作聪明　　　　　　　B 不打自招
　　C 欲盖弥彰　　　　　　　D 远亲不如近邻

26-28. 普通话中有四个声调，通常叫四声，我们依次把它们称为"阴平、阳平、上声（'上'读第三声）、去声"。

标声调首先要读准字音，这样就不会标错第几声。但在读准音的情况下还请记住，标声调有一个规律：所有声调都是标在韵母上的。不过，标在哪个韵母上也有一定要求。

根据《汉语拼音方案》的规定，"声调符号标在音节的主要母音上"。主要母音就是主要元音，也就是韵母的韵腹。有a、o、e的韵母，a、o、e就是主要元音；以单元音i、u、ü作为韵母的，i、u、ü就是主要元音。简单地说就是一般按元音的开口大小标调，即a-o-e-i-u-ü的顺序，都是标在开口大的上面。不过韵母iou、uei、uen省略成iu、ui、un后，韵腹o、e不见了，调号标在哪里呢？现在的习惯办法是标在后一个元音字母上，即标在iu的u、ui的i上，un当然标在u上。有句顺口溜可以帮助我们记忆："有a在，把帽戴；a要不在，o、e戴；要是i、u一起来，谁在后面给谁戴。"

汉语中还存在着一种特殊声调，叫作轻声，有时也叫第五声，它也能够起到分辨语义的作用，写汉语拼音时不标调号。也有学者认为"第五声"的说法并不确切。

26. 汉语拼音中的"阴平"指的是：

A 第一声 B 第二声

C 第三声 D 第四声

27. 根据《汉语拼音方案》，下列拼音中正确的是：

A 瞎 xīa B 说 shūo

C 摇 yaó D 慧 huì

28. 关于轻声，下列说法正确的是：

A 轻声是四声中的一种 B 轻声不能区别词义

C 轻声书写时没有相应的调号 D 学者们对轻声的看法一致

쓰기 제1부분

29-31 제시된 단어를 순서대로 배열하여 문장을 완성해 보세요.

예제 发表　　这篇论文　　什么时候　　是　　的

这篇论文是什么时候发表的?

29. 我　　了　　五六支箭　　连续　　射

30. 一定能　　寻找到　　相信　　你　　最终的结论

31. 他说这话　　反应过来　　我　　完全没有　　的时候

쓰기 제2부분

32 제시된 단어를 모두 사용하여 80자 정도의 단문을 써 보세요.

32. 智慧、尽力、善于、反应、分别

UNIT 03 倾听故事 옛이야기를 귀담아듣다

08 "朝三暮四"的古今义
'조삼모사'의 고금 의미

듣기 제1부분 W-08-01

1-6 녹음의 짧은 대화를 듣고 질문에 알맞은 답을 골라 보세요.

1. A 语音
   B 汉字
   C 词汇
   D 语法

2. A 堵车了
   B 门口人多
   C 没抢到票
   D 被人拦住了

3. A 双音节词增加了
   B 双音节词减少了
   C 多音节词增加了
   D 多音节词减少了

4. A 抱怨的
   B 惭愧的
   C 鼓励的
   D 无奈的

5. A 太小
   B 很好
   C 很特别
   D 太贵了

6. A 别限制自己
   B 要减肥
   C 女的在胡说
   D 吃得不多

듣기 제2부분

7-14 녹음의 긴 대화 또는 단문을 듣고 질문에 알맞은 답을 골라 보세요.

7. A 夫妻
   B 母子
   C 同事
   D 师生

8. A 主食
   B 蔬菜
   C 肉类
   D 水果

9. A 抱怨
   B 委屈
   C 询问
   D 安慰

10. A 已经想了很多办法
    B 已经试过这个办法
    C 这是最好的方式
    D 还需要更多时间

11. A 盲人摸象
    B 朝三暮四
    C 全神贯注
    D 相敬如宾

12. A 结构特点
    B 意义特点
    C 使用特点
    D 历史特点

13. A 来尝兔子兄弟的饼
    B 来看兔子兄弟的饼
    C 来帮兔子兄弟分饼
    D 来送给兔子兄弟饼

14. A 狐狸
    B 兔哥哥
    C 兔弟弟
    D 都没吃到

독해 제1부분

15-18 빈칸 안에 들어갈 알맞은 답을 골라 보세요.

　　如果你常常在手机或电脑上跟人聊天儿的话，相信你除了输入文字，一定也用过___15___。有了它，互联网时代的我们变得越来越懒。以前我们想要表达一种意思，比如___16___，可能需要花时间打出一句___17___的话；而现在，只要轻松地点一个笑脸就好了。不过，也有专业人士怀疑它的发展前景，他们___18___并不认为这种方式能够一直被大范围应用下去。

15.　A 表演　　　B 表情　　　C 表面　　　D 表达

16.　A 我很生气　B 我很吃惊　C 我很高兴　D 我很伤心

17.　A 完整　　　B 整齐　　　C 整个　　　D 整体

18.　A 相信　　　B 相似　　　C 似的　　　D 似乎

독해 제2부분

19-22 지문을 읽고 내용과 일치하는 답을 골라 보세요.

19.　从前有位老人，他很喜欢动物，便喂养了一群猴子当宠物。相处久了，他们的关系越来越好，彼此居然可以从表情、声音和行为举止中了解对方的意思。所以，虽然猴子不会说话，他们仍然可以很好地交流。

　　A 老人把猴子当朋友
　　B 他们通过语言互相交流
　　C 他们之间的关系不太好
　　D 他们能理解对方的意思

20. 你永远是别人嘴里的故事，而别人的故事又永远在你的嘴里。结果故事从你的嘴到别人的耳朵，然后再从别人的嘴到另一个人的耳朵，就这样一路流传下去。最后你会听到你的故事，是一个热心的人好意过来告诉你的。你听完了，却不知道那是你的故事，因为在你的身上，从来没有发生过如他嘴里所叙述的那样的故事。到底那是谁的故事？噢，原来是集体创作。

   A 每个人都喜欢给别人讲故事
   B 大家希望别人知道自己的故事
   C 故事在流传的过程中会有变化
   D 大家一起商量写了一个故事

21. 恋人们之间彼此常有亲昵的称呼。有的国家，恋人用小动物相称，如维也纳人称自己的心上人为"我的小蜗牛"；有的国家以植物相称，如日本人称其恋人为"美丽的山花"；还有的国家用食物称呼自己的情人，如美国人叫"蜜糖"，波兰人称"饼干"。

   A 每对恋人之间都有昵称
   B 蜗牛是一种植物的名称
   C "美丽的山花"是日本人用的
   D "蜜糖、饼干"都是人的名字

22. 强烈的需要会成为某一时期消费行为的决定性力量。但是，某一需要最终转换为消费行为还取决于消费者个人的习惯、个性和家庭的收入总水平与财产额的高低，以及家庭规模与结构的特点。

   A 消费行为与需要无关
   B 消费行为与财产有关
   C 消费行为与性别有关
   D 消费行为与收入无关

독해 제3부분

23-28 지문을 읽고 질문에 알맞은 답을 골라 보세요.

23-25. 就讲单一语言的人口而言，汉语是世界上最大的语种，以汉语为母语的人有十几亿。

我们平时说的汉语，其实更多时候指的是普通话。普通话是中国不同民族间进行沟通交流的通用语言，以北京语音为标准音，以北方话为基础方言，以典范的现代白话文著作为语法规范。而汉语中还包括很多方言，如北方方言、吴方言、粤方言、闽方言、赣方言、湘方言和客家话。

汉语缺少严格意义的形态变化，这是汉语和印欧语言的根本区别，并由此产生了一系列其他特点：第一，同样的词，语序不同，组成的短语或句子就不一样。第二，汉语词类和句法成分的关系复杂，并不对应，如名词，既可以做主语、宾语，也可以做定语、状语，在一定的条件下甚至还可以做谓语。第三，音节的多少会影响语法形式，例如，有些双音节词就要求跟其他的双音节或多音节词一起使用，而不能用同样意义的单音节词，比如我们可以说"显得高兴、显得格外美丽"，但不能说"显得高"，必须说"显得很高"。

随着社会的发展，汉语也处于不断的变化完善中。所以，要学好汉语，我们也必须关注汉语的新发展。

23. "七大方言"不包括：

A 北方方言　　　　　　　B 湘方言
C 普通话　　　　　　　　D 客家话

24. 下列哪项反映了汉语的语序特点？

A 汉语不说"三个学生们"　　　B "固定座位"和"座位固定"不同
C 可以说"今天星期一"　　　　D 不能说"互相帮"

25. 关于汉语的描述，下列哪项正确？

A 普通话以北京语音为标准音　　B 汉语属于印欧语言
C 汉语词类与句法成分一一对应　D 汉语是固定不变的

26-28.

"不得要领"这个成语来源于《史记》。成语中的"要",即"腰",指衣腰;"领"指衣领。古人上衣下裳,提上衣时拿着衣领,提下裳时拿着腰的部分。所以"要领"比喻人的主要意思或态度。"不得要领"现在一般用来形容说话、写文章抓不住要点或关键。

《史记》中记载了汉武帝初即位的时候,听说北方的月氏人对匈奴人怀着强烈的仇恨,他们想攻打匈奴,但得不到别国的帮助。当时,武帝正想消灭匈奴。听了这话,就招募了张骞作为使者,出使月氏。

要到月氏去,必须经过匈奴,很不幸,张骞经过匈奴的时候被抓住了。匈奴的王把张骞扣留下来,并且对他说:"月氏在我们的西北,你们汉人怎么能穿过我们的地方,出使到那里去?如果我们要出使到越国去,你们能让我们去吗?"就这样,张骞被匈奴扣留了十多年,还在那里成了家,生了儿子。

后来,匈奴放松了对张骞的监视,他就与随从们一起逃走了。在其他国家的帮助下,终于找到了月氏人西迁以后建立的大月氏。但是,现在月氏国人已经立了被杀国王的太子为新国王,在新土地上定居了下来。那里物产丰富,没有战争,他们只想过太平的日子,不再有向匈奴报复的心愿了。张骞谈的夹击匈奴的事月氏人并不感兴趣,他在那里停留了一年多,劝说一直抓不住要点,不得要领,始终不能得到月氏对与汉共击匈奴之事的明确表态,最后只得起程回国。

26. "不得要领"中的"领"是指:

A 领带 B 领导
C 本领 D 衣领

27. "不得要领"的故事发生在什么时候?

A 汉武帝在位的时候 B 汉武帝攻打匈奴的时候
C 建立大月氏的时候 D 写《史记》的时候

28. 为什么说张骞"不得要领"?

A 被抓住了 B 在匈奴成了家
C 没有找对地方 D 没有把握劝说的要点

쓰기 제1부분

29-31 제시된 단어를 순서대로 배열하여 문장을 완성해 보세요.

예제　发表　　这篇论文　　什么时候　　是　　的

这篇论文是什么时候发表的?

29.　固定的　　产品　　有　　这种　　消费群体

30.　把　　完整地　　请你　　昨晚的经历　　叙述一遍

31.　不　　家庭的财力　　他的需要　　满足　　能

쓰기 제2부분

32 제시된 단어를 모두 사용하여 80자 정도의 단문을 써 보세요.

32.　相处、对方、调皮、行为、似乎

UNIT 03 倾听故事 옛이야기를 귀담아듣다

09 别样鲁迅
루쉰의 또 다른 모습

듣기 제1부분　　　　　　　　　　　　　　　　　W-09-01

1-6 녹음의 짧은 대화를 듣고 질문에 알맞은 답을 골라 보세요.

1. A 他只吃不做
   B 他不会做饭
   C 他很会种粮食
   D 他很了解美食

2. A 女的是专家
   B 女的是记者
   C 女的很有想法
   D 女的写了一篇文章

3. A 同意
   B 拒绝
   C 担心
   D 委屈

4. A 不清楚
   B 排名第一
   C 排名最后
   D 不方便说

5. A 资料并不宝贵
   B 资料很难保存
   C 已经保存好了
   D 可以送给女的

6. A 作者是鲁迅
   B 写于1924～1925年
   C 是一部长篇小说
   D 共收录11篇小说

듣기 제2부분

7-14 녹음의 긴 대화 또는 단문을 듣고 질문에 알맞은 답을 골라 보세요.

7.
   A 很豪华
   B 他没有去过
   C 适合朋友聚会
   D 周末可能没座位

8.
   A 需要借钱
   B 已经借到钱
   C 没有办法赚钱
   D 不想跟男的借钱

9.
   A 夫妻
   B 朋友
   C 同事
   D 师生

10.
    A 自己家
    B 小饭馆儿
    C 学校食堂
    D 高档酒店

11.
    A 齐国
    B 鲁国
    C 楚国
    D 赵国

12.
    A 创立了道家学派
    B 共有72个学生
    C 一直在家乡教学
    D 对后世影响很大

13.
    A 现代人
    B 文学家
    C 政治家
    D 运动员

14.
    A 利用桶的重量
    B 利用水的浮力
    C 伸手进树洞去取
    D 请大人们来帮忙

독해 제1부분

15-18 빈칸 안에 들어갈 알맞은 답을 골라 보세요.

　　新员工培训的时候，为了在群体中比别人更早地 __15__ 出自己的领导能力，很多人会 __16__ 着做事，希望占据主动地位。其实， __17__ 。你应该把更多的心思花在如何完成任务上，想办法提出比别人更有价值的操作方式；另外，领导力并不等于事事都要 __18__ 去做，而是要懂得如何信任和尊重自己的团队成员，让每个人发挥自己的作用。

15. A 表演　　　B 显得　　　C 表现　　　D 表达

16. A 挣　　　　B 抢　　　　C 挡　　　　D 摸

17. A 这种做法是对的　　　　B 没有人会这样做
　　C 培训以后才应该这样　　D 这种做法并不正确

18. A 亲自　　　B 亲口　　　C 各自　　　D 个人

독해 제2부분

19-22 지문을 읽고 내용과 일치하는 답을 골라 보세요.

19. 鲁迅大方好客且喜欢美食，常与朋友三五个人一起边吃边聊。有时甚至会直接让广和居送外卖到家里，在家招待朋友。当然最重要的还是因为广和居有鲁迅喜欢的菜。那里的菜既有高档的，也有适合普通百姓的，样样都让人有胃口。

　　A 鲁迅喜欢独自享受美食
　　B 鲁迅喜欢广和居的环境
　　C 广和居有外卖服务
　　D 广和居的菜价较贵

20. 徐霞客是明末地理学家，经34年旅行，写有名山游记17篇和《浙游日记》等多部著作，除散佚者外，剩有60余万字游记资料，死后由他人整理成《徐霞客游记》。世传本有10卷、12卷、20卷等数种，主要按日记述作者1613—1639年间旅行观察所得，对地理、水文、地质、植物等现象，均做了详细记录，在地理学和文学上都有重要的价值。

A 徐霞客是清朝人
B 《徐霞客游记》是一部著名小说
C 《徐霞客游记》是他晚年的著作
D 《徐霞客游记》记录了他旅行观察所得

21. 1970年，威廉·莎士比亚登上了英镑纸币。此后，纸币上相继迎来了大批文化名人。目前，英国人使用的20英镑纸币上印着的是英国著名经济学家亚当·斯密，这一点儿也不令人感到意外。不过，在未来的三到五年里，我们将看到市面流通的20英镑上出现某位艺术家的肖像。至于是谁，我们还不知道，但可以肯定的是，这位艺术家一定是非常受人欢迎的，因为他(她)将从公众提名中产生。

A 莎士比亚是第一位肖像被印在英镑上的文化名人
B 亚当·斯密是英国一位著名的艺术家
C 出现在新英镑上的艺术家人选已确定
D 出现在新英镑上的艺术家由政府选出

22. 本书共选入郁达夫诗歌180余首、散文47篇。郁达夫的诗歌，绝大多数是旧体诗词，其中不乏优秀之作。这些旧体诗歌，雄浑瑰丽，佳句迭出，既闪烁着中国古典诗歌的神韵，又流动着新鲜浓烈的现代生活气息，为这位现代作家赢得了令人艳羡的显赫诗名。这在20世纪中国文学史上也是稀有的现象。

A 本书是郁达夫的诗歌集
B 郁达夫写的主要是现代诗
C 郁达夫的诗在文学史上地位不高
D 郁达夫的诗有传统的形式、现代的内容

독해 제3부분

23-28 지문을 읽고 질문에 알맞은 답을 골라 보세요.

23-25. 东晋时期有个叫王忱的人，他在少年时代就显露出才气，很受亲友的推崇。

他的舅父范宁，是当时著名的学者，对王忱也很器重，有著名文士拜访，他总让王忱到场接待。有一次，王忱去看望舅父，遇到了比他早出名的张玄。范宁要他俩交流交流。张玄早就听说王忱志趣不凡，很想与他交谈。他年龄比王忱要大，自然希望王忱先跟自己打招呼，就整理好衣服，端端正正地坐着等候。不料，王忱见张玄这等模样，也默默坐着，一言不发。张玄见他这样，自己又放不下架子，对坐了一会，闷闷不乐地离去了。事后，范宁责备王忱说："张玄是吴中的优秀人才，你为什么不好好与他谈谈？"王忱傲慢地回答说："他要是真心想和我来往，完全可以来找我谈嘛。"范宁听了这话，倒反而称赞起外甥来了："你这样才华出众，真是后起之秀。"王忱笑着回答说："没有您这样的舅父，哪来我这样的外甥？"

23. 范宁是王忱的：

A 老师 B 朋友
C 舅舅 D 外甥

24. 张玄为什么不主动跟王忱打招呼？

A 他不认识王忱 B 他的年龄比王忱大
C 他看不起王忱 D 他的衣服还没整理好

25. 范宁用"后起之秀"这个词来表示对王忱的：

A 责备 B 批评
C 怀疑 D 欣赏

26-28.

1926年在厦门大学教书时，鲁迅先生曾到一家理发店理发。理发师不认识鲁迅，见他衣着简朴，就穿着一件旧长袍和一双旧布鞋，心想他肯定没几个钱。于是，理发师冷冰冰地叫鲁迅坐下，马马虎虎地给理了个发。对此，鲁迅不仅没有生气，反而在理完后极随意地掏出一大把钱给他，数也没数就出门离开了。理发师一点钱数，远远超出了应付的数额，不禁喜形于色。

过了一段日子，鲁迅又来到这家理发店。理发师一眼就认出了他，立即迎上去献殷勤。虽然鲁迅仍是上次那身打扮，但理发师拿出了全部看家本领，满脸写着谦恭，慢工细活地做，足足用了一个多小时，还不时敬烟递茶。不料理毕，鲁迅并没有再显豪爽，而是照价付款，一个子也没多给。

理发师觉得很奇怪："先生，您上回那样给，今天怎么这样给？"鲁迅笑笑："您上回给我乱剪，所以我也就乱给；这回您认认真真地理，我就规规矩矩地给了。"理发师听了大窘。

26. 第一次理发师态度为什么不好？

A 他心情不好　　　　　　　B 他急着出门

C 鲁迅穿得不像有钱人　　　D 鲁迅没给够钱

27. 第二次鲁迅先生为什么没有多给钱？

A 他带的钱不够　　　　　　B 他觉得理得不好

C 他没有抽烟喝茶　　　　　D 他要教训理发师

28. 第二次鲁迅付款以后，理发师非常：

A 高兴　　　　　　　　　　B 不解

C 生气　　　　　　　　　　D 平静

쓰기 제1부분

29-31 제시된 단어를 순서대로 배열하여 문장을 완성해 보세요.

예제   发表　　这篇论文　　什么时候　　是　　的

这篇论文是什么时候发表的?

29. 因为　　而　　他　　戒了酒　　胃病

30. 地道的　　你　　这　　快尝尝　　传统点心

31. 他　　平均　　要　　招待一次客人　　每两个星期

쓰기 제2부분

32 제시된 단어를 모두 사용하여 80자 정도의 단문을 써 보세요.

32. 表现、大方、形象、作为、曾经

UNIT 04 ▶ 走近科学 과학에 접근하다

10 争论的奇迹
논쟁의 기적

듣기 제1부분　　　　　　　　　　　　　　　　　　　　　W-10-01

1-6　녹음의 짧은 대화를 듣고 질문에 알맞은 답을 골라 보세요.

1.　A　马比青蛙跳得远
　　B　不着地时跑得快
　　C　马的四蹄都不落地
　　D　不会四蹄都不着地

4.　A　紧张不安
　　B　非常生气
　　C　感到自豪
　　D　感到惭愧

2.　A　饭馆
　　B　公司
　　C　机场
　　D　火车站

5.　A　电脑坏了
　　B　工作很忙
　　C　在学习电脑
　　D　买了新电脑

3.　A　曾经去过欧洲
　　B　丈夫是摄影师
　　C　喜欢摄影艺术
　　D　做过婚礼主持

6.　A　学过英语
　　B　爱看电视
　　C　视力不好
　　D　拍过电影

듣기 제2부분

7-14 녹음의 긴 대화 또는 단문을 듣고 질문에 알맞은 답을 골라 보세요.

7.
- A 得过很多奖
- B 儿子很喜欢
- C 一直不被肯定
- D 创作时间不长

8.
- A 头顶
- B 脖子
- C 鼻子
- D 嗓子

9.
- A 男的想扔掉
- B 磨出一个洞
- C 颜色变浅了
- D 吃饭时弄脏了

10.
- A 外公
- B 姑姑
- C 舅舅
- D 太太

11.
- A 爱好摄影
- B 不喜欢手机
- C 从事摄影工作
- D 受过专业培训

12.
- A 拿着太重
- B 使用复杂
- C 价钱太贵
- D 功能简单

13.
- A 坐电梯的
- B 上辅导班的
- C 室外活动的
- D 玩儿游戏机的

14.
- A 工作负担重
- B 家务做不完
- C 反对孩子玩儿
- D 孩子作业太多

독해 제1부분

15-18 빈칸 안에 들어갈 알맞은 답을 골라 보세요.

　　有一个制作眼镜的荷兰人，名叫汉斯·李普希。一天，他的孩子们悄悄溜进他工作的地方，去摆弄那些玻璃透镜。其中一个孩子拿起两片透镜　15　窗外望去。他非常吃惊地发现远处的教堂看上去竟然那么近、那么大，于是便叫父亲来看。父亲急忙跑来，　16　，就这样，汉斯的儿子　17　获得了一项重大发现。他发现如果把一个透镜贴近眼睛，而把另一个稍微远离眼睛，那么远处的物体看上去就会大一些近一些。时隔不久，一位名叫伽利略的意大利科学家听说了此项发现，于是立即着手用两片透镜制造出了望远镜。

　　自伽利略于1609年制造出第一个望远镜后，科学家们陆续制造出更大更好的望远镜。正是望远镜打开了　18　向天文世界的大门。有了它们，天文学家在太空中看得越来越远。

15. A 对　　B 朝　　C 从　　D 由

16. A 好奇地让儿子解释　　B 见此情景也非常吃惊
C 把儿子严肃地批评了一顿　　D 耐心地安慰着急的儿子

17. A 仍然　　B 突然　　C 果然　　D 偶然

18. A 通　　B 飞　　C 冲　　D 去

독해 제2부분

19-22 지문을 읽고 내용과 일치하는 답을 골라 보세요.

19. 经过艰苦的试验，电影拍摄技术逐渐改进、成熟。1895年12月28日，法国人卢米埃尔兄弟在巴黎第一次向公众播放了短片《火车到站》，这一天后来成为电影产生的纪念日，兄弟俩也成为历史上最早的电影导演。

A 《火车到站》深受观众好评
B 最早的电影是在巴黎公映的
C 卢米埃尔发明了电影拍摄技术
D 1895年12月28日举办了第一届电影节

20. 年画是中国一种古老的民间艺术，同时也是中国社会历史、生活、信仰和风俗的反映。每逢过农历新年人们都会买几张年画贴在家里，差不多每家都是如此，由大门到厅房，都贴满了各种花花绿绿、象征吉祥富贵的年画，新春之所以充满欢乐热闹的气氛，年画在这里起着不小的作用。

   A 年画主要贴在民居的大门上
   B 年画为新年增添了喜庆的气氛
   C 年画都用红纸剪成，象征着吉祥
   D 年画反映了中国农村的社会生活

21. 20世纪60年代还没有电脑制作，动画制作全靠手中的一支画笔。一般来说，10分钟的动画影片要画7000到10000张原动画，可以想见一部《大闹天宫》工程的巨大。整个原动画绘画阶段每天都在重复同样的工作，41分钟的上集和72分钟的下集，仅绘制原动画就耗时近两年。

   A 仅靠手工绘制动画非常费时间
   B 《大闹天宫》的原动画大约有10000张
   C 创作《大闹天宫》前后花费了近两年时间
   D 《大闹天宫》的动画制作是利用电脑完成的

22. 茶叶的种类很多，乌龙茶就是其中特色鲜明的一种。据说它是因创造人为清代人苏乌龙而得名，又因色泽青褐而称"青茶"。它是一种部分发酵茶，既不同于不发酵的绿茶，也不同于全发酵的红茶，性质介于二者之间。因为发酵不充分，因此乌龙茶既具有绿茶清香甘鲜的特点，又具有红茶浓香芬芳的优点，可谓吸取两者长处于一身，一个"香"字，赢得了众多茶人的喜爱。

   A 青茶是乌龙茶中的一种
   B 绿茶是一种全发酵的茶
   C 红茶具有清香甘鲜的特点
   D 乌龙茶兼具绿茶和红茶的优点

독해 제3부분

23-28 지문을 읽고 질문에 알맞은 답을 골라 보세요.

23-25. 爱因斯坦出任荷兰莱顿大学特邀教授时，给学生讲的第一堂课是：成功的秘诀。

爱因斯坦拿着一个盒子走上讲台，从盒子里拿出一块又一块骨牌，在桌子上像搭积木一样地搭起来，搭到二十几块时，骨牌哗啦倒了，他不紧不慢地捡起来接着搭。当爱因斯坦搭到四五次时，平静的礼堂开始骚动。但爱因斯坦依然慢条斯理地搭了倒、倒了再搭……

30分钟过去了，学生们开始纷纷离去。也有学生帮爱因斯坦搭，这时他们发现，盒子里大约有50块骨牌，他们搭起不到40块就倒了。学生又一个个离去，只剩一名学生仍然固执地搭。又过了一个小时，那个学生终于将50块骨牌全部搭了起来。

爱因斯坦高兴地开口了："祝贺你成功了，有什么感想吗？"学生思考了一下，说："每搭一次，都有新的发现。"原来，他在搭时，发现有的骨牌略带磁性，能吸在一起，他就把带磁性的骨牌都搭在下面。倒了再搭时，他又发现骨牌轻重不一，他又把重的搭在下面，就这样反复几次，便全部搭了起来。

爱因斯坦说："成功就是不断发现问题解决问题的过程，同时还要有足够的耐心去做，所以成功的秘诀就是：简单的事情重复做。"

那位搭骨牌的学生就是后来爱因斯坦的同事，美国著名物理学家、思想家和教育家——惠勒。

23. 爱因斯坦讲第一堂课时：

A 用骨牌盖房子　　　　　　　B 在桌子上搭骨牌
C 和学生们玩儿骨牌　　　　　D 讲骨牌的游戏规则

24. 根据本文，30分钟后，发生了什么情况？

A 学生把他赶出教室　　　　　B 学生们吵着要下课
C 有人搭起了全部骨牌　　　　D 学生陆续离开教室

25. 爱因斯坦搭骨牌是想告诉学生成功的秘诀是：

A 要仔细观察事物　　　　　　B 简单的事情重复做
C 要善于发现问题　　　　　　D 耐心听别人的建议

26-28. 茅膏菜是一种外表漂亮的矮小植物，它们看上去那么小，似乎没有什么伤害力。它的叶子的边缘布满细小的绒毛，这些绒毛上沾着液体，看上去闪闪发亮。对昆虫而言，这种植物看上去像不错的食物。可是一旦昆虫降落在它的叶片上，叶边绒毛上的液体就会使其不能动弹。于是，茅膏菜就用自己的枝叶把昆虫包裹起来，继而吃掉它们。

很多年前，英国生物学家达尔文对这种茅膏菜很感兴趣。他很想知道这种植物除了昆虫是否还猎食其他的食物。于是他放了一些细小的烧羊肉在黏黏的叶子上，这种植物居然狼吞虎咽地把它们一扫而光。接着，达尔文试着把少量牛奶、鸡蛋和其他细小的食物放到叶子上，茅膏草对它们甚是喜爱，竟然来者不拒，统统吃光。

食肉植物有很多种，茅膏菜只是其中的一种。这些食肉植物捕捉昆虫的方法各异。有些像茅膏菜一样，用它们细小的绒毛粘住猎物。有的则像猪笼草那样，用自身鲜亮的颜色吸引昆虫。当昆虫降落到猪笼草色彩鲜丽的花瓣上时，昆虫就会自行掉下去，然后滑进光滑的植物内部。猪笼草的底部是一个盛满液体的池子，其中的液体含有特殊的化学物质，能把昆虫分解成植物所需的营养。

狸藻类植物也是一种食肉植物，它们大部分生长在水中。这种植物的侧面都有一个活动的盖，当昆虫靠近狸藻的细小绒毛时，它的活盖板门就会打开，这样昆虫就会掉进去。

还有一种植物收集雨水，当昆虫前来喝水时，它们就不能逃开了。原因是这种植物上布满粉末，一旦昆虫沾上这些粉末就动弹不得。一位名叫德兰·菲什的科学家在一个花园的栅栏边放了四株这种植物，你知道吗？在短短八天的时间内，这四株植物竟然捕捉了136只昆虫！

26. 本文主要介绍的是：

A 茅膏菜   B 猪笼草
C 食肉植物   D 狸藻类植物

27. 达尔文观察后，发现茅膏草：

A 只对昆虫感兴趣   B 特别喜欢烧羊肉
C 任何肉食都爱吃   D 不吃牛奶、鸡蛋

28. 德兰·菲什研究的植物靠什么捕食昆虫？

A 粉末   B 活盖板门
C 绒毛   D 底部的池子

쓰기 제1부분

29-31 제시된 단어를 순서대로 배열하여 문장을 완성해 보세요.

예제 发表   这篇论文   什么时候   是   的

这篇论文是什么时候发表的?

29. 由此   或许   将   走向精彩   你的人生

30. 都是   进行的   整个讨论   围绕   去留问题

31. 始终表现   很稳定   得   这位   年轻人

쓰기 제2부분

32 제시된 단어를 모두 사용하여 80자 정도의 단문을 써 보세요.

32. 争论、差距、成熟、逐渐、改进

UNIT 04 走近科学 과학에 접근하다

11 闹钟的危害
알람 시계의 위협

듣기 제1부분　　　　　　　　　　　　　　　　　　　　　W-11-01

1-6　녹음의 짧은 대화를 듣고 질문에 알맞은 답을 골라 보세요.

1. A 女的来早了
   B 男的迟到了
   C 女的让男的快来
   D 男的记错时间了

2. A 今天不去单位
   B 昨天去上海了
   C 不用去开会了
   D 上班迟到了

3. A 改天进行
   B 照常训练
   C 改在室内
   D 被迫取消

4. A 刚开始戒
   B 一直想戒
   C 有点儿犹豫
   D 成功戒掉了

5. A 安装电脑
   B 出去散步
   C 运动健身
   D 看电视剧

6. A 需要维修
   B 没有插电
   C 没纸了
   D 没有问题

듣기 제2부분

7-14 녹음의 긴 대화 또는 단문을 듣고 질문에 알맞은 답을 골라 보세요.

7.
- A 枕头不合适
- B 精神压力大
- C 忘了喝牛奶
- D 头疼得厉害

8.
- A 翅膀太小
- B 胸骨太平
- C 羽毛不丰满
- D 肌肉不发达

9.
- A 智能手机太贵
- B 用不惯智能机
- C 只需接打电话
- D 几天才需充电

10.
- A 去外地出差
- B 去参加校庆
- C 去看望老师
- D 去参观摄影展

11.
- A 邻居
- B 朋友
- C 夫妻
- D 师生

12.
- A 各大厂家都有参展
- B 主要展出新能源车
- C 展览门票免费赠送
- D 政府给了许多优惠

13.
- A 导致孩子肥胖
- B 让孩子爱发脾气
- C 导致孩子视力下降
- D 使孩子注意力不集中

14.
- A 课外兴趣班的危害
- B 造成肥胖的主要原因
- C 如何提高学习积极性
- D 保证孩子睡眠很重要

독해 제1부분

15-18 빈칸 안에 들어갈 알맞은 답을 골라 보세요.

　　北京的胡同经历数百年的风雨，是老北京人生活的　__15__　，今天仍居住着市区内三分之一的人口。胡同内的居民们仍保留着许多旧有的生活方式。

　　有人说，北京的胡同就像卢沟桥的狮子，__16__　数也数不清。北京的胡同密如蛛网，四通八达，__17__　在城市的每个角落，不要说外国人、外地人初到北京要找条胡同很困难，就是北京人也不见得一问就能说得清楚，__18__　，对那个地方很熟悉。因此，在北京走街串巷，进行胡同游，是很有意思的一件事情，就如同进了一座巨大迷宫。

15. A 象征　　B 标记　　C 反映　　D 表现

16. A 必然　　B 反而　　C 似乎　　D 从而

17. A 分布　　B 分配　　C 位于　　D 充满

18. A 既然他已经来过　　　　B 虽然他去过很多次
　　　C 除非他就住在那里　　　D 即使你听别人介绍过

독해 제2부분

19-22 지문을 읽고 내용과 일치하는 답을 골라 보세요.

19. 如果突然被闹钟叫醒，将在心理上使人产生心慌、情绪低落、感觉没睡醒等不适。如果是从深度睡眠中被突然叫醒，那么，人的短期记忆能力、计算技能都会受到影响，这些能力最多为正常状态的65%，与醉酒者相当。

　　A 闹钟会影响人的睡眠质量
　　B 熟睡时被闹钟吵醒人会心慌
　　C 深度睡眠时人的记忆能力下降
　　D 被闹钟叫醒时感觉像喝醉一样

20. 流行不仅仅是一个概念。以前以为流行仅仅是电视中模特的展示，现在却能实实在在感觉到它充满我们的生活，影响我们的穿着。不管是流行主导我们，还是消费决定流行，对我们来说，如果不能避免它，就主动去接受它。

    A 现在，流行能影响我们的现实生活
    B 过去，我们对流行存在着很多误解
    C 越流行的东西大家越愿意消费
    D 电视模特的工作常常不被接受

21. 有些孩子爱静，有的孩子好动，从拿起笔和纸的一刻起就表现不同，文静的孩子会安心认真地作画，好动的则会在纸上重重地乱划，随后把纸揉作一团或把纸撕碎。

    A 爱静的孩子比较适合画画儿
    B 好动的孩子一般都讨厌画画儿
    C 爱静的孩子比好动的孩子有想象力
    D 画画儿时的表现反映出孩子的性格

22. 机器人技术作为20世纪人类最伟大的发明之一，从60年代初问世以来，经历五十多年的发展已取得长足的进步。在制造业中，工业机器人甚至已成为不可缺少的核心装备，世界上有近百万台工业机器人正与工人朋友并肩战斗在各条战线上。机器人的出现是社会经济发展的必然，它的高速发展提高了社会的生产水平和人类的生活质量。

    A 机器人是20世纪50年代发明的
    B 机器人现在被广泛应用于战争
    C 机器人将来必然会代替工人
    D 机器人的发展提高了生产、生活水平

독해 제3부분

23-28 지문을 읽고 질문에 알맞은 답을 골라 보세요.

23-25. 在距离现在一千七百多年前，中国处于魏、蜀、吴三强鼎立的三国时代。

有一天，吴国的孙权送给魏国的曹操一只大象，长久居住在中原的曹操从来没有见过这种庞然大物，好奇地想知道这个大怪物到底有多重？于是，他问大臣们："谁有办法把这只大象称一称？"在场的人七嘴八舌地讨论着。有人回家搬出特制的秤，但大象实在太大了，一站上去，就把秤踩扁了；有人提议把大象一块一块地切下分开称，再算算看加起来有多重，可是大家觉得这样太残忍了，而且曹操喜欢大象的可爱模样，不希望为了称重失去它。就在大家束手无策正想要放弃的时候，曹操七岁的儿子曹冲，突然开口说："我知道怎么称了！"他请大家把大象赶到一条船上，看船身沉入水中多少，在船身上做了一个记号。然后又请大家把大象赶回岸上，把一筐筐的石头搬上船去，直到船下沉到刚刚画的那一条线上为止。接着，他请大家把在船上的石头逐一称过，全部加起来就是大象的重量了！

现代的科技非常发达，我们已经发明出许多称重的工具，不需要再大费周折地一筐筐地搬石头了。但在一千七百多年前的时代，曹冲的方法的确很聪明。

23. 关于那只大象，从文中可以知道：

A 令曹操感到非常害怕　　　B 是魏国从吴国抢来的

C 是魏国本地没有的动物　　D 很难长久在中原生活

24. 关于大臣们想到的办法，下列哪项正确？

A 根本办不到　　　　　　　B 计算不准确

C 会杀死大象　　　　　　　D 曹操很满意

25. 曹冲想出的方法：

A 现在显得很麻烦　　　　　B 是唯一的办法

C 需要把象赶下河　　　　　D 需要一筐石头

26-28. 我们到底该工作多长时间——一般情况下，我问到的每一个人都会引证一些道理说服我，这个时间接近每天八小时。数据似乎也证实了这一点：美国人平均每天工作8.8小时。至少，这是来自美国劳动统计局的官方数据。

我们最开始为什么要一天工作八小时呢？

让我们从现有的工作制度开始。典型的工作日一天大约都是八小时。可我们是怎么提出这样的方案的？答案隐藏在工业革命的浪潮之中。

18世纪后期，当公司开始最大化提高工厂产量时，让工厂一周七天、一天24小时运转不停成了关键。当然，为了提高效率，人们就得工作得更多。实际上，那个时候一天工作10至16小时很正常。

如此超长的工作时间并没有一直持续下去，因为很快，一个名叫罗伯特·欧文的人勇敢地发起了一场运动，呼吁人们每天的工作时间不应超过八小时。他的口号就是"八小时工作，八小时娱乐，八小时睡觉"。

最早引进这种工作制度的是福特汽车公司。1914年，福特公司不仅将标准的工作时长改为八小时，并且将工人们的工资翻了一番。让许多公司吃惊的是，随着工作小时数的减少，同样的工人，他们的生产力却大幅度地提高了。而两年间福特公司利润的增长幅度也极为巨大。这就促使其他公司也采用这种更短的八小时工作制作为员工的工作标准。

所以就是这样，这就是我们每天工作八小时的原因。并不是什么科学或者其他的缘由，仅仅只是一个世纪以来为了提高工厂效率而采用的古老标准。

26. 根据上文，对八小时工作制，大多数人是什么态度？

A 怀疑 B 认可
C 反对 D 欢迎

27. 根据上文，福特公司采用八小时工作制后：

A 生产力提高了 B 工人工资未变
C 企业利润下降了 D 公司增加了员工

28. 关于八小时工作时长这一标准，作者认为：

A 是欧文最先采用的 B 是经过科学验证的
C 得到政府部门的推广 D 出于提高效率的目的

쓰기 제1부분

29-31 제시된 단어를 순서대로 배열하여 문장을 완성해 보세요.

예제　发表　　这篇论文　　什么时候　　是　　的

这篇论文是什么时候发表的?

29.　脚步　　享受生活　　为了　　是　　放慢

30.　是　　很　　人偶尔　　正常的　　情绪低落

31.　一般　　都　　持续的时间　　雷阵雨　　较短

쓰기 제2부분

32 제시된 단어를 모두 사용하여 80자 정도의 단문을 써 보세요.

32.　失眠、精神、危害、规律、避免

UNIT 04 走近科学 과학에 접근하다

12 海外用户玩儿微信
해외 유저가 웨이신을 사용하다

듣기 제1부분　　　　　　　　　　　　　　　W-12-01

1-6 녹음의 짧은 대화를 듣고 질문에 알맞은 답을 골라 보세요.

1. A 取得了冠军
   B 输掉了比赛
   C 有很大优势
   D 踢得很艰苦

2. A 修理电脑
   B 买打印机
   C 整理数据线
   D 连接打印机

3. A 太高了
   B 太低了
   C 不好固定
   D 坐着舒服

4. A 重新安装
   B 杀一下毒
   C 升级软件
   D 修改程序

5. A 浏览网页
   B 查看邮箱
   C 检查报告
   D 修改文件

6. A 减轻电脑重量
   B 延长电池寿命
   C 提高处理速度
   D 避免浪费电量

듣기 제2부분

7-14 녹음의 긴 대화 또는 단문을 듣고 질문에 알맞은 답을 골라 보세요.

7.
- A 显示器太占地方
- B 处理速度太慢了
- C 存储空间太小
- D 可能中了病毒

8.
- A 整理邮件
- B 加联系人
- C 安装程序
- D 下载软件

9.
- A 安装软件
- B 拍签证照
- C 填报名表
- D 修改照片

10.
- A 查杀病毒
- B 软件升级
- C 检查邮件
- D 重装系统

11.
- A 耳机坏了
- B 没有声音
- C 中了病毒
- D 硬件坏了

12.
- A 上门维修
- B 退换电脑
- C 更换耳机
- D 重装程序

13.
- A 非常狡猾
- B 画得很像
- C 水平很差
- D 非常谦虚

14.
- A 收了画家钱
- B 怕总统丢脸
- C 不太懂画儿
- D 画家名气大

독해 제1부분

15-18 빈칸 안에 들어갈 알맞은 답을 골라 보세요.

　　最近，科学家们利用植物光合作用的原理，发明了一种人造叶子，它只有一张扑克牌大小，用硅原料制造，内含电子和催化剂。___15___，只要将这样的叶子放入约3.8升清水中，再放到太阳光下，叶子当中的催化剂就会将水分解成为氢和氧两种元素。而将这些氢气和氧气存入电池当中转化成的电能，可以满足一个家庭一天的用电需求。这项技术目前还处于科研阶段，还远未达到商业___16___的程度，但已有一些企业对其未来的大规模___17___表示出很大的兴趣。也许在不久的将来，只需要这样一片小叶子，每一个家庭都可以___18___电力的自给自足了。

15. A 毫无疑问　　B 可别小看它　　C 显而易见　　D 说起来也巧

16. A 宣传　　　　B 扩大　　　　C 开发　　　　D 推广

17. A 应用　　　　B 作用　　　　C 运用　　　　D 注册

18. A 提供　　　　B 现实　　　　C 实现　　　　D 产生

독해 제2부분

19-22 지문을 읽고 내용과 일치하는 답을 골라 보세요.

19.　享受生活网是生活服务类网站，内容包括了生活小常识、生活小窍门、低碳生活、当今精品生活服务、最火商品、最好网络游戏等，推荐生活服务信息，是中国一家专业的生活服务网站。

　　A 享受生活网是一家游戏网站
　　B 享受生活网是一家购物网站
　　C 网站主要提供健康咨询的服务
　　D 网站主要提供生活相关的服务

20. 研究证实，三成的肥胖男孩和四成的肥胖女孩其胖的状态很可能会延续到青春期，甚至持续到成年期。在未成年前，年龄越大肥胖状态越容易持续至成年。与中学阶段相比，小学阶段的肥胖状态还不稳定，可逆性高，如果应对措施积极有效，大部分"小胖墩"可以避免进一步发展为成年肥胖。

    A 男孩的肥胖比女孩更有可能持续
    B 儿童肥胖很可能会持续到成年期
    C 小学生的肥胖不会发展到成年期
    D 中学时期采取减肥措施最有效果

21. 海水本身与我们日常所接触到的水没有多大分别，也是透明的。我们所看到的绿色，其实与海水对光的吸收能力有关。水较浅时，只有绿光能被海水吸收，从而反射出来；当海水变深时，蓝光也被吸收，海水看上去便成了蓝色。

    A 海水的颜色随时间而变化
    B 海水一般反射天空的蓝色
    C 水浅的海面看上去是绿色的
    D 水深的海面看上去是透明的

22. 北京的天坛公园里，有一道圆形的墙，墙面砌得十分整齐光滑，称为回音壁。它的奇妙之处是，两个人分别站在回音壁前的不同位置，一个人斜对墙壁轻声说话，另一个人把耳朵贴在墙上听，即使对方说话声音很小，或者离得很远，也都可以听得清清楚楚。这正是古代建筑工人利用声音反射的原理实现的。

    A 天坛公园外的围墙非常光滑
    B 声音被墙壁反射到听者耳中
    C 站对位置才听得到对方的话
    D 贴着墙轻声说，对方才能听到

23-28 지문을 읽고 질문에 알맞은 답을 골라 보세요.

23-25.

很多人认为肥胖就是营养过剩。这种把肥胖形成的原因完全归结为营养过剩的说法并不科学，实际上肥胖是一种营养不均衡的状态。所谓不均衡，就是有些物质过剩，有些物质缺乏。如：脂肪、碳水化合物和蛋白质三大产能营养素摄入过多，特别是脂肪和碳水化合物，而维生素、矿物质和膳食纤维摄入不足，甚至缺乏。所以说，肥胖不等于营养过剩，其实营养不均衡和热量过剩才是肥胖的根本原因。一方面，肥胖人群吃的热能过高，超过了生长发育和日常活动所需，多余的热量在体内转变成脂肪储存起来；另一方面，维生素、矿物质和膳食纤维的摄入却仍然不够。

全面而均衡的营养是人体健康的基本保障，肉、蛋、粮食、蔬菜、水果、奶和油脂等食物，各有不同的营养价值，都是我们人体所需要的，不能互相代替。互相搭配、合理膳食才能保证我们所摄入的营养全面、均衡，这是人类健康的基础。

23. 根据上文，下列哪种说法正确？

A 食物不能互相代替　　B 碳水化合物最易过剩
C 脂肪容易被人体吸收　　D 肥胖的人常缺少运动

24. 本文认为肥胖的根本原因包括下列哪项？

A 营养过剩　　B 食物单一
C 营养不均衡　　D 缺乏维生素

25. 作者认为下列哪项能使我们做到营养全面、均衡？

A 多吃蔬菜　　B 饮食规律
C 拒绝垃圾食品　　D 注意食物搭配

26-28. 一天，一个年轻人登门求见美国大作家马克·吐温。来访者胳膊底下夹着一个怪模怪样的东西。原来，年轻人发明了一种新机器，需要资金来做宣传和大批生产这种机器。

马克·吐温年轻时极其热爱发明创造，他一生在各种新产品、新发明上投资多达50多万美元。但那些项目没有一个成功，所有投资都打了水漂。后来，马克·吐温心灰意冷，发誓再也不在"新奇玩意儿"上浪费金钱了。

因此，一见到这位年轻的来访者，马克·吐温马上抱歉地说自己有过无数次投资失败的教训，不打算再冒任何风险了。

"我并不指望巨额投资，"年轻人说，"只要500美元，您就可以拥有一大笔股份。"想起自己刚发过的誓言，马克·吐温还是摇了摇头，失望的年轻人只好起身告辞。看着他的背影，大作家不由心头一动。"嘿！"马克·吐温在客人身后叫了一声。话一出口，他立刻为自己的不坚定感到惭愧。为了掩饰，他马上改口说："……你刚才说你叫什么来着？"

"贝尔，"年轻人回答，"亚历山大·格拉汉姆·贝尔。"

"再见，贝尔！祝你好运！"马克·吐温关上了房门，心想："谢天谢地，我总算坚持住了，没向贝尔投资。"

今天我们知道，年轻的贝尔胳膊下夹着的"新鲜玩意儿"叫电话。所有给这个新产品投资的人，日后都成了百万富翁。可见，并不是所有的"坚持"都会有好的结果——因为后一种"坚持"，马克·吐温与机会失之交臂。

26. 年轻人找马克·吐温是想：

A 求得他的签名　　　　　　　　B 购买他的作品
C 请他进行投资　　　　　　　　D 向他借一笔钱

27. 关于马克·吐温，从文中可知：

A 喜欢总结失败教训　　　　　　B 发明了许多新产品
C 多次投资都没成功　　　　　　D 很想给年轻人投资

28. 本文主要想告诉我们：

A 只有坚持才能成功　　　　　　B 坚持的未必正确
C 机会面前一定要坚持　　　　　D 坚持最需要耐心

쓰기 제1부분

29-31 제시된 단어를 순서대로 배열하여 문장을 완성해 보세요.

예제　发表　　这篇论文　　什么时候　　是　　的

这篇论文是什么时候发表的?

29. 我曾经　　一项　　做过　　调查　　针对留学生

30. 我　　请给　　一次　　的机会　　实现愿望

31. 用筷子　　盘子　　你不要　　以及桌面　　敲打碗、

쓰기 제2부분

32 제시된 단어를 모두 사용하여 80자 정도의 단문을 써 보세요.

32.　明星、推广、宣传、销售、经营

UNIT 05 放眼世界 세계를 바라보다

13 锯掉生活的"筐底"
삶의 '바구니 바닥'을 잘라내다

듣기 제1부분

W-13-01

1-6 녹음의 짧은 대화를 듣고 질문에 알맞은 답을 골라 보세요.

1.
- A 他不觉得费劲
- B 他觉得不麻烦
- C 他可以自己做
- D 感谢女的帮助他

2.
- A 反对
- B 接受
- C 同意
- D 好奇

3.
- A 摔了一跤
- B 用力不当
- C 锻炼太多
- D 被车撞了

4.
- A 赢了
- B 输了
- C 平了
- D 不清楚

5.
- A 女的的事不严重
- B 他没有接到电话
- C 他很重视这件事
- D 因为他打不到车

6.
- A 你去把他叫出来
- B 你最好先别进去
- C 看来他们谈得很愉快
- D 我可以给他打个电话

듣기 제2부분

7-14 녹음의 긴 대화 또는 단문을 듣고 질문에 알맞은 답을 골라 보세요.

7.
- A 篮球
- B 篮筐
- C 小孩
- D 思维

8.
- A 水平高
- B 运气好
- C 技术强
- D 情绪稳定

9.
- A 压力大
- B 失恋了
- C 精神差
- D 有情绪

10.
- A 继续吃药
- B 恢复训练
- C 回来住院
- D 继续休息

11.
- A 身体健康
- B 心理放松
- C 游泳技术很好
- D 接受潜水训练

12.
- A 没有规定
- B 必须是青少年
- C 10岁以下不可以潜水
- D 老年人要提供体检证明

13.
- A 足球
- B 网球
- C 篮球
- D 排球

14.
- A 起源于法国
- B 在欧美很流行
- C 有团体赛和单项赛
- D 选手多数是业余的

독해 제1부분

15-18 빈칸 안에 들어갈 알맞은 답을 골라 보세요.

一个___15___的夜晚，大理石地板对立在它上面的英雄雕像说："___16___，你多么风光幸福，人们经过你的时候，都在你面前尊敬地献礼，而同样是大理石的我，却被___17___在脚下，默默无闻。"雕像说："世界是公平的。当初你受不了工匠的雕刻，所以就只能做一块地板，现在又___18___叫苦呢？"

15. A 安静　　　B 冷静　　　C 悄悄　　　D 偷偷

16. A 观察　　　B 盼望　　　C 瞧瞧　　　D 注意

17. A 摆　　　　B 踩　　　　C 蹲　　　　D 甩

18. A 如何　　　B 多亏　　　C 何况　　　D 何必

독해 제2부분

19-22 지문을 읽고 내용과 일치하는 답을 골라 보세요.

19. 篮球运动是1891年由美国马萨诸塞州的体育教师詹姆士·奈史密斯博士发明的。最初的篮筐下面有底，每当投进球时，就得有一个人踩着梯子上去把球取出来。因此，比赛断断续续，缺少了激烈紧张的气氛。后来，在一个上幼儿园的小男孩的提醒下，人们才想到锯掉篮筐的底部，成为我们今天看到的样子。

　　A 篮球的发明者是英国人
　　B 开始篮球运动水平不高
　　C 上梯子的人是为了站高一点儿
　　D 问题的解决是受小朋友的启发

20. 说到乒乓球，很多人马上会想到中国。的确，长期以来，中国的乒乓球水平一直是世界领先。因此，人们常会误以为乒乓球运动最早是从中国开始的。而事实上，这项运动在中国只有70多年的历史，它真正的发源地在英国。19世纪末，英国人吃完饭后想用适当的运动来帮助消化，便发明了一种在饭桌上进行的和网球相似的运动。直到今天，乒乓球的英文名仍然叫作"桌上网球"。

   A 中国人的乒乓球水平都很高
   B 乒乓球运动是从中国开始的
   C 最早的乒乓球运动是在饭后进行
   D 乒乓球运动最早是在网球场进行的

21. 作为球迷，莫言十分关注中国足球的发展，他认为，中国球队打进世界杯需要一个漫长的过程，因为中国足球的起步比较晚，目前还不够普及。"为什么乒乓球能够出现这么多高手，就在于它有强大的群众基础，有些偏远山区的孩子可能一辈子都踢不上足球。"莫言提议，首先要让中国的孩子们都踢上足球，参加的人多了，高手自然会出现。

   A 莫言是一个足球迷
   B 莫言认为中国很快能打进世界杯
   C 偏远山区有较好的足球运动环境
   D 是否有运动高手与群众基础无关

22. 避免运动过量的办法很简单，就是要控制时间。对于所有运动，一般持续时间最好不要超过一小时。在进行重复性的激烈运动时，应千万小心，例如蹲起等，一定要保持正确的姿势，避免受伤。在运动时最好能够向老师或教练求教，请他们告诉你如何调整动作。

   A 运动时间不应少于一个小时
   B 不能进行重复性的激烈运动
   C 运动姿势不正确时容易受伤
   D 运动时应注意不断调整动作

독해 제3부분

23–28 지문을 읽고 질문에 알맞은 답을 골라 보세요.

23–25. 高尔夫球原本是一项贵族运动，深受上层人士的欢迎。数年前，日本、泰国、马来西亚、韩国等国家出现了可怕的"高尔夫球热"。例如日本，打高尔夫球的人据说占到世界高尔夫爱好者人数的三分之一。他们不仅在国内打，还包租飞机到其他国家去打。即使本国已有大大小小的高尔夫球场7000多个，仍然不能满足他们的需求。

高尔夫球在流行的同时，也遭到一些人的反对。建一个高尔夫球场，要砍掉许多树木，占地一般超过千亩，相当于建可供数万人使用的上百个足球场，而一个高尔夫球场只能给十几个人打球。另外，为了维护场内的草地，每天都需要大量的水。因此，很多人认为高尔夫运动对大自然的破坏和对环境资源的浪费不容低估。

受环保呼声和经济发展状况等的影响，高尔夫也经历了一段艰难时光。直到21世纪初期，这项运动才逐渐复兴。到了今天，高尔夫开始重新焕发新的青春活力，而且这项运动已经脱下了过去专属于精英男士们的高端运动的外衣。不只是包里有钱的老头子们，年轻人，包括女子也纷纷拿起球杆结队出行。

23. 文中提到的出现了"高尔夫球热"的国家不包括：

A 日本　　　　　　　　　　B 中国
C 泰国　　　　　　　　　　D 韩国

24. 一些人反对建高尔夫球场的理由不包括：

A 破坏大自然　　　　　　　B 浪费环境资源
C 利用率太低　　　　　　　D 消费太高

25. 现在打高尔夫球的人出现了什么变化？

A 从平民发展到贵族　　　　B 从普通人发展到精英
C 从老人发展到年轻人　　　D 从女士发展到男士

26-28. 在人类历史发展的长河中，奥林匹克运动可以称得上是一个历史最为悠久的社会文化现象。奥运的起源有文字记载的历史可以追溯到公元前776年。但在此以前，古奥运会可能已经存在了几个世纪。古代奥运会起源于古希腊，因举办地点在奥林匹克而得名。运动会每隔1417天即4年举行一届，后来人们将这一周期称为"奥林匹克周期"。

随着近代体育的兴起，人们开始希望恢复奥运会。在1859－1889年，希腊曾举办过4届运动会，做了初步尝试。自1883年开始，法国人顾拜旦——后来他被誉为现代奥运的创始人——致力于古代奥运会的复兴。经他与其他人的努力，国际奥林匹克委员会于1894年6月23日成立。1896年4月6－15日，第一届现代奥运会在希腊的雅典举行。顾拜旦制订的第一部奥林匹克宪章强调了奥林匹克运动的业余性，规定在奥运会上只授予优胜者荣誉奖，不得以任何形式发给运动员金钱或其他物质奖励。

说到第一届现代奥运会的举行时间，还有一段有趣的小插曲：在1894年法国巴黎召开的国际体育会议上，顾拜旦建议第一届奥运会在20世纪第一年即1900年举行，地点定在法国巴黎，因为这一年巴黎也将举行世界博览会，奥运会与博览会同时举行，气氛会更加隆重和热烈。但是由德梅特里乌斯·维凯拉斯(后被选为国际奥委会第一任主席)率领的希腊体育代表团则强烈希望首届奥运会在希腊举行。与会代表们考虑到希腊是奥运会的发源地，首届奥运会在这里举行更有意义，最后还是把地点选在了雅典。不过为了满足顾拜旦的愿望，他们决定把时间提前四年，即于1896年举行，以便1900年能在巴黎举行第二届奥运会。这样一来，可谓皆大欢喜。

26. 国际奥林匹克委员会成立于：

A 1883年 　　　　　　　　　　B 1894年
C 1896年 　　　　　　　　　　D 1900年

27. 第一届现代奥运会的举办地点是：

A 法国巴黎 　　　　　　　　　B 奥林匹克
C 希腊雅典 　　　　　　　　　D 英国伦敦

28. 顾拜旦建议在法国巴黎举办第一届现代奥运会的理由是：

A 在这里举行更有意义 　　　　B 这里是奥运会的发源地
C 可以满足法国人的愿望 　　　D 同年这里将举行世界博览会

쓰기 제1부분

29-31 제시된 단어를 순서대로 배열하여 문장을 완성해 보세요.

예제   发表   这篇论文   什么时候   是   的

这篇论文是什么时候发表的?

29. 我们的   运动项目   缺乏   在室内进行的   训练学校

30. 影响了   的   暂停行为   一再重复   比赛的气氛

31. 受   宣传推广活动   这次的   是   他们公司的启发

쓰기 제2부분

32 제시된 단어를 모두 사용하여 80자 정도의 단문을 써 보세요.

32. 训练、重复、缺乏、造成、何况

UNIT 05 放眼世界 세계를 바라보다

14 北京的四合院
베이징의 쓰허위안

듣기 제1부분

W-14-01

1-6 녹음의 짧은 대화를 듣고 질문에 알맞은 답을 골라 보세요.

1. A 花
    B 草
    C 竹
    D 鱼

2. A 男的的家乡
    B 女的的家乡
    C 旅游目的地
    D 男的的家

3. A 看法
    B 价格
    C 形式
    D 功能

4. A 历史不长
    B 风格多样
    C 规模很大
    D 被破坏了

5. A 看不起
    B 受不了
    C 舍不得
    D 忍不住

6. A 我可以帮你
    B 都有第一次
    C 这个团不重要
    D 他们明天才过来

듣기 제2부분

W-14-02

7-14 녹음의 긴 대화 또는 단문을 듣고 질문에 알맞은 답을 골라 보세요.

7. A 出差了
    B 去旅行了
    C 这些小吃很贵
    D 对济南印象很好

8. A 功能
    B 价格
    C 样式
    D 装修

9. A 住平房更方便
    B 新房条件不好
    C 跟邻居间有矛盾
    D 希望邻里关系好

10. A 用手制作产品
    B 打下很大市场
    C 没有经济支持
    D 创造一个奇迹

11. A 西北
    B 华南
    C 华北
    D 东南

12. A 房屋围在一起
    B 东西南北
    C 只有一个院子
    D 是一种建筑群

13. A 北京缺少才子
    B 北京没什么风景
    C 北京人不爱写文章
    D 外地人容易发现新奇的东西

14. A 以前北京的建筑物很少
    B 在北京的外地人都是江南人
    C 北京人一辈子都不愿意离开家乡
    D 北京在明清时期已经是中国的首都

독해 제1부분

15-18 빈칸 안에 들어갈 알맞은 답을 골라 보세요.

　　钱钟书先生初到清华时在外文系授课，有时在家批阅学生的试卷，让女儿钱瑗帮助记成绩。一次，钱瑗没头没脑地对爸爸说："英若诚跟吴世良要好，他们是朋友。"钱先生说："你怎么知道？"钱瑗指指课卷："是墨水___15___出来的：你看，全班学生的课卷都是用蓝墨水写的，只有他俩用的紫墨水。"

　　___16___，英若诚和吴世良同是戏剧爱好者，同是清华骆驼剧团的演员，共同主演过俄罗斯拉夫列尼约夫的小说改编的戏剧《第四十一》，英若诚演被俘的白俄军官，吴世良___17___演押送他的红军女战士。两人从清华毕业后，一起去了北京人民艺术剧院，结为夫妻，相濡以沫、风雨同舟地过了___18___。

15. A 告诉　　B 说明　　C 显示　　D 显得

16. A 她猜得没错　　　　　B 他们都知道
　　C 事情并不是这样　　　D 没有想到的是

17. A 而　　B 却　　C 倒　　D 则

18. A 一会儿　　B 一辈子　　C 一下子　　D 一阵子

독해 제2부분

19-22 지문을 읽고 내용과 일치하는 답을 골라 보세요.

19. 四合院的大门一般开在东南角或西北角，院中的北房是正房，比其他房屋的规模大，一般包括长辈的卧室和具备日常起居、接待客人等功能的客厅。院子的两边是东西厢房，是晚辈们生活的地方。在正房和厢房之间建有走廊，可以供人行走和休息。

　　A 四合院的大门一般在南面
　　B 正房和厢房之间是不相通的
　　C 东西厢房一般包括卧室和客厅
　　D 通常长辈住北房，晚辈住东西厢房

20. 中国正在步入老龄化国家的行列，因此，"银发住宅"的设计成为市场关注的新热点。为了适应目前和未来中国家庭"421"的基本结构，银发住宅应设计得既便于老人与子女孙辈团聚，居住空间又相对独立。

　　A　"421"家庭包括祖孙三代
　　B　"银发住宅"必须让老人和孩子住在一起
　　C　"银发住宅"主要是为中年人设计的住宅
　　D　"银发住宅"出现的主要原因是中国社会的年轻化

21. 人们常用"诗情画意"四个字来形容中国的传统园林。这个评价有两层意思：一是说园林中的风景自然如画，二是说园林的设计体现了诗歌一般的情感。这确实说明了古代园林与山水诗、山水画的共同之处，它们都以表现自然美为主题，与西方几何规则式园林有明显的区别。

　　A　中国古代园林的设计者都是诗人
　　B　中国很多园林是根据山水画设计的
　　C　中国古代园林非常注重表现自然美
　　D　中国园林比西方园林更讲究规则有序

22. 钟鼓楼是坐落在北京市南北中轴线上的一组古代建筑，位于东城区地安门外大街北端。作为元、明、清代都城的报时中心，它是全国重点文物保护单位。两楼前后纵置，气势雄伟，巍峨壮观，是古代劳动人民智慧与力量的结晶。钟鼓楼与周边形成的许多胡同、四合院居住区成为古都风貌的重要组成部分，具有独特的人文价值。

　　A　钟鼓楼是一座古代建筑
　　B　钟鼓楼周边有很多胡同
　　C　钟鼓楼位于北京市西城区
　　D　钟鼓楼的功能是安放乐器

독해 제3부분

23-28 지문을 읽고 질문에 알맞은 답을 골라 보세요.

23-25.

100多年前，美国等发达国家，开始使用新材料、新技术建造高楼。例如美国著名的摩天大楼高122层，如果没有坚固的基础和墙体，肯定会拦腰折断。因此，它不光开创了美国独创的现代建筑风格，而且宣示了人类建筑业的新纪元，成为人类文明新阶段的标志物，有着非凡的历史意义。

但是，美国并没有让其遍地开花，去改变固有的文化传统。搭建高层只是昙花一现，二十年左右便已退热。现在他们的城市建筑一般有两个特点：一，除去在中心广场用作公务场所的标志性高层建筑，人们的住宅多是中低层房屋；二，最好的建筑物在城镇中心或大学，而不在政务、权力机关。

与中低层楼房相比，高层楼房的造价增加了许多不必要的成本。例如其结构和材料成本比6层楼高一至三倍，配套设施多且昂贵。住户本可不花如此高的代价去购买天价房，每平方米价格至少可以减半。超高层房屋的使用成本也高，有资料表明，美国一栋24层的楼房，64年的使用维护费用超出建筑成本的一倍。毫无疑问，高层住宅维修、使用费都与楼层高低成正比。住进高层建筑里，人为的高额物业管理费将成为住户的沉重负担。

23. 对于大量建造高层建筑，作者的态度是：

A 支持 B 称赞
C 反对 D 怀疑

24. 根据文章，世界上最早的摩天大楼出现在：

A 美国 B 中国
C 大学校区 D 中心广场

25. 关于高层建筑的问题，作者没有提到下列哪项？

A 建造成本高 B 使用费高
C 维修费高 D 浪费资源

26-28. 胡同，是北京特有的一种古老的城市小巷。"胡同"原为蒙古语，即小街巷。它们围绕在紫禁城周围，大部分形成于中国历史上的元、明、清三个朝代。由于北京古代的城市建设就有严格规划，所以胡同都比较直，它们的走向多为正东正西，串起来就像一块豆腐，方方正正，不歪不斜。胡同里的建筑几乎都是四合院。北京的胡同星罗棋布，真是数也数不清。有句俗话说："有名的胡同三千六，没名的胡同赛牛毛。"据统计，北京大大小小的胡同共有7000余条。

别看这些胡同从外表上看模样都差不多，但它们的特色却各不相同，名称也五花八门：有的以人物命名，如文丞相胡同；有的以市场、商品命名，如金鱼胡同；有的以北京土语命名，如闷葫芦罐胡同等。北京最长的胡同是东西交民巷，全长6.5公里；最短的胡同是一尺半大街，长不过十几米；最窄的胡同要数前门大栅栏地区的钱市胡同，宽仅0.75米，稍微胖点儿的人得屏住呼吸才能通过。

胡同不仅是城市的脉搏，更是北京普通老百姓生活的场所。北京人对胡同有着特殊感情，它不仅是百姓们出入家门的通道，更是一座座民俗风情博物馆，烙下了许多社会生活的印记。老北京的生活气息就在这胡同的角落里，在这四合院的一砖一瓦里，在居民之间的邻里之情里。只有身处其中才有最深的体会。

26. 俗话"没名的胡同赛牛毛"意思最可能是：

A 有些胡同很窄   B 有些胡同不出名

C 胡同的数量很多   D 胡同里常常有比赛

27. 以商品命名的胡同是：

A 文丞相胡同   B 金鱼胡同

C 东交民巷   D 钱市胡同

28. 关于胡同，下面哪项是错误的？

A 胡同主要形成于元明清三代   B 胡同里有很多四合院

C 胡同现在已经变成了博物馆   D 胡同里还有很多人居住

쓰기 제1부분

29-31 제시된 단어를 순서대로 배열하여 문장을 완성해 보세요.

예제 发表   这篇论文   什么时候   是   的

这篇论文是什么时候发表的?

29. 北京四合院   很具有   样式   的   代表性

30. 功能   该产品   基本   具备了   已经

31. 那位亲切的长辈   帮助   我很   曾经给我的   感激

쓰기 제2부분

32 제시된 단어를 모두 사용하여 80자 정도의 단문을 써 보세요.

32. 接待、日常、组成、关闭、打交道

UNIT 05 放眼世界 세계를 바라보다

15 纸上谈兵
탁상공론

듣기 제1부분　　　　　　　　　　　　　　　W-15-01

1-6 녹음의 짧은 대화를 듣고 질문에 알맞은 답을 골라 보세요.

1. A 支持
   B 反对
   C 高兴
   D 惭愧

2. A 不愿意起床
   B 不喜欢老师
   C 觉得幼儿园没意思
   D 跟小朋友们关系不好

3. A 母子
   B 父女
   C 夫妻
   D 同学

4. A 会议不重要
   B 你应该知道
   C 我也不知道
   D 我没空参加

5. A 懂事
   B 糊涂
   C 周到
   D 孝顺

6. A 想取胜要靠人才
   B 要积极参与竞争
   C 战国时期人才重要
   D 时代已经发生变化

듣기 제2부분

7-14 녹음의 긴 대화 또는 단문을 듣고 질문에 알맞은 답을 골라 보세요.

7. A 辞职了
    B 出国了
    C 一直在上海工作
    D 是这家公司的老员工

8. A 来晚了
    B 受骗了
    C 怪女的没有阻止他
    D 后悔听了女的的话

9. A 应该去竞争
    B 应该去冒险
    C 小心没坏处
    D 对方会吃亏

10. A 比老张大
    B 常常骂老张
    C 比老张厉害
    D 不愿意跟老张吵架

11. A 改主意
    B 纸上谈兵
    C 先看对方的反应
    D 拿出有利的方案

12. A 应该改主意
    B 应该跟对方联系
    C 应该马上拿出新方案
    D 应该先了解对方的情况

13. A 英雄众多
    B 繁荣富强
    C 经济落后
    D 环境艰苦

14. A 汉朝有三个皇帝
    B 唐朝一共一百多年时间
    C 中国人为汉唐两朝而骄傲
    D 汉唐两朝一直都很繁荣富强

독해 제1부분

15-18 빈칸 안에 들어갈 알맞은 답을 골라 보세요.

　　随着比赛结束的哨声吹响，天津男篮的主教练高举双臂，冲到了球场中，并激动地高喊："我们赢了！我们赢了！"

　　"这是梦幻的时刻，我们竟然真的干掉了上届冠军！"他看着大屏幕上显示的比分，___15___，"是的，我们做到了！每个人都是好样的！"

　　临近记者发布会，他的心情才平静下来，并向大家解释了为什么会如此激动，"这场___16___来得太不容易，赛前几乎没人看好我们，我们被___17___了。但结果，我们用___18___的优势回击了所有人的质疑。我们做到了，我为球员们骄傲。"

15. A 等待比赛的最后结果　　B 仿佛仍然不敢相信这个结果
    C 看起来非常生气　　　　D 似乎在期待另外一种结果

16. A 赢　　B 比赛　　C 胜利　　D 成功

17. A 轻视　　B 重视　　C 模糊　　D 委屈

18. A 完全　　B 肯定　　C 特别　　D 绝对

독해 제2부분

19-22 지문을 읽고 내용과 일치하는 답을 골라 보세요.

19. 公元前260年，赵括带兵出战。一直盲目自信、轻视秦军的他完全改变了廉颇的作战方案，死搬兵书上的理论，主动进攻秦军，结果数十万赵军全部被杀，丢掉了宝贵的生命。

    A 赵括非常谦虚
    B 赵括询问了廉颇的意见
    C 赵军主动发起了这次进攻
    D 这场战争的结果是赵国胜利

20. 秦国和晋国之间发生战争时，晋惠公要使用郑国赠送的马来驾车。大臣庆郑劝告惠公说："自古以来，打仗时都要用本国的好马，因为它土生土长，熟悉道路，听从命令。用外国的马，不好控制；而且郑国马外表看起来好像很强壮，实际上并没有什么本领，怎么能作战呢？"但是惠公没有听从庆郑的劝说。战斗打响后，晋国的车马便乱跑一气，结果被秦军打得大败。

   A 晋国打败了秦国
   B 打仗应该选用本地的马
   C 惠公听取了大臣的意见
   D 输掉这场战争的原因是马生病了

21. 湖南省博物馆保存有三幅世界上最早的地图，它们1973年12月出土于长沙马王堆一号汉墓。这三幅汉代的彩色帛绘地图距今已有两千多年的历史。图上绘有山脉、河流、居民点，着重标出了9支军队。从地图的精确度看，与今天当地的地理状况基本相同，说明当时的地图绘制技术已经达到了很高的水平。

   A 这些地图现在保存在国家博物馆
   B 汉代距今已有三千年的历史
   C 这些地图可能用于军事
   D 当地的地理状况发生了很大的变化

22. 杜预（222年－285年），字元凯，京兆杜陵（今陕西西安东南）人，西晋时期著名的政治家、军事家和学者，灭吴统一战争的统帅之一。他是一位儒将，博学多才，被称为"杜武库"，意思是他什么都懂，就好像武器库里面藏有各种各样的武器一样。

   A 杜预是山西人
   B 杜预没能参加灭吴统一战争
   C 杜预是一个学识很丰富的人
   D 杜预会使用各种各样的武器

독해 제3부분

23-28 지문을 읽고 질문에 알맞은 답을 골라 보세요.

23-25. 东汉末年，曹操统一北方后，领80万大军南下。他打败了刘备，占领了荆州江北地区，又想继续夺取江南东吴的地方。刘备退驻夏口，与东吴的孙权联合，组成孙刘联军，共同抵抗曹操的进攻。

曹操的兵马虽然多，但远道而来，士兵们已经精疲力竭。再加上北方人到了南方，水土不服，战斗力受到了极大的影响。为了适应水战，曹操命令士兵在赤壁这个地方驻扎，用铁链把战船连起来，再铺上木板，这样船能平稳一些，有利于北方士兵作战。

东吴的将军周瑜采用部将黄盖的计策，由黄盖假装投降，实际准备趁机放火。曹操信以为真。当天，曹军将士听说东吴的大将来投降，纷纷挤到船头看热闹。没想到当黄盖的小船驶近时，趁着东南风，放火烧船，曹操的船队很快燃烧起来。而且因为船被铁链锁在了一起，谁也无法离开。一眨眼的工夫，船队已经烧成一片火海。曹军大部分士兵被烧死，还有不少人掉到江里淹死了。

与此同时，周瑜一看曹操船队起火，马上带领精兵渡江进攻。北岸的曹军不知道后面有多少人马进攻，吓得四处逃散。刘备和周瑜一起，分水陆两路紧紧追赶，大败曹军。

赤壁之战后，曹操逃回北方，从而形成三国鼎立的局面。

23. "赤壁之战"中的"赤壁"是：

A 一个人 B 一种颜色
C 一个地方 D 一支军队

24. 曹操为什么要命令士兵用铁链把战船连起来？

A 这样容易掉进水里 B 北方人不习惯坐船
C 他想让更多的人渡江 D 他的兵马太多不好管理

25. 在战争中假装投降的人是：

A 刘备 B 孙权
C 周瑜 D 黄盖

26-28.

公元前279年，为了集中力量攻打楚国，秦王打算与赵国和好，他主动派人去约赵王在两国间一个叫渑池的地方相会。赵王担心秦国有什么坏主意，不想去。当时，赵王手下有两个最得力的大臣，一位是蔺相如，另一位是大将军廉颇。蔺相如说："大王不去，显得赵国既软弱又胆小。"赵王于是答应赴约，蔺相如随行。廉颇送到边境，跟赵王告别时说："大王这次出行，估计行程不会超过三十天。如果大王三十天还没回来，就请允许我立您的儿子为王，秦国也就没办法用您来威胁赵国了。"赵王想了想，同意了廉颇的建议。

到了渑池，赵王与秦王相会。酒席上，秦王喝得高兴时说："我听说赵王喜好音乐，请赵王弹弹琴吧！"赵王就弹起琴来。秦国的史官走上前来写道："某年某月某日，秦王与赵王会盟饮酒，命令赵王弹琴。"蔺相如说："赵王也听说秦王善于演奏秦地的乐曲，请允许我把一只缶献给秦王，请秦王敲一敲，互相娱乐吧！"秦王当然不愿意为赵王敲缶。蔺相如说："如果大王不想敲，在五步距离内，我能够把自己的血溅在大王身上！"秦王为了不破坏最初的计划，很不高兴地敲了一下缶。蔺相如回头叫赵国史官写道："某年某月某日，秦王为赵王击缶。"又过了一会儿，秦国的大臣：请赵王用赵国的十五座城作为给秦王祝贺生日的礼物。"蔺相如回答："那也请把秦国的首都送给赵王祝寿吧。"

直到宴会结束，秦王始终未能占上风。由于廉颇带兵在边境上接应，秦王只好让赵王他们回去了。蔺相如机智勇敢地保护了赵王的安全，也没让赵国丢脸。这就是历史上有名的"渑池之会"。

26. 秦王约赵王在渑池相会时，赵王：

A 怀疑秦王的诚意　　　　　　B 让廉颇陪他同去

C 拒绝了秦王的邀请　　　　　D 很愿意和秦王见面

27. 廉颇为什么要建议30天后立赵王的儿子为王？

A 赵王太软弱　　　　　　　　B 赵王太胆小

C 赵王回不来了　　　　　　　D 不受秦国威胁

28. 关于这次的"渑池之会"，下列哪项正确？

A 秦王弹琴欢迎赵王　　　　　B 秦王最终没让赵王回国

C 赵王用15座城为秦王祝寿　　D 蔺相如维护了赵国的尊严

쓰기 제1부분

29-31 제시된 단어를 순서대로 배열하여 문장을 완성해 보세요.

예제 发表　　这篇论文　　什么时候　　是　　的

这篇论文是什么时候发表的?

29. 他对　　很深的　　这种军事理论　　理解　　有

30. 都　　谁　　轻视　　别人　　没有资格

31. 这个故事　　那些　　讽刺的是　　不懂得　　灵活变通的人

쓰기 제2부분

32 제시된 단어를 모두 사용하여 80자 정도의 단문을 써 보세요.

32. 毛病、道理、阻止、独立、宝贵

UNIT 06 修养身心 몸과 마음을 다스리다

16 体重与节食
체중과 다이어트

듣기 제1부분　　　　　　　　　　　　　　W-16-01

1-6 녹음의 짧은 대화를 듣고 질문에 알맞은 답을 골라 보세요.

1. A 没觉得女的胖了
    B 周末不该吃太多
    C 女的做饭越来越好
    D 让女的给他做点儿好吃的

2. A 胃疼
    B 拉肚子
    C 受伤了
    D 过敏了

3. A 身体恢复很好
    B 是位医学专家
    C 每天都去散步
    D 走路没有精神

4. A 找医生挂号
    B 早点儿排队
    C 打电话预约
    D 换别的医院

5. A 再观察一周
    B 等报告结果
    C 拆线后出院
    D 手术不理想

6. A 打网球摔的
    B 雪天滑倒了
    C 和人打架了
    D 不小心碰的

듣기 제2부분

7-14 녹음의 긴 대화 또는 단문을 듣고 질문에 알맞은 답을 골라 보세요.

7.
- A 谁能接孩子
- B 谁去见客户
- C 要不要请假
- D 上不上篮球课

8.
- A 快点儿刷
- B 一颗颗地刷
- C 刷够三分钟
- D 从外往里刷

9.
- A 医生
- B 收银员
- C 邮递员
- D 银行职员

10.
- A 感冒了
- B 过敏了
- C 眼睛发炎
- D 消化不良

11.
- A 腰肌劳损
- B 骨头断了
- C 肌肉拉伤
- D 头疼失眠

12.
- A 尽快手术
- B 擦些药膏
- C 吃止疼药
- D 做腰部的肌肉手术

13.
- A 训练时应多补
- B 食物不能补水
- C 个人承受能力不同
- D 不舒服就要多补水

14.
- A 每天要喝8杯水
- B 口渴之后再喝水
- C 饮水报告不科学
- D 每天喝水要适量

독해 제1부분

15-18 빈칸 안에 들어갈 알맞은 답을 골라 보세요.

　　古时候，会稽爆发了一场很严重的传染病，几天之内，就死了一万多人。面对这种情况，县官钟离意吃不下睡不安，他不住地　15　自己："百姓受苦，我无法解救，还算什么父母官呢？"钟离意　16　着被传染的危险，一家又一家地看望病人，安慰他们的家人，并命令手下人聘请医生研制新药。

　　几天之后，新药制作出来了，就是不敢马上给病人喝，因为其中有几种有毒的草药。这时，钟离意说："　17　，让我来试就是了。"手下人纷纷摆手阻止，可他不顾大家的反对，伸手　18　过药就喝了下去。

　　很快，传染病被控制住了，钟离意紧皱的眉头也舒展了。

15. A 提醒　　B 表扬　　C 责备　　D 启发

16. A 随　　　B 冒　　　C 顶　　　D 靠

17. A 这可不得了　B 这可怎么办呢　C 这不很简单吗　D 这得好好考虑

18. A 抢　　　B 递　　　C 举　　　D 捡

독해 제2부분

19-22 지문을 읽고 내용과 일치하는 답을 골라 보세요.

19. 俗话说：病从口入，祸从口出。我们每天都需要摄入足量的食物，保证我们能够维持生命。但是，这些食物是否卫生，清洁工作是否做到位，这需要我们时刻跟进，时刻注意，把好入口第一关，否则，疾病就会找上门来了。

　　A 人每天要吃东西，所以难免会得病
　　B 要想不得病，就要注意食物的卫生
　　C 要想不得病，就要注意口腔的卫生
　　D "不干不净，吃了没病"很有道理

20. 肚子饿了便会咕噜咕噜地叫，这是因为之前吃进的食物消化完，胃里变空了，但胃中的胃液仍会继续分泌。这时候胃的收缩便会逐渐扩大，胃里的液体和气体便会翻搅起来，发出咕噜咕噜的声音。下次不要再为肚子咕咕叫而感到难为情了，因为这是人身体的正常反应。

    A 肚子咕噜叫说明没吃饱
    B 饭前喝水会造成肚子叫
    C 消化食物时肚子都会叫
    D 肚子叫常让人不好意思

21. 综合全球已发表的实验报告，有31个长期临床研究证明，节食是没法让人长期保持苗条身材的。在五年内，三分之二的节食者眼睁睁看着甩掉的肥肉又回到身上，甚至还带了更多"亲戚"回来。而在青少年身上，这种体重反弹的后果更严重：年轻时就开始习惯性节食的人，五年后，他们普遍比没节食过的同龄人更重。

    A 青少年节食对身体危害严重
    B 有三分之二节食者获得成功
    C 节食者大多要面对反弹的后果
    D 节食可以使苗条体形保持五年

22. 这项联合多所医学院校所做的研究发现，除了个别人以外，多数人体重的增加会从周六开始，而体重的减轻会从周二开始。它表明人们的体重变化在一周内会显示出一种明显的规律，工作日和周末体重的临时变化应该被视为正常现象。

    A 多数人的体重周六达到最高
    B 个别人的体重可以保持不变
    C 体重变化的规律还无人展开研究
    D 体重在一周内会发生临时的改变

독해 제3부분

23-28 지문을 읽고 질문에 알맞은 답을 골라 보세요.

23-25. 人们伤心的时候会哭泣，高兴的时候也会流眼泪。但是不管你流不流眼泪，你的眼睛一直在产生着泪液。你知道吗？眼泪对眼睛有保护作用呢，它能够使你的眼睛不干涩。眼睛的某个特殊区域一直不停地产生泪液，正是它使眼睛保持湿润。

如果你对着镜子仔细看，你就会在眼角处看到很小的孔，每个小孔都连接着一个细管，这些细管通向鼻子，正是这些细管不分昼夜地把泪液慢慢排出。如果它们不这样做的话，那么看上去，你就会一直是眼泪汪汪的。

当你开始哭的时候，就会产生更多的眼泪，而这些小孔不能及时地把眼泪排出去，于是多余的眼泪就会流到脸上。

眼泪有助于眼睛的安全。如果空气中存在有害物质的话，你的眼睛就会产生泪液，这些泪液会覆盖你的眼球，阻止有害物质进入眼睛。

戴隐形眼镜会让眼睛发干。有些人不得不往眼睛里滴入眼药水来保持眼睛湿润。

23. 根据本文，下列哪项正确？

A 眼睛一直在产生眼泪   B 高兴时眼泪不会流出来
C 眼泪有助于表达感情   D 戴隐形眼镜要滴眼药水

24. 文中谈到的"眼角处的小孔"有什么用处？

A 产生泪液   B 排出眼泪
C 保持眼睛湿润   D 阻止有害物质

25. 这篇短文最可能出自下列哪种杂志？

A 《大众健康》   B 《社会百科》
C 《动物世界》   D 《人与自然》

26-28. 感冒算得上是老百姓最熟悉的小病了。一旦症状出现，几乎不需要医生，多数人都能凭经验自己做出"感冒"的诊断。有人会翻箱倒柜地找中药、西药吃；还有人咬牙挺着，直到恢复健康或挺不住为止；更会有人迫不及待地去找医生开抗生素或干脆挂吊瓶……那么感冒到底能不能挺？

当感觉嗓子干、咽东西不舒服，同时出现流清鼻涕、打喷嚏、鼻塞等症状时，这就是医学上所说的普通感冒，即由病毒引起的急性鼻炎或咽炎。普通感冒病程5~7天，一般不发烧，除了鼻子和咽部的不舒服外，其他症状都较轻。所以，注意多休息、多饮水，如有必要可吃一些缓解症状的非处方药，而不需要服用抗生素。

当咽部症状较重，疼痛和烧灼感剧烈，甚至吃饭喝水都变得困难时，要当心急性咽炎和急性扁桃体炎。对着镜子张开嘴，压下舌头根部，如果看到咽部发红，那么就应寻求医生的帮助，借助抗生素的治疗，而非继续咬牙硬挺。

因此，一旦症状出现，搞清是哪种感染最重要。如果不能肯定，则应求助于医生，勿将普通感冒的治疗原则简单地套在上呼吸道感染头上，避免耽误病情。

26. 根据上下文，文中画线的"挺不住"是什么意思？

A 累得爬不起来　　　　　　B 身体感觉挺不错
C 牙疼到吃不了东西　　　　D 病情严重受不了了

27. 关于普通感冒，从文中可以知道什么？

A 可以不用吃药　　　　　　B 吃饭喝水困难
C 只是鼻子不舒服　　　　　D 都从打喷嚏开始

28. 本文主要谈的是感冒哪方面的事？

A 主要症状　　　　　　　　B 发病原因
C 用药知识　　　　　　　　D 治疗原则

쓰기 제1부분

29-31 제시된 단어를 순서대로 배열하여 문장을 완성해 보세요.

예제　发表　　这篇论文　　什么时候　　是　　的

这篇论文是什么时候发表的?

29.　有　　来报名　　总共　　这次　　两百多人

30.　采取　　治疗方法　　医生　　中医的　　决定

31.　小刘　　可靠　　不太　　办事　　经理觉得

쓰기 제2부분

32 제시된 단어를 모두 사용하여 80자 정도의 단문을 써 보세요.

32.　营养、措施、苗条、明显、趋势

UNIT 06 修养身心 몸과 마음을 다스리다

17 在最美好的时刻离开
가장 아름다운 순간에 떠나다

듣기 제1부분　　　　　　　　　　　　　　　W-17-01

1-6 녹음의 짧은 대화를 듣고 질문에 알맞은 답을 골라 보세요.

1. A 餐前吃
   B 饭后吃
   C 一日三次
   D 早晚各两片

2. A 穿得太少了
   B 睡觉着凉了
   C 玩儿得太累了
   D 小朋友传染的

3. A 减肥很成功
   B 节食很痛苦
   C 体重增加了
   D 腰带太短了

4. A 菜不合胃口
   B 已经吃饱了
   C 牙疼不想吃
   D 想吃面条儿

5. A 换了新工作
   B 身体不太好
   C 要照顾孩子
   D 刚刚怀孕了

6. A 开头没看懂
   B 演员很漂亮
   C 结尾出人意料
   D 剧情令她失望

듣기 제2부분

7-14 녹음의 긴 대화 또는 단문을 듣고 질문에 알맞은 답을 골라 보세요.

7.
   A 结婚登记
   B 外出旅行
   C 举办婚礼
   D 庆祝生日

8.
   A 车站
   B 公司
   C 家里
   D 机场

9.
   A 忘了吃安眠药
   B 担心孩子的事
   C 和丈夫吵架了
   D 身体不太舒服

10.
    A 放松休假
    B 努力工作
    C 看心理医生
    D 找朋友聊天

11.
    A 晚饭吃什么
    B 如何保存水果
    C 怎么去除冰箱异味
    D 什么时候去超市购物

12.
    A 会做饭
    B 爱喝茶
    C 想买橘子
    D 要买茶叶

13.
    A 可以减轻人体的疼痛
    B 影响我们感受外界事物
    C 能阻止体内水分的流失
    D 使我们避免接触他人而生病

14.
    A 作用
    B 结构
    C 保护
    D 卫生

독해 제1부분

15-18 빈칸 안에 들어갈 알맞은 답을 골라 보세요.

　　北京人送客有很多＿＿15＿＿，不常来的客人或是老年客人，一定将其送到或＿＿16＿＿到大门以外，道别后目送来客远去再往家走。大人会告诉孩子：千万不可刚和客人告别就转身而回，更不许客人前脚刚走不远，后边就立即关大门，关门声响很大，如果被客人听见，就失礼了。

　　北京人很＿＿17＿＿送别时"全家出动"（除病人外），以示热情，对待宾客一定要有始有终。特别是教育孩子，客人走时一定要停下自己手中的"活儿"，＿＿18＿＿，切不可只顾自己玩耍。

15. A 规律　　B 理由　　C 现象　　D 规矩

16. A 扶　　　B 拉　　　C 退　　　D 推

17. A 强调　　B 讲究　　C 提倡　　D 推荐

18. A 帮父母关好大门　　　　B 马上躲进自己的房间
　　C 起身和大人一起送客　　D 收拾客人用过的茶杯

독해 제2부분

19-22 지문을 읽고 내용과 일치하는 답을 골라 보세요.

19. 交谈是社交活动中必不可少的内容，更是一门艺术。俗话说："一句话说得人笑，一句话说得人跳。"关键就看你能不能把话说得巧妙。

　　A 交谈需要对方的理解
　　B 交谈是为了使人开心
　　C 交谈要注意说话得体
　　D 交谈是一门舞蹈艺术

20. 春季是由冬入夏的过渡季节。虽然气温回升，天气逐渐暖和，但北方冷空气还比较强烈，它每隔几天就要分成一小股一小股地南侵。冷空气南下减弱后，暖空气又趁机北上。冷暖空气活动频繁，于是，天气乍暖还寒，冷热多变，一天之内气温变化较大，如果人们过早地脱下冬衣，就容易感冒。因此，还是"春捂"一点儿好。

    A 春季气温回升一般较快
    B 春季冷暖空气常交替活动
    C 春季是最容易感冒的季节
    D 过早地脱下冬衣叫"春捂"

21. 早餐在一日三餐中最重要，它不但能及时补充我们晚上消耗的营养，还能使我们一上午都精力充沛地学习或工作。有调查表明，习惯吃早餐的孩子比不吃早餐的孩子身体更好，长得更结实，更不容易得病，学习时注意力更集中，反应更快，理解力更强，成绩更好。

    A 早餐的营养是三餐中最丰富的
    B 人体从早餐中吸收的营养最多
    C 吃早餐的孩子更容易提高成绩
    D 相比成人，早餐对孩子更重要

22. 作为电视节目主持人，我在工作中常会运用"峰终定律"。例如，做节目时，与开幕式相比，我们宁可把更多的精力集中在闭幕式上，这样可以加强观众对节目的印象。虽然很多人并不了解"峰终定律"，但是，他们能从经验中体会这种做法的重要性。

    A 观众通常对闭幕式更关注
    B 许多人不认同"峰终定律"
    C "峰终定律"是节目制作的理论
    D "峰终定律"对"我"的工作有帮助

23-28 지문을 읽고 질문에 알맞은 답을 골라 보세요.

23-25.　　在我们的健康观念中，人们都接受一种说法："多吃蔬果。"英国一场始于1994年的"每天五份果蔬"的运动，曾经得到大多数人的支持。英国牛津大学的专家迈克说："'每天五份果蔬'的口号当然比简单地告诉人们要'均衡膳食'有用多了，毕竟有几个普通人能知道所谓'均衡膳食'的真正含义呢？"

　　世界卫生组织曾建议人们每天吃的果蔬最好不低于400克。但有多少国家能达到这个水平呢？英国人当时每人平均果蔬食用量只有这个数量的一半左右，不过丹麦人能达到600克；希腊也远远"超标"——人均"六份蔬菜外加三份水果"，以平均每份80克来算，便能达到720克。

　　研究发现，那些由于饮食导致的心脏病和癌症发病率低的国家，人均果蔬食用量都很高——最高能达到每天十份。所以说，"每天吃五份果蔬"的确有助身体健康，也许多吃一些效果会更好。

　　然而，关于哪些加工食品可以用来补充我们的果蔬食用量，很多国家都没有相关的严格规定。当我们自以为吃着那些经过加工的水果和蔬菜，达到了"健康生活新标准"，实际上我们却有可能正吃下更多的盐、糖和脂肪。

23. 关于"均衡膳食"，专家迈克认为：

　　A　很难统一标准　　　　B　实际很难做到

　　C　一般人搞不清　　　　D　需要更多宣传

24. 关于世界卫生组织对果蔬食用量的建议，从文中可知：

　　A　丹麦人不愿接受　　　B　英国人均食用量最少

　　C　很多国家都做不到　　D　希腊人能达到每天十份

25. 本文最可能出自下列哪种杂志？

　　A　《科技前沿》　　　　B　《农业天地》

　　C　《家庭医生》　　　　D　《环球影视》

26-28. 天气突然转凉，温度的降低会直接刺激人体，使得胃肠功能变得紊乱，从而影响正常的消化和吸收。因此在寒冷的冬季，我们一定要时刻注意自己的胃肠变化，做好保护工作，打一场胜利的"保胃战"。

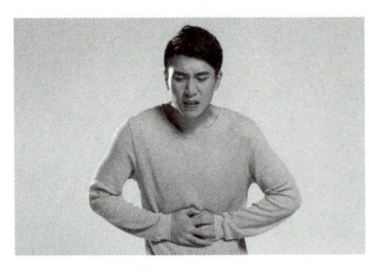

现代人工作压力越来越大，经常是忙得忘了吃饭，或者是即使很饿也无法抽空去吃饭。长此以往，对胃部的刺激很大。尤其在冬季，胃部本身就容易发病，如果饮食再没有规律的话，就更容易引起胃酸分泌异常，加重胃部的负担。因此，每天有规律地按时吃饭才是最佳的保胃措施。如果不能一天三顿正点进食的话，可以改为一天5至6次，分次进食，一次少量，只要是每天有规律的即可。这样不仅可以保护肠胃，还不会耽误到其他的事情。

有胃病的朋友都知道，胃部敏感的时候，如果吃了一些"硬菜"，比如大鱼大肉等，就会觉得很不舒服。正因如此，对于肠胃的保护，我们应该采取软化政策。粥、面条儿、热牛奶等等都是不错的选择。当然，除此之外，在饮食制作过程中，也应该尽量选择蒸、煮、烩、炖等烹饪方法，以减少对胃的刺激。

身体的健康离不开经常性的运动，一个好的身体才能够抵御疾病的侵袭。让你的肠胃在冬季不会过于受到伤害，胃部保暖很重要，温度过低会使腹部受凉，导致胃肠不适。因此，在这个季节就不要再选择过短的衣服了。

当然，以上说的都是一些基本的保养方法，最重要的还是要坚持，因为胃肠的调养和保护不是一天成就的。同时，胃病的发生与发展，与人的情绪、心态密切相关。因此，在养胃护胃的同时，大家还应注意劳逸结合，保持愉快和稳定的情绪。

26. 本文建议每天不能规律进食的人，可以：

A 早餐尽量多吃　　　　　　B 每次尽量吃好
C 增加进食次数　　　　　　D 吃些养胃的药

27. 本文中说的"硬菜"指的是：

A 油炸食品　　　　　　　　B 粥或面条儿
C 温度太烫的食物　　　　　D 不易消化的食物

28. 下列哪项最适合做本文标题：

A 冬季"保胃战"　　　　　　B 饮食要规律
C 养胃从保暖做起　　　　　D 浅谈健胃食品

쓰기 제1부분

29-31 제시된 단어를 순서대로 배열하여 문장을 완성해 보세요.

예제 发表　　这篇论文　　什么时候　　是　　的

这篇论文是什么时候发表的?

29. 他要给　　时间　　更多的　　争取　　自己

30. 刚　　给我　　推荐了　　老刘　　一份工作

31. 被人　　这是　　细节　　忽视的　　最容易

쓰기 제2부분

32 제시된 단어를 모두 사용하여 80자 정도의 단문을 써 보세요.

32. 婚礼、主持、深刻、度过、魅力

18 抽象艺术美不美
추상 미술은 아름다운가, 그렇지 않은가

UNIT 06 修养身心 몸과 마음을 다스리다

듣기 제1부분　　W-18-01

1-6 녹음의 짧은 대화를 듣고 질문에 알맞은 답을 골라 보세요.

1. A 自信
   B 骄傲
   C 惭愧
   D 谦虚

2. A 爱好广泛
   B 当过指挥
   C 会修乐器
   D 演过电影

3. A 武术比赛
   B 作品展览
   C 市场调查
   D 广告设计

4. A 主持节目
   B 录制歌曲
   C 拍电视剧
   D 和导演见面

5. A 夫妻
   B 父女
   C 师生
   D 朋友

6. A 不知道尊重画家
   B 具有独特的眼光
   C 不懂得欣赏艺术
   D 不可能成为名家

듣기 제2부분

7-14 녹음의 긴 대화 또는 단문을 듣고 질문에 알맞은 답을 골라 보세요.

7. A 喝冷饮
    B 看结婚证
    C 给儿子发短信
    D 让儿子去登记

8. A 去银行取钱
    B 上网订电影票
    C 在网上买东西
    D 去影院看电影

9. A 风景名胜
    B 科学常识
    C 各地美食
    D 历史人物

10. A 深受观众喜爱
    B 曾是眼科大夫
    C 最近很少拍戏
    D 想当电影导演

11. A 由竹子制作
    B 非常难掌握
    C 用手指弹奏
    D 不适合独奏

12. A 自己教得好
    B 钢琴弹得好
    C 音乐基础好
    D 学过民族乐器

13. A 整整画了一年
    B 自以为很完美
    C 是幅人物画儿
    D 大师极不满意

14. A 学画时间不长
    B 水平进步明显
    C 脑子容易糊涂
    D 求学态度诚恳

독해 제1부분

15-18 빈칸 안에 들어갈 알맞은 답을 골라 보세요.

　　侯宝林对相声艺术的___15___是多方面的。他不仅带头净化相声的语言,还提高了相声的审美趣味。他改编了许多传统节目,坚持以诙谐幽默的文明相声求生存、求发展。新中国成立后,他积极推动"相声___16___运动",在相声中注入了更加健康的内容,使之面貌焕然一新。

　　有人说:"当初没有相声就没有侯宝林;后来没有侯宝林就没有如今的相声。"这话很有___17___,侯宝林一直在说相声,一生都在钻研相声,直到有一天在大多数人的心中,他就是相声。

　　我国著名物理学家钱学森特别喜欢听侯宝林的相声。钱老说,侯宝林的相声内容健康,格调高雅,极富教育意义,又十分幽默,___18___。那真是一种语言艺术,是侯宝林智慧的闪光,很了不起,并称侯宝林是"伟大的人民艺术家"。

15. A 发展　　B 成就　　C 作用　　D 影响

16. A 改善　　B 改进　　C 调整　　D 修改

17. A 道理　　B 原则　　C 启发　　D 意义

18. A 怪不得让我感到费解　　B 常常出奇地令人捧腹大笑
C 不得不使我们深感惭愧　　D 连他本人都忍不住会笑

독해 제2부분

19-22 지문을 읽고 내용과 일치하는 답을 골라 보세요.

19. 有三分之一的画作作者没有签名,而其余的则标明了身份。令人头疼的是,一些签名被故意弄错了,志愿者无法确认作者到底是谁,所以有可能志愿者认为自己看到的是黑猩猩的随手涂鸦,实际则是著名抽象艺术家的大作。

　　A 许多画家不愿在作品上签名
　　B 画作都出自著名艺术家之手
　　C 黑猩猩的随手涂鸦也很出色
　　D 故意弄错的签名令志愿者头疼

20. 徐悲鸿早年曾到日本、法国留学，学习油画、素描，他把中外绘画技法很好地结合在一起，创造了新颖而独特的风格。回国后他长期从事美术教育工作，对中国美术队伍的建设和中国美术事业的发展做出了突出贡献，影响深远。

    A 徐悲鸿画的中国画好于油画
    B 徐悲鸿回国后学习了中国画
    C 徐悲鸿是优秀的美术教育家
    D 徐悲鸿早年主要从事素描创作

21. 梅兰芳是中国京剧史承上启下的代表性人物。他对京剧进行了艺术创新，通过吸收上海文明戏的改良成分，综合青衣、花旦、刀马旦的表演方式，塑造出了形态各异的不同历史时期的中国女性艺术形象，形成了独具特色的艺术流派——梅派，位居京剧四大名旦之首。

    A 梅兰芳创作了一部中国京剧史
    B 梅兰芳创造了青衣等表演方式
    C 梅兰芳原从事上海文明戏的表演
    D 梅兰芳塑造了许多女性艺术形象

22. 壁画就是在天然石壁或人工墙面上制作的图画，它是人类历史上最早的绘画形式之一，起到了装饰和美化的作用。中国古代的壁画主要分布在神庙、宫殿、寺院、庭苑、石窟、陵墓等建筑物中。

    A 壁画主要是在天然石壁上的创作
    B 壁画对建筑起到装饰美化的作用
    C 中国古代的壁画主要集中在寺庙
    D 人类历史上最早的壁画画在地上

23-28 지문을 읽고 질문에 알맞은 답을 골라 보세요.

23-25.

齐白石是中国著名的书画大师。一天，诗人艾青前来看望已经88岁高龄的齐白石，还带来一幅画儿，请他鉴别真伪。齐白石拿出放大镜，仔细看了看，对艾青说："我用刚创作的两幅画儿跟你换这幅，行吗？"

艾青听后，赶紧收起画儿，笑着说："您就是拿20幅，我也不跟您换。"齐白石见他不答应，忍不住叹了一口气说："我年轻时画画儿多认真呀，现在退步了。"原来，艾青带来的这幅画儿正是齐白石几十年前的作品。

艾青走后，齐白石一直愁眉不展。一天夜里，他儿子起来上厕所，看到书房的灯还亮着，走进一看，发现齐白石正坐在书桌前，一笔一画地描红。儿子不解地问道："您都这么大年纪了，早就盛名于世，怎么突然想起描红了，而且描的还是这么初级的东西？"

齐白石摇了摇头，不紧不慢地答道："现在我的名气大，很多人都说我画得好，觉得我随便画一笔都是好的，我也被这些赞美弄得有些飘飘然了，无形中就放松了对自己的要求。直到前几天，我看见自己年轻时画的一幅画儿，才忽然惊醒，我不能再被外界的那些夸奖之词冲昏了头了，以后还得认真练习，自己管住自己啊。"

从此以后，尽管年龄越来越大，齐白石还是坚持每天练习，从不敢偷懒。有时为了一幅画儿，他甚至会花上几个月的时间。

不满足于过往的成就，不放松对自己的要求，这正是齐白石这位书画大师令人佩服的地方。

23. 齐白石想跟诗人艾青换的画儿：

A 是一幅古画儿 B 是一幅假画儿
C 是自己的画儿 D 值20幅画儿

24. 艾青走后，齐白石为什么愁眉不展？

A 没换成画儿 B 受到了批评
C 发现自己老了 D 觉得自己退步了

25. 本文认为，齐白石令人佩服的地方是：

A 不去和别人比较 B 始终严格要求自己
C 活到老学到老的精神 D 冷静地对待别人的赞美

26-28. 灯彩，又叫"花灯"，是起源于中国的一种汉族传统民间手工艺品，它与正月十五元宵赏灯的习俗关系密切。中国各地的灯彩种类众多，做工优美，各有特点，有代表性的如：鱼灯，鱼是中国民间美术最常见的造型主题之一，象征"年年有余"。陕西的鱼形灯彩，制作手法简括、构思精巧，用竹篾做骨、外糊彩纸，造型生动活泼。白菜灯，发音近似"百财"，民间取其吉祥的寓意。模仿白菜之形，朴素中流露着百姓热爱乡土的乐观精神。莲花灯，莲花具有圣洁清香之美，被誉为"花中君子"。民间又以莲藕并生、花开并蒂表示佳偶天成，用以祝贺新婚，又有"连年有余"等吉祥祝福之意。龙凤灯，属浙江仙居的针刺无骨花灯。传统观念中，龙和凤都是吉祥的动物，表达幸福美满的愿望，并相传点亮龙凤灯，能驱妖避邪除百病。花蝶灯，是广东佛山民间灯彩，以富丽的牡丹花和七彩斑斓的蝴蝶为主体结构，配置金色如意飘饰，寓意春天来临、百花齐放、彩蝶纷飞，表达人们对未来美好生活的期盼。

26. 根据本文，下面哪种说法是正确的？

    A 鱼灯是陕西特有的民间灯彩   B 白菜灯具有朴素的乡土气息

    C 结婚喜庆时一般挂龙凤灯   D 花蝶灯主体造型为莲花和蝴蝶

27. 民间传说哪种灯可以消除各种疾病？

    A 鱼灯   B 白菜灯

    C 龙凤灯   D 花蝶灯

28. 可以做这篇文章标题的是：

    A 灯彩的起源   B 各地民间灯彩

    C 灯彩的制作手法   D 正月十五看花灯

쓰기 제1부분

29-31 제시된 단어를 순서대로 배열하여 문장을 완성해 보세요.

예제 发表　　这篇论文　　什么时候　　是　　的

这篇论文是什么时候发表的?

29. 印象　　给我　　上海　　留下了　　极其深刻的

30. 他也　　再等了　　一分钟　　哪怕是　　不愿意

31. 便　　成语　　出自　　"画龙点睛"　　关于他的传说

쓰기 제2부분

32 제시된 단어를 모두 사용하여 80자 정도의 단문을 써 보세요.

32. 作品、欣赏、业余、自由、活跃

모범 답안 및 해설

01 爱的细节

모범 답안

듣기
1 D 2 B 3 D 4 C 5 A 6 B 7 C
8 B 9 D 10 C 11 A 12 D 13 C 14 A

독해
15 B 16 D 17 C 18 B 19 B 20 C 21 D
22 B 23 A 24 C 25 B 26 A 27 D 28 C

쓰기
29 她居然放弃了这次的机会。/ 这次的机会她居然放弃了。
30 他们从来没为任何事吵过架。
31 靠在我肩膀上睡一会儿吧。
32 모범 답안은 p.141 해설 참조

듣기

〈제1부분〉

1 女：你怎么这么累？昨天晚上太热了没睡好吧？
   男：不是，半夜我被蚊子叮醒了，我怕我老婆再被吵醒，所以后半夜就在为她赶蚊子。
   问：男的昨晚为什么没睡好？

   여: 왜 이렇게 피곤해요? 어젯밤에 너무 더워서 잘 못 잤나 봐요?
   남: 아니에요. 한밤중에 모기에 물려서 깼는데, 아내가 시끄러워서 깰까 봐 밤새 아내를 위해서 모기를 쫓았거든요.
   질문: 남자는 어젯밤에 왜 잠을 잘 못 잤는가?
   A 너무 피곤해서
   B 너무 더워서
   C 아내와 싸워서
   D 아내를 위해 모기를 쫓느라고

   해설: 피곤해하는 남자에게 여자가 왜 잠을 못 잤냐고 묻자, 남자는 아내가 깰까 봐 밤새 모기를 쫓았다고 답했으므로 정답은 D이다. A와 B는 여자의 질문 속에 언급된 내용이므로 답이 될 수 없다.

2 男：还在加班吗？今晚回不回家吃饭？
   女：还得打印几份文件，估计半小时以后吧。
   问：女的现在在哪儿？

   남: 아직 야근 중이야? 오늘 저녁에 집에 와서 밥 먹을 거야?
   여: 아직 문서를 몇 부 프린트해야 해. 30분쯤 이후가 될 것 같아.
   질문: 여자는 지금 어디에 있는가?
   A 집   B 회사   C 식당   D 시계점

   해설: 남자가 아직 야근 중인지 묻자, 여자는 문서를 프린트해야 한다고 했다. '加班', '打印', '文件' 등을 통해 여자는 현재 회사에서 일을 하고 있다는 것을 알 수 있다. 따라서 정답은 B이다.

3 女：听说你们昨天大学同学聚会了？又见到陈兰了？
   男：是啊。虽说离婚已经两年了，可是一见面，心里还是有种说不出的感觉……
   问：男的跟陈兰是什么关系？

   여: 듣자 하니 어제 너희 대학 동창회가 있었다며? 천란 또 만났어?
   남: 응. 이혼한 지 2년이나 됐어도, 만나면 뭔가 말 못 할 감정이 아직 남아있어……
   질문: 남자와 천란은 무슨 관계인가?
   A 예전 동료
   B 중학교 동창
   C 현재 부부이다
   D 예전에 부부였다

   해설: 여자가 말한 '대학 동창회'에 헷갈리면 안 된다. 천란을 만났는지 묻자, 남자가 이혼한 지 2년이나 됐다고 했으므로 남자와 천란은 예전에 부부였음을 알 수 있다.

4 男：今天菜怎么这么咸啊？
   女：你每天回家就吃，什么家务活儿也不干，还说菜咸？
   问：女的是什么语气？

남: 오늘 음식이 왜 이렇게 짜?
여: 당신은 매일 집에 오면 그저 먹기만 하고 집안일은 아무 것도 안 하면서, 음식이 짜다는 말이 나와?
질문: 여자는 어떤 말투인가?
A 감사하다 B 걱정한다
C 원망한다 D 후회한다

단어 后悔 hòuhuǐ 통 후회하다 | 语气 yǔqì 명 말투

해설 음식이 짜다는 남자의 말에 여자는 '매일 집에 오면 먹기만 하고 집안일은 하지 않는다'고 했으므로 남자가 집안일을 도와주지 않는 것에 대해 불만임을 알 수 있다. 따라서 정답은 C이다.

5
女：大夫，你为什么要检查我的肩膀和胳膊呢？
男：手指麻木，不一定就是手指的问题，有关的部位都要检查。
问：女的哪个地方不舒服？

여: 의사 선생님, 왜 제 어깨와 팔을 검사하시려는 거예요?
남: 손가락이 저린다는 게 꼭 손가락 문제만이 아닐 수 있어요. 관련 있는 부위는 다 검사해야 합니다.
질문: 여자는 어디가 불편한가?
A 손가락 B 어깨 C 팔 D 머리

단어 麻木 mámù 통 마비되다, 저리다

해설 여자가 왜 어깨와 팔을 검사하려는지 묻자, 남자는 '손가락이 저린다는 게 꼭 손가락의 문제만이 아닐 수도 있다'라고 했으므로 여자는 현재 손가락이 불편하다는 것을 알 수 있다.

6
男：高女士，请您简单地叙述一下以前的工作经历。
女：好的，我之前在一家电台工作……
问：他们最有可能在干什么？

남: 까오 여사님, 간단하게 예전 업무 경력에 대해 말씀해 주세요.
여: 네. 저는 예전에 한 방송국에서 일을 했고요……
질문: 그들은 무엇을 하고 있을 가능성이 가장 큰가?
A 모임 B 면접
C 수다를 떨다 D 사업 협의

해설 정답의 핵심은 남자의 말에 있다. 남자가 여자에게 '간단하게 예전 업무 경력에 대해 말씀해 주세요'라고 했으므로 이 문장을 통해 현재 면접 중임을 알 수 있다.

〈제2부분〉

7
女：你今天下午几点开会？
男：3点。
女：3点？现在都已经3点半了啊！
男：啊？我居然看错表了！
问：男的怎么了？

여: 당신은 오늘 오후 몇 시에 회의를 하나요?
남: 3시요.

여: 3시요? 지금 벌써 3시 반이에요!
남: 네? 뜻밖에도 시간을 잘못 봤네요!
질문: 남자는 어떠한가?
A 회의 하는 것을 잊었다
B 시계를 차지 않았다
C 회의에 지각했다
D 오늘 출근하지 않았다

해설 정답의 핵심은 마지막 남자의 말에 있다. 3시에 회의가 있다는 남자에게 여자가 현재 3시 반이라고 알려주자, 남자는 시간을 잘못 봤다고 했다. 즉 남자는 회의에 지각한 것이므로 정답은 C이다.

8
男：你觉得这两个哪个更好一些？
女：都挺好的，各有特点。
男：是啊，要是只有一个能得奖，就太可惜了。
女：我觉得我们可以建议增加一个奖项。
问：女的是什么意思？

남: 당신은 이 둘 중에 어느 것이 더 좋은 것 같아요?
여: 다 아주 좋아요. 각자 특색이 있어요.
남: 맞아요. 만약 하나만 상을 탄다면 너무 아쉬울 것 같아요.
여: 제 생각에 상 종목을 하나 더 추가하자고 제안할 수 있을 것 같아요.
질문: 여자의 말은 무슨 뜻인가?
A 상이 하나뿐인 것이 아쉽다
B 둘 다 상을 받아야 한다
C 하나가 다른 하나보다 좋다
D 어느 하나 상을 받아서는 안 된다

해설 남자가 하나만 상을 주는 것이 아쉽다고 하자, 여자는 상 종목을 하나 더 추가하자는 의견을 냈다. 즉 여자는 둘 다 상을 주자는 것이므로 정답은 B이다.

9
女：他们认识才两个月就结婚，是不是太快了？
男：是否了解一个人并不在于时间长短。
女：话不能这么说，时间长，了解的可能性还是大一点儿。
男：那又怎么样？就算真了解了，结了婚也可能会变。
问：男的是什么意思？

여: 그들은 만난 지 겨우 두 달 만에 결혼하는 건데, 좀 빠르지 않나요?
남: 한 사람을 잘 아는지 여부는 시간의 길고 짧음에 있지 않아요.
여: 이렇게 말하면 안 되겠지만, 시간이 지날수록 잘 알 수 있는 가능성도 더 커지는 거라고요.
남: 그럼 또 어때요? 설령 정말로 잘 알았다 해도 결혼하면 변할 수도 있는걸요.
질문: 남자의 말은 무슨 뜻인가?
A 그들은 안 지 오래됐다
B 그들은 결혼 후 잘 알 수 있다
C 결혼 후에 반드시 변화가 생긴다

D 잘 아는지의 여부는 시간과 관계가 없다

해설 여자가 만난 지 얼마 안 된 커플이 결혼하는 것에 부정적인 입장을 보이자, 남자는 '한 사람을 잘 아는지 여부는 시간의 길고 짧음에 있지 않다'고 했으므로 정답은 D이다.

10
男: 打扰一下，您能跟我换个座位吗？我们俩是一块儿的。
女: 行。你的座位在哪儿？
男: 5A, 前面那个靠窗的。需要我帮您拿行李吗？
女: 没事儿，不用了。
问: 他们最有可能在哪儿？

남: 죄송하지만, 저와 자리 좀 바꿔주시겠어요? 저희 둘이 일행이어서요.
여: 그래요. 좌석이 어디에요?
남: 5A이고, 앞에 창가 쪽이에요. 제가 짐을 가져다드릴까요?
여: 아니요. 괜찮아요.
질문: 그들은 어디에 있을 가능성이 가장 큰가?

A 회사 안　　　　B 음식점 안
C 기차 안　　　　D 슈퍼 안

해설 대화 속 '座位', '靠窗', '行李' 등의 단어를 근거로 현재 이들은 '기차 안'에 있음을 알 수 있다.

11-12
第11到12题是根据下面一段对话:
女: 小刚，你打算什么时候带我回家见你父母？
男: 我觉得现在还不是时候，过一段再说吧。
女: 你想等到什么时候呢？11 我们交往也有大半年了……
男: 12 你别烦我了！你知道我最近很忙，哪儿有时间静下心来想我们的事？
女: 原来我们的事你根本还没想好，那你为什么不早说？
11. 问: 说话的两个人是什么关系？
12. 问: 关于小刚，从对话中可以知道什么？

11-12번 문제는 다음 대화에 근거한다:
여: 샤오강, 너 언제 나를 데리고 집에 가서 부모님을 뵙게 해줄 거야?
남: 아직은 때가 아닌 것 같아. 좀 지나고 다시 이야기하자.
여: 언제까지 기다릴 건데? 11 우리 사귄 지 벌써 6개월이나 됐는데……
남: 12 귀찮게 좀 하지 마! 나 요즘 바쁜 거 알잖아. 냉정하게 우리 일을 생각할 시간이 어디 있냐고.
여: 넌 우리 일을 아예 생각도 안 했구나. 그럼 왜 일찍 말하지 않은 건데?

11 두 사람은 어떤 관계인가?
A 연인　　B 부부　　C 동료　　D 동창

12 샤오강에 관하여 대화를 통해 알 수 있는 것은 무엇인가?
A 다른 여자 친구가 있다
B 그의 부모가 그들의 관계를 안다
C 여자 친구를 데리고 부모님을 만나려고 한다
D 부모에게 그들의 관계를 알게 하고 싶지 않다

단어 静心 jìngxīn 마음을 가라앉히다 ｜ 根本 gēnběn 전혀, 아예 ｜ 恋人 liànrén 연인

해설 11. 여자가 '우리 사귄 지 벌써 6개월이나 됐다'라고 한 말을 통해 두 사람은 연인 사이임을 알 수 있다.
12. 여자가 남자의 부모님을 언제 뵙게 해줄 건지 묻자, 남자는 이를 거절하였고, 재촉하는 여자에게 오히려 화를 내고 있다. 전체 상황으로 볼 때 남자는 여자를 부모에게 소개시키려는 마음이 없는 것이므로 정답은 D이다.

13-14
第13到14题是根据下面一段话:
友人嫁了个公司经理。13 她说她选择这段婚姻，原因很简单：不是因为对方生活条件好，而是因为那个男人喜欢阅读，喜欢音乐，并且乐在其中。我很少听到这样的结婚理由，14 但真的为好友喝彩，她的幸福很简单，有旋律感，就像美好的音乐。
13. 问: 友人选择这段婚姻的理由是什么？
14. 问: 对于友人的婚姻，说话人是什么态度？

13-14번 문제는 다음 내용에 근거한다:
친구가 한 회사의 사장에게 시집을 갔다. 13 그녀는 이 결혼을 선택한 이유가 간단하다고 했는데, 즉 상대방의 생활 조건이 좋아서가 아니라 그 남자가 독서와 음악을 좋아하고 그 속에 기쁨을 찾기 때문이라고 했다. 나는 이러한 결혼 이유를 거의 들어보지 못했지만, 14 진심으로 친구에게 박수를 보내고 싶다. 그녀의 행복은 평범하고 선율감이 있어서, 마치 아름다운 음악과 같다.

13 친구가 이 결혼을 선택한 이유는 무엇인가?
A 상대방이 회사의 사장이어서
B 상대방의 생활 조건이 좋아서
C 상대방이 독서와 음악을 좋아해서
D 상대방이 노래를 매우 잘 불러서

14 친구의 결혼에 대해 화자는 어떤 태도인가?
A 지지한다　　　　B 반대한다
C 의심한다　　　　D 동정한다

단어 嫁 jià 시집가다 ｜ 喝彩 hè cǎi 갈채를 보내다, 큰 소리로 좋다고 외치다 ｜ 旋律 xuánlǜ 선율, 멜로디

해설 13. '理由'와 '原因'은 동의어이므로 녹음에서 언급한 '原因'의 뒷부분을 잘 들어야 한다. 결혼을 결심한 이유는 '不是~, 而是~'라는 문장에 있으며, 생활 조건이 좋아서가 아니라 남자가 독서와 음악을 좋아하기 때문이라고 했다. 따라서 정답은 C이다.
14. '为~喝彩'는 '~에게 박수를 보내다'라는 뜻으로 지지한다는 의미이다. 따라서 정답은 A이다.

〈제1부분〉

15-18

　　나와 남편은 15 **결혼한 지(B 结婚)** 5년이 되었다. 결혼 후의 생활은 줄곧 매우 행복했고, 여태껏 어떤 일 때문에 얼굴을 붉힌 적도 없었으며, 작년에는 귀여운 아기도 태어났다. 그러나 어젯밤 우리는 크게 16 **말싸움(D 吵)**을 했다. 이유는 남편이 직장을 옮기려고 하는데, 월급은 더 높지만 근무지가 타지에 있기 때문이다. 남편은 이미 가기로 결정했다고 말했지만, 나는 이것이 결코 좋은 기회라고 생각하지 않는다. 월급이 비록 더 많긴 해도, 완전히 낯선 환경으로 바꾸어야 하기 때문이다. 17 **게다가(C 而且,)** 우리 아이가 이렇게나 어린데, 남편이 가버리면 나 혼자 출근도 해야 하고 아이도 돌봐야 하기 때문에 너무 힘들다. 지금 이 문제를 18 **어떻게(B 如何)** 해결해야 할지 우리는 아직 생각하지 못했다.

단어 宝宝 bǎobao 명 아기 | 陌生 mòshēng 형 낯설다, 생소하다

해설
15. 빈칸 앞에 주어, 빈칸 뒤에 술어의 지속된 시간(五年)이 왔으므로 빈칸에는 술어 역할을 하는 동사가 와야 한다. A와 D는 명사이므로 답이 될 수 없고, 뒷부분에 결혼 생활에 대한 언급이 있으므로 정답은 B '结婚'이다.
16. 빈칸 뒤의 동태조사 '了'와 목적어 '架'로 미루어 보아 빈칸에 들어갈 알맞은 동사는 D '吵'이다. '吵'는 '架'와 결합하여 '말다툼하다'라는 뜻으로 쓰인다.
17. 빈칸이 문장과 문장을 이어주는 곳에 있으므로 빈칸에 들어갈 단어의 품사는 접속사이다. 빈칸 앞에는 '월급이 더 많긴 해도 낯선 환경으로 바뀌기 때문이다'라는 부정적인 의견이 있고, 빈칸 뒤에는 '나 혼자 출근도 해야 하고 아이도 돌봐야 하기 때문에 너무 힘들다'라는 부정적 내용이 있으므로 점층을 나타내는 접속사 C '而且'가 와야 한다. A와 B는 모두 '그러나'로 전환 관계를 나타내고, D의 '否则(그렇지 않으면)'는 가정 관계를 나타낸다.
18. 빈칸의 위치가 주어 뒤, 동사 앞이므로 빈칸에 들어갈 단어의 품사는 부사이다. 남편의 이직으로 인해 생긴 문제를 어떻게 해결해야 할지 아직 모르겠다고 했으므로 정답은 B '如何'이다. A는 주어 앞에 오는 접속사이고, C와 D는 예를 들어 설명할 때 사용할 수 있다.

〈제2부분〉

19 　　몇 년 전 그녀는 전신 마비가 됐는데, 의사는 그녀가 다시 일어날 가능성이 적다고 말했다. 다른 사람들은 모두 그녀의 남편이 그녀와 이혼하고, 그녀가 자살까지 생각했을 거라고 여겼다. 그러나 **남편은 계속 아내를 격려했고, 그녀를 위해 수많은 병원을 찾아다녔으며, 몇 년 동안 한결같이 그녀를 돌보면서 여태껏 원망한 적이 없었다.** 남편의 사랑과 노력 아래, 그녀는 마침내 다시 일어섰다.

A 남편은 아내와 이혼하려 한다
B 남편은 아내에게 매우 잘한다
C 아내는 전신 마비 때문에 자살했다
D 의사의 판단은 맞았다

해설 전신 마비가 된 아내를 위해 남편은 계속 많은 노력을 했고 한결같이 그녀를 돌봤다고 했으므로 정답은 B이다. A와 C는 모두 다른 사람들의 추측일 뿐이므로 정답이 될 수 없다.

20 　　우리는 다른 사람의 결혼이 행복한지 아닌지를 함부로 평가해서는 안 되며, 자신이 옳다는 식으로 다른 사람의 가정생활에 간섭해서는 더더욱 안 된다. 왜냐하면 **결혼은 마치 신발과도 같아서, 신발이 맞는지 안 맞는지는 다른 사람은 알 수 없고, 오직 자신의 발만이 가장 정확하게 알기 때문이다.**

A 결혼이 행복한지 아닌지는 누구나 잘 안다
B 결혼이 행복한지 아닌지는 누구도 모른다
C 결혼이 행복한지 아닌지는 자신이 가장 잘 안다
D 결혼이 행복한지 아닌지는 다른 사람들이 더 잘 안다

단어 评价 píngjià 통 평가하다 | 自以为是 zìyǐwéishì 스스로 옳다고 여기다 | 干涉 gānshè 통 간섭하다

해설 지문은 결혼 생활을 신발에 비유하고 있다. 신발이 맞는지 안 맞는지는 자신의 발만이 가장 정확하게 알 수 있는 것처럼 결혼이 행복한지 아닌지 역시 자신만이 가장 잘 알 수 있다.

21 　　**그와 그녀는 결혼한 지 이제 겨우 1년이 넘었지만, 이미 같이 살고 싶지 않다고 생각한다.** 아내는 남편이 능력이 없다고 원망하며, 집에만 있을 줄 알지 남자가 돼서 돈도 못 번다고 생각한다. 남편은 아내가 화내고 원망할 줄만 알지 사람에게 관심 갖는 것은 조금도 모른다고 생각한다. 두 사람은 말하다 화가 나면 바로 싸우는데, 아내는 '당신과 결혼한 게 후회돼'라고 하고, 남편은 '나도 마찬가지야'라고 한다. 그리하여 **남은 길은 단 하나밖에 없는데, 이혼이다.**

A 결혼 후 그들의 생활은 매우 행복하다
B 그들은 결혼한 지 이미 오래되었다
C 그들 둘이 싸우는 이유는 돈 때문이다
D 그들은 이혼할 계획이다

단어 本事 běnshi 명 능력, 재능 | 待 dāi 통 머물다, 지내다

해설 지문의 처음과 끝을 보면 전반적인 내용을 파악할 수 있다. '두 사람은 결혼한 지 겨우 1년이 넘었지만 이미 같이 살고 싶어 하지 않는다'와 '남은 길은 이혼뿐이다'를 통해 그들은 이혼할 것임을 알 수 있다. 따라서 정답은 D이다.

22 　　결혼을 왜 해야 하는지에 관해서 모든 부부는 다 자신에게 해당하는 이유가 있다. **어떤 사람은 사랑하니까 결혼했다고 하고, 어떤 사람은 혼자서는 너무 외로워서 결혼했다고 한다.** 심지어 어떤 사람은 결혼하면 연애할 때보다 돈을 아낄 수 있다고 한다…… 이유가 무엇이든 상관없이 결혼은 마치 『웨이청』에서 말한 것처럼, 밖에 있는 사람들은 들어오고 싶어 하고, 안에 있는 사람은 나가고 싶어 하는 것과 같다.

A 사람들이 결혼을 선택하는 이유는 모두 같다
B 일부 결혼의 기초는 사랑이다
C 모두 연애가 돈을 낭비한다고 생각한다
D 사람들은 모두 결혼하기를 원한다

단어 属于 shǔyú 통 ~에 속하다 | 孤单 gūdān 형 외롭다 | 围城 Wéichéng 고유 웨이청 [소설명]

해설 결혼을 하는 이유에 대해 각 사람마다 다른 이유를 언급했으므로 A는 정답이 아니다. 어떤 사람은 사랑하니까 결혼했다고 했는데 이는 결혼의 기초가 사랑이라고 생각하는 것이므로 정답은 B이다. C는 일부 사람의 견해이고, D는 지문에 언급된 내용이 아니므로 답이 될 수 없다.

〈제3부분〉

23-25

23 그와 아내는 같은 업계에 종사했다. 한 명은 외과 주임으로, 다른 한 명은 수간호사로 젊었을 때 계속 같이 일했다. 5년 전 두 사람은 동시에 퇴직했고, 행복한 퇴직 생활을 보내기 시작했다.

24 그러나 2년이 안 되어 그는 잘 잊어버리기 시작했고, 그렇게 결국 완전히 치매에 걸리게 되었다. 예전의 동료와 친구들을 알아보지 못했고 심지어 아들과 딸도 기억하지 못했는데, 오직 한 사람만 알아봤다. 바로 아내였다.

다른 사람이 그에게 인사할 때 그는 바보같이 다른 사람을 향해 웃어주고 아내의 손을 잡아당기며 말했다. 25 "나를 따라와요! 나를 따라와요!" 앞에 멀리서 차가 오는 것이 보이면, 그는 아내의 손을 꽉 잡고 말했다. "조심해요! 조심해요!" 아내는 말했다. "난 아직도 당신이 가르쳐야 하는 거예요? 당신 지금 모습은 3살 아이보다 더 아이 같은데, 나보고 조심하라니요." 그는 웃었다. 웃으면 입에서 침이 흘러나왔다. 그는 침을 흘리면서 바보같이 아내에게 말했다. 25 "나를 따라와요! 나를 따라와요!"

그날, 아내는 그의 손을 잡고 아들 집에 갔다. 단지의 입구에 차가 드나들고 있어서 그는 아내의 손을 매우 세게 잡았다. 아내는 말했다 "너무 세게 잡지 말아요. 손 아파요." 그는 듣지 않고 여전히 힘주어 잡았다.

모퉁이에 다다르자 롤러스케이트를 탄 두 아이가 그들을 향해 돌진해왔다. 그는 큰 걸음으로 앞으로 나아가 두 손을 크게 벌려 아이들을 막았다. 아이들은 피하지 못했고, 세 사람은 함께 넘어졌다. 그는 아주 심하게 넘어져서 의식을 잃었다.

다음날, 그가 깨어났다. 아내는 그의 옆에 앉아 그를 향해 눈물을 흘리고 있었다. 그는 아내의 손을 잡으며 말했다. 25 "나를 따라와요! 나를 따라와요!" 아내는 눈물을 머금고 웃었다.

이것이 바로 사랑의 기적이다. 내가 치매에 걸려 온 세상 사람을 몰라봐도, 나는 여전히 당신을 알아보고 당신과 변함없이 함께해야 함을 안다. 내가 치매에 걸리고 아무것도 몰라도, 당신을 잘 보호해야 한다는 것은 알고 있다.

단지 당신은 내가 가장 사랑하는 사람이라는 이유 때문이다.

23 부부가 젊었을 때의 일했던 회사는:

A 병원　　B 상점　　C 은행　　D 항공사

24 부부는 어떤 문제에 부딪혔는가?

A 직업을 잃었다
B 아내가 병이 났다
C 남편이 치매에 걸렸다
D 아들이 넘어져서 다쳤다

25 본문에 가장 적합한 제목은:

A 행복한 퇴직 생활
B 나를 따라와요
C 나는 온 세상을 잊어버렸다
D 나와 아내

단어 外科 wàikē 명 외과 ｜ 退休 tuìxiū 동 퇴직하다 ｜ 健忘 jiànwàng 형 잘 잊어버리다 ｜ 痴呆 chīdāi 치매 ｜ 傻 shǎ 형 멍청하다 ｜ 当心 dāngxīn 동 조심하다 ｜ 牵 qiān 동 끌다, 잡다 ｜ 滑旱冰 huá hànbīng 롤러스케이트를 타다 ｜ 冲 chōng 동 돌진하다 ｜ 拦 lán 동 막다 ｜ 避让 bìràng 동 피하다 ｜ 摔 shuāi 동 넘어지다 ｜ 昏 hūn 동 의식을 잃다, 실신하다 ｜ 含 hán 동 머금다 ｜ 神奇 shénqí 형 신기하다 ｜ 牢 láo 형 견고하다, 단단하다 ｜ 跟随 gēnsuí 동 동행하다

해설 23. 부부가 젊었을 때 한 명은 외과 주임, 한 명은 수간호사라고 했으므로 병원에서 근무했음을 알 수 있다.

24. 본문의 '그'는 퇴직 후 잘 잊어버리기 시작했고 결국 치매에 걸렸다고 했다.

25. 이 글은 남편이 치매에 걸렸어도 아내에 대한 사랑은 여전함을 알려주고 있다. 어떤 상황에서도 남편이 아내에게 계속 되풀이한 말이 이 글의 주제를 잘 함축하고 있으므로 B '跟着我'가 가장 적합하다.

26-28

민정 수석실에서 발표한 2013년 사회 복지 발전 통계 보고에 따르면, 26 2013년 전국에서 법에 따라 이혼 수속을 밟은 부부는 총 350만 쌍이며, 이는 작년보다 12.8% 증가한 것이라고 한다. 이는 2004년 이래로 중국의 이혼율이 10년째 연속해서 증가하고 있음을 보여준다. 과거 이혼을 언급하면 안색이 변했던 때부터, 70년대생이 이혼을 하느냐 마느냐로 갈등을 겪었던 때를 지나, 최근 80년대생의 '이혼은 별 게 아니다'라는 것에 이르기까지, 중국인들의 결혼관에 변화가 생기고 있다.

27 중국의 이혼율은 꾸준히 상승하고 있는데, 한편으로는 현대인의 사상과 관념에 변화가 생겨 사랑을 더 중요하게 여기고 결혼의 질을 중시한다고 하지만, 우리는 문제의 다른 한편, 즉 일부 사람들이 결혼을 진지하게 여기지 않고 결혼과 가정에 대해 책임감이 부족하다는 것을 보지 않을 수 없다.

어떤 사람은 이혼하는 이유가 돈이 생기고, 권력이 생기고, 명성이 생겨서라고 하고, 어떤 사람은 결혼 전에는 진실했으나 결혼 후에는 감정을 키우고 돌보는 것에 관심을 기울이지 않아서라고 한다. 어떤 사람은 이혼이 사랑하지 않아서가 아니라, 그저 포용력이 작아서 상대방에게 잘못이 생기면 상황을 따지지 않고 크게 싸우기 때문이라고 한다…… 28 이와 같은 일들로 결혼이라는 중대한 일은 보잘것없는 일이 되어버렸고, 제멋대로 할 수 있는 게임이 되어버렸다.

26 본문에 근거하여 다음 중 정확하지 않은 것은 무엇인가?

A 2013년의 이혼율은 2004년의 10배이다
B 10년 동안 이혼율은 줄곧 증가했다
C 과거의 사람들은 대다수가 이혼을 원하지 않았다
D 80년대생들은 이혼을 하든 말든 신경 쓰지 않는다

27 필자의 생각에 이혼율이 상승하는 것은:

A 돈 때문이다
B 싸워서 오해하기 때문이다
C 사람들이 갈수록 결혼을 원하지 않는다는 것을 설명한다
D 찬반 두 가지 측면에서 다룰 수 있다

28 결혼이라는 중대한 일이 게임이 되어버린 것에 대해 필자의 태도는:

A 기쁘다　　　　B 동의한다
C 비판적이다　　D 후회한다

단어 统计 tǒngjì 통계 ｜ 显示 xiǎnshì 동 보여주다 ｜ 依法 yīfǎ 부 법에 의거하여 ｜ 手续 shǒuxù 동 수속, 절차 ｜ 连续 liánxù 동 연속하다 ｜ 递增 dìzēng 동 점차 늘다, 증가하다 ｜ 色变 sè biàn 안색이 변하다 ｜ 纠结 jiūjié 동 갈등하다, 뒤엉키다 ｜ 持续 chíxù 동 지속하다 ｜ 上升 shàngshēng 동 상승하다 ｜ 当回事 dāng huí shì 중요시하다 ｜ 名望 míngwàng 명 명망, 명성 ｜ 情真意切 qíngzhēn-yìqiè 마음이 매우 진실하다 ｜ 维护 wéihù 동 유지하고 보호하다 ｜ 气量 qìliàng 명 도량, 포용력 ｜ 过失 guòshī 명 실수, 잘못 ｜ 凡此种种 fán cǐ zhǒng zhǒng 이러한 갖가지 것들 ｜ 看待 kàndài 동 다루다, 대하다 ｜ 赞同 zàntóng 동 동의하다

해설 26. 2013년의 이혼율은 2004년 이래 10년째 증가하고 있다고 했으며, 10배가 증가한 것은 아니므로 정답은 A이다.

27. 필자가 생각하는 이혼율 상승의 원인은 1) 가치관의 변화, 2) 결혼을 진지하게 여기지 않고 결혼과 가정에 책임감이 부족하다는 것이며, 이 두 가지 측면에서 봐야 한다고 했으므로 정답은 D이다. A와 B는 일부 사람들의 견해이므로 답이 될 수 없다.

28. 마지막 단락에서 이혼하는 여러가지 이유를 나열하고 이러한 것들로 인해 결혼이 게임이 되어버렸다고 했다. 즉 결혼을 진지하게 여기지 않고 결혼과 가정에 책임감이 부족하기 때문에 이혼하는 것이라는 비판적인 입장을 취하고 있으므로 정답은 C이다.

쓰기

〈제1부분〉

29

1) 她　居然　放弃了　这次的　机会。
　 주어　부사어　술어　관형어　목적어

   그녀는 뜻밖에도 이번 기회를 포기했다.

2) 这次的　机会　她　居然　放弃了。
　 　목적어　　　주어　부사어　술어

   이번 기회는 그녀가 뜻밖에도 포기했다.

해설 동사술어문의 어순배열 문제이다.

① 동사 '放弃了'를 술어 자리에 놓는다.
② 술어 '放弃了'의 뜻에 맞춰 누가 무엇을 포기했는지를 생각해보고, 인칭대사 '她'와 명사 '机会'를 각각 주어와 목적어 자리에 놓는다.
③ '居然'은 부사이므로 술어 앞에 놓고 '这次的'는 명사를 수식하는 관형어이므로 목적어 앞에 놓는다.
④ 목적어(화제어)를 강조할 경우에는 목적어가 문장 맨 앞에 올 수 있다. 따라서 '这次的机会'가 주어 '她'의 앞에 올 수도 있다.

30

他们　从来没　为　任何事　吵过架。
주어　부사어　부사어　　　술어+过+목적어

그들은 여태껏 어떤 일 때문에 싸운 적이 없다.

해설 부사와 개사의 어순배열 문제이다.

① '吵过架'는 '동사+목적어' 형태의 이합사이므로 술어 자리에 올 수 있으며 뒤에 별도의 목적어를 가질 수 없다. 싸움의 주체인 인칭대사 '他们'을 주어 자리에, '吵过架'를 맨 마지막에 놓는다.
② '为'는 개사로 명사 '任何事'과 함께 쓰여 개사구를 이룬다.
③ '从来没'는 '부사+부정부사' 구조로 부사어로 쓰인다. 보통 부사와 개사가 한 문장에 동시에 출현하여 술어 앞에서 부사어로 쓰일 경우, 순서는 '부사어+개사구' 순이다.

TIP 중국어의 부사어란?

술어를 수식하거나 제한하는 단어나 구를 부사어라고 하는데, 주로 부사, 개사, 조동사가 부사어 역할을 한다.

31

靠在　　我　肩膀上　　睡一会儿　　吧。
술어1+보어　목적어　　술어2+보어　어기조사

내 어깨에 기대서 잠시 자요.

해설 연동문의 어순배열 문제이다.

① '靠在'는 '~에 기대다'라는 뜻이므로 뒤에 기댈 수 있는 장소나 부위가 와야 한다. 따라서 뒤에 '肩膀上(어깨 위)'이 올 수 있다.
② '我'를 주어 자리에 놓는다면 의미가 맞지 않기 때문에 '我'는 '肩膀上'의 바로 앞에 놓아 어깨를 수식하는 관형어로 쓸 수 있다.
③ '睡一会儿'은 '술어+동량보어'로 쓰여 어깨에 기댄 후 이어지는 동작이 되므로 '靠在我肩膀上' 뒤에 놓아 연동문으로 만들어 주면 된다. '吧'는 제안을 나타내는 어기조사이므로 문장 맨 끝에 놓는다.

TIP 연동문

연동문이란 한 문장에 술어가 2개 이상인 문장으로, 하나의 주어가 2개 이상의 동작을 하는 것을 가리킨다.

▶ 기본형식: 주어+술어1+목적어1+술어2+목적어2

① 첫 번째 술어가 두 번째 술어의 수단이나 방식이 됨
　 我骑自行车去学校。 나는 자전거를 타고 학교에 간다.
② 두 번째 술어가 첫 번째 술어의 목적이 됨
　 我去图书馆学习。 나는 공부하러 도서관에 간다.

〈제2부분〉

32

	有	一	项	调	查	结	果	显	示	,	没	有	耐	心	,
爱	抱	怨	,	做	什	么	事	都	不	耐	烦	的	人	成	功
率	相	对	较	低	。	相	反	由	于	有	耐	心	的	人	更
善	于	等	待	,	知	道	如	何	控	制	自	己	,	从	而
更	容	易	获	得	成	功	。	二	者	形	成	了	鲜	明	的
对	比	。	如	果	想	要	获	得	成	功	,	就	需	要	懂
得	培	养	耐	心	。										

한 조사 결과가 보여주듯이, 인내심 없고 원망하기 좋아하며 무슨 일을 하건 귀찮아하는 사람의 성공률은 상대적으로 비교적 낮다고 한다. 반대로 인내심이 있는 사람은 기다리는 것에 능숙하며 자신을 어떻게 제어하는지 알기 때문에, 성공을 얻기가 더 쉽다. 두 사람은 명확한 대비를 이룬다. 만약 성공하고 싶다면, 인내심 기르는 것을 익혀야 한다.

단어 善于 shànyú 통 ~에 능하다 | 控制 kòngzhì 통 규제하다, 제어하다 | 鲜明 xiānmíng 형 명확하다

02 留串钥匙给父母

모범 답안

듣기
| 1 C | 2 D | 3 B | 4 C | 5 A | 6 D | 7 C |
| 8 C | 9 B | 10 B | 11 D | 12 A | 13 C | 14 C |

독해
| 15 B | 16 D | 17 C | 18 A | 19 B | 20 A | 21 D |
| 22 C | 23 C | 24 D | 25 C | 26 C | 27 B | 28 C |

쓰기
29 这次出去打工挣了不少钱。
30 妻子的微笑让我感受到家的温暖。
31 窗外飘来一阵阵动听的歌声。
32 모범 답안은 p.147 해설 참조

듣기

〈제1부분〉

1
女：都半年没回来了，家里肯定脏死了。
男：今天太晚了，到家以后先休息吧，明天再收拾。
问：男的是什么意思?

여: 거의 6개월 동안 돌아오지 않았으니, 집이 분명 매우 더러울 거에요.
남: 오늘은 너무 늦었으니, 집에 도착하면 우선 좀 쉽시다. 내일 정리해요.
질문: 남자의 말은 무슨 뜻인가?
A 집이 너무 더럽지는 않을 것이다
B 1년 동안 집에 오지 않았다
C 오늘은 청소하지 말자
D 오늘은 집에 도착하지 못한다

해설 집이 더러울 것이라는 여자의 말에, 남자가 일단 집에 도착하면 쉬고 내일 정리하자고 했으므로 정답은 C이다.

2
男：姑姑，我来帮您拿行李吧。
女：乖孩子，你这么小，哪儿用得着你啊! 姑姑自己能行。
问：女的是什么意思?

남: 고모, 제가 짐 들어드릴게요.
여: 착하기도 하지. 네가 이렇게 어린데, 어디 네 도움이 필요하겠니! 고모 혼자서도 할 수 있단다.
질문: 여자의 말은 무슨 뜻인가?

A 짐이 너무 무겁다
B 짐을 가져오지 않았다
C 도움이 필요하다
D 혼자서 들 수 있다

단어 乖 guāi 형 착하다 | 用得着 yòng de zháo 쓸모 있다

해설 짐을 들어주겠다는 남자의 말에 여자가 혼자서도 할 수 있다고 했으므로 정답은 D이다.

3
女：姥爷，您腿脚不好，慢点儿走。
男：没事，我天天锻炼，身体好着呢!
问：女的觉得姥爷怎么样?

여: 할아버지, 다리랑 발이 불편하시니 천천히 걸으세요.
남: 괜찮단다. 난 매일 운동해서 건강하단다!
질문: 여자는 할아버지가 어떻다고 생각하는가?

A 매우 건강하다
B 걷기 불편하다
C 운동을 자주 하지 않는다
D 더 많이 걸어야 한다

해설 여자는 할아버지의 다리와 발이 불편하니 천천히 걸으라고 했으므로 걷기 불편하다고 생각하고 있다. 정답은 B이다.

4
男：妈，您做什么好吃的呢? 这么香!
女：你爸今天出差回来，给他炖个牛肉。你不是也最爱吃牛肉嘛!
问：女的为什么要做牛肉?

남: 엄마, 뭐 맛있는 거 하셨어요? 냄새가 좋아요!
여: 오늘 아빠가 출장에서 돌아오시니까, 소고기를 삶아두

리려고 해. 너도 가장 좋아하는 게 소고기잖니!
질문: 여자는 왜 소고기 요리를 하려고 하는가?
A 소고기의 맛이 좋아서
B 아들이 출장에서 돌아와서
C 남편이 출장에서 돌아와서
D 그녀가 소고기를 가장 좋아해서

단어 炖 dùn 동 푹 삶다

해설 엄마는 아빠가 출장에서 돌아오니 소고기를 삶아줄 거라고 했으므로 정답은 C이다.

5
女：既然你在这儿干得不顺心，为什么不换个工作呢？
男：我都在这个厂里待了大半辈子了，除了这儿，不知道还能去哪儿。
问：男的是什么意思？

여: 당신은 기왕 여기에서 일하는 것이 뜻대로 되지 않는데, 왜 이직하지 않는 거예요?
남: 나는 이 공장에서 벌써 반평생을 있었어요. 여기 말고 어디로 갈 수 있을지 모르겠어요.
질문: 남자의 말은 무슨 뜻인가?
A 이직하고 싶지 않다
B 이직하고 싶다
C 일이 즐겁다
D 곧 퇴직한다

단어 顺心 shùnxīn 형 뜻대로 되다

해설 여자가 왜 이직하지 않는지 묻자, 남자는 이 공장에서 오랫동안 있었기 때문에 여기 말고 어디로 갈 수 있을지 모르겠다고 대답했다. 즉 남자는 이직하고 싶지 않음을 알 수 있으므로 정답은 A이다.

6
男：这件事是小李偷偷告诉我的，你可别说出去。
女：放心吧，我就当不知道，连小李都不说。
问：女的是什么意思？

남: 이 일은 샤오리가 나에게 몰래 알려준 거니까, 너 절대 말하면 안 돼.
여: 걱정하지 마, 모르는 척할게. 심지어 샤오리한테도 말하지 않을게.
질문: 여자의 말은 무슨 뜻인가?
A 샤오리가 이미 알았다
B 샤오리가 그녀에게 알려줘야 한다
C 샤오리가 이미 그녀에게 알려줬다
D 그녀는 누구에게도 알려주지 않을 것이다

해설 여자에게 절대 말하지 말라는 남자의 말에 여자는 모르는 척하고 샤오리한테도 말하지 않겠다고 했다. 따라서 정답은 D이다.

〈제2부분〉

7
女：这件事你就帮帮她吧。
男：不行，这种忙我坚决不能帮。
女：为什么呢？
男：这要被发现了可不得了。
问：对于给她帮忙，男的是什么态度？

여: 이번 일 당신이 그녀를 좀 도와줘요.
남: 안 돼요. 이러한 일은 난 절대로 도와줄 수 없어요.
여: 왜요?
남: 이거 발견되기라도 하면 정말 큰일 난다고요.
질문: 여자를 돕는 것에 대해 남자는 어떤 태도인가?
A 지지한다   B 동의한다
C 반대한다   D 망설인다

단어 犹豫 yóuyù 동 망설이다

해설 남자의 말을 듣고 그 의도를 파악해야 한다. 도와주라는 여자의 말에 남자는 '이런 일은 절대 도와줄 수 없다', '발견되면 큰일 난다' 등의 표현으로 강하게 반대하고 있음을 알 수 있다.

8
男：妈，你把我的钥匙放在哪儿了？
女：不在你卧室的床头柜上吗？
男：我看了，没有啊！
女：那就在门口的钥匙柜里。
问：钥匙可能在哪儿？

남: 엄마, 제 열쇠 어디에 두셨어요?
여: 침실 침대 협탁 위에 있지 않니?
남: 봤는데 없어요!
여: 그럼 현관 열쇠함에 있을 거야.
질문: 열쇠는 어디에 있을 가능성이 큰가?
A 침실   B 침대 협탁 위
C 열쇠함   D 엄마는 모른다

단어 床头柜 chuángtóuguì 명 침대 협탁 | 柜 guì 명 궤, 함

해설 열쇠가 있을 만한 곳으로 2개가 언급되었다. 따라서 녹음에서 언급한 2개의 선택지에 먼저 메모를 해두자. 열쇠가 있을 만한 곳으로 B와 C가 언급되었으나, 침실 침대 협탁에는 없다고 했고, 여자가 열쇠함에 있을 거라고 했으므로 정답은 C이다.

9
女：孩子的学习你到底管不管？
男：我怎么不管？但是儿子已经这么大了，应该有他的自由。
女：自由能考上大学吗？等他以后考不上大学去扫大街，你就后悔去吧！
男：你这想象力也太丰富了……
问：他们因为什么事情吵架？

여: 아이 교육을 당신은 도대체 신경이나 쓰는 거야?
남: 내가 왜 안 쓰겠어? 아들이 이미 이렇게나 컸으니, 아들에게도 자유가 있다는 거지.
여: 자유가 대학 붙여 준대? 나중에 아들이 대학에 못 붙어서 길바닥이나 쓸게 되면, 그때 가서 당신 후회할 거야!

남: 당신 상상력은 너무 풍부해……
질문: 그들은 무슨 일 때문에 싸우는가?
A 아이의 자유   B 아이의 교육
C 아이의 일   D 아이의 상상력

해설 여자의 첫 마디로 아이 교육을 신경 쓰는 거냐고 물으며 남자에게 불만을 표시하고 있으므로 아이의 교육에 대한 대화임을 알 수 있다. '考上大学' 역시 교육과 관련된 어휘이므로 정답이 B임을 알 수 있다. A는 대화에 언급된 하나의 소재일 뿐, 싸우는 원인으로는 볼 수 없다.

10 男：你跟你丈夫的关系不是挺好的吗?
    女：原来是挺好的，但从我婆婆来了以后，矛盾就越来越多了。
    男：怎么了?
    女：婆婆总是说，她一个女人，自己把儿子养大不容易，现在儿子大了，她该享福了，所以总是跟我们要这要那。
    问：婆婆是什么人?

남: 너는 네 남편과 사이가 꽤 좋지 않았어?
여: 원래 아주 좋았지. 근데 우리 시어머니가 오신 이후로 충돌이 점점 많아져.
남: 왜?
여: 시어머니는 여자 혼자서 아들을 키우는 것이 쉽지 않았고, 지금은 아들이 컸으니 당신도 누릴 때도 됐다고 하시면서 항상 우리에게 이것저것 요구하시거든.
질문: 시어머니는 어떤 사람인가?
A 남편의 아빠   B 남편의 엄마
C 아내의 아빠   D 아내의 엄마

단어 婆婆 pópo 명 시어머니 | 矛盾 máodùn 명 갈등, 모순 | 享福 xiǎngfú 동 복을 누리다, 행복하게 살다

해설 '婆婆'의 뜻을 묻는 질문이므로 평소에 어휘 공부를 많이 했다면 대화를 듣지 않고도 풀 수 있는 문제이다. 만약 뜻을 몰랐다고 해도 여자의 마지막 말을 잘 들으면 답을 알 수 있다. '婆婆'가 여자 혼자서 아들을 키우는 것이 쉽지 않았다고 했으므로 '婆婆'는 아들을 키운 엄마, 즉 남편의 엄마라는 것을 알 수 있다.

11-12

第11到12题是根据下面一段对话:

男：11 妈，您和爸爸今天就在这儿住吧。
女：不行，你又不是不知道，我们从不在城里住。你姥姥、舅舅家都在城里，我们也没住过。
男：我们这不是买了新房嘛? 你们又是第一次来。
女：以后我们会常来看你们的。
男：您看，现在都已经这么晚了……
女：没关系，12 现在走还能赶上最后一班车。

11. 问：说话的两个人是什么关系?
12. 问：妈妈最后的决定是什么?

11-12번 문제는 다음 대화에 근거한다:

남: 11 엄마, 엄마랑 아빠 오늘은 그냥 여기에서 주무세요.
여: 안 된다. 네가 모르는 것도 아니고, 우리는 여태껏 도시에서 자고 간 적이 없어. 네 외할머니, 외삼촌 집도 다 도시에 있지

만, 우리가 자고 간 적은 없잖니.
남: 저희가 새집을 마련했잖아요? 처음 오셨기도 하고요.
여: 앞으로 자주 너희를 보러 오마.
남: 보세요. 지금 벌써 이렇게 늦었는데……
여: 괜찮아. 12 지금 가면 막차를 따라잡을 수 있어.

11 두 사람은 어떤 관계인가?
    A 형제   B 부부   C 부자   D 모자

12 엄마의 마지막 결정은 무엇인가?
    A 자신의 집에 가서 잔다
    B 외할머니 집에 가서 잔다
    C 외삼촌 집에 가서 잔다
    D 아들 집에서 잔다

해설 11. 남자의 첫마디로 '妈'라고 했으므로 이 둘은 엄마와 아들 관계임을 알 수 있다. 따라서 정답은 D이다.
12. 자고 가라고 만류하는 남자의 말에 여자는 거절하면서 마지막에 '지금 가면 막차를 탈 수 있어'라고 했으므로 엄마의 마지막 결정은 A임을 알 수 있다.

13-14

第13到14题是根据下面一段话:

微笑是人类最美丽的语言。13 它能够让我们的生活和心情变得愉快。你付出了微笑，闷热的空气中立刻就有了清风，冰冷的世界里立刻就有了温暖，同时你也会因此得到快乐。14 服务者的微笑，表达了对客户最真的情感，所以，对服务从业人员来说，微笑是最基本的职业要求。

13. 问：这段话主要想告诉我们什么?
14. 问：根据这段话，谁最应该微笑?

13-14번 문제는 다음 내용에 근거한다:

미소는 인류의 가장 아름다운 언어이다. 13 이것은 우리의 생활과 기분을 즐겁게 바꿀 수 있다. 당신이 미소를 보인다면, 더운 공기 속에 바로 시원한 바람이 불 것이고, 얼어붙은 세상에 즉시 따스함을 가져올 것이며, 동시에 당신도 이로 인해 즐거움을 얻을 수 있다. 14 서비스업 종사자의 미소는 고객에 대한 가장 진솔한 감정을 나타내는 것이므로, 서비스업 종사자에게 있어서 미소는 가장 기본적인 직업 요구이다.

13 이 글이 우리에게 주로 알려주는 것은 무엇인가?
    A 미소는 하나의 언어이다
    B 모든 사람은 미소를 짓는다
    C 미소는 사람을 즐겁게 한다
    D 미소의 기본 요건

14 이 글에 근거하여 누가 가장 미소를 지어야 하는가?
    A 부모   B 고객
    C 서비스업 종사자   D 배우

단어 闷热 mēnrè 형 무덥다, 찌는 듯하다 | 清风 qīngfēng 명 시원한 바람 | 冰冷 bīnglěng 형 얼음같이 차다, 매우 차다

해설 13. 미소는 우리의 생활과 기분을 즐겁게 할 수 있다고 했고 이것이 이 글의 주제이다. 따라서 정답은 C이다. A와 혼동할 수 있겠지만 미소를 하나의 언어에 비유한 것이지 주제는 아니므로 정답이 아니다.

14. 마지막 부분에서 '服务从业人员(서비스업 종사자)'에게 미소는 가장 기본적인 직업 요구라고 했으므로 정답은 C이다. A, B, D는 지문에 언급되지 않았으므로 정답이 아니다.

독해

〈제1부분〉

15-18

초등학교에 다닐 때 나의 외할머니께서 돌아가셨다. 외할머니는 생전에 나를 가장 15 **예뻐하셨다(B 喜爱)**. 다시는 외할머니가 나에게 준 16 **따뜻함을(D 温暖)** 느낄 수 없다고 생각하니, 마음속의 슬픔을 억제할 수 없었다. 매일 학교 운동장을 한 바퀴씩 뛰었고, 뛰다가 17 **(C 得)** 힘들면 바닥에 쓰러져 목놓아 울었다. 애통에 젖은 나날이 오랫동안 지속되자, 아빠와 엄마도 18 **어떻게(A 如何)** 나를 위로해야 할지 몰랐다. 부모님은 나에게 외할머니가 잠들었다고 거짓말하느니 나에게 진실을 말하는 것이 더 낫다는 것을 아셨다. 즉, 외할머니가 영원히 돌아오지 않는다는 것을 말이다.

단어 去世 qùshì 图 세상을 뜨다 | 抑制 yìzhì 图 억제하다 | 忧伤 yōushāng 图 근심스럽고 슬프다 | 圈 quān 图 바퀴 | 痛哭 tòngkū 图 통곡하다 | 哀痛 āitòng 图 애통해 하다 | 安慰 ānwèi 图 위로하다 | 与其A不如B yǔqí……bùrú…… A하느니 (차라리) B하는 편이 낫다

해설
15. 빈칸 앞에 주어가 있고, 뒤에는 목적어가 있으므로 빈칸에 동사가 와야 한다. 외할머니가 돌아가셔서 마음속의 슬픔을 억제할 수 없다는 문장을 근거로 빈칸에는 긍정적인 의미를 나타내는 B가 가장 적합하다.

16. 빈칸 앞 조사 '的'로 미루어보아 빈칸에는 명사가 와야 한다. 앞에 쓰인 동사 '感受'와 잘 어울리는 명사를 고르면 정답은 D이다.

17. 빈칸 뒤에 쓰인 '累'는 동사 '跑'로 인한 상태를 묘사하는 것이므로 상태보어가 되어야 함을 알 수 있다. 따라서 빈칸에는 조사 '得'가 와야 한다. A의 '的'는 뒤에 무조건 명사가 와야 하고, B의 '地'는 형용사나 일부 부사 뒤에 놓여 부사어를 만들어주며, D의 '着'는 동사 뒤에 놓여 상태의 지속을 나타낸다.

18. 이 글의 '나'를 위로할 방법, 즉 어떻게 위로해야 할지 모르겠다는 내용이 들어가야 하므로 가장 알맞은 것은 A이다.

TIP

'吸引'과 호응하는 목적어

吸引 游客 여행객들을 끌어오다
吸引 听众 청중을 사로잡다
吸引 客人 손님을 끌어오다
吸引 外资 외자를 유치하다

〈제2부분〉

19
얼마 후에 나와 아내는 타지로 일을 하러 가야 해서 새집을 잠가 놓고 비워 둘 수밖에 없었다. 떠나는 날이 가까워지자, 아버지는 고향에서 우리를 배웅하러 오셨다. 아버지는 살그머니 나를 잡아당기면서 말씀하셨다. "네 엄마가 새집 열쇠를 우리에게 주고 가라고 하더구나. 만약 나랑 네 엄마가 언제든 오고 싶으면 며칠 있으면서 겸사겸사 이불도 말리고, 청소도 해준다고 말이야."

A 나와 아내는 고향에 갈 준비를 한다
B 아버지는 나에게 열쇠를 달라고 요구하셨다
C 우리가 타지로 갈 때 부모님께 집을 봐달라고 새집에 머무시게 했다
D 부모님은 매일 오셔서 청소를 해주시기로 했다

해설 나와 아내가 타지로 일을 하러 가면서 새집을 비워두게 되자, 아버지가 새집 열쇠를 달라고 하셨으므로 정답은 B이다.

20
장잉은 헤이룽장에서 왔다. 그녀는 원래 한 예술단의 가수였으나, 작년에 딸이 베이징의 음악 대학 부속 중학교에 합격하여, 일을 그만두고 아이 공부를 위해 베이징에 왔다. 매일 딸의 생활을 돌봐주며 아이의 공부를 감독한다. 장잉은 이렇게 하는 것이 매우 가치 있다고 생각한다.

A 장잉은 베이징 사람이 아니다
B 장잉의 딸은 줄곧 가수가 되고 싶어 한다
C 장잉의 딸은 음악 대학에서 공부한다
D 장잉은 이렇게 하는 것이 마땅한 것인지 모른다

단어 黑龙江 Hēilóngjiāng 고유 헤이룽장 [중국의 성(省) 이름] | 附中 fùzhōng 명 부속 중학교 | 督促 dūcù 동 감독하다, 독촉하다

해설 지문의 첫부분에 '장잉은 헤이룽장에서 왔다'라고 했으므로 장잉은 베이징 사람이 아님을 알 수 있다. B에 언급된 '歌手'는 장잉 딸의 꿈이 아닌 장잉의 직업이었으므로 정답이 아니고, C의 '音乐学院'은 '音乐学院附中'이어야 정답이 될 수 있다. 장잉은 아이를 돌보는 것을 매우 가치 있게 생각한다고 했으므로 D 역시 정답이 될 수 없다.

21
예전에는 부부가 남자 쪽 부모님 집에서 설을 쇠는 것이 옛 규율이었다. 그러나 지금은 많은 남자들이 아내와 함께 장모님 집에 가서 설을 쇠고 있다. 왜냐하면 지금은 외동 자녀가 많은데, 만약 옛 전통에 따른다면 매년 섣달그믐에 여자 쪽 부모님은 혼자 설을 쇨 수밖에 없으니 너무 외롭기 때문이다. 그래서 일반적으로 지금의 젊은 부부들은 돌아가면서 올해는 자신의 집에서 쇠고, 내년에는 상대방의 집에서 쇠는 것을 선택한다.

A 옛 규율은 두 집을 돌아가면서 설을 쇠는 것이었다
B 현재 남자들은 모두 여자 쪽 집에 가서 설을 쇤다
C 여자 쪽 부모는 혼자서 섣달그믐날을 보낼 수밖에 없다
D 관습이 바뀐 원인은 외동 자녀가 많아서이다

단어 规矩 guīju 명 규율 | 男士 nánshì 명 성인 남성 | 丈母娘 zhàngmuniáng 명 장모 | 独生子女 dúshēng-zǐnǚ 외동 자녀 | 除夕 chúxī 명 섣달그믐 | 孤单 gūdān 형 외롭다 | 轮流 lúnliú 동 교대로 하다

해설 예전에는 남자 쪽 부모님 집에서 설을 쇠는 것이 규율이었으나 지금은 외동 자녀가 많아져 돌아가면서 서로의 집에서 설을 쇤다고 했다. 따라서 정답은 D이다.

22
많은 여자들에게 있어서 모녀간의 친밀한 관계는 그들의 일생 중 가장 깊고 가장 긴밀한 관계이다. 그러나 이러한 관계가 항상 완벽한 것만은 아니다. 27살의 샤오스와 엄마의 관계는 매우 복잡하다. 다른 사람의 눈에는 그들이 매우 사이가 좋은 것으로 보이지만, 그녀 자신이 보기에 꼭 그렇지는 않다. 그녀는 자신과 엄마의 갈등은 매우 분명하며, 매번 그녀가 독자적으로 어떤 일을 할 때 둘이 꼭 싸운다고 한다.

A 모녀 관계는 가장 완벽하다
B 샤오스와 엄마는 서로 자매 같다
C 샤오스와 엄마는 가끔 싸울 때도 있다

D 엄마는 샤오스가 독자적이길 바란다

단어 深切 shēnqiè 휑 (정이) 깊다 | 紧密 jǐnmì 긴밀하다 | 完美 wánměi 휑 완전무결하다, 매우 훌륭하다

해설 샤오스와 엄마는 다른 사람의 눈에는 사이가 좋아 보이지만, 그녀가 독자적으로 어떤 일을 할 때는 싸우기도 한다고 했으므로 정답은 C이다.

〈제3부분〉

23-25

전통적인 중국 가정의 춘절에 모이는 패턴은 '246 패턴'이었다. 23 즉 노부부와 아들, 며느리, 딸, 사위 그리고 5~6명의 손자와 손녀까지 더해 24 온 식구가 큰 테이블에 앉아 함께 새해 음식을 먹었다. 그러나 현대 사회에서는 섣달그믐의 음식점에서나 24 정월 초하루의 묘회에서나, 한 쌍의 젊은 부부가 두 쌍의 노인을 부축하고 아이 하나를 데리고 오는 것을 종종 볼 수 있는데, 가족이 모이는 패턴이 '246'에서 '421'로 바뀌게 된 것이다.

왕 여사네 집은 일곱 식구가 설을 쇤다. 25 그들 부부는 양쪽 부모님을 모두 자신의 집으로 모셔서, 24 함께 만두를 빚고 새해 음식을 먹는다. 현재 이러한 패턴을 선택하는 젊은 부부가 적지 않다. 그들은 외동 자녀가 갈수록 많아지는데, 설을 쇨 때 '한 집은 즐겁고, 한 집은 우울하게' 할 수 없다고 말한다. 왕 여사가 기자에게 말하길, 왕 여사와 남편은 가장 이른 외동 자녀 세대였고, 전통 관습에 따라 춘절에 대다수의 여자가 남자 쪽 부모의 집에 가서 설을 쇠었는데, 그 당시에는 각 가정에 자녀들이 비교적 많았기 때문에 설령 딸이 곁에 없어도 적막해 보이지 않았다고 했다. "요즘은 두 집안의 노인들 모두 명절에 가족이 누리는 단란함을 느끼게 하려고, 우리는 두 집안의 노인들과 함께 설을 쇠기로 했지요."

23 본문의 '246 패턴'에서 '6'이 가리키는 것은:
A 한 쌍의 노부부
B 아들과 딸
C 5~6명의 손주
D 집안의 3대

24 본문에서 춘절 풍습으로 언급되지 않은 것은 무엇인가?
A 새해 음식을 먹는다
B 만두를 빚는다
C 묘회를 돌아다닌다
D 폭죽을 터트린다

25 왕 여사의 가족이 선택한 가족 모임의 방식은:
A 남자가 여자 집에 가서 설을 쇤다
B 여자가 남자 집에 가서 설을 쇤다
C 양가 부모님이 자신의 집에 와서 설을 쇤다
D 온 식구가 음식점에 가서 새해 음식을 먹는다

단어 团聚 tuánjù 통 한자리에 모이다 | 模式 móshì 명 모델, 패턴 | 儿媳 érxí 명 며느리 | 女婿 nǚxu 명 사위 | 团年饭 tuánniánfàn 섣달그믐날 가족끼리 모여서 새해 음식을 먹는 것 | 庙会 miàohuì 명 묘회 (절에서 열리는 임시 시장) | 不时 bùshí 분 때때로, 종종 | 搀扶 chānfú 통 부축하다 | 领 lǐng 통 이끌다, 인솔하다 | 口子 kǒuzi 명 사람, 명 | 批 pī 명 무리, 떼 | 显得 xiǎnde 통 ~처럼 보이다 | 享受 xiǎngshòu 통 누리다, 즐기다 | 天伦之乐 tiānlúnzhīlè 가족이 누리는 단란함 | 孙辈 sūnbèi 손주 | 鞭炮 biānpào 명 폭죽

해설 23. 문제에 등장한 '246式'를 지문에서 먼저 찾아본다. 해당 문장에서 '即'라는 단어로 '246'을 설명하고 있는데, '6'은 5~6명의 손자손녀임을 알 수 있다.

24. 춘절에는 함께 모여서 새해 음식을 먹고, 음식점이나 묘회에 가거나 함께 만두를 빚는다고 했다. 폭죽에 관한 언급은 없었으므로 정답은 D이다.

25. 문제 속 키워드는 '王女士一家'이므로 두 번째 단락에서 '王女士一家'를 우선 찾는다. 왕 여사는 양가 부모님 모두를 자신의 집으로 모셔온다고 했으므로 정답은 C이다.

26-28

26 대학을 졸업했을 때 나는 베이징의 한 대기업에 취직이 되었다. 온 가족이 모두 기뻐했고 나 역시 매우 기뻤으며 곧 집을 떠나 독립생활을 하는 것에 흥분됐다.

출발하는 날짜가 하루하루 가까워졌다. 떠나기 전날 저녁 엄마는 한 상 가득 음식을 해주셨고, 다섯 식구는 천천히 먹고 마시며 나를 배웅해줬다. 왜인지 모르게 분위기가 약간 무거워졌다. 아버지는 나와 최대한 말할 거리를 찾고, 생각을 짜내며 농담을 하셨지만, 나를 어렸을 때부터 키워주신 할머니는 계속 눈물을 훔치셨고, 엄마는 아예 몸을 돌려 침실로 들어가셨다. 그저 아직 철모르는 어린 남동생만 우리를 따라 바보같이 웃었다.

나는 잠시 생각하고 선언했다. 설을 쇠러 올 때 내가 스스로 번 월급으로 모든 식구들에게 선물을 사주겠다고 말이다. 할머니는 연세가 많으셔서 걷는 게 불편하시니 할머니에게는 지팡이를 사 드리고, 아버지는 바둑 두는 것을 좋아하시니 바둑 세트를 사 드리겠다고 했다. 남동생이 가장 원하는 것은 분명 장난감일 테니 좋은 것을 사주겠다고 했다. 엄마는 무엇을 좋아하실까?

그래서 나는 방에 들어가서 엄마에게 무슨 선물을 갖고 싶은지 물어봤다. 엄마는 마침 내가 영원히 정리를 다 못할 것 같은 짐을 챙기고 계셨다. 내 질문을 듣자, 엄마는 하던 일을 멈추고 내 셔츠 아랫단의 구김을 펴주시면서 말했다. 27 "얘야, 너 자신을 잘 챙겨 오렴. 그게 네가 엄마에게 주는 가장 좋은 선물이란다." 28 그 순간, 나는 더 이상 참지 못하고 눈물이 솟구쳤다.

26 필자가 집을 떠나려는 원인은:
A 대학을 가려고
B 선물을 사러 가려고
C 일하러 가려고
D 베이징을 좋아해서

27 어머니의 필자에 대한 요구는:
A 선물을 사 오는 것
B 자신을 잘 돌보는 것
C 독립생활을 배우는 것
D 새 셔츠를 사오는 것

28 필자가 울었던 이유는:
A 기뻐서
B 속상해서
C 감동해서
D 화가 나서

단어 喜气洋洋 xǐqì-yángyáng 기쁨이 넘치다 | 即将 jíjiāng 분 곧, 머지않아 | 送行 sòngxíng 통 배웅하다, 전송하다 | 沉重 chénzhòng 형 (무게, 기분 등이) 몹시 무겁다 | 搜肠刮肚 sōucháng-guādù 고심하여 생각을 짜내다 | 带大 dài dà (아이를) 키우다 | 抹 mǒ 통 닦다, 문지르다 | 干脆 gāncuì 분 차라리, 아예 | 傻 shǎ 형 어리석다, 멍청하다 | 宣布 xuānbù 통 선포하다, 선언하다 | 拐杖 guǎizhàng 명 지팡이 | 下棋 xià qí 바둑을 두다 | 围棋 wéiqí 명 바둑 | 抻 chēn 통 길게 늘이다, 잡아당기다 | 下摆 xiàbǎi 명 옷의 아랫단 | 褶子 zhězi 명 (옷의) 주름, 구김 | 忍不住 rěn bu zhù 참지 못하다 | 涌 yǒng 통 샘솟다, 솟아오르다

해설 26. 문제 속 키워드인 '离开家'를 우선 찾는다. 첫 번째 단락에서 필자는 대학을 졸업하고 베이징의 한 대기업에 취직이 됐다고 했다. 따라서 정답은 C이다.

27. 마지막 단락에서 엄마에게 무슨 선물을 받고 싶은지 묻자, 엄마는 '너 자신을 잘 챙겨 오라'라고 대답했다. 따라서 정답은 B이다.

28. 마지막 단락에서 필자는 엄마의 대답을 듣고 더 이상 참지 못하고 눈물을 쏟았다고 했는데, 엄마의 말에 감동받았다는 것을 알 수 있다. 따라서 정답은 C이다.

쓰기

〈제1부분〉

29

这次	出去	打工	挣了	不少钱。
부사	술어1	술어2	술어3	목적어

이번에 나가서 일하여 많은 돈을 벌었다.

해설 연동문의 어순배열 문제이다.
① 연동문은 문장 속에 동사가 여러 개 등장하는 문장으로, 사건이 발생하려는 혹은 발생한 순서대로 나열하면 된다. '这次'는 시점을 나타내므로 일단 문장 맨 앞에 놓는다.
② 제시어의 동사 3개는 시간의 흐름에 따라 배열한다. 즉 나가서 일을 해야(出去打工) 돈을 벌 수(挣了) 있으므로 '出去打工挣了'의 순이 된다.
③ '不少钱'은 '挣了'의 대상이 되므로 목적어 자리에 놓는다.

30

妻子的微笑	让	我	感受到	家的温暖。
주어1	술어1	목적어1/주어2	술어2	목적어2

아내의 미소는 나로 하여금 집의 따스함을 느끼게 했다.

해설 겸어문의 어순배열 문제이다.
① 겸어문에서 첫 번째 술어 자리에는 반드시 사역 동사 '让/叫/请/使'가 온다. '让'의 뒤에는 반드시 사람이 와야 하므로 '让我'가 된다.
② '让我' 뒤에 오는 동사는 '感受到'이다.
③ 명사 '妻子的微笑'와 '家的温暖' 중 '感受到'의 목적어로 적합한 것은 '家的温暖'이며, '妻子的微笑'는 집의 따스함을 느끼게 하는 주체이므로 주어 자리에 놓는다.

TIP 겸어문

겸어문이란 첫 번째 동사의 목적어가 두 번째 동사의 주어를 겸하는 문장을 가리킨다.

▶ 기본형식: 주어1+让(동사1)+목적어1/주어2+동사2+목적어2
她让我转告你。 그녀가 나보고 너에게 전해 주래.
① 겸어문은 대부분 사역·요청·명령의 의미를 나타내며, '让' 자리에 '叫' '请' '使'가 올 수 있다.
② 겸어문에서 부사, 조동사는 보통 첫 번째 동사 앞에 온다.
她不让我告诉你。 그녀가 나에게 너한테 말하지 말라고 했어.
我想让他做这个事。 나는 그에게 이 일을 시키고 싶어.

31

窗外	飘来	一阵阵	动听的	歌声。
주어	술어		관형어	목적어

창밖에서 이따금 아름다운 노랫소리가 들려온다.

해설 존현문의 어순배열 문제이다.
① 존현문은 사람이나 사물의 존재, 출현, 소실을 나타내는 문형으로 시간명사나 장소를 나타내는 명사가 주어 자리에 온다. 즉 '窗外'가 주어가 된다.
② 동사 '飘来'가 술어가 되고, 술어의 뜻에 부합하는 목적어는 '歌声'이 된다.
③ '一阵阵'은 수량사로 다른 관형어 성분보다 앞에 위치한다. '动听的'의 조사 '的' 뒤에는 명사만 올 수 있으므로 '一阵阵动听的'를 목적어 앞에 놓는다.

TIP 존현문

존현문이란 어떤 장소나 시간에 사물이나 사람이 존재하거나 소실됨을 나타내는 문장을 가리킨다.

▶ 기본형식: 장소+有+사람/사물(목적어)
这儿有咖啡。 여기에 커피가 있다.
桌子上有一杯咖啡。 책상 위에 커피 한 잔이 있다.
① 주어에 '在' '从' 등 방향을 나타내는 개사는 쓰지 않는다.
那边跑来一个小孩儿。(O) 저쪽에서 한 아이가 뛰어왔다.
从那边跑来一个小孩儿。(X)
② '장소+동사+着+목적어' 구조로 써서 '되어 있다, ~한 상태이다'의 뜻을 나타낸다.
墙上挂着一张画儿。 벽에 그림이 한 장 걸려있다.
③ '시간+동사+了+목적어' 구조로 써서 '(어떤 시간에)~했다'의 뜻을 나타낸다.
昨天来了一个人。 어제 한 사람이 왔다.
④ '장소+동사+방향보어+목적어' 구조로 써서 '~에서~하다'라는 뜻을 나타낸다.
前边开过来一辆汽车。 앞에서 차 한 대가 왔다.
⑤ 존현문에서 목적어는 특정한 인물이나 사물을 지칭할 수 없으므로 목적어에 지시대사를 쓰지 않는다.
房间里走出了一个人。(O) 방에서 한 사람이 나왔다.
房间里走出了这个人。(X)

〈제2부분〉

32

	自	从	大	学	毕	业	以	来	，	我	一	直	想	象
着	，	如	果	哪	一	天	我	能	买	下	自	己	的	房子，
我	一	定	要	把	卧	室	装	修	得	漂	漂	亮	亮	的，
每	天	下	班	以	后	泡	在	卧	室	里	边	听	音	乐边
休	息	。	但	现	实	是	考	试	院	的	灯	依	然	亮着，
而	我	依	然	在	做	着	我	的	梦	。				

대학을 졸업한 이래로 나는 줄곧 상상해왔다. 만약 언젠가 나만의 집을 살 수 있다면, 반드시 침실 인테리어를 예쁘게 해놓고 매일 퇴근한 이후에 침실에 박혀서 음악을 들으며 쉬겠다고 말이다. 그러나 현실은 고시원의 등은 여전히 켜져 있고, 나는 여전히 나의 꿈을 꾸고 있다는 것이다.

단어 泡 pào 동 틀어박히다 | 现实 xiànshí 명 현실 | 依然 yīrán 부 여전히

03 人生有选择，一切可改变

모범 답안

듣기
| 1 C | 2 B | 3 D | 4 A | 5 D | 6 C | 7 B |
| 8 D | 9 C | 10 C | 11 B | 12 A | 13 C | 14 D |

독해
| 15 D | 16 B | 17 C | 18 A | 19 B | 20 C | 21 D |
| 22 B | 23 D | 24 C | 25 C | 26 B | 27 C | 28 C |

쓰기
29 我随时可以开始干活儿。
30 我对新工作的要求就是待遇稳定。
31 雨后的彩虹让他感受到一种平静。
32 모범 답안은 p.153 해설 참조

듣기

〈제1부분〉

1
女：请问您还有再次出航的计划吗?
男：一切只是开始。等到北风南下之时，我们将再次出发。
问：男的是什么意思?

여: 다음번 출항 계획이 또 있으신가요?
남: 모든 것이 그저 시작일 뿐입니다. 북풍이 남쪽으로 내려올 때 저희는 또 출발할 거예요.

질문: 남자의 말은 무슨 뜻인가?

A 지금은 계획이 없다
B 막 준비를 하기 시작했다
C 새로운 계획이 있다
D 바람이 없을 때 출발할 것이다

해설 여자가 출항 계획이 또 있는지 묻자, 남자는 북풍이 남쪽으로 내려올 때 다시 출발할 거라고 했으므로 정답은 C이다.

2
男：老婆，今晚在家吃饭还是出去吃?
女：你今天下午不是钓回来好几条鱼吗? 晚饭就吃鱼吧。
问：他们的鱼是怎么来的?

남: 여보, 오늘 집에서 먹을까, 아니면 나가서 먹을까?
여: 당신이 오늘 오후에 생선 몇 마리 낚시해왔잖아요? 저녁으로 생선 먹어요.

질문: 그들의 생선은 어떻게 구한 것인가?

A 슈퍼에서 산 것이다
B 남자가 낚시해서 잡은 것이다
C 다른 사람이 준 것이다
D 음식점에서 요리한 것이다

해설 질문의 핵심은 '鱼'이다. 여자가 한 말에서 '당신이 오늘 낚시해 온 생선'을 잘 들었다면 정답이 B임을 알 수 있다.

3
女：你今天不是要去出差吗? 怎么还在这儿?
男：有大雾，航班取消了。
问：今天是什么天气?

여: 너 오늘 출장 가는 거 아니었어? 어째서 아직 여기에 있는 거야?
남: 안개가 짙어서 항공편이 취소됐어.

질문: 오늘 날씨는 어떠한가?

A 비가 온다   B 맑다
C 번개가 친다   D 안개가 있다

단어 取消 qǔxiāo 통 취소하다

해설 대화 속 날씨와 관련된 어휘 '有大雾'를 근거로 정답은 D임을 알 수 있다.

4
男：外面又打雷又闪电的，咱们等会儿再走吧。
女：行，正好我手头还有事没弄完，再加会儿班。
问：男的为什么现在不走?

남: 밖에 천둥 번개가 치고 있으니, 우리 조금 기다렸다가 가요.
여: 좋아요. 마침 수중에 아직 끝나지 않은 일이 있어서, 일 좀 더 하죠.

질문: 남자는 왜 지금 가지 않는가?

A 날씨가 좋지 않아서
B 아직 퇴근하지 않아서
C 아직 업무가 있어서
D 차를 잡지 못해서

해설 남자가 밖에 천둥 번개가 치니 조금 기다렸다 가자고 했으므로 날씨가 좋지 않아서 안 가는 것임을 알 수 있다. 따라서 정답은 A이다.

5
女：听说你母亲被车撞了？你怎么还能这么平静？
男：我已经给她打过电话了，只是被自行车蹭了一下，没受伤，不要紧。
问：关于男的的母亲，下列哪项正确？

여: 듣자 하니 당신 어머니가 차에 치었다면서요? 당신은 왜 이렇게 침착한 거예요?
남: 이미 엄마랑 통화했는데, 그냥 자전거에 스친 거래요. 다치지 않았으니 걱정할 거 없어요.

질문: 남자의 어머니에 관하여 다음 중 어느 것이 정확한가?
A 매우 침착하다   B 다쳤다
C 전화가 왔다   **D 별 문제가 없다**

단어 蹭 cèng 图 비비다, 쓸리다

해설 남자의 어머니에 관한 질문임에 주의하자. 어머니의 사고에 대해 여자가 묻자, 남자는 크게 다친 게 아니니 걱정할 거 없다고 대답했다. 따라서 정답은 D이다.

6
男：您和先生的事业都这么成功，工作应该都很忙，那你们平时怎么处理工作与生活的关系？
女：我们都认为不能因为工作影响生活，比如我们会轮流做家务。
问：他们家怎么安排家务？

남: 선생님과 남편분의 사업이 이렇게나 성공해서 일이 분명 바쁘시겠어요. 그럼 평소에 어떻게 일과 생활의 관계를 처리하시나요?
여: 저희는 일 때문에 생활에 영향을 주면 안 된다고 생각해요. 예를 들어 서로 돌아가면서 집안일을 하는 거죠.

질문: 그들 가정은 어떻게 집안일을 분배하는가?
A 남편이 한다   B 아내가 한다
C 돌아가면서 한다   D 함께 한다

해설 질문 속 '家务'에 주목하자. 남자의 말을 전혀 못 알아들었어도 여자의 마지막 말, '돌아가면서 집안일을 한다'에서 정답이 C임을 알 수 있다.

〈제2부분〉

7
女：你疯了吗？为什么突然要辞职？
男：不是突然，这个问题我已经考虑了很久了。
女：你工作不错，待遇稳定，有什么不满意的？
男：我就是想去看看，这个时代、这个世界到底是什么样子。
问：对于男的辞职，女的是什么态度？

여: 너 미쳤어? 왜 갑자기 사직을 하려고 하는 거야?
남: 갑자기가 아니야. 이 문제는 이미 오랫동안 고민했어.
여: 일도 괜찮고 대우도 안정적인데, 뭐가 불만이야?
남: 난 그저 이 시대가, 이 세상이 도대체 어떤 모습인지 보고 싶을 뿐이야.

질문: 남자의 사직에 대해 여자는 어떤 태도인가?
A 매우 지지한다
B 이해할 수 없다
C 매우 일리가 있다고 생각한다
D 다시 고려해야 한다고 생각한다

해설 미쳤냐고 묻는 여자의 첫마디에서 태도를 알 수 있다. 또한 현재 직장의 조건이 괜찮다고 생각하는 데에서도 남자의 사직을 이해하지 못한다는 것을 알 수 있다.

8
男：那天同学聚会你怎么没去？是没人通知你吗？
女：不是，我知道，但那天正好有事。
男：周末也有事？忙什么呢？
女：我要考英语专业八级，报了个辅导班，周末要上课。
问：女的为什么没参加聚会？

남: 그날 동창 모임에 너 왜 안 갔어? 알려준 사람이 없었던 거야?
여: 아니, 알고 있었어. 근데 그날 마침 일이 있었어.
남: 주말에도 일이 있어? 뭐 때문에 바쁜 거야?
여: 영어 8급 전공 시험을 보려고. 학원을 등록해서 주말에도 수업을 들어야 해.

질문: 여자는 왜 모임에 참여하지 않았는가?
A 듣지 못해서
B 가기 싫어서
C 시험이 있어서
D 수업을 들어야 해서

단어 辅导 fǔdǎo 图 (학습을) 도우며 지도하다

해설 여자의 마지막 말에서 답을 알 수 있다. 왜 모임에 안 왔는지 남자가 묻자, 여자는 학원을 등록해서 주말에도 수업을 들어야 한다고 대답했다. 따라서 정답은 D이다.

9
女：这里挂着"请勿吸烟"的牌子，你没看见吗？
男：啊，对不起，我没注意。
女：最近天气干燥，很容易着火，千万别再抽了！
男：好的好的，我马上就把烟灭了。
问：女的为什么不让男的抽烟？

여: 여기 '흡연 금지'라는 팻말이 있는데, 못 봤어요?
남: 아, 죄송합니다. 제가 주의하지 못했네요.
여: 요즘 날씨가 건조해서 불이 나기 쉽다고요. 절대로 다시는 담배 피우지 마세요!
남: 네, 네. 바로 담배 끌게요.

질문: 여자는 왜 남자가 담배를 못 피우게 하는가?

A 이 근처에 불이 나서
B 최근 날씨가 좋지 않아서
C 이곳이 흡연 금지여서
D 흡연이 건강에 해로워서

단어 牌子 páizi 명 팻말, 상표 | 灭 miè 통 불을 끄다

해설 여자의 첫마디에 '请勿吸烟'이 언급되었다. 즉 이곳은 흡연 금지인데 남자가 담배를 피운 것이므로 정답은 C이다.

10
男：你今天不是夜班吗？怎么还不去医院？
女：我跟丁护士换了个班，明天再去。
男：最近丁护士家里是不是有什么事？
女：对，她正在为儿子上学的事发愁。
问：关于女的，可以知道什么？

남: 당신 오늘 야간 근무 아니야? 어째서 아직 병원에 가지 않았어?
여: 딩 간호사와 근무를 바꿨어. 내일 갈 거야.
남: 요즘 딩 간호사 집에 무슨 일 있는 거 아니야?
여: 맞아. 그녀는 아들 학교 일 때문에 걱정하고 있어.
질문: 여자에 관하여 알 수 있는 것은 무엇인가?

A 그녀의 성은 딩이다   B 병이 났다
C 그녀도 간호사이다   D 집에 일이 있다

해설 여자는 '딩 간호사와 근무를 바꿔서 병원에 내일 간다'라고 했으므로 여자도 간호사임을 알 수 있다. 따라서 정답은 C이다. A와 D는 '丁护士'에 관한 내용이며, B는 언급되지 않았으므로 답이 될 수 없다.

11-12
第11到12题是根据下面一段对话：
男：这些装饰品都是你亲手做的？
女：是啊，我平时喜欢做点儿小花小动物什么的，放在家里。
男：**11** 我觉得你可以开一家网店，专门卖你的手工制品。
女：**12** 只是业余爱好而已，开不了店吧……
男：既能满足自己的爱好，又能挣点儿钱，不是更好吗？
女：嗯，**12** 也许可以考虑考虑。
11. 问：男的给女的什么建议？
12. 问：女的是什么态度？

11-12번 문제는 다음 대화에 근거한다:
남: 이 장식품들은 모두 당신이 직접 만든 거예요?
여: 네, 저는 평소에 작은 꽃이나 작은 동물 같은 것을 만들어서 집에 두는 걸 좋아해요.
남: **11** 내 생각에 당신은 온라인샵을 열어도 될 것 같아요. 전문적으로 수공예품을 파는 거죠.
여: **12** 그냥 아마추어 취미일 뿐인데, 샵을 열 수는 없죠……
남: 자신의 취미도 만족시킬 수 있고, 돈도 벌 수 있고, 더 좋은 거 아니에요?
여: 네, **12** 아마 고민은 해볼 수 있겠네요.

11 남자는 여자에게 어떤 제안을 했는가?
A 손으로 만들라고
B 온라인샵을 열라고
C 인테리어를 하라고
D 돈을 많이 벌라고

12 여자는 어떤 태도인가?
A 조금 망설인다
B 시도해보고 싶어 한다
C 오픈을 준비한다
D 불가능하다고 생각한다

해설 11. 남자는 여자의 수공예품을 보고 온라인샵을 열어도 될 것 같다고 했다. 따라서 정답은 B이다.
12. 남자의 제안에 여자는 그저 취미일 뿐이라 샵을 오픈할 수는 없다고 했다가 마지막에 아마 고민은 해볼 수 있다고 했다. 즉 여자가 망설이고 있음을 알 수 있다. 따라서 정답은 A이다.

13-14
第13到14题是根据下面一段话：
以前在墨尔本一起租房的一个室友，突然打电话给我，让我猜他现在在哪里。我说："你不是在墨尔本吗，你还能去哪儿？"他很神秘地说："不是哦，**13** 我现在在西班牙。"我一下子就愣住了。**14** 因为很久之前，我在一个网页上看到有关西班牙的照片，那时候跟他说，西班牙那么漂亮，我将来一定要去一次。没想到的是，在我就要把自己曾经一闪而过的想法忘记的时候，他的电话就这么来了。到最后，站在我最想去的地方的人，却不是我。

13. 问：朋友是从哪儿给他打电话？
14. 问：朋友为什么要给他打电话？

13-14번 문제는 다음 내용에 근거한다:
예전에 멜버른에서 같이 살았던 룸메이트가 갑자기 나에게 전화를 해서 자기가 지금 어디에 있는지 알아맞춰 보라고 했다. 나는 '너 멜버른에 있는 거 아냐? 네가 어딜 또 가겠어?'라고 했다. 그는 오묘하게 말했다. "아니거든. **13** 나 지금 스페인에 있어." 나는 순간 멍해졌다. **14** 왜냐하면 아주 오래전에 어떤 웹사이트에서 스페인에 관한 사진을 보고, 그때 그에게 스페인이 너무 예뻐서 앞으로 꼭 한번 가봐야겠다고 말한 적이 있기 때문이다. 생각지도 못하게 나조차 예전에 문득 스쳐 지나갔던 생각을 잊어버렸을 때 그에게 전화가 온 것이다. 결국 내가 가장 가고 싶었던 곳에 서 있는 사람은 오히려 내가 아니었다.

13 친구는 어디에서 그에게 전화했는가?
A 기숙사   B 멜버른   C 스페인   D 모른다

14 친구는 왜 그에게 전화했는가?
A 친구의 기분이 좋지 않아서
B 친구가 도움이 필요해서
C 서로 전화하기로 약속해서
D 그가 스페인에 가고 싶다고 말한 적이 있어서

단어 墨尔本 Mò'ěrběn 고유 멜버른 | 室友 shìyǒu 룸메이트 | 神秘 shénmì 형 신비하다 | 愣 lèng 통 멍해지다, 어리둥절하다 | 西班牙 Xībānyá 고유 스페인 | 一闪而过 yì shǎn ér guò 번득 스치고 지나가다

해설 13. 친구는 화자에게 전화해서 지금 스페인에 있다고 했다. 따라서 정답은 C이다.

14. 친구가 전화한 이유는 '因为很久之前'의 뒷부분에 있다. 화자가 한 웹사이트에서 스페인과 관련된 사진을 보고 가보고 싶다고 말한 적이 있었는데, 친구가 그 말을 기억하고 스페인에서 전화한 것이다. 따라서 정답은 D이다.

독해

〈제1부분〉

15–18

속담에 말하길 '사람은 누구나 자신을 정확히 아는 것이 중요하다'라고 했다. 15 오로지(D 只有) 자신을 진정으로 알아야만, 자신의 생활과 일에 적당한 계획을 세울 수 있고, 굽은 길과 바르지 않은 길에 이르지 않을 수 있기 때문이다. 우리의 이 16 시대는(B 时代) 매일 접하는 정보가 너무 많고, 우리에게 영향을 주는 것들이 너무 많다. 그러므로 성공하고 싶다면, 먼저 자신을 정확히 알아야 한다. 자신을 안다는 것은 바로 자신을 인식하고 자신을 17 잘 이해하는 것(C 了解)이다. 자신을 아는 것을 '명(明)'이라고 하는데, 자신을 안다는 것은 한 사람의 지혜를 구현하는 것임을 알 수 있다. 그리고 자신을 정확히 아는 것이 '중요하다는 (贵)' 것은 바로 사람이 자신을 아는 것이 얼마나 어려운지를 18 설명한다(A 说明).

단어 常言 chángyán 명 속담, 격언 | 弯路 wānlù 명 굽은 길 | 歪路 wāilù 바르지 않은 길 | 接触 jiēchù 접촉하다 | 智慧 zhìhuì 명 지혜 | 体现 tǐxiàn 동 구현하다

해설 15. 빈칸은 문장의 맨 앞에 있고, 뒷 절에 '才'가 있으므로 서로 호응하는 접속사를 선택해야 한다. 앞 절은 '才' 뒤의 내용, 즉 자신의 생활과 일에 적당한 계획을 세우게 하는 유일한 조건이 와야 하므로 정답은 D이다.

16. '지시대사+양사' 뒤에 빈칸이 있으므로 명사가 와야 한다. 뒷 절에서 어떠한 시대의 특징에 대해 이야기하고 있으므로 정답은 B이다. '时间'은 시간의 단위나 틈, 여가시간을 가리키고, '时代'는 역사, 경제, 정치, 문화 등에 의해 나눠지는 시기를 가리킨다. '时刻'는 '순간, 시각'이라는 뜻으로 확실한 어느 시점을 나타내고, '当时'는 과거의 어떤 시점을 나타낸다.

17. 빈칸 뒤에 목적어 '自己'가 있으므로 동사가 와야 한다. '자신을 아는 것'에 대한 보충 설명을 하고 있으므로 '알다'라는 뜻의 어휘가 와야 하는데, 여기서 '알다'는 자신을 잘 알고 있는 것을 나타내므로 정답은 C이다. '了解'는 단순히 '이해하다'의 뜻을 넘어서 사람이나 사물에 관련된 모든 것을 '잘 안다'라는 뜻을 나타낸다.

18. 마지막 문장은 자기 자신을 아는 것이 얼마나 중요한지를 재차 강조해서 설명하는 내용이므로 정답은 A이다. '告诉'는 단순히 '말하다'의 의미에 더 가깝고, '说明'은 어떤 일이나 상황을 모두에게 알려준다는 것을 강조한다.

TIP

① 既然: '기왕 ~한 바에'라는 뜻으로 주로 '就'와 호응한다. '既然' 뒤에는 이미 실현된 사실을 서술하고, '就' 뒤에는 이 사실에 미루어 판단한 것을 서술한다.
既然那么多人喜欢吃我的辣椒酱，我就专门卖辣椒酱好了。 기왕 그렇게 많은 사람들이 나의 고추장을 좋아하니, 내가 아예 전문적으로 고추장을 팔면 되겠다.

② 随着: '~에 따라'라는 뜻으로 주로 문장 맨 앞에 놓여 상황의 발전이나 변화의 원인을 나타낸다.
随着温度升高空气将变得稀薄，飞机机翼的升力也随之减小。 온도가 올라가고 공기가 희박하게 변함에 따라, 비행기 날개의 상승력 역시 따라서 감소한다.

③ 只要: 주로 '就'와 호응하여 '~하기만 하면 ~하다'의 뜻을 나타낸다. '只要' 뒤에는 충족되어야 할 조건이 오고, '就' 뒤에는 그에 따른 결론이나 결과가 온다.
人们只要在路旁的箱子里放一些钱，就可以摘一篮葡萄带走。 사람들은 그저 길가의 상자에 돈을 조금 넣기만 하면, 한 바구니의 포도를 따서 가져갈 수 있다.

〈제2부분〉

19 해 질 녘은 식구들이 가장 편안해지는 시간이었다. 할 일을 다 하고, 함께 앉아 컴퓨터로 영화를 보거나 이야기를 나누었다. 이러한 삶은 자이펑이 오랫동안 바라던 것이었다. 예전에 육지에서의 저녁 시간에 식구들은 각자 방에 있으면서 많은 교류를 하지 않았다.

A 해 질 녘은 모두가 일하는 시간이다
B 자이펑은 온 가족이 함께 지내는 것을 좋아한다
C 그들은 현재 육지에서 생활하고 있다
D 그들은 줄곧 서로의 교류를 중시해왔다

해설 자이펑이 오랫동안 바라던 삶은 바로 가족이 함께 하는 것이라고 했으므로 정답은 B이다.

20 부부는 안팎으로 온종일 바쁘고, 피곤해서 여기저기가 아프고, 말도 하고 싶지 않았다. 낮에는 각자 출근해서 얼굴도 못 보고, 저녁에는 돌아와서 교류하기도 힘들었다. 오랫동안 지속되자 정신적인 소통이 갈수록 줄어들었으며, 서로 원망이 오히려 늘어만 갔다. 교류가 부족하면, 사랑이라는 꽃은 쉽게 바람에 날려 떨어지기 마련이다.

A 소통의 부족은 여기저기 아픈 것을 야기했다
B 교류의 부족은 자주 얼굴을 보지 않아서 비롯되는 것이다
C 부부 사이의 교류는 결혼 생활에 매우 중요하다
D 생활 속의 스트레스는 주로 원망에서 온다

단어 忙碌 mánglù 형 바쁘다 | 腰酸背痛 yāo suān bèi tòng 허리가 시큰거리고 등이 아프다, 몹시 지치다 | 心灵 xīnlíng 명 성신, 영혼 | 沟通 gōutōng 동 소통하다 | 埋怨 mányuàn 동 원망하다 | 落 luò 동 떨어지다

해설 이 글의 주제는 부부 사이의 교류가 줄어들면 서로 원망이 늘고, 사랑 역시 사라진다는 것이다. 따라서 정답은 C이다. A의 '腰酸背痛'은 피곤한 정도를 나타내는 것이며 소통 부족에서 야기되는 것은 아니다. B의 '见不着面'과 D의 '埋怨'은 부부 간의 상황을 설명한 것이며 교류 부족이나 생활 속 스트레스와는 관련이 없다.

21 조사에 따르면, 비록 인터넷이 빠르게 발전했어도 TV 시청이 여전히 도시 주민들의 주요 휴식 활동이라고 한다. TV 시청 시간과 연령은 밀접한 관계가 있는데, 연령대별로 나누어보면, TV 시청 시간의 분포는 U자형을 보인다. 즉 20살 이하와 60세 이상의 TV 시청 시간이 길고, 20에서 40세가 가장 짧다는 것이다. 휴일과 근무일의 TV 시청 시간 차이 역시 매우 큰데, 휴일이 근무일보다 길고 특히 남성은 휴일에 TV를 시청하는 시간이 2시간 21분에 달한다.

모범 답안 및 해설   151

A 인터넷은 이미 TV를 대신한다
B 남성이 여성보다 TV 시청을 더 선호한다
C 30세의 사람이 10살 아이보다 TV 시청 시간이 더 길다
D 사람들은 휴일에 근무일보다 TV 시청 시간이 길다

단어 居民 jūmín 명 주민 | 休闲 xiūxián 통 휴식하다 | 密切 mìqiè 형 밀접하다 | 分布 fēnbù 통 분포하다 | 呈 chéng 통 나타내다, 드러내다 | 取代 qǔdài 통 대치하다, 대신하다

해설 마지막 문장에서 휴일이 근무일보다 TV 시청 시간이 더 길다고 했으므로 정답은 D이다. 휴일의 경우에 남성의 TV 시청 시간이 길다고 했기 때문에 B는 답이 될 수 없다.

22 떠날 때가 다 되자 시어머니가 남편에게 물었다. "가는 길에 볼 책은 챙겼니?" 그녀는 듣고서 매우 의외라고 생각했다. 이것은 많은 사람들에게 있어도 되고 없어도 되는 물건이지만, 시어머니와 남편에게는 매우 중요한 것으로, 필수품이자 꼭 휴대해야 하는 것이었다. 공항에서 우리는 항상 휴대전화를 들고 바쁘게 전화를 받거나, iPad를 들고 웹서핑을 하는 사람들을 보게 되는데, 이들은 실은 자신과 상관도 없는 정보를 놓칠까 두려워한다. 그녀의 남편은 이러한 장면을 보면 늘 이해할 수 없다고 생각한다.

A 시어머니는 남편이 가는 길에 책을 보라고 요구한다
B 많은 사람들이 책 보는 것을 그다지 중요하게 여기지 않는다
C 휴대전화는 모든 현대인의 필수품이다
D 남편은 iPad로 웹서핑 하는 것을 좋아한다

단어 意外 yìwài 형 의외이다, 뜻밖이다 | 可有可无 kě yǒu kě wú 있어도 되고 없어도 된다 | 必需品 bìxūpǐn 명 필수품 | 随身 suíshēn 형 몸에 지니다 | 携带 xiédài 통 휴대하다 | 浏览 liúlǎn 통 대충 훑어보다 | 生怕 shēngpà 통 ~할까 두려워하다 | 漏 lòu 통 빠지다, 누락하다 | 不可思议 bùkě-sīyì 불가사의하다

해설 시어머니와 남편이 중요하게 생각하는 책은 많은 사람들에게 있어도 되고 없어도 되는 물건이라고 했으므로 정답은 B다.

〈제3부분〉

23-25
"세상이 이렇게 넓으니, 가서 한번 보고 싶습니다." **23** 10자밖에 안 되는 이 사직서 한 통이 허난성 스옌중학교 여교사인 꾸샤오치앙을 인터넷에서 유명하게 만들었다.

이 사직서를 쓸 때 꾸샤오치앙은 사실 그렇게 많은 생각을 한 게 아니었고, 이렇게 관심을 끌 거라고는 더욱 생각하지 못했다. "그 당시에 이 말이 떠올랐을 때 펜을 들고 그냥 썼어요. 전 평소에도 이래요. 하고 싶은 말 있으면 하거든요. 이렇게 큰 영향이 있을 줄 진작 알았다면, 글씨를 좀 더 예쁘게 썼을 거예요!" 꾸샤오치앙은 농담하면서 말했다.

꾸샤오치앙이 생각하기에 사직은 그저 간단한 일이었다. 세상을 보고 싶다는 것 역시 마음속의 진짜 생각이었다. 어떻게 되든 그녀는 초심을 바꾸지 않을 것이다. "저는 아주 평범한 사람이에요. 그냥 처음 생각대로 하고 싶을 뿐이고, 이번 일 때문에 처음의 생각을 바꾸지 않을 거예요."

사직의 원인에 대해 이야기하자, 꾸샤오치앙은 일부 추측들을 명확하게 해명했다. 심리교사로 재직한 요 몇 년 동안 그녀는 많이 단련되었고 성장했다. 떠나는 것은 그저 다른 생활 방식을 선택하려는 것일 뿐이다. "**24** 저는 교사라는 이 직업이 매우 좋아요. 선생님을 하는 것은 정말 신나는 일이라고 생각해요. 앞으로 다시 선생님을 할 가능성도 있지요." "교사라는 이 직업이 싫지 않아요. 사직이 결코 체제의 속박에서 벗어나는 것은 아니에요."

"**25** 모든 사람은 자신의 생활 방식을 선택할 권리가 있죠." 그녀에게 있어서 생활은 원래 간단한 일이다. "제가 지금 하는 건 모두 제가 하고 싶은 일이에요. 햇빛을 쐬고 싶으면 햇빛을 쐬러 가고, 커피를 마시고 싶으면 한 잔 마시고요. 정말 좋은 것 같아요."

23 꾸샤오치앙이 인터넷에서 인기 있는 원인은:

A 허난 사람이어서
B 선생님이 되고 싶어 해서
C 글씨가 예뻐서
D 특별한 사직서를 써서

24 교사라는 이 직업에 대해 꾸샤오치앙의 생각은:

A 보통이다　　　　　　B 무료하다
C 재미있다　　　　　　D 글씨를 잘 쓰라고 요구한다

25 꾸샤오치앙이 사직한 원인은:

A 선생님이 되는 것이 싫어서
B 체제에 속박당한다고 생각해서
C 생활 방식을 선택할 자유가 있다고 생각해서
D 햇빛을 쐬고 커피를 마시고 싶어서

단어 走红 zǒuhóng 통 인기가 오르다 | 顾虑 gùlǜ 통 고려하다, 염려하다 | 初心 chūxīn 명 초심 | 澄清 chéngqīng 통 똑똑히 밝히다, 해명하다 | 过瘾 guòyǐn 통 만족하다, 유감없다 | 摆脱 bǎituō 통 벗어나다, 빠져나오다 | 体制 tǐzhì 명 체제, 제도 | 束缚 shùfù 통 속박하다, 구속하다 | 权利 quánlì 명 권리

해설
23. 질문의 핵심 키워드는 '走红网络'이며, 이 키워드가 언급된 단락을 찾으면 된다. 꾸샤오치앙을 유명하게 만든 것은 '一封只有10个字的辞职信'이므로 정답은 D이다.
24. 네 번째 단락에서 꾸샤오치앙은 '교사라는 직업을 매우 좋아하고 앞으로 다시 할 수도 있다'라고 밝혔다. 따라서 정답은 C이다.
25. 사직한 원인은 이 글의 핵심 주제이며, 마지막 단락에서 모든 사람은 자신의 생활 방식을 선택할 권리가 있다고 했다. 이를 통해 정답은 C임을 알 수 있다.

26-28
26 나의 취미는 오리고 붙이는 것이다. 스스로 생각하기에 이것은 건강을 챙기는 묘책이다. 그래서 오랫동안 했어도 질리지 않는다. 나의 이 묘책은 간단히 말하면 **26** 평소에 신문에서 본 건강 과학 상식을 오려, 각각 분류대로 전용 스크랩북에 정리한 뒤 나중에 제본하는 것이다.

28 이렇게 오리고 붙이는 것을 나는 이미 6~7년간 해왔고, 제본한 책은 이미 150여 권이나 된다. 내가 제본하여 만든 이 스크랩 자료집은 실용성과 재미가 한 데 묶여 보존 가치가 있다고 생각한다. 좀 더 오래 보관하기 위해서 나는 두꺼운 종이로 표지를 만들고, 위에 '양생 보건'이라는 책 제목을 썼다. 그리하여 책 번호도 없고, 표지 디자인도 없고, 가격도 없는 '삼무(三无) 보건책'이 이렇게 내 손에서 탄생하게 되었다. 나는 이 '책'들을 수시로 가족과 친구들에게 주고 읽어보라고 했는데, 그들은 모두 아주 훌륭한 가족 주치의라고 말했다.

27 퇴직 후 나는 오랫동안 의료과학류의 신문이나 『노년 모음집』, 『중국 스크랩』 및 기타 각종 신문을 읽고 있는데, 그중에 나는 『건강 시보』를 가장 좋아한다. 각종 신문의 매월 정기구독료가 내 연금에서 적지 않은 부분을 차지하기는 하지만, **28** 신문을

읽고 오리는 것은 내 생활에 없어서는 안 되는 부분이다. 나는 매년 정기구독을 신청하고 매일 신문을 읽으며 가끔은 짧은 글을 쓰기도 한다. 노력은 뜻 있는 자를 배신하지 않는다고, 몇 년 동안 나는 꽤 많은 수확을 거뒀고 총 40여 편이 넘는 글을 발표했다.

28 신문을 오리고 붙이고 읽는 것은 나에게 무궁한 정신적인 기쁨을 얻게 했다. 이 과정에서 나는 태극권과 관련된 내용을 보게 되었고, 태극권에 깊은 관심이 생겨서 2학기 연속으로 학원에 다니기도 했다. 현재 태극권은 내가 매일 새벽에 필수로 해야 하는 수업이 되었다. 원래 나는 병을 달고 다니는 사람이었는데, 몇 년 동안 태극권을 했더니 내가 앓고 있던 위염과 장염이 모두 치료하지 않고 다 나았다.

26 필자의 가장 큰 취미는:
A 종이를 오리는 것
B 신문을 오리는 것
C 글 쓰는 것
D 병을 고치는 것

27 필자에 관하여 다음 중 어느 것이 정확한가?
A 자주 피로를 느낀다
B 보건 책을 출판한 적이 있다
C 이미 퇴직했다
D 위염을 고칠 수 없다

28 본문의 제목으로 가장 적합한 것은:
A 삼무(三无) 보건 책
B 가장 훌륭한 가족 주치의
C 나의 신문 오리는 생활
D 나는 태극권을 좋아한다

단어 剪 jiǎn 동 자르다, 오리다 | 贴 tiē 동 붙이다 | 养生 yǎngshēng 동 양생하다, 보양하다 | 保健 bǎojiàn 동 건강을 다스리다 | 绝招 juézhāo 명 묘책, 뛰어난 재간 | 乐此不疲 lècǐ-bùpí 즐거워서 피곤한 줄 모른다 | 报刊 bàokān 명 신문, 잡지 등의 간행물 | 科普 kēpǔ 동 과학 보급 ['科学普及'의 약칭] | 装订 zhuāngdìng 동 제본하다 | 封面 fēngmiàn 명 표지, 커버 | 诞生 dànshēng 동 탄생하다 | 翻阅 fānyuè 동 훑어보다 | 订阅 dìngyuè 동 예약 구독하다 | 文摘 wénzhāi 명 간추린 글, 모음집 | 养老金 yǎnglǎojīn 명 연금 | 功夫 gōngfu 명 쏟은 시간과 노력 | 收获 shōuhuò 명 수확 | 稿件 gǎojiàn 명 (정리된) 원고 | 余 yú 수 여, 남짓 | 无尽 wújìn 형 무궁하다, 끝이 없다 | 太极拳 tàijíquán 명 태극권 | 浓厚 nónghòu 형 농후하다, 짙다 | 培训班 péixùnbān 명 학원 | 必修 bìxiū 형 필수의 | 患 huàn 동 앓다, (병에) 걸리다 | 肠炎 chángyán 명 장염 | 不治而愈 búzhì ér yù 치료하지 않아도 스스로 낫다 | 均 jūn 부 모두, 다 | 疲劳 píláo 형 피로하다, 지치다 | 出版 chūbǎn 동 출판하다

해설
26. 본문의 첫 문장에서 필자의 취미는 오리고 붙이는 것이라고 소개했으므로 A와 B 둘 중에 답이 있다. 같은 단락에서 신문에서 본 건강 관련 기사를 스크랩한다고 했으므로 정답은 B이다.

27. 세 번째 단락에서 '퇴직 후'라고 언급했으므로 필자는 이미 퇴직했음을 알 수 있다. 정답은 C이다. '乐此不疲'는 실제 피로하다는 뜻이 아니므로 A는 답이 아니고, 필자는 혼자서 책을 만든 것이지 실제 출판한 것은 아니므로 B도 답이 될 수 없다. 또 마지막 단락에서 위염과 장염이 모두 나았다고 했으므로 D 역시 오답이다.

28. 이 글은 신문을 오리고 붙이는 필자의 취미 생활에 대해 소개하고 있으므로 정답은 C이다.

쓰기

〈제1부분〉

29

我	随时	可以	开始	干活儿。
주어	부사어	부사어	술어1	술어2+목적어

나는 언제든지 일을 시작할 수 있다.

해설 조동사와 부사의 어순배열 문제이다.
① '开始'는 동사로 술어 위치에 온다. 뒤에 동사구 목적어를 가질 수 있다.
② '开始'의 대상, 즉 '干活儿'가 목적어 자리에 오고, 일을 시작하는 주체인 '我'는 주어 자리에 온다.
③ 부사 '随时'와 조동사 '可以'는 모두 술어 앞에 놓여 술어를 수식하는 부사어 역할을 한다. '可以'가 수식하는 대상은 술어 '开始'이므로 '随时可以' 순으로 쓴다.

30

我	对	新工作的要求	就是	待遇稳定。
주어	부사어		부사어+술어	목적어

나의 새 직업에 대한 요구는 바로 대우가 안정적이어야 한다는 것이다.

해설 개사구의 어순배열 문제이다.
① '就是'에 동사 '是'가 쓰였으므로 술어 자리에 놓는다.
② 개사 '对'는 명사 '新工作的要求'와 함께 쓰여 개사구를 이룰 수 있으며 술어 앞에 위치한다.
③ '我'는 주어 자리에 놓고, 새 직업에 대한 요구를 설명하는 '待遇稳定'가 목적어 자리에 온다.

31

雨后的彩虹	让	他	感受到	一种平静。
주어1	술어1	목적어1/주어2	술어2	목적어2

비 온 후의 무지개는 그에게 고요함을 느끼게 했다.

해설 겸어문의 어순배열 문제이다.
① 동사 '让'을 통해 겸어문임을 파악한다. '让'은 첫 번째 술어 자리에 놓는다.
② '让' 뒤에는 목적어이면서 두 번째 주어를 겸하는 '他'가 와야 한다. 동사 '感受到'는 두 번째 술어 자리에 놓는다.
③ '一种平静'은 그가 느낀 대상이므로 '感受到'의 목적어가 되고, '雨后的彩虹'은 주어가 된다.

〈제2부분〉

32

　　我太太前几天被车撞伤了。虽然伤得不那么严重，但腿部轻微骨折，行动不方便。我让她好好休息，但是她躺在病床上，天天为孩子的事，家里的事，甚至未来的事发愁。我盼望我太太早点儿恢复健康。

아내가 며칠 전 차에 치여 다쳤다. 비록 심각하게 다친 것은 아니지만, 다리 부분이 경미하게 골절되어 다니는 것이 불편하게 되었다. 나는 그녀에게 잘 쉬라고 했지만, 그녀는 병상에 누워서 매일 아이의 일, 집안일, 심지어 앞으로의 일까지도 걱정하고 있다. 나는 아내가 빨리 건강을 회복하기를 바란다.

단어 轻微 qīngwēi 형 경미하다 | 骨折 gǔzhé 통 골절되다 | 恢复 huīfù 통 회복하다

04 子路背米

모범 답안

듣기
| 1 A | 2 B | 3 B | 4 C | 5 D | 6 A | 7 B |
| 8 D | 9 A | 10 B | 11 A | 12 C | 13 B | 14 D |

독해
| 15 C | 16 B | 17 D | 18 C | 19 A | 20 D | 21 C |
| 22 C | 23 C | 24 D | 25 D | 26 C | 27 D | 28 C |

쓰기
29 我的坏脾气让她受了不少委屈。
30 喜欢网上阅读的人只占到8%。
31 这是个在中国流传了近千年的民间故事。
32 모범 답안은 p.160 해설 참조

듣기

〈제1부분〉

1 女: 你记住要从小区的西北门进去，进门右拐第一个楼就是，王总住四单元201。
男: 好的，不说了不说了，我赶紧的！
问: 男的最可能是去哪儿？

여: 아파트 단지 서북쪽 문으로 들어오는 거 잊지 마요. 들어와서 우회전하면 보이는 첫 번째 건물이에요. 왕 사장님은 4동 201호에 사세요.
남: 알겠어요. 그만 이야기해요. 서둘러야 해요!
질문: 남자는 어디에 갈 가능성이 가장 큰가?

A 사장님 집
B 회사 사무실
C 병원의 병실
D 공원의 서북쪽 문

단어 老板 lǎobǎn 명 사장

해설 여자의 말 중 마지막 부분에 답이 있다. 왕 사장님의 집 주소를 말했으므로 정답은 A이다.

2 女: 刚才又打雷又闪电，真吓人！怎么这么一会儿雨就停了？
男: 夏天的雨就是这样，来得快去得也快。
问: 他们说的雨最可能是下面哪种？

여: 방금 천둥도 치고 번개도 쳐서 너무 놀랐어! 어쩜 이리 비가 바로 멈추지?
남: 여름비가 원래 이렇지. 내리는 것도 빠르고 그치는 것도 빠르고.
질문: 그들이 말하는 비는 다음 중 어떤 것일 가능성이 가장 큰가?

A 큰 폭우
B 천둥, 번개를 동반한 소나기
C 장맛비
D 가랑비

단어 吓 xià 통 놀라다 | 暴雨 bàoyǔ 명 폭우 | 雷阵雨 léizhènyǔ 명 천둥, 번개를 동반한 소나기 | 连阴雨 liányīnyǔ 명 연일 계속되는 비, 장맛비 | 毛毛雨 máomaoyǔ 명 보슬비, 가랑비

해설 선택지를 통해 대화의 주제가 '비'임을 알 수 있다. 여자는 천둥, 번개가 쳐서 놀랐다고 했으므로 정답은 B이다.

3 男：你今天怎么总打喷嚏，感冒了吧？
女：是有点儿。昨晚和老公去看电影，<u>电影院的冷气开得太凉了</u>。
问：女的是怎么感冒的？

남: 너 오늘 왜 자주 재채기를 해? 감기 걸렸어?
여: 약간 그런가 봐. 어제 남편이랑 영화를 보러 갔는데, 영화관 에어컨이 너무 춥게 켜있었어.
질문: 여자는 왜 감기에 걸렸는가?

A 밤을 샜더니 피곤해서
B 에어컨 바람 때문에
C 남편에게서 옮았다
D 수영하다 감기에 걸렸다

단어 打喷嚏 dǎ pēntì 재채기하다 | 冷气 lěngqì 뗭 에어컨 | 熬夜 áoyè 통 밤을 새다 | 传染 chuánrǎn 통 감염되다 | 着凉 zháo liáng 통 감기에 걸리다

해설 감기에 걸렸냐고 묻는 남자의 말에 여자는 영화관의 에어컨이 너무 춥게 켜있었다고 말했다. 따라서 정답은 B이다.

4 男：我去上班了，你走的时候，记得把窗户关好，天气预报说有雨。
女：知道了。<u>儿子上学时没带伞</u>。你回来早的话，给他送一趟吧。
问：女的担心什么？

남: 나 출근할게요. 갈 때 창문 잘 닫는 거 잊지 말고요. 일기예보에서 오늘 비 온다고 했어요.
여: 알겠어요. 아들이 학교 갈 때 우산을 안 가져갔는데, 당신이 일찍 오면 우산 좀 갖다 줘요.
질문: 여자는 무엇을 걱정하는가?

A 남편이 출근해서 지각하는 것
B 자신이 창문 닫는 것을 잊는 것
C 아이가 집에 오는 길에 비에 젖는 것
D 일기예보가 정확하지 않은 것

단어 淋 lín 통 젖다

해설 남편이 오늘 비가 올 거라고 하자, 여자는 아들이 우산을 가져가지 않았다며 걱정하고 있다. 따라서 정답은 C이다.

5 男：您好！中通快递，我在您楼下，家里没人啊？
女：我先生在家，您稍等一下，<u>我马上跟他联系</u>，不好意思啊！
问：女的接下来会做什么？

남: 안녕하세요! 중통 택배인데, 지금 건물 아래에 있거든요. 댁에 아무도 안 계세요?
여: 남편이 집에 있는데, 잠시만 기다려주세요. 제가 바로 남편에게 연락할게요. 죄송해요!
질문: 여자가 이어서 할 행동은 무엇인가?

A 내려가서 소포를 받는다
B 바로 집으로 돌아간다
C 택배 기사에게 문을 열어준다
D 남편에게 전화를 한다

단어 快递 kuàidì 뗭 택배, 배송 | 包裹 bāoguǒ 뗭 소포

해설 여자는 택배 기사에게 바로 남편에게 연락하겠다고 했으므로 정답은 D이다.

6 女：看你的黑眼圈，是不是昨晚又熬夜了？
男：没错，<u>给欧洲冠军杯决赛做解说</u>，录完节目都快早上五点了。
问：男的昨晚为什么熬夜？

여: 너 다크서클 좀 봐. 어제 또 밤새웠어?
남: 응. 유럽 챔피언스리그 결승전에 해설을 했거든. 프로그램을 다 찍고 나니 벌써 아침 5시가 다 됐더라고.
질문: 남자는 어젯밤에 왜 밤을 새웠는가?

A 야근하며 일하느라
B 드라마를 찍느라
C 자료를 준비하느라
D 스포츠 시합을 보느라

단어 黑眼圈 hēiyǎnquān 다크서클 | 欧洲冠军杯 Ōuzhōu Guànjūnbēi 유럽 챔피언스리그 | 拍 pāi 통 (사진, 영화를) 찍다

해설 남자는 유럽 챔피언스리그 결승전 해설을 하느라 밤을 새웠다고 했으므로 정답은 A이다. D와 혼동할 수 있지만, 시합을 본 것이 아닌 경기 해설을 했다고 했으므로 정답이 될 수 없다.

〈제2부분〉

7 女：你这次回来怎么买了这么多东西，花了不少钱吧？
男：妈，不多。临走时我去领工资，结果发现比应得的多了许多。
女：是公司算错了吧？你应该老老实实地还给人家。
男：没算错，<u>经理说我做事勤快，这是给我加的奖金</u>。
问：关于工资，下列哪项正确？

여: 이번에 올 때 뭘 이렇게 많이 산 거야. 돈 많이 썼겠네?
남: 엄마, 많지 않아요. 떠날 때 월급을 받으러 갔는데, 받아야 할 돈보다 더 많이 받았더라고요.
여: 회사에서 계산을 틀리게 한 거지? 정직하게 돌려줘야 해.
남: 계산은 틀리지 않았대요. 사장님이 제가 일을 성실히 해서 저에게 주는 보너스라고 하셨어요.
질문: 월급에 관하여 다음 중 어느 것이 정확한가?

A 회사에서 돈 계산을 잘못했다
B 사장님이 월급을 더 주셨다
C 남자는 사장에게 돌려주었다
D 남자는 월급을 다 써버렸다

단어 领 lǐng 통 받다, 수령하다 | 应得 yīngdé 마땅히 받아야 한다

해설 남자의 말을 잘 들어보면, 원래 받아야 할 월급보다 더 많이 받아서 확인해보니 사장님이 보너스로 더 주신 거라고 했다. 따라서 정답은 B이다. A는 여자의 추측이므로 오답이고, C 역시 여자가 제안한 것일 뿐이므로 정답이 아니다.

8 女：西安和北京同是古都，但有个很大的不同，就是西安的城墙保存得非常完整。
男：北京为了扩建，拆掉了城墙，这一点多少有些遗憾啊！
女：西安城墙现在对游人开放。我上去游览过，夜景很美。
男：作为北京人，我实在有点儿惭愧！
问：男的感到惭愧的原因是什么？

여: 시안과 베이징은 모두 옛 수도였지만, 큰 차이점이 있는데 바로 시안 성벽의 보존이 매우 완벽하다는 거예요.
남: 베이징은 확장을 위해서 성벽을 철거했지요. 이 점이 정말 유감이에요!
여: 시안 성벽은 현재 여행객에게 개방되어 있어요. 제가 저번에 가서 구경했는데, 야경이 매우 아름답더라고요.
남: 베이징 사람으로서 정말 부끄럽네요!
질문: 남자가 부끄럽다고 느낀 원인은 무엇인가?

A 성벽을 본 적이 없어서
B 시안에 가본 적이 없어서
C 베이징의 야경이 시안보다 아름답지 않아서
D 베이징이 옛 성벽을 철거해버려서

단어 古都 gǔdū 옛 수도 ｜ 城墙 chéngqiáng 圈 성벽 ｜ 扩建 kuòjiàn 圈 증축하다, 확장하다 ｜ 拆 chāi 圈 뜯다, 허물다 ｜ 遗憾 yíhàn 圈 유감스럽다 ｜ 游览 yóulǎn 圈 (명승지나 풍경 등) 유람하다

해설 여자가 시안과 베이징을 비교하면서 시안의 성벽에 대해 이야기하자, 남자가 베이징은 확장을 위해 성벽을 철거해서 유감이고, 또 베이징 사람으로서 부끄럽다고 했으므로 정답은 D이다.

9 男：古代有个大官，叫公孙仪，很喜欢吃鱼。很多人给他送鱼，他都不收。
女：为什么呢？
男：他说如果我收了别人的鱼，就要按他们的意思去办事，这样就免不了会违反法律，成了罪人，就别想再吃鱼了。
女：公孙仪真是个明白的人啊！
问：女的认为公孙仪怎么样？

남: 고대에 공손의라는 관료가 있었는데, 생선 요리를 좋아했어요. 많은 사람들이 그에게 생선을 선물했지만, 그는 받지 않았대요.
여: 왜요?
남: 만약 자기가 다른 사람의 생선을 받으면 그들의 뜻에 따라 일해야 하는데, 이렇게 되면 법을 위반할 수밖에 없고 죄인이 되기 때문에 다시는 생선 먹을 생각을 하지 않았다고 해요.
여: 공손의는 정말 분명한 사람이군요!
질문: 여자는 공손의가 어떻다고 생각하는가?

A 대단하다   B 너무 겸손하다
C 법을 어겼다   D 정말 어리석다

단어 大官 dàguān 圈 대관, 관료 ｜ 公孙仪 Gōngsūn Yí 고유 공손의 [인명] ｜ 免不了 miǎnbuliǎo 圈 ~하지 않을 수 없다 ｜ 违反 wéifǎn 圈 위반하다 ｜ 罪人 zuìrén 圈 죄인 ｜ 谦虚 qiānxū 圈 겸손하다 ｜ 犯法 fànfǎ 圈 법을 위반하다 ｜ 糊涂 hútu 圈 어리석다, 흐리멍덩하다

해설 남자가 '공손의'라는 사람의 일화를 말해주자, 여자는 분명한 사람이라고 자신의 의견을 말했다. 따라서 좋은 의미를 나타내는 단어 중 정답을 골라야 하므로 알맞은 것은 A이다.

10 男：在中国的名山里，我觉得黄山的风景最美。
女：不是有那么句话吗？"黄山归来不看山"嘛。
男：黄山的云海、奇松、怪石和温泉，被称为"四绝"。
女：虽然夏季黄山的游客最多，但我喜欢冬天去，我觉得冬季才是黄山风景最美的季节。
问：女的为什么喜欢冬天去黄山？

남: 중국의 명산 중 나는 황산의 풍경이 가장 아름답다고 생각해요.
여: 그런 말 있지 않나요? '황산에서 돌아오면 산을 보지 않는다'라고요.
남: 황산의 운해, 기이한 소나무, 기암괴석 그리고 온천을 '4대 절경'이라고 하지요.
여: 비록 여름에 황산의 여행객이 가장 많다지만, 나는 겨울에 가는 게 좋아요. 겨울이야말로 황산의 풍경이 가장 아름다운 계절이라고 생각해요.
질문: 여자는 왜 겨울에 황산에 가는 것을 좋아하는가?

A 여름에 사람이 너무 많아서
B 경치가 가장 아름다워서
C 비수기에 입장료가 저렴해서
D 겨울에만 운해가 있어서

단어 奇松 qísōng 기이한 소나무 ｜ 怪石 guàishí 기암괴석 ｜ 温泉 wēnquán 온천 ｜ 淡季 dànjì 비수기

해설 정답은 여자의 마지막 말에 있다. 여자는 겨울에 황산의 풍경이 가장 아름답다고 했으므로 정답은 B이다.

11-12

第11到12题是根据下面一段对话：

女：你来中国留学一年了，现在觉得怎么样？
男：收获很大，但也很辛苦。因为我读的专业是中国古典文学，所以除了学普通话，还要学古汉语。
女：真佩服你！ 11 古汉语连我们中国人自己学起来都觉得吃力。
男：前段时间看了些明清小说。我原来读过英文版的，不过，老师让我们一定要看中文原著。
女：是的，这很重要。那你最近在看什么？
男：12 我在读唐诗，我很喜欢李白的作品，将来想写这方面的毕业论文，有些问题还想请教你呢。

11. 问: 从对话中可以知道，女的佩服男的什么？
12. 问: 关于男的，从对话中可以知道什么？

11-12번 문제는 다음 대화에 근거한다:

여: 네가 중국에 와서 유학한 지 1년 되었구나. 지금은 어떤 것 같아?
남: 얻은 것도 많았지만 고생도 했지. 왜냐하면 내 전공은 중국 고전 문학이라서, 표준어를 공부하는 것 외에도 고대 중국어까지 공부해야 했거든.

여: 정말 대단하다! 11 고대 중국어는 우리 중국인도 공부하려면 힘들 것 같은데.

남: 한동안 명청 소설을 읽었어. 나는 원래 영어판을 읽은 적이 있었는데, 선생님께서 우리에게 꼭 중문 원서로 보라고 하셨지.

여: 맞아. 중요하지. 그럼 요즘은 뭘 읽고 있어?

남: 12 당시를 읽고 있어. 이백의 작품을 좋아해서, 앞으로 이 방면의 졸업 논문을 쓰고 싶거든. 문제가 있으면 너에게 가르침 좀 부탁할게.

11 대화를 통해 여자는 남자의 무엇에 감탄했는가?
A 고대 중국어를 이해하는 것
B 고전 문학을 공부하는 것
C 중문 원서를 읽을 수 있는 것
D 당시에 일가견이 있다는 것

12 남자에 관하여 대화를 통해 알 수 있는 것은 무엇인가?
A 영국 유학생이다
B 졸업 논문을 쓰고 있다
C 당시를 연구할 계획이다
D 명청 소설 읽는 것을 좋아한다

단어 古典 gǔdiǎn 형 고전의 | 佩服 pèifú 동 탄복하다, 감탄하다 | 吃力 chīlì 형 힘들다, 고달프다 | 明清 Míng Qīng 명청 시기 | 原著 yuánzhù 명 원작, 원서 | 唐诗 tángshī 명 당나라 시 | 李白 Lǐ Bái 고유 이백 [당나라 시인] | 论文 lùnwén 명 논문 | 请教 qǐngjiào 동 가르침을 청하다

해설 11. 여자가 대단하다고 언급한 말의 뒷부분을 주목하자. 고대 중국어는 중국인도 공부하기 힘들다고 했으므로 정답은 A이다.

12. 남자는 당시를 읽고 있으며 이백의 시 관련 졸업 논문을 쓰고 싶다고 했으므로 앞으로 당시를 연구할 계획임을 알 수 있다. 따라서 정답은 C이다.

13-14

第13到14题是根据下面一段话:

中国古代教育家孔子有个学生, 名叫子路。子路生活的那个年代, 13 社会动乱, 连年的战争使老百姓的生活过得非常困难, 子路的父母都是农民, 家里的日子也是一样。一天, 子路外出回来, 刚到门口就听到父母在屋里说话: "活了大半辈子了, 别说鱼啊、肉啊, 只要能饱饱地吃上一顿米饭, 我们也就满足啦!" 14 子路听了, 心里觉得十分惭愧。他暗下决心: "一定要让父母吃上米饭, 不能再委屈他们了!"

13. 问: 子路家的生活为什么非常困难?
14. 问: 子路听到父母的谈话后, 心里感到怎么样?

13-14번 문제는 다음 내용에 근거한다.

중국 고대 교육가 공자에게는 자로라는 학생이 있었다. 자로가 살았던 그 시대에는 13 사회가 혼란스러웠고, 여러 해 계속된 전쟁으로 백성들의 생활은 아주 곤궁해졌다. 자로의 부모는 모두 농민이어서 집안 사정도 마찬가지였다. 하루는 자로가 밖에서 돌아와 문 입구에 막 왔을 때 부모가 방에서 이야기하는 것을 들었다. "반평생이나 살았어요. 생선이고, 고기고 말할 것 없이 그저 배불리 쌀밥 한 끼니만 먹으면 만족하겠네요!" 14 자로는 듣고 매우 부끄러워졌다. 그는 가만히 결심했다. "반드시 부모님께 쌀밥을 먹게 해드려야지. 더 이상 부모님을 서럽게 할 수는 없어!"

13 자로 집의 생활은 왜 곤궁했는가?
A 부모님이 몸이 약해 자주 병이 나서
B 수년간 전쟁을 겪어서
C 토지를 잃게 되어서
D 자로가 농민이 되고 싶지 않아서

14 자로는 부모님의 이야기를 듣고, 속으로 어떻게 생각했는가?
A 매우 억울했다   B 매우 속상했다
C 매우 화가 났다   D 부끄러웠다

단어 动乱 dòngluàn 동 (사회가) 소란스럽고 어지럽다 | 失去 shīqù 동 잃다 | 难为情 nánwéiqíng 형 부끄럽다, 겸연쩍다

해설 13. 백성들의 생활이 곤궁해진 이유는 사회가 혼란스럽고 여러 해 계속된 전쟁 때문이었고, 자로의 집안 사정도 마찬가지라고 했으므로 정답은 B이다.

14. 선택지를 보면 감정에 관한 질문임을 유추할 수 있으므로 감정을 나타내는 어휘에 주의하여 들어야 한다. 자로는 부모님의 말을 듣고 매우 부끄러워졌다고 했으므로 같은 의미인 D가 정답이다.

독해

〈제1부분〉

15-18

부모들이 말과 행동으로 보여주는 교육은 큰 정도에서 아이들의 운동 습관을 기르는 데 영향을 준다. 가정에서의 체육 활동은 학교 체육 활동의 연장과 보충이자, 아이가 수업 외 시간을 15 보내는(C 度过) 중요한 방식이다. 체육 활동은 부모와 아이의 교류를 촉진할 뿐만 아니라 집안을 더욱 즐겁고, 더욱 화목하고, 더욱 행복하게 만든다.

온 식구가 함께 체육 활동에 참가하고, 각종 게임이나 운동 16 및(B 以及) 운동의 각종 규칙의 제약을 통해 아이는 더욱 쉽게 규칙을 준수하고 타인을 존중하며 공평하게 경쟁하는 등의 17 습관(D 习惯)을 기를 수 있으며, 평소 행동에도 적용할 수 있다.

부모와 함께 체육 활동에 참가하는 것은 또한 훌륭한 상호 작용을 할 수 있다. 예를 들어 부모와 아이가 함께 등산을 하거나, 수영 혹은 스키를 타는 것은 아이의 신체를 단련시킬 수 있고, 18 어려움을 이겨내는 정신(C 战胜困难的精神) 또한 기를 수 있다.

단어 言传身教 yánchuán-shēnjiào 말로도 전수하고 행동으로도 모범을 보이다 | 延续 yánxù 동 계속하다, 지속하다 | 补充 bǔchōng 동 보충하다 | 课余 kèyú 명 수업 외 시간 | 和谐 héxié 형 화목하다, 조화롭다 | 约束 yuēshù 동 제약하다, 규제하다 | 遵守 zūnshǒu 동 지키다, 준수하다 | 良性 liángxìng 형 좋은 효과를 내다 | 互动 hùdòng 동 상호 작용을 하다 | 勤俭 qínjiǎn 형 근검하다, 부지런하고 알뜰하다 | 自食其力 zìshí-qílì 자기 힘으로 생활하다

해설 15. 빈칸이 주어 뒤, 목적어 앞에 있으므로 동사가 와야 한다. 목적어는 '课余时间'이므로 문맥상 알맞은 동사는 C이다.

16. 대상을 나열할 때 병렬 관계로 이어주는 접속사를 고르는 문제이다. '游戏', '运动'에 이어 빈칸 뒤 '各种规则的约束' 등의 어휘가 병렬로 나열되어 있으므로 정답은 B이다. C는 문장이나 단락을 연결할 때 쓸 수 있다.

17. 해당 문장의 동사는 '养成'이므로 빈칸에는 이와 함께 쓸 수 있는 목적어를 찾으면 된다. 정답은 D이다.

18. 부모와 함께하는 체육 활동이 좋은 상호 작용을 한다고 하면서 등산, 수영, 스키와 같은 운동이 '신체'를 단련시킨다고 했다. 상호 작용을 통해 기를 수 있는 또 하나는 '신체'와 대칭을 이루는 '정신'이 되므로 정답은 '精神'이 포함된 C이다.

TIP

① 抓紧 꽉 잡다, 서둘러 하다
抓紧时间 서둘러 하다 | 抓紧学习 공부를 서두르다
抓紧钥匙 열쇠를 꽉 잡다 | 抓紧手 손을 꽉 잡다

② 浪费 낭비하다
浪费时间 시간을 낭비하다 | 浪费钱 돈을 낭비하다
浪费水 물을 낭비하다 | 浪费电 전기를 낭비하다

③ 度过 : (시간을) 보내다, 지내다
度过时间 시간을 보내다 | 度过暑假 여름방학을 보내다
度过周末 주말을 보내다 | 度过童年 유년 시절을 보내다

④ 节省 : (일상생활에서 구체적인 것을) 아끼다, 절약하다
节省时间 시간을 아끼다 | 节省钱 돈을 아끼다
节省用纸 용지를 아끼다 | 节省力气 힘을 아끼다

〈제2부분〉

19. 반년 후 자로는 집으로 돌아가고자 했다. 자로는 진(镇)을 지나면서 쌀 한 포대, 고기 한 덩이, 생선 두 마리를 사서 등에 짊어졌다. 날씨가 몹시 춥고 눈이 쌓인 땅은 미끄러워서, 자로는 하마터면 미끄러져 등에 짊어진 쌀 포대를 떨어뜨릴 뻔했다. 그는 큰 눈을 뚫고 앞으로 걸어갔는데, 쌀 포대를 받친 두 손이 심하게 얼어붙어서 잠깐 멈춰 손을 녹인 뒤 계속해서 길을 서둘렀다.

A 자로는 큰 눈을 무릅쓰고 서둘러 집으로 돌아갔다
B 자로는 심하게 얼어서 생선과 고기를 떨어뜨렸다
C 눈이 쌓인 땅이 너무 미끄러워서 자로는 넘어졌다
D 자로가 산 물건이 너무 많아서 짊어질 수 없었다

해설 날씨가 추워 자로의 손이 얼어붙었지만 큰 눈을 뚫고 집으로 가는 길을 서둘렀다고 했으므로 정답은 A이다. B와 C는 혼동을 주기 위한 것이고, 산 물건을 모두 등에 짊어졌다고 했으므로 D 역시 답이 될 수 없다.

20. 심리학자가 '사냥꾼'이라는 이름의 목양견에게 많은 영어 단어를 가르쳐 습득하게 했는데, 이는 개가 인류의 언어를 이해하는 능력이 인류의 상상을 초월한다는 것을 의미한다. '사냥꾼'이 파악한 1000여 개의 단어 안에는 '원반', '농구'와 '쿠션 인형' 등이 포함되어 있다. 동시에 이 개는 역할과 기능에 따라 이 단어들을 분류할 수도 있는데, 이것은 3살 아이의 능력과 같다.

A '사냥꾼'은 쿠션 인형을 가지고 노는 것을 좋아한다
B '사냥꾼'의 지능은 3살 아이보다 못하다
C '사냥꾼'은 인류 언어를 가장 잘 아는 개이다
D '사냥꾼'이 습득한 단어는 우리의 상상보다 많다

단어 猎人 lièrén 명 사냥꾼 | 牧羊犬 mùyángquǎn 명 목양견 | 掌握 zhǎngwò 동 장악하다, 파악하다 | 飞盘 fēipán 명 서로 던지며 노는 플라스틱 원반 | 毛绒 máoróng 융모 | 分类 fēnlèi 동 분류하다

해설 '사냥꾼'이라는 개가 익힌 단어는 1000여 개이며, 이것은 개가 인류의 언어를 이해하는 능력이 인류의 상상을 초월한다는 것을 의미한다고 했다. 따라서 정답은 D다.

21. 중국 역사상 많은 왕조에서 일찍이 만리장성을 건설하고 확장하였다. 현재까지 보존되고 있는 진나라의 만리장성은 이미 거의 볼 수 없고, 현재 사람들이 보는 것은 대부분 명나라 때의 만리장성이다. 진 시황 시기에 건설된 만리장성은 명나라의 만리장성보다 더 북쪽에 근접해 있었으며, 게다가 대부분 흙으로 쌓은 것이었다. 네이멍구 바오터우 일대에서 사람들은 비교적 완전하게 보존된 진나라의 만리장성을 볼 수 있다.

A 명나라의 만리장성은 진나라 만리장성의 북쪽에 건설되었다
B 만리장성은 주로 진나라와 명나라 시기에 건설되었다
C 진나라가 만리장성을 세울 때 대부분 흙으로 쌓았다
D 진나라의 만리장성은 네이멍구 바오터우 일대에만 있다

단어 朝代 cháodài 명 왕조 | 秦 Qín 고유 진나라 | 秦始皇 Qín Shǐhuáng 고유 진 시황 | 筑 zhù 동 건설하다, 건축하다 | 内蒙古 Nèiměnggǔ 고유 네이멍구 | 包头 Bāotóu 고유 바오터우 [도시명] | 完整 wánzhěng 형 완전하다, 완벽하다

해설 진 시황 시기, 즉 진나라의 만리장성은 대부분 흙으로 쌓았다고 했으므로 정답은 C이다. 중국 역사상 많은 왕조에서 만리장성을 건설했다고 했으므로 B는 정답이 될 수 없다.

22. 당 태종 이세민은 과거 시험을 개혁하여 덕망과 재능이 있는 사람들을 대거 관직에 오르게 했고, 국가를 위해 힘을 쓰게 했다. 그는 또 백성들의 부담을 덜고 농업 생산을 발전시키기 위해 노력하여 백성들의 삶을 크게 개선시켰다. 그가 재위할 때 당나라는 전례 없이 번영하고 부강한 국가가 되었으며, 이 시기를 후대 사람들은 '정관의 치'라고 불렀다.

A 이세민은 농업 생산의 발전을 중시하지 않았다
B 백성들은 잇달아 생활의 부담을 줄여달라고 요구했다
C 시험을 통해 이세민은 많은 인재를 선발했다
D '정관의 치'는 중국 사회에서 가장 번영했던 시기를 말한다

단어 唐太宗 Táng Tàizōng 고유 당 태종 | 李世民 Lǐ Shìmín 고유 이세민 [당나라 황제] | 科举 kējǔ 명 과거 시험 | 大批 dàpī 형 대거, 대량의 | 有德有才 yǒu dé yǒu cái 덕망과 재능이 있다 | 上官 shàng guān 관직에 오르다 | 负担 fùdān 명 부담 | 在位 zàiwèi 동 재위하다 | 空前 kōngqián 동 이전에는 없었다 | 繁荣富强 fánróng fùqiáng 번영하고 부강하다 | 贞观之治 Zhēnguān zhī zhì 정관의 치 ['贞观'은 당 태종의 연호로, 그의 치세 기간에 국력이 강성하고 천하가 태평하여 이를 정관의 치라고 함] | 纷纷 fēnfēn 부 잇달아, 분분히 | 挑选 tiāoxuǎn 동 고르다, 선발하다

해설 당나라의 황제 이세민은 과거 시험을 통해 재능 있는 사람을 뽑아 관직에 오르게 했으므로 정답은 C이다. D의 '정관의 치'는 당나라의 치세 기간을 지칭하는 말이므로 정답이 될 수 없다.

〈제3부분〉

23-25

아주 무더운 여름날, 공자가 마차를 타고 제나라로 가고 있었다. 갑자기 마차 밖에서 콸콸거리는 물소리가 들려왔다. 공자가 말했다. "날씨의 변화가 참 빠르구나, 들어보거라. 산 저편에서 천둥, 번개를 동반한 소나기가 내리니, 어서 마차를 멈추어라!"

동행하던 제자가 자세히 듣더니 말했다. "이것은 산 저편에서 23 파도가 해안가의 암석을 치는 소리입니다. 저는 남방 사람이라 이 소리에 익숙합니다." 공자는 바다라는 말을 듣고 몹시 호기심이 일었다. 왜냐하면 그는 여태껏 바다를 본 적이 없었기 때문이었다. 그리하여 제자들을 데리고 산 정상에 올라가 바다가 대

체 어떤 모습인지를 보기로 했다. 끝없이 펼쳐진 바다를 보고 공자가 감탄한 듯 말했다. "바다는 정말 광활하구나! 사람이라면 반드시 이렇게 바다와 같이 넓은 마음이 있어야 하느니라!"

잠시 후 공자는 목이 말랐고, 이때 마침 한 어민이 물 한 통을 메고 다가오고 있었다. 그리하여 공자는 앞으로 다가가 아주 예의 바르게 마실 물을 청했다. 어민은 맑은 물 한 바가지를 떠서 공자에게 건넸다. 공자는 물을 다 마신 후 말했다. "이 바닷물은 정말 맛있군요! 달고도 청량하네요." 어민은 이 말을 듣고 웃음을 참지 못하며 말했다. "24 바닷물은 짜고 쓴데, 어떻게 마실 수 있단 말입니까? 당신들은 정말 책벌레들이군요. 이 정도 상식도 모르다니."

제자 한 명이 어민이 이렇게 말하는 것을 듣고 매우 화가 나서 말했다. "당신은 정말 세상 물정을 모르는군요. 이분이 누구신지 아십니까? 이분은 바로 그 유명하신 공자이십니다."

"공자가 뭐라고요? 공자라고 모든 걸 다 아는 것도 아니에요. 방금 바닷물로 갈증을 해결하려 하지 않았습니까? 바닷물은 써요. 아예 마실 수가 없다고요. 제가 이분께 드린 물은 맑은 물이에요." 어민이 대답했다.

25 공자는 듣고 매우 부끄러웠다. 그는 잠시 심사숙고하고 간곡히 학생들에게 말했다. "예전에 내가 너희들에게 '어떤 사람은 평생 그저 몇 가지 일밖에 모른다'라고 했는데 그 말은 옳지 않구나. 나도 많은 것을 더 배워야겠다. 25 우리는 절대로 모르는 것을 안다고 해서는 안 되느니라!"

23 길에서 공자가 들은 것은 무슨 소리였는가:

A 비 오는 소리　　　　B 천둥 소리
C 파도 소리　　　　　D 암석이 굴러 떨어지는 소리

24 그 어민은 공자의 무엇을 비웃었는가?

A 물 마시는 모습
B 자신이 매우 대단하다고 여기는 것
C 책을 너무 적게 읽은 것
D 바닷물이 짠 것을 모르는 것

25 공자는 왜 부끄럽다고 생각했는가?

A 잘못된 일을 하고 고치지 않아서
B 학생이 너무 거만해서
C 자신이 어민을 무시해서
D 자신 역시 모르는 일이 있어서

단어 炎热 yánrè [형] 무덥다, 찌는 듯하다 | 齐国 Qíguó [고유] 제나라 | 哗哗 huāhuā [의성] 콸콸, 주르륵 | 说变就变 shuō biàn jiù biàn 변한다는 말이 떨어지기가 무섭게 변하다 | 海浪 hǎilàng [명] 파도 | 拍打 pāidǎ [동] 치다, 두드리다 | 岸边 ànbiān [명] (강, 바다의) 기슭, 해안가 | 岩石 yánshí [명] 암석 | 好奇 hàoqí [형] 호기심이 많다 | 望 wàng [동] (멀리) 바라보다, 조망하다 | 无边无际 wúbiān wújì 끝없이 넓다 | 感慨 gǎnkǎi [형] 감개무량하다 | 辽阔 liáokuò [형] 아득히 멀고 광활하다 | 胸怀 xiōnghuái [명] 가슴, 포부 | 正巧 zhèngqiǎo [부] 때마침, 공교롭게도 | 渔民 yúmín [명] 어민 | 桶 tǒng [명] 통 | 舀 yǎo [동] (국자나 바가지로) 푸다, 떠내다 | 瓢 piáo [명] 바가지, 표주박 | 甘甜 gāntián [형] 감미롭다, 달다 | 道 dào [동] 말하다 | 书呆子 shūdāizi [명] 책벌레, 공부만 알고 세상일에 어두운 사람 | 天高地厚 tiāngāo-dìhòu 세상 물정, 사물의 복잡함 | 大名鼎鼎 dàmíng dǐngdǐng 명성이 드높다 | 不见得 bújiànde [부] 반드시 ~한 것은 아니다 | 解渴 jiěkě [동] 갈증을 풀다 | 沉思 chénsī [동] 깊이 생각하다, 심사숙고하다 | 不懂装懂 bù dǒng zhuāng dǒng 모르면서 아는 척하다 | 滚落 gǔnluò [동] 굴러 떨어지다

해설 23. 물소리를 듣고 공자는 천둥, 번개를 동반한 비라고 생각했으나, 실제로는 파도가 해안가 암석을 때리는 소리였으므로 정답은 C이다.

24. 세 번째 단락에 어민이 웃은 이유가 언급되었다. 어민은 바닷물은 짜고 써서 마실 수 없다는 것을 공자가 모른다며 비웃었으므로 정답은 D이다.

25. 정답은 마지막 단락에 있다. 어민의 말을 듣고 자신도 많은 일들을 더 배워야 하며, 모르는 것을 아는 척하면 안 된다고 당부했으므로 정답은 D이다.

26-28

26 돈 많은 부자가 있었는데, 그의 어머니가 늙어서 치아가 다 상해버렸다. 그래서 그는 차로 어머니를 모시고 의치를 하러 갔다. 치과 진료소에 들어서자마자 의사는 그들에게 비싸고 좋은 치아로 하라고 권했다. 그러나 어머니는 오히려 가장 싼 종류를 원했다. 의사는 달갑지 않아서, 부자 아들을 보면서 인내심 있게 비교적 좋은 의치와 안 좋은 의치의 차이를 설명했고, 아들이 어머니께 좋은 의치를 사드리게 하려 했다. 그러나 의사를 정말 실망시켰던 것은, 돈도 많아 보이는 아들이 도리어 조금도 동요하지 않고 그저 자신의 전화 통화에만 신경 쓸 뿐, 아예 그를 상대하지 않았다는 것이다. 의사는 할 수 없이 어머니의 요구에 동의했다. 이때 어머니가 바르르 떨면서 주머니에서 천지갑을 꺼내더니 한 겹 한 겹 열어 돈을 꺼내 보증금을 내고, 일주일 후에 와서 의치를 하기로 약속을 했다.

두 사람이 간 뒤 진료소에 있던 사람들은 그 부자 아들을 욕하기 시작했는데, 그가 입은 옷은 명품이고 쓰는 것은 값비싼 휴대 전화이면서, 어머니에게 좋은 의치를 해드리는 것은 오히려 아까워한다고 말했다. 뜻밖에도 그들이 분노하며 왈가왈부하고 있을 때 부자 아들이 다시 돌아왔다. 그가 말했다. "선생님, 죄송하지만 제 어머니에게 가장 좋은 세라믹 의치로 해주세요. 비용은 제가 내겠습니다. 돈이 얼마가 들든 상관없어요. 27 하지만 절대로 어머니에게 사실을 이야기하지 말아 주세요. 저희 어머니는 매우 근검절약하는 분이셔서 어머니를 언짢게 해드리고 싶지 않거든요."

부모님께 효도할 때는 방식에 주의해야 한다. 반드시 부모님의 마음이 편하도록 그분들의 습관에 따라 해드려야 한다. 28 자녀로서 어떻게 해야 부모님을 기쁘게 해드릴 수 있는지 알아야 하며, 자신의 방식을 부모님께 강요해서는 안 된다. 만약 특별히 돌봐드리고 싶다면, 주의를 기울여서 부모님이 간과하게 해서는 안 된다. 그렇지 않으면 좋은 의도가 오히려 부모님을 언짢게 할 수도 있다.

26 어머니는 왜 병원에 가야 했는가?

A 병이 나서
B 아들이 아파서
C 의치를 해야 해서
D 진료를 예약하려고

27 아들은 처음에 왜 의사를 상대하지 않았는가?

A 담배를 피워야 해서
B 전화 통화를 해야 해서
C 어머니를 위해 돈 쓰는 것이 아까워서
D 어머니가 사실을 알게 하지 않기 위해서

28 이 글이 주로 말하는 것은:

A 노인은 의치가 필요하다
B 부자 아들의 불효
C 무엇이 진정한 효도인가
D 좋은 의도는 오히려 일을 망칠 수 있다

단어 大款 dàkuǎn [명] 큰 부자, 대부호 | 镶牙 xiāng yá [동] 의치를 하다, 틀니를 끼워 넣다 | 诊所 zhěnsuǒ [명] 진료소 | 甘心 gānxīn

통 달가워하다, 기꺼이 원하다 | **令** lìng 통 ~하게 하다 | **无动于衷** wúdòngyúzhōng 전혀 무관심하다, 조금도 동요되지 않다 | **理睬** lǐcǎi 통 상대하다, 거들떠보다 [주로 부정문에 많이 쓰임] | **颤颤悠悠** chànchanyōuyōu 형 흔들거리다, 흐느적대다 [주로 노인, 환자가 쉼없이 떨거나 흔들거리는 모양을 묘사함] | **掏** tāo 통 꺼내다, 끄집어내다 | **押金** yājīn 명 보증금 | **舍得** shěde 통 아까워하지 않다, 인색하지 않다 | **气愤** qìfèn 통 화내다, 분개하다 | **议论** yìlùn 통 의논하다, 쑥덕거리다 | **烤瓷牙** kǎocíyá 세라믹 소재로 만든 의치, 크라운 | **无所谓** wúsuǒwèi 통 상관없다 | **实情** shíqíng 명 실제 상황 | **节俭** jiéjiǎn 통 절약하다 | **踏实** tāshi 형 (마음이) 편안하다, 안정되다 | **强加** qiángjiā 통 강요하다 | **识破** shípò 통 간파하다, 꿰뚫어 보다 | **预约** yùyuē 통 예약하다 | **舍不得** shěbude 통 아깝다, 아쉬워하다

해설 **26.** 어머니의 치아가 다 상해서 아들이 어머니를 모시고 의치를 하러 갔다고 했으므로 정답은 C이다.

27. 정답은 두 번째 단락에 있다. 아들은 어머니를 언짢게 하고 싶지 않아서, 처음에는 일단 어머니가 하자는 대로 하고 나중에 다시 와서 상황을 설명했다. 따라서 정답은 D이다. B는 처음에 아들이 한 행동이며 의사를 상대하지 않은 이유가 되지는 않는다. C는 사람들이 욕한 말일 뿐이며 아들이 실제로 그랬던 것은 아니므로 정답이 아니다.

28. 이 글의 주제를 묻는 문제로, 주제는 마지막 단락에 있다. 필자는 부모님께 효도하는 올바른 방식을 언급하며, 효도할 때는 부모님이 원하는 대로 해야지 자신의 방식을 강요하면 안 된다고 했다. 따라서 정답은 C이다.

쓰기

〈제1부분〉

29

我的　　坏脾气　　让她　　受了　　不少委屈。
관형어　　주어1　　술어1+목적어1/주어2　　술어2　　목적어2

나의 못된 성격이 그녀를 많이 고생시켰다.

해설 **겸어문의 어순배열 문제이다.**

① 사역동사 '让'을 보고 겸어문이라는 것을 먼저 파악하자.
② '让她' 앞에 올 수 있는 주체는 명사 '坏脾气'이며, '我的'는 '坏脾气'를 수식하는 관형어로 쓰이므로 그 앞에 온다.
③ '让她' 뒤에는 그녀를 어떻게 하게 했는지가 나와야 한다. 즉 술어2는 '受了'이며 이에 따른 목적어는 '不少委屈'이다.

30

喜欢　　网上阅读的人　　只　　占到　　8%。
　　　　주어　　　　　부사어　술어　　목적어

인터넷으로 읽는 것을 좋아하는 사람은 8%밖에 차지하지 않는다.

해설 **부사의 위치를 묻는 문제이다.**

① 주어는 '网上阅读的人'이며, 동사 '喜欢'은 주어를 수식하는 역할을 한다.
② 술어는 '占到'이며 목적어는 점유율을 나타내는 '8%'이다.
③ 부사 '只'는 술어 앞에 위치한다.

31

这是个　　在中国　　流传了　　近千年的　　民间故事。
주어+술어　　　　　관형어　　　　　　　　　목적어

이것은 중국에서 천 년 가까이 전해져 내려온 민간 이야기이다.

해설 **관형어의 어순배열 문제이다.**

① '这是个'는 '주어+술어' 구조이므로 문장 맨 앞에 놓는다. '个'는 양사이므로 뒤에 명사 목적어가 와야 함을 알 수 있다.
② '个'를 양사로 쓸 수 있는 목적어는 명사 '民间故事'이다. 따라서 우선 '民间故事'를 문장 맨 끝에 둔다.
③ 개사구인 '在中国'는 동사 '流传了' 앞에 와야 하며, 전해져 내려온 시간을 나타내는 시량사인 '近千年的'는 동사 뒤에 와야 한다. '在中国流传了近千年的'는 목적어 '民间故事'를 수식하는 관형어가 된다.

〈제2부분〉

32

工作后，为了能尽快取得一定**成就**，我一直很拼命。突然有一天，妈妈生病住院了。都病成这样了，她却还担心会因为自己影响我工作。我心里**惭愧**极了，一直以来，为了自我**满足**，我从未关心过父母和家里的事。我暗下**决心**，从今以后一定要好好**孝顺**父母。

일을 시작한 후에 가급적 빨리 어느 정도의 성취를 이루기 위해 나는 필사적으로 매달렸다. 갑자기 어느 날, 엄마가 병이 나서 입원을 하게 되었다. 병이 이렇게 심한데, 엄마는 당신 때문에 나의 일에 영향을 줄까 봐 오히려 걱정하셨다. 나는 마음속으로 매우 부끄러웠다. 자신의 만족을 위해 나는 여태껏 부모님과 집안일에 신경을 쓴 적이 없었다. 나는 속으로 오늘부터 부모님께 효도하겠다고 결심했다.

단어 **拼命** pīnmìng 통 필사적으로 하다

05 济南的泉水

모범 답안

듣기
| 1 C | 2 D | 3 B | 4 B | 5 A | 6 B | 7 C |
| 8 D | 9 C | 10 D | 11 A | 12 B | 13 B | 14 A |

독해
| 15 B | 16 A | 17 B | 18 C | 19 B | 20 D | 21 C |
| 22 D | 23 A | 24 D | 25 C | 26 B | 27 C | 28 B |

쓰기
29 这两种颜色形成了强烈的对比。
30 皮影戏产生于两千多年前的西汉时期。
31 脸上的表情往往能反映一个人的心态。
32 모범 답안은 p.167 해설 참조

듣기

〈제1부분〉

1
男: 你是要提醒我整理阳台吗？我没忘。
女: 那你抓紧时间弄，今天太阳好，我想洗洗衣服。
问: 男的今天要做什么？

남: 당신 나한테 베란다 청소하라고 알려주는 거죠? 나 안 잊어버렸어요.
여: 그럼 빨리 서둘러서 해요. 오늘 햇빛이 좋아서 옷을 빨고 싶단 말이에요.
질문: 남자는 오늘 무엇을 해야 하는가?
A 방송국에 간다
B 숙제를 마친다
C 베란다를 청소한다
D 옷을 세탁한다

단어 阳台 yángtái 뗑 베란다 | 抓紧 zhuājǐn 툉 다잡다, 서둘러 하다

해설 남자의 첫마디를 통해 정답을 확인할 수 있다. 정답은 C이다. D는 여자가 하려는 행동이다.

2
男: 你感冒了，要多休息，这擦地的活儿我来干吧。
女: 这点儿病算得了什么？再说了，我总觉得你擦得不干净。
问: 根据对话，可以知道什么？

남: 넌 감기에 걸렸으니 더 쉬어야 해. 바닥 닦는 일은 내가 할게.
여: 이까짓 병이 뭐 대수라고? 게다가 나는 늘 네가 깨끗하게 안 닦는 것 같아.
질문: 대화에 근거하여 알 수 있는 것은 무엇인가?
A 여자는 일이 하기 싫다
B 여자의 감기는 다 나았다
C 남자는 바닥 닦는 것을 싫어한다
D 남자는 바닥을 깨끗이 닦지 않는다

해설 바닥을 닦겠다는 남자의 말에 여자는 남자가 늘 깨끗하게 안 닦는 것 같다고 말했다. 이를 근거로 D가 정답임을 알 수 있다.

3
男: 暑假我打算带孩子去北京，那儿的名胜古迹多，风景也不错。
女: 我哥哥家就在那儿，等我打个电话让他招待你们。
问: 女的为什么给哥哥打电话？

남: 여름휴가 때 나는 아이를 데리고 베이징에 갈 계획이야. 그곳은 명승고적이 많고 풍경도 멋지니까.
여: 우리 오빠네 집이 거기야. 내가 전화해서 오빠보고 너희를 안내하라고 할게.
질문: 여자는 왜 오빠에게 전화를 하는가?
A 아이를 데리고 가려고
B 오빠에게 친구를 안내하게 하려고
C 오빠를 보러 베이징에 가려고
D 오빠의 안부를 물으려고

단어 名胜古迹 míngshèng gǔjì 뗑 명승고적, 관광 명소 | 招待 zhāodài 툉 접대하다, 안내하다 | 问候 wènhòu 툉 안부를 묻다

해설 남자가 여름휴가에 베이징에 갈 거라고 하자, 여자가 자신의 오빠에게 전화해서 안내하게 하겠다고 했다. 따라서 정답은 B이다.

모범 답안 및 해설　161

4 男：国庆节你打算去哪儿玩儿？
　　女：去杭州，我大学同学结婚，我要去参加婚礼。回来路过苏州再玩儿两天。
　　问：女的去苏州做什么？

남: 국경절에 어디로 놀러 갈 계획이에요?
여: 항저우에 갈 건데, 대학 동창이 결혼을 해서 결혼식에 가야 해요. 돌아올 때 쑤저우에 들러 이틀 더 놀 거예요.
질문: 여자는 무엇을 하러 쑤저우에 가는가?

A 출장을 간다
B 여행한다
C 결혼식에 참석한다
D 옛 동창을 만난다

단어 国庆节 Guóqìngjié 건국기념일 | 杭州 Hángzhōu 고유 항저우 [도시명] | 婚礼 hūnlǐ 결혼식 | 路过 lùguò 통 거치다, 지나다 | 苏州 Sūzhōu 고유 쑤저우 [도시명]

해설 남자가 국경절의 계획에 대해 묻자, 여자는 친구의 결혼식에 참석하러 항저우에 갔다가 쑤저우에 들러 놀 거라고 했다. 따라서 정답은 B이다. 결혼식 참석은 항저우에서의 일이므로 헷갈리지 말자.

5 男：这次去北京收获不小吧？
　　女：没错。长城、颐和园的风景真美，胡同也很特别，给我留下印象最深的还是北京烤鸭，味道棒极了。
　　问：女的对北京的什么印象最深刻？

남: 이번에 베이징에 가서 얻은 수확이 꽤 많지요?
여: 맞아요. 만리장성과 이화원의 풍경은 정말 아름다웠어요. 후통도 매우 특별했고요. 가장 깊은 인상을 준 것은 그래도 베이징 오리구이였는데 맛이 정말 좋았어요.
질문: 여자는 베이징의 무엇에 대해 인상이 가장 깊었는가?

A 맛있는 음식　　B 풍경
C 경극　　　　　　D 후통

단어 颐和园 Yíhéyuán 고유 이화원 | 胡同 hútòng 명 골목, 후통 [중국의 전통 골목] | 深刻 shēnkè 형 깊다, 강렬하다

해설 여자에게 가장 깊은 인상을 준 것은 베이징 오리구이라고 했으므로 정답은 A이다. B와 D 모두 언급되었으나 가장 인상 깊었던 것은 아니므로 정답이 아니다.

6 男：苏州有个叫山塘的地方，不知你这次有没有去看看？
　　女：当然，我还坐了那里的游船，体会了一下"小桥流水人家"的感觉，很有味道。
　　问：女的觉得山塘怎么样？

남: 쑤저우에 산탕이라는 지역이 있는데, 너 이번에 가봤니?
여: 당연하지. 나는 거기서 유람선도 탔어. '작은 다리, 흐르는 물, 민가'를 체험하고 왔지. 매우 정취 있더라고.
질문: 여자는 산탕이 어떻다고 생각하는가?

A 음식이 맛있다
B 풍경이 매우 특색 있다
C 조금 실망했다
D 생각했던 것보다 아름답다

단어 山塘 Shāntáng 고유 산탕 [지명] | 游船 yóuchuán 명 유람선 | 体会 tǐhuì 통 체득하다, 이해하다

해설 대화의 주제는 '산탕' 지역에 대한 것으로 여자의 마지막 말에 답이 있다. '小桥流水人家'가 무슨 뜻인지 모르더라도 마지막에 '매우 정취 있었다'라고 한 말에서 이곳 풍경이 특색 있다고 생각함을 알 수 있다. 정답은 B이다.

〈제2부분〉

7 男：你来中国留学两年了，利用假期去过不少地方了吧？
　　女：中国的名胜古迹很多，风景优美的地方太多了。
　　男：那你最喜欢的地方是哪里？
　　女：我觉得四川的黄龙风景最美，到了那儿，真像是到了童话世界。
　　问：女的觉得四川的黄龙怎么样？

남: 너는 중국에서 유학한 지 2년이 되었으니, 방학을 이용해서 많은 곳을 가봤겠구나?
여: 중국의 명승고적은 많고, 풍경이 아름다운 곳도 정말 많아.
남: 그럼 네가 가장 좋아하는 곳은 어디야?
여: 나는 쓰촨의 황룽 풍경이 가장 아름답다고 생각해. 거기에 가면 정말 동화 속 세상에 와있는 듯해.
질문: 여자는 쓰촨의 황룽이 어떻다고 생각하는가?

A 별다른 인상이 없다
B 광고만큼 아름답지 않다
C 풍경이 매우 아름답다
D 유년 시절을 생각나게 한다

단어 黄龙 Huánglóng 고유 황룽 [지명] | 童话 tónghuà 명 동화 | 宣传 xuānchuán 통 홍보하다, 광고하다 | 童年 tóngnián 명 유년 시절

해설 여자는 쓰촨의 황룽 풍경이 가장 아름다웠다고 했으므로 정답은 C이다.

8 男：姥姥，您来了些日子了，今天正好有空儿，我陪您去故宫转转？
　　女：故宫人太多，我这腿脚又不方便，还是别去了。
　　男：那我陪您看电影去吧？
　　女：好哇! 我最爱看电影了!
　　问：关于姥姥，从对话中可以知道什么？

남: 외할머니, 오신 지도 며칠 지났는데, 오늘 마침 시간이 있으니 제가 모시고 가서 고궁을 돌아볼까요?
여: 고궁은 사람이 너무 많아. 다리가 불편하기도 하니 그냥 가지 말자꾸나.
남: 그럼 제가 모시고 영화 보러 갈까요?
여: 좋구나! 나는 영화 보는 걸 가장 좋아한단다!
질문: 외할머니에 관하여 대화를 통해 알 수 있는 것은 무엇인가?

A 영화 보는 것을 좋아하지 않는다

B 고궁에 가보고 싶어 한다
C 어디에도 가고 싶지 않다
D 걷는 것이 그다지 편하지 않다

단어 故宫 Gùgōng 고유 고궁

해설 남자가 고궁에 가자고 제안하자, 여자가 고궁은 사람도 많고 자신의 다리도 불편하다고 대답했다. 따라서 정답은 D이다.

9
男: 你好，我想预订周末的一个房间，标准间就行。
女: 先生，不好意思，我们接待了一个会议的预订，标准间都没有了，只有豪华客房和商务套间，请问您还需要吗？
男: 也行。我们带孩子来旅游，商务间就不用了，豪华间有大床房吗？
女: 有的，请问您要住几天？
问: 关于男的，下列哪项正确？

남: 안녕하세요. 주말에 방 하나를 예약하고 싶은데, 일반실이면 됩니다.
여: 선생님, 죄송하지만, 저희 쪽에 컨퍼런스가 예약되어 있어서요. 일반실은 남아 있지 않습니다. 스위트룸과 비즈니스룸만 있는데, 괜찮으신가요?
남: 그것도 괜찮아요. 저희가 아이를 데리고 여행 가는 거라서 비즈니스룸은 필요 없고요. 스위트룸에 킹사이즈 베드룸이 있나요?
여: 있습니다. 며칠 묵으실 계획이세요?
질문: 남자에 관하여 다음 중 어느 것이 정확한가?

A 회의에 참석하러 온다
B 일주일간 묵을 계획이다
C 킹사이즈 베드룸을 원한다
D 비즈니스룸을 예약했다

단어 预订 yùdìng 동 예약하다 | 标准间 biāozhǔnjiān 일반실, 스탠다드룸 | 接待 jiēdài 동 대접하다, 응대하다 | 豪华客房 háohuá kèfáng 스위트룸 | 商务套间 shāngwù tàojiān 비즈니스룸 | 大床房 dàchuángfáng 킹사이즈 베드룸

해설 남자는 마지막에 스위트룸의 킹사이즈 베드룸이 있는지 물었으므로 정답은 C이다.

10
男: 我的小学就在和南锣鼓巷交叉的一条胡同里，每天上学都经过这里。
女: 那时候这里可没有现在这么热闹，就是条普普通通的胡同。
男: 这都是20年前的事了。你看变化多大啊！
女: 不过，你读的小学一直以来都是所好学校。
问: 关于男的，从这段对话中可以知道什么？

남: 내가 다닌 초등학교는 난루오구샹과 교차하는 골목길 안에 있었어. 매일 학교 갈 때 이곳을 지나다녔지.
여: 그때 여기는 지금만큼 이렇게 변화하지 않았고, 그냥 평범한 골목이었는데.
남: 벌써 20년 전의 일이 됐네. 변화가 이렇게 큰 것 좀 봐!
여: 그렇지만 네가 다녔던 초등학교는 줄곧 계속 좋은 학교였어.

질문: 남자에 관하여 대화를 통해 알 수 있는 것은 무엇인가?
A 예전에 여기에서 살았다
B 변화한 것을 그다지 좋아하지 않는다
C 다녔던 초등학교는 평범했다
D 예전에 자주 이곳을 지나다녔다

단어 南锣鼓巷 Nánluógǔxiàng 고유 난루오구샹 [베이징의 전통 골목 지역] | 交叉 jiāochā 동 교차하다

해설 두 사람은 예전에 알던 곳에 와서 변화가 큰 것에 대해 이야기하고 있다. 남자가 자신의 초등학교 위치를 말하면서 예전에 매일 이곳을 지나다녔다고 했다. 따라서 정답은 D이다. A와 B는 대화를 통해 정확히 알 수 없는 내용이고, 남자가 다닌 초등학교는 좋은 학교라고 했으므로 C는 오답이다.

11-12
第11到12题是根据下面一段对话:
女: 你带小明去自然博物馆了？
男: 是，儿童节了，11 我这个当小舅舅的，还不该满足他一个要求嘛！
女: 小明之前跟我说过好几次想去自然博物馆看恐龙，你们看了吗？
男: 当然看了，我们还看了海洋馆。人类馆关闭装修，没看到，很遗憾。那儿的设施虽然有点儿旧，12 但8000平方米的展厅，一天都看不完。
女: 小明喜欢那儿吗？
男: 那还用说吗？小眼睛都不够用的了。

11. 问: 说话的两个人是什么关系？
12. 问: 关于自然博物馆，从对话中可以知道什么？

11-12번 문제는 다음 대화에 근거한다:
여: 샤오밍을 데리고 자연 박물관에 갔었어?
남: 응. 어린이날이었잖아. 11 내가 외삼촌이 돼서 샤오밍의 요구를 안 들어줄 수가 있나!
여: 샤오밍이 예전에 나한테 공룡을 보러 자연 박물관에 가고 싶다고 여러 번 말했었어. 너희 본 거야?
남: 당연히 봤지. 우리는 해양관도 구경했는걸. 인류관은 내부 공사 중이라 문을 닫아서 못 봤는데, 아쉬웠어. 거기 시설은 조금 오래됐지만, 12 8000㎡의 전시홀은 하루에 다 못 봐.
여: 샤오밍이 거기를 좋아했어?
남: 말이라고 해? 눈이 다 모자랄 지경이었다니까.

11 대화하는 두 사람은 어떤 관계인가?
A 누나와 남동생   B 부부
C 친구   D 모자

12 자연 박물관에 관하여 대화를 통해 알 수 있는 것은 무엇인가?
A 시설이 매우 낙후되었다
B 전시관의 면적이 크다
C 막 내부 공사를 진행했다
D 관람객이 많아서 붐빈다

단어 博物馆 bówùguǎn 명 박물관 | 恐龙 kǒnglóng 명 공룡 | 关闭 guānbì 동 닫다 | 设施 shèshī 명 시설 | 平方米 píngfāngmǐ 양 제곱미터 | 展厅 zhǎntīng 명 전시홀 | 落后 luòhòu 형 낙후되다 | 面积 miànjī 명 면적 | 拥挤 yōngjǐ 형 붐비다, 혼잡하다

해설 11. 남자의 말 중에 '내가 외삼촌이 돼서'라고 한 부분을 통해 두 사람은 남매임을 알 수 있다.

12. 남자는 8000㎡나 되는 전시홀은 하루에 다 못 본다고 했으므로 전시관 면적이 매우 크다는 것을 알 수 있다. 따라서 정답은 B이다.

13-14

第13到14题是根据下面一段话：

有一位名叫威廉森的9岁英国男孩，看上去，他和同龄的孩子没什么不同，可一拿起画笔，他就立刻显示出画家范儿来。13 新近在他的个人画展上，展出的25幅作品仅15分钟就被抢购一空，价值达25万英镑。一位知名艺术品专家表示，威廉森的画之所以如此受到欢迎，除了因为他的作品本身很单纯以外，14 还因为他在这么小的年纪就熟练掌握了多种绘画技巧，对一些画家而言，达到他的程度需要花上至少10年。

13. 问：关于威廉森，下列哪项正确？
14. 问：威廉森的画受欢迎的原因是什么？

13-14번 문제는 다음 내용에 근거한다:

윌리엄슨이라고 하는 9살의 영국 남자아이는 보기에는 또래의 아이들과 별다른 차이가 없지만, 일단 붓을 들면 바로 화가의 본보기를 드러낸다. 13 최근 그의 개인 회화전에서 선보인 25점의 작품이 단 15분만에 모두 팔렸으며, 그 가치는 25만 파운드에 달했다. 한 유명 예술품 전문가는 윌리엄슨의 그림이 이렇게 인기 있는 이유는 그의 작품 자체가 매우 단순하다는 것 외에도 14 그가 이렇게 어린 나이에 많은 장르의 회화 기법을 능숙하게 마스터 했기 때문이라고 했으며, 일부 화가들로 치면 윌리엄슨 정도가 되려면 최소 10년은 걸려야 한다고 말했다.

13 윌리엄슨에 관하여 다음 중 어느 것이 정확한가?
  A 그림을 배운 지 9년 되었다
  B 모두 그의 그림을 앞다투어 구매했다
  C 또래의 아이들과 매우 달라 보인다
  D 9살에 많은 회화 대상을 받았다

14 윌리엄슨의 그림이 인기가 있는 이유는 무엇인가?
  A 회화 기법이 능숙하다
  B 작품 색채가 풍부하다
  C 작품에 표현력이 충만하다
  D 일반인을 뛰어넘는 상상력이 있다

단어 威廉森 Wēiliánsēn [고유] 윌리엄슨 [인명] | 范儿 fànr [명] 본보기, 모범 | 抢购 qiǎnggòu [동] 앞다투어 구매하다 | 一空 yīkōng [형] 하나도 남지 않다, 텅 비다 | 英镑 yīngbàng [양] 파운드 | 单纯 dānchún [형] 단순하다 | 熟练 shúliàn [형] 능숙하다 | 技巧 jìqiǎo [명] 기교, 기법 | 程度 chéngdù [명] 정도 | 成熟 chéngshú [형] 성숙하다 | 色彩 sècǎi [명] 색채

해설 13. 윌리엄슨의 작품 25점이 15분만에 모두 팔렸다고 했으므로 정답은 B이다. A와 D는 이 글에서 알 수 없고, 또래 아이들과 차이가 없어 보인다고 했으므로 C는 오답이다.

14. 윌리엄슨의 그림이 인기가 있는 이유에 대해 전문가 한 말에서 정답을 찾는다. 나이가 어림에도 불구하고 회화 기법을 능숙하게 마스터했다고 했으므로 정답은 A이다. B, C, D는 모두 글에서 언급되지 않았다.

독해

〈제1부분〉

15-18

늑대 한 마리가 먹이를 찾으러 나왔는데, 한참을 헤맸지만 아무런 소득이 없었다. 우연히 한 집을 지나다 집 안에서 아이의 울음소리가 들렸고, 곧이어 한 할머니의 목소리가 15 들려왔다(B 传). "울지 마라. 또 말 안 들으면 늑대 먹이로 던져버릴 거야." 늑대는 이 말을 듣고 속으로 크게 기뻐하며 멀지 않은 곳에서 기다렸다. 해가 산을 넘어갔는데도 할머니가 아이를 버리는 것을 보지 못했다. 밤이 되자 늑대는 기다리다 16 견디지 못해(A 不耐烦), 집 앞으로 가서 들어갈 기회를 보려는 찰나, 할머니의 말이 또 들렸다. "빨리 자렴. 무서워하지 말고. 늑대가 오면 우리가 죽여서 요리해 먹자꾸나." 늑대는 듣고서 너무 놀라 황급히 동굴로 도망갔다. 다른 늑대들이 수확이 17 어땠는지(B 如何) 묻자, 늑대가 말했다. "말도 마. 할멈구가 말을 해놓고 안 지키는 바람에 18 온종일 굶었어(C 害得我饿了一天). 그래도 내가 빨리 도망쳐서 다행이었지."

단어 狼 láng [명] 늑대 | 哭闹 kūnào [동] 울고불고 난리를 피우다 | 便 biàn [부] 바로, 곧 | 守 shǒu [동] 지키다, 수비하다 | 煮 zhǔ [동] 삶다, 익히다 | 一溜烟 yīliùyān [부] 쏜살같이, 재빨리 | 老窝 lǎowō [명] 소굴, 근거지 | 同伴 tóngbàn [명] 동료, 동무 | 算数 suànshù [동] 책임을 지다, 인정하다 | 幸好 xìnghǎo [부] 다행히

해설 15. 뒤의 목적어 '声音'과 어울리는 동사를 찾아야 한다. 목소리가 '들려오다'라는 뜻에 알맞은 동사는 B이다. A '递'는 '손으로 직접 전달하다, 건네주다'라는 뜻으로 뒤에 종종 보어 '给'가 온다. C '听'은 보어 '来'와 함께 쓸 수 없으며, D '飘'는 눈이나 나뭇잎이 '바람에 나부끼다'라는 뜻이다.

16. 빈칸에는 늑대가 기다린 정도, 즉 상태를 나타내는 단어가 와야 한다. 뒤에 이어지는 문장 '들어갈 기회를 봤다(想找机会进去)'를 근거로 빈칸에 알맞은 답은 A이다. '不耐烦'은 어떤 행위로 인해 짜증이 나서 견딜 수 없다는 뜻이다.

17. 빈칸에는 收获 뒤에 쓰기 알맞은 어휘를 골라야 하는데, 다른 늑대들이 수확이 어땠는지를 묻는 것이므로 정답은 B이다. A '任何'는 대사로 주로 명사를 수식하며, C '怎么'는 방법이나 수단을 물을 때 쓴다.

18. 늑대는 할머니의 말을 믿고 기다렸지만, 결국 아무것도 얻지 못하고 돌아왔다. 즉 아무런 수확이 없음을 나타내는 말이 와야 하므로 정답은 C이다. '害'는 '손해를 끼치다, 해를 입히다'라는 뜻이다.

〈제2부분〉

19

창장은 중국에서 가장 크고 가장 긴 강이다. 전체 길이는 약 6300km이고, 유역의 면적은 약 180만 km²로 아프리카의 나일강과 남아메리카의 아마존강에 버금가는, 세계에서 세 번째로 긴 강이다. 창장의 발원지는 중국 서부이고, 서쪽에서 동쪽으로 중국 중부를 가로지르며, 주류는 11개의 성, 자치구, 직할시를 지난다. 창장의 주류 운송 길이는 2800여 km에 달하며, 예로부터 '황금 물길'이라고 불린다.

A 창장의 전체 길이는 2800여km이다
B 창장은 중요한 해상 운송 수로이다
C 아마존강은 세계에서 세 번째로 긴 강이다
D 창장은 황금 생산으로 유명하다

단어 河流 héliú [명] 강의 흐름 | 流域 liúyù [명] 유역 | 仅次于 jǐncìyú ~에 버금가다 | 非洲 Fēizhōu [고유] 아프리카 | 尼罗河 Níluóhé [고유] 나일강 | 南美洲 Nánměizhōu [고유] 남아메리카 | 亚马孙河

Yàmǎsūnhé 고유 아마존강 | 发源 fāyuán 통 발원하다, 기원하다 | 横穿 héngchuān 통 가로지르다 | 干流 gànliú 명 (강물의) 본류, 주류 | 流经 liújīng 통 (물길이) 지나다, 거치다 | 自治区 zìzhìqū 명 자치구 | 直辖市 zhíxiáshì 명 직할시 | 通航 tōngháng 통 비행기나 선박이 다니다 | 里程 lǐchéng 명 이정, 노정 | 素有 sùyǒu 통 원래부터 있는, 평소에 있는 | 航运 hángyùn 명 해상 운송, 선박 수송

해설 '창장의 주류 운송 길이가 2800여km에 달한다'라는 문장을 통해 창장이 해상 운송 수로로 이용됨을 알 수 있다. 따라서 정답은 B이다. A의 2800여km는 해상 운송의 길이이지 창장 길이가 아니므로 정답이 아니고, 창장이 나일강과 아마존강에 이어 세 번째로 긴 강이라고 했으므로 C 역시 오답이다. 창장이 '황금 물길'이라 불린다는 것이지 황금을 생산하는 것은 아니므로 D 역시 오답이다.

20 　중국에서는 바람의 변화가 계절의 변화와 큰 연관이 있다. 예를 들어 무더운 여름에는 중국 대부분 지역에서 남동풍이 부는데, 이 남동풍은 바다에서 불어오는 것이다. 남동풍은 따뜻하면서 습한 기류를 가져오기 때문에, 여름에 따뜻하고 습하고 비가 많이 온다. 그러나 겨울이 되면 중국 대부분 지역에서는 북서풍이 불기 시작하는데, 이 북서풍은 북쪽의 추운 몽골, 시베리아 등 내륙 지역에서 불어오기 때문에 겨울 기후는 보통 춥고 건조하며 비가 적게 온다.

A 중국의 여름에는 보통 북서풍이 분다
B 중국에서 남동풍은 내륙 지역에서 불어온다
C 중국의 지역마다 풍향이 각각 다르다
D 중국의 풍향 변화에는 계절 규칙이 있다

단어 潮湿 cháoshī 형 축축하다, 습하다 | 蒙古 Měnggǔ 고유 몽골 | 西伯利亚 Xībólìyà 고유 시베리아 | 规律 guīlǜ 명 법칙, 규칙

해설 중국에서 바람의 변화와 계절의 변화는 서로 크게 연관이 있다고 했으므로 정답은 D이다.

21 　세계에서 가장 면적이 큰 바다는 태평양으로, 대략 전체 바다 면적의 반을 차지하며, 또 수심이 가장 깊은 해양이기도 하다. 태평양에는 섬이 많아서, 크고 작은 섬이 모두 2만여 개가 있다. 태평양에는 많은 동물과 식물이 살고 있으며, 플랑크톤과 해저 식물이든 아니면 어류와 기타 동물이든 모두 다른 해양보다 풍부하다. 태평양 해저에는 풍부한 석유 등의 지하자원도 있다.

A 태평양의 어류는 2만여 종이다
B 가장 크고 가장 작은 섬이 모두 태평양에 있다
C 태평양의 동식물이 가장 풍부하다
D 태평양의 석유 자원이 가장 풍부하다

단어 太平洋 Tàipíngyáng 고유 태평양 | 岛屿 dǎoyǔ 명 크고 작은 여러 섬 | 浮游生物 fúyóu shēngwù 플랑크톤, 부유 생물 | 石油 shíyóu 명 석유 | 矿藏 kuàngcáng 명 지하자원 | 资源 zīyuán 명 자원

해설 태평양에는 많은 동식물이 살고 있으며, 종류에 상관없이 모두 다른 해양보다 풍부하다고 했으므로 정답은 C이다.

22 　지난의 샘물은 역사가 유구하며, 최초의 문자 기록은 3000여 년 전으로 추측할 수 있다. 많은 문인들이 샘물의 소리, 색깔, 형태, 맛에 대해 묘사한 적이 있으며, 샘물을 찬미하는 많은 시를 남겼다. 또한 지난의 백성들은 샘물가에 살면서, 이 달콤한 샘물을 마시며 자연히 샘물에 대해 감사하는 마음이 가득했다. 그래서 샘물에 관한 많은 아름다운 전설 역시 생겨났다.

A 문인들은 샘물 맛의 달콤함을 묘사하는 것을 가장 좋아했다
B 3000년 전에 샘물을 찬미하는 많은 시가 있었다
C 지난의 백성들은 샘물에 대한 문인들의 묘사에 감사했다
D 백성들 사이에서 샘물에 관한 많은 전설이 전해진다

해설 지난의 백성들은 샘물에 대해 감사하는 마음이 가득했고 이에 따라 아름다운 전설이 생겨났다고 했으므로 정답은 D이다. A는 지문을 통해 알 수 없는 내용이고, 3000년 전 기록은 샘물에 대한 문자 기록이므로 B도 답이 될 수 없다. 백성들은 문인들의 묘사가 아닌, 샘물에 대해 감사했던 것이므로 C 역시 답이 아니다.

〈제3부분〉

23-25
　우리 할아버지는 옥 공예 장인이다. 한평생 얼마나 많은 아름다운 옥기를 만드셨는지 모른다. 23 말년에 할아버지의 명성은 동종 업계에서 모르는 사람이 없었고, 많은 부자들은 할아버지의 손에서 탄생한 옥기를 소유하고 있다는 것을 자랑스러워했다.
　할아버지는 퇴직을 앞두고 계셨다. 할아버지는 사장을 위해 한평생 일했고, 어떠한 과분한 생각도 하지 않으셨고, 24 그저 오랫동안 바라왔던 박옥 한 덩이를 갖고 싶어 하셨다. 할아버지는 일생 동안 사장에게 큰 재산을 벌게 해주었으니, 이 정도의 작은 요구를 사장이 분명 들어줄 거라고 생각했다. 그러나 사장은 뜻밖에도 웃으면서 말했다. "마침 저에게 마지막으로 물건을 하나 만들어달라고 하려 했어요. 바로 이 박옥을 사용해서요. 모든 수완을 발휘하셔서 만드실 수 있는 걸 만들어주세요!"
　할아버지는 이 말을 듣고 속으로 화가 났다. 할아버지는 사장이 인정머리가 없고, 자신이 늙어서 소용이 없으니 체면도 세워주지 않는다며 원망하셨다. 할아버지는 사람이 냉담하다고 개탄하시면서 모든 실망과 분노를 이 박옥에 쏟아내셨고, 아주 보기 흉한 배를 만드셨다.
　옥으로 만든 배를 사장에게 건네주고, 할아버지는 묵묵히 떠나셨다. 사장은 재빨리 할아버지를 쫓아와 공손한 태도로 할아버지께 비단 상자 하나를 드렸다. 25 "어르신, 저를 위해 한평생 일해주셨으니, 이걸 어르신께 기념으로 드립니다!" 할아버지는 열어 보고 부끄러움을 참지 못하고 고개를 떨구셨다. 상자 안에 담겨 있던 것은 바로 자신이 마지막으로 만든 그 옥으로 만든 배였다.

23 이 글에 근거하여 말년의 할아버지는:

A 매우 유명했다
B 매우 부유했다
C 다른 사람을 잘 원망했다
D 굉장히 교만했다

24 퇴직을 앞두었을 때 할아버지는 어떤 계획이 있었는가?

A 사장에게 한바탕 욕하려 했다
B 옥으로 배를 만들려고 했다
C 사장에게 큰 돈을 요구하려 했다
D 박옥 한 덩이를 얻고 싶었다

25 할아버지의 사장에 관하여 이 글에서 알 수 있는 것은:

A 매우 인색하다
B 무심하다
C 할아버지에게 매우 감사했다
D 할아버지가 떠나는 것을 원하지 않았다

단어 玉雕 yùdiāo 명 옥 조각 공예 | 玉器 yùqì 명 옥기, 옥 그릇 | 晚年 wǎnnián 명 말년 | 同行 tóngháng 명 동종 업계 | 拥有 yōngyǒu 동 소유하다, 가지다 | 过分 guòfèn 형 지나치다, 과하다 | 璞玉 púyù 명 박옥, 아직 다듬어지지 않은 옥 | 无情 wúqíng 형 인정머리

없다 | 情面 qíngmiàn 몡 인정, 체면 | 冷漠 lěngmò 혱 냉담하다, 무관심하다 | 恼怒 nǎonù 동 화내다, 노하다 | 默默 mòmò 분 묵묵히, 말없이 | 紧赶慢赶 jǐn gǎn màn gǎn 급히 서두르다 | 锦缎 jǐnduàn 몡 수 놓은 비단 | 不禁 bùjīn 분 참지 못하다, 견디지 못하다

해설 23. 질문의 키워드인 '晚年时'를 지문에서 찾아보자. 할아버지는 말년에 동종 업계에서 모르는 사람이 없었다고 했으므로 매우 유명했음을 알 수 있다. 따라서 정답은 A이다.

24. 할아버지는 퇴직할 때 오랫동안 바라왔던 박옥 한 덩이를 갖고 싶어 했다고 했으므로 정답은 D이다.

25. 할아버지가 떠날 때 사장은 감사 인사를 하면서 할아버지가 원했던 박옥으로 조각한 배를 선물했다. 이로 보아 정답은 C임을 알 수 있다. A와 B는 할아버지가 사장을 오해하여 생긴 감정이므로 정답이 아니다.

26-28

원나라 시기 베이징 성을 건설할 때, 엄격한 계획에 따라 **26** 성안의 주요 도로를 모두 바둑판처럼 가지런하게 획일화하여 질서 정연하게 만들었다. 이로 인해 베이징 사람들은 방향 감각이 매우 뛰어나다. 베이징에서 길을 물으면, 길을 가리켜 주는 사람은 보통 길의 남쪽 혹은 길의 북쪽이라고 알려줄 것이다. 베이징의 후통은 비교적 일직선으로 규칙적이며, 대부분 동서 방향이다. 게다가 통행 편의와 채광을 위해 원나라 시기에 도시 구역의 후통 너비를 대략 9m로 규정하였다. 양옆의 집들이 낮은 편이기 때문에 **27** 설령 겨울이라 할지라도 날씨가 맑기만 하면 후통에는 햇빛이 가득하였다. 이 규정은 명청 시기에 와서 그렇게 엄격하지 않게 되었고, 그래서 일부 지역에서는 불규칙한 후통, 긴 곳과 짧은 곳, 넓은 곳과 좁은 곳, 가로인 곳과 세로인 곳, 직선인 곳과 기울어진 곳이 생겨났다. 그중 여전히 많은 후통이 사람들의 시선을 끌지 못한 채 많은 역사 문화의 흔적을 남겼다.

치엔먼의 따스란은 원래 평범한 후통이었다. 너비가 7~8m가 안 되고, 길이도 200여m를 넘지 않는다. 그러나 이곳은 베이징에서 가장 오래된 상업 중심지 중 하나이다. 지금까지 이곳에는 여전히 많은 유명한 본토 기업들이 밀집해있는데, 예를 들어 통런탕 약국, 루이푸샹 실크 전문점, 장이위안 차 전문점, 네이렌성 수제화 가게 등이 있다.

작은 후통들도 자신만의 이야기가 있다. 성의 서쪽 지역 큰길에 **28** 아주 볼품없는 작은 후통이 있는데, 샤오양췐이라고 불린다. 입구의 가장 좁은 곳이 1m 정도 너비인데, 현대 중국의 대문호 라오서가 바로 이 작은 후통에서 출생했다는 것은 누구도 생각지 못했을 것이다. 라오서의 세 권의 저서 『소인물자술』, 『사세동당』, 『정홍기하』 속에서 라오서는 샤오양췐 후통을 소설 주인공이 생활하고 활동하는 무대로 설정하여, **28** 볼품없고 이름조차 없었던 이 작은 후통을 온 세상 사람들이 다 알게 했다. 샤오양췐 후통은 후에 샤오양지아 후통으로 이름이 바뀌었다.

26 본문에 근거하여 베이징 사람들의 방향 감각이 뛰어난 원인은:

A 도시가 크지 않아서
B 거리가 질서 정연해서
C 지명이 외우기 좋아서
D 가옥 건축이 규칙적이어서

27 베이징의 후통에 관하여 다음 중 정확하지 않은 것은 무엇인가?

A 대부분 동서 방향이다
B 일반적으로 너비가 약 9m이다
C 겨울에 채광이 좋지 않다
D 대부분 일직선으로 규칙적이다

28 샤오양췐 후통에 관하여 본문을 통해 알 수 있는 것은:

A 너비가 1m밖에 되지 않는다
B 사람들의 주목을 끌지 못했다
C 옛 베이징 상업 중심지이다
D 라오서가 이곳에서 세 편의 소설을 썼다

단어 元朝 Yuáncháo 고유 원나라 | 棋盘 qípán 몡 바둑판 | 整齐 zhěngqí 혱 깔끔하다, 가지런하다 | 划一 huàyī 혱 획일적이다, 일률적이다 | 井然有序 jǐngrán yǒu xù 질서 정연하다 | 平直 píngzhí 혱 똑바르다 | 便于 biànyú ~을 하기에 편리하다 | 采光 cǎiguāng 몡 채광 | 哪怕 nǎpà 접 설령 ~일지라도 | 窄 zhǎi 혱 좁다 | 横 héng 혱 가로의 | 竖 shù 혱 수직의, 세로의 | 斜 xié 혱 비뚤다, 기울다 | 貌不惊人 mào bù jīng rén 용모나 풍채가 사람의 시선을 끌지 못하다 | 印记 yìnjì 몡 흔적, 표지 | 前门 Qiánmén 고유 치엔먼 | 大栅栏 Dàshílànr 고유 따스란 [치엔먼의 유명한 상업 거리] | 古老 gǔlǎo 혱 오래되다 | 汇集 huìjí 동 모으다, 집중시키다 | 老字号 lǎozìhao 몡 역사가 깊고 전통 있는 상호 | 同仁堂 Tóngréntáng 고유 통런탕 [동인당, 약국 이름] | 瑞蚨祥 Ruìfúxiáng 고유 루이푸샹 [실크 전문점 이름] | 绸布店 chóubùdiàn 몡 비단 가게, 실크 전문점 | 张一元 Zhāngyīyuán 고유 장이위안 [차 전문점 이름] | 内联升 Nèiliánshēng 고유 네이렌성 [중국 전통 수제화 브랜드명] | 不起眼 bù qǐyǎn 눈에 차지 않다, 보잘것없다 | 老舍 Lǎo Shě 고유 라오서 [중국 현대 문학 작가] | 名不见经传 míng bú jiàn jīngzhuàn 경전에 이름이 보이지 않다, 이름이 알려지지 않다 | 熟知 shúzhī 동 분명하게 알다

해설 26. '베이징 사람들은 방향 감각이 뛰어나다'라는 문장의 앞에 쓰인 접속사 '因此'로 미루어 보아 그 원인은 앞 문장에 있음을 알 수 있다. 성안의 주요 도로가 가지런하고 질서 정연하다고 했으므로 정답은 B이다.

27. 베이징 후통 양옆의 집들이 낮아서 겨울에도 날씨가 맑으면 햇빛이 후통 안에 가득하다고 했으므로 채광이 좋지 않다고 한 C가 유일하게 정확하지 않은 내용이다.

28. 본문에서 샤오양췐 후통을 '볼품없고(很不起眼的小胡同), 원래 이름조차 없었다(本来名不见经传的小胡同)'라고 묘사했다. 이를 통해 B가 정답임을 알 수 있다. A는 너비 전체가 아니라 가장 좁은 곳이 1m라고 했으므로 정답이 아니고, C는 치엔먼의 따스란 후통에 대한 것이므로 정답이 아니다. 본문에 등장한 세 편의 소설은 샤오양췐 후통을 모델로 삼았다고 했으며 이곳에서 소설을 썼는지 여부는 확인할 수 없으므로 D 역시 정답이 아니다.

쓰기

〈제1부분〉

29

这	两种颜色	形成了	强烈的	对比。
관형어	주어	술어	관형어	목적어

이 두 색상은 강렬한 대비를 이루었다.

해설 **동사술어문의 어순배열 문제이다.**

① 지시대사는 수량사와 함께 명사를 수식하는 관형어 역할을 하므로 '这两种颜色'를 주어 자리에 놓는다.

② '동사+조사' 구조인 '形成了'를 술어 자리에 놓는다.

③ '对比'는 명사이므로 목적어 자리에 놓고, '强烈的'는 목적어를 수식하는 관형어 자리에 놓는다.

30

皮影戏　产生　于　两千多年前的　西汉时期。
주어　　술어　　　　　관형어　　　　목적어

그림자 연극은 2000여 년 전의 서한 시기에 탄생했다.

해설 개사 '于'의 위치를 묻는 문제이다.
① 동사 '产生'은 술어로 쓰인다. 개사 '于'는 동사 뒤에 붙어 보어 역할을 하며 뒤에 시점을 나타내는 말이 온다.
② '两千多年前的'는 '西汉时期'를 수식하는 관형어이자 시점을 나타내는 말이므로 '于'의 뒤, '西汉时期'의 앞에 올 수 있다.
③ 명사 '皮影戏(píyǐngxì 그림자 연극)'는 주어 자리에 온다.

31

脸上的表情　往往　能　反映　一个人的心态。
주어　　　　부사어　　술어　　목적어

얼굴 표정은 종종 한 사람의 심리 상태를 나타낼 수 있다.

해설 부사어의 어순배열 문제이다.
① 우선 동사 '反映'을 술어 자리에 놓는다.
② 명사 '脸上的表情'과 '一个人的心态'를 의미에 맞게 각각 주어와 목적어 자리에 놓는다.
③ '往往'은 부사, '能'은 조동사로 모두 술어를 수식하는 부사어로 쓰인다. '能'이 수식하는 대상은 '反映'이지, '往往'이 아니므로 '往往能'의 순으로 술어 앞에 놓는다.

〈제2부분〉

32

	去	济	南	旅	行	的	人	百	分	之	百	都	被	泉
水	的	优	美	吸	引	住	。	济	南	的	泉	水	有	着	悠
久	的	历	史	。	住	在	泉	边	的	老	百	姓	自	然	对
它	充	满	感	激	之	情	,	从	而	产	生	了	许	多	关
于	泉	水	的	美	丽	的	传	说	,	这	些	传	说	至	今
一	直	流	传	着	。										

지난으로 여행을 가는 사람들은 백 퍼센트 샘물의 아름다움에 사로잡힌다. 지난의 샘물은 유구한 역사가 있다. 샘물가에 사는 사람들은 자연히 샘물에 감사하는 마음이 가득하여 샘물에 관한 많은 아름다운 전설이 생겨났고, 이 전설들은 지금까지 쭉 전해지고 있다.

06 除夕的由来

모범 답안

듣기
1 D　2 A　3 A　4 D　5 C　6 B　7 C
8 D　9 D　10 A　11 B　12 A　13 B　14 C

독해
15 B　16 C　17 A　18 B　19 B　20 C　21 C
22 D　23 A　24 D　25 C　26 B　27 B　28 D

쓰기
29 这东西以后说不定还会有用处的。
30 他们整个下午都在跳舞。/ 整个下午他们都在跳舞。
31 方盒子似的楼房代替了北京原有的平房。
32 모범 답안은 p.174 해설 참조

듣기

〈제1부분〉

1
男: 你看东边的天已经放晴了。夏天，在我家阳台上，有时还能看见彩虹呢。
女: 真的？我还一次也没见过呢。
问: 从对话中可以知道什么？

남: 동쪽 하늘은 이미 날이 개었어. 여름에 우리집 베란다에서 가끔 무지개도 볼 수 있어.
여: 정말? 나는 한 번도 본 적이 없는데.
질문: 대화를 통해 알 수 있는 것은 무엇인가？

A 날이 곧 밝아온다
B 비가 매우 많이 온다
C 무지개를 보았다
D 비가 지나가고 날이 개었다

단어 放晴 fàng qíng ⑧ 흐리고 비 온 후 날이 개다

해설 남자가 동쪽 하늘은 이미 날이 개었다고 했으므로 현재 비가 그친 후 날이 맑아졌음을 알 수 있다. 따라서 정답은 D이다.

2
男: 中国人过春节时有"守岁"的习惯，你听说过吗？
女: 守岁说的就是年三十全家团圆后，大家一起熬夜，迎接新年的到来。
问: 中国人守岁是在哪天？

남: 중국인은 춘절에 '밤을 새우는' 습관이 있다는데, 들어본 적 있어요?
여: 밤을 새우는 건 섣달그믐에 온 가족이 함께 모여 밤을 새우면서 새로운 해가 오는 것을 맞이하는 거예요.
질문: 중국인이 밤을 새우는 날은 언제인가？

A 섣달그믐
B 원단
C 음력 정월 초하루
D 12월 31일

해설 중국인은 '年三十' 즉 섣달그믐날에 온 가족이 밤을 새우며 새해를 맞는다고 했으므로 정답은 A이다.

3
男: 妈妈，我想去院子里骑会儿自行车，行吗？
女: 你看现在太阳多晒呀，吃完晚饭我陪你去，好不好？
问: 妈妈为什么不同意孩子骑车？

남: 엄마, 저 정원에서 자전거 좀 타고 싶은데, 되나요?
여: 지금 햇빛이 얼마나 센지 보렴. 저녁밥 다 먹고 나랑 같이 가면 어떨까?
질문: 엄마는 왜 아이가 자전거 타는 것에 동의하지 않는가？

A 지금은 너무 더워서
B 정원은 안전하지 않아서
C 저녁밥 먹을 때가 되어서
D 아이와 같이 있을 시간이 없어서

해설 여자가 지금 햇빛이 너무 세다고 했으므로 날이 너무 더워서 만류하고 있음을 알 수 있다. 따라서 정답은 A이다.

4
男: 你听说过《西游记》这本书吗？
女: 当然，那是本中国神话故事，很有意思，可惜我现在还看不太懂。
问: 关于《西游记》，可以知道女的怎么样？

남: 너는 『서유기』라는 책을 들어본 적 있니?
여: 당연하지. 그 책은 중국 신화 이야기인데 매우 재미있어. 아쉽게도 나는 지금 읽어도 잘 이해를 못하겠어.
질문: 『서유기』에 관하여 여자가 어떻다는 것을 알 수 있는가？

A 여러 번 읽었다
B 들어본 적 없다
C 관심이 없다
D 읽어도 잘 이해를 못한다

해설 여자는 『서유기』를 들어본 적 있지만, 아쉽게도 읽어도 잘 이해를 못하겠다고 했다. 정답은 D이다.

5
男: 我又困了，从欧洲回来三四天了，这时差还是没完全倒过来。
女: 可不是，我上次去美国，一个多星期才倒过来。
问: 男的怎么了？

남: 나 또 졸려요. 유럽에서 온 지 3~4일이나 됐는데, 시차에 아직도 완전히 적응을 못했어요.
여: 그러게요. 나는 지난번 미국에 갔을 때 일주일이 넘어서야 적응했어요.
질문: 남자는 어떠한가？

A 밤새워 야근을 했다
B 자주 잠을 못 이룬다
C 정신이 없다
D 어려움에 부딪혔다

단어 时差 shíchā ⑲ 시차 | 失眠 shīmián ⑧ 잠을 이루지 못하다

해설 남자는 졸리다고 하면서 시차에 적응을 못했다고 했다. 따라서 남자의 상태는 C임을 알 수 있다.

6
女: 昨晚的篮球邀请赛你去看了吗？
男: 路上遇到堵车，等赶到体育馆，比赛都进行二十多分钟了。
问: 关于男的，可以知道什么？

여: 어제 저녁 농구 초청 경기에 너 보러 갔었어?
남: 길에 차가 막혀서 체육관에 도착하니 시합이 이미 20분이나 진행됐더라고.
질문: 남자에 관하여 알 수 있는 것은 무엇인가？

A 시합에 실망했다
B 차가 막혀 지각했다
C 시합을 보지 못했다
D 가는 도중 길을 잃었다

해설 남자의 말 중 '길이 막혔다'와 '시합이 20분이나 진행됐다'라는 말을 근거로 정답은 B임을 알 수 있다.

〈제2부분〉

7
女：你们中国的中秋节是8月15号，对吗？
男：没错。
女：可为什么我在日历上看到的中秋节是在9月份呢？
男：哦，是这样，中秋节是农历的8月15号，在公历中每年都不固定，<u>一般是在9月份</u>，有时还会离10月1日国庆节很近呢。
问：关于中秋节，可以知道什么？

여: 중국의 중추절은 8월 15일 맞지요?
남: 맞아요.
여: 그런데 왜 나는 달력에서 중추절이 9월이라고 봤을까요?
남: 아, 이런 거예요. 중추절은 음력 8월 15일이라서, 양력에서는 매년 일정하지 않아요. 보통 9월에 있는데, 어떨 때는 10월 1일 국경절과 매우 가깝기도 해요.
질문: 중추절에 관하여 알 수 있는 것은 무엇인가?

A 국경절 이후이다
B 달력에 표시가 없다
C 종종 양력 9월에 있다
D 고정된 시간이 없다

단어 日历 rìlì 몡 달력 | 公历 gōnglì 몡 양력 | 标 biāo 몡 표지, 기호

해설 정답은 남자의 말 속에 있다. 남자가 중추절은 양력으로 매년 다르지만 보통 9월에 있다고 했으므로 정답은 C이다.

8
男：今年过年我们还买鞭炮吗？
女：过年不放鞭炮，好像缺少点儿过年的气氛啊！
男：不过，<u>现在提倡保护环境，这些旧习俗也该改改了</u>。
女：那听你的，现在鞭炮很贵，正好可以省点儿钱了。
问：关于鞭炮，男的建议怎么做？

남: 올해 설에 우리 또 폭죽 사는 거야?
여: 설에 폭죽을 안 터트리면, 설 분위기가 안 나는 것 같아!
남: 하지만 지금은 환경 보호를 장려하잖아. 이 낡은 풍습도 고쳐야지.
여: 그럼 네 말대로 해. 지금 폭죽도 비싸니 돈도 절약할 수 있겠네.
질문: 폭죽에 관하여 남자는 어떻게 하자고 제안했는가?

A 꼭 터트려야 한다
B 조금만 산다
C 샀으니 터트린다
D 올해는 터트리지 않는다

단어 气氛 qìfēn 몡 분위기 | 提倡 tíchàng 통 제창하다, 장려하다 | 习俗 xísú 몡 풍습

해설 여자는 폭죽을 터트리기를 바라지만, 남자는 환경 보호를 위해 낡은 풍습을 고쳐야 한다고 했다. 따라서 폭죽에 관한 남자의 제안은 D이다.

9
女：你喜欢吃粽子吗？
男：喜欢，不光是粽子，年糕、元宵、汤圆，凡是糯米的东西，我都爱吃。
女：你爱吃哪种粽子？
男：北方人爱吃甜的，<u>我们南方人爱吃咸的、有肉的粽子</u>。
问：关于男的，下列哪项正确？

여: 너는 쫑즈 먹는 거 좋아하니?
남: 좋아해. 쫑즈뿐만 아니라, 떡, 위안샤오, 탕위안 등 찹쌀 음식이라면 다 좋아.
여: 어떤 종류의 쫑즈를 좋아해?
남: 북방 사람들은 단 거를 좋아하고, 우리 남방 사람들은 짜고 고기가 들어 있는 쫑즈를 좋아해.
질문: 남자에 관하여 다음 중 어느 것이 정확한가?

A 북방 사람이다
B 고기 먹는 것을 좋아한다
C 쫑즈를 빚는 법을 모른다
D 고기 쫑즈를 좋아한다

단어 粽子 zòngzi 몡 쫑즈 [대나무나 갈대잎에 싸고 삼각형 모양으로 쪄서 먹는 것, 단오절 음식] | 年糕 niángāo 몡 중국식 설떡 | 元宵 yuánxiāo 몡 위안샤오 [찹쌀 소가 들어 있는 새알심 모양의 떡, 정월대보름 음식] | 汤圆 tāngyuán 몡 탕위안 [찹쌀 반죽을 새알 모양으로 빚은 것] | 凡是 fánshì 튀 모든, 대부분 | 糯米 nuòmǐ 몡 찹쌀

해설 여자가 남자에게 어떤 종류의 쫑즈를 좋아하는지 물었고, 남자는 자기네 남방 사람들은 짜고 고기가 들어있는 쫑즈를 좋아한다고 답했다. 따라서 정답은 D이다.

10
女：你听说过"二月二，龙抬头"吗？
男：知道啊，按风俗上讲，那天理发能带来一年的好运。
女：我真不理解这是什么道理。你相信吗？
男：我信，昨天二月初二我去理发，人比平时多很多。
问：女的对"二月二"的风俗是什么态度？

여: 당신 '2월 2일에 용이 머리를 든다'라는 말 들어본 적 있나요?
남: 알아요. 풍습에 따라 이야기하면, 그날 이발하면 일년 동안 좋은 운이 따른대요.
여: 나는 정말로 이게 무슨 이치인지 모르겠어요. 당신은 믿어요?
남: 나는 믿어요. 어제가 2월 초 2일이라 이발을 하러 갔는데, 평소보다 사람이 많더라고요.
질문: 여자는 '2월 2일' 풍습에 대해 어떤 태도인가?

A 이해가 안 간다
B 궁금하다
C 절대적으로 믿는다
D 재미있다고 생각한다

단어 龙 lóng 몡 용

해설 남자가 2월 2일의 풍습의 의미를 말해주자, 여자는 무슨 이치인지 모르겠다고 했다. 따라서 정답은 A이다.

11-12

第11到12题是根据下面一段对话：

男：快换到体育频道，北京男篮的球赛快开始了。
女：11 你去看卧室里的那台，不行吗？我这儿今天可是最后两集了。
男：躺着怎么看球赛呢？你在床上看电视剧多舒服呀。
女：为什么每次你一看球赛，我就得进去看呢？
男：12 我总共才看几回电视呀？
女：可我一躺下，就容易睡着了。
男：这不正说明你看的那些片子没什么意思吗？

11. 问：他们最可能是在哪儿说这些话的？
12. 问：关于男的，下列哪项正确？

11-12번 문제는 다음 대화에 근거한다:

남: 빨리 스포츠 채널로 바꿔. 베이징 남자 농구 시합이 곧 시작한단 말이야.
여: 11 당신이 침실에 있는 TV로 가서 보면 안 돼? 내가 보는 건 오늘이 마지막 2회란 말이야.
남: 누워서 어떻게 시합을 봐? 침대에서 드라마 보면 얼마나 편해.
여: 왜 매번 당신이 시합을 볼 때마다 내가 들어가서 봐야 해?
남: 12 내가 다 합해봐야 TV를 몇 번이나 봤다고?
여: 그렇지만 난 누우면 바로 잠이 든단 말이야.
남: 그건 당신이 보는 그 드라마가 재미없다는 거 아니야?

11 그들은 어디에서 이 대화를 하고 있을 가능성이 가장 큰가?

A 서재　　B 거실　　C 주방　　D 침실

12 남자에 관하여 다음 중 어느 것이 정확한가?

A TV를 잘 안 본다
B 자는 것을 좋아한다
C 누워서 시합 보는 것을 좋아한다
D 축구 팬이다

단어 频道 píndào 몡 채널 ｜ 集 jí 맹 (영화, 드라마의) 편, 집, 회 ｜ 片子 piānzi 맹 필름, 드라마 ｜ 足球迷 zúqiúmí 맹 축구 팬

해설 11. 남자와 여자는 누가 침실로 들어가서 TV를 볼 것이냐를 두고 언쟁 중이다. 서로 침실로 '들어가서 봐라'라고 하고 있으므로 현재 남자와 여자는 주로 TV가 놓여있는 거실에서 대화 중임을 알 수 있다.

12. 남자는 자신이 다 합해봐야 TV를 몇 번이나 봤냐고 되물었으므로 정답이 A임을 알 수 있다.

13-14

第13到14题是根据下面一段话：

13 鲁迅的成功，有一个重要的原因，就是珍惜时间。鲁迅几乎每天都在挤时间。他说："时间，就像海绵里的水，只要你挤，总是有的。"鲁迅读书的范围十分广泛，又喜欢写作，他对于民间艺术，特别是传说、绘画，也非常喜欢。正因为他兴趣广泛，多方面学习，所以时间对他来说，实在非常重要。他一生多病，工作条件和生活环境都不好，但他每天都要工作到深夜才肯休息。在鲁迅的眼中，时间就仿佛生命。如果无故地浪费别人的时间，其实就是谋财害命。因此，14 鲁迅最讨厌那些成天东家跑跑、西家坐坐、说长道短的人。在他忙于工作的时候，如果有人来找他闲聊，即使是很要好的朋友，他也会毫不客气地对人家说："唉，你又来了，就没有别的事好做吗？"

13. 问：本文认为鲁迅为什么能获得成功？
14. 问：根据本文，鲁迅最讨厌什么样的人？

13-14번 문제는 다음 내용에 근거한다:

13 루쉰의 성공에는 중요한 이유가 하나 있는데, 바로 시간을 귀하게 여겼다는 것이다. 루쉰은 거의 매일 시간을 짜냈다. 그는 이렇게 말했다. "시간이란 마치 스펀지의 물과 같아서, 그저 당신이 짜내기만 하면 반드시 있다." 루쉰의 독서 범위는 매우 광범위 했고, 또 글쓰기도 좋아했으며, 민간 예술, 특히 전설, 회화를 아주 좋아했다. 이렇게 그의 흥미가 광범위했고 다방면으로 공부했기 때문에, 시간은 그에게 있어서 매우 중요했다. 그는 일평생 병약했고, 업무 조건과 생활 환경 모두 좋지 않았다. 그러나 그는 매일 늦은 밤까지 일하고 나서야 쉬고자 했다. 루쉰에게는 시간이 마치 생명과도 같았다. 만약 이유 없이 다른 사람의 시간을 낭비한다면, 사실상 그것은 재물을 탐내고 목숨을 해하는 것이었다. 이로 인해 14 루쉰은 온종일 여기저기 돌아다니며 이러쿵저러쿵 남을 험담하는 사람을 가장 싫어했다. 그가 일하느라 바쁠 때 만일 어떤 사람이 그를 찾아와 한담하면, 설령 좋은 친구라 하더라도 조금의 거리낌도 없이 친구에게 말했다. "야, 너 또 왔구나. 다른 할 일이 없나 봐?"

13 본문은 루쉰이 왜 성공했다고 생각하는가?

A 시간 분배를 합리적으로 해서
B 시간을 충분히 이용해서
C 다방면으로 공부해서
D 사람과 수다를 떨지 않아서

14 본문에 근거하여 루쉰은 어떤 사람을 가장 싫어했는가?

A 달리기를 좋아하는 사람
B 그에게 도움을 청하는 사람
C 다른 사람 말하는 것을 좋아하는 사람
D 시간을 귀하게 여기는 사람

단어 鲁迅 Lǔ Xùn 고유 루쉰 [중국의 문학가 겸 사상가] ｜ 珍惜 zhēnxī 통 아끼다, 소중히 여기다 ｜ 挤 jǐ 통 짜내다, 비집다 ｜ 海绵 hǎimián 명 스펀지 ｜ 范围 fànwéi 명 범위 ｜ 广泛 guǎngfàn 형 광범위하다 ｜ 绘画 huìhuà 명 회화, 그림 ｜ 肯 kěn 통 승낙하다, 동의하다 ｜ 仿佛 fǎngfú 팅 마치 ~인 것 같다 ｜ 无故 wúgù 팅 이유 없이 ｜ 谋财害命 móu cái hài mìng 재물을 탐내고 목숨을 해치다 ｜ 成天 chéngtiān 팅 하루 종일, 온종일 ｜ 说长道短 shuōcháng-dàoduǎn 다른 사람에 대해 이러쿵저러쿵 말하다 ｜ 闲聊 xiánliáo 통 한담하다, 잡담하다 ｜ 毫 háo 팅 조금도, 전혀 [부정문에 쓰임] ｜ 合理 hélǐ 형 합리적이다 ｜ 议论 yìlùn 통 의논하다, 쑥덕거리다

해설 13. 첫 번째 문장에서 루쉰의 성공 이유로 시간을 아껴 썼다는 것을 언급했다. 따라서 정답은 B이다.

14. 선택지를 보면 사람에 관한 질문이 나온다는 것을 유추할 수 있다. 루쉰이 가장 싫어하는 사람은 '여기저기 돌아다니며 이러쿵저러쿵 남을 험담하는 사람'이라고 했으므로 정답은 C이다. C의 '议论'과 녹음 지문의 '说长道短'은 같은 뜻이다.

독해

〈제1부분〉

15-18

　한번은 오스트리아의 저명한 작곡가 요한 슈트라우스가 미국에 가서 공연을 했는데, 큰 파장을 일으켰다.

　그는 키가 크고 용모가 준수했는데, 특히 그의 곱슬곱슬한 긴 머리카락이 사람들의 이목을 끌었다. 한 아가씨가 방법을 생각해 내어 슈트라우스의 긴 머리를 한 묶음 구해, 진귀한 물건으로 삼아 보관 **15 했다(B 起来)**. 소문이 퍼지자 사람들은 **16 잇달아(C 纷纷)** 그에게 머리카락을 요구하여 기념으로 남기려고 해서, 한때 뜻밖에도 슈트라우스의 '머리카락 열풍'이 일게 되었다. 마음씨 좋은 슈트라우스는 **17 일일이 사람들의 요구를 만족시켜주었다(A 一一满足了人们的要求)**. 그리하여 어떤 사람들은 그의 머리카락 **18 때문에(B 替)** 걱정하기 시작했다. 슈트라우스가 미국을 떠날 때 많은 사람들이 배웅하러 왔다. 이때 그가 모자를 흔들며 사람들에게 작별인사를 했는데, 사람들은 그의 곱슬곱슬한 긴 머리카락은 아직 머리에 잘 붙어 있고, 다만 그가 미국에 올 때 데리고 온 털이 긴 강아지가 짧은 털로 바뀌어 있는 것을 보았다.

　무턱대고 다른 사람의 요구를 만족시키면 안 된다. 왜냐하면 선한 일은 끝이 없기 때문이다. 현명한 사람은 자신의 선한 마음을 적당하게 '운용'할 줄 안다.

단어 奥地利 Àodìlì 고유 오스트리아 | 作曲家 zuòqǔjiā 명 작곡가 | 约翰·施特劳斯 Yuēhàn Shītèláosī 고유 요한 슈트라우스 | 大为 dàwéi 부 크게, 대단히 | 轰动 hōngdòng 동 뒤흔들다, 파문을 일으키다 | 英俊 yīngjùn 형 영민하고 준수하다 | 不凡 bùfán 형 범상치 않다, 평범하지 않다 | 卷曲 juǎnqū 형 곱슬곱슬하다 | 引人注目 yǐn rén zhùmù 사람들의 이목을 끌다 | 束 shù 양 묶음, 다발 | 当作 dàngzuò 동 ~으로 삼다 | 珍品 zhēnpǐn 명 진품, 진귀한 물건 | 索要 suǒyào 동 요구하다, 얻어 내다 | 一时 yìshí 명 한때, 잠시 | 挥 huī 동 휘두르다, 흔들다 | 一味 yíwèi 부 그저, 줄곧, 덮어놓고 | 需求 xūqiú 명 수요, 필요 | 恰当 qiàdàng 형 알맞다, 적당하다

해설 15. 빈칸에는 동사 '保存'의 바로 뒤에 놓여 뜻을 보충해주는 보어가 와야 한다. 한 아가씨가 머리카락을 보관했고 이후로 '머리카락 열풍'이 일었다고 했으므로, 머리카락을 보관한 그 상태의 시작 및 지속의 뜻을 나타내는 B '起来'가 정답이다.

16. 주어 뒤, '개사구+술어' 앞에 빈칸이 있으므로 부사어가 와야 하는데, 사람들이 머리카락을 요구하는 모습을 묘사하는 부사를 선택해야 한다. '머리카락 열풍'이 일면서 많은 사람들이 요구했다고 했으므로 '잇달아, 연달아'의 뜻인 C '纷纷'이 정답이다.

17. 빈칸이 있는 문장의 주어인 슈트라우스가 어떻게 행동했는지를 설명하는 문장이 와야 한다. '마음씨 좋은(好心)'과 뒷문장의 '사람들이 걱정하기 시작했다'를 통해서 그가 사람들의 요구를 만족시켜주었음을 알 수 있다. 따라서 정답은 A이다.

18. 빈칸 뒤 명사구 '他的头发'와 술어 '担心'으로 미루어 보아 빈칸에는 개사가 와야 함을 알 수 있다. 사람들의 요구에 머리카락을 다 나눠주자 그의 머리카락을 대신해 걱정한 것이므로 정답은 B이다. '替+대상+担心'은 '~때문에 걱정하다'라는 뜻으로 자주 쓰이는 문형이므로 익혀두도록 하자.

TIP

▶ 过来
① 본래의 정상적인 상태로의 회복, 전환을 의미함
　醒过来 깨어나다　　　　改过来 고치게 되다
　明白过来 알게되다

② 전체적으로 어떤 조건에 도달하지 못함을 의미함
　忙不过来 바빠서 정신이 없다
　干不过来 해내지 못하다

▶ 起来
① 시작과 지속의 의미를 나타냄
　哭起来 울기 시작했다　　吵起来 싸우기 시작했다
　下起雨来 비가 오기 시작했다
② 예측이나 평가의 의미를 나타냄
　看起来 보아하니　　　　听起来 듣자 하니
③ 분산에서 집중으로의 의미를 나타냄
　集中起来 집중하다　　　团结起来 단결하다
④ 기억, 연상의 의미를 나타냄
　想起来 생각이 나다

▶ 下去
① 현재에서 미래까지의 지속을 의미함
　说下去 계속 말하다　　　坚持下去 지속하다
② 상태의 악화를 의미함
　坏下去 나빠지다　　　　瘦下去 야위어가다
　恶化下去 악화되어가다

▶ 出来
① 발견, 식별의 의미를 나타냄
　认出来 식별해내다　　　看出来 알아보다
　听出来 알아듣다
② 완성, 제조의 의미를 나타냄
　制造出来 만들어내다　　写出来 써내다
　研究出来 연구해내다　　整理出来 정리해내다

〈제2부분〉

19　전해지는 말에 의하면 아주 옛날에 '석'이라고 하는 괴물이 있었는데, 자주 나타나 백성들을 해쳤다고 한다. 백성들은 이 괴물을 뼈에 사무치게 증오했지만 어찌할 도리가 없었다. 이 괴물은 보통 해가 지면 나타나 사람을 해치고, 해 뜨기 전에 도망가 그림자조차 찾을 수 없었다. 이밖에도 이 괴물은 소리를 매우 무서워한다고 했다.

A '석'은 항상 날 밝기 전에 나타난다
B 백성들은 '석'을 어떻게 할 방법이 없었다
C '석'은 무서운 소리를 낼 수 있다
D '석'은 빨리 달려서 잘 볼 수가 없다

해설 사람들은 '석'을 매우 증오했지만 어찌할 도리가 없었다고 했으므로 정답은 B이다. 지문 속 '无奈'와 B의 '没有办法'는 같은 뜻이다. '석'은 해가 지면 나타난다고 했으므로 A는 오답이고, 무서운 소리를 내는 것이 아닌 소리를 무서워한다고 했으므로 C 역시 오답이다. D는 지문에 언급되지 않았다.

20　단오절은 중국 민간 전통 기념일로, 매년 음력 5월 초 5일이다. '단(端)'자는 '처음'이라는 뜻이 있으므로 '端五'는 '초(初) 5일'이라는 뜻이며, '午'와 '五'가 동음이므로 '端五' 역시 점점 '端午'로 변하게 되었다. 일반적으로 단오절은 굴원과 연관이 있다고 알려져 있다. 굴원은 고대의 애국 시인으로 많은 우수한 작품을 썼는데, 나라가 전쟁에서 진 것을 보고 강에 투신하였다. 그래서 사람들은 쫑즈를 먹거나 용선 시합 등의 방식으로 그를 기념하고 있다.

A 굴원은 단오절의 창시자이다
B 굴원은 이날 전쟁에서 죽었다
C 단오절의 '午'는 5일을 나타낸다
D 굴원은 단오절에 관한 많은 시를 썼다

단어 端午节 Duānwǔjié 고유 단오절 | 初始 chūshǐ 명 초기, 처음 | 屈原 Qū Yuán 고유 굴원[중국 초나라 시인] | 战败 zhànbài 통 전쟁에서 지다, 패전하다 | 自杀 zìshā 통 자살하다 | 赛 sài 통 시합하다 | 龙船 lóngchuán 명 용선[뱃머리에 용의 모형을 장식한 배]

해설 '端五'는 '초 5일'이라는 뜻인데, '午'가 '五'와 동음이어서 '端午'로 바뀌었다고 했다. 따라서 정답은 C이다. 굴원은 패망을 보며 강에 투신하였기에 사람들은 다양한 방식으로 그를 기린다고 했으므로 A, B, D 모두 잘못된 설명이다.

21 '간식'은 정찬과 다르다. '간식'은 밥 시간이 안 됐을 때 잠시 배고픔을 해결하거나 먹으면서 놀 때의 음식을 가리킨다. 베이징의 향토 간식은 그 역사가 유구하고, 종류가 다양하며, 재료 사용을 중요시하고, 요리법이 정교하며, 독자적인 특색이 있으며, 옛 베이징의 정취를 반영하고 있다. 이러한 간식들은 과거에는 묘회나 도로변의 재래시장에서 소리치며 팔던 것으로, 사람들이 무의식중에 맞닥뜨릴 수 있었으므로 옛 베이징 사람들은 생동감 있게 '마주치는 먹거리'라고 불렀다. 당연히 지금은 모두 분식집으로 들어가 버렸다.

A 간식은 보통 정찬 이후에 먹는다
B 간식은 통상적으로 정찬보다 가격이 저렴하다
C 베이징의 간식은 종류가 많고, 요리법이 정교하다
D '마주치는 먹거리'는 베이징의 유명한 간식 중 하나이다

단어 正餐 zhèngcān 명 정찬[정식으로 먹는 식사] | 风味 fēngwèi 명 (음식의) 독특한 맛, 풍미 | 繁多 fánduō 형 많다, 풍부하다 | 用料 yòng liào 재료를 사용하다 | 讲究 jiǎngjiu 통 중요시하다 | 制作 zhìzuò 통 만들다, 제작하다 | 精细 jīngxì 형 정교하다 | 独具 dújù 통 독자적으로 갖추다 | 韵味 yùnwèi 명 정취, 운치 | 沿街 yánjiē 명 길가를 따라 | 集市 jíshì 명 재래시장 | 叫卖 jiàomài 통 소리치며 팔다 | 无意 wúyì 부 무의식중에

해설 지문 속 세부 내용을 찾는 문제는 선택지를 먼저 읽고 핵심 단어나 문장을 찾은 후 지문에서 확인하는 것이 시간을 더 줄일 수 있다. 베이징의 간식에 대한 설명으로 지문과 일치하는 것은 C이다.

22 그네는 전하는 바에 따르면 고대 춘추 시기 중국 북방 민족 지역에서 유입되어, 후에 부녀자와 어린이에게 매우 사랑받는 전통 체육 놀이가 되었다. 그네는 처음에는 줄 하나로 되어있어서 손으로 줄을 잡고 흔들었는데, 후에 사람들이 나무 선반에 두 개의 줄을 매달고 아래에는 가로의 판을 고정시켜 그 판에 앉거나 서서 두 손으로 각각 줄을 잡고 앞뒤로 움직이며 흔들게 되었다.

A 그네는 춘추 시기에 이미 매우 유행하였다
B 처음에 그네를 탈 때는 한 손으로만 줄을 잡았다
C 그네를 타는 것은 현재 이미 스포츠 시합이 되었다
D 아이는 그네의 판 위에 앉아 놀 수 있다

단어 秋千 qiūqiān 명 그네 | 妇女 fùnǚ 명 부녀자 | 绳子 shéngzi 명 줄, 끈 | 抓 zhuā 통 쥐다, 잡다 | 荡 dàng 통 흔들다, 움직이다 | 木架 mùjià 명 나무 선반 | 悬挂 xuánguà 통 걸다, 매달다 | 固定 gùdìng 통 고정시키다 | 握 wò 통 잡다 | 往返 wǎngfǎn 통 왕복하다 | 摆动 bǎidòng 통 흔들다, 흔들거리다

해설 지문의 마지막 부분에 '판에 앉거나 서서 앞뒤로 움직이며 흔든다'고 했으므로 정답은 D이다. 춘추 시기에 그네가 전해졌다고 했으므로 A는 오답이고, B의 '只用一手'는 지문에 언급되지 않았다. C의 '体育比赛' 역시 지문에 언급되지 않았으므로 정답이 아니다.

〈제3부분〉

23-25

과거에는 베이징 시내와 교외의 사찰에서 거의 묘회가 열렸다. 제삿날이면 많은 사람들이 사찰에 가서 향을 피웠다. 많은 상점과 노점이 잇달아 들어와 사찰 안팎으로 노점을 열고 물건을 팔았고, 그렇게 오랜 시간이 흘러 묘회는 정기적인 재래시장으로 발전하였다. 베이징 묘회는 최초의 기록을 요나라에서 볼 수 있다. 청나라에 와서 사실상 이미 민속 행사와 재래시장의 교역이 결합한 행사가 되었다. 23 베이징 시민들이 묘회에 가는 것은 이제 향을 피우기 위함이 아니라, 쇼핑, 오락, 먹거리가 하나 된 종합 행사에 모이기 위함이므로 묘회에 가는 것을 '묘회에 구경 간다'라고 한다.

창띠엔은 베이징시 허핑먼와이 류리창 거리와 신화 거리가 교차하는 일대의 지명이다. 옛 베이징 도시의 수많은 묘회 중에 창띠엔의 묘회만 사찰 내에 있지 않고, 매년 춘절에만 한 차례 열린다. 시민들이 설을 쉴 때 노는 곳으로, 규모가 크고, 베이징 색채가 진하며, 전국적으로 유명하다.

창띠엔 묘회는 지금까지 400여 년의 역사가 있다. 24 신중국 설립 후에도 창띠엔의 묘회는 계속 열렸으며, 20세기 60년대 초까지 인기 있고 번성했으나, 후에 37년간 열리지 않았다. 2001년 베이징시가 창띠엔 묘회를 다시 살렸는데, 옛 베이징의 전통적 화후이(花会)와 옛 베이징 사진전, 옛 티엔챠오 묘기 공연, 경극 등 전통극 공연, 특가 책시장, 전통 장난감, 향토 먹거리 등을 포함하며, 형식이 다양하고 특색이 드러난다. 25 이러한 옛 시대와 달라진 베이징 무형 문화유산 공연은 현재 창띠엔 묘회의 독특한 풍경이 되었다.

23 다음 중 현재 묘회에 구경 가는 목적이 아닌 것은 무엇인가?

A 향 피우기
B 쇼핑
C 공연 관람
D 먹거리 먹기

24 창띠엔 묘회에 관하여 다음 중 정확하지 않은 것은 무엇인가?

A 반드시 사찰에서만 열리는 것은 아니다
B 중간에 한동안 중단된 적이 있다
C 규모가 크고 전국적으로 유명하다
D 신중국 설립 후 열리지 않았다

25 본문의 마지막 단락이 창띠엔 묘회에 대해 주로 소개한 것은:

A 영향력
B 역사적 의미
C 발전 변화
D 문화적 가치

단어 寺庙 sìmiào 명 사찰, 절, 사원 | 祭祀 jìsì 통 제사 지내다 | 烧香 shāo xiāng 통 향을 피우다 | 小贩 xiǎofàn 명 행상인, 소상인 | 摆摊 bǎi tān 노점을 벌이다 | 久而久之 jiǔ'érjiǔzhī 오랜 시일이 지나다 | 定期 dìngqī 형 정기적인 | 辽代 Liáo dài 고유 요나라 | 贸易 màoyì 명 교역, 무역 | 集 jí 통 모여들다, 모이다 | 厂甸 Chǎngdiàn 고유 창띠엔 [지명] | 和平门外 Hépíngménwài 고유 허핑먼와이 [지명] | 琉璃厂 Liúlichǎng 고유 류리창 [지명] | 新华 Xīnhuá 고유 신화 [지명] | 规模 guīmó 명 규모 | 闻名 wénmíng 형 유명하다 | 依然 yīrán 부 여전히 | 红火 hónghuo 통 번성하다, 성대하다 | 花会 huāhuì 명 주로 춘절 연후에 진행되는 민간 체육, 문예 활동 | 天桥 Tiānqiáo 고유 티엔챠오 [베이징에 있는 다리로 황제가 건넜다고 함] | 绝活 juéhuó 명 묘기, 절묘한 재주 | 异彩 yìcǎi 명 특별한 광채, 특색 | 纷呈 fēnchéng 통 잇달아 드러나다 | 遗产 yíchǎn 명 유산 | 中断 zhōngduàn 통 중단되다, 끊기다

해설 23. 문제 속 키워드인 '逛庙会'를 지문에서 먼저 찾아보자. 베이징 시민들은 이제는 향을 피우러 묘회에 가는 것이 아니라 쇼핑, 오락, 먹거리 등을 위해 묘회에 간다고 했으므로 정

답은 A이다.

24. 창띠엔 묘회는 신중국 설립 후에도 여전히 열렸고 60년대 초까지 번성했다고 했으므로 정확하지 않은 것은 D이다.
25. 마지막 단락은 창띠엔 묘회의 역사와 현재의 변화된 모습을 설명하고 있다. 따라서 정답은 C이다.

26-28

쫭족은 예부터 민요 부르기를 좋아하는 민족이다. 쫭족의 청춘 남녀들은 연인을 찾을 때 노래를 주고받는 방식으로 사랑을 표현한다. 매번 가우절에 젊은 사람들은 명절 복장을 하고, 서로 미리 약속한 장소에 와서 무리를 지어 노래를 주고받는다.

일반적으로 젊은 남자가 먼저 주동적으로 '유람가'를 부르고 26 비교적 적합한 상대를 만나면 바로 '만남가'와 '요청가'를 부른다. 상대 여자가 만족할 때까지 불러야 여자가 노래로 답을 한다. 가끔은 노래를 못하는 청년들이 3~4시간 동안 계속 노래를 불러도 여자가 반응이 없으면, 어쩔 수 없이 실망하며 자리를 뜨고, 노래를 더 잘하는 남자에게 양보한다. 여자의 응답을 얻으면 '탐색가'를 부르기 시작하고, 서로 잘 알게 되면 '사모가', '우정가'를 부르며, 이별할 때는 '송별가'를 부른다. 가사는 마음대로 지어서 부르지만, 비유가 적절하고 친근하며 사람을 감동시킨다. 청춘남녀가 노래를 주고받는 과정을 거치면, 어느 정도 감정이 생기고 다음번 가우절에 다시 만나기로 약속한다.

가우절에는 노래를 주고받는 것 외에도 풍부하고 다채로운 체육, 게임 등의 오락 행사가 열리는데, 예를 들어 예쁜 수를 놓은 공 던지기, 재미있는 색 계란 부딪히기, 시끌벅적한 불꽃놀이 및 관중들의 사랑을 받는 쫭족 전통극 등이 있다. 수놓은 공 던지기를 할 때는 남녀 서로 마주 서서 여자가 마음에 드는 사람에게 공을 던지고, 상대방도 만약 마음에 들면 공에 선물을 매달아 여자에게 다시 던진다. 계란을 던질 때는 남자가 손에 든 색 계란을 여자의 손에 있는 색 계란에 부딪히고, 여자가 만약 남자와 친구를 하길 원한다면 반쪽을 남겨서 남자가 부딪히도록 한다. 원하지 않는다면 계란 전체를 손으로 감싸 쥔다. 그리고 27 갑 마을에서 을 마을에 비단 공을 보내면서 공을 돌려줄 때 민요 시합을 열기로 약속하는데, 만약 을 마을이 질 경우 비단 공을 돌려주면 안 되고, 다음 해에 계속 시합을 열어서 이길 때까지 노래 대결을 계속 한다.

26 본문에 근거하여 젊은 남자가 좋아하는 아가씨를 만나면 어떤 노래를 부르는가?

A 유람가   B 요청가
C 탐색가   D 우정가

27 본문에 근거하여 갑 마을이 을 마을에게 비단 공을 보낼 경우 을 마을은 무엇을 해야 하는가?

A 상대방에게 색 계란을 준다
B 갑 마을과 노래 시합을 한다
C 불꽃놀이로 환영한다
D 게임 행사를 연다

28 가우에 관하여 본문에서 언급되지 않은 것은 무엇인가?

A 행사 형식   B 행사 내용
C 행사 목적   D 행사 시간

단어 壮族 Zhuàngzú 고유 쫭족 | 自古 zìgǔ 부 예로부터 | 山歌 shāngē 명 민간 가곡, 민요 | 寻找 xúnzhǎo 동 찾다, 구하다 | 对歌 duìgē 동 노래를 주고받다 | 歌圩节 Gēxū Jié 가우절 [음력 3월 3일, 쫭족을 포함한 많은 민족들이 지키는 중국의 전통 명절] | 服装 fúzhuāng 명 복장, 의상 | 成群 chéngqún 동 무리를 이루다 | 让 ràng 동 양보하다 | 答应 dāying 동 대답하다, 동의하다 | 彼此 bǐcǐ 명 피차, 서로 | 爱慕 àimù 동 사모하다 | 交情 jiāoqing 명 우정, 친분 | 比喻 bǐyù 명 비유 | 贴切 tiēqiè 형 딱 맞다, 적절하다 | 亲切 qīnqiè 형 친근하다, 친밀하다 | 建立 jiànlì 동 세우다 | 抛 pāo 동 던지다, 버리다 | 绣球 xiùqiú 명 수놓은 공 | 花炮 huāpào 명 불꽃놀이와 폭죽 | 以及 yǐjí 접 및, 그리고 | 壮戏 Zhuàngxì 명 쫭족 전통극의 하나 | 中意 zhòngyì 동 만족하다, 마음에 들다 | 系 jì 동 묶다, 매다 | 来年 láinián 명 다음 해 | 为止 wéizhǐ 동 ~까지 하다, ~을 끝으로 하다 | 搞 gǎo 동 하다, 시행하다

해설 26. 글 속에서 각각의 선택지에 해당하는 노래를 찾아보자. 적합한 상대를 만나면 '见面歌'와 '邀请歌'를 부르는데 '적합한'이란 바로 '좋아하는' 상대를 만났다는 것이므로 정답은 B이다. A는 만나기 전에 부르는 노래이고, C는 남녀가 서로 탐색할 때 부르는 노래이며, D는 서로 잘 알게 된 후에 부르는 노래이다.

27. 마지막 단락에 이 비단 공 풍습에 대한 설명이 있다. 갑 마을이 을 마을에게 비단 공을 보내면 공을 돌려줄 때 민요 시합을 열기로 약속한다고 했다. 따라서 정답은 B이다.

28. 가우절 행사에 대해 형식, 내용, 목적은 나와있지만 각각의 구체적인 시간은 언급되지 않았다. 따라서 정답은 D이다.

쓰기

〈제1부분〉

29

这东西   以后说不定还会   有用处的。
 주어   부사어   술어+목적어

이 물건은 이후에 아마도 계속 쓸모가 있을 것이다.

해설 조동사와 부사의 어순배열 문제이다.

① '지시대사+명사' 구조인 '这东西'가 주어가 된다. '用处'는 명사이지만 앞에 동사 '有'로 미루어 보아 '술어+목적어' 구조임을 알 수 있으므로 '这东西有用处的'가 '주술목' 구조임을 파악한다.

② '说不定', '还' 모두 부사이므로 술어 앞에 놓는다. 의미에 맞게 배열하면 '以后说不定还(이후에 아마도 여전히)'가 된다. 조동사 '会'는 '~일 것이다'라는 뜻으로 '用处' 뒤에 있는 '的'와 함께 강조의 뜻을 나타낸다. 조동사는 보통 부사 뒤에 놓이므로 '以后说不定还会'로 배열한다.

③ '以后说不定还会'는 부사어가 되므로 '有用处的'의 앞에 놓는다.

30

1) 他们   整个 下午   都在   跳舞。
    주어   부사어   부사어 술어+목적어

그들은 오후 내내 모두 춤을 추고 있다.

2) 整个 下午   他们   都在   跳舞。
     부사어   주어   부사어 술어+목적어

오후 내내 그들은 춤을 추고 있다.

해설 부사어의 어순배열 문제이다.

① 인칭대사 '他们'은 주어 자리에, 동사 '跳舞'는 술어 자리에 놓는다. '跳舞'는 정확하게 '동사+명사' 구조의 이합사이다.

② '都在(모두 ~하고 있는 중이다)'가 수식하는 것은 '跳舞'이 므로 술어의 바로 앞에 놓는다.
③ '整个'가 수식하는 대상은 '下午'이며 '整个下午(오후 내내)'로 쓰여 시간을 나타낸다. 시간을 나타내는 부사어는 술어 앞에 놓는다.
④ 시간을 나타내는 부사어는 문장의 맨 앞에 올 수 있다. 따라서 '整个下午'는 주어 '他们'의 앞에도 놓일 수 있다.

31

<u>方盒子</u> <u>似的</u> <u>楼房</u> <u>代替了</u> <u>北京原有的平房</u>。
관형어 주어 술어 목적어

정사각형 상자 같은 다층집이 베이징 고유의 단층집을 대신하였다.

해설 관형어의 어순배열 문제이다.
① 술어를 먼저 찾아보자. 조사 '了'가 붙어 있는 '代替了'가 술어 자리에 온다.
② 동사술어문이므로 주어와 목적어 자리에 올 수 있는 명사를 찾아보자. '楼房'과 '北京原有的平房' 모두 명사이므로 주어와 목적어 역할을 할 수 있다. 술어 '代替了'의 의미에 맞춰 '楼房'이 주어가 되고 '北京原有的平房'이 목적어가 된다.
③ '似的'는 조사로 주로 명사나 대사, 동사 뒤에 쓰여 '~와 같다'는 뜻을 나타낸다. '方盒子' 뒤에 '似的'를 놓고 주어 '楼房'을 수식하는 관형어 자리에 쓰면 된다.

〈제2부분〉

32

节日是指生活中值得纪念的重要日子，每个国家的节日都有一定的意义。有的源于传统风俗，还有的源于对某人或某件事的纪念，比如韩国的三一节是为了纪念三一运动并对圣灵表达出感谢之恩，在各个地区纷纷举行各种活动。

 기념일은 생활에서 기념할만한 가치가 있는 중요한 날이며, 모든 나라의 기념일은 다 일정한 의미가 있다. 어떤 것은 전통 풍습에서 기원하였고, 또 어떤 것은 어떤 사람 혹은 사건에 대한 기념이기도 하다. 예를 들어 한국의 3·1절은 삼일운동을 기념하고 순국선열에 대한 감사의 의미를 나타내기 위함으로, 각지에서 잇달아 각종 행사가 열린다.

단어 圣灵 shènglíng 명 성령, 순국선열

07 成语故事两则

모범 답안

듣기
| 1 | A | 2 | B | 3 | B | 4 | C | 5 | D | 6 | C | 7 | B |
| 8 | B | 9 | A | 10 | C | 11 | B | 12 | C | 13 | D | 14 | A |

독해
| 15 | B | 16 | B | 17 | D | 18 | C | 19 | D | 20 | B | 21 | A |
| 22 | C | 23 | D | 24 | B | 25 | D | 26 | A | 27 | D | 28 | C |

쓰기
29 我连续射了五六支箭。
30 相信你一定能寻找到最终的结论。
31 他说这话的时候我完全没有反应过来。
32 모범 답안은 p.180 해설 참조

〈제1부분〉

1
女 : 这位先生，请你说说你摸到的大象是什么样的?
男 : 我觉得它像一根绳子。
问 : 这个盲人最可能摸到了大象身体的哪个部位?

여 : 선생님, 당신이 만진 코끼리는 어떤 모습인지 말씀해 주실래요?
남 : 제 생각에는 끈처럼 생겼어요.
질문 : 이 맹인은 코끼리 몸 중 어느 부위를 만졌을 가능성이 가장 큰가?
A 꼬리   B 귀   C 몸통   D 이빨

해설 남자는 코끼리를 만진 뒤 끈처럼 생겼다고 답했으므로 끈의 모양과 비슷한 A '꼬리'가 정답이다.

2
男 : 是谁把玻璃打碎了?
女 : 不是我们，窗户外面忽然飞进来一只足球。
问 : 他们现在在哪儿?

남 : 누가 유리를 깼니?
여 : 저희는 아니에요. 창문 밖에서 갑자기 축구공 하나가 날라왔어요.
질문 : 그들은 지금 어디에 있는가?
A 방 밖   B 방 안   C 창문 밖   D 축구장

단어 玻璃 bōli 몡 유리

해설 여자가 창문 밖에서 축구공이 날라왔다고 했으므로 대화를 하는 남녀 모두 방 안에 있다는 것을 알 수 있다. 따라서 정답은 B이다.

3
女 : 我认为自己很适合贵公司的这个职位。
男 : 那请你说说，如果你来我们公司，你最善于处理哪方面的业务?
问 : 对话最可能发生在什么时候?

여 : 저는 귀사의 이 직책에 적합하다고 생각합니다.
남 : 그럼 만약 우리 회사에 온다면, 어떤 방면의 업무를 가장 잘 할 수 있는지 말해 보세요.
질문 : 대화는 언제 발생하고 있을 가능성이 가장 큰가?
A 부부간의 교류
B 채용 면접
C 기자 인터뷰
D 동료 간의 대화

단어 采访 cǎifǎng 동 인터뷰하다

해설 여자 말 속의 '贵公司', '职位'와 남자 말 속의 '业务' 같은 단어를 통해 현재 여자는 면접 중임을 알 수 있다. 정답은 B이다.

4
男 : 就买这个花盆怎么样?
女 : 我不太想要塑料的，还是找找有没有木头的吧。
问 : 女的想买什么材料的花盆?

남 : 그냥 이 화분으로 사는 게 어때?
여 : 나는 플라스틱은 별로 원하지 않아. 나무로 된 게 있는지 없는지 찾아보자.
질문 : 여자는 어떤 소재의 화분을 사고 싶어 하는가?
A 금속   B 돌   C 나무   D 플라스틱

단어 花盆 huāpén 몡 화분 | 金属 jīnshǔ 몡 금속

해설 여자는 플라스틱 말고 나무로 된 화분이 있는지 찾아보자고 했으므로 정답은 C이다.

5
女 : 你蹲下来点儿，别让他发现你了。
男 : 不要紧，我这边正好有棵树挡着呢。
问 : 男的是什么意思?

여 : 조금 더 웅크려 봐. 걔가 널 못 보게.
남 : 걱정하지 마. 내 쪽에 마침 나무 한 그루가 막고 있어.
질문 : 남자의 말은 무슨 뜻인가?
A 웅크리기 싫다
B 발견되고 싶다
C 저쪽으로 가려고 한다
D 보일 리가 없다

해설 남자는 여자에게 나무 한 그루가 막고 있으니 괜찮다고 했으므로 남자의 말은 보일 리가 없다는 뜻이다.

6
男 : 我还没说完你就急着插嘴，能听我说完吗?
女 : 你能有什么好主意?
问 : 女的是什么态度?

남 : 내 말이 아직 끝나지도 않았는데 네가 끼어들었잖아. 내 말 좀 끝까지 들어줄래?
여 : 네가 무슨 좋은 생각이 있겠어?
질문 : 여자는 어떤 태도인가?
A 지지한다   B 긍정적이다
C 부정적이다   D 기뻐한다

단어 插嘴 chā zuǐ 동 말참견하다

해설 남자가 자신의 말을 끝까지 들어달라고 하자, 여자는 남자에게 무슨 좋은 생각이 있겠냐고 되물었다. 즉 여자는 남자의 말을 다 들어볼 필요가 없다는 뜻이므로 정답은 C이다.

〈제2부분〉

7
女 : 你以前考试都是前三名，这次成绩怎么下滑得这么厉害?
男 : 唉，我最近确实不够用心。
女 : 考前没好好复习吗?
男 : 昨天熬夜看书了，但已经来不及了。
问 : 男的为什么成绩下滑?

여: 너 예전 시험은 모두 3등 안에 들었는데, 이번 성적은 왜 이렇게 많이 떨어졌어?
남: 어휴, 제가 요즘 확실히 열심히 하지 않았어요.
여: 시험 전에 복습 잘 안 한 거야?
남: 어제 밤새워 공부했는데, 이미 늦었더라고요.
질문: 남자의 성적은 왜 떨어졌는가?

A 이번 시험이 너무 어려워서
B 요즘 열심히 하지 않아서
C 시험 전에 복습하지 않아서
D 밤을 새워서 정신이 없어서

단어 下滑 xiàhuá 동 하락하다

해설 성적이 왜 이렇게 많이 떨어졌는지 여자가 묻자, 남자는 열심히 하지 않았다고 답했다. 따라서 정답은 '用心'과 같은 뜻을 나타내는 '认真'이 들어간 B이다.

8 男：咱们把空调打开吧。
女：空调太费电了，开个电风扇就行。
男：天这么热，电扇不管用。
女：有这么热吗？心静自然凉。
问：女的是什么意思？

남: 우리 에어컨 켜자.
여: 에어컨은 전력 소모가 너무 커. 선풍기 켜면 돼.
남: 날씨가 이렇게 더운데, 선풍기로 소용없어.
여: 그렇게 더워? 마음을 차분히 하면 자연스레 시원해져.
질문: 여자의 말은 무슨 뜻인가?

A 에어컨을 켜야 한다
B 선풍기를 켜면 된다
C 날씨가 시원하다
D 선풍기는 전력 소모가 크다

단어 电风扇 diànfēngshàn 명 선풍기 | 管用 guǎnyòng 형 효과적이다, 쓸모 있다 | 静 jìng 형 차분하다, 가만히 있다

해설 날씨가 더우니 에어컨을 켜자는 남자의 말에 여자는 선풍기를 켜면 된다고 했다. 따라서 정답은 B이다.

9 女：有人说，传统文化是一个民族的根，您同意吗？
男：我完全同意，丢掉传统的民族是没有生命力的。
女：那您也同意我们应该尽力保护传统文化了？
男：不是尽力，是一定要做到。
问：关于传统文化，男的有什么看法？

여: 어떤 사람은 전통 문화가 민족의 뿌리라고 하는데, 동의하시나요?
남: 완전히 동의합니다. 전통을 잃어버린 민족은 생명력이 없습니다.
여: 그럼 우리가 반드시 온 힘을 다해 전통 문화를 보호해야 한다는 것에도 동의하시나요?
남: 온 힘을 다하는 것이 아니라, 반드시 해야 하는 것입니다.
질문: 전통 문화에 관하여 남자는 어떤 의견인가?

A 매우 중요하다
B 보호할 필요가 없다
C 생명력을 잃어버렸다
D 보호할 방법이 없다

해설 남자는 전통을 잃어버린 민족에게는 생명력이 없으니 반드시 전통 문화를 보호해야 한다고 강조하고 있으므로 전통 문화를 매우 중요시한다는 것을 알 수 있다. 따라서 정답은 A이다.

10 男：你这次比赛中的表现真是太精彩了！
女：是吗？我觉得有两道题我反应有点儿慢。
男：已经非常好了，最多的一次你连续抢答了六道题呢！
女：哈哈，你看得可真仔细啊！
问：女的可能参加了什么比赛？

남: 이번 시합에서 너 정말 훌륭했어!
여: 그래? 나는 두 문제 정도에서 대응이 좀 느렸던 것 같아.
남: 이미 아주 잘했어. 제일 많이 맞췄던 건 한 번에 연속으로 6문제를 먼저 맞춘 거야!
여: 하하, 너 정말 자세히도 봤구나!
질문: 여자는 아마도 어떤 시합에 참가한 것인가?

A 노래 시합　　　　　B 양궁 시합
C 지식 퀴즈　　　　　D 기계 수리

해설 남자의 말 중 '연속으로 6문제를 먼저 맞췄다'라는 문장을 통해 정답이 C임을 알 수 있다.

11-12

第11到12题是根据下面一段对话：
女：杰克，你学中文的时候，听过"夸父追日"这个故事吗？
男：听过啊！11 这是古书《山海经》里的一个神话传说。
女：那你能不能给我们讲讲这个故事？
男：好啊，夸父跟太阳赛跑。在追赶太阳的过程中，他太渴了，喝光了黄河、渭河的水都不够，就想去喝北方大湖的水，12 结果还没到大湖的时候，他就渴死了。在他死后，他扔掉的手杖变成了桃林。
女：你讲得真清楚。

11. 问："夸父追日"是一个什么故事？
12. 问：夸父是怎么死的？

11-12번 문제는 다음 대화에 근거한다:

여: 잭, 너 중국어 배울 때 '콰푸가 태양을 쫓다'라는 이야기 들어본 적 있니?
남: 들어봤어요! 11 그건 고서 『산해경』의 신화 전설이잖아요.
여: 그럼 우리에게 이 이야기를 해줄 수 있을까?
남: 좋아요. 콰푸가 태양과 달리기 시합을 하고 있었어요. 태양을 쫓아가다가 목이 너무 말라서 황허와 웨이허의 물을 다 마셔버리고도 부족해서 북쪽 큰 호수의 물까지 마시러 가려 했어요. 12 결국 큰 호수에 도착하기도 전에 목이 말라서 죽었어요. 그가 죽은 후에 그가 버렸던 지팡이가 복숭아나무 숲이

되었지요.
여: 정말 정확히 이야기해주었구나.

11 '콰푸가 태양을 쫓다'는 어떤 이야기인가?
A 중국 당대 이야기　　　B 중국 전통 이야기
C 외국 당대 이야기　　　D 외국 전통 이야기

12 콰푸는 어떻게 죽었는가?
A 배고파서 죽었다　　　B 얼어 죽었다
C 목이 말라 죽었다　　　D 지쳐서 죽었다

단어 杰克 Jiékè [고유] 잭 [인명] | 夸父追日 kuāfù-zhuīrì 콰푸가 태양을 쫓다 | 山海经 Shānhǎijīng [고유] 산해경 [고대의 지리, 신화, 무속, 종교 등을 기록한 문헌] | 赛跑 sàipǎo [동] 달리기 경주하다 | 追赶 zhuīgǎn [동] 뒤쫓다, 쫓아가다 | 湖 hú [명] 호수 | 手杖 shǒuzhàng [명] 지팡이 | 桃林 táolín 복숭아나무 숲

해설 11. 여자가 '콰푸가 태양을 쫓다'라는 이야기를 아는지 묻자, 남자는 고서 『산해경』에 등장하는 신화 전설이라고 답했다. 따라서 중국의 전통 이야기임을 알 수 있다.
12. 콰푸는 태양을 쫓다가 목이 말라서 북쪽 호수의 물도 마시려고 했으나, 호수에 도착하기 전에 목이 말라 죽었다고 했다. 따라서 정답은 C이다.

13-14

第13到14题是根据下面一段话：

13 一个寒冷的冬夜，有位农夫在路边看到一条快要冻死的蛇。善良的农夫觉得很可怜，就把蛇捡起来，放到自己的怀里为它取暖。在农夫温暖的怀中，蛇渐渐醒了过来。农夫很高兴，问蛇好点儿了没有。没想到，蛇的回答是狠狠地咬了他一口。临死之前，农夫非常后悔。14 他终于明白，像毒蛇一样的恶人是不应该去帮的。但是他明白得太晚了。

13. 问: 这个故事发生在什么季节？
14. 问: 下列哪个词最适合形容农夫的行为？

13-14번 문제는 다음 내용에 근거한다:

13 매우 추운 어느 겨울밤, 한 농부가 길에서 곧 얼어 죽을 것 같은 뱀 한 마리를 보았다. 착한 농부는 불쌍하게 여겨, 뱀을 주워서 자신의 품에 넣고 따뜻하게 해주었다. 농부의 따뜻한 품속에서 뱀은 차츰 정신이 돌아왔다. 농부는 기뻐하며 뱀에게 좋아졌는지 물었다. 생각지도 못하게 뱀은 그를 매우 세게 물었다. 죽기 직전에 농부는 매우 후회했다. 14 그는 결국 독사와 같은 악인은 도와주지 말아야 한다는 것을 깨달았지만, 그의 깨달음은 이미 너무 늦어버렸다.

13 이 이야기는 어느 계절에 발생했는가?
A 봄　　B 여름　　C 가을　　D 겨울

14 다음 중 농부의 행동을 가장 적절하게 묘사한 단어는 무엇인가?
A 순진하다　　　　　　B 인색하다
C 주도면밀하다　　　　D 솔직하다

단어 农夫 nóngfū [명] 농부 | 蛇 shé [명] 뱀 | 捡 jiǎn [동] 줍다 | 怀 huái [명] 품, 가슴 | 取暖 qǔnuǎn [동] 온기를 받다, 따뜻하게 하다 | 狠 hěn [형] 모질다, 매섭다 | 毒蛇 dúshé [명] 독사 | 恶人 èrén [명] 악인 | 小气 xiǎoqi [형] 인색하다 | 周到 zhōudào [형] 주도면밀하다, 세심하다 | 坦率 tǎnshuài [형] 솔직하다

해설 13. 녹음의 첫 부분에서 매우 추운 겨울밤이라고 했으므로 정답은 D이다.
14. 농부는 죽어가는 뱀을 살려주었지만, 결국 뱀에게 물려 죽으면서 악인은 돕지 말아야 한다는 것을 뒤늦게 깨달았다. 따라서 농부를 가장 적절히 묘사한 단어는 A '天真'이다.

독해

〈제1부분〉

15-18

어제 수학 시험에 재미있는 문제가 하나 있었다. 크기가 같은 세 장의 카드가 있고, 카드에는 서로 다른 그림이 그려져 있다. 이들을 15 각각(B 分别) 가운데에서 잘라서, 위아래 두 부분으로 나눈다. 그런 다음 카드 윗부분의 세 장을 모두 16 첫 번째 상자에 넣고(B 放进第一个盒子里), 아랫부분은 모두 두 번째 상자에 넣는다. 두 상자를 들고 흔들어, 17 안에 있는(D 里面) 카드 조각을 섞은 다음, 각 상자에서 카드 한 장씩을 18 만져서 뽑는다(C 摸出). 그럼 질문, 두 부분이 딱 맞춰져 원래의 그림으로 합쳐질 확률은 얼마일까?

단어 卡片 kǎpiàn [명] 카드 | 拼 pīn [동] 잇다, 합치다

해설 (15) 카드 세 장을 가운데에서 잘라 모두 위아래 두 부분으로 나눈다고 했으므로 각각 한 장씩을 자른다는 것을 알 수 있다. 빈칸에 들어갈 단어는 부사가 되어야 하므로 의미적으로 어울리는 부사는 B이다.
16. 빈칸 뒤의 문장 '아랫부분은 두 번째 상자에 넣는다'를 근거로 정답은 B임을 알 수 있다.
17. 카드 조각을 상자 안에 넣은 상태에서 흔드는 것이므로 카드는 상자 안에 있음을 알 수 있다.
18. 상자 안에서 카드 조각을 꺼내는 모습으로 가장 알맞은 동사는 C이다. A '伸'은 '내밀다', B '挣'은 '돈을 벌다', D '扶'는 '부축하다'라는 뜻이다.

TIP

▶ 分别
① 동사로 쓰이면 '분별하다, 분간하다'라는 뜻이다.
　分别不了 분별할 수 없다
② 부사로 쓰이면 '따로따로, 각자'라는 뜻이다.
　分别进行 각자 진행하다　　分别担任 각자 맡다
　分别写着 따로 쓰여 있다　　分别处理 따로 처리하다

▶ 区别
① 명사로 쓰이면 '차이점, 구별'이라는 뜻이다.
　有什么区别? 무슨 차이점이 있나요?
② 동사로 쓰이면 '분별하다, 분간하다'라는 뜻이다.
　区别开来 분별해내다　　区别好坏 장단점을 분별하다

〈제2부분〉

19 서한 시기 리광이라 불리는 유명한 장군이 있었다. 그는 말타기와 활쏘기에 능했고, 전장에서 용감하여 '날아다니는 장군'이라 불리기도 했다. 그는 일찍이 큰 바위를 호랑이라고 생각하여 화살 한 발로 바위를 쏴 맞춘 적이 있었다. 병사들은 모두 놀랐다.

A 리광은 당나라의 장군이다
B 리광은 무술에 능하여 날 수 있었다
C 리광은 호랑이 한 마리를 활을 쏘아 죽였다
D 리광은 바위를 호랑이라고 생각했다

해설 리광은 큰 바위를 호랑이라고 생각하여 활을 쏴 맞춘 적이 있다고 했다. 따라서 정답은 D이다. 서한 시기라고 했으므로 A는 정답이 아니고, 날 수 있는 것이 아니라 '날아다니는 장군'이라는 별칭이 있다는 것이므로 B도 정답이 아니다. 리광은 실제로 호랑이를 죽인 것이 아니므로 C 역시 정답이 아니다.

20 어느 부지런하고 착한 농민이 아주 큰 수박 하나를 수확하였다. 그가 이 수박을 왕에게 바치니, 왕은 매우 기뻐하면서 그 농민에게 크고 튼튼한 말 한 필을 하사하였다. 이 일은 모두가 금방 알게 되었다. 한 부자는 속으로 생각했다. 수박을 바쳐서 말 한 필을 얻을 수 있다니, 만약 말 한 필을 바친다면 왕께서 나에게 얼마나 많은 금은보화나 미녀를 하사하실까? 그리하여 부자는 왕에게 좋은 말 한 필을 바쳤다. 왕은 똑같이 기뻐하며 옆 사람에게 말했다. "그 농민이 바쳤던 수박을 이 말을 바친 사람에게 상으로 주어라."

A 농민은 왕에게 좋은 말 한 필을 바쳤다
B 부자는 더 많은 하사품을 받길 희망했다
C 왕은 부자에게 금은보화와 미녀를 하사했다
D 왕은 부자가 바친 것에 만족하지 않았다

단어 勤劳 qínláo 휑 부지런하다, 근면하다 │ 献 xiàn 동 바치다, 드리다 │ 赏 shǎng 동 상을 주다, 하사하다 │ 进献 jìnxiàn 동 바치다, 진상하다 │ 赏赐 shǎngcì 동 하사품, 상품

해설 농민의 이야기를 들은 부자는 말 한 필을 바친다면 왕이 얼마나 많은 금은보화나 미녀를 하사할지 상상했으므로 정답은 B이다.

21 갑골문은 거북이 등딱지와 동물의 뼈에 새겨진 문자이다. 1899년부터 대략 10만여 개의 갑골이 출토되었고, 발견된 글자의 개수는 5000개에 달한다. 그중 1000여 개의 글자만 정확하게 식별된다. 현재 이미 발견된 갑골문의 대부분은 상나라 시기에 속하는 것이다. 최초에 허난 안양 샤오툰의 은허에서 발견되었으므로 '은허 문자'라고도 불린다.

A 갑골문의 '갑'은 거북이의 등딱지이다
B 갑골문은 이미 모두 식별된다
C 갑골문은 모두 상나라 때의 문자이다
D 갑골문은 모두 허난에서 발견되었다

단어 甲骨文 jiǎgǔwén 명 갑골문 │ 刻 kè 동 새기다, 조각하다 │ 龟甲 guījiǎ 명 거북이 등딱지 │ 兽骨 shòu gǔ 동물의 뼈 │ 出土 chūtǔ 동 출토하다 │ 辨认 biànrèn 동 분별하다, 식별하다 │ 商朝 Shāngcháo 고유 상나라 │ 殷墟 Yīnxū 고유 은허 [중국 허난성 안양시에 있는 은나라 도읍 유적]

해설 갑골문은 거북이 등딱지와 동물의 뼈에 새겨진 문자라고 했으므로 '갑'은 거북이 등딱지를 의미함을 알 수 있다.

22 중국어의 3인칭 대사 '她(그녀)'는 현대 시인 리우빤농이 처음으로 만들었다. 고대 중국어에서는 '她'가 없었고, 3인칭은 남녀를 구분하지 않고 일률적으로 '他'로 썼다. 5.4시기에 이르러 프랑스에서 유학했던 리우빤농은 백화문이 성행하고 외국 문학 작품을 번역하여 소개하는 일이 많아짐에 따라 3인칭 대사의 사용이 빈번해졌는데, 성별을 알 수 없는 '他'만으로는 부족하다고 여겼다. 그래서 1917년 리우빤농은 영국의 희극을 번역하면서 자신이 만든 '她'를 사용하였다.

A 중국어에서의 3인칭 대사는 오직 하나뿐이다
B 리우빤농은 5.4시기에 일찍이 영국에서 유학했다
C 고대 중국어에서는 여성도 '他'자를 썼다
D '她'는 백화문과 같은 해에 등장했다

단어 刘半农 Liú Bànnóng 고유 리우빤농 [중국의 문학가] │ 首创 shǒuchuàng 동 창시하다, 처음으로 만들다 │ 一律 yílǜ 분 일률적으로 │ 白话文 báihuàwén 명 백화문 [구어체로 쓴 글] │ 兴起 xīngqǐ 동 일어나다, 성행하다 │ 频繁 pínfán 휑 잦다, 빈번하다 │ 仅仅 jǐnjǐn 분 단지, 다만 │ 戏剧 xìjù 명 연극, 희극 │ 创造 chuàngzào 동 창조하다, 만들다

해설 고대 중국어에서는 남녀의 성별을 구분하지 않고 모두 '他'를 썼다고 했으므로 정답은 C이다. A는 고대 중국어에만 국한되는 것이고, 리우빤농은 프랑스에서 유학했다고 했으므로 B도 정답이 아니다. '她'의 출현 시기는 1917년이므로 D 역시 오답이다.

〈제3부분〉

23-25

옛날에 어떤 사람이 있었는데 그를 임의로 장산이라 부르기로 하자, 장산은 반평생을 고생하여 은화 300냥을 모았다. 그는 기뻤지만, 한편으로는 누군가 그의 은화를 훔쳐 갈까 봐 걱정되어 어디에 두어야 안전할지 몰랐다. 몸에 지니자니 불편하고, 서랍에 넣자니 적절하지 않은 것 같고, 침대 밑에 두자니 아무래도 쉽게 도둑맞을 것 같고…… 그는 은화를 두 손으로 받쳐 든 채 한나절 고민에 빠졌다. 결국 그는 자신이 생각해도 아주 절묘한 방법을 생각해냈다.

그날 밤, 그는 깊은 밤 인적이 드문 틈을 타서 상자를 하나 찾아 상자 안에 은화를 넣었다. **23** 그런 다음 자신의 집 정원 담장 모퉁이에 구덩이를 하나 파서 그 안에 상자를 묻었다. 묻어놓고도 그는 여전히 걱정되었다. 다른 사람이 이곳에 은화를 묻었다고 의심할까 두려워서, 흰 종이에 '이곳에 은화 300냥 없음'이라고 써서 구덩이 옆 담장에 붙였다. 그제야 안심하고 자러 갔다.

이날 온종일 그가 불안해하는 모습이 일찌감치 이웃집 왕얼에게 목격되었다. 그다음 날 밤, 왕얼은 몰래 장산의 정원으로 들어가 은화 300냥을 모두 훔쳐 갔다. 왕얼은 하얀 은화를 보고 감격스러우면서도 걱정되었다. **24** 자신이 은화를 훔쳐 갔다는 것을 장산이 모르게 하기 위해, '이곳에 은화 300냥 없음' 밑에 '이웃집 왕얼이 훔친 적 없음'이라고 써 놓았다.

25 후에 사람들은 이 두 구절로 스스로 똑똑한 줄 알고 잘난 척하다가, 원래는 감추어야 하거나 다른 사람이 모르게 하려는 일이 오히려 폭로되는 것을 묘사하였다. 사용할 때는 이 두 구절을 '이곳에 은 없음'으로 줄여 쓸 수도 있다. 또한 **25** '무의식중에 비밀을 드러내다', '진상을 감추려다 도리어 더욱 드러나다' 등의 성어 역시 모두 비슷한 의미이다.

23 장산이 은화를 묻은 곳은:

A 서랍 안   B 침대 밑
C 담벼락 안   D 땅 밑

24 왕얼은 왜 한 마디를 남기려고 했는가?

A 글씨를 잘 써서
B 장산이 자신을 의심할까 걱정돼서
C 장산이 자신을 찾아 오게 하려고
D 장산이 그가 누군지 모를까 걱정돼서

25 다음 중 '이곳에 은 없음'의 의미와 관련 없는 것은 무엇인가?

A 스스로 똑똑하다고 여겨 잘난 척하다
B 때리지 않았는데 자백하다

C 진상을 감추려다 도리어 더욱 드러나다
D 먼 친척보다 가까운 이웃이 낫다

단어 暂且 zànqiě 🔹 당분간, 임시로, 잠시 | 大半辈子 dàbàn bèizi 반평생 | 苦恼 kǔnǎo 🔹 고민하다, 고뇌하다 | 抽屉 chōuti 🔹 서랍 | 妥当 tuǒdang 🔹 타당하다, 알맞다 | 捧 pěng 🔹 두 손으로 받쳐 들다 | 冥思苦想 míngsī-kǔxiǎng 심사숙고하다 | 巧妙 qiǎomiào 🔹 교묘하다 | 趁着 chènzhe ~을 틈타, ~을 이용하여 | 挖 wā 🔹 파다 | 坑 kēng 🔹 구덩이, 구멍 | 心神不宁 xīnshén bùníng 마음이 편하지 않다 | 溜 liū 🔹 몰래 빠져나가다, 슬그머니 사라지다 | 白花花 báihuāhuā 🔹 새하얗다, 눈부시게 하얗다 | 隔壁 gébì 🔹 이웃 | 自作聪明 zìzuò-cōngmíng 스스로 똑똑한 줄 알고 함부로 행동하다 | 隐藏 yǐncáng 🔹 숨기다, 감추다 | 暴露 bàolù 🔹 폭로하다, 드러내다 | 简化 jiǎnhuà 🔹 간소화하다, 간략하게 하다 | 不打自招 bùdǎ-zìzhāo 때리지 않았는데 자백하다, 무의식중에 비밀을 드러내다 | 欲盖弥彰 yùgài-mízhāng 진상을 감추려다 도리어 더욱 드러나다 | 类似 lèisì 🔹 유사하다, 비슷하다

해설 23. 장산은 서랍, 침대 밑 모두 불안하다고 생각하여 결국 담장 모퉁이에 구덩이를 파서 묻었다고 했다. 따라서 정답은 D이다.

24. 왕얼이 글을 남긴 이유는 자신이 은을 훔쳐 갔다는 것을 장산이 모르게 하려고 한 것이다. 따라서 정답은 B이다.

25. '이곳에 은 없음'은 A '自作聪明'을 묘사한다고 본문에 언급되었고, B와 C 역시 같은 의미라고 했으므로 정답은 D이다.

26-28

보통화에는 4개의 성조가 있다. 일반적으로 4성이라고 부르지만, 26 우리는 이들을 순서대로 '음평, 양평, 상성('上'은 제3성으로 읽는다), 거성'이라 부른다.

성조를 표기하려면 먼저 글자의 음을 정확히 읽어야 한다. 그래야만 몇 성인지 틀리게 표기하지 않기 때문이다. 그러나 음을 정확하게 읽은 상황에서 기억해야 할 것은, 성조를 표기하는 데 규칙이 있다는 것이다. 즉 모든 성조는 운모 위에 표기한다는 것이다. 그러나 어떤 운모 위에 표기하는지에도 일정한 요구 사항이 있다.

『한어 병음 방안』의 규정에 따르면, '성조 부호는 음절의 주요 모음 위에 표기한다'고 되어 있다. 주요 모음(母音)이란 바로 주요 모음(元音)이자 운모의 운복이다. a, o, e가 있는 운모에서는 a, o, e가 바로 주요 모음이고, 단모음 i, u, ü가 운모가 되면 i, u, ü가 바로 주요 모음이다. 간단히 말해 일반적으로 모음의 입 벌리는 크기에 따라 성조를 표기한다. 즉 a-o-e-i-u-ü의 순서로, 모두 입을 크게 벌리는 것 위에 표기하는 것이다. 그러나 운모 iou, uei, uen은 iu, ui, un으로 생략 표기되는데, 운복 o, e가 사라지면 성조는 어디에 표기할까? 지금 관습적으로 쓰는 방법은 뒤에 있는 모음의 자모 위에 표기하는 것이다. 27 즉 iu의 u 위에, ui의 i 위에 표기하고, un은 당연히 u 위에 표기한다. 입에 붙는 말장난은 기억하기 쉽도록 돕는다. "a가 있으면 모자를 쓰고, a가 없으면 o와 e가 쓰고, 만약 i와 u가 함께 나오면 뒤에 있는 사람이 쓴다네."

중국어에는 경성이라고 부르는 또 하나의 특수한 성조가 존재하는데, 가끔은 제5성이라고도 부른다. 경성은 말의 의미를 분별하는 역할을 하며 28 중국어 병음을 쓸 때는 성조 부호를 표기하지 않는다. '제5성'이라는 화법이 적절하지 않다고 생각하는 학자도 있다.

26 중국어 병음 중의 '음평'이 가리키는 것은:

A 제1성   B 제2성   C 제3성   D 제4성

27 『한어 병음 방안』에 따라 다음 중 병음이 올바른 것은:

A 瞎 xīa   B 说 shūo
C 摇 yaó   D 慧 huì

28 경성에 관하여 다음 중 정확한 설명은:

A 경성은 4성 중의 하나이다
B 경성은 단어 의미를 구별할 수 없다
C 경성을 쓸 때 상응하는 성조 부호가 없다
D 경성에 대한 학자들의 견해는 일치한다

단어 声调 shēngdiào 🔹 성조 | 依次 yīcì 🔹 순서에 따라, 차례대로 | 阴平 yīnpíng 🔹 음평 [중국어 성조의 제1성] | 阳平 yángpíng 🔹 양평 [중국어 성조의 제2성] | 上声 shǎngshēng 🔹 상성 [중국어 성조의 제3성] | 去声 qùshēng 🔹 거성 [중국어 성조의 제4성] | 标 biāo 🔹 표기하다 | 字音 zìyīn 🔹 글자의 음, 발음 | 韵母 yùnmǔ 🔹 운모 | 拼音 pīnyīn 🔹 표음문자를 표기하다 | 符号 fúhào 🔹 부호, 기호 | 音节 yīnjié 🔹 음절 | 母音 mǔyīn 🔹 모음 | 元音 yuányīn 🔹 모음 | 韵腹 yùnfù 🔹 운복 [운모에서의 중심 모음] | 省略 shěnglüè 🔹 생략하다 | 顺口溜 shùnkǒuliū 🔹 읽기에 재미있고 감칠맛 나는 문구를 외우는 말장난 같은 놀이 | 特殊 tèshū 🔹 특수하다 | 轻声 qīngshēng 🔹 경성 | 分辨 fēnbiàn 🔹 분별하다, 구분하다 | 语义 yǔyì 🔹 말의 의미 | 调号 diàohào 🔹 성조 부호 | 确切 quèqiè 🔹 적절하다, 정확하다 | 一致 yízhì 🔹 일치하다

해설 26. 본문에서 '阴平'을 찾으면 4개의 성조 중 첫 번째, 즉 제1성을 일컫는 말이므로 정답은 A이다.

27. 운모가 ui일 때 성조 표기는 i 위에 한다고 했으므로 정답은 D이다.

28. 경성은 한어병음으로 쓸 때 성조를 표기하지 않는다고 했으므로 정답은 C이다. 경성을 제5성이라 부르기도 한다고 했으므로 A는 오답이고, 의미를 분별하는 역할을 한다고 했으므로 B 역시 오답이다. 제5성이라고 하는 것에 반대 입장을 나타내는 학자도 있다고 했으므로 D 역시 오답이다.

쓰기

〈제1부분〉

29

我	连续	射	了	五六支箭。
주어	부사어	술어		목적어

나는 연속해서 대여섯 발의 화살을 쐈다.

해설 동사술어문의 어순배열 문제이다.

① 동사 '射'는 술어가 되며, 조사 '了'는 술어 뒤에 쓰여 동작의 완료를 나타낸다.

② '五六支箭'은 동사 '射'의 대상이므로 목적어 자리에 온다.

③ '我'는 동사 '射'의 주체가 되므로 주어 자리에 오고, '连续'는 부사어이므로 술어 앞 부사어 자리에 온다.

30

相信	你 一定能 寻找到 最终的结论。
술어	목적어(주어+부사어+술어+목적어)

당신이 반드시 최종 결론을 찾아낼 것이라고 믿어요.

해설 주술구 목적어의 어순배열 문제이다.

① 동사 '相信'은 뒤에 단순히 명사가 목적어로 올 수도 있지만, '주어+술어' 구조인 주술구 목적어도 올 수 있다.
② '寻找到' 역시 술어로 쓰일 수 있는데, 그 대상이 되는 '最终的结论'이 '寻找到'의 목적어가 된다.
③ '一定能'은 부사어로 술어 앞에 와야 하는데 문장에 술어가 2개이므로 의미상 자연스럽게 연결되는 동사 앞에 써야 한다. '寻找到' 앞에 놓고 '寻找到'의 주체인 '你'를 '一定能' 앞에 놓는다. 즉 주술구인 '你一定能寻找到最终的结论'이 '相信'의 목적어가 된다.

31

他说这话 | 的时候 | 我 | 完全没有 | 反应过来。
부사어 | | 주어 | 부사어 | 술어

그가 이 말을 할 때 나는 아예 반응하지 않았다.

해설 동사술어문의 어순배열 문제이다.

① '的时候'는 동사나 동사구 뒤에 쓰여 '~할 때'라는 뜻을 나타낸다. '他说这话'는 동사구로 '的时候'와 함께 쓰일 수 있고 문장 앞에 배열하여 시간사로 쓴다.
② '反应过来'는 '동사+보어'로 문장에서 술어 역할을 한다. '过来'는 보어로 쓰여 정상적인 상태로 회복함을 나타낸다.
③ '我'는 '反应过来'의 주체이며, '完全没有'는 부사어로 술어 앞에 쓴다.

〈제2부분〉

32

我有一个朋友特别有智慧，做什么事都很尽力，还善于运动。但他有一个缺点，就是在自己不喜欢的人说话的时候，完全没有反应。这让人感觉跟鄙视对方没有什么分别。对于这一点，我们提及过几次，但他并不以为然。

내 친구는 매우 지혜롭고, 무슨 일을 하든지 열심히 하며, 또 운동도 잘한다. 그러나 그에게는 단점이 하나 있는데, 자기가 좋아하지 않는 사람과 이야기할 때는 완전히 반응이 없다는 것이다. 이것은 상대방을 깔보는 것과 별다른 차이가 없게 느껴지도록 한다. 이 점에 대해 우리는 몇 번이나 언급했지만, 그는 대수롭게 여기지 않는다.

단어 鄙视 bǐshì 통 경멸하다, 깔보다 | 提及 tíjí 통 언급하다 | 不以为然 bùyǐwéirán 그렇다고 생각하지 않다

---

08 "朝三暮四"的古今义

모범 답안

듣기
| 1 C | 2 B | 3 C | 4 C | 5 B | 6 B | 7 C |
| 8 B | 9 D | 10 D | 11 B | 12 A | 13 C | 14 A |

독해
| 15 B | 16 C | 17 A | 18 D | 19 D | 20 C | 21 C |
| 22 B | 23 C | 24 B | 25 A | 26 D | 27 A | 28 D |

쓰기
29 这种产品有固定的消费群体。
30 请你把昨晚的经历完整地叙述一遍。
31 家庭的财力不能满足他的需要。
32 모범 답안은 p.186 해설 참조

〈제1부분〉

1
女：在汉语当中，语音、汉字、词汇、语法，你对哪个最感兴趣？
男：古今词义的变化，我觉得最有意思。
问：男的对什么最感兴趣？

여: 중국어의 음성, 한자, 어휘, 어법 중 당신은 어떤 것에 가장 관심이 있나요?
남: 옛날과 오늘날의 어휘 의미 변화가 저는 가장 재미있는 것 같아요.
질문: 남자는 무엇에 가장 관심이 있는가?

A 음성　　B 한자　　C 어휘　　D 어법

해설 남자는 옛날과 오늘날의 어휘 의미 변화가 가장 재미있다고 했으므로 정답은 C이다.

2
男：怎么这么半天才来？
女：别提了，门口很多人抢着买票，半天才进来。
问：女的为什么来得晚？

남: 왜 이렇게 늦게 온 거야?
여: 말도 마. 입구에 사람들이 앞다투어 표를 사고 있어서, 한참 걸려서 겨우 들어왔어.
질문: 여자는 왜 늦게 왔는가?

A 차가 막혀서
B 입구에 사람이 많아서
C 표를 구하지 못해서
D 사람이 막고 있어서

해설 남자가 왜 이렇게 늦었냐고 묻자, 여자는 입구에 사람이 앞다투어 표를 사느라 한참 걸렸다고 말했다. 즉 입구에 사람이 많아서 늦었음을 알 수 있다.

3
女：李教授，请您谈谈最近几年，汉语新词语有哪些特点？
男：首先，在当前产生的新词语中，多音节词明显增多，打破了以前双音节占主要地位的局面。
问：李教授提到汉语新词语有什么变化？

여: 리 교수님, 최근 몇 년 동안 중국어의 새로운 어휘에 어떤 특징이 있는지 말씀해 주시겠어요?
남: 먼저, 현재 생겨난 새로운 어휘에는 다음절 어휘가 두드러지게 많은데, 이전에 2음절 위주였던 양상을 타파했다고 할 수 있습니다.
질문: 리 교수는 중국어의 새로운 어휘에 어떤 변화가 있다고 했는가?

A 2음절 어휘가 증가했다
B 2음절 어휘가 감소했다
C 다음절 어휘가 증가했다
D 다음절 어휘가 감소했다

단어 明显 míngxiǎn 형 명확하다, 분명하다 | 打破 dǎpò 동 타파하다, 깨다 | 局面 júmiàn 명 국면, 형세, 양상

해설 남자는 새로운 어휘에 다음절 어휘가 두드러지게 증가했다고 했으므로 정답은 C이다.

4
男：试了这么多次都不行，我真的想放弃了。
女：别着急，机会总是给有准备的人，你一定能成功。
问：女的是什么语气？

남: 이렇게나 여러 번 시도해봤는데도 안 됐어. 정말 포기하고 싶어.
여: 조급해하지 마. 기회는 항상 준비된 자에게 주어지니까 너는 반드시 성공할 거야.
질문: 여자는 어떤 말투인가?

A 불만스럽다　　　　B 부끄럽다
C 격려한다　　　　　D 어쩔 수 없다

해설 포기하고 싶다는 남자의 말에 여자는 반드시 성공할 거라고 격려하고 있으므로 정답은 C이다.

5
女：老王，今天你穿这件T恤显得格外年轻。
男：老婆昨天刚给我买的，挺贵的。
问：女的觉得男的这件衣服怎么样？

여: 라오왕, 오늘 이 티셔츠를 입으니 정말 젊어 보여요.
남: 아내가 어제 사준 건데, 엄청 비싼 거야.
질문: 여자는 남자의 옷이 어떻다고 생각하는가?

A 너무 작다　　　　B 좋다
C 특별하다　　　　D 너무 비싸다

단어 T恤 T xù 명 티셔츠

해설 여자가 남자에게 그 티셔츠를 입으니 정말 젊어 보인다고 말했으므로 여자의 생각은 B이다. 비싸다는 것은 남자가 한 말이므로 D는 정답이 아니다.

6
女：好久不见，你可胖了不少。
男：看来我得限制一下自己的食量了。
问：男的是什么意思？

여: 오랜만이야. 너 살 많이 쪘네.
남: 보아하니 난 식사량을 좀 제한해야겠어.
질문: 남자의 말은 무슨 뜻인가?

A 자신을 제한하지 말아라
B 다이어트를 해야겠다
C 여자가 헛소리하고 있다
D 많이 먹지 않는다

단어 食量 shíliàng 명 식사량

해설 살이 많이 쪘다는 여자의 말에 남자는 자신의 식사량을 제한해야겠다고 했으므로 다이어트를 해야겠다는 의미로 해석할 수 있다. 따라서 정답은 B이다.

〈제2부분〉

7
女：我儿子真是太调皮了！我都快受不了了。
男：小孩子嘛，多少都有点儿淘气。
女：有点儿？你是没见过他，不知道。
男：那你下次把他带到办公室来玩儿玩儿。
问：他们最可能是什么关系？

여: 우리 아들은 너무 말을 안 들어요! 정말 못 참겠어요.
남: 애잖아요. 다들 조금씩 말을 안 듣죠.
여: 조금씩요? 걔를 안 만나봐서 모르는 거예요.
남: 그럼 다음번에 사무실로 데리고 와서 한번 놀게 해봐요.
질문: 그들은 어떤 관계일 가능성이 가장 큰가?

A 부부　　　　　　B 엄마와 아들
C 동료　　　　　　D 선생님과 학생

해설 여자가 자신의 아들이 너무 말을 안 듣는다고 하소연하자, 남자는 사무실로 한번 데려와보라고 했다. 따라서 이들은 동료 관계임을 알 수 있다.

8
男：给你盛点儿饭吧？
女：不用，我减肥呢，不吃主食。
男：你每天光吃蔬菜，连肉都不吃，会营养不足。
女：我觉得没问题，我身体挺好的。
问：女的只吃什么？

남: 밥 더 줄까?
여: 아니요. 저 다이어트 중이에요. 주식은 안 먹어요.
남: 너 매일 채소만 먹고 고기도 안 먹으면, 영양이 부족할 수 있어.
여: 문제없다고 생각해요. 전 건강하거든요.
질문: 여자는 무엇만 먹는가?

A 주식　　　B 채소　　　C 육류　　　D 과일

단어 盛饭 chéng fàn 밥을 담다 ｜ 主食 zhǔshí 명 주식 ｜ 营养 yíngyǎng 명 영양

해설 여자가 다이어트 중이라고 하자, 남자는 매일 채소만 먹고 고기를 안 먹으면 영양이 부족할 수 있다고 했다. 따라서 정답은 B이다.

9
女：新来的小姑娘真是太不会干活儿了！
男：你多教教她，慢慢就好了。
女：我除了干自己的还得帮她？那我多吃亏啊，挣一份钱打两份工！
男：哎呀，不是说吃亏就是福吗？
问：男的在表达什么意思？

여: 새로 온 아가씨가 정말 일을 너무 못해요!
남: 당신이 많이 가르쳐 주면 천천히 좋아질 거예요.
여: 내 일 말고도 그녀를 도와줘야 한다고요? 그럼 내가 얼마나 손해인데요. 돈은 한 사람분을 받으면서 두 사람 몫을 하라니요!
남: 아이고, 손해 보는 쪽이 복이라고 하잖아요.

질문: 남자가 나타내고 있는 뜻은 무엇인가?

A 원망　　　B 억울함　　　C 질문　　　D 위로

해설 여자는 새로 온 사람의 일을 돕는 것이 자신에게 손해라고 토로하자, 남자는 손해 보는 쪽이 오히려 복이 될 거라며 위로의 뜻을 전달하고 있다.

10
男：这个办法似乎行不通。
女：我们还没试过，你怎么知道不行？
男：以前有另一个团队用过这个办法，就没成功。
女：那要不你再宽限我两天？我再想想别的法子。
问：女的是什么意思？

남: 이 방법은 통할 것 같지 않아요.
여: 우리는 아직 시도도 안 해봤는데, 안 될 거라고 어떻게 알아요?
남: 예전에 다른 팀에서 이 방법을 써봤는데, 성공하지 못했어요.
여: 아니면 저에게 이틀만 더 시간을 주시겠어요? 제가 다른 방법을 생각해 볼게요.
질문: 여자의 말은 무슨 뜻인가?

A 이미 많은 방법을 생각했다
B 이미 이 방법을 시도해봤다
C 이것이 가장 좋은 방식이다
D 더 많은 시간이 필요하다

단어 团队 tuánduì 명 단체, 팀 ｜ 宽限 kuānxiàn 통 기한을 늦추다 ｜ 法子 fǎzi 명 방법

해설 여자의 마지막 말에서 이틀만 시간을 더 달라고 했다. 따라서 정답은 D이다.

11-12
第11到12题是根据下面一段对话：
男：老师，11 "朝三暮四"是一个成语，对吧？
女：是的。成语是汉语中特有的一种语言现象。
男：成语有什么特点呢？
女：12 它们有固定的结构，不能随便更改。
男：听说很多成语背后都有故事？
女：对，成语的意义并不一定是每个字意思的简单相加，而是一个整体。
11. 问：对话中提到了哪个成语？
12. 问："成语不能随便更改"说的是它哪方面的特点？

11-12번 문제는 다음 대화에 근거한다:
남: 선생님, 11 '조삼모사'는 성어 맞죠?
여: 그래. 성어는 중국어의 특수한 하나의 언어 현상이란다.
남: 성어는 어떤 특징이 있나요?
여: 12 성어는 고정적인 구조라 마음대로 바꿀 수 없지.
남: 많은 성어의 배경에는 이야기가 있다면서요?
여: 맞아. 성어의 의미는 각 글자의 의미가 간단하게 결합된 것이 아니고, 한 덩어리란다.

11 대화에서 언급된 성어는 무엇인가?

　　A 장님 코끼리 만지기
　　B 조삼모사
　　C 온 정신을 기울이다
　　D 부부가 서로 존경하다

12 '성어는 마음대로 바꿀 수 없다'가 말하는 것은 어떤 방면의 특징인가?

　　A 구조 특징　　　　B 의미 특징
　　C 사용 특징　　　　　D 역사 특징

[단어] 背后 bèihòu 몡 배후, 배경 | 全神贯注 quánshén-guànzhù 온 정신을 기울이다 | 相敬如宾 xiāngjìng-rúbīn 부부가 서로 손님을 대하듯이 존경하다

[해설] 11. 대화의 첫 부분에 남자가 '조삼모사'가 성어 맞는지 물었으므로 정답은 B이다.

12. 성어는 고정적인 구조이기 때문에 마음대로 바꿀 수 없다고 했다. 따라서 정답은 A이다.

13-14

第13到14题是根据下面一段话：

　　有一天，兔子兄弟得到一块大饼，可是他们碰到了一个大难题：一个大饼要怎么分才公平呢？**13** 这时候跑来一只狐狸。狐狸说："我来帮你们呀。"说着狐狸就把饼掰作了两半。他故意把左边一块大一点儿的递给兔哥哥，把小的一块儿递给兔弟弟。兔弟弟哭了，说："我不干，哥哥的比我的大。"狐狸说："没事没事，我是最公平的。"说着狐狸便咬了一口兔哥哥的饼，兔弟弟笑了，兔哥哥又哭了，狐狸又咬了一口兔弟弟的饼……就这样，**14** 一块饼被狐狸左一口、右一口地咬光了。

13. 问：狐狸说自己来干什么？
14. 问：最后谁吃到了饼？

13-14번 문제는 다음 내용에 근거한다:

어느 날 토끼 형제가 큰 떡을 한 덩어리 구했는데, 그들은 난제에 부딪혔다. 이 큰 떡을 어떻게 나눠야 공평할까? **13** 이때 여우 한 마리가 뛰어와서 말했다. "내가 너희를 도와줄게." 여우는 떡을 두 개로 쪼갰다. 여우는 일부러 왼쪽의 조금 더 큰 덩어리를 형 토끼에게 주고, 작은 덩어리를 동생 토끼에게 주었다. 동생 토끼가 울면서 말했다. "나 안 해. 형 것이 내 것보다 크잖아." 여우가 말했다. "괜찮아, 괜찮아. 내가 제일 공평해." 이렇게 말하면서 여우는 형 토끼의 떡을 한 입 베어 물었다. 동생 토끼는 웃었고, 형 토끼가 또 울었다. 여우는 다시 동생 토끼의 떡을 한 입 물었고…… 이렇게 하여 **14** 그 떡은 여우가 왼쪽 한 입, 오른쪽 한 입 하면서 다 먹어버렸다.

13 여우는 자신이 무엇을 하러 왔다고 했는가?

　　A 토끼 형제의 떡을 먹으러 왔다
　　B 토끼 형제의 떡을 보러 왔다
　　C 토끼 형제의 떡을 나누는 것을 도우러 왔다
　　D 토끼 형제에게 떡을 주러 왔다

14 결국 누가 그 떡을 먹었는가?

　　A 여우　　　　　　　B 형 토끼
　　C 동생 토끼　　　　　D 모두 먹지 못했다

[단어] 兔子 tùzi 몡 토끼 | 大饼 dàbǐng 몡 밀가루 반죽을 크고 둥글게 구운 떡 | 公平 gōngpíng 혱 공평하다 | 狐狸 húli 몡 여우 | 掰 bāi 동 물건을 쪼개다

[해설] 13. 토끼 형제가 떡을 어떻게 나눌지 고민하자, 여우가 와서 도와주겠다고 했으므로 정답은 C이다.

14. 녹음의 마지막 문장에서 여우가 왼쪽 한 입, 오른쪽 한 입 하면서 다 먹어버렸다고 했으므로 정답은 A이다.

독해

〈제1부분〉

15-18

　　만약 당신이 자주 휴대전화나 컴퓨터로 사람과 대화를 한다면, 당신은 문자를 입력하는 것 외에 분명 **15** 이모티콘(B 表情)을 사용해봤을 것이다. 이것이 있음으로 해서 인터넷 시대의 우리는 갈수록 게을러지고 있다. 예전에 우리는 어떤 뜻을 나타내려고 하면, 예를 들어 **16** 내가 기쁘다면(C 我很高兴), 아마 시간을 들여 **17** 완전한(A 完整) 한 마디를 입력했어야 했다. 그러나 지금은 그저 가볍게 웃는 얼굴만 누르면 된다. 하지만 어떤 전문가는 이것의 발전 전망을 의심하기도 하는데, 그들은 결코 이러한 방식이 계속해서 광범위하게 응용될 거라고 생각하지 않는 것 **18** 같다(D 似乎).

[단어] 输入 shūrù 동 입력하다 | 点 diǎn 동 클릭하다, 누르다 | 前景 qiánjǐng 몡 전망, 장래 | 范围 fànwéi 몡 범위 | 应用 yìngyòng 동 응용하다 | 整齐 zhěngqí 혱 깔끔하다, 가지런하다

[해설] 15. 빈칸에는 술어 '用' 뒤에 쓰일 수 있는 목적어, 즉 명사가 와야 한다. 휴대전화나 컴퓨터로 대화할 때 문자 입력과 함께 쓸 수 있는 적절한 명사는 B '이모티콘'이다.

16. 빈칸에 올 내용은 뒷 문장 '而现在' 이후의 내용을 보고 찾아야 한다. 지금은 가볍게 '웃는 얼굴'만 클릭하면 된다고 했으므로 정답은 C이다.

⑰ 빈칸 바로 뒤의 '的话'로 미루어 보아 '话'를 수식할 수 있는 관형어가 와야 한다. 자신의 말의 의미를 전달하기 위해 '완전한(完整)' 문장을 입력해야 하므로 정답은 A이다.

18. 빈칸에는 술어 '并不认为' 앞에 올 수 있는 부사어가 와야 한다. 일부 전문가는 이모티콘의 발전에 대해 의심한다고 했는데 이모티콘이 광범위하게 응용되지 않을 거라고 생각하는 것 같다는 '추측'을 하고 있으므로, 추측의 의미를 나타내는 D가 정답이다. '相似'는 형용사이므로 빈칸에 올 수 없다. 조사 '似的'는 '~와 비슷하다'라는 뜻이지만 '好像~似的', '仿佛~似的'의 형식으로 쓰인다.

TIP

① 完整 : 형용사로 '전체가 훼손되거나 결여되지 않고 온전하다'라는 뜻이다.
　领土完整 영토가 온전하다　　结构完整 구조가 온전하다

② 整齐 : 형용사로 '깔끔하다, 가지런하다'라는 뜻이다.
　整齐的服装 깔끔한 복장　　整齐的街道 가지런한 길
　十分整齐 매우 깔끔하다

③ 整个 : 명사로 '전체, 전부'라는 뜻이며, 주로 수식어로 사용되며 뒤에 종종 명사가 온다.
　整个期间 전 기간　　整个部分 전체

④ 整体 : 명사로 '단체' 혹은 '사물의 전부'라는 뜻이며, 부사어로도 쓰일 수 있다.
　整体规划 전체 계획　　整体利益 전체 이익
　整体提高 전반적으로 향상되다

〈제2부분〉

19 옛날에 한 노인이 있었는데, 동물을 좋아해서 원숭이를 애완동물로 삼아 길렀다. 서로 지낸 지 오래되자 그들의 관계는 점점 좋아져서 놀랍게도 서로 표정과 목소리 그리고 행동거지를 통해 상대방의 말뜻을 알게 되었다. 그래서 비록 원숭이들이 말을 할 수 없었지만, 그들은 여전히 잘 교류할 수 있었다.

A 노인은 원숭이를 친구로 삼았다
B 그들은 언어를 통해 서로 교류한다
C 그들 사이의 관계는 그다지 좋지 않다
D 그들은 상대방의 뜻을 이해할 수 있다

해설 노인과 원숭이가 서로 지낸 지 오래되자 상대방의 말뜻을 이해할 수 있었다고 했으므로 정답은 D이다.

20 당신은 영원히 다른 사람 입의 이야깃거리이고, 다른 사람의 이야깃거리 역시 영원히 당신의 입에 있다. 그 결과 이 이야깃거리는 당신의 입에서 다른 사람의 귀로, 그리고 다시 다른 사람의 입에서 또 다른 사람의 귀로 이렇게 흘러 간다. 결국 당신은 당신의 이야기를 듣게 되는데, 이것은 친절한 사람이 좋은 뜻으로 당신에게 전해주는 것이다. 당신은 다 듣고도, 오히려 그것이 당신의 이야기인 줄 모른다. 왜냐하면 당신에게는 그의 입에서 서술된 그러한 이야기가 일어난 적이 여태까지 없었기 때문이다. 도대체 누구의 이야기지? 아, 알고 보니 단체로 지어낸 것이었다.

A 모든 사람들은 다른 사람에게 이야기하는 것을 좋아한다
B 모두들 다른 사람들이 자신의 이야기를 알길 희망한다
C 이야기는 전해지는 과정에서 변하게 된다
D 모두 함께 상의해서 하나의 이야기를 썼다

단어 热心 rèxīn 인정이 많다, 친절하다 | 集体 jítǐ 단체 | 创作 chuàngzuò 창작하다, 지어내다

해설 나에게 일어난 적이 없는 일이 나의 이야기가 된 이유는 여러 사람의 입을 통해 전해지면서 바뀌었기 때문이다. 따라서 정답은 C이다.

21 연인 사이에는 서로에게 늘 친밀한 호칭이 있다. 어떤 나라에서는 연인을 동물에 빗대어 서로를 부르는데, 예를 들어 빈 사람들은 마음에 드는 사람을 '나의 작은 달팽이'라고 부른다. 어떤 나라에서는 식물로 서로를 부르는데, 예를 들어 일본인은 자신의 애인을 '아름다운 야생화'라고 부른다. 또 어떤 나라에서는 음식으로 자신의 애인을 부르는데, 예를 들어 미국인은 '허니'라고 하고, 폴란드인은 '쿠키'라고 부른다.

A 모든 연인 사이에는 애칭이 있다
B 달팽이는 식물의 명칭이다
C '아름다운 야생화'는 일본인이 사용하는 것이다
D '허니', '쿠키'는 모두 사람의 이름이다

단어 亲昵 qīnnì 아주 친밀하다, 사이가 좋다 | 称呼 chēnghu 호칭 | 维也纳 Wéiyěnà 빈 [오스트리아의 수도] | 蜗牛 wōniú 달팽이 | 蜜糖 mìtáng 벌꿀 | 波兰 Bōlán 폴란드 | 昵称 nìchēng 애칭

해설 연인 사이에는 친밀한 호칭이 있는데 나라마다 다 다르다고 했다. '美丽的山花(아름다운 야생화)'는 일본인이 애인을 부르는 호칭이라고 했으므로 정답은 C이다.

22 강렬한 수요는 어떤 시기의 소비 행위의 결정적 힘이 될 수 있다. 그러나 어떤 수요가 최종 소비 행위로 전환되는 것은 소비자 개인의 습관, 개성, 가계 소득 수준과 재산의 많고 적음 및 가계 규모와 구조의 특징에 달려있기도 하다.

A 소비 행위와 수요는 무관하다
B 소비 행위와 재산은 관련이 있다
C 소비 행위와 성별은 관련이 있다
D 소비 행위와 수입은 무관하다

단어 转换 zhuǎnhuàn 전환하다, 바꾸다 | 取决于 qǔjué yú ~에 달려있다 | 以及 yǐjí 및, 그리고

해설 수요가 소비 행위로 전환되는 것은 소비자의 소득 수준과 재산에 달려있다고 했으므로 정답은 B이다.

〈제3부분〉

23-25

단일언어 인구로 말하자면 중국어는 세상에서 가장 큰 언어로, 중국어를 모국어로 하는 사람은 십여 억 명이다.

우리가 평소 말하는 중국어는 사실 대부분 보통화를 가리킨다. 보통화는 중국의 각기 다른 민족 사이에 소통하고 교류할 때 통용되는 언어로, 25 베이징 발음을 표준음으로 하고, 북방화를 기초 방언으로 하며, 규범화된 현대 백화문 작품을 문법 규범으로 삼는다. 또한 23 중국어는 많은 방언을 포괄하는데, 예를 들어 북방방언, 오방언, 월방언, 민방언, 감방언, 상방언, 객가방언이 있다.

중국어는 엄격한 의미의 형태 변화가 적다. 이는 중국어와 인도유럽어의 근본적인 차이이며, 이로 인해 일련의 여러 특징을 지닌다. 24 첫째, 같은 단어라도 어순이 다르면 조합되는 구 혹은 문장이 달라진다. 둘째, 중국어는 품사와 문장성분의 관계가 복잡하여 서로 대응되지 않는다. 예를 들어 명사는 주어나 목적어가 될 수도 있고 관형어나 부사어가 될 수도 있으며, 특정한 조건에서는 술어가 될 수도 있다. 셋째, 음절의 길이가 어법 형식에 영향을 미치는데, 예를 들어 일부 2음절 단어는 다른 2음절 단어나 다음절 단어와 함께 써야 하며, 동일한 의미의 단음절 단어와 함께 쓸 수 없다. 예를 들어 우리는 '신나 보인다, 매우 예뻐 보인다'라고 할 수 있지만, '높아 보인다'라고 할 수는 없고 '매우 높아 보인다'라고 해야 한다.

사회의 발전에 따라 중국어 역시 부단히 변화하며 완전해지고 있다. 그러므로 중국어를 잘 배우고 싶다면, 우리는 반드시 중국어의 새로운 발전에 주목해야 한다.

23 '7대 방언'에 포함되지 않는 것은:

A 북방방언   B 상방언
C 보통화   D 객가방언

24 다음 중 중국어의 어순 특징을 반영한 것은 무엇인가?

A 중국어는 '세 명의 학생들'이라 하지 않는다
B '고정 자리'와 '자리가 고정되었다'는 다르다
C '오늘은 월요일이다'라고 할 수 있다
D '서로 돕'이라고 할 수 없다

25 중국어에 관한 설명 중 정확한 것은 무엇인가?

A 보통화는 베이징 발음을 표준음으로 한다
B 중국어는 인도유럽어에 속한다
C 중국어 품사와 문장성분은 일대일로 대응된다
D 중국어는 고정불변이다

단어 单一 dānyī 단일하다 | 母语 mǔyǔ 모국어 | 语音 yǔyīn

음성, 발음 | **方言** fāngyán 명 방언 | **典范** diǎnfàn 명 모범, 본보기 | **作为** zuòwéi 동 ~으로 삼다 | **规范** guīfàn 명 규범, 본보기 | **吴** Wú 고유 오 [중국 쑤저우 지역] | **粤** Yuè 고유 월 [광둥성과 광시성] | **闽** Mǐn 고유 민 [푸젠성의 별칭] | **赣** Gàn 고유 감 [장시성의 별칭] | **湘** Xiāng 고유 상 [후난성의 별칭] | **客家** Kèjiā 고유 객가 | **形态** xíngtài 명 형태 | **印欧语** Yìn'ōuyǔ 인도유럽어족 | **根本** gēnběn 명 근본, 기초 | **一系列** yíxìliè 일련의, 연속의 | **语序** yǔxù 어순 | **组成** zǔchéng 동 조합하다 | **短语** duǎnyǔ 구(句) | **句子** jùzi 명 문장 | **词类** cílèi 명 품사 | **句法成分** jùfǎ chéngfèn 문장성분 | **对应** duìyìng 동 대응하다 | **主语** zhǔyǔ 명 주어 | **宾语** bīnyǔ 명 목적어 | **定语** dìngyǔ 명 관형어 | **状语** zhuàngyǔ 명 부사어 | **谓语** wèiyǔ 명 술어 | **处于** chǔyú 동 ~에 처하다, 놓이다 | **不断** búduàn 부 부단히, 계속해서 | **完善** wánshàn 형 완전하다, 완벽하다

해설
23. 지문에서 '方言'을 찾아 앞뒤로 읽어보자. 중국어의 7대 방언에 보통화는 포함되지 않으므로 정답은 C이다. ','로 나열된 명사 중에 어느 하나만 답이 되는 경우는 드물다.

24. 두 번째 단락에 언급된 중국어의 특징 중에 첫 번째로 같은 단어라도 어순이 다르면 조합되는 구나 문장이 달라진다고 했다. 따라서 정답은 B이다. C의 경우 중국어의 두 번째 특징에 해당하는데, '星期一'는 명사이지만 술어로 사용되었다. D의 경우 세 번째 특징에 해당하며, '互相'이 2음절이므로 2음절 단어인 '帮助'와 함께 써야 한다. A는 지문에 언급되지 않았다.

25. 보통화는 베이징 발음을 표준음으로 한다고 했으므로 정답은 A이다. 인도유럽어는 중국어와 근본적으로 차이가 있다고 했으므로 B는 오답이고, 중국어는 품사와 문장성분의 관계가 복잡하여 서로 대응되지 않는다고 했으므로 C 역시 오답이다. 마지막 단락에서 중국어는 부단히 변화하는 중이라고 했으므로 D도 오답이다.

26-28

'不得要领(핵심을 잡지 못하다)'라는 이 성어는 『사기』에서 유래되었다. 이 성어에서 '要'는 '腰(허리)'로 옷 허리를 가리키고, 26 '领'은 옷깃을 가리킨다. 옛날 사람들의 복식인 저고리와 치마에서, 저고리를 들 때는 옷깃을 잡고, 치마를 들 때는 허리 부분을 잡았다. 그래서 '要领'이라는 것은 사람의 주요 말뜻 혹은 태도를 비유한다. '不得要领'은 현재 일반적으로 말을 하거나 글을 쓸 때 중점 혹은 핵심을 잡지 못하는 것을 묘사한다.

27 『사기』에는 한 무제의 즉위 초 시기를 기록하였는데, 북방의 월지인이 흉노인에게 깊은 원한이 있어 흉노를 공격하고자 했지만, 다른 나라의 도움을 받지 못했다고 한다. 그 당시 무제도 마침 흉노를 멸하고자 했는데, 이 말을 듣고 장건을 사신으로 명하여 월지로 파견했다.

월지로 가려면 반드시 흉노를 지나야 했는데, 불행히도 장건은 흉노를 지날 때 붙잡히고 말았다. 흉노의 왕은 장건을 억류하고 그에게 말했다. "월지는 우리의 북서쪽에 있는데, 너희 한인이 어떻게 우리 땅을 통과하여 사신으로 갈 수 있단 말이냐? 만약 우리가 사신을 보내 월나라로 가려 한다면, 너희가 우리를 가게 내버려 두겠느냐?" 이리하여 장건은 흉노에 의해 10여 년을 붙들려 있었고, 그곳에서 가정도 꾸리고 아들까지 낳았다.

후에 장건에 대한 흉노의 감시가 느슨해지자, 그는 수행원과 함께 도망갔다. 다른 나라의 도움 아래, 마침내 월지인이 서쪽으로 천도한 후 세운 대월지를 찾게 되었다. 그러나 현재 월지국 사람들은 이미 피살된 국왕의 태자를 새로운 국왕으로 세우고, 새로운 영토에 정착하여 살고 있었다. 그곳은 물자가 풍부하고 전쟁도 없으며 사람들은 그저 태평한 나날을 보내고 싶어 하여, 흉노에 대한 복수의 뜻은 더 이상 없었다. 장건이 말하는 흉노 협공에 대한 일에 월지인들은 관심을 보이지 않았고, 28 그는 그곳에서 1년 넘게 머무르며 설득했지만, 줄곧 요점을 잡지 못하고 핵심도 잡지 못하여 시종일관 한나라와 함께 흉노를 치는 일에 대한 월지국의 명확한 태도를 얻지 못했고, 결국 어쩔 수 없이 자신의 나라로 길을 떠났다.

26 '不得要领' 속의 '领'이 가리키는 것은:
A 넥타이　　B 지도자　　C 능력　　D 옷깃

27 '不得要领'의 이야기는 언제 생긴 것인가?
A 한 무제 재위 때
B 한 무제가 흉노를 공격할 때
C 대월지국을 세울 때
D 『사기』를 쓸 때

28 왜 장건이 '핵심을 잡지 못했다'라고 하는가?
A 붙잡혔기 때문에
B 흉노에서 가정을 꾸렸기 때문에
C 장소를 제대로 찾지 못했기 때문에
D 설득의 논지를 잡지 못했기 때문에

단어
要领 yàolǐng 명 요점, 중점 | **来源于** láiyuán yú ~에서 기원하다 | **史记** Shǐjì 고유 사기 [한대(汉代)에 쓰여진 역사서] | **腰** yāo 명 허리 | **领** lǐng 명 옷깃, 칼라 | **上衣下裳** shàngyī xiàshang 저고리와 치마 | **要点** yàodiǎn 명 요점, 핵심 | **汉武帝** Hàn Wǔdì 고유 한 무제 | **即位** jíwèi 동 즉위하다, 자리에 오르다 | **月氏** Yuèzhī 월지 [고대 서역에 있던 나라 이름] | **匈奴** Xiōngnú 고유 흉노족 | **怀** huái 동 품다, 간직하다 | **仇恨** chóuhèn 명 원한, 증오 | **攻打** gōngdǎ 동 공격하다 | **消灭** xiāomiè 동 소멸하다 | **招募** zhāomù 동 모집하다 | **张骞** Zhāng Qiān 고유 장건 [중국 서한의 외교가] | **使者** shǐzhě 명 사자, 사절 | **出使** chūshǐ 동 외교 사절로 외국에 나가다 | **不幸** búxìng 동 불행하다 | **扣留** kòuliú 동 구류하다, 억류하다 | **穿过** chuānguò 동 통과하다, 관통하다 | **成家** chéngjiā 동 결혼하다, 가정을 이루다 | **监视** jiānshì 동 감시하다 | **随从** suícóng 명 수행원 | **逃走** táozǒu 동 도주하다, 도망치다 | **迁** qiān 동 이전하다, 이사하다 | **太子** tàizǐ 명 황태자 | **定居** dìngjū 동 정착하다 | **物产** wùchǎn 명 물자, 산물 | **太平** tàipíng 형 태평하다, 평안하다 | **报复** bàofù 동 복수하다 | **心愿** xīnyuàn 명 염원, 소망 | **夹击** jiājī 동 협공하다 | **停留** tíngliú 동 머무르다, 체류하다 | **劝说** quànshuō 동 권고하다, 설득하다 | **始终** shǐzhōng 부 시종일관, 처음부터 끝까지 | **只得** zhǐdé 어쩔 수 없이, 부득이 | **起程** qǐchéng 동 길을 나서다, 출발하다 | **领带** lǐngdài 명 넥타이 | **领导** lǐngdǎo 명 리더, 지도자 | **把握** bǎwò 동 꽉 쥐다, 파악하다

해설
26. 지문에서 '领'이 가리키는 것을 찾아보면 '옷깃(衣领)'이라고 했으므로 정답은 D이다.

27. 이 성어는 『사기』에서 유래됐다고 했는데, 두 번째 단락에서 『사기』에는 한 무제 재위 기간에 있었던 장건의 이야기가 기록되어 있다고 했다. 따라서 '不得要领'의 성어는 한 무제 재위 때 생겼음을 알 수 있다.

28. 장건은 협공에 관심이 없는 대월지국을 설득했지만 줄곧 요점을 잡지 못하여 협공에 대한 명확한 태도를 들을 수 없었다고 했다. 따라서 정답은 D이다.

쓰기

〈제1부분〉

29

这种　产品　有　固定的　消费群体。
관형어　주어　술어　관형어　목적어

이 종류의 상품은 고정적인 소비층이 있다.

해설 관형어의 어순배열 문제이다.

① 동사 '有'를 술어 자리에 놓는다.
② 명사 '产品'과 '消费群体'는 의미에 따라 각각 주어와 목적어가 되어야 함을 파악하자.
③ '这种'은 명사를 수식하는 관형어 역할을 하고, '固定的' 역시 '的'로 미루어 볼 때 관형어임을 알 수 있다. 문맥에 맞게 '这种产品'을 주어 자리에, '固定的消费群体'을 목적어 자리에 놓는다.

30

请你　把　昨晚的经历　完整地　叙述一遍。
술어1+주어　把+목적어　　부사어　술어+기타 성분

어젯밤 일을 다시 한 번 완벽하게 서술해 주세요.

해설 '把'자문의 어순배열 문제이다.

① 개사 '把'를 보고 '把'자문의 어순배열 문제임을 파악한다. '把' 뒤에는 목적어로 명사가 와야 하므로 '昨晚的经历'가 목적어로 온다.
② '请你'는 상대방에게 요청할 때 쓰는 고정 형식이므로 문장 맨 앞에 놓는다. '叙述一遍'은 '把'자문의 술어로 목적어 뒤에 놓는다.
③ '完整地'는 부사어이며 의미상 술어 '叙述'를 수식한다. '把'자문에서 부사어는 보통 '把'의 앞에 오지만, 행위를 묘사하는 수식어는 술어 앞에 올 수 있다.

TIP

'把'자문이란 문장의 목적어를 '把+명사'의 형식으로 만들어 술어 앞으로 이동시켜, 이 명사가 어떤 결과로 처리됨을 강조하는 문장을 말한다.

▶ 기본형식: 주어+把+목적어+술어+기타 성분
我把衣服洗干净了。 나는 옷을 깨끗이 빨았다.

① 목적어는 반드시 구체적인 것이어야 한다.
我把你说的那本书拿过来了。(O) 네가 말한 그 책 가져왔어.
我把一本书拿过来了。(X)

② 술어 뒤에는 기타 성분이 꼭 있어야 한다. 기타 성분으로는 '了', '着', 가능보어를 제외한 보어, 동사중첩형 및 또 다른 목적어가 올 수 있다.
我把你说的那本书买了。 네가 말한 책을 샀어.
你把护照拿着。 너 여권 들고 있어봐.
我把这本书看完了。 나는 이 책을 다 봤다.
你把那把椅子搬过来。 너 그 의자 좀 이리로 옮겨와.
你把黑板擦擦。 네가 칠판 좀 닦아.
请把行李送到我的房间。 짐을 내 방으로 옮겨주세요.

③ 시간부사나 부정부사는 '把'의 앞에 쓴다.
你马上把那本书带过来吧。 너 바로 그 책 가지고 와.
我没把雨伞带来。 나는 우산을 가지고 오지 않았다.

④ '把'자문에서 감각, 인지, 심리상태를 나타내는 동사는 쓸 수 없다.
我把那件事知道了。(X)
我把巧克力蛋糕喜欢上了。(X)

31

家庭的财力　不　能　满足　他的需要。
　주어　　　　부사어　　술어　　목적어

집안 재력은 그의 요구를 만족시킬 수 없다.

해설 동사술어문의 어순배열 문제이다.

① 동사 '满足'는 이 문장의 술어이다.
② 명사 '家庭的财力'와 '他的需要'는 모두 '관형어+명사' 구조로, 문맥에 맞도록 각각 주어 자리와 목적어 자리에 놓는다.
③ 부사어를 배열할 때 보통 '부정부사+조동사'의 순서로 배열하므로 '不能'으로 쓰고 술어 '满足' 앞에 놓는다.

〈제2부분〉

32

　　他们两个人认识已有二十之久，
一直相处得很不错，即使不说话，也
能通过行为举止、表情等互相读懂对
方的心。小时候他们都很调皮，经常
闹事，似乎永远都不会懂事，但现在
两个人都已成了家，也各自有了稳定
的工作和社会地位。

그들 두 사람은 알고 지낸 지 이미 20여 년이 되었고 줄곧 서로 잘 지낸다. 설령 말하지 않더라도 행동거지나 표정 등을 통해 서로 상대의 마음을 헤아릴 수 있다. 어렸을 때 그들은 장난이 심했고 자주 사고를 쳐서 마치 영원히 철들 것 같지 않았지만, 지금은 두 사람 모두 가정을 이루었고 각자 안정적인 직업과 사회적 지위가 있다.

단어 闹事 nào shì 동 사고를 일으키다, 말썽을 일으키다

09 别样鲁迅

모범 답안

듣기
| 1 | D | 2 | A | 3 | B | 4 | B | 5 | A | 6 | C | 7 | A |
| 8 | D | 9 | A | 10 | B | 11 | B | 12 | D | 13 | C | 14 | B |

독해
| 15 | C | 16 | B | 17 | D | 18 | A | 19 | C | 20 | D | 21 | A |
| 22 | D | 23 | C | 24 | B | 25 | D | 26 | C | 27 | D | 28 | B |

쓰기
29 他因为胃病而戒了酒。
30 你快尝尝这地道的传统点心。
31 他平均每两个星期要招待一次客人。
32 모범 답안은 p.193 해설 참조

듣기

〈제1부분〉

1
女：难道鲁迅这样的大文学家还会做饭?
男：他不但会做，还对美食很有见解，是个地道的行家。
问：关于鲁迅，下列哪项正确?

여: 설마 루쉰 같은 대문호도 밥을 할 줄 알까요?
남: 할 줄 알뿐만 아니라, 맛있는 음식에 대해 견해를 가진 베테랑이지요.
질문: 루쉰에 관하여 다음 중 어느 것이 정확한가?
A 그는 먹기만 하고 만들지는 않는다
B 그는 밥을 할 줄 모른다
C 그는 식량을 재배할 줄 안다
D 그는 맛있는 음식에 대해 잘 안다

단어 种 zhòng 통 (식물을) 심다, 기르다

해설 루쉰은 맛있는 음식에 대해 견해를 가진 베테랑이라는 남자의 말로 미루어 보아 정답은 D이다.

2
男：作为这方面的专家，您对这个问题怎么看?
女：我已经就这个问题专门写了一篇文章。
问：男的为什么要问女的的意见?

남: 이 분야의 전문가로서, 이 문제에 대해 어떻게 생각하십니까?
여: 저는 이미 이 문제에 대해 전문적으로 글을 한 편 썼어요.
질문: 남자는 왜 여자의 의견을 물어보려 하는가?
A 여자가 전문가이기 때문에
B 여자가 기자이기 때문에
C 여자에게 의견이 있기 때문에
D 여자가 글을 한 편 썼기 때문에

해설 남자의 첫마디에서 언급된 '이 분야의 전문가로서'로 미루어 보아 여자가 이 방면의 전문가이기 때문에 의견을 물으려는 것임을 알 수 있다.

3
女：听说那家铺子的点心不错，咱们哪天去尝尝吧?
男：我最近胃不太好，吃什么都没胃口。
问：对于女的的建议，男的是什么态度?

어: 듣자 하니 그 가게 디저트가 맛있다던데, 우리 언제 한번 가서 먹어볼래?
남: 내가 요즘 속이 별로 안 좋아서, 뭘 먹든 입맛이 없어.
질문: 여자의 제안에 대해 남자는 어떤 태도인가?
A 동의한다
B 거절한다
C 걱정한다
D 억울하다

단어 铺子 pùzi 명 가게, 점포

해설 여자가 디저트를 먹으러 가자고 제안하자, 남자는 속이 별로 안 좋아서 입맛이 없다고 했으므로 거절의 뜻임을 알 수 있다.

4
男：真没想到这些年老刘的生意做得这么大!
女：是啊，不声不响地，他们公司都位居行业之首了。
问：老刘的公司在本行业中地位如何?

남: 요 몇 년간 라오리우의 사업이 이렇게 잘될 줄 생각도 못 했어요!

187

여: 그러게요. 소리 소문 없이 그의 회사가 업계 최고를 차지했네요.

질문: 라오리우의 회사는 이 업계에서 위치가 어떠한가?

A 명확하지 않다 B 1등이다
C 꼴찌이다 D 말하기 곤란하다

단어 位居 wèijū 동 ~에 위치하다 | 排名 páimíng 동 순위를 매기다

해설 여자는 라오리우의 회사가 업계 최고를 차지했다고 말했다. 따라서 정답은 B이다.

5 女：这些都是宝贵的资料，应该好好儿保存下来。
男：我那儿还有一大堆呢。
问：男的是什么意思？

여: 이것들은 모두 귀중한 자료이니, 잘 보관해야 해요.
남: 저한테 또 한 무더기 있는데요.
질문: 남자의 말은 무슨 뜻인가?

A 자료가 결코 귀중하지 않다
B 자료는 보관하기 어렵다
C 이미 잘 보관해두었다
D 여자에게 보내줄 수 있다

단어 堆 duī 양 더미, 무더기 | 一大堆 yí dà duī 한 무더기, 산더미

해설 귀중한 자료이니 잘 보관하라는 여자의 말에, 남자가 자신에게 한 무더기의 자료가 또 있다고 답한 것으로 보아 자료가 별로 중요하지 않다는 것을 알 수 있다. 따라서 정답은 A이다.

6 男：你读过鲁迅先生的《彷徨》吗？
女：当然读过，那是鲁迅的小说作品集，共收录他1924年到1925年所作的11篇小说。
问：关于《彷徨》，下列哪项不正确？

남: 너는 루쉰 선생의 『방황』을 읽어본 적 있어?
여: 당연히 읽어 봤지. 그건 루쉰 소설집이잖아. 1924년에서 1925년까지 쓴 11편의 소설을 모아서 수록한 거야.
질문: 『방황』에 관하여 다음 중 정확하지 않은 것은 무엇인가?

A 작가는 루쉰이다
B 1924년~1925년에 쓰여졌다
C 장편 소설이다
D 11편의 소설을 모아 수록했다

단어 收录 shōulù 동 수록하다

해설 대화에 언급된 루쉰의 소설집 『방황』은 11편의 소설을 수록한 작품집이며, 장편 소설은 아니므로 정답은 C이다.

〈제2부분〉

7 女：咱们老同事好久不见了，周末聚聚吧？
男：好啊！去太和居怎么样？
女：我没去过。你觉得好吗？
男：算不上豪华，但很适合朋友聚会。
问：男的觉得太和居怎么样？

여: 우리 옛 동료들이 오랫동안 못 만났는데, 주말에 한번 모일까?
남: 좋아! 타이허쥐에 가는 건 어때?
여: 나는 가본 적 없어. 네 생각에 괜찮은 것 같아?
남: 고급스럽지는 않은데, 친구들 모임에는 적합해.
질문: 남자는 타이허쥐가 어떻다고 생각하는가?

A 고급스럽다
B 남자는 가본 적이 없다
C 친구들 모임에 적합하다
D 주말에는 아마도 자리가 없을 것이다

단어 算不上 suàn bu shàng ~로 칠 수 없다, ~라고 할 수 없다

해설 남자가 타이허쥐는 고급스럽지는 않지만 친구들 모임에 적합하다고 했으므로 정답은 C이다.

8 男：要是经济上有困难，你尽管跟我说。
女：你已经帮我出了不少力了，不能让你再出钱。
男：就算是我借给你的好了，等你赚回来了再还我。
女：我会有办法的。
问：女的是什么意思？

남: 만약에 경제적으로 어려움이 있다면, 언제든지 나에게 말해.
여: 너는 이미 날 많이 도와줬어. 돈까지 내게 할 수는 없지.
남: 그냥 내가 빌려준 셈 치면 돼. 네가 돈 벌면 그때 갚아.
여: 나에게 방법이 있을 거야.
질문: 여자의 말은 무슨 뜻인가?

A 돈을 빌려야 한다
B 이미 돈을 빌렸다
C 돈을 벌 방법이 없다
D 남자에게 돈을 빌리고 싶지 않다

해설 여자는 이미 남자가 자신을 많이 도와줘서 더 이상 돈을 내게 할 수 없다고 했으므로 정답은 D이다. 돈을 빌려야 하는 상황(A)은 맞다고 볼 수 있지만 여자의 말뜻은 아니므로 정답이 될 수 없다.

9 女：你不是戒烟了吗？怎么又抽上了？
男：哎呀，跟朋友和同事在一起，免不了要抽一点儿。
女：整天就知道呼朋唤友，家里的事你根本不管！
男：你看你，又来了……
问：他们最可能是什么关系？

여: 당신 담배 끊지 않았어? 왜 또 피우는 거야?
남: 아이고, 친구랑 동료와 함께 있다 보면 좀 피우는 건 어쩔 수 없어.
여: 온종일 친구들 불러댈 줄만 알고, 집안일에는 아예 신경도 안 쓰지!
남: 저 봐, 또 시작이네……
질문: 그들은 어떤 관계일 가능성이 가장 큰가?

A 부부 B 친구
C 동료 D 선생님과 학생

단어 免不了 miǎnbuliǎo 图 피할 수 없다, ~하지 않을 수 없다

해설 여자는 남자에게 담배를 피운다고 타박하고, 집안일에는 신경도 안 쓴다고 잔소리하고 있으므로 이들은 부부일 가능성이 가장 크다.

10
男: 你怎么不吃啊?
女: 这个碗有点儿脏, 我叫服务员换一个。
男: 你以为这是高档酒店啊, 别穷讲究了。
女: 什么叫穷讲究? 路边小馆儿也得干净啊!
问: 他们在哪儿吃饭?

남: 너 왜 안 먹어?
여: 이 그릇이 좀 더러워서 종업원에게 바꿔 달라고 해야겠어.
남: 여기가 고급 호텔인 줄 아니, 까다롭게 굴지 마.
여: 뭐가 까다롭다는 거야? 길가의 작은 식당이라도 깨끗해야지!

질문: 그들은 어디서 밥을 먹는가?

A 자신의 집 **B 작은 식당**
C 학교 식당 D 고급 호텔

단어 穷讲究 qióng jiǎngjiu (실정에 맞지 않게 또는 불필요하게) 까다롭다, 따지다

해설 여자가 그릇을 바꿔 달라고 해야겠다고 하자, 남자는 여기가 고급 호텔인 줄 아냐고 타박했다. 길가의 작은 식당일지라도 깨끗해야 한다는 말로 미루어 볼 때 정답은 B이다. '小馆儿'은 '小饭馆儿'과 같은 뜻이다.

11-12
第11到12题是根据下面一段对话:
男: 你听说过孔子吗?
女: 当然。他是中国古代著名的思想家、教育家、儒家学派的创始人。
男: 那我再考考你, 孔子是春秋末期哪国人?
女: **11 鲁国人。不过他曾经带着弟子周游列国14年, 因为当时没有得到很多人的欣赏。12 我想他自己也没想到, 他的思想和学说对后世产生了这么深远的影响。**
男: 还真难不倒你! 那最后一个问题, "七十二贤人"是什么意思?
女: 相传孔子有弟子3000人, 其中有72个特别优秀, 被后人称为"七十二贤人"。

11. 问: 孔子是春秋末期哪国人?
12. 问: 关于孔子, 下列哪项正确?

11-12번 문제는 다음 대화에 근거한다:
남: 공자에 대해 들어본 적 있니?
여: 당연하지. 그는 중국 고대의 유명한 사상가이자 교육자이고, 유가 학파의 창시자야.
남: 그럼 내가 다시 문제를 내볼게. 공자는 춘추 말기의 어느 나라 사람이지?
여: 11 노나라 사람이야. 하지만 그는 일찍이 제자를 데리고 여러 나라를 14년간 두루 돌아다녔어. 그 당시 많은 사람들의 관심을 받지 못했기 때문에. 12 그 역시 자신의 사상과 학설이 후대에 이렇게 깊은 영향을 끼쳤을 줄은 생각도 못했을 거야.
남: 널 이기는 건 정말 어렵구나! 그럼 마지막 문제, '72명의 현인'은 무슨 뜻일까?
여: 전하는 바에 따르면 공자는 3천 명의 제자가 있었는데, 그중에 72명이 특별히 우수해서, 후세인들이 '72명의 현인'이라 부르는 것이지.

11 공자는 춘추 말기의 어느 나라 사람인가?
A 제나라 **B 노나라**
C 초나라 D 조나라

12 공자에 관하여 다음 중 어느 것이 정확한가?
A 도가 학파를 창시했다
B 모두 72명의 학생이 있었다
C 줄곧 고향에서 가르쳤다
D 후세에 대한 영향이 크다

단어 儒家 rújiā 图 유가, 유학 | 学派 xuépài 图 학파 | 创始 chuàngshǐ 图 창시하다 | 鲁国 Lǔguó 교유 노나라 | 弟子 dìzǐ 图 제자 | 周游 zhōuyóu 图 주유하다, 두루 돌아다니다 | 列国 lièguó 图 여러 나라 | 欣赏 xīnshǎng 图 감상하다 | 学说 xuéshuō 图 학설 | 贤人 xiánrén 图 현인, 현자 | 相传 xiāngchuán 图 ~라고 전해지다 | 齐国 Qíguó 교유 제나라 | 赵国 Zhàoguó 교유 조나라 | 道学 dàojiā 图 도가, 도학 | 家乡 jiāxiāng 图 고향

해설
11. 공자가 춘추 말기 어느 나라 사람인지 묻는 질문에 여자가 노나라(鲁国人) 사람이라고 답했으므로 정답은 B이다. 이러한 유형의 문제는 선택지를 보면서 들리는 단어에 메모를 해두면 쉽게 풀 수 있으므로 문제를 들으면서 선택지를 읽는 연습을 해두자.

12. 여자의 말 중 '자신의 사상과 학설이 후대에 깊은 영향을 끼쳤을 줄 생각도 못했을 것이다'라고 한 말을 근거로 정답은 D임을 알 수 있다.

13-14
第13到14题是根据下面一段话:
  13 文彦博是北宋杰出的政治家, 他自小聪明过人。有一次, 他和几个小朋友在草地上玩儿球, 一不小心, 球掉进一棵大树的树洞里去了。小朋友尝试伸手进树洞取球, 可是树洞太深, 怎么办呢? 小朋友们你一言我一语的, 都想不出办法来。文彦博看着那黑乎乎的树洞想了一会, 说: "我有个办法, 可以试试!" 他们叫人帮忙提来几桶水, 把水一桶一桶往树洞里倒, **14 不一会儿, 水就把树洞给填满了, 皮球也浮了上来。**

13. 问: 文彦博是什么人?
14. 问: 文彦博想了什么办法把球取出来?

13-14번 문제는 다음 내용에 근거한다:
13 원옌보는 북송의 뛰어난 정치가로, 어려서부터 매우 총명했다. 한번은 그가 몇 명의 친구들과 잔디밭에서 공놀이를 했는데, 실수로 공을 큰 나무의 구멍 속에 빠뜨리고 말았다. 친구가 손을 뻗어 나무 구멍에서 공을 꺼내려고 했지만, 나무 구멍이 너무 깊었다. 어떻게 해야 할까? 친구들이 저마다 한마디씩 했지만 모두 방법을 생각해내지 못했다. 원옌보는 그 새까만 나무 구멍을 바라보면서 잠시 생각하더니 말했다. "나에게 방법이 있어. 한번 해보자!" 그들은 사람들에게 물 몇 통을 가져오게 하여 물을 한 통씩 나무 구멍에 부었다. 14 얼마 지나지 않아 물은 나무 구멍을 가득

채웠고, 고무공도 물 위로 떠올랐다.

13 원옌보는 어떤 사람인가?
A 현대인　　　　　　B 문학가
C 정치가　　　　　　D 운동선수

14 원옌보는 어떤 방법으로 공을 꺼냈는가?
A 통의 무게를 이용했다
B 물의 부력을 이용했다
C 나무 구멍에 손을 뻗어 꺼냈다
D 어른들에게 도움을 요청했다

단어 文彦博 Wén Yànbó [고유] 원옌보 [인명] | 北宋 Běi Sòng [고유] 북송 | 杰出 jiéchū [형] 걸출하다, 뛰어나다 | 过人 guòrén [동] 남을 능가하다 | 树洞 shùdòng [명] 나무 구멍 | 你一言我一语 nǐ yī yán wǒ yī yǔ 저마다 한마디씩 하다 | 黑乎乎 hēihūhū [형] 새까맣다, 어두컴컴하다 | 皮球 píqiú [명] (탄성이 있는) 고무공 | 浮 fú [동] 뜨다, 띄우다 | 浮力 fúlì [명] 부력

해설 13. 녹음의 첫 문장에서 원옌보는 북송의 뛰어난 정치가라고 했으므로 정답은 C이다.
14. 나무 구멍에 물을 붓자 물이 나무 구멍에 찼고 공이 떠올랐다고 했으므로 물의 부력을 이용했음을 알 수 있다. 따라서 정답은 B이다.

독해

〈제1부분〉

15-18
신입 직원을 교육할 때, 무리 가운데 다른 사람보다 더 빨리 자신의 리더십을 15 보여주기(C 表现) 위해, 많은 사람들은 16 앞다투어(B 抢) 일하고 주동적인 지위를 차지하기를 희망한다. 사실은 17 이러한 방법은 올바르지 않다(D 这种做法并不正确). 당신은 더 많은 정성을 어떻게 업무를 완성해야 할지에 쏟아야 하고, 방법을 생각해서 다른 사람보다 더 가치 있는 처리 방식을 내놓아야 한다. 그밖에 리더십이란 모든 일을 18 직접(A 亲自) 하는 것이 아니라, 오히려 자신의 팀원들을 어떻게 믿고 존중하는지를 알고 각자의 능력을 발휘할 수 있게 하는 것이다.

단어 领导能力 lǐngdǎo nénglì [명] 리더십, 지도력 | 占据 zhànjù [동] 차지하다, 점거하다 | 主动 zhǔdòng [형] 주동적이다 | 心思 xīnsi [명] 생각, 염두 | 操作 cāozuò [동] 조작하다, 일하다 | 等于 děngyú [동] ~와 같다 | 信任 xìnrèn [동] 믿다, 신뢰하다 | 发挥 fāhuī [동] 발휘하다 | 亲口 qīnkǒu [부] 자기 입으로

해설 ⑮ 빈칸이 부사어(更早地) 뒤, 보어(出) 및 목적어(领导能力) 앞에 있으므로 빈칸에는 보어 '出'와 같이 쓸 수 있는 술어, 즉 동사가 와야 한다. 목적어 '领导能力'와 의미상 어울리는 동사는 C이다.
16. 빈칸 뒤의 조사 '着'를 근거로 빈칸에 들어갈 품사는 동사임을 알 수 있다. 남들보다 빨리 자신의 리더십을 보여주기 위해 일하는 상태를 알맞게 나타낼 수 있는 단어는 B '抢'이다.
17. 빈칸 앞의 접속사 '其实'로 미루어 보아 앞 문장 '앞다투어 일하고 주동적인 지위를 차지하기를 희망한다'는 것에서 전환되는 내용이 나와야 한다. 빈칸의 뒷 문장 '더 많은 정성을 어떻게 업무를 완성할지에 쏟아야 한다' 내용에 근거하여 '이러한 방법이 옳지 않다'는 것을 알 수 있으므로 정답은 D이다.

18. 빈칸은 조동사(要) 뒤, 술어(去做) 앞에 있으므로 빈칸에는 부사가 와야 한다. 모든 일을 '어떻게' 하는지를 묘사하기에 적합한 부사를 찾으면 정답은 A '亲自'이다. B '亲口' 역시 부사이지만 '口'를 통해 '말하는 것'에 쓰는 단어임을 유추할 수 있다.

TIP

▶ 表现
① 명사로, 업무나 학업 방면에서의 '태도, 능력'을 의미한다.
　表现不错 태도가 좋다　　表现突出 능력이 두드러지다
② 동사로, '나타내다, 표현하다'라는 뜻이다.
　表现在~ ~에서 나타난다　　表现出~ ~을 보여준다

▶ 表达
동사로, '말이나 글로써 자신의 생각, 감정 등을 표현하다'라는 뜻이다.
　表达看法 견해를 표현하다　　表达思想 생각을 표현하다

〈제2부분〉

19 　루쉰은 대범하며 손님 접대를 즐겼으며, 자주 친구들과 삼삼오오 모여 함께 식사하며 이야기를 나눴다. 가끔은 심지어 직접 광허쥐로부터 음식을 배달시켜 집에서 친구들을 대접하기도 했다. 당연히 가장 중요한 것은 광허쥐에 루쉰이 좋아하는 요리가 있었다는 것인데, 그곳에는 고급 요리도 있었지만, 일반 사람들에게 적당한 것도 있어서, 어떤 종류이든 모든 사람의 구미를 당기게 했다.

A 루쉰은 혼자서 맛있는 음식을 즐기는 것을 좋아했다
B 루쉰은 광허쥐의 환경을 좋아했다
C 광허쥐에는 배달 서비스가 있다
D 광허쥐의 요리 가격은 비싼 편이다

해설 루쉰은 손님을 초대해서 맛있는 음식을 먹는 것을 즐겼고, 가끔은 광허쥐에서 음식을 배달시켜 집에서 친구들을 대접했다고 했으므로 정답은 C이다.

20 　서하객은 명나라 말기 지리학자로, 34년의 여행을 통해 명산 여행기 17편과 『절유일기』 등 여러 편의 작품을 남겼다. 산실된 것 외에 남아있는 60여만 자의 여행기 자료는 사후에 다른 사람에 의해 『서하객유기』로 정리되었다. 세상에 전해지는 것은 10권, 12권, 20권 등 수많은 종류가 있다. 주로 작가가 날짜에 따라 1613~1639년 사이에 여행하면서 관찰하여 얻은 것을 기록하였는데, 지리, 수맥, 지질, 식물 등 현상에 대해 모두 상세하게 기록하여, 지리학과 문학에서 모두 중요한 가치를 지닌다.

A 서하객은 청대 사람이다
B 『서하객유기』는 유명한 소설이다
C 『서하객유기』는 그의 말년 작품이다
D 『서하객유기』는 그가 여행 중 관찰하면서 얻은 것을 기록한 것이다

단어 徐霞客 Xú Xiákè [고유] 서하객 | 地理 dìlǐ [명] 지리 | 浙游日记 Zhèyóu Rìjì [고유] 절유일기 | 散佚 sànyì [동] (원고, 도서 등이) 산실되다 | 徐霞客游记 Xúxiákè Yóujì [고유] 서하객유기 | 卷 juǎn [양] 권 | 记述 jìshù [동] 기술하다 | 观察 guānchá [동] 관찰하다 | 水文 shuǐwén [명] 수맥 | 地质 dìzhì [명] 지질

해설 『서하객유기』는 작가가 1613~1639년 사이에 여행 중 관찰하여 얻은 것을 기록한 것이라고 했으므로 정답은 D이다. 서하객은 명대 사람이므로 A는 오답이고, 『서하객유기』는 소설이 아닌 여행기이므로 B 역시 오답이다. 그가 죽은 후에 다른 사람에 의해 정리되었다고 했으므로 C도 오답이다.

21   1970년, 윌리엄 셰익스피어가 파운드 지폐에 등장했다. 그 후 지폐에는 계속해서 많은 문화 명인들이 등장했다. 현재 영국인이 사용하는 20파운드 지폐에 영국의 저명한 경제학자 애덤 스미스가 인쇄되어 있는데, 이 점은 사람들에게 조금도 의외라 여겨지지 않는다. 그렇지만 미래의 3~5년 안에 우리는 시장에서 유통되는 20파운드에 어떤 예술가의 초상을 보게 될 수도 있다. 누구일지 우리는 아직 모르지만, 단언할 수 있는 것은 이 예술가는 분명 사람들에게 환영받는 사람일 것인데, 그(그녀)가 사람들에게 거론되어 등장할 것이기 때문이다.

A 셰익스피어는 파운드에 처음으로 초상이 새겨진 문화 명인이다
B 애덤 스미스는 영국의 저명한 예술가이다
C 새로운 파운드에 출현하는 예술가 후보는 이미 확정되었다
D 새로운 파운드에 출현하는 예술가는 정부가 선정한다

단어 威廉·莎士比亚 Wēilián Shāshìbǐyà [고유] 윌리엄 셰익스피어 | 登上 dēngshàng [동] 올라서다 | 纸币 zhǐbì [명] 지폐 | 迎来 yínglái [동] 맞이하다 | 亚当·斯密 Yàdāng Sīmì [고유] 애덤 스미스 | 市面 shìmiàn [명] 시장 | 流通 liútōng [동] 유통하다 | 肖像 xiàoxiàng [명] (그림이나 조각의) 초상 | 至于 zhìyú [개] ~로 말하자면, ~에 관해서는 | 公众 gōngzhòng [명] 대중 | 提名 tímíng [동] 지명하다, 추천하다 | 人选 rénxuǎn [명] 적임자, 후보 | 政府 zhèngfǔ [명] 정부

해설 1970년 셰익스피어가 파운드 지폐에 등장한 이후 계속해서 많은 문화 명인이 등장했다고 했으므로 정답은 A이다. 미래의 3~5년 안에 등장할 예술가는 누가 될지 아직 모른다고 했으므로 C는 정답이 아니고, 지폐에 들어갈 예술가는 사람들에게 거론될 거라고 했으므로 D 역시 오답이다.

22   본 책은 위다푸의 시가 180여 편, 산문 47편을 수록하였다. 위다푸의 시가는 대부분 구체시로, 그중 우수한 작품이 적지 않다. 이러한 구체 시가는 웅장하면서도 아름답고, 아름다운 글귀가 차례로 등장한다. 중국 고전 시가의 기품이 빛나는 한편, 신선하고 짙은 현대 삶의 숨결이 흐르고 있어, 이 현대 작가에게 사람들이 부러워하는 혁혁한 명예를 안겨주었다. 이것은 20세기 중국 문학사에서도 드문 현상이다.

A 본 책은 위다푸의 시가집이다
B 위다푸가 쓴 것은 주로 현대시이다
C 위다푸의 시는 문학사에서 지위가 높지 않다
D 위다푸의 시는 전통 형식과 현대의 내용이 있다

단어 诗歌 shīgē [명] 시, 시가 | 散文 sǎnwén [명] 산문 | 绝 jué [부] 매우, 몹시 | 不乏 bùfá [동] 적지 않다 | 雄浑 xiónghún [형] 웅장하고 힘차다 | 瑰丽 guīlì [형] 비할 데 없이 아름답다 | 佳句 jiājù [명] 아름다운 글귀 | 迭出 diéchū [동] 차례로 출현하다 | 闪烁 shǎnshuò [형] 반짝이다 | 神韵 shényùn [명] 운치, 기품 | 浓烈 nónglìe [형] 농후하다, 짙다 | 赢得 yíngdé [동] 얻다, 획득하다 | 艳羡 yànxiàn [동] 흠모하다, 선망하다 | 显赫 xiǎnhè [형] (명성, 권세 등이) 찬란하다, 혁혁하다 | 稀有 xīyǒu [형] 드물다, 희소하다

해설 위다푸의 구체 시가는 고전 시가의 기품과 현대 삶의 숨결이 흐른다고 했으므로 정답은 D이다.

〈제3부분〉

23–25

    동진 시기에 왕천이라는 사람이 있었는데, 그는 어렸을 때부터 재능이 돋보여 친구들에게 많은 추종을 받았다. **23** 그의 외삼촌은 판닝이라고 하는 당시의 저명한 학자였는데, 왕천을 소중히 여겨, 저명한 문인들이 방문하면 항상 왕천에게 대접하게 하였다. 한번은 왕천이 외삼촌을 보러 갔다가, 그보다 더 일찍 이름이 알려진 장쉬엔을 만나게 되었다. 판닝은 그들 둘을 서로 교류하게 하려고 했다. 장쉬엔은 일찍부터 왕천의 뜻이 범상치 않다고 들어 그와 소통하고 싶었다. **24** 그가 왕천보다 나이가 많았으므로 자연스럽게 왕천이 먼저 자기에게 인사하기를 바라면서, 그는 옷매무새를 잘 정리하고 단정하게 앉아 기다리고 있었다. 뜻밖에도 왕천은 장쉬엔의 이 모습을 보고도 묵묵히 앉아 한마디도 하지 않았다. 장쉬엔은 그의 이런 모습을 보고 자신도 자세를 풀지 않고 잠자코 마주 앉아 있다가, 답답하다는 듯이 자리를 떴다. 그 일이 있은 후, 판닝은 왕천을 꾸짖으며 말했다. "장쉬엔은 우중의 우수한 인재인데, 너는 어째서 그와 잘 이야기하지 않은 것이냐?" 왕천은 오만하게 대답했다. "그가 만약 진심으로 저와 왕래하고자 했다면, 전적으로 저를 찾아와서 이야기를 나누면 될 일입니다." **25** 판닝은 이 말을 듣고 도리어 조카를 칭찬했다. "네가 이렇게 재능이 출중하구나. 정말이지 뛰어난 새 인재로다." 왕천은 웃으면서 대답했다. "외삼촌 같은 분이 안 계셨다면 저와 같은 조카가 어디 있겠습니까?"

23 판닝은 왕천의:
A 선생님이다   B 친구이다
C 외삼촌이다   D 조카이다

24 장쉬엔은 왜 주동적으로 왕천에게 인사하지 않았는가?
A 왕천을 몰라서
B 그의 나이가 왕천보다 많아서
C 왕천을 무시해서
D 그의 옷이 아직 정돈되지 않아서

25 판닝이 '뛰어난 새 인재'라는 단어로 왕천에 대해 나타낸 것은:
A 질책   B 꾸지람   C 의심   D 호감

단어 东晋 Dōng Jìn [고유] 동진 시기 | 王忱 Wáng Chén [고유] 왕천 [인명] | 显露 xiǎnlù [동] 밖으로 드러내다, 보이다 | 才气 cáiqì [명] 재능 | 推崇 tuīchóng [동] 추앙하다, 찬양하다 | 舅父 jiùfù [명] 외숙, 외삼촌 | 范宁 Fàn Níng [고유] 판닝 [인명] | 器重 qìzhòng [동] (상급자가 하급자를) 신임하다, 중시하다 | 拜访 bàifǎng [동] 예방하다, 방문하다 | 看望 kànwàng [동] 방문하다, 문안하다 | 张玄 Zhāng Xuán [고유] 장쉬엔 [인명] | 志趣 zhìqù [명] 뜻, 지향 | 不凡 bùfán [형] 범상치 않다, 평범하지 않다 | 端正 duānzhèng [형] 단정하다, 바르다 | 等候 děnghòu [동] 기다리다 | 不料 búliào [접] 생각지도 않게, 뜻밖에 | 模样 móyàng [명] 모습 | 一言不发 yìyán bù fā 한마디도 하지 않다 | 放架子 fàng jiàzi 품을 잡다, 자세를 잡다 | 闷闷不乐 mènmènbúlè 마음이 답답하고 울적하다 | 责备 zébèi [동] 책망하다, 혼내다 | 傲慢 àomàn [형] 거만하다, 오만하다 | 来往 láiwǎng [동] 왕래하다 | 称赞 chēngzàn [동] 칭찬하다 | 外甥 wàisheng [명] 여자 형제의 아들 | 才华 cáihuá [명] (문예 방면의) 재주, 재능 | 出众 chūzhòng [형] 출중하다 | 后起之秀 hòuqǐzhīxiù 뛰어난 새로운 인재, 신예

해설 23. 지문에서 판닝은 '그의 외삼촌(他的舅父)'이라고 했으므로 정답은 C이다.
24. 장쉬엔은 자신이 왕천보다 나이가 많으니 그가 먼저 자신에게 인사하기를 바랐다고 했으므로 정답은 B이다.
25. 판닝은 조카에게 '뛰어난 새 인재'라고 하며 오히려 칭찬했다고 했으므로 정답은 D이다.

26-28

　　1926년 샤먼 대학교에서 가르치던 시기에 루쉰 선생은 한 이발소에 가서 이발을 했다. 이발사는 루쉰을 몰랐고, 26 그의 옷차림이 소박하고 낡은 도포와 낡은 헝겊신을 신은 것을 보고, 속으로 분명 돈이 몇 푼 없을 거라고 생각했다. 그래서 이발사는 쌀쌀맞게 루쉰을 불러 앉히고 대충 이발을 해줬다. 이에 대해 루쉰은 화를 내지 않았을뿐더러 오히려 아무렇게나 한 움큼의 돈을 집어 그에게 주고, 세어보지도 않고는 문을 열고 나가버렸다. 이발사가 돈을 세어보니, 원래 받아야 할 액수보다 훨씬 더 많아서 기뻐하는 기색을 감추지 못했다.

　　시일이 흐른 후 루쉰은 다시 이 이발소에 왔다. 이발사는 한눈에 그를 알아보고, 즉시 다가가 비위를 맞췄다. 비록 루쉰은 여전히 지난번 그 차림이었지만, 이발사는 가장 자신 있는 능력을 죄다 선보였고, 만면에 공손함이 가득 떠오고, 천천히 세심하게 이발을 했다. 족히 1시간 정도를 들였고, 수시로 담배를 올리고 차를 권했다. 뜻밖에 이발을 마친 후에 루쉰은 호방하고 시원스러운 모습을 보이지 않고 원래의 가격대로 돈을 지불했고, 한 푼도 더 주지 않았다.

　　28 이발사는 이상하다고 여겼다. "선생님, 저번에는 그렇게 주시더니, 오늘은 왜 이렇게 주세요?" 루쉰은 웃었다. 27 "저번에는 엉망으로 이발해주셨길래 저도 엉망으로 드린 겁니다. 이번에는 성실하게 이발해주셔서 저도 정직하게 드렸습니다." 이발사는 듣고 난 후 매우 난처해졌다.

26 처음에 이발사의 태도는 왜 좋지 않았는가?

　A 기분이 좋지 않아서
　B 급하게 외출해야 해서
　C 루쉰의 복장이 돈 있는 사람 같지 않아서
　D 루쉰이 돈을 충분히 주지 않아서

27 두 번째에 루쉰 선생은 왜 돈을 더 주지 않았는가?

　A 가져온 돈이 부족해서
　B 이발을 잘 못했다고 생각해서
　C 담배를 피우거나 차를 마시지 않아서
　D 이발사를 훈계하기 위해서

28 두 번째에 루쉰이 돈을 냈을 때 이발사는 매우:

　A 기뻤다　　　　　　B 이해가 가지 않았다
　C 화가 났다　　　　　D 평온했다

단어 厦门 Xiàmén 고유 샤먼 [도시명] | 教书 jiāo shū 통 가르치다 | 衣着 yīzhuó 명 옷차림, 복장 | 简朴 jiǎnpǔ 형 소박하다, 간소하다 | 长袍 chángpáo 명 도포 | 布鞋 bùxié 명 헝겊신 | 冷冰冰 lěngbīngbīng 형 냉랭하다, 냉담하다 | 数额 shù'é 명 액수 | 喜形于色 xǐxíngyúsè 기쁨을 억누를 수 없어 얼굴에 드러나다 | 立即 lìjí 부 즉각, 즉시 | 献殷勤 xiàn yīnqín 통 비위를 맞추다, 아부하다 | 看家 kànjiā 가장 잘하는, 비장의 | 谦恭 qiāngōng 형 공손하다 | 足足 zúzú 부 꼬박, 족히 | 豪爽 háoshuǎng 형 호방하고 솔직하다 | 规矩 guīju 형 단정하고 정직하다 | 窘 jiǒng 형 난처하다, 곤란하다 | 教训 jiàoxùn 통 훈계하다

해설 26. 이발사는 루쉰의 옷차림을 보고 돈이 없을 거라고 생각하여 대충 이발했다고 했으므로 정답은 C이다.

27. 두 번째 방문에서 이발사가 왜 이번에는 돈을 더 주지 않는지 묻자, 루쉰 선생은 저번에는 엉망으로 이발을 했길래 아무렇게나 돈을 주었고, 이번에는 정성을 다했기에 원래대로 주는 거라고 했다. 즉 이발사로 하여금 자신의 잘못을 깨닫고 훈계하기 위해서임을 알 수 있다.

28. 이발사는 저번처럼 돈을 많이 받을 줄 알았는데 루쉰이 원래 가격대로 돈을 주자 이상하다고 생각했으므로 정답은 B이다.

쓰기

〈제1부분〉

29

他	因为	胃病	而	戒了酒。
주어		부사어		술어+목적어

그는 위장병 때문에 술을 끊었다.

해설 접속사의 어순배열 문제이다.

① 접속사 '因为'와 '而'에 주목하자. 이 둘은 인과 관계를 나타내는 접속사이므로 '因为' 뒤에는 원인, '而' 뒤에는 결과가 와야 한다.

② '胃病(위장병)'과 '戒了酒(술을 끊다)'는 각각 원인과 결과에 해당하므로 '胃病'은 '因为' 뒤에, '戒了酒'는 '而' 뒤에 놓을 수 있다.

③ 인칭대사 '他'는 이 문장의 전체 주어 역할을 하므로 맨 앞에 온다.

30

你	快尝尝	这 地道的	传统点心。
주어	부사어+술어	관형어	목적어

빨리 이 오리지널 전통 디저트 맛 좀 봐.

해설 관형어의 어순배열 문제이다.

① 술어를 먼저 찾아보자. '부사+동사' 구조인 '快尝尝'이 술어 자리에 올 수 있다.

② 술어가 '尝尝(맛보다)'이므로 목적어는 맛볼 수 있는 대상인 '传统点心(전통 디저트)'이 되고, 맛을 보는 주체, 즉 주어는 인칭대사 '你'가 된다.

③ 명사를 수식하는 관형어의 어순은 일반적으로 '지시대사+기타 품사+的'이므로 '这地道的'의 순으로 목적어 앞에 놓을 수 있다.

31

他	平均	每两个星期	要	招待一次客人。
주어		부사어		술어+보어+목적어

그는 평균적으로 2주에 한 번씩 고객을 접대해야 한다.

해설 부사어의 어순배열 문제이다.

① 술어를 먼저 찾아보자. '招待一次客人'은 '동사+동량사+명사' 구조로 '술어+목적어' 역할을 하게 되므로 문장의 맨 끝에 놓는다.

② 동사 '招待'의 주체인 인칭대사 '他'를 주어 자리에 놓는다.

③ '平均'은 '평균적으로'라는 뜻으로 부사어로 사용될 수 있으며, 접대하는 횟수를 나타내는 '每两个星期'와 함께 술어 앞 부사어 자리에 놓는다. 조동사 '要'는 '招待'의 뜻을 강조하므로 '招待' 바로 앞에 놓는다.

⟨제2부분⟩

32

我爷爷曾经是一名历史老师，不仅在教学方面表现出优秀的能力，还作为一名历史学者而闻名于世。他性格大方豪爽，对人很热情。我小时候，爷爷经常用生动形象的语言来给我讲历史故事。爷爷去世已经三年了，我真怀念他。

우리 할아버지는 예전에 역사 선생님이셨는데, 가르치는 데 있어서 우수한 능력을 보이셨을 뿐만 아니라 역사학자로서도 유명하셨다. 할아버지는 성격이 대범하고 호탕하셨으며, 사람들에게 친절하셨다. 내가 어렸을 때 할아버지께서는 자주 생동감 있고 살아있는 언어로 나에게 역사 이야기를 들려주셨다. 할아버지가 세상을 떠나신 지 이미 3년이 되었고, 나는 할아버지가 무척 그립다.

10 争论的奇迹

모범 답안

듣기
1. D 2. C 3. A 4. B 5. B 6. A 7. A
8. B 9. C 10. B 11. A 12. A 13. C 14. A

독해
15. B 16. B 17. D 18. A 19. B 20. B 21. A
22. D 23. B 24. D 25. B 26. C 27. C 28. A

쓰기
29. 你的人生或许将由此走向精彩。 / 或许你的人生将由此走向精彩。
30. 整个讨论都是围绕去留问题进行的。
31. 这位年轻人始终表现得很稳定。
32. 모범 답안은 p.200 해설 참조

듣기

⟨제1부분⟩

1
男：我觉得马跑得那么快，跳起时四蹄应该都是不着地的。
女：瞎说，要是四蹄都不着地，那不成了青蛙啦？
问：女的是什么意思？

남: 내 생각에 말이 저렇게 빨리 뛰니까, 뛰어오를 때 분명히 네 발굽이 모두 땅에 닿지 않을 것 같아.
여: 무슨 소리야. 네 발굽이 모두 땅에 안 닿는다면 그건 개구리 아니야?
질문: 여자의 말은 무슨 뜻인가?

A 말이 개구리보다 더 멀리 뛴다
B 땅에 닿지 않을 때 빨리 뛴다
C 말의 4개의 발굽은 모두 땅에 닿지 않는다
D 4개의 발굽이 모두 땅에 닿지 않을 리 없다

해설 여자는 네 발굽이 모두 땅에 안 닿는다면 개구리 아니겠냐고 반문했다. 즉 여자는 남자의 말이 틀렸다고 생각하는 것이므로 정답은 D이다.

2
男：刘经理，行李已经给您放车里了，咱们什么时候出发？
女：李师傅，登机牌我在网上都换好了。时间还早，您先去吃个饭吧。
问：女的准备要去哪儿？

남: 리우 사장님, 짐은 이미 차 안에 실어두었습니다. 저희 언제 출발할까요?
여: 리 기사님, 제가 탑승권을 인터넷에서 바꿨거든요. 시간이 아직 이르니, 우선 식사 하러 가세요.
질문: 여자는 어디에 가려고 하는가?
A 식당　　B 회사　　C 공항　　D 기차역

해설 남자의 말에 언급된 '行李'나 여자의 말에 언급된 '登机牌'로 미루어 보아 여자는 공항에 가려고 함을 알 수 있다.

3
男: 小李, 你这张婚纱照在哪儿照的? 真不错!
女: 是我们去欧洲旅行结婚时, 请摄影师拍的。
问: 关于小李, 下列哪项正确?

남: 샤오리, 이 웨딩 사진 어디에서 찍은 거야? 진짜 멋져!
여: 우리가 유럽으로 신혼 여행을 갔을 때 사진 기사가 찍어 준 거야.
질문: 샤오리에 관하여 다음 중 어느 것이 정확한가?
A 유럽을 가본 적이 있다
B 남편이 사진 기사이다
C 촬영 예술을 좋아한다
D 결혼식 사회를 본 적이 있다

단어 婚纱照 hūnshāzhào 명 웨딩 사진 | 婚礼 hūnlǐ 명 결혼식 | 主持 zhǔchí 동 진행하다, 사회를 보다

해설 남자가 웨딩 사진을 어디서 찍었는지 묻자, 여자는 유럽으로 신혼 여행을 갔을 때 찍은 거라고 했으므로 여자는 이전에 유럽을 가본 적이 있음을 알 수 있다. 따라서 정답은 A이다.

4
女: 儿子来了个短信, 说在路上耽误了, 让我们再等一会儿。
男: 这孩子真不像话! 这是什么日子, 他还敢这么不当回事?
问: 男的说话时的心情怎么样?

여: 아들에게서 문자가 왔는데, 오는 길이 늦어져서, 우리보고 잠시 더 기다리라네.
남: 진짜 너무하는군! 오늘이 어떤 날인데, 감히 이렇게 대수롭지 않게 여기는 거야?
질문: 남자가 말할 때의 기분은 어떠한가?
A 긴장되고 불안하다
B 매우 화가 났다
C 자랑스럽다고 느낀다
D 창피하다고 느낀다

단어 耽误 dānwù 동 지체하다 | 自豪 zìháo 형 자랑스럽다

해설 아들이 늦을 거라고 하자, 남자는 '너무한다', '대수롭지 않게 여기는 거냐'라고 말했으므로 화가 났음을 알 수 있다. 따라서 정답은 B이다.

5
女: 最近忙什么呢? 好长时间没看到你了。
男: 学院进了一批新电脑, 这段时间忙着安装调试呢。
问: 关于男的, 可以知道什么?

여: 요즘 뭐 하느라 바빠? 오랫동안 못 봤어.
남: 학원에 새 컴퓨터가 대량으로 들어와서, 그동안 설치하고 테스트하느라 바빴어.
질문: 남자에 관하여 알 수 있는 것은 무엇인가?
A 컴퓨터가 고장 났다
B 일이 바쁘다
C 컴퓨터를 배우고 있다
D 새로운 컴퓨터를 샀다

단어 安装 ānzhuāng 동 설치하다 | 调试 tiáoshì 동 (설비·기기 등을) 테스트하여 조정하다, 성능 시험을 하다

해설 남자는 학원에 새 컴퓨터를 대량으로 들여와 설치하느라 바빴다고 했으므로 정답은 B이다. 새로운 컴퓨터라는 것 때문에 D와 헷갈릴 수 있지만, 새 컴퓨터를 산 주체는 남자가 아닌 학원일 수도 있고 명확히 언급되지 않았으므로 답이 될 수 없다.

6
男: 电影频道播的一些原版电影, 我很喜欢看。
女: 我也喜欢, 看着字幕, 还可以练习一下英语。
问: 关于女的, 可以知道什么?

남: 영화 채널에서 방영하는 원작 영화가 나는 좋더라고요.
여: 나도 좋아해요. 자막을 보면서 영어도 연습할 수 있어요.
질문: 여자에 관하여 알 수 있는 것은 무엇인가?
A 영어를 공부한 적이 있다
B TV 보는 것을 좋아한다
C 시력이 나쁘다
D 영화를 찍은 적이 있다

단어 原版 yuánbǎn 명 원작, 원본 | 字幕 zìmù 명 자막 | 视力 shìlì 명 시력

해설 여자는 자막을 보면서 영어 연습을 할 수 있어서 영화 보는 것을 좋아한다고 했다. 이로 미루어 보아 정답은 A이다.

〈제2부분〉

7
女: 你看过动画片《大闹天宫》吧?
男: 咱们小时候, 谁没看过? 在国内国际多次获过奖的, 太经典了!
女: 昨天, 我儿子看了, 他居然说不喜欢。
男: 可能这就是时代的差距吧。
问: 关于《大闹天宫》, 可以知道什么?

여: 너 애니메이션 「대요천궁」 본 적 있지?
남: 우리 어릴 때 안 본 사람이 있을까? 국내외에서 여러 번 상도 받고, 정말 명작이지!
여: 어제 우리 아들이 봤는데, 의외로 안 좋아하더라고.
남: 그건 아마 세대 차이 때문일 거야.
질문: 「대요천궁」에 관하여 알 수 있는 것은 무엇인가?
A 많은 상을 받았다
B 아들이 좋아한다
C 줄곧 인정 받지 못했다
D 제작 시간이 길지 않았다

단어 动画片 dònghuàpiàn 명 애니메이션, 만화 영화 | 大闹天宫 Dànào Tiāngōng 고유 대요천궁 [중국 최초의 컬러 장편 애니메이션] | 经典

jīngdiǎn 형 전형적이고 영향력이 크다

해설 남자는 「대요천궁」에 대해 어렸을 때 안 본 사람이 없었다고 하면서 국내외에서 여러 번 상을 받았다고 했다. 따라서 정답은 A이다.

8
男：听你说话声音好像感冒了。
女：起床时觉得鼻子有点儿堵，嗓子也发干。
男：用盐水漱漱口，用吹风机吹吹脖子后边，注意别太烫。
女：这办法还没用过，管用吗？
男：感冒初期有效，严重了当然还得吃药。
问：男的建议用吹风机吹什么地方？

남: 당신 말하는 걸 들으니 감기 걸린 것 같은데요.
여: 아침에 일어날 때 코가 좀 막히고, 목도 건조한 것 같았어요.
남: 소금물로 입을 헹궈보고, 드라이어기로 목 뒤에 바람을 좀 쐬어봐요. 화상 입지 않게 조심하고요.
여: 이 방법은 써본 적이 없는데, 효과가 있나요?
남: 초기 감기에 효과적이에요. 심해지면 당연히 약을 먹어야 하고요.
질문: 남자는 드라이어기로 어느 부위에 바람을 쐬어보라고 제안했는가?

A 정수리　　B 목　　C 코　　D 목구멍

단어 嗓子 sǎngzi 명 목구멍 | 发干 fā gān 건조하다, 마르다 | 漱 shù 동 (입안을) 가시다, 헹구다 | 吹风机 chuīfēngjī 명 드라이어기 | 吹 chuī 동 (바람이) 불다 | 烫 tàng 동 데다, 화상을 입다 | 头顶 tóudǐng 명 정수리

해설 선택지를 먼저 읽고 신체 부위에 대한 질문임을 미리 인지하여, 녹음에서 신체 부위가 들릴 때 바로 표시하도록 하자. 남자는 소금물로 입을 헹구고 드라이어기로 목 뒤에 바람을 쐬어보라고 했으므로 정답은 B이다.

9
女：你这条牛仔裤的颜色越洗越浅了。
男：是啊，褪色了。不好看了。
女：听人说，新的牛仔裤放浓盐水里泡半天，以后就不会褪色了。
男：下回咱们试试。
问：关于牛仔裤，可以知道什么？

여: 당신의 이 청바지 색이 빨수록 옅어져요.
남: 그러네요. 색이 바랬어요. 보기 안 좋은데요.
여: 새 청바지를 진한 소금물에 넣고 한참 담가 두면, 그 후로는 색이 바래지 않는다고 들었어요.
남: 다음에 우리 한번 시도해봐요.
질문: 청바지에 관하여 알 수 있는 것은 무엇인가?

A 남자는 버리고 싶어 한다
B 구멍 하나가 뚫렸다
C 색이 옅어졌다
D 밥 먹을 때 더러워졌다

단어 牛仔裤 niúzǎikù 명 청바지 | 浅 qiǎn 형 옅다 | 褪色 tuì sè 동 (천이나 옷의 색이) 바래다 | 泡 pào 동 (물이나 액체에) 담가 두다 | 磨 mó 동 마찰하다, 비비다, 닳다

해설 여자가 청바지를 빨수록 색이 옅어진다고 하자, 남자도 그렇다고 하면서 색이 바랬다고 했다. 따라서 정답은 C이다.

10
男：昨天我整理东西，有个意外的收获。
女：是吗？什么收获？
男：我居然找到考上大学时，姑姑送我的那块手表了，我一直以为丢了呢。
女：看起来你应该经常收拾一下房间。
问：男的那块手表，是谁送给他的？

남: 어제 내가 물건을 정리했는데, 뜻밖의 수확이 생겼어.
여: 그래? 무슨 수확인데?
남: 뜻밖에 내가 대학에 들어갈 때 고모가 나에게 선물해준 손목시계를 찾았어. 나는 계속 잃어버렸다고 생각했거든.
여: 보아하니 너는 방을 자주 정리해야겠다.
질문: 남자의 손목시계는 누가 그에게 선물한 것인가?

A 외할아버지　　B 고모
C 외삼촌　　　　D 아내

해설 선택지를 읽으며 인물 관련 질문이 나올 수 있음을 파악할 수 있다. 남자는 방 정리를 하다 고모가 선물해준 손목시계를 찾았다고 했으므로 정답은 B이다.

11-12

第11到12题是根据下面一段对话：

女：你的相机看起来挺不错，12 唯一的缺点就是重。
男：你说得没错，11 但我喜欢摄影，这点儿难题能克服。
女：你这相机多少钱买的？
男：加上镜头，一万五左右。
女：我这个手机才四千多，也有拍照功能，效果也不错，带着多方便。
男：手机怎么能和相机比？太不专业了。
11. 问：关于男的，从对话中可以知道什么？
12. 问：女的对相机最不满意的地方是什么？

11-12번 문제는 다음 대화에 근거한다:

여: 네 카메라는 보기에는 괜찮은데, 12 유일한 단점이 바로 무겁다는 거야.
남: 네 말이 맞아. 11 하지만 나는 촬영하는 걸 좋아해서 이 정도 어려움은 극복할 수 있어.
여: 이 카메라는 얼마 주고 산 거야?
남: 렌즈까지 더해서 만오천 위안 정도.
여: 내 휴대전화는 겨우 4천 위안쯤 되는데, 사진 촬영 기능도 있고 성능도 좋고 갖고 다니기도 훨씬 편리해.
남: 휴대전화를 어떻게 카메라와 비교할 수 있어? 너무 비전문적이잖아.

11 남자에 관하여 대화를 통해 알 수 있는 것은 무엇인가?

A 촬영을 좋아한다
B 휴대전화를 안 좋아한다
C 촬영 일에 종사한다
D 전문적인 훈련을 받은 적이 있다

모범 답안 및 해설　195

12 여자는 카메라의 어떤 부분에 대해 가장 불만인가?

A 들었을 때 너무 무겁다
B 사용이 복잡하다
C 가격이 너무 비싸다
D 기능이 간단하다

단어 唯一 wéiyī 웹 유일한, 하나밖에 없는 | 克服 kèfú 통 극복하다, 이기다 | 镜头 jìngtóu 명 렌즈

해설 11. 여자가 카메라가 너무 무겁다고 하자, 남자는 촬영하는 것을 좋아해서 상관없다고 했다. 따라서 정답은 A이다. B의 경우, 대화에서 휴대전화는 그저 비교 대상일 뿐 좋아하는지 여부에 대해서는 언급되지 않았으므로 답이 될 수 없다.

12. 여자의 첫마디로 카메라의 유일한 단점이 바로 무겁다는 것이라고 했으므로 정답은 A이다.

13-14

第13到14题是根据下面一段话：

13 现在的孩子"动"的时间越来越少。在家里，饭来张口，衣来伸手，基本不做家务；外出，上楼有电梯，出行有汽车；在学校，课间10分钟多被加课挤占，体育课的活动量过小或被挪作他用；有限的业余时间又多用在电脑上网、玩儿游戏机、看电视等静态的活动上，13 户外活动时间越来越少。据统计，60%的儿童肥胖和每天长时间坐在屏幕前有关。

其实，玩儿是孩子们的天性，孩子在玩儿中得到快乐，也在玩儿中锻炼身体。如今，过多的作业、名目繁多的特长班和辅导班夺去了孩子们玩儿的权利。14 而家长们由于职场压力和工作负担，也谈不上做孩子们的玩伴了。

13. 问：文中提到的"动"的时间，是指下列哪种时间？

14. 问：根据本文，家长为什么不能成为陪孩子玩儿的玩伴？

13-14번 문제는 다음 내용에 근거한다:

13 요즘 아이들의 '움직이는' 시간이 점점 줄어들고 있다. 집에서는 밥이 오면 입을 벌리고, 옷이 오면 손을 뻗으며, 기본적으로 집안일을 하지 않는다. 집 밖에서는 위층으로 올라갈 때 엘리베이터가 있고, 외출할 때는 자동차가 있다. 학교에서는 쉬는 시간 10분은 대부분 보충수업 차지이고, 체육 시간의 활동량은 지나치게 적거나 다른 용도로 쓰인다. 제한된 여가 시간에는 또 대부분 컴퓨터로 인터넷을 하거나 게임을 하거나 TV를 보는 등 정적인 활동을 하므로 13 야외 활동 시간은 점점 줄어든다. 통계에 따르면, 60%의 아동 비만은 매일 장시간 모니터 앞에 앉아 있는 것과 관련이 있다고 한다.

사실 노는 것은 아이들의 천성으로, 아이들은 놀면서 즐거움을 얻고 놀면서 체력을 단련시킨다. 오늘날 지나치게 많은 숙제와 각종 학원과 과외가 아이들의 놀 권리를 빼앗아갔다. 14 또한 학부모들은 직장 스트레스와 업무 부담 때문에 아이들의 놀 상대가 되는 건 말조차 꺼낼 수 없다.

13 본문에서 언급한 '움직이는' 시간은 다음 중 어떤 시간을 가리키는가?

A 엘리베이터를 타는 것
B 학원에 가는 것
C 실외 활동을 하는 것
D 게임기를 갖고 노는 것

14 본문에 근거하여 학부모는 왜 아이를 데리고 노는 놀이 상대가 될 수 없는가?

A 업무 부담이 커서
B 집안일이 끝나지 않아서
C 아이들이 노는 것을 반대해서
D 아이들의 숙제가 많아서

단어 饭来张口, 衣来伸手 fàn lái zhāng kǒu, yī lái shēn shǒu 밥이 오면 입을 벌리고 옷이 오면 손을 내밀다, 안일하고 나태한 생활을 하다 | 家务 jiāwù 명 집안일, 가사일 | 挤占 jǐzhàn 통 강제로 점거하다 | 挪 nuó 통 옮기다, 움직이다 | 他用 tāyòng 명 다른 용도 | 静态 jìngtài 웹 정적이다 | 肥胖 féipàng 웹 동뚱하다 | 屏幕 píngmù 명 모니터, 스크린 | 天性 tiānxìng 명 천성, 타고난 성격 | 名目 míngmù 명 구실, 이유 | 特长班 tècháng bān 명 특기반, 학원 | 辅导班 fǔdǎobān 명 (정규 수업 외의) 특별 지도반, 과외 | 夺去 duóqù 빼앗아가다 | 家长 jiāzhǎng 명 학부모 | 职场 zhíchǎng 명 직장 | 玩伴 wánbàn 명 놀이 상대, 동무

해설 13. '움직이는' 시간이 무엇인지 녹음에 직접적으로 언급되지는 않았지만, 바로 뒤에 이어지는 정적인 활동과 반대되는 것임을 알 수 있다. 즉 아이들이 놀고 활동하는 것을 뜻하므로 정답은 C이다. A, B, D는 모두 '정적인 활동(静态的活动)'에 해당하므로 답이 될 수 없다.

14. 녹음의 마지막 문장에서 학부모들은 직장 스트레스와 업무 부담으로 인해 아이들과 함께 놀아주지 못한다고 했으므로 정답은 A이다.

독해

〈제1부분〉

15-18

안경을 만드는 네덜란드인이 있었는데 그의 이름은 한스 리퍼세이라고 했다. 하루는 그의 아이들이 살그머니 그가 일하는 곳에 들어와 유리 렌즈들을 만지며 놀았다. 그중 한 아이가 두 개의 렌즈를 들고 창밖을 15 향해(B 朝) 바라보았다. 매우 놀랍게도 먼 곳에 있는 교회가 너무 가깝고 커 보여서, 아이는 바로 아빠를 와 보게 했다. 그는 급히 달려왔고, 16 그 광경을 보고 매우 놀랐다(B 见此情景也非常吃惊). 이렇게 하여 한스의 아들은 17 우연히(D 偶然) 중대한 발견을 하게 되었다. 아들의 발견은 렌즈 하나는 눈에 가깝게 하고 다른 하나는 눈에서 조금 멀리 떨어지게 하면, 멀리 있는 물체가 좀 더 크고 좀 더 가깝게 보인다는 것이었다. 얼마 지나지 않아, 갈릴레이라고 하는 이탈리아의 과학자가 이 발견에 대해 듣고, 즉시 두 개의 렌즈를 사용하여 망원경을 제작하기 시작했다.

갈릴레이가 1609년에 첫 번째 망원경을 만든 후에 과학자들이 잇달아 더 크고 더 좋은 망원경을 만들어냈다. 바로 망원경이 천문학의 세계로 18 통하는(A 通) 문을 열어준 것이다. 망원경이 있음으로써 천문학자들은 우주에서 더 멀리 볼 수 있게 되었다.

단어 荷兰 Hélán 고유 네덜란드 | 汉斯·李普希 Hànsī Lǐpǔxī 고유 한스 리퍼세이 | 透镜 tòujìng 명 렌즈 | 教堂 jiàotáng 명 교회 | 急忙 jímáng 부 급하게, 서둘러 | 贴近 tiējìn 통 접근하다, 바싹 다가가다 | 物体 wùtǐ 명 물체 | 隔 gé 통 떨어져 있다, 사이를 두다 | 伽利略 Jiālìlüè 고유 갈릴레이 | 意大利 Yìdàlì 고유 이탈리아 | 着手 zhuóshǒu 통 착수하다, 시작하다 | 望远镜 wàngyuǎnjìng 명 망원경 | 陆续 lùxù 부 잇달아, 연달아 | 天文 tiānwén 명 천문 | 太空 tàikōng 명 우주 | 严肃 yánsù 웹 근엄하다, 엄숙하다

해설 ⑮ 선택지를 통해 빈칸에 들어갈 단어의 품사는 개사임을 알 수 있다. 한스의 아들은 렌즈를 들고 창밖을 바라봤다고 했으며 이는 시선이 창밖을 향하고 있다는 뜻이다. 따라서 알맞은 개사는 B '朝'이다.

16. 빈칸 앞의 내용을 살펴보면, 아이가 렌즈를 통해 교회가 가깝고 크게 보인 것에 놀라 아빠를 불렀고 아빠도 급히 달려왔다고 했으므로 빈칸에는 아빠 역시 이 광경을 봤다는 내용이 들어가야 한다. 따라서 정답은 B이다.

17. 한스의 아들은 놀다가 우연히 발견한 것이므로 정답은 D이다.

18. 빈칸 뒤의 문장, 즉 망원경이 있음으로 하여 천문학자들이 우주에서 더 멀리 보게 되었다는 내용으로 미루어 보아, 망원경이 천문학으로의 접근을 용이하게 한 것이므로 천문학 세계로 '통하게' 했다는 뜻을 나타내야 한다. 따라서 정답은 A이다.

TIP

▶ 对: ~에 대하여 [대상을 강조함]
  我对天文感兴趣。 나는 천문학에 관심이 있다.

▶ 从: ~부터 [장소, 시간의 출발점을 나타냄]
  我们从哪儿出发？ 우리는 어디에서 출발해?
  你从几点到几点工作？ 너는 몇 시부터 몇 시까지 일해?

▶ 由: ~로부터
  ① 동작이 경과하는 노선이나 장소를 나타냄
    由东门进入宴会场。 동문으로 연회장을 들어간다.
  ② 동작의 주체를 이끌어냄
    这个项目由谁负责？ 이 프로젝트는 누가 담당하지?
  ③ 근거의 대상을 이끌어냄
    由此可知 이를 미루어 알 수 있듯이

〈제2부분〉

19. 어렵고 힘든 실험을 거쳐, 영화 촬영 기술은 점차 개선되고 발전하기 시작했다. 1895년 12월 28일 프랑스의 뤼미에르 형제가 파리에서 처음으로 대중에게 단편 영화「열차의 도착」을 선보였다. 이날은 후에 영화 탄생의 기념일이 되었고, 형제는 역사상 최초의 영화감독이 되었다.

A 「열차의 도착」은 관중들의 호평을 받았다
B 최초의 영화는 파리에서 상영되었다
C 뤼미에르는 영화 촬영 기술을 발명하였다
D 1895년 12월 28일에 제1회 영화제가 개최되었다

해설 뤼미에르 형제의 「열차의 도착」은 파리에서 처음으로 대중에게 선보인 영화라고 했으므로 정답은 B이다. A와 D는 지문을 통해 알 수 없고, 뤼미에르 형제는 영화 촬영 기술을 발명한 것이 아닌 영화를 선보인 것이므로 C 역시 정답이 아니다.

20. 세화는 중국의 오래된 민간 예술의 하나이며 동시에 중국 사회의 역사, 생활, 신앙 그리고 풍속을 반영한다. 음력 새해를 맞을 때마다 사람들은 세화 몇 장을 사서 집에 붙여 놓는데, 거의 모든 집이 이렇게 한다. 대문부터 대청까지 알록달록하고 행운과 부귀를 상징하는 각종 세화를 가득 붙인다. 새해에 즐겁고 떠들썩한 분위기로 가득한 데에는 세화가 적지 않은 역할을 하고 있다.

A 세화는 주로 민가의 대문에 붙인다
B 세화는 새해에 즐거운 분위기를 더해준다
C 세화는 모두 빨간색 종이를 잘라 만든 것으로, 행운을 상징한다
D 세화는 중국 농촌의 사회생활을 반영한다

단어 年画 niánhuà 명 세화 [설날에 실내에 붙이는 그림] | 信仰 xìnyǎng 명 신앙 | 逢 féng 동 만나다, 마주치다 | 厅房 tīngfáng 명 넓은 방, 대청 | 花花绿绿 huāhuālǜlǜ 형 알록달록하다 | 象征 xiàngzhēng 동 상징하다 | 吉祥 jíxiáng 형 상서롭다, 길하다 | 富贵 fùguì 형 부귀하다 | 民居 mínjū 명 민가 | 增添 zēngtiān 동 더하다, 늘리다

해설 새해에 즐겁고 떠들썩한 분위기로 가득한 데에는 세화가 적지 않은 역할을 한다고 했으므로 정답은 B이다. 세화는 대문부터 대청까지 모두 붙인다고 했으므로 A는 오답이고, C는 지문에 언급되지 않았다. 세화는 농촌 사회만이 아닌 중국의 전체 사회상을 반영한 것이므로 D 역시 오답이다.

21. 20세기 60년대에는 아직 컴퓨터가 만들어지지 않아, 애니메이션 제작은 전부 손안의 펜 한 자루에 의지했었다. 일반적으로 10분의 애니메이션에는 7000~10000장의 원화를 그려야 하니,「대요천궁」의 작업이 얼마나 대단했는지 상상할 수 있다. 전체 애니메이션의 원화를 그리는 단계에서 매일 똑같은 작업을 반복해야 하는데, 41분짜리의 상편과 72분짜리의 하편은 오로지 원화를 그리는 데에만 거의 2년이 걸렸다.

A 오로지 수작업으로 애니메이션을 제작하는 것은 시간이 매우 많이 걸린다
B 「대요천궁」의 원화는 대략 10000장이다
C 「대요천궁」의 제작 앞뒤로 거의 2년이 걸렸다
D 「대요천궁」의 애니메이션 제작은 컴퓨터를 이용하여 완성한 것이다

단어 影片 yǐngpiàn 명 영화 | 工程 gōngchéng 명 프로젝트, 작업 | 巨大 jùdà 형 거대하다 | 阶段 jiēduàn 명 단계 | 绘制 huìzhì 동 (그림·도면을) 제작하다 | 耗时 hào shí 시간이 걸리다

해설 10분의 애니메이션에 7천~1만 장의 그림을 그려야 하니「대요천궁」의 작업이 얼마나 대단했는지 상상할 수 있다고 했으므로 수작업으로 한 편의 애니메이션을 제작하는 것이 매우 긴 시간이 드는 작업임을 알 수 있다. 따라서 정답은 A이다. 지문의 1만 장 원화는 애니메이션 10분 분량에 해당하는 것이므로 B는 정답이 아니다. 원화 그리는 데에만 2년이 걸렸다고 했으므로 C 역시 정답이 아니고,「대요천궁」은 수작업으로 만들어진 것이므로 D 역시 정답이 아니다.

22. 찻잎의 종류는 많은데, 우롱차는 그중에서도 특징이 분명한 종류이다. 전해지는 말에 따르면, 우롱차는 창시자였던 청나라 사람 쑤우롱으로 인해 명성을 얻었다고 한다. 또 빛깔과 광택이 푸른 갈색이어서 '청차'라고도 한다. 우롱차는 부분 발효차로, 발효되지 않은 녹차와 다르면서 전체 발효시킨 홍차와도 다르며, 성질은 두 개의 중간 단계에 있다. 발효가 충분히 되지 않았기 때문에 우롱차는 녹차의 맑고 향긋하며 감미롭고 신선하다는 특징을 갖고 있고 또 홍차의 짙고 향기로운 장점도 갖고 있어, 두 가지 장점을 흡수하여 하나가 되었다고 할 수 있다. '香(향긋하다)'라는 한 글자로 많은 다도인의 사랑을 받고 있다.

A 청차는 우롱차의 한 종류이다
B 녹차는 전체 발효된 차이다
C 홍차는 맑고 향긋하며 감미롭고 신선하다는 특징을 갖고 있다
D 우롱차는 녹차와 홍차의 장점을 모두 갖고 있다

단어 乌龙茶 Wūlóngchá 고유 우롱차 | 鲜明 xiānmíng 형 분명하다, 뚜렷하다 | 苏乌龙 Sū Wūlóng 고유 쑤우롱 [인명] | 得名 dé míng 명성을 얻다 | 色泽 sèzé 명 빛깔과 광택 | 褐 hè 형 갈색의 | 发酵

fājiào 图 발효하다, 발효시키다 | 介于 jiè yú ~의 사이에 있다 | 具有 jùyǒu 图 가지다, 구비하다 | 芬芳 fēnfāng 图 향기롭다 | 可谓 kěwèi 图 ~라 말할 수 있다 | 吸取 xīqǔ 图 흡수하다 | 兼 jiān 图 겸하다

해설 지문에서 우롱차는 녹차와 홍차의 장점을 흡수했다고 했으므로 정답은 D이다. '청차'는 우롱차의 또 다른 명칭이며, 전체 발효시킨 차는 녹차가 아닌 홍차이다. C는 홍차가 아닌 녹차의 특징이다.

〈제3부분〉

23-25

아인슈타인이 네덜란드 레이던 대학교에서 특별 초빙 교수로 재직 중일 때, 학생들에게 첫 번째로 강의한 것은 성공의 비결이었다.

23 아인스타인은 상자 하나를 들고 강단으로 가서, 상자에서 도미노 조각을 하나씩 하나씩 꺼낸 다음 탁자 위에 블록 쌓기를 하듯이 쌓기 시작했다. 20개 조각을 쌓았을 때 도미노는 와르르 무너졌다. 그는 서두르지도, 여유롭지도 않게 주워서 계속 쌓았다. 아인슈타인이 네다섯 번을 쌓을 때 조용했던 강의실이 술렁이기 시작했다. 하지만 아인슈타인은 여전히 태연하게 쌓았고, 무너지면 다시 쌓았다……

24 30분이 지나자 학생들은 잇달아 나가버렸다. 어떤 학생들은 아인슈타인을 도왔는데, 그때 이들이 알게 된 것은 상자 안에 대략 50개의 도미노 조각이 있고, 40조각을 쌓기 전에 바로 무너진다는 것이었다. 학생들이 또 하나씩 떠났고, 한 명의 학생만 남아 여전히 고집스럽게 쌓았다. 다시 한 시간이 지나자 그 학생은 마침내 50개의 도미노 조각을 전부 쌓아 올렸다.

아인슈타인은 기쁘게 말했다. "성공을 축하하네. 소감이 어떤가?" 학생은 잠시 생각하고 말했다. "매번 쌓아 올릴 때마다 모두 새로운 발견이었어요." 알고 보니 그가 도미노를 쌓을 때 어떤 조각에 약간의 자성이 있어서 서로 끌어당길 수 있다는 것을 발견하고, 자성을 띤 조각을 모두 아랫부분에 두었던 것이었다. 조각이 무너져 다시 쌓을 때 그는 또 조각의 무게가 모두 다르다는 것을 발견하고 무거운 조각을 아랫부분에 두었고, 이렇게 몇 번을 반복한 끝에 전부 쌓아 올릴 수 있었다.

아인슈타인이 말했다. "성공은 바로 끊임없이 문제를 발견하고 해결하는 과정인 거야. 동시에 충분한 인내심을 갖고 해야 하지. 25 그래서 성공의 비결은 바로 간단한 일을 반복해서 하는 것이라네."

도미노 조각을 쌓았던 그 학생은 후에 아인슈타인의 동료가 된, 미국의 저명한 물리학자이자 사상가, 교육자인 휠러이다.

23 아인슈타인은 첫 번째 강의 시간에:
A 도미노 조각으로 집을 만들었다
B 탁자 위에서 도미노 조각을 쌓았다
C 학생들과 도미노를 가지고 놀았다
D 도미노의 게임 규칙을 설명했다

24 본문에 근거하여 30분 후에 어떤 상황이 발생했는가?
A 학생들이 그를 교실에서 쫓아냈다
B 학생들이 수업을 끝내라고 시끄럽게 굴었다
C 어떤 사람이 도미노 전부를 쌓아 올렸다
D 학생들이 잇달아 교실을 떠났다

25 아인슈타인이 도미노를 쌓아 학생에게 알려주려고 한 성공의 비결은:

A 사물을 자세하게 관찰해야 한다
B 간단한 일을 반복해서 해야 한다
C 문제 발견에 능해야 한다
D 인내심 있게 다른 사람의 건의를 들어야 한다

단어 爱因斯坦 Àiyīnsītǎn 고유 아인슈타인 | 出任 chūrèn 图 (임무나 관직을) 맡다 | 莱顿大学 Láidùn Dàxué 고유 레이던 대학교 | 特邀 tèyāo 图 특별 초청하다 | 秘诀 mìjué 몡 비결 | 讲台 jiǎngtái 몡 강단, 교단 | 骨牌 gǔpái 몡 도미노 | 搭 dā 图 놓다, 세우다 | 积木 jīmù 몡 블록 쌓기 장난감 | 哗啦 huālā 의성 와르르 | 捡 jiǎn 图 줍다 | 礼堂 lǐtáng 몡 강의실, 강당 | 骚动 sāodòng 图 술렁거리다, 떠들썩하다 | 慢条斯理 màntiáo-sīlǐ 침착하다, 태연자약하다 | 固执 gùzhí 톙 고집스럽다 | 感想 gǎnxiǎng 몡 감상, 소감 | 思考 sīkǎo 图 생각하다 | 略 lüè 톞 약간, 조금 | 磁性 cíxìng 몡 자성 | 轻重 qīngzhòng 몡 무게, 중량 | 反复 fǎnfù 图 반복하다, 되풀이하다 | 惠勒 Huìlè 고유 휠러(John Wheeler) | 盖 gài 图 (집을) 짓다

해설 23. 아인슈타인은 첫 수업 때 상자에서 도미노 조각을 꺼내 탁자 위에 블록 쌓기를 하듯이 쌓기 시작했다고 했으므로 정답은 B이다.
24. 질문의 키워드는 '30분 후'이므로 지문에서 해당 내용을 찾아보자. 세 번째 단락에서 30분이 지난 뒤 학생들이 잇달아 나갔다고 했으므로 정답은 D이다.
25. 이 글의 주제를 묻고 있다. 다섯 번째 단락에서 아인슈타인은 성공의 비결은 바로 '간단한 일을 반복해서 하는 것'이라고 했으므로 정답은 B이다.

26-28

끈끈이주걱은 겉모습이 예쁘고 왜소한 식물이다. 그렇게 작으니 별다른 위험성이 거의 없는 것처럼 보인다. 끈끈이주걱의 잎 가장자리에는 아주 미세한 솜털이 빽빽이 나 있는데, 이러한 솜털에는 액체가 묻어 있어 반짝반짝 빛나는 것처럼 보인다. 곤충에게 있어서 이러한 식물은 훌륭한 음식물 같아 보인다. 그러나 일단 곤충이 끈끈이주걱의 잎사귀에 내려앉으면, 잎의 솜털에 묻어 있는 액체가 곤충을 움직이지 못하게 한다. 그래서 끈끈이주걱은 자신의 줄기와 잎으로 곤충을 싸고 뒤이어 그것을 먹어버린다.

수년 전에 영국의 생물학자 다윈은 이 끈끈이주걱에 흥미가 있었다. 그는 이 식물이 곤충 말고도 다른 음식물도 잡아먹는지 매우 알고 싶었다. 그래서 그는 구운 양고기의 아주 작은 일부를 끈끈한 잎에 올려두었는데, 27 이 식물이 뜻밖에도 게눈 감추듯 양고기를 먹어치우는 것이었다. 이어서 다윈은 소량의 우유, 계란과 기타 작은 음식물을 잎 위에 두었는데, 끈끈이주걱은 이것들을 좋아할 뿐만 아니라 주는 것은 거절하지 않고 전부 먹어치웠다.

26 식충 식물에는 종류가 많이 있는데, 끈끈이주걱은 그중의 하나일 뿐이다. 이러한 식충 식물이 곤충을 포획하는 방법은 제각각이다. 끈끈이주걱처럼 미세한 솜털을 이용하여 먹잇감을 달라붙게 하는 것도 있고, 어떤 것은 마치 벌레잡이통풀과 같이 자신의 빛나는 색깔로 곤충을 유인하기도 한다. 곤충이 벌레잡이통풀의 화려한 꽃잎에 내려앉으면, 곤충은 저절로 떨어지게 되는데, 매끄러운 식물의 내부로 미끄러진다. 벌레잡이통풀의 아랫부분은 액체로 가득한 웅덩이인데, 그 안의 액체는 특수한 화학물질을 함유하고 있어서 곤충을 식물에게 필요한 영양분으로 분해한다.

26 통발류 식물 역시 식충 식물의 일종인데, 이들은 대부분 물속에서 자란다. 이 식물의 측면에는 모두 움직이는 덮개가 있는데, 곤충이 통발 식물의 미세한 솜털에 접근하면 움직이는 덮개가 열리면서 곤충이 식물 안으로 떨어지게 된다.

또한 어떤 식물은 빗물을 모으는데, 곤충이 물을 마시러 다가오면 곤충은 도망갈 수 없게 된다. 28 그 이유는 이 식물 위에 분

말이 가득하여, 일단 곤충에 이 분말이 묻으면 움직일 수 없게 되기 때문이다. 과학자 덜랜드 피시는 정원의 울타리에 이 종류의 식물 네 그루를 두었는데, 어떻게 되었는지 아는가? 8일의 짧은 기간 안에 이 네 그루의 식물이 뜻밖에도 136마리의 곤충을 잡아 먹었다!

26 본문이 주로 소개하는 것은:
A 끈끈이주걱 B 벌레잡이통풀
C 식충 식물 D 통발류 식물

27 다윈이 관찰한 후 끈끈이주걱이 어떻다는 것을 발견했는가:
A 곤충에 대해서만 관심이 있다
B 구운 양고기 먹는 것을 특히 좋아한다
C 어떤 육식이든 다 잘 먹는다
D 우유와 계란은 안 먹는다

28 덜랜드 피시가 연구한 식물은 무엇으로 곤충을 잡는가?
A 분말 B 움직이는 덮개
C 솜털 D 아랫부분의 웅덩이

단어 茅膏菜 máogāocài 명 끈끈이주걱 | 外表 wàibiǎo 명 겉모습, 외모 | 矮小 ǎixiǎo 형 왜소하다 | 边缘 biānyuán 명 가장자리 | 布满 bùmǎn 가득 퍼져있다 | 细小 xìxiǎo 형 미세하다, 아주 작다 | 绒毛 róngmáo 명 털, 솜털, 융모 | 沾 zhān 통 젖다, 묻다 | 液体 yètǐ 명 액체 | 闪 shǎn 통 반짝이다 | 发亮 fāliàng 통 빛나다 | 昆虫 kūnchóng 명 곤충 | 一旦 yídàn 접 일단 | 叶片 yèpiàn 명 잎사귀 | 动弹 dòngtan 통 움직이다 | 枝叶 zhīyè 명 줄기와 잎 | 包裹 bāoguǒ 통 싸다, 포장하다 | 继而 jì'ér 접 계속하여, 뒤이어 | 达尔文 Dá'ěrwén 고유 다윈 | 猎食 liè shí 잡아먹다 | 烧 shāo 통 굽다, 가열하다 | 黏 nián 형 끈적하다, 찐득하다 | 狼吞虎咽 lángtūn-hǔyàn 게눈 감추듯 먹어치우다, 게걸스럽게 먹다 | 一扫而光 yì sǎo ér guāng 일소하다, 완전히 없애버리다 | 来者不拒 láizhě-bújù 오는 사람 혹은 보내온 물건을 거절하지 않다 | 统统 tǒngtǒng 부 전부, 모두 | 食肉植物 shíròu zhíwù 식충 식물 [벌레를 잡아먹는 식물] | 捕捉 bǔzhuō 통 포획하다, 붙잡다 | 各异 gè yì 각각 다르다 | 粘 zhān 통 달라붙다 | 则 zé 접 대비를 나타냄 | 猪笼草 zhūlóngcǎo 명 벌레잡이통풀 | 鲜亮 xiānliang 형 선명하다, 아름답다 | 鲜丽 xiānlì 형 산뜻하고 아름답다 | 花瓣 huābàn 명 꽃잎 | 光滑 guānghuá 형 (표면이) 매끄럽다, 반들반들하다 | 盛满 chéngmǎn 가득 담다, 가득 채우다 | 池子 chízi 명 못, 웅덩이 | 分解 fēnjiě 통 분해하다 | 狸藻 lízǎo 명 통발 | 侧面 cèmiàn 명 옆면, 측면 | 盖 gài 명 뚜껑, 덮개 | 板门 bǎnmén 명 판자로 만든 문 | 收集 shōují 통 수집하다, 모으다 | 逃开 táokāi 달아나다 | 粉末 fěnmò 명 분말, 가루 | 德兰·菲什 Délán Fēishí 고유 덜랜드 피시 | 栅栏 zhàlan 명 울타리 | 株 zhū 양 그루, 포기

해설 26. 본문은 끈끈이주걱, 벌레잡이통풀, 통발류 식물 등을 예로 들면서 곤충을 잡아먹는 식물인 식충 식물에 대해 소개하고 있다. 따라서 정답은 C이다.

27. 다윈은 끈끈이주걱이 곤충 외에 다른 음식물도 먹는지 실험해보았고, 그 결과 구운 양고기, 우유, 계란, 기타 작은 음식물 등을 전부 먹어치웠다고 했으므로 정답은 C이다.

28. 마지막 단락에 덜랜드 피시가 연구한 식물이 언급되었다. 이 식물은 일단 빗물을 모은 뒤 물을 마시러 오는 곤충에게 분말을 묻혀 도망가지 못하게 한다고 했다. 따라서 정답은 A이다.

쓰기

〈제1부분〉

29

1) 你的人生　或许　将　由此　走向精彩。
   주어　　부사어　　　　술어+목적어

   당신의 인생은 아마도 이로 인해 근사해질 것이다.

2) 或许　你的人生　将　由此　走向精彩。
   부사어　주어　　부사어　　술어+목적어

   아마도 당신의 인생은 이로 인해 근사해질 것이다.

해설 부사어의 어순배열 문제이다.

① 제시어 중 술어 자리에 올 수 있는 동사를 먼저 찾아보자. '走向'은 '동사+개사' 구조이므로 술어가 될 수 있다. 목적어 자리에 쓰인 '精彩'는 원래 '훌륭하다, 근사하다'라는 뜻의 형용사이지만 명사로도 사용할 수 있다. 따라서 '走向精彩'를 문장 맨 끝에 놓는다.

② 술어에 근거하여 주어, 즉 근사해지는 주체는 바로 '你的人生(당신의 인생)'이므로 주어 자리에 놓는다.

③ '将'은 '~일 것이다'라는 뜻의 미래 시점을 나타내는 부사로 다른 부사보다 앞에 위치해야 하므로 '将由此'의 순서로 술어 앞에 온다.

④ 부사 '或许'는 '아마도'라는 뜻의 부사로 주어 앞이나 주어 바로 뒤에 모두 올 수 있다.

30

整个讨论　都是　围绕　去留问题　进行的。
주어　　　부사어　술어1　목적어　　술어2

전체 토론은 모두 거류 문제를 둘러싸고 진행되었다.

해설 '是……的' 강조구문 및 연동문의 어순배열 문제이다.

① 제시어 중 동사가 여러 개 있으므로 이들의 의미를 먼저 파악한다. '是'는 '~이다'라는 뜻이지만, 문장 마지막에 놓이는 '的'와 함께 쓰여 강조구문으로도 사용된다. '围绕(~을 둘러싸다)'와 '进行(진행하다)' 모두 동사인데, 동사가 2개 이상 등장하는 연동문에서 동사는 시간 순서에 따라 배열되므로 의미가 자연스러워지도록 '围绕'를 첫 번째 술어 자리에, '进行'을 두 번째 술어 자리에 놓는다.

② 동사 '进行'을 근거로 하여 '整个讨论'은 주어 자리에, '去留问题'는 '围绕'의 목적어 자리에 오는 것이 문맥상 자연스럽다.

③ '都'는 부사이므로 술어 앞에 와야 하는데, 연동문에서 부사는 첫 번째 동사 앞에 위치하므로 '围绕' 앞에 놓는다.

31

这位　年轻人　始终　表现　得很稳定。
관형어　주어　부사어　술어　상태보어

이 청년은 시종일관 태도가 안정적이었다.

해설 상태보어의 어순배열 문제이다.

① '年轻人'은 명사이므로 문장에서 주어 역할을 한다. '这位'는 사람을 수식하는 관형어로 쓰이므로 '这位年轻人'의 순서로 주어 자리에 놓는다.

② 동사 '表现'은 부사 '始终'과 같이 쓰였으므로 부사+술어 자리에 놓는다.

③ 조사 '得'는 술어 뒤에 놓여 동작의 상태를 나타내는 상태보어를 만든다. 상태보어는 '동사+得+형용사' 형식으로 쓰이므로 '表现得很稳定'의 순서로 쓴다.

TIP

구조조사 '得'는 술어의 뜻을 보충하는 상태보어나 정도보어를 만들 때 쓴다.

▶ 기본형식: 술어(동사/형용사)+得+상태보어/정도보어
他说得非常好。 그는 말을 매우 잘한다.
孩子们玩儿得不想回家。 아이들은 노느라 집에 안 가려 한다.

〈제2부분〉

32

		在	生	活	中	,	我	们	难	免	与	人	发	生	争
论	。	究	其	原	因	大	部	分	是	由	于	看	法	不	同
或	认	识	上	的	差	距	。	面	对	争	论	,	我	们	应
该	以	成	熟	的	态	度	,	冷	静	地	换	位	思	考	一
下	。	这	样	不	仅	能	逐	渐	解	决	问	题	,	还	可
以	改	进	完	善	自	身	不	足	之	处	。				

생활 속에서 우리는 다른 사람들과 논쟁이 생기는 것을 피하기 어렵다. 그 원인을 찾아보면 대부분 견해가 다르거나 인식의 차이에서 비롯된 것이다. 논쟁을 대할 때 우리는 성숙한 태도로 냉정하게 입장을 바꿔 생각해야 한다. 이렇게 하면 점차 문제를 해결할 수 있을 뿐만 아니라 자신의 부족한 점도 개선하여 완벽해질 수 있다.

단어 难免 nánmiǎn 형 피하기 어렵다 | 究 jiū 동 캐다, 연구하다 | 换位思考 huànwèi sīkǎo 상대방의 입장에 서서 생각하다 | 不足之处 bùzú zhī chù 부족한 점, 결점

11 闹钟的危害

모범 답안

듣기
1 A 2 C 3 B 4 B 5 C 6 C 7 B
8 A 9 D 10 A 11 B 12 A 13 A 14 D

독해
15 A 16 C 17 A 18 C 19 D 20 A 21 D
22 D 23 C 24 C 25 A 26 B 27 A 28 D

쓰기
29 放慢脚步是为了享受生活。
30 人偶尔情绪低落是很正常的。
31 雷阵雨持续的时间一般都较短。
32 모범 답안은 p.207 해설 참조

〈제1부분〉

1
女: 我不是催你, 只是想告诉你一声, 我已经到了。
男: 啊？你都到啦! 这才几点哪？
问: 从对话中可以知道什么？

여: 널 재촉하려는 건 아니고, 단지 한마디 알려주고 싶어서. 나 벌써 도착했어.
남: 응? 벌써 도착했다고! 이제 겨우 몇 시인데?
질문: 대화를 통해 알 수 있는 것은 무엇인가?
A 여자가 일찍 왔다
B 남자가 지각했다
C 여자는 남자에게 빨리 오라고 하고 있다
D 남자는 시간을 잘못 기억했다

해설) 여자가 남자에게 벌써 도착했다고 하자, 남자가 놀라면서 이제 겨우 몇 시냐고 물었으므로 여자가 약속한 시간보다 일찍 왔음을 알 수 있다. 따라서 정답은 A이다.

2
女: 你不是说今天有会要早点儿去单位吗？怎么还不走？
男: 刘总昨天临时有事去上海了, 会取消了。
问: 根据对话, 男的怎么了？

여: 당신 오늘 회의가 있어서 좀 일찍 회사에 가야 한다고 하지 않았어요? 왜 아직 안 간 거예요?
남: 리우 사장님이 어제 갑자기 일이 생겨 상하이에 가셔서, 회의가 취소됐어요.
질문: 대화에 근거하여 남자는 어떠한가?
A 오늘 회사에 안 간다
B 어제 상하이에 갔다
C 회의 하러 가지 않아도 된다
D 출근할 때 지각했다

단어) 单位 dānwèi 명 회사, 직장 | 临时 línshí 부 임시로, 갑자기
해설) 여자가 왜 아직 회사에 안 갔냐고 묻자, 남자는 회의가 취소되었다고 대답했으므로 정답은 C이다.

3
男: 妈妈, 你看天阴得多厉害, 这雨肯定小不了, 下午篮球训练还能进行吗？
女: 现在都是雷阵雨, 说不定一会儿就停了。
问: 妈妈觉得下午的训练最可能怎样？

남: 엄마, 날씨가 너무 흐려서 비가 분명히 많이 올 것 같은데요. 오후 농구 훈련이 그대로 진행될까요?
여: 지금은 소나기니까, 아마 좀 있다 바로 그칠지도 몰라.
질문: 엄마는 오후의 훈련이 어떻게 될 것이라 생각하는가?
A 다른 날 진행된다
B 평소대로 훈련한다
C 실내로 변경된다
D 어쩔 수 없이 취소된다

단어) 改天 gǎitiān 명 후일, 다음에 | 照常 zhàocháng 부 평소대로, 하던

대로 | 被迫 bèipò 통 강요당하다, 어쩔 수 없이 ~하다
해설) 남자는 비가 많이 와서 오후 훈련이 그대로 진행될지 모르겠다고 하자, 여자는 소나기니까 바로 그칠 것 같다고 대답했다. 즉 여자는 훈련이 그대로 진행될 거라고 생각하는 것이므로 정답은 B이다.

4
男: 真佩服你丈夫。抽了20多年的烟, 说戒就戒了。我也一直想, 可到现在也没戒掉。
女: 其实很简单, 关键就看你有没有决心。
问: 关于戒烟, 可以知道男的什么情况？

남: 당신 남편이 진짜 존경스러워요. 20년 넘게 피운 담배인데, 끊는다고 하고 바로 끊었잖아요. 나도 줄곧 그러고 싶었지만, 지금까지도 못 끊었어요.
여: 사실 아주 간단한데, 관건은 당신이 결심을 했느냐 못했느냐예요.
질문: 금연에 관하여 남자가 어떤 상황임을 알 수 있는가?
A 이제 막 끊었다
B 줄곧 끊고 싶어 한다
C 조금 망설인다
D 성공적으로 끊었다

해설) 남자는 여자의 남편이 바로 담배를 끊은 것에 대해 감탄하며, 자신도 그러고 싶지만 지금까지도 못 끊었다고 했다. 따라서 정답은 B이다.

5
男: 小区的中心广场安装了很多健身器, 你没事也去锻炼锻炼吧。
女: 等我把这集电视剧看完了再说。
问: 男的让女的做什么？

남: 아파트 단지 센터 광장에 헬스 기구를 많이 설치했던데, 당신도 한가하면 가서 운동 좀 해요.
여: 이번 회 드라마 다 보고 나면 다시 얘기해요.
질문: 남자는 여자에게 무엇을 하라고 했는가?
A 컴퓨터를 설치하라고
B 산보하러 나가라고
C 운동하라고
D 드라마를 보라고

단어) 健身器 jiànshēnqì 명 헬스 기구
해설) 남자가 여자에게 한가하면 나가서 운동을 하라고 했으므로 정답은 C이다.

6
男: 小刘, 你帮我看看, 这个复印机出什么问题了？印着印着就停了。
女: 这个指示灯亮了, 就说明没纸了, 要重新装纸。
问: 关于复印机, 下列哪项正确？

남: 샤오리우, 네가 좀 봐줘. 이 복사기에 무슨 문제가 생긴 거야? 인쇄하다가 멈춰버렸어.
여: 이 지시등이 켜진 건 종이가 없다는 거야. 종이를 새로 넣어야 해.

질문: 복사기에 관하여 다음 중 어느 것이 정확한가?
A 수리가 필요하다
B 전원을 꽂지 않았다
C 종이가 없다
D 문제가 없다

단어 印 yìn 통 찍다, 인쇄하다 | 指示灯 zhǐshìdēng 명 지시등 | 装 zhuāng 통 담다, 채워 넣다 | 插 chā 통 꽂다, 끼우다

해설 남자가 복사기에 무슨 문제가 있냐고 묻자, 여자는 종이가 없어서 그런 거라고 대답했다. 따라서 정답은 C이다.

〈제2부분〉

7 男：这两天又失眠了。你说，换个枕头会不会好点儿？
女：也许吧，睡前喝杯牛奶可以改善睡眠，你试试。
男：昨晚夜里三点多醒了，想起单位那些头疼的事，就再也没睡着。
女：你要学会放松，别老胡思乱想。
问：男的为什么失眠？

남: 요 며칠 또 잠을 못 잤어. 베개를 바꾸면 좀 좋아질까?
여: 그럴걸. 자기 전에 우유 한 잔 마시면 수면을 개선할 수 있으니, 시도해 봐.
남: 어젯밤 3시쯤 깼는데, 회사의 골치 아픈 일들이 생각나서 다시 잠이 안 오더라고.
여: 너는 긴장 푸는 것부터 배워야겠다. 쓸데없는 생각 좀 그만 해.

질문: 남자는 왜 잠을 못 잤는가?
A 베개가 적당하지 않아서
B 정신적인 스트레스가 커서
C 우유 마시는 것을 잊어버려서
D 머리가 너무 아파서

단어 枕头 zhěntou 명 베개 | 胡思乱想 húsī-luànxiǎng 터무니없는 생각을 하다

해설 남자는 회사의 골치 아픈 일들이 생각나서 잠을 못 이룬다고 했으므로 스트레스를 받고 있다는 것을 알 수 있다. 따라서 정답은 B이다.

8 女：你说，鸵鸟也有翅膀，可为什么不会飞呢？
男：我听说它们胸骨太平了，肌肉不够发达。
女：懂的还不少。关键是它们的羽毛太柔软，翅膀与身体相比过于短小，根本不适合飞行。
男：还是没你懂得多呀！
问：根据对话，鸵鸟不会飞的关键因素是什么？

여: 타조도 날개가 있는데, 왜 날지 못하는지 아니?
남: 타조는 가슴뼈가 너무 평평하고, 근육이 충분히 발달하지 않았대.
여: 많이 아는구나. 관건은 타조의 깃털이 너무 유연하고 날개가 몸통에 비해 너무 짧다는 거야. 나는 데 아예 적합하지 않지.
남: 아직은 너만큼 많이 알지는 못해!

질문: 대화에 근거하여 타조가 날지 못하는 주된 요인은 무엇인가?
A 날개가 너무 작다
B 가슴뼈가 너무 평평하다
C 깃털이 풍만하지 않다
D 근육이 발달하지 않았다

단어 鸵鸟 tuóniǎo 명 타조 | 翅膀 chìbǎng 명 날개 | 胸骨 xiōnggǔ 명 가슴뼈, 흉골 | 肌肉 jīròu 명 근육 | 发达 fādá 형 발달하다 | 羽毛 yǔmáo 명 깃털 | 柔软 róuruǎn 형 유연하다 | 过于 guòyú 부 지나치게, 너무 | 飞行 fēixíng 통 날다, 비행하다 | 因素 yīnsù 명 원인, 요인 | 丰满 fēngmǎn 형 풍만하다, 충분하다

해설 대화 중 타조가 날지 못하는 이유에 대해 B와 D 역시 언급되었지만, 여자가 언급한 주된 이유는 깃털이 너무 유연하고 날개가 몸에 비해 너무 짧다는 것이라고 했다. 따라서 정답은 A이다.

9 女：现在大家都用智能手机了，你怎么还用这种老式的功能手机啊？
男：我这个手机的电池充一次电能用好几天，你的不行吧。
女：你太落后了，功能机有很多应用用不了。
男：没关系，我只要能打电话、发短信就够了。
问：男的为什么还用老式的功能手机？

여: 요즘에 모두가 다 스마트폰을 쓰는데, 너는 어째서 여전히 이런 구식 피처폰을 쓰는 거야?
남: 내 휴대전화의 배터리는 한 번 충전하면 며칠을 쓸 수 있는데, 네 것은 안 되잖아.
여: 너는 너무 뒤처져있어. 피처폰은 그 많은 앱을 쓸 수가 없잖아.
남: 상관없어. 나는 전화하고 문자만 보낼 수 있으면 돼.

질문: 남자는 왜 아직도 구식 피처폰을 사용하는가?
A 스마트폰이 너무 비싸서
B 스마트폰 사용에 습관이 안 돼서
C 전화를 걸고 받는 것만 필요해서
D 며칠만에 충전을 해도 돼서

단어 智能手机 zhìnéng shǒujī 스마트폰 | 老式 lǎoshì 형 구식의, 구형의 | 功能手机 gōngnéng shǒujī 피처폰 | 电池 diànchí 명 배터리 | 充电 chōngdiàn 통 충전하다 | 应用 yìngyòng 명 애플리케이션

해설 여자가 왜 아직도 구식 피처폰을 쓰는지 묻자, 남자는 자신의 휴대전화는 배터리를 한 번 충전하면 며칠을 쓸 수 있다고 말했다. 따라서 정답은 D이다.

10 男：上周五校庆，你怎么没来啊？
女：我在外地出差呢。
男：好多外地同学也来了，都二十年没见了，我们照了好多照片。
女：你不是有我微信吗？赶快给我发几张看看。
问：女的上周五做什么了？

남: 지난주 금요일이 개교기념일이었는데, 너 왜 안 온 거야?
여: 나 타지로 출장 갔어어.
남: 타지에 있는 많은 동기들도 왔어. 벌써 못 본 지 20년이나 돼서, 우리는 사진을 많이 찍었어.

여: 내 위챗 주소 있지 않니? 빨리 나에게 사진 몇 장 보내서 보여줘 봐.

질문: 여자는 지난주 금요일에 무엇을 했는가?

A 타지로 출장을 갔다
B 개교기념일 행사에 참석하러 갔다
C 선생님을 뵈러 갔다
D 사진전에 참관하러 갔다

단어 校庆 xiàoqìng 명 개교기념일 행사 | 微信 Wēixìn 고유 위챗 [텐센트의 메신저 애플리케이션]

해설 남자가 지난주 금요일 개교기념일이었는데 왜 안 왔는지 묻자, 여자는 타지로 출장을 갔다고 대답했으므로 정답은 A이다.

11-12

第11到12题是根据下面一段对话：

男: 我老板送了我两张展览会的门票，周六你有时间吗？
女: 是什么展览？
男: 今年的国际车展，12 全球各大厂商的新款车型都有展出。
女: 太好了! 我正想买车呢，听说买新能源汽车，政府是有很大优惠的。
男: 新能源汽车是今后的发展方向，车展上你可以去咨询一下这方面的情况。
女: 你汽车方面比我懂得多，到时候帮我参谋参谋。
男: 没问题。11 那周六你就在家等我，我开车去接你。

11. 问: 说话的两个人最可能是什么关系？
12. 问: 关于车展，从对话中可以知道什么？

11-12번 문제는 다음 대화에 근거한다:

남: 우리 사장님이 나에게 전시회 입장권 2장을 주셨는데, 토요일에 시간 있어?
여: 무슨 전시회인데?
남: 올해의 국제 모터쇼야. 12 전 세계 대형 업체들의 신모델을 다 전시 중이래.
여: 너무 좋다! 내가 마침 차를 사려 했거든. 듣기로는 신재생 에너지 자동차를 사면, 정부의 혜택이 크대.
남: 신재생 에너지 자동차는 앞으로의 발전 방향이니, 모터쇼에서 이 방면의 상황을 문의해볼 수 있겠다.
여: 네가 자동차 방면으로는 나보다 많이 알고 있으니, 그때 가서 나에게 조언 좀 해줘.
남: 문제없지. 11 그럼 토요일에 집에서 기다려, 내가 차 몰고 데리러 갈게.

11 대화 중인 두 사람은 어떤 관계일 가능성이 가장 큰가?

A 이웃　　　　　　　B 친구
C 부부　　　　　　　D 선생님과 학생

12 모터쇼에 관하여 대화를 통해 알 수 있는 것은 무엇인가?

A 각각의 대형 업체들이 모터쇼에 참가한다
B 주로 신재생 에너지 차가 전시된다
C 모터쇼 입장권은 무료로 증정한다
D 정부가 많은 혜택을 주었다

단어 老板 lǎobǎn 명 사장님 | 展览会 zhǎnlǎnhuì 명 전람회, 전시회 | 展览 zhǎnlǎn 동 전시하다 | 车展 chēzhǎn 명 자동차 전시회, 모터쇼 | 厂商 chǎngshāng 명 공장, 제조상 | 车型 chēxíng 명 자동차 모델 | 展出 zhǎnchū 동 전시하다 | 新能源汽车 xīnnéngyuán qìchē 신재생 에너지 자동차 | 优惠 yōuhuì 형 우대의, 특혜의 | 咨询 zīxún 동 문의하다 | 参谋 cānmóu 동 조언하다, 권고하다 | 赠送 zèngsòng 동 증정하다

해설 11. 두 사람의 대화에서 서로를 부르는 호칭이나 직접적인 관계를 뜻하는 표현이 언급되지 않았으므로 선택지에서 오답을 제거하는 방식으로 문제를 풀어보자. 전시회에 같이 가자고 약속하는 상황으로 보아 선생님과 학생의 관계로 보기는 어렵다. 남자가 차를 몰고 데리러 가겠다고 했으니 이웃이나 부부도 아니므로 정답은 B이다.

12. 올해의 국제 모터쇼에 대해 남자는 전 세계 대형 업체들의 신모델이 다 전시되고 있다고 했으므로 정답은 A이다.

13-14

第13到14题是根据下面一段话：

　　近年来，我国小学生的睡眠时间持续减少，80%的学生睡眠时间达不到每天10小时的国家标准，即使在周末，也有七成以上的学生存在缺觉状况。尽管学校采取措施推迟上学时间在一定程度上保障了孩子的睡眠时间，但是许多"望子成龙"的家长却因"不能输在起跑线上"的心态不断给孩子加压，使孩子的睡眠时间不断被挤占。在学习日，过多的课后作业是抢占孩子睡眠的主要因素；而周末，主要是过多的课外补习班与兴趣班夺去了孩子的睡眠。

　　13 缺觉不仅影响学习，还会导致肥胖，影响生长发育。研究发现，与每天睡眠在10小时以上的孩子相比，长期睡眠不足10小时的孩子变成胖墩儿的可能性会增加3.5倍。14 因此，保证小学生每天10个小时的睡眠是非常重要的。

13. 问: 从文中可以知道，缺觉对小学生有什么不良影响？
14. 问: 这段短文主要告诉我们什么？

13-14번 문제는 다음 내용에 근거한다:

　　최근 몇 년간 우리나라 초등학생의 수면 시간이 지속하여 감소하고 있는데, 80%의 학생의 수면 시간은 국가 기준인 매일 10시간에 못 미친다. 설령 주말이라 해도, 70% 이상의 학생들은 여전히 수면 부족 상태이다. 비록 학교가 등교 시간을 늦추는 조치를 취하여 아이들의 수면 시간을 어느 정도 보장한다 해도, '자신의 아이가 훌륭한 인물이 되길 바라는' 많은 학부모들은 오히려 '출발선에서 뒤처질 수 없다'는 심리 때문에 끊임없이 아이들에게 스트레스를 주고, 아이들의 수면 시간을 계속 강압적으로 차지해버린다. 수업이 있는 날이면 수업 후의 많은 숙제가 아이들의 수면 시간을 빼앗는 주된 요인이 되고, 주말이면 주로 수많은 보습 학원과 예체능 학원이 아이들의 수면을 빼앗아간다.

　　13 수면 부족은 학습에 영향을 끼칠 뿐만 아니라, 비만을 일으킬 수도 있고 성장에도 영향을 끼친다. 연구에 따르면, 수면 시간이 매일 10시간 이상인 아이들과 비교했을 때 장시간 동안 수면 시간이 10시간 미만인 아이들은 비만 아동이 될 확률이 3.5배 높다고 한다. 14 따라서 초등학생의 매일 10시간 수면 시간을 보장하는 것은 대단히 중요하다.

13 본문을 통해 알 수 있는 것으로, 수면 부족은 초등학생에게 어떤 나쁜 영향을 미치는가?

    A 아이의 비만을 야기한다
    B 아이가 성질을 잘 부리게 한다
    C 아이의 시력을 저하시킨다
    D 아이가 주의를 집중하지 못하게 한다

14 이 글은 우리에게 주로 무엇을 알려주려고 하는가?

    A 수업 외 예체능 학원의 위험
    B 비만을 야기하는 주요 원인
    C 어떻게 하면 학습의 적극성을 높일 수 있는가
    D 아이의 수면을 보장하는 것이 중요하다

단어 七成 qī chéng 10분의 7, 70% | 缺觉 quē jiào 잠이 모자라다 | 状况 zhuàngkuàng 명 상황 | 采取 cǎiqǔ 통 취하다, 채택하다 | 措施 cuòshī 명 조치 | 保障 bǎozhàng 통 보장하다 | 望子成龙 wàngzǐ-chénglóng 아들이 훌륭한 인물이 되기를 바라다 | 起跑线 qǐpǎoxiàn 명 출발선 | 抢占 qiǎngzhàn 통 빼앗다, 다투어 점령하다 | 补习班 bǔxíbān 명 보습 학원 | 发育 fāyù 통 성장하다 | 胖墩儿 pàngdūnr 명 비만 아동

해설 13. 수면 부족은 아이의 학습, 비만 그리고 성장에 영향을 끼친다고 했으므로 정답은 A이다. B, C, D는 녹음에서 언급되지 않았다.

14. 이 글의 주제를 찾는 문제이다. 아이들의 수면 부족 상황과 심각성을 이야기하며 초등학생의 매일 10시간 이상의 수면 시간을 보장하는 것은 매우 중요하다고 결론지었다. 따라서 정답은 D이다.

을 대표하는 '상징'이라고 할 수 있다. 따라서 정답은 A이다. '象征'은 명사로도 쓰이고 동사로도 쓰여 HSK 5급 쓰기 1부분에 자주 등장한다.

16. 빈칸의 앞 절에서 베이징 후통을 루거우챠오의 사자에 비유하였으므로 '마치 ~인 것 같다'라는 뜻의 부사가 와야 한다. 따라서 정답은 C이다.

17. 빈칸의 앞 절에서 베이징 후통은 거미줄같이 빽빽하고 길이 사방으로 통한다고 했으므로 도시 구석구석에 널리 퍼져있다는 뜻을 나타내야 한다. 또한 보어 '在'와 함께 쓸 수 있는 동사를 찾으면 정답은 A '分布'이다.

⑱ 빈칸 앞 문장에서 베이징 사람도 후통을 확실히 찾아줄 수 있는 것은 아니라고 했고, 또 빈칸 뒷 절에서는 '그곳을 잘 안다'라고 했다. 두 절이 상충되기 때문에 빈칸에는 '~한다면 몰라도'라는 뜻의 개사 '除非'가 오는 것이 가장 자연스럽다. A는 '기왕 그가 와본 적이 있으니'라는 뜻으로 인과 관계를 나타낸다. B는 '비록 그가 여러 번 가봤지만'이라는 뜻으로 전환 관계를 나타낸다. D는 '설령 당신이 다른 사람이 소개하는 것을 들었더라도'라는 뜻으로 가정 관계를 나타낸다.

TIP

① 既然A, 那么/就B: 기왕 A했으니, B하다
   앞 절에 원인을 제시하고, 뒷 절에 결과를 강조함
② 虽然A, 但是B: 비록 A이지만, B하다
   앞 절과 뒷 절의 내용이 상반됨
③ 即使A, 也/还B: 설령 A일지라도, B하다
   앞 절에 가정을 제시하고, 뒷 절에 가정에 따른 결과를 나타냄

독해

〈제1부분〉

15-18

 베이징의 후통은 수백 년의 고난을 겪었던, 베이징 사람들의 생활의 15 **상징(A 象征)**이자, 오늘날 여전히 시내의 1/3의 인구가 거주하고 있는 곳이다. 후통 안의 주민들은 여전히 오래된 많은 생활 방식을 보존하고 있다.
 어떤 사람은 베이징 후통은 루거우챠오의 사자처럼, 16 **마치(C 似乎)** 아무리 세어도 다 셀 수 없을 것 같다고 한다. 베이징 후통은 거미줄같이 빽빽하고 길이 사방으로 통하여, 도시의 모든 구석까지 17 **분포되어(A 分布)** 있다. 외국인이나 외지인은 말할 것도 없이, 처음 베이징에 와서 후통을 찾는 것은 매우 어려운데, 베이징 사람들조차 묻는다고 해서 반드시 확실히 답해줄 수 있는 것도 아니다. 18 **그가 후통에 산다면 몰라도(C 除非他就住在那里)**, 후통을 잘 안다고 할지라도 말이다. 이렇듯 베이징에서 여기저기 돌아다니거나 후통 여행을 하는 것은 매우 재미있는 일이며, 마치 거대한 미궁에 들어와 있는 듯하다.

단어 风雨 fēngyǔ 명 혹독한 시련, 고난 | 居住 jūzhù 통 거주하다 | 保留 bǎoliú 통 보존하다, 보류하다 | 卢沟桥 Lúgōuqiáo 고유 루거우챠오 [금나라에 세워진 베이징의 돌다리] | 狮子 shīzi 명 사자 | 密 mì 형 빽빽하다, 조밀하다 | 如 rú 통 ~와 같다 | 蛛网 zhūwǎng 명 거미줄 | 四通八达 sìtōng-bādá 길이 사방으로 통하다, 교통이 편리하다 | 角落 jiǎoluò 명 구석, 모퉁이 | 走街串巷 zǒu jiē chuàn xiàng 여기저기 돌아다니다, 골목골목을 누비다 | 如同 rútóng 통 ~와 같다 | 迷宫 mígōng 명 미궁 | 分配 fēnpèi 통 분배하다, 할당하다 | 除非 chúfēi 개 ~아니고서는, ~한다면 몰라도

해설 15. 베이징 후통은 수백 년의 고난을 겪었고, 그 안에 1/3의 인구가 거주한다고 했으므로 베이징 후통은 사람들의 생활

〈제2부분〉

19 만약 갑자기 알람 시계가 울려 잠에서 깬다면, 심리적으로 당황하게 되고 기분이 우울해지며 잠에서 덜 깬 듯이 느끼는 등 편치 않은 느낌을 받게 된다. 만약 깊은 잠에서 갑자기 깨어나게 되면, 사람의 단기 기억 능력, 계산 능력이 모두 영향을 받게 되는데, 이러한 능력들이 정상 상태의 최대 65%밖에 되지 않아 술 취한 사람과 비슷하게 된다.

    A 알람 시계는 사람의 수면 질에 영향을 미친다
    B 숙면할 때 알람 시계가 울려 깬다면 당황하게 된다
    C 깊은 잠에 들었을 때 사람의 기억 능력은 떨어진다
    D 알람 시계가 울려 깰 때는 술에 취한 것 같은 느낌이 든다

해설 갑자기 알람 시계가 울려 잠에서 깨면 심리적으로 당황하게 되고 기분이 우울해진다고 했으므로 정답은 B이다.

20 유행은 단순한 하나의 개념에 그치지 않는다. 예전에 유행은 그저 TV 속 모델이 보여주는 것일 뿐이라고 여겼지만, 지금은 확실히 유행은 우리의 생활을 충만하게 하고, 우리의 옷차림에 영향을 끼친다. 유행이 우리를 주도하든 아니면 소비가 유행을 결정하든 상관없이, 우리에게 있어서 만약 유행을 피할 수 없다면 주동적으로 유행을 받아들여야 한다.

    A 현재, 유행은 우리의 현실 생활에 영향을 끼친다
    B 과거에 우리는 유행에 대해 많은 오해를 하고 있었다
    C 유행하는 물건일수록 모두 더욱 소비하기를 원한다
    D TV 모델의 일은 종종 받아들여지지 않는다

단어 不仅仅 bùjǐnjǐn 접 ~뿐만 아니라 | 概念 gàiniàn 명 개념 | 模特 mótè 명 모델 | 实在 shízài 부 확실히, 실로 | 穿着 chuānzhuó 명 옷차림 | 主导 zhǔdǎo 통 주도하다

해설 ▶ 유행은 현재 우리의 생활을 충만하게 하고 옷차림에 영향을 준다고 했으므로 정답은 A이다.

21 어떤 아이들은 조용한 것을 좋아하고 어떤 아이들은 움직이길 좋아하는데, 펜과 종이를 드는 그 순간부터 행동이 달라지기 시작한다. 얌전한 아이는 안정적으로 열심히 그림을 그리지만, 움직이길 좋아하는 아이는 종이에 겹겹이 아무렇게나 그어대고, 이어서 종이를 뭉텅이로 구겨버리거나 종이를 찢기도 한다.

A 조용한 것을 좋아하는 아이가 그림 그리기에 비교적 적합하다
B 움직이길 좋아하는 아이는 보통 그림 그리는 것을 싫어한다
C 조용한 것을 좋아하는 아이는 움직이길 좋아하는 아이보다 상상력이 있다
D 그림을 그릴 때의 행동에는 아이들의 성격이 반영되어 있다

단어 ▶ 好动 hàodòng 움직이기 좋아하다, 활발하다 | 一刻 yíkè 명 순간, 짧은 시간 | 文静 wénjìng 형 차분하다 | 安心 ānxīn 형 평화롭고 안정되다 | 划 huà 통 긋다 | 揉 róu 통 주무르다, 구부리다 | 撕碎 sīsuì 갈기갈기 찢다

해설 ▶ 성격이 다른 아이에게 그림을 그리게 하면, 얌전한 아이는 열심히 그리지만 움직이길 좋아하는 아이는 아무렇게나 그리고 종이를 구겨버리거나 찢기도 한다고 했다. 즉 아이의 성격에 따라 그림 그리는 행동이 달라진다는 것이므로 정답은 D이다.

22 로봇의 기술은 20세기 인류의 가장 위대한 발명 중 하나로, 60년대 초 세상에 나온 후부터 50여 년의 발전을 거쳐 이미 장족의 발전을 이루었다. 제조업에서 공업 로봇은 심지어 이미 없어서는 안 될 핵심 장비가 되었고, 세계에서 100만 대에 가까운 공업 로봇은 노동자와 어깨를 나란히 하며 각종 작업 전선에서 분투하고 있다. 로봇의 출현은 사회 경제 발전의 필연으로, 로봇의 빠른 발전은 사회의 생산 수준과 인류의 삶의 질을 향상시켜주었다.

A 로봇은 20세기 50년대에 발명되었다
B 로봇은 현재 전쟁에 광범위하게 사용되고 있다
C 로봇은 장차 필연적으로 노동자를 대신하게 될 것이다
D 로봇의 발전은 생산과 삶의 수준을 향상시켜주었다

단어 ▶ 机器人 jīqìrén 명 로봇 | 伟大 wěidà 형 위대하다 | 问世 wènshì 통 세상에 나오다, 발표되다 | 长足 chángzú 형 장족의, 발전이 빠르다 | 进步 jìnbù 통 진보하다, 향상되다 | 核心 héxīn 명 핵심 | 装备 zhuāngbèi 명 장비, 설비 | 并肩 bìngjiān 통 함께, 나란히 | 战斗 zhàndòu 통 전투하다, 교전하다 | 战线 zhànxiàn 명 전선, 작업 영역 | 必然 bìrán 형 필연

해설 ▶ 로봇의 발전은 사회의 생산 수준과 인류의 삶의 질을 향상시켜주었다고 했으므로 정답은 D이다. 로봇의 발명은 60년대라고 했으므로 A는 오답, B는 실제 전쟁이 아닌 작업을 비유한 것이므로 오답, C는 언급되지 않았으므로 오답이다.

〈제3부분〉

23–25
지금으로부터 1700여 년 전, 중국은 위, 촉, 오 3개의 강대국이 정립하는 삼국 시대였다.

어느 날, 오나라의 손권이 위나라의 조조에게 코끼리 한 마리를 선물했다. 23 중원에서 오랫동안 살았던 조조는 이렇게 거대한 동물을 본 적이 없어, 호기심이 일어 이 거대하고 기이한 것이 도대체 얼마나 무거운지 알고 싶었다. 그리하여 그는 대신들에게 물었다. "누가 이 코끼리를 잴 방법이 있느냐?" 그 자리에 있던 사람들이 왁자지껄하게 토론하였다. 어떤 사람은 집에 가서 특별히 제작된 저울을 가져왔으나, 코끼리가 너무 커서 올라서자마자 저울이 납작해졌다. 24 어떤 사람은 코끼리를 한 덩이씩 베어서 따로 잰 뒤 모두 합쳐서 무게가 얼마가 될지 계산해보자고 했지만, 다들 이 방법은 너무 잔인하다고 생각했다. 게다가 조조가 코끼리의 귀여운 모습을 좋아했기 때문에, 무게를 재기 위해 코끼리를 잃는 것을 바라지 않았다. 모두 속수무책으로 포기하려고 할 때, 조조의 7살 난 아들 조충이 문득 말을 꺼냈다. "제가 어떻게 재야 할지 알아요!" 조충은 사람들을 시켜 코끼리를 배 위로 올라가게 한 뒤, 선체가 물속으로 얼마나 가라앉는지를 선체에 표시했다. 그런 다음 다시 사람들을 시켜 코끼리를 물가로 돌아오게 하고, 바구니를 가득 채운 돌을 배 위로 옮겼는데 방금 표시한 선에 배가 잠길 때까지 옮겼다. 이어서 그는 사람들을 시켜 배 위에 둔 돌 하나하나의 무게를 쟀는데, 이것을 전부 합친 것이 바로 코끼리의 무게였다!

25 현대의 과학 기술이 매우 발달하여, 우리는 이미 무게를 재는 많은 도구를 발명했고, 우여곡절을 겪으며 한 바구니씩 돌을 옮길 필요가 없게 되었다. 그러나 1700여 년 전 그 시대에 조충의 방법은 실로 매우 총명했다.

23 코끼리에 관하여 본문에서 알 수 있는 것은:

A 조조로 하여금 매우 두려워하게 했다
B 위나라가 오나라에게서 빼앗아온 것이다
C 위나라 현지에는 없는 동물이었다
D 중원에서 오랫동안 살기 어려웠다

24 대신들이 생각한 방법에 관하여 다음 중 어느 것이 정확한가?

A 아예 실행할 수 없었다
B 계산이 정확하지 않았다
C 코끼리를 죽일 수도 있었다
D 조조가 매우 만족해했다

25 조충이 생각한 방법은:

A 지금으로서는 매우 번거로워 보인다
B 유일한 방법이었다
C 코끼리를 강으로 쫓아야 했다
D 한 바구니의 돌이 필요했다

단어 ▶ 魏 Wèi 고유 위나라 | 蜀 Shǔ 고유 촉나라 | 吴 Wú 고유 오나라 | 鼎立 dǐnglì 통 세 개의 세력이 병립하다 | 孙权 Sūn Quán 고유 손권 | 曹操 Cáo Cāo 고유 조조 | 庞然大物 pángrán-dàwù 대단히 거대한 물건 | 大臣 dàchén 명 대신 | 称 chēng 통 (무게를) 재다 | 七嘴八舌 qī zuǐ bā shé 여러 사람이 제각기 떠들다, 의견이 분분하다 | 秤 chèng 명 저울 | 踩 cǎi 통 밟다 | 扁 biǎn 형 평평하다, 납작하다 | 提议 tíyì 통 의견을 제기하다 | 切 qiē 통 썰다, 자르다 | 残忍 cánrěn 형 잔인하다 | 束手无策 shùshǒu-wúcè 속수무책이다, 어쩔 도리가 없다 | 曹冲 Cáo Chōng 고유 조충 | 船身 chuánshēn 명 선체 | 沉 chén 통 가라앉다, 잠기다 | 筐 kuāng 명 바구니, 광주리 | 下沉 xiàchén 통 가라앉다 | 线 xiàn 명 선 | 逐一 zhúyī 부 일일이, 하나하나 | 大费周折 dà fèi zhōuzhé 일이 복잡하다, 처리하기 매우 어렵다 | 的确 díquè 부 확실히

해설 23. 코끼리는 오나라 손권이 위나라 조조에게 선물한 것이었는데, 중원에서 오랫동안 살았던 조조는 이렇게 거대한 동물을 본 적이 없었다고 했다. 즉 위나라에는 코끼리가 없었다는 것이므로 정답은 C이다.

24. 대신들이 생각한 방법 중의 하나는 코끼리를 한 덩이씩 베어 각각의 무게를 잰 후 더하는 것이었는데, 이렇게 하면 코끼리를 죽여야 하므로 정답은 C이다.

25. 마지막 단락에서 현재 이미 저울이 발명되었기 때문에 조충이 생각한 방법처럼 우여곡절 끝에 한 바구니씩 돌을 옮기지 않아도 된다고 했으므로 정답은 A이다.

26-28

우리는 도대체 얼마나 일을 해야 할까? 일반적인 상황에서 26 내가 질문했던 모든 사람들은 일부 근거를 예로 들어 나를 설득했는데, 이 시간은 매일 8시간에 달한다. 수치 역시 이러한 사실을 증명하는 것 같다. 즉 미국 사람들은 평균 매일 8.8시간을 일한다는 것이다. 최소한 이것은 미국 노동 통계청의 공식적인 수치이다.

우리는 애초에 왜 하루에 8시간을 일하게 되었을까?

현재의 근무 제도에서 시작해보자. 전형적인 근무 시간은 하루에 대략 8시간이다. 그런데 우리는 왜 이러한 방안을 제기했던 것일까? 답은 공업 혁명의 물결 속에 숨어 있다.

18세기 후기 기업이 공장 생산량을 최대화하기 시작했을 때, 공장을 일주일에 7일, 하루 24시간 운행을 멈추지 않게 하는 것이 핵심이었다. 당연히 효율을 높이기 위해 사람들은 더 많이 일해야 했다. 실제로 그때는 하루에 10시간에서 16시간 일하는 것이 정상이었다.

이렇게 긴 근무 시간은 결코 지속되지는 못했다. 왜냐하면 얼마 있지 않아, 로버트 오언이라는 사람이 용감하게 하나의 운동을 제창하며, 사람들의 하루 근무 시간이 8시간을 넘어서는 안 된다고 호소했기 때문이었다. 그의 구호는 바로 '8시간 일하고, 8시간 놀고, 8시간 자자'였다.

최초로 이러한 근무 제도를 도입한 것은 포드 자동차 회사였다. 27 1914년 포드 회사는 근무 기준 시간을 8시간으로 변경하였고, 근무자들의 임금을 2배로 올려주었다. 많은 회사들을 놀라게 했던 것은, 근무 시간 수가 줄어듦에 따라 동일한 근무자들의 생산력은 오히려 대폭 상승했다는 것이다. 또한 2년 동안 포드 회사의 이윤 증가 폭 역시 매우 커졌다. 이것이 다른 회사들 역시 더 짧은 8시간 근무제를 직원들의 근무 기준으로 채택하게 했다.

그래서 이렇게 하여, 이것이 바로 우리가 매일 8시간 일하는 원인이 되었다. 28 결코 과학적이거나 다른 이유가 있어서가 아니라, 그저 한 세기 이래 공장의 효율을 높이기 위해 채택된 오래된 기준일 뿐이다.

26 본문에 근거하여 8시간 근무 제도에 대해 대다수의 사람들은 어떤 태도였는가?

A 의심했다 B 인정했다
C 반대했다 D 환영했다

27 본문에 근거하여 포드 회사가 8시간 근무 제도를 채택한 이후:

A 생산력이 향상되었다
B 근무자의 임금은 변하지 않았다
C 기업의 이윤이 떨어졌다
D 회사에서 직원을 늘렸다

28 8시간 근무 시간이라는 기준에 관하여 필자는 어떻게 생각하는가:

A 오언이 최초로 채택했다고 생각한다
B 과학적 검증을 거쳤다고 생각한다
C 정부 부처의 보급을 얻었다고 생각한다
D 효율을 높이기 위한 목적에서 나왔다고 생각한다

단어 引证 yǐnzhèng 통 예를 들어 증명하다 | 数据 shùjù 명 데이터, 수치 | 证实 zhèngshí 통 사실을 증명하다 | 劳动 láodòng 명 노동 | 统计局 tǒngjìjú 통계청 | 官方 guānfāng 명 정부 당국, 공식 | 制度 zhìdù 명 제도 | 典型 diǎnxíng 형 전형적이다 | 方案 fāng'àn 명 방안, 계획 | 革命 gémìng 명 혁명 | 浪潮 làngcháo 명 물결, 파도 | 产量 chǎnliàng 명 생산량 | 运转 yùnzhuǎn 통 돌다, 운행하다 | 效率 xiàolǜ 명 효율 | 罗伯特·欧文 Luóbótè Ōuwén 고유 로버트 오언 | 发起 fāqǐ 앞장서서 제창하다 | 呼吁 hūyù 통 (동정, 지지를) 구하다, 청하다 | 口号 kǒuhào 명 구호, 슬로건 | 娱乐 yúlè 통 즐기다, 놀다 | 引进 yǐnjìn 통 도입하다, 끌어들이다 | 福特 Fútè 고유 포드 [미국의 자동차 회사] | 翻一番 fān yì fān 배로 늘다, 갑절이 되다 | 大幅度 dàfúdù 대폭 | 利润 lìrùn 명 이윤 | 极为 jíwéi 부 매우 | 促使 cùshǐ 통 ~하도록 재촉하다 | 缘由 yuányóu 명 원인, 이유 | 认可 rènkě 통 승낙하다, 인정하다

해설 26. 매일 8시간에 달하는 근무 시간에 대하여 필자가 물어본 사람들은 일부 근거를 들어 자신을 설득했다고 했으므로 사람들은 8시간의 근무 시간에 대해 인정하고 받아들이고 있음을 알 수 있다. 따라서 정답은 B이다.

27. 포드 회사가 8시간 근무 제도를 채택한 후에 생산력이 크게 향상되었고 회사 이익도 크게 증가했다. 따라서 정답은 A이다.

28. 마지막 단락에서 8시간 근무 기준은 과학적이거나 다른 이유가 있어서가 아니라 그저 공장의 효율을 높이기 위해 채택된 것일 뿐이라고 했으므로 정답은 D이다.

쓰기

〈제1부분〉

29

放慢　脚步　是　为了　享受生活。
　주어　　　술어　　목적어

발걸음을 늦추는 것은 삶을 누리기 위함이다.

해설 동사구 주어와 목적어의 어순배열 문제이다.
① 동사 '放慢'은 '늦추다'라는 뜻이므로 늦출 수 있는 대상, 즉 명사 '脚步(발걸음)'와 함께 쓴다.
② '为了'는 목적을 나타내는 개사이므로 목적에 해당하는 '享受生活'와 함께 쓴다.
③ '是'는 'A는 B이다' 문형을 만들 수 있는 동사이므로 문맥상 알맞게 배열하면, '放慢脚步'는 주어 자리에, '为了享受生活'는 목적어 자리에 놓는다.

30

人偶尔　情绪低落　是　很　正常的。
　주어　　　　　부사어　술어

사람이 가끔 기분이 우울한 것은 매우 정상적인 것이다.

해설 '是……的' 강조구문의 어순배열 문제이다.
① 형용사 '正常'으로 미루어 보아 형용사술어문임을 알 수

다. 정도부사 '很'은 형용사 앞에 위치하므로 '很正常的'의 순으로 쓴다. 뒤에 붙은 '的'를 근거로 강조구문이 쓰였음을 알 수 있다.

② '人偶尔'은 '주어+부사' 구조로 뒤에 술어가 와야 한다. 의미상 알맞은 술어를 고르면 '情绪低落(기분이 우울하다)'가 와야 하며 '주어+술어' 구조가 문장의 주어가 된다.

③ 동사 '是'는 술어가 아닌 맨 뒤의 '的'와 함께 '是……的' 강조구문을 만들어 주는 역할을 한다. 따라서 '是'는 주어 '人偶尔情绪低落' 뒤에 와야 한다.

31

雷阵雨　持续的时间　一般　都　较短。
　관형어　　주어　　　부사어　　술어

소나기가 지속되는 시간은 일반적으로 비교적 짧다.

해설 형용사술어문의 어순배열 문제이다.

① '较短'은 형용사구로 술어 자리에 올 수 있다.

② 술어 '较短'의 주어, 즉 짧다는 것의 주체는 '时间'이어야 한다. 명사 '雷阵雨'는 동사 '持续'의 주어가 되므로 '雷阵雨持续的时间'의 순서로 전체 문장의 주어가 된다.

③ '一般'과 '都'는 부사이므로 술어 '较短' 앞 부사어 자리에 놓는다.

〈제2부분〉

32

	失	眠	的	危	害	其	实	比	我	们	想	象	的	更
严	重	。	它	不	仅	会	引	起	一	些	精	神	上	的	问
题	，	还	使	人	很	难	维	持	规	律	的	生	活	。	为
了	防	止	失	眠	，	每	天	坚	持	适	当	的	运	动	，
睡	觉	之	前	不	要	思	考	严	肃	的	问	题	，	尽	量
避	免	影	响	睡	眠	情	况	的	发	生	。				

불면증의 위험은 사실 우리가 생각하는 것보다 더 심각하다. 이것은 정신적인 문제를 일으킬 뿐만 아니라, 규칙적인 생활을 유지하기 힘들게 한다. 불면증을 방지하기 위해 매일 적당한 운동을 꾸준히 해야 하며, 자기 전에는 심각한 문제를 생각하지 말고, 최대한 수면에 영향을 줄 수 있는 상황의 발생을 피해야 한다.

단어 防止 fángzhǐ 통 방지하다

12 海外用户玩儿微信

모범 답안

듣기
1 C　2 D　3 C　4 C　5 B　6 B　7 A
8 B　9 D　10 A　11 D　12 A　13 C　14 B

독해
15 B　16 D　17 A　18 C　19 D　20 C　21 C
22 B　23 A　24 C　25 D　26 C　27 C　28 B

쓰기
29 我曾经针对留学生做过一项调查。
30 请给我一次实现愿望的机会。
31 你不要用筷子敲打碗、盘子以及桌面。
32 모범 답안은 p.213 해설 참조

듣기

〈제1부분〉

1
男：北京队踢得真棒！看来今天肯定能赢。
女：是，只要继续保持这种状态，冠军肯定是我们的！
问：关于北京队，可以知道什么？

남: 베이징팀은 축구를 진짜 잘하네요! 보아하니 오늘 분명히 이길 거예요.
여: 맞아요. 이 상태를 계속 유지하기만 한다면 우승은 분명히 우리 거예요!
질문: 베이징팀에 관하여 알 수 있는 것은 무엇인가?

A 우승을 했다
B 시합에서 졌다
C 많이 우세하다
D 축구를 힘들게 한다

단어 保持 bǎochí 圄 유지하다, 지키다 | 冠军 guànjūn 圄 우승, 1등

해설 남자가 베이징팀이 축구를 잘한다고 하자, 여자 역시 이 상태를 유지하면 우승할 것이라고 확신했으므로 정답은 C이다.

2
女：小李，我买了台打印机，你能帮我安装一下吗？
男：没问题，其实很简单，连上数据线，按电脑上显示的步骤，装上驱动程序就好了。
问：女的请小李帮忙做什么？

여: 샤오리, 내가 프린터기를 샀는데, 날 도와서 설치해줄 수 있어?
남: 문제없어. 사실 매우 간단해. 케이블선을 연결하고, 컴퓨터에 보이는 순서대로 드라이버를 설치하면 돼.
질문: 여자는 샤오리에게 무엇을 도와달라고 하는가?

A 컴퓨터 수리   B 프린터기 구입
C 케이블선 정리   D 프린터기 연결

단어 连上 liánshàng 연결하다 | 数据线 shùjùxiàn 圄 케이블선 | 步骤 bùzhòu 절차, 순서 | 驱动 qūdòng 圄 시동을 걸다, 움직이게 하다 | 程序 chéngxù 圄 프로그램 | 连接 liánjiē 圄 연결하다

해설 여자는 남자에게 새로 산 프린터기의 설치를 도와줄 수 있는지 물었다. 따라서 정답은 D이다.

3
男：你坐这把不是挺好的吗？那把电脑椅滑来滑去，不好写字吧？
女：这把椅子低，那把椅子高。
问：男的觉得那把电脑椅怎么样？

남: 네가 앉은 이 의자 꽤 좋지 않아? 저 컴퓨터 의자는 이리저리 미끄러져서 글 쓰기에 좋지 않겠지?
여: 이 의자는 낮고, 저 의자는 높아.
질문: 남자는 저 컴퓨터 의자가 어떻다고 생각하는가?

A 너무 높다   B 너무 낮다
C 고정시키기 어렵다   D 앉았을 때 편하다

해설 남자는 저 컴퓨터 의자가 이리저리 미끄러진다고 했으므로 의자가 고정시키기 어려움을 알 수 있다. 따라서 정답은 C이다.

4
女：我手机里也安装了这个应用，怎么没有你说的这个功能？
男：我这是最新的版本，你回去升一下级就行了。
问：男的让女的做什么？

여: 내 휴대전화에도 이 애플리케이션을 설치했는데, 어째서 네가 말한 그 기능은 없는 거지?
남: 내 건 최신 버전이거든. 너도 업그레이드 한번 하면 될 거야.
질문: 남자는 여자에게 무엇을 하게 했는가?

A 다시 설치한다
B 바이러스를 제거한다
C 소프트웨어를 업그레이드한다
D 프로그램을 수정한다

단어 版本 bǎnběn 圄 버전 | 升级 shēngjí 圄 업그레이드하다 | 杀毒 shā dú 圄 (기기의) 바이러스를 제거하다 | 软件 ruǎnjiàn 圄 소프트웨어

해설 여자가 자신의 애플리케이션에 왜 남자가 말한 기능이 없는지 의아해하자, 남자는 업그레이드하면 될 거라고 대답했다. 따라서 정답은 C이다.

5
男：你的邮件我收到了，可是没有看到你的广告计划书呀？
女：没有？怎么可能？我立刻看一下，是我忘了粘贴附件吗？
问：接下来，女的马上会怎么做？

남: 당신 메일 받았어요. 그런데 당신의 광고 제안서가 보이지 않는데요?
여: 없다고요? 그럴 리가요? 제가 바로 확인해볼게요. 제가 자료 첨부하는 걸 깜빡했나요?
질문: 여자가 이어서 할 행동은 무엇인가?

A 홈페이지를 둘러본다
B 메일함을 확인한다
C 보고서를 검토한다
D 문서를 수정한다

단어 粘贴 zhāntiē 圄 첨부하다, 붙여 넣다 | 附件 fùjiàn 圄 첨부 문서, 동봉 서류 | 浏览 liúlǎn 圄 대충 훑어보다

해설 남자가 여자의 메일에 광고 제안서가 보이지 않는다고 하자, 여자는 바로 확인해보겠다고 했으므로 여자가 이어서 할 행동으로 알맞은 것은 B이다.

6
女：你为什么让我把笔记本电脑的电池拆下来？
男：在家时插上充电器使用，这样可以延长电池的使用寿命。
问：男的为什么建议拆下电池？

여: 왜 노트북의 배터리를 빼라고 하는 거야？

208

남: 집에 있을 때는 충전기를 꽂아 사용하면, 배터리의 사용 수명을 연장할 수 있어.

질문: 남자는 왜 배터리를 빼라고 건의했는가?

A 컴퓨터 무게를 줄이기 위해
B 배터리의 수명을 연장하기 위해
C 처리 속도를 올리기 위해
D 전기 사용의 낭비를 피하기 위해

단어 拆 chāi 통 해체하다, 떼어내다 | 充电器 chōngdiànqì 명 충전기 | 延长 yáncháng 통 연장하다, 늘이다 | 寿命 shòumìng 명 수명

해설 남자는 배터리를 분리하고 충전기를 꽂아 사용하면 배터리 수명을 연장할 수 있다고 했으므로 정답은 B이다.

〈제2부분〉

7 女：爸，您这台电脑太旧了，显示器占这么大地方，我给您换换吧？
男：我这不是才用了四五年吗？挺好用的。
女：现在都是液晶显示器了，很省空间。
男：我习惯了，没觉得不方便。
问：女的觉得爸爸的电脑怎么了？

여: 아빠, 아빠의 컴퓨터는 너무 낡았고, 모니터가 자리를 이렇게나 많이 차지하네요. 제가 바꿔 드릴까요?
남: 이건 겨우 4~5년밖에 안 썼는걸? 쓰기 매우 좋아.
여: 요즘은 다 LED 모니터라서, 공간을 절약할 수 있어요.
남: 나는 이미 익숙해져서 불편한지 모르겠구나.

질문: 여자는 아빠의 컴퓨터가 어떻다고 생각하는가?

A 모니터가 자리를 너무 차지한다
B 처리 속도가 너무 느리다
C 저장 공간이 너무 작다
D 아마도 바이러스에 걸린 것 같다

단어 显示器 xiǎnshìqì 모니터 | 液晶显示器 yèjīng xiǎnshìqì 명 LED 모니터 | 空间 kōngjiān 명 공간 | 存储 cúnchǔ 통 저장하다 | 中病毒 zhòng bìngdú 바이러스에 걸리다

해설 여자는 아빠의 컴퓨터가 낡고 모니터도 자리를 많이 차지하니 바꿔주겠다고 했다. 따라서 정답은 A이다.

8 男：你有微信吗？我们可以用它联系，很方便。
女：有。不过，我不太会添加联系人。
男：告诉我你的微信号，我搜索一下。
女：我听说有一个"扫一扫"的功能，你知道怎么用吗？
问：男的正在用手机做什么？

남: 너 위챗 있어? 우리 그걸로 연락하자. 아주 편해.
여: 있어. 근데 연락처 추가를 잘 못하겠어.
남: 네 위챗 아이디를 나에게 알려줘. 내가 검색해볼게.
여: 'QR코드 스캔' 기능이 있다고 들었는데, 어떻게 사용하는지 아니?

질문: 남자는 휴대전화로 무엇을 하는 중인가?

A 메일 정리   B 연락처 추가
C 프로그램 설치   D 소프트웨어 다운로드

단어 添加 tiānjiā 통 추가하다, 보태다 | 微信号 Wēixìn hào 위챗 아이디 | 搜索 sōusuǒ 통 검색하다 | 扫一扫 sǎo yi sǎo 위챗의 QR코드 스캔 기능 | 下载 xiàzài 통 다운로드하다

해설 여자가 위챗에 연락처 추가를 잘 못한다고 하자, 남자는 자신이 검색해보겠다고 했다. 따라서 정답은 B이다.

9 女：数码相片的尺寸你会不会改？
男：电脑上有处理图片的软件就能改，怎么了？
女：我办签证，要把尺寸改成报名登记表上要求的大小。
男：行，你发给我，我帮你处理一下。
问：女的让男的帮忙做什么？

여: 디지털 사진의 사이즈를 수정할 수 있어?
남: 컴퓨터에 사진 보정 소프트웨어가 있으면 할 수 있는데, 왜?
여: 내가 비자를 발급 받는데, 사이즈를 신청서에서 요구하는 크기로 수정해야 되거든.
남: 좋아. 나에게 보내. 내가 처리해줄게.

질문: 여자는 남자에게 무엇을 부탁했는가?

A 소프트웨어 설치   B 비자 사진 촬영
C 신청서 기재   D 사진 수정

단어 数码 shùmǎ 명 디지털 | 尺寸 chǐcùn 명 사이즈, 치수 | 登记表 dēngjìbiǎo 명 신청서, 등록표

해설 여자는 비자 발급 신청을 위해 사진 크기를 수정해야 한다고 했고, 남자가 자신이 처리해주겠다고 했으므로 정답은 D이다.

10 女：我发现最近电脑变得特别慢，打开一个网页要等半天。
男：你安装什么新软件了吗？
女：我就收收邮件，或者浏览一下网页，没做别的。
男：有时邮件也会带病毒，你用杀毒软件查一下。
问：对这台电脑，男的建议女的做什么？

여: 요즘 컴퓨터가 너무 느려졌어요. 웹사이트 하나 여는데 한참을 기다려야 해요.
남: 무슨 새로운 소프트웨어를 설치했어요?
여: 메일 좀 받거나 웹서핑만 했을 뿐, 다른 건 안 했어요.
남: 가끔은 메일도 바이러스를 가져올 수 있어요. 백신 소프트웨어로 검사 한번 해봐요.

질문: 이 컴퓨터에 대해 남자는 여자에게 무엇을 하라고 건의했는가?

A 바이러스를 찾아서 제거하라고
B 소프트웨어를 업그레이드하라고
C 메일을 검사하라고
D 시스템을 다시 설치하라고

단어 系统 xìtǒng 명 시스템

해설 여자가 컴퓨터 속도가 느려진 것 같다고 하자, 남자는 백신 소프트웨어로 검사를 한번 해보라고 했다. 따라서 정답은 A이다.

11-12

第11到12题是根据下面一段对话：

男：您插上耳机听听声音清不清楚，11 **如果也不清楚，那可能就是硬件的毛病。**
女：我试过了，情况是一样的。
男：您这台电脑购买了多长时间了？
女：一年不到，还没过保修期呢。
男：12 **一年之内，我们是可以上门服务的，**您把电脑上的产品编号告诉我，另外说一下您的地址，我记一下。

11. 问：女的的电脑可能是什么问题？
12. 问：男的打算怎么解决电脑的问题？

11-12번 문제는 다음 대화에 근거한다:

남: 이어폰을 꽂고 소리가 명확한지 아닌지 들어보세요. 11 만약 그래도 명확하지 않으면 아마도 하드웨어 고장일 거예요.
여: 제가 시도해봤는데, 상황이 똑같아요.
남: 이 컴퓨터 사신 지 얼마나 됐어요?
여: 1년도 안 됐어요. 아직 A/S 기간이 남아 있어요.
남: 12 1년 이내라면 방문 서비스가 가능해요. 컴퓨터의 제품 번호를 저에게 알려주세요. 주소도 말씀해주시면 제가 적어둘게요.

11 여자의 컴퓨터에 아마도 어떤 문제가 생긴 것인가?

A 이어폰이 고장 났다
B 소리가 나지 않는다
C 바이러스에 걸렸다
D 하드웨어가 고장 났다

12 남자는 컴퓨터 문제를 어떻게 해결할 계획인가?

A 방문 수리　　B 컴퓨터 교환
C 이어폰 교체　　D 프로그램 재 설치

단어 耳机 ěrjī 圀 이어폰 │ 硬件 yìngjiàn 圀 하드웨어 │ 毛病 máobìng 圀 고장, 장애 │ 保修期 bǎoxiūqī 圀 보증 수리 기간, A/S 기간 │ 上门服务 shàngmén fúwù 방문 서비스 │ 编号 biānhào 圀 일련번호

해설 11. 남자는 이어폰을 꽂아 소리를 들어보라고 하며 명확하게 들리지 않으면 아마 하드웨어 고장일 것이라고 말했다. 따라서 정답은 D이다.

12. 남자는 1년 이내로는 방문 서비스가 가능하니 제품 번호와 주소를 알려달라고 했다. 따라서 남자는 방문하여 수리할 계획임을 알 수 있다.

13-14

第13到14题是根据下面一段话：

从前，一位画家给总统画了一幅画像。画好以后，他对总统说："本人虽不是名家，但也不是无能之辈。请您约几个朋友来评价评价，就知道了。"
总统接受了他的意见，请了几位朋友来欣赏。大家看了很头疼。14 **如果老实地说实话，怕让总统难为情。**第一位很狡猾，说："13 **方顶帽画得相当像。**"第二位说："13 **衣服也很像。**"画家急忙插嘴："帽子和衣服不是主要的，请对面容发表发表意见。"第三位把画像与总统反复对比了半天，看着总统盼望的目光，只好说："13 **胡子稍微像一点儿。**"

13. 问：从短文中可以知道，这位画家怎么样？
14. 问：三位朋友评价画像时，为什么不说实话？

13-14번 문제는 다음 내용에 근거한다:

옛날에 한 화가가 대통령에게 초상화를 그려주었다. 다 그린 후 그는 대통령에게 말했다. "제가 비록 유명한 화가는 아니지만, 무능한 사람도 아닙니다. 대통령께서 몇 명의 친구분들을 불러 평가해보게 하신다면 바로 아실 것입니다."
대통령은 그의 의견을 받아들여 몇 명의 친구들을 불러 감상하게 했다. 모두들 그림을 보고 매우 골치가 아팠다. 14 만약 솔직하게 사실대로 말하면 대통령이 난처해질 것 같아서였다. 첫 번째 친구는 교활하게 말했다. "13 사각 모자 그린 게 꽤 닮았네." 두 번째 친구가 말했다. "13 옷도 매우 닮았어." 화가는 황급히 끼어들어 말했다. "모자와 옷의 중요한 게 아닙니다. 얼굴에 대해서 고견을 말씀해주세요." 세 번째 친구는 초상화와 대통령을 번갈아 가며 한참 비교하였고, 대통령의 간절히 바라는 눈빛을 보며 어쩔 수 없이 말했다. "13 수염이 조금 닮았네."

13 본문을 통해 이 화가가 어떻다는 것을 알 수 있는가?

A 매우 교활하다　　B 매우 닮게 그렸다
C 수준이 떨어진다　　D 매우 겸손하다

14 세 친구는 초상화를 평가할 때 왜 사실대로 말하지 않았는가?

A 화가의 돈을 받아서
B 대통령의 체면을 깎을까 걱정돼서
C 그림을 잘 몰라서
D 화가의 명예가 높아서

단어 总统 zǒngtǒng 圀 대통령 │ 画像 huàxiàng 圀 초상화 │ 无能之辈 wúnéng zhī bèi 무능한 자 │ 难为情 nánwéiqíng 난감하다, 난처하다 │ 狡猾 jiǎohuá 휑 교활하다 │ 方顶帽 fāngdǐngmào 圀 사각 모자 │ 面容 miànróng 용모, 얼굴 생김새 │ 目光 mùguāng 圀 눈빛, 눈길 │ 只好 zhǐhǎo 児 어쩔 수 없이, 부득이하게 │ 胡子 húzi 圀 수염 │ 丢脸 diū liǎn 圀 체면이 깎이다, 망신 당하다

해설 13. 대통령의 세 친구는 초상화를 보고 외모가 아닌 다른 것들이 닮았다고 말하고 있으므로, 이를 통해 화가가 대통령과 전혀 닮지 않게 초상화를 그렸음을 알 수 있다. 따라서 정답은 C이다.

14. 세 친구가 솔직하게 사실대로 말하면 대통령이 난처해질 것 같았다고 했다. 따라서 정답은 B이다.

독해

〈제1부분〉

15-18

최근 과학자들은 식물의 광합성 작용 원리를 이용하여 인공 잎사귀를 발명했다. 이것은 포커 카드 한 장의 크기밖에 되지 않으며, 규소를 원료로 제작되었고, 안에 전자와 촉매제가 들어있다. 15 그러나 이것을 얕봐서는 안 되는데(B 可别小看它), 이 잎사귀를 대략 3.8리터의 물에 넣고 햇빛 아래 두기만 하면, 잎사귀 안의 촉매제가 수분을 수소와 산소 두 가지 원소로 분해시킨다. 그리고 이 수소와 산소를 전지에 넣어 전환시킨 전기 에너지는 한 가정이 하루에 사용하는 전력 수요를 충족시킬 수 있다. 이 기

210

술은 현재 아직 연구 단계에 있고, 상업적으로 16 보급할 수 있는(D 推广) 정도에 도달하려면 아직 멀었지만, 이미 일부 기업들은 이것의 미래에 대규모로 17 응용할(A 应用) 수 있는 것에 큰 관심을 보이고 있다. 아마도 멀지 않은 미래에는 이렇게 작은 잎사귀 하나만 있어도 모든 가정에서 전력의 자급자족을 18 실현할(C 实现) 수 있을 것이다.

단어 光合作用 guānghé zuòyòng 광합성 작용 | 原理 yuánlǐ 명 원리 | 人造 rénzào 인조의, 인공의 | 扑克牌 pūkèpái 명 포커 카드 | 硅 guī 명 규소 | 原料 yuánliào 명 원료 | 电子 diànzǐ 명 전자 | 催化剂 cuīhuàjì 명 촉매제 | 升 shēng 양 리터 | 氢 qīng 명 수소 | 氧 yǎng 명 산소 | 元素 yuánsù 명 화학 원소 | 未 wèi 부 아직 ~하지 않다, ~가 아니다 | 片 piàn 양 얇고 평평한 것을 세는 단위 | 自给自足 zìjǐ zìzú 자급자족 | 疑问 yíwèn 명 의문 | 小看 xiǎokàn 동 얕보다, 깔보다 | 显而易见 xiǎn'éryìjiàn 분명하게 볼 수 있다 | 巧 qiǎo 형 공교롭다 | 扩大 kuòdà 동 확장하다

해설 15. 빈칸 뒷부분의 내용을 보면 이 작은 인공 잎사귀가 원소로 분해되어 한 가정에서 하루에 쓸 수 있는 전력량을 충족시킨다고 했다. 문맥상 이를 얕잡아보면 안 된다는 내용의 B가 정답이 된다.

16. 이 잎사귀는 현재 아직 연구 단계에 있기 때문에 상업적으로 이용하려면 아직 멀었다는 것을 알 수 있다. 따라서 널리 이용된다는 내용에 쓸 수 있는 동사를 고르면 정답이 D이다.

⑰ 기업이 관심을 가진 것은 이 인공 잎사귀가 미래에 대규모로 '사용되는 것'이므로 빈칸에 들어갈 알맞은 동사는 A이다.

18. 빈칸은 조동사 '可以'의 뒤, 목적어의 앞에 있으므로 빈칸에 올 품사는 동사이다. 인공 잎사귀로 인해 전력을 자급자족하는 상황이 미래에 '실현된다'는 것이므로 정답은 C이다.

TIP
'应用'과 '运用'의 비교
① 应用: 이론, 경험, 기술, 체계 등이 어떤 영역에서 사용되고 응용되는 것을 뜻한다. 또한 명사를 수식할 수도 있다.
应用于工作 업무에 응용하다
推广应用 확대 응용하다
应用于各个领域 각각의 영역에 응용하다
应用研究 응용 연구
应用文 응용문
应用题 응용문제
② 运用: 상황에 따라 어떤 방법, 기교, 수단, 권력 등을 활용하는 것을 뜻한다.
运用自如 자유자재로 운용하다
灵活运用 원활하게 운용하다

〈제2부분〉

19 엔조이라이프 사이트는 생활 서비스류의 웹사이트로, 생활 속 작은 상식, 생활 속 작은 기술, 저탄소 생활, 현재 최고급 생활 서비스, 가장 인기 있는 상품, 가장 인기 있는 온라인 게임 등을 포함하고 있으며, 생활 서비스 정보를 추천하는 중국의 전문적인 생활 서비스 웹사이트이다.

A 엔조이라이프 사이트는 게임 웹사이트이다
B 엔조이라이프 사이트는 쇼핑 웹사이트이다
C 웹사이트는 주로 건강 자문 서비스를 제공한다
D 웹사이트는 주로 생활 관련 서비스를 제공한다

단어 常识 chángshí 명 상식 | 窍门 qiàomén 명 방법, 비결, 요령 | 低碳 dītàn 명 저탄소 | 当今 dāngjīn 명 지금, 현재 | 精品 jīngpǐn 명 명품, 최고급품 | 网络 wǎngluò 명 네트워크, 온라인 | 咨询 zīxún 동 자문하다, 물어보다

해설 엔조이라이프 사이트는 생활 서비스 정보를 추천하는 생활 서비스 웹사이트라고 소개하고 있으므로 정답은 D이다.

20 연구에서 증명된 바로, 30%의 비만 남자아이와 40%의 비만 여자아이의 비만 상태는 사춘기까지, 심지어 성인 시기까지 지속될 가능성이 있다고 한다. 성인 시기가 되기 전까지는 나이가 많을수록 비만 상태가 쉽게 성인까지 지속될 수 있다. 중학교 단계와 비교했을 때 초등학교 단계의 비만 상태는 아직 안정적이지 않고 원래의 상태로 쉽게 되돌아갈 수 있으므로, 만약 대응하는 조치가 적극적이고 효과적이라면, 대부분의 '어린 풍보'는 성인 비만으로 발전되는 것을 피할 수 있다.

A 남자아이의 비만은 여자아이보다 지속될 가능성이 더 높다
B 아동 비만은 성인 시기까지 지속될 수 있다
C 초등학생의 비만은 성인 시기까지 발전되지 않는다
D 중학교 시기에 다이어트 조치를 취하는 것이 가장 효과 있다

단어 青春期 qīngchūnqī 명 사춘기 | 成年 chéngnián 명 성인 | 可逆性 kěnìxìng 가역성 | 应对 yìngduì 동 대응하다, 대처하다 | 胖墩 pàngdūn 명 비만 아동

해설 연구에 따르면 아동 비만이 사춘기까지, 심지어 성인 시기까지 지속될 가능성이 있다고 했으므로 정답은 B이다.

21 바닷물 자체는 우리가 일상에서 접하는 물과 큰 차이가 없으며 역시 투명하다. 우리가 보는 초록색은 사실 바닷물의 햇빛 흡수 능력과 관련이 있다. 물이 비교적 얕으면, 초록빛만이 바닷물에 흡수되어 반사되어 나온다. 물이 깊어지면, 파란빛 역시 흡수되어 바닷물이 파란색으로 보이는 것이다.

A 바닷물의 색깔은 시간에 따라 변화한다
B 바닷물은 일반적으로 하늘의 파란색을 반사한다
C 물이 얕은 해수면은 초록색으로 보인다
D 물이 깊은 해수면은 투명하게 보인다

단어 透明 tòumíng 형 투명하다 | 吸收 xīshōu 동 흡수하다 | 反射 fǎnshè 동 반사하나 | 随 suí 개 ~에 따라 | 天空 tiānkōng 명 하늘

해설 물이 얕으면 바닷물이 초록빛을 흡수한다고 했으므로 초록색으로 보인다고 한 C가 정답이다. 바닷물의 색깔은 햇빛 흡수 능력과 관련이 있으므로 A는 오답이고, 깊은 바다가 파란빛을 흡수한다고 했으므로 B 역시 오답이다. 바닷물은 원래 색깔이 투명한 것이지 깊이에 따라 그렇게 보이는 것은 아니므로 D도 오답이다.

22 베이징의 천단 공원 안에는 원형으로 된 벽이 하나 있다. 벽면을 매우 정갈하고 매끄럽게 쌓아올렸는데, 이를 회음벽이라고 부른다. 이 벽의 신기한 점은 두 사람이 각각 회음벽 앞의 다른 위치에 서서, 한 사람이 벽을 비스듬히 마주하고 가볍게 말하고, 다른 한 사람이 귀를 벽에 대고 들으면, 설령 상대방의 목소리가 작거나 멀리 떨어져 있더라도 아주 분명하게 들린다는 것이다. 이것은 바로 고대 건축 노동자가 소리가 반사되는 원리를 이용하여 실현시킨 것이다.

A 천단 공원 밖을 둘러싼 벽은 매우 매끄럽다
B 소리는 벽에 반사되어 청자의 귀로 들어간다

C 맞은편 위치에 서야만 상대방의 말을 들을 수 있다
D 벽에 붙어서 가볍게 말해야만 상대방이 들을 수 있다

단어 天坛公园 Tiāntán Gōngyuán 고유 천단 공원 | 道 dào 양 문이나 벽 등을 세는 단위 | 圆形 yuánxíng 명 원형 | 砌 qì 동 (벽돌이나 돌을) 쌓다 | 回音壁 Huíyīnbì 고유 회음벽 [천단 공원에 있는 원형 장벽] | 奇妙 qímiào 형 신기하다, 기묘하다 | 位置 wèizhì 명 위치 | 斜对 xié duì 비스듬히 마주하다 | 墙壁 qiángbì 명 벽, 담장 | 建筑 jiànzhù 명 건축물 | 围墙 wéiqiáng 명 건물을 둘러싼 벽, 담장

해설 한 사람이 가볍게 내뱉은 소리를 벽에 귀를 대고 있는 다른 사람이 들을 수 있는 이유는 바로 고대의 건축 노동자가 소리가 반사되는 원리를 이용했기 때문이라고 했으므로 정답은 B이다. 회음벽은 천단 공원 밖이 아니라 내부에 있는 것이므로 A는 오답이고, 맞은편 위치에 서야만 소리를 들을 수 있는 것이 아니므로 C 역시 오답이다. 벽을 비스듬히 마주하고 말한다고 했으므로 D 역시 오답이다.

〈제3부분〉

23-25

많은 사람들이 비만은 영양 과잉이라고 생각한다. 비만을 형성하는 원인을 오로지 영양 과잉 때문이라고 귀납해버리는 이러한 견해는 결코 과학적이지 않다. 24 사실 비만은 하나의 영양 불균형 상태이다. 불균형이라 함은, 어떤 물질은 과잉이고, 어떤 물질은 부족한 것을 말한다. 예를 들어 지방, 탄수화물, 단백질의 3대 필수 영양소의 섭취가 과도한 것으로, 특히 지방과 탄수화물의 섭취가 과도하고, 비타민, 무기질, 식이섬유의 섭취는 부족하며, 심지어 결핍되기도 한다. 그래서 비만은 영양이 과도하게 남는 것과는 다르며, 24 실은 영양 불균형과 열량의 과잉이야말로 비만의 근본 원인이다. 비만인 사람들이 섭취하는 열량이 너무 높아서 성장, 발육 및 일상생활에서 필요한 열량을 초과하여, 지나친 열량이 체내에서 지방으로 변하여 축적되는 한편, 다른 한편으로 비타민, 무기질, 식이섬유의 섭취는 오히려 여전히 부족하다.

전체적으로 균형 잡힌 영양분은 인체 건강의 기본 조건이다. 23 고기, 달걀, 곡식, 채소, 과일, 우유, 지방 등의 음식은 각기 다른 영양가를 가지며, 모두 우리 인체에 필요한 것이고, 서로 대체할 수 없다. 25 서로 조화를 이루는 합리적인 식사야말로 우리가 섭취하는 모든 영양분이 골고루, 균형 잡힐 수 있게 해주며, 이것이 바로 인류 건강의 기초이다.

23 본문에 근거하여 다음 중 어느 것이 정확한가?

A 음식은 서로 대체될 수 없다
B 탄수화물이 가장 쉽게 과잉된다
C 지방은 쉽게 인체에 흡수된다
D 비만인 사람은 항상 운동이 부족하다

24 다음 중 본문에서 비만의 근본적인 원인이라고 말한 것은 어느 것인가?

A 영양 과잉
B 음식이 단 한 가지이다
C 영양 불균형
D 비타민 부족

25 필자는 다음 중 어느 것이 영양분을 골고루, 균형 있게 할 수 있다고 생각하는가?

A 채소를 많이 먹는 것
B 식사를 규칙적으로 하는 것
C 정크푸드를 거부하는 것
D 음식의 조화에 주의하는 것

단어 过剩 guòshèng 동 과잉되다, 지나치다 | 归结 guījié 동 귀납시키다, 총괄하다 | 均衡 jūnhéng 형 고르다, 균형 잡히다 | 缺乏 quēfá 동 부족하다, 모자라다 | 脂肪 zhīfáng 명 지방 | 碳水化合物 tànshuǐ-huàhéwù 명 탄수화물 | 蛋白质 dànbáizhì 명 단백질 | 营养素 yíngyǎngsù 명 영양소 | 摄入 shèrù 동 섭취하다 | 维生素 wéishēngsù 명 비타민 | 矿物质 kuàngwùzhì 명 미네랄 | 膳食纤维 shànshí xiānwéi 식이섬유 | 热量 rèliàng 명 열량, 칼로리 | 热能 rènéng 명 열량, 칼로리 | 多余 duōyú 동 넘치다 형 여분의 | 储存 chǔcún 동 저장하다, 쌓아두다 | 油脂 yóuzhī 명 유지, 지방 | 搭配 dāpèi 동 배합하다, 조합하다, 맞추다 | 膳食 shànshí 명 식사, 음식

해설 23. 모든 음식은 제각기 다른 영양가를 갖고 있으므로 모두 인체에 필요하며 서로 대체할 수 없다고 했다. 따라서 정답은 A이다.

24. 서두에서 비만은 영양 불균형 상태라고 언급했고, 이후 영양 불균형이 비만의 근본 원인이라고 설명했다. 따라서 정답은 C이다.

25. 본문의 마지막 문장에서 필자는 서로 조화를 이루는 합리적인 식사야말로 영양분을 골고루, 균형 있게 섭취할 수 있는 것이라고 했다. 따라서 정답은 D다.

26-28

어느 날 한 젊은이가 미국의 유명 작가 마크 트웨인을 찾아와 만나자고 청했다. 이 방문자는 팔꿈치 아래로 이상한 모양의 물건을 끼고 있었다. 26 알고 보니 이 젊은이는 새로운 기계를 발명했는데, 이 기계를 홍보하고 대량으로 생산할 자금이 필요했던 것이다.

마크 트웨인은 젊었을 때 발명하고 새로 만드는 것을 매우 좋아하여, 평생 각종 새로운 상품과 새로운 발명에 50만 달러가 넘는 돈을 투자했었다. 27 그러나 그 프로젝트들은 하나도 성공하지 못했고, 모든 투자를 다 날리게 되었다. 그 후 마크 트웨인은 의기소침해져서 다시는 '신기한 장난감'에 절대로 돈을 낭비하지 않겠다고 맹세했다.

이로 인해 이 젊은 방문자를 보자마자, 마크 트웨인은 바로 미안한 듯이 자신에게 수없이 많은 투자 실패의 경험이 있어서 다시는 위험을 감수하지 않으려 한다고 말했다.

"저는 절대로 거액의 투자를 바라는 것이 아닙니다." 젊은이가 말했다. "26 그저 500달러면, 당신은 거액의 지분을 가질 수 있어요." 마크 트웨인은 자신이 방금 말한 맹세를 떠올리며 고개를 저었고, 실망한 젊은이는 어쩔 수 없이 몸을 일으켜 작별을 고했다. 그의 뒷모습을 보자니 이 유명 작가는 마음이 절로 움직여졌다. "저기요!" 마크 트웨인은 그 손님의 뒤에서 소리쳤다. 말을 내뱉자마자 마크 트웨인은 즉시 자신의 흔들림에 창피함을 느껴, 이를 감추기 위해 바로 말을 바꿨다. "…… 방금 당신 이름이 뭐라고 했지요?"

"벨입니다." 젊은이가 대답했습니다. "알렉산더 그레이엄 벨이에요."

"잘 가시오, 벨! 행운을 빕니다!" 마크 트웨인은 문을 닫고 속으로 생각했다. "천지신명이여, 감사합니다. 간신히 지켰어. 벨에게 투자하지 않았다고."

오늘날 우리는 젊은이 벨이 팔꿈치 아래에 끼고 있었던 '신기한 장난감'이 전화라고 불린다는 것을 알고 있다. 이 신상품에 투자했던 모든 사람들은 후에 백만장자가 되었다. 이로 인해 알 수 있듯이 28 모든 '단호함'이 결코 좋은 결과를 내는 것은 아니다. 왜냐하면 이러한 '단호함' 때문에 마크 트웨인은 기회를 눈앞에서 놓쳤기 때문이다.

26 젊은이가 마크 트웨인을 찾아간 것은:
A 그의 사인을 받으려고
B 그의 작품을 구매하려고
C 그에게 투자를 부탁하려고
D 그에게 목돈을 빌리려고

27 마크 트웨인에 관하여 본문을 통해 알 수 있는 것은:
A 실패의 교훈을 총결하는 것을 좋아했다
B 수많은 신상품을 발명했다
C 여러 번의 투자가 모두 성공하지 못했다
D 젊은이에게 투자하고 싶어 했다

28 본문이 주로 우리에게 말하고자 하는 것은:
A 단호해야만 성공한다
B 단호한 것이 반드시 옳은 것은 아니다
C 기회 앞에서는 반드시 단호해야 한다
D 단호함은 인내심을 가장 필요로 한다

단어 登门 dēngmén 동 방문하다 | 求见 qiújiàn 뵙기를 청하다 | 马克·吐温 Mǎkè Tǔwēn 고유 마크 트웨인 | 来访者 láifǎngzhě 방문자 | 夹 jiā 동 끼우다, 끼다 | 怪模怪样 guàimú-guàiyàng 모습이 이상하다 | 资金 zījīn 자금 | 热爱 rè'ài 매우 좋아하다 | 项目 xiàngmù 명 항목, 프로젝트 | 打水漂 dǎ shuǐpiāo 돈을 헛되이 쓰다, 돈을 날리다 | 心灰意冷 xīnhuī-yìlěng 의기소침하다 | 发誓 fāshì 동 맹세하다 | 玩意儿 wányìr 명 물건, 장난감 | 无数 wúshù 형 수를 헤아릴 수 없다 | 教训 jiàoxun 명 교훈 | 冒 mào 동 무릅쓰다, 개의치 않다 | 风险 fēngxiǎn 명 위험 | 指望 zhǐwàng 동 기대하다, 바라다 | 巨额 jù'é 거액의 | 股份 gǔfèn 주식, 지분 | 誓言 shìyán 맹세하는 말, 선서 | 摇头 yáotóu 고개를 젓다 [부정, 거부의 뜻을 나타냄] | 告辞 gàocí 작별을 고하다 | 背影 bèiyǐng 뒷모습 | 坚定 jiāndìng 형 단호하다, 결연하다 | 掩饰 yǎnshì 동 (결점, 실수를) 덮다, 감추다 | 亚历山大·格拉汉姆·贝尔 Yàlìshāndà Gélāhànmǔ Bèi'ěr 고유 알렉산더 그레이엄 벨 | 谢天谢地 xiètiān-xièdì 천지신명께 감사하다 | 总算 zǒngsuàn 부 겨우, 간신히, 마침내 | 富翁 fùwēng 명 부자 | 失之交臂 shīzhī-jiāobì 눈앞에서 좋은 기회를 놓치다

해설 26. 젊은이가 마크 트웨인을 찾아온 이유는 자신이 발명한 기계를 대량으로 생산하고 홍보할 자금이 필요했기 때문이었다. 500달러만 투자하면 거액의 지분을 가질 수 있다고 한 말로 보아, 돈을 빌리는 것이 아닌 투자를 부탁하고 있음을 알 수 있다. 따라서 정답은 C이다.

27. 마크 트웨인은 젊었을 때 만드는 것을 좋아하여 새로운 발명품에 많은 돈을 투자했지만, 단 하나도 성공하지 못했다고 했다. 따라서 정답은 C이다.

28. 마지막 단락에서 마크 트웨인은 '단호함(坚持)' 때문에 눈앞에서 기회를 놓쳤으며, 모든 '단호함'이 다 좋은 결과를 내는 것은 아니라고 했으므로 정답은 B이다.

쓰기

〈제1부분〉

29

我曾经　　针对留学生　　做过　　一项　　调查。
주어+부사어　　술어1+목적어1　　술어2　　관형어　　목적어2

나는 일찍이 유학생을 대상으로 조사를 한 적이 있다.

해설 연동문의 어순배열 문제이다.
① 동사의 위치를 먼저 잡아보자. '동사+조사' 구조의 '做过'가 술어가 되고, 대사 '我'가 포함된 '我曾经'은 문장의 주어가 된다.
② '做过'의 대상으로는 '调查'가 되는데 '调查'를 수식하는 관형어 '一项'이 그 앞에 와야 한다.
③ 또 다른 동사 '针对'는 '~을 겨냥하다'라는 뜻으로 바로 뒤에 그 대상이 나오는데, '留学生'이 같이 쓰였다. 연동문은 동작이 발생한 순서대로 동사를 나열해야 하므로 동사 '做过' 앞에 '针对留学生'이 와야 한다.

30

请给　　我　　一次　　实现愿望　　的机会。
술어1+술어2　　목적어1　　　　관형어　　　　목적어2

저에게 꿈을 실현할 기회를 주세요.

해설 목적어가 2개인 문장의 어순배열 문제이다.
① 동사 '请'은 보통 문장의 맨 앞에 놓여 상대방에게 무언가를 요청할 때 쓴다. '给'는 '~을 주다'라는 뜻의 동사이며 뒤에 목적어가 올 수 있다. 따라서 '请给'는 문장 맨 앞에 놓는다.
② 동사 '给'의 뒤에는 간접목적어(~에게)와 직접목적어(무엇을)가 올 수 있다. 간접목적어로 올 수 있는 대상 '我'가 먼저 나와야 하고, 직접목적어로 올 수 있는 '的机会'를 차례로 배열한다.
③ 명사를 수식하는 관형어는 일반적으로 '수량사+기타 성분+的'의 순서이므로 '一次实现愿望'의 순서로 '的机会' 앞에 쓴다.

31

你不要　　用筷子　　敲打碗、　　盘子　　以及桌面。
주어+부사어　　술어1+목적어1　　술어2　　　　목적어2

젓가락으로 밥그릇, 접시 및 탁자를 두드리지 마세요.

해설 연동문의 어순배열 문제이다.
① '不要'는 문장 맨 앞에 쓰여 금지를 나타내므로 '你不要'를 문장 맨 앞에 놓는다.
② 동사 '用'은 연동문에 쓰일 때 첫 번째 동사 자리에 놓여 수단을 나타내므로 '用筷子'는 첫 번째 술어 자리에 온다.
③ 동사 '敲打'는 두 번째 술어가 되므로 '用筷子' 뒤에 놓는다. 두드릴 수 있는 대상을 차례로 나열하면, 접속사 '以及'가 같이 쓰인 명사 '桌面'이 맨 끝에 와야 한다.

〈제2부분〉

32

	最	近	不	少	企	业	为	了	**宣**	**传**	新	产	品	，
找	**明**	**星**	来	做	广	告	。	所	谓	明	星	代	言	，	就
是	利	用	明	星	的	平	面	肖	像	或	录	像	，	让	产
品	的	终	端	受	众	广	为	知	晓	的	一	种	**经**	**营**	**销**
售	方	式	。	这	种	广	告	方	式	不	仅	有	助	于	提
高	企	业	本	身	的	知	名	度	，	还	有	利	于	**推**	**广**
产	品	。													

최근 많은 기업이 신상품을 홍보하기 위해 연예인을 기용하여 광고를 제작한다. 소위 말하는 연예인 광고 모델은 바로 연예인의 지면 사진이나 영상을 이용하여 상품의 최종 소비자에게 널리 알리는 하나의 판매 경영 방식이다. 이러한 광고 방식은 기업 자체의 지명도를 올리는 데 도움이 될 뿐만 아니라 상품을 홍보하는 데에도 유리하다.

단어 平面 píngmiàn 몡 평면 | 肖像 xiàoxiàng 몡 초상 | 录像 lùxiàng 몡 녹화, 영상 | 终端 zhōngduān 몡 최종 소비자 | 受众 shòuzhòng 몡 독자, 시청자, 청취자의 통칭 | 知晓 zhīxiǎo 통 알다, 이해하다 | 知名度 zhīmíngdù 몡 지명도

13 锯掉生活的"筐底"

모범 답안

듣기
1 C   2 A   3 B   4 B   5 C   6 B   7 D
8 B   9 A   10 D   11 C   12 D   13 A   14 D

독해
15 A   16 C   17 B   18 D   19 D   20 C   21 A
22 C   23 B   24 D   25 C   26 B   27 C   28 D

쓰기
29 我们的训练学校缺乏在室内进行的运动项目。
30 一再重复的暂停行为影响了比赛的气氛。
31 这次的宣传推广活动是受他们公司的启发。
32 모범 답안은 p.220 해설 참조

듣기

〈제1부분〉

1 女：何必这么费劲儿呢？我来帮你做不就行了？
　　男：那太麻烦你了，我还是自己来吧。
　　问：男的是什么意思？

여: 이렇게 애쓸 필요가 있어? 내가 좀 도와주면 되지 않아?
남: 그럼 널 너무 번거롭게 하는 거잖아. 내가 그냥 할게.
질문: 남자의 말은 무슨 뜻인가?

A 애쓴다고 생각하지 않는다
B 번거롭지 않다고 생각한다
C 스스로 할 수 있다
D 여자의 도움에 감사한다

단어 费劲儿 fèijìnr 통 쓸데없이 힘을 쓰다

해설 도와주겠다는 여자의 말에 남자는 그냥 자기가 하겠다고 했으므로 정답은 C이다.

2 男：你给王老师发个短信告诉他一声吧。
　　女：他现在应该在上课，看不了短信。何况现在我们都用微信联系，谁还发短信啊？
　　问：对男的的要求，女的是什么态度？

남: 네가 왕 선생님께 문자 보내서 알려드려.
여: 선생님은 지금 수업 중이시라 문자를 못 보실 거야. 하물며 요새는 다들 위챗으로 연락하는데, 누가 문자를 보내니?
질문: 남자의 요구에 대해 여자는 어떤 태도인가?

A 반대한다   B 수락한다
C 동의한다   D 신기하다

해설 남자가 문자를 보내보라고 하자, 여자는 요새 다들 위챗으로 연락하지 누가 문자를 보내냐고 반문했다. 즉 문자로 연락하지 않겠다는 뜻이므로 정답은 A이다.

3 女：你的腿怎么了？摔伤了吗？
　　男：昨天在健身房锻炼的时候用力过大，把肌肉拉伤了。

问：男的是怎么受的伤?

여: 네 다리는 왜 그런 거야? 넘어져서 다쳤어?
남: 어제 헬스장에서 운동할 때 힘을 너무 많이 줘서 근육이 찢어졌어.
질문: 남자는 어떻게 다쳤는가?

A 넘어졌다
B 힘을 적절히 쓰지 않았다
C 운동을 너무 많이 했다
D 차에 치었다

단어 拉伤 lāshāng 찢어지다 | 摔跤 shuāi jiāo 통 넘어지다

해설 여자가 어쩌다 다친 건지 묻자, 남자는 힘을 너무 많이 줘서 근육이 찢어졌다고 답했다. 따라서 정답은 B이다.

4
男：张教练，您能分析一下本次比赛失利的原因吗?
女：主要是队员们参赛前缺乏训练。
问：张教练他们队最后的比赛结果怎么样?

남: 장 코치님, 이번 시합에서 패배한 이유를 분석하실 수 있나요?
여: 주된 요인으로 선수들이 시합에 참여하기 전에 훈련이 부족했다는 것입니다.
질문: 장 코치 팀의 마지막 시합 결과는 어떠한가?

A 이겼다   B 졌다
C 비겼다   D 잘 모른다

단어 教练 jiàoliàn 명 코치 | 分析 fēnxī 통 분석하다 | 失利 shīlì 통 (시합에서) 지다, 패배하다

해설 남자는 여자에게 시합에서 패배한 이유에 대해 물었으므로 이를 근거로 장 코치 팀은 시합에서 졌음을 알 수 있다.

5
女：我觉得你太不重视我的事了。
男：一接到你的电话，我就连忙打车过来了，还不重视啊?
问：男的是什么意思?

여: 너는 내 일을 너무 중시하지 않는 것 같아.
남: 네 전화 받자마자 급하게 택시 타고 왔는데, 그래도 중시하지 않는다는 거야?
질문: 남자의 말은 무슨 뜻인가?

A 여자의 일이 심각하지 않다
B 그는 전화를 받지 않았다
C 그는 이 일을 매우 중시한다
D 그가 택시를 잡을 수 없기 때문이다

해설 남자는 여자의 전화를 받자마자 택시를 타고 왔는데 그래도 중시하지 않는 거냐고 반문했다. 즉 여자의 일을 중시한다는 뜻이므로 정답은 C이다.

6
男：高秘书，刘总还在跟小李谈话吗?
女：对，气氛好像有点儿紧张，……
问：女的接下来最可能说什么?

남: 까오 비서, 리우 회장님은 아직 샤오리와 대화 중인가요?
여: 네, 분위기가 좀 심상치 않은데요……
질문: 여자가 이어서 할 말로 가능성이 가장 큰 것은 무엇인가?

A 당신이 가서 그를 불러내라
B 당신은 일단 들어가지 않는 게 좋겠다
C 보아하니 그들은 아주 즐겁게 대화하는 것 같다
D 내가 그에게 전화를 할 수 있다

단어 秘书 mìshū 명 비서

해설 남자는 리우 회장이 아직 샤오리와 대화 중인지 묻자, 여자는 분위기가 좀 심상치 않다고 답했다. 분위기가 심상치 않다는 것은 부정적인 뜻이므로 정답으로 가장 적합한 것은 B이다.

〈제2부분〉

7
女：没想到最后是一个小孩子想出了办法。
男：是啊，去掉篮筐的底，这么简单的事，我们怎么都没想到呢?
女：有时候，我们把一些事情想得太复杂了。
男：说白了，我们的思维，都像篮球一样被篮筐的底挡在了半空中。
问：他们在讨论什么话题?

여: 결국 어린아이가 방법을 생각해낼 줄은 몰랐네요.
남: 그러게요. 농구대 바구니의 밑바닥을 없애버린다니, 이렇게 간단한 일을 우리는 어째서 생각해내지 못했을까요?
여: 가끔은 우리가 어떤 일을 너무 복잡하게 생각해서겠죠.
남: 솔직히 말해서 우리의 생각은 농구공처럼 농구대 바구니의 밑바닥에 가로막혀 공중에 떠 있는 것 같아요.
질문: 그들이 이야기하고 있는 주제는 무엇인가?

A 농구   B 농구대 바구니
C 어린아이   D 생각

해설 어린아이도 생각해낸 방법을, 남자와 여자 모두 왜 생각하지 못했는지 이야기하면서, 복잡하게 생각한다거나 생각이 농구대 바구니의 밑바닥에 가로막혀 있다는 등의 내용으로 미루어 보아 '생각'에 대해 말하고 있음을 알 수 있다.

8
男：昨天的球赛你看了吗?
女：看了，平安队又赢了。别看他们水平一般，还老赢。
男：是啊，论技术他们真不比对手强，就是运气好。
女：也不完全是运气，队员们的情绪很稳定。
问：男的认为平安队为什么能赢?

남: 어제 경기 봤어요?
여: 봤어요. 핑안 팀이 또 이겼죠. 그들의 실력이 별로라고 생각하지 말아요. 늘 이기잖아요.
남: 맞아요. 기술로 따지면 그들은 상대편보다 강하지는 않은데, 운이 좋아요.
여: 완전히 운만은 아니죠. 선수들의 정서가 매우 안정적이라고요.

질문: 남자는 핑안 팀이 왜 이겼다고 생각하는가?

A 실력이 높아서
B 운이 좋아서
C 기술이 좋아서
D 정서가 안정적이어서

단어 运气 yùnqi 명 운, 운세

해설 남자의 생각을 골라야 하는 문제이다. 핑안 팀에 대해 남자가 말한 것은 상대편보다 기술은 강하지 않지만 운이 좋다고 했다. 따라서 정답은 B이다. D는 여자의 생각이므로 답이 될 수 없다.

9 女：你怎么精神这么差？
男：这几天总是失眠。
女：是不是工作有压力？情绪紧张容易造成失眠。
男：可能吧，最近太忙了。
问：男的为什么失眠？

여: 너 왜 이렇게 기운이 없어?
남: 요 며칠 계속 불면증이야.
여: 업무 스트레스 있는 거 아니야? 마음이 긴장되어 있으면 불면증이 생기기 쉬워.
남: 아마도. 요즘 너무 바빠.

질문: 남자는 왜 불면증이 있는가?

A 스트레스가 커서   B 실연을 해서
C 기운이 없어서   D 우울해서

단어 失恋 shīliàn 통 실연하다 | 情绪 qíngxù 명 좋지 않은 기분, 우울함

해설 남자가 불면증이 있다고 하자, 여자는 업무 스트레스가 있는지 물었고 남자가 그런 것 같다고 대답했다. 따라서 정답은 A이다.

10 男：刘大夫，谢谢您给我开的药，擦了之后很管用。
女：现在好点儿了吗？疼得不那么厉害了吧？
男：好多了。
女：最好还是再休息几天，别急着恢复训练，容易重复拉伤。
问：女的建议男的什么？

남: 리우 의사 선생님, 처방해주신 약 감사해요. 바르고 나서 효과가 있었어요.
여: 지금은 좀 좋아졌나요? 아픈 건 그렇게 심하지 않죠?
남: 많이 좋아졌어요.
여: 며칠 더 쉬는 게 좋아요. 성급하게 훈련을 시작하지 말고요. 또 쉽게 찢어질 수 있어요.

질문: 여자는 남자에게 무엇을 제안했는가?

A 계속 약을 먹으라고
B 훈련을 재개하라고
C 돌아와서 입원하라고
D 계속 쉬라고

해설 남자가 약을 바르고 많이 좋아졌다고 하자, 여자는 훈련을 성급하게 시작하지 말고 며칠 더 쉬는 것이 좋겠다고 했다. 따라서 정답은 D이다.

11-12

第11到12题是根据下面一段对话：

女：您好，请问参加潜水活动需要满足什么条件？
男：11 首要条件就是身心健康，否则无法在水中安全活动，因为水压可能会加重某些疾病；11 心理上也需要克服一些紧张情绪。另外，11 最好有一定的游泳基础，然后在我们这儿接受潜水训练。
女：对年龄有限制吗？
男：一般没有限制。但我们不建议8岁以下的小朋友潜水；12 高龄者的话，要提供体检证明。
女：好的，谢谢您！

11. 问：下列哪项不是参加潜水活动必须满足的条件？
12. 问：关于年龄有什么规定？

11-12번 문제는 다음 대화에 근거한다:

여: 안녕하세요. 말씀 좀 여쭙겠습니다. 잠수를 하려면 어떤 조건이 되어야 하나요?
남: 11 가장 우선적인 조건은 심신 건강입니다. 그렇지 않으면 물속에서 안전하게 움직일 수 없어요. 수압이 어떤 질병을 가중시킬 수 있기 때문이죠. 11 심리적으로도 긴장된 마음을 극복해야 합니다. 이 밖에 11 어느 정도 수영의 기초를 다지고 저희 쪽에서 잠수 훈련을 받는 것이 가장 좋습니다.
여: 연령에 제한이 있나요?
남: 보통은 제한이 없어요. 하지만 8세 이하의 아이들이 잠수를 하는 것은 추천하지 않습니다. 12 고령자라면 건강검진 증명서를 내셔야 합니다.
여: 알겠습니다. 감사합니다!

11 다음 중 잠수를 할 때 반드시 충족돼야 하는 조건이 아닌 것은 무엇인가?

A 신체가 건강해야 한다
B 심리적으로 긴장을 풀어야 한다
C 수영 기술이 좋아야 한다
D 잠수 훈련을 받아야 한다

12 연령에 관하여 어떤 규정이 있는가?

A 규정이 없다
B 반드시 청소년이어야 한다
C 10세 이하는 잠수를 할 수 없다
D 노인은 반드시 건강검진 증명서를 제출해야 한다

단어 潜水 qiánshuǐ 통 잠수하다 | 水压 shuǐyā 명 수압 | 加重 jiāzhòng 통 (분량이나 정도를) 가중하다, 심해지다 | 某些 mǒuxiē 몇몇, 일부 | 疾病 jíbìng 명 질병 | 体检 tǐjiǎn 명 건강검진을 하다

해설 11. 남자가 설명한 잠수의 조건 중 수영은 어느 정도 기초만 다지면 되며 좋아야 하는 것은 아니므로 정답은 C이다.
12. 연령의 제한은 없지만 고령자의 경우 건강검진 증명서를 제출해야 한다고 했으므로 정답은 D이다.

13-14

第13到14题是根据下面一段话：

13 网球起源于法国，现在在欧美已经成为仅次于足球的最受欢迎的体育项目。目前，国际上著名的网球比赛有男子团体戴维斯杯、女子团体联合会杯以及四大单项赛，分别是澳大利亚、温布尔登、法国和美国网球公开赛。14 网球运动的职业化程度相当高，每年都会举行数十次公开赛或大奖赛，有奖金、有积分，一些网球高手的年收入可达几千万美元。

13. 问：根据上文，现在在欧美最受欢迎的体育项目是什么？

14. 问：关于网球，下列哪项不正确？

13-14번 문제는 다음 내용에 근거한다：

13 테니스는 프랑스에서 시작되었으며, 현재 유럽과 미국에서 축구 다음으로 가장 인기 있는 스포츠 종목이 되었다. 현재 국제적으로 유명한 테니스 대회는 남자 단체 데이비스컵, 여자 단체 컨페더레이션컵 및 4대 단식 경기가 있으며, 각각 호주, 윔블던, 프랑스, 미국 오픈 경기이다. 14 테니스 운동의 프로화 정도는 상당히 높은데, 매년 수십 차례의 오픈 경기 혹은 그랑프리가 개최되며, 상금과 누적 점수가 있어서 테니스 최고 선수들의 연 수입은 몇천만 달러에 달한다.

13 본문에 근거하여 현재 유럽과 미국에서 가장 인기 있는 스포츠 종목은 무엇인가?

A 축구   B 테니스
C 농구   D 배구

14 테니스에 관하여 다음 중 정확하지 않은 것은 무엇인가?

A 프랑스에서 기원하였다
B 유럽과 미국에서 유행하였다
C 단체전과 개인전이 있다
D 선수들은 대부분 아마추어이다

[단어] 起源于 qǐyuányú ~에서 기원하다 | 戴维斯杯 Dàiwéisībēi [고유] 데이비스컵 [국제 테니스 대회명] | 联合会杯 Liánhéhuìbēi [고유] 컨페더레이션컵 [대륙 간 챔피언 결정전] | 单项 dānxiàng [명] 단일 종목 | 澳大利亚 Àodàlìyà [고유] 호주 | 温布尔登 Wēnbù'ěrdēng [고유] 윔블던 | 公开赛 gōngkāisài [명] 오픈 대회 | 职业化 zhíyèhuà 전문화 되다, 프로화 되다 | 积分 jīfēn [명] 누적 점수 | 高手 gāoshǒu [명] 고수, 최고 선수 | 排球 páiqiú [명] 배구 | 业余 yèyú [형] 아마추어의

[해설] 13. 테니스는 축구 다음으로 가장 인기 있는 스포츠 종목이라고 했으므로, 현재 가장 인기 있는 스포츠는 바로 축구이다.

14. 테니스는 프로화 정도가 매우 높아서 테니스 최고 선수들의 연봉이 몇천만 달러에 달한다고 했으므로 정확하지 않은 것은 D이다.

독해

〈제1부분〉

15-18

어느 15 조용한(A 安静) 밤, 대리석 바닥이 자신의 위에 서 있는 영웅 조각상에게 말했다. "16 봐봐(C 瞧瞧), 네가 얼마나 영광스럽고 행복한지. 사람들이 너를 지나갈 때마다 모두 네 앞에서 존경하듯이 예를 다하잖아. 그렇지만 똑같은 대리석인 나는 오히려 발아래 17 밟혀서(B 踩), 아무도 알아주지 않는다고." 조각상이 말했다. "세상은 공평해. 그때 네가 공예가의 조각을 못 견뎌냈기 때문에 바닥밖에 되지 못한 건데, 지금 또 죽는소리를 18 할 필요가 있니(D 何必)?

[단어] 大理石 dàlǐshí [명] 대리석 | 地板 dìbǎn [명] 바닥 | 雕像 diāoxiàng [명] 조각상 | 风光 fēngguāng [형] 영광스럽다, 근사하다 | 尊敬 zūnjìng [형] 존경하다 | 献礼 xiànlǐ [동] 예물을 올리며 축하하다 | 默默无闻 mòmò-wúwén 이름이 세상에 알려지지 않다 | 工匠 gōngjiàng [명] 공예가, 장인 | 雕刻 diāokè [동] 조각하다 | 叫苦 jiàokǔ [동] 죽는소리를 하다, 고통을 호소하다

[해설] 15. 빈칸은 조사 '的'와 함께 명사 '夜晚'을 수식할 수 있는 단어가 와야 한다. C와 D는 부사이므로 '的'와 함께 쓸 수 없고, 의미상 '夜晚'을 형용하기 알맞은 형용사는 A '安静'이다.

16. 빈칸에는 대리석 바닥이 영웅 조각상에게 말을 걸기 위해 시작하는 말이 와야 하므로 주위를 환기시킬 때 쓸 수 있는 표현인 C '瞧瞧'가 정답이다.

17. 빈칸 뒤에 있는 '발아래에(在脚下)'를 근거로, 의미상 알맞은 동사를 찾아보면 정답은 B '踩'이다.

18. 영웅 조각상은 '공예가의 조각을 견디지 못한' 대리석 바닥이 이제 와서 힘들다고 불평하는 것은 불필요하다고 생각하므로 정답은 D이다.

TIP

① 悄悄 : (다른 사람이 알기를 원하지 않아) 소리를 내지 않거나, 말하는 소리가 작은 것을 뜻한다.
他悄悄地告诉了我这件事。
그는 조용히 나에게 이 일을 알려주었다.

② 偷偷 : '남 모르게 몰래 어떤 일을 하다, 다른 사람이 모르게 하다'라는 뜻으로, 다른 사람이 아는 것이 싫어서 몰래 말하는 것을 뜻한다.
他偷偷地告诉了我这件事。
그는 몰래 나에게 이 일을 알려주었다.

〈제2부분〉

19 농구 스포츠는 1891년 미국의 매사추세츠주의 체육 교사 제임스 네이스미스 박사가 발명한 것이다. 초기의 농구대 바구니에는 바닥이 있어서, 매번 공을 던져 넣을 때마다 한 사람이 사다리를 밟고 올라가 공을 꺼내와야 했다. 이로 인해 경기가 띄엄띄엄 진행되어, 격렬하고 긴장된 분위기가 사라졌다. 나중에 유치원에 다니는 한 남자아이의 일깨움으로 사람들은 그제야 농구대 바구니의 밑부분을 잘라낼 생각을 하게 되었고, 우리가 오늘날 보는 모양새가 되었다.

A 농구의 발명가는 영국 사람이다
B 농구 스포츠가 시작했을 때 수준은 높지 않았다
C 사다리를 오르는 사람은 더 높이 서 있기 위함이었다
D 문제의 해결은 어린아이의 깨우침을 받아서이다

[해설] 초기에는 매번 농구대 바구니에서 공을 꺼내와야 했지만, 한 아이의 일깨움을 통해 바구니 밑바닥을 잘라버렸다고 했으므로 정답은 D이다.

20 　탁구에 대해서 이야기하면 많은 사람이 중국을 떠올릴 것이다. 확실히 오랫동안 중국의 탁구 수준은 줄곧 세계 1위였다. 이로 인해 사람들은 탁구 스포츠가 중국에서 시작된 것이라고 잘못 알고 있다. 그러나 사실 이 스포츠는 중국에서 70여 년의 역사밖에 되지 않았고, 진정한 발원지는 영국이다. 19세기 말 영국인들은 밥을 다 먹은 후 적당한 운동으로 소화를 돕고자 했고, 식탁에서 테니스와 비슷하게 할 수 있는 운동을 발명하게 된 것이다. 오늘날까지 탁구의 영문 명칭은 여전히 '테이블 테니스'이다.

A 중국인의 탁구 수준은 매우 높다
B 탁구 스포츠는 중국에서 시작되었다
C 최초의 탁구 스포츠는 밥을 먹은 후에 진행되었다
D 탁구 스포츠는 최초로 테니스장에서 진행되었다

단어 领先 lǐngxiān 图 앞장서다, 앞서다 | 误以为 wùyǐwéi ~라고 잘못 알다 | 发源地 fāyuándì 圆 발원지 | 消化 xiāohuà 图 소화하다 | 相似 xiāngsì 圊 비슷하다

해설 탁구의 발원지는 영국으로, 영국인들이 밥을 먹은 후 소화를 돕기 위해 식탁에서 할 수 있는 운동을 발명하게 된 것이라고 했다. 따라서 정답은 C이다.

21 　축구 팬으로서 모옌은 중국 축구의 발전에 매우 관심이 있었다. 그는 중국 축구팀이 월드컵에 들어가려면 길고 긴 과정이 필요하다고 생각했는데, 중국 축구의 시작이 비교적 늦고, 현재 아직 충분히 보급되지 않았기 때문이었다. "탁구에 이렇게 많은 고수들이 출현할 수 있었던 데에는 막강한 대중이라는 토대가 있었기 때문입니다. 외진 산간 지역의 일부 아이들은 아마도 평생 축구공을 차 보지도 못할 것입니다." 모옌은 우선 중국의 아이들이 축구공을 찰 수 있게 해야 하며, 참여하는 사람이 많아지면 고수도 자연스럽게 출현하리라고 제안했다.

A 모옌은 축구 팬이다
B 모옌은 중국이 머지않아 월드컵에 들어갈 수 있을 것이라 생각한다
C 외진 산간 지역은 비교적 좋은 축구 운동 환경을 갖추고 있다
D 운동 고수의 출현 여부는 대중이라는 토대와 관계가 없다

단어 球迷 qiúmí 圆 축구 팬 | 莫言 Mò Yán 고유 모옌[중국의 작가] | 世界杯 Shìjièbēi 고유 월드컵 | 漫长 màncháng 圊 멀다, 길다 | 普及 pǔjí 图 보급되다 | 强大 qiángdà 圊 강대하다 | 群众 qúnzhòng 圆 군중, 대중 | 偏远 piānyuǎn 圊 외지다 | 山区 shānqū 圆 산간 지역

해설 첫 문장에서 모옌은 축구 팬으로서 중국 축구의 발전에 매우 관심이 있었다고 했으므로 정답은 A이다. 중국이 월드컵에 들어가려면 길고 긴 과정이 필요하다고 했으므로 B는 정답이 아니고, 외진 산간 지역의 아이들은 평생 공을 차 보지도 못할 것이라고 했으므로 C 역시 정답이 아니다. 탁구의 경우 운동 고수가 출현할 수 있었던 데에는 막강한 대중이라는 토대가 있었기 때문이라고 했으므로 D 역시 오답이다.

22 　과도한 운동량을 피하는 방법은 간단하다. 바로 시간을 컨트롤하는 것이다. 모든 운동에 있어서, 일반적으로 지속 시간은 1시간을 넘지 않아야 한다. 반복되는 격렬한 운동을 할 때는 반드시 조심해야 하는데, 예를 들어 스쿼트 등과 같은 것은 반드시 정확한 자세를 유지해야 부상을 피할 수 있다. 운동할 때는 선생님이나 트레이너에게 가르침을 구하여 어떻게 동작을 조정하면 되는지 알려달라고 하는 것이 가장 좋다.

A 운동 시간은 1시간보다 적으면 안 된다
B 반복되는 격렬한 운동을 하면 안 된다
C 운동 자세가 부정확할 때는 쉽게 다칠 수 있다
D 운동을 할 때는 계속 동작을 조정하는 것에 주의해야 한다

단어 蹲起 dūnqǐ 앉았다 일어서다, 스쿼트 운동을 하다 | 受伤 shòushāng 图 다치다 | 求教 qiújiào 가르침을 청하다 | 调整 tiáozhěng 图 조정하다

해설 반복성이 있는 격렬한 운동을 할 때는 반드시 정확한 자세를 유지해야 부상을 피할 수 있다고 했다. 따라서 정답은 C이다.

〈제3부분〉

23-25

　골프는 원래 귀족 운동이었으며, 상류층 인사들의 환영을 받았다. **23** 수년 전 일본, 태국, 말레이시아, 한국 등의 나라에서 무서운 '골프 열풍'이 일어났다. 예를 들어 일본은 골프를 치는 인구가 전 세계의 골프 애호가 인원수의 2/3를 차지한다고 알려져 있다. 이들은 국내에서 칠 뿐만 아니라 비행기를 대절하여 다른 나라로 가서 치기도 한다. 일본에 이미 크고 작은 골프장이 7000여 개가 있음에도 불구하고, 여전히 그들의 수요에 미치지 못한다.

　골프가 유행함과 동시에 일부 사람들의 반대에 부딪히기도 했다. **24** 골프장 하나를 만드는 데 수많은 나무를 베어야 하고, 점유하는 토지는 보통 1000묘의 면적을 초과한다. 이것은 수만 명이 쓸 수 있는 100여 개의 축구장 크기와 맞먹지만, 하나의 골프장에서는 그저 십여 명의 사람이 공을 칠 수 있을 뿐이다. 그 밖에도 골프장 내의 잔디를 유지하기 위해 매일 대량의 물이 필요하다. 이로 인해 많은 사람들은 골프 스포츠의 자연 파괴와 환경 자원 낭비를 과소평가해서는 안 된다고 생각한다.

　환경 보호에 대한 목소리와 경제 발전 상황 등의 영향을 받아, 골프는 이미 어려운 세월을 겪어왔다. 21세기 초에 들어서야 이 스포츠는 점차 다시 살아났고, 오늘날에 이르러 골프는 다시 새로운 청춘의 활력을 발휘하기 시작했다. 또한 이 스포츠는 이미 과거에 엘리트 남성에게만 해당하는 고급 스포츠라는 겉옷을 벗어버렸다. **25** 지갑에 돈이 있는 노인뿐만 아니라 젊은 사람들, 여자들 역시 잇달아 골프채를 들고 팀을 이뤄 골프를 치러 간다.

23 본문에서 언급한 '골프 열풍'이 일어난 나라에 포함되지 않는 것은:

A 일본　　B 중국　　C 태국　　D 한국

24 일부 사람들이 골프장 건설을 반대하는 이유에 포함되지 않는 것은:

A 자연을 파괴해서
B 환경 자원을 낭비해서
C 이용률이 너무 낮아서
D 소비가 너무 높아서

25 현재 골프를 치는 사람들에게 어떤 변화가 일어났는가?

A 평민에서 귀족으로 발전하였다
B 일반인에서 엘리트로 발전하였다
C 노인에서 젊은이로 발전하였다
D 여자에서 남자로 발전하였다

단어 高尔夫球 gāo'ěrfūqiú 圆 골프 | 贵族 guìzú 圆 귀족 | 泰国 Tàiguó 고유 태국 | 马来西亚 Mǎláixīyà 고유 말레이시아 | 可怕 kěpà 圊 두렵다, 무섭다 | 包租 bāozū 图 대절하다 | 遭到 zāodào 图 당하다, 겪다 | 砍 kǎn 图 베다 | 亩 mǔ 圆 묘[중국식 토지 면적의 단위] | 相当于 xiāngdāngyú ~와 같다, ~에 상당하다 | 破坏 pòhuài 图 파괴하다, 훼손하다 | 低估 dīgū 图 과소평가하다 | 呼声

hūshēng 몡 대중의 의견이나 요구의 목소리 | 艰难 jiānnán 혱 힘들다, 어렵다 | 时光 shíguāng 몡 시간, 세월 | 复兴 fùxīng 동 부흥하다, 부흥시키다 | 焕发 huànfā 동 환하게 빛나다 | 活力 huólì 몡 활력 | 精英 jīngyīng 몡 걸출한 인물, 엘리트 | 高端 gāoduān 혱 고급의 | 老头子 lǎotóuzi 몡 늙은이 | 球杆 qiúgān 몡 골프채 | 结队 jié duì 무리를 이루다

해설 23. 첫 번째 단락에서 '高尔夫球热(골프 열풍)'을 찾아보면 열거된 나라 중 언급되지 않은 것은 B '중국'이다.

24. 골프장 건설을 위해 수많은 나무를 베어야 하고, 토지 면적의 점유율에 비해 실제 이용하는 인원수는 너무 낮으며, 잔디를 유지하기 위해 대량의 물을 사용하는 등 자연 파괴와 환경 자원의 낭비가 있다고 했다. 소비가 너무 높다는 내용은 본문에 나오지 않았으므로 정답은 D이다.

25. 골프는 돈 있는 노인들뿐만 아니라 젊은 사람들이나 여자들도 치는 운동이 되었다고 했으므로 정답은 C이다.

26-28

인류 역사 발전의 긴 과정에서 올림픽 스포츠는 역사상 가장 유구한 사회 문화 현상이라고 말할 수 있다. 올림픽의 기원은 문헌 기록이 있는 역사를 바탕으로 기원전 776년으로 거슬러 올라간다. 그러나 고대 올림픽은 아마도 이보다도 이미 몇 세기 전부터 존재했던 것으로 보인다. 고대 올림픽의 기원은 고대 그리스였으며, 개최 지역이 올림픽이었기 때문에 여기에서 이름을 얻게 되었다. 대회는 매번 1417일씩의 간격, 즉 4년에 1회씩 개최되었으며, 후에 사람들은 이 주기를 '올림픽 주기'라고 불렀다.

근대 스포츠의 발전에 따라 사람들은 올림픽의 부활을 바라기 시작했고, 1859년에서 1889년까지 그리스가 4차례의 대회를 개최하면서 처음으로 부활을 시도했다. 1883년을 시작으로, 후에 현대 올림픽의 창시자로 불리는, 프랑스인 쿠베르탱은 고대 올림픽의 부활을 위해 노력했다. 그와 다른 이들의 노력으로 26 국제 올림픽 위원회가 1894년 6월 23일에 설립되었다. 1896년 4월 6일에서 15일까지 제1회 현대 올림픽이 그리스 아테네에서 개최되었다. 쿠베르탱이 제정한 첫 올림픽 헌장은 올림픽 대회의 아마추어 정신을 강조하였고, 올림픽에서는 오로지 우승자에게만 영예상을 수여하며, 어떠한 형식으로도 선수에게 금전이나 기타 물질적인 표창을 주는 것을 금하였다.

제1회 현대 올림픽이 개최된 시간에 대해 말하자면 재미있는 에피소드가 있다. 1894년 프랑스 파리에서 개최된 국제 스포츠 회의에서 쿠베르탱은 제1회 올림픽이 20세기의 첫해, 즉 1900년에 개최하고, 장소는 프랑스 파리로 하자고 건의했다. 28 왜냐하면 이 해에 파리에서 세계 박람회가 개최되는데, 올림픽과 박람회가 동시에 개최된다면 분위기가 더욱 성대해지고 뜨거워지리라고 생각했기 때문이었다. 그러나 드미트리우스 비켈라스(후에 국제 올림픽 위원회 1대 위원장으로 선출됨)가 인솔했던 그리스 스포츠 대표단은 첫 번째 올림픽을 그리스에서 개최하기를 강력히 희망하였다. 대표단과 고려한 끝에, 27 그리스는 올림픽의 발원지이므로 첫 번째 올림픽은 이곳에서 개최되는 것이 더 의미가 있다고 판단하여, 결국 개최지를 아테네로 정하게 되었다. 그러나 쿠베르탱의 소망 역시 만족시키기 위하여 그들은 시간을 4년 앞당겨 1896년에 개최하기로 했고, 1900년에는 파리에서 제2회 올림픽을 개최하기로 결정했다. 이렇게 하여 모두를 만족시켰다고 할 수 있었다.

26 국제 올림픽 위원회가 설립된 해는:

A 1883년 B 1894년
C 1896년 D 1900년

27 제1회 현대 올림픽의 개최지는:

A 프랑스 파리 B 올림픽
C 그리스 아테네 D 영국 런던

28 쿠베르탱이 프랑스 파리에서 제1회 현대 올림픽을 개최하자고 건의한 이유는:

A 이곳에서 개최하면 더욱 의미가 있어서
B 이곳이 올림픽의 발원지여서
C 프랑스인들의 소망을 만족시킬 수 있어서
D 같은 해에 이곳에서 세계 박람회가 개최되기 때문에

단어 长河 chánghé 몡 길고 긴 과정 | 奥林匹克 Àolínpǐkè 고유 올림픽 | 称得上 chēng de shàng ~라 불릴 만하다 | 追溯 zhuīsù 동 시간을 거슬러 올라가다 | 公元 gōngyuán 몡 서기 | 希腊 Xīlà 고유 그리스 | 届 jiè 양 회 | 周期 zhōuqī 몡 주기 | 奥运会 Àoyùnhuì 고유 올림픽 | 初步 chūbù 혱 처음 단계의 | 尝试 chángshì 동 시도해보다 | 顾拜旦 Gùbàidàn 고유 쿠베르탱 | 被誉为 bèi yù wéi ~라고 불리다, 칭송되다 | 致力 zhìlì 동 애쓰다, 힘쓰다 | 成立 chénglì 동 설립하다, 창립하다 | 雅典 Yǎdiǎn 고유 아테네 | 制订 zhìdìng 동 제정하다 | 宪章 xiànzhāng 몡 헌장 | 授予 shòuyǔ 동 수여하다, 주다 | 优胜者 yōushèngzhě 우승자 | 荣誉 róngyù 몡 영예 | 不得 bùdé 조동 ~하면 안 된다 | 奖励 jiǎnglì 몡 상, 표창 | 插曲 chāqǔ 몡 에피소드 | 博览会 bólǎnhuì 몡 박람회 | 隆重 lóngzhòng 혱 성대하다 | 德梅特里乌斯·维凯拉斯 Démèitèlǐwūsī Wéikǎilāsī 고유 드미트리우스 비켈라스 | 主席 zhǔxí 몡 위원장, 주석 | 率领 shuàilǐng 동 거느리다, 이끌다 | 以便 yǐbiàn 접 ~하도록, ~하기 위해 | 皆大欢喜 jiēdàhuānxǐ 모두가 다 만족스러워하다

해설 26. 본문에서 '国际奥林匹克委员会(국제 올림픽 위원회)'를 찾아보면 두 번째 단락에서 1894년 6월 23일에 설립되었다고 했으므로 정답은 B이다.

27. 제1회 현대 올림픽은 쿠베르탱이 파리에서 열릴 세계 박람회와 같이 개최되었으면 좋겠다고 건의했지만, 결국 올림픽의 발원지인 그리스 아테네에서 개최하기로 결정됐다고 했으므로 정답은 C이다.

28. 쿠베르탱은 세계 박람회가 열리는 해에 올림픽이 동시에 열리면 분위기가 더욱 성대하고 뜨거워지리라고 생각했으므로 정답은 D이다.

쓰기

〈제1부분〉

29

我们的　训练学校　缺乏　在室内进行的　运动项目。
관형어　　주어　　　술어　　　관형어　　　목적어

우리 훈련 학교는 실내에서 진행하는 운동 종목이 부족하다.

해설 관형어의 어순배열 문제이다.

① 동사 '缺乏'는 문장에서 술어 역할을 한다.
② 술어 '缺乏'의 대상은 '运动项目'이며, 주체는 '训练学校'이다.
③ '在室内进行的'가 수식하는 대상은 '运动项目'이며, '我们的'가 수식하는 대상은 '训练学校'이므로 각각 의미에 맞게 관형어 자리에 놓는다.

30

一再重复 的 暂停行为 影响了 比赛的气氛。
　관형어　　　주어　　　술어　　목적어

거듭 반복된 일시정지 행동은 시합의 분위기에 영향을 주었다.

해설 관형어의 어순배열 문제이다.

① 조사 '了'가 붙어있는 것으로 보아 '影响了'가 이 문장의 술어가 된다.
② 술어를 토대로 의미상 알맞은 목적어를 찾는다. 영향을 받는 대상은 바로 '比赛的气氛'이 되므로 이를 목적어 자리에 놓는다.
③ 조사 '的'는 명사를 수식하는 관형어를 만들 때 쓰인다. '一再重复'는 '부사+동사' 구조이지만 '的'를 붙여 관형어로 만들 수 있으며 이것이 수식하는 대상은 '暂停行为'이므로 '一再重复的暂停行为'가 문장의 주어가 된다.

31

这次的　宣传推广活动　是　受　他们公司的启发。
　관형어　　　주어　　　　술어　　　목적어

이번 홍보 행사는 그들 회사에서 영감을 받았다.

해설 동사구 목적어의 어순배열 문제이다.

① 동사 '受'는 '启发(깨우침, 영감)'와 자주 함께 쓰여 '영감을 받다'라는 뜻으로 쓰인다. 따라서 우선 '受他们公司的启发'를 같이 쓴다.
② '这次的'는 관형어로 쓸 수 있으므로 '宣传推广活动'과 같이 쓴다.

③ 동사 '是'가 술어가 되므로 의미에 맞게 '这次的宣传推广活动'을 주어 자리에, '受他们公司的启发'를 목적어 자리에 놓아 문장을 완성한다.

〈제2부분〉

32

	我	是	一	名	体	育	教	练	。	每	次	让	运
动	员	们	重	复	训	练	同	样	的	动	作	，	有	的	动	作
连	我	也	觉	得	很	辛	苦	，	何	况	是	他	们	呢	？
每	天	反	复	的	训	练	枯	燥	无	味	，	缺	乏	快	乐	，
有	时	候	强	度	过	大	甚	至	造	成	受	伤	。	于	是
我	换	个	方	法	，	以	游	戏	方	式	来	进	行	训	练	。
没	想	到	这	个	方	式	很	受	欢	迎	。

나는 체육 코치이다. 매번 운동선수들에게 똑같은 동작을 반복해서 훈련시켰다. 어떤 동작들은 심지어 내가 느끼기에도 너무 고생스러운데, 하물며 그들은 어떻겠는가? 매일 반복되는 훈련은 무미건조하고, 즐거움이 부족하며, 가끔은 강도가 너무 세서 심지어 부상을 야기하기도 했다. 그래서 나는 방법을 바꿔서 게임 방식으로 훈련을 진행했다. 생각지도 못하게 이 방식은 환영을 받았다.

단어 枯燥无味 kūzào wúwèi 무미건조하다

14 北京的四合院

모범 답안

듣기
| 1 | B | 2 | A | 3 | D | 4 | C | 5 | A | 6 | B | 7 | B |
| 8 | C | 9 | D | 10 | C | 11 | C | 12 | A | 13 | D | 14 | D |

독해
| 15 | C | 16 | A | 17 | D | 18 | B | 19 | D | 20 | A | 21 | C |
| 22 | B | 23 | C | 24 | A | 25 | D | 26 | B | 27 | B | 28 | C |

쓰기
29 北京四合院的样式很具有代表性。
30 该产品已经具备了基本功能。
31 我很感激那位亲切的长辈曾经给我的帮助。
32 모범 답안은 p.226 해설 참조

〈제1부분〉

1
女：你家院子里种了些什么？
男：有花，有竹子，而且我们还养了几条金鱼。
问：他家院子里没有什么？

여: 당신 집 정원에는 무엇을 심었나요?
남: 꽃도 있고, 대나무도 있어요. 또 우리는 금붕어도 몇 마리 길러요.

질문: 그의 집 정원에 없는 것은 무엇인가?

A 꽃　　　B 풀　　　C 대나무　　　D 금붕어

해설 선택지를 보고 명사와 관련된 질문이 나온다는 것을 유추할 수 있다. 남자가 언급한 명사는 꽃(花), 대나무(竹子), 금붕어(金鱼)이며, 풀은 언급되지 않았으므로 정답은 B이다.

2
男：这就是我们家乡的标志性建筑。
女：那咱们在这儿合张影留作纪念吧，毕竟我来旅游了一趟。
问：他们现在在哪儿？

남: 이것이 바로 우리 고향의 상징적 건물이야.
여: 그럼 우리 여기에서 함께 기념으로 사진 찍자. 어쨌든 난 여행하러 온 거니까.

질문: 그들은 현재 어디에 있는가?

A 남자의 고향　　　B 여자의 고향
C 여행 목적지　　　D 남자의 집

단어 标志 biāozhì 명 상징, 표지 | 合影 héyǐng 통 함께 사진을 찍다

해설 남자는 이것이 자신의 고향의 상징적 건물이라고 말했다. 따라서 그들이 현재 있는 곳은 남자의 고향임을 알 수 있다.

3
女：关于新产品，你有什么看法？
男：相对而言，如果定价不能太高的话，我觉得功能比形式重要。
问：男的更重视什么？

여: 신제품에 관해 당신의 생각은요?
남: 상대적으로 말해서, 만약 정가를 많이 높일 수 없다면, 기능이 형식보다 중요할 거라고 생각해요.

질문: 남자는 무엇을 더 중시하는가?

A 견해　　　B 가격　　　C 형식　　　D 기능

단어 相对 xiāngduì 형 상대적이다 | 定价 dìngjià 명 정해진 가격

해설 여자가 신제품에 관한 생각을 말해보라고 하자, 남자는 기능이 형식보다 중요하다고 했다. 따라서 정답은 D이다.

4
男：这些建筑已经有三百多年历史了。
女：历史这么长，规模这么大，还能保存完好，真是太不容易了。
问：女的觉得这些建筑怎么样？

남: 이 건축물들은 300여 년의 역사가 있어요.
여: 역사가 이렇게 길고 규모가 이렇게 큰데도, 잘 보존한다는 건 정말 쉽지 않을 것 같아요.

질문: 여자는 이 건축물들이 어떻다고 생각하는가?

A 역사가 길지 않다
B 스타일이 다양하다
C 규모가 크다
D 훼손되었다

단어 风格 fēnggé 명 풍격, 스타일

해설 여자는 이 건축물의 역사가 길고, 규모가 크며, 잘 보존되어 있다고 했으므로 정답은 C이다.

5
女：这就是你所谓的营销方案——出去发发小广告？
男：别小看小广告，它作用大着呢。
问：听了男的的话，女的是什么反应？

여: 이게 당신이 말한 소위 마케팅 방안인가요? 나가서 전단지 나눠주는 거요?
남: 전단지라고 얕보지 마세요. 그 효과가 얼마나 큰데요.

질문: 남자의 말을 듣고 여자는 어떤 반응인가?

A 무시한다　　　B 견딜 수 없다
C 아쉬워하다　　　D 참을 수 없다

단어 营销 yíngxiāo 통 마케팅하다 | 小广告 xiǎoguǎnggào 명 전단지 | 小看 xiǎokàn 통 얕보다, 깔보다 | 看不起 kànbuqǐ 통 무시하다, 얕보다, 깔보다 | 受不了 shòubuliǎo 견딜 수 없다

해설 여자의 말 중 '所谓(소위)'는 다른 사람이 말한 것을 지적하면서 그에 동의하지 않거나 인정하지 않을 때 쓰는 표현이다. 또 남자 역시 '얕보지 마세요(别小看)'라고 했기 때문에 정답은 A임을 알 수 있다.

6
男：这是我第一次负责接待这么大的一个代表团，有点儿紧张。
女：没事，大家都是这么过来的。
问：女的是什么意思？

남: 이렇게 큰 대표단 접대를 맡은 건 처음이라, 조금 긴장되네요.
여: 괜찮아요. 다들 이렇게 해온걸요.

질문: 여자의 말은 무슨 뜻인가?

A 내가 당신을 도와주겠다
B 모두 다 처음이 있다
C 이 단체는 중요하지 않다
D 그들은 내일에야 온다

해설 긴장된다는 남자의 말에 여자는 다들 이렇게 해왔다고 했으며, 이는 모두 다 처음이 있다는 뜻이다. 따라서 정답은 B이다.

〈제2부분〉

7
女：您太客气了，出去旅行还想着给我们带礼物。
男：这是当地最有名的小吃，大家都尝尝。
女：您对济南印象怎么样？
男：历史悠久，风景优美，是个好地方。
问：男的为什么要带礼物？

여: 당신 너무 겸손하시네요. 여행 가서도 우리에게 선물 사 올 생각을 하시다니요.
남: 이건 현지에서 제일 유명한 간식이니, 다들 맛보세요.
여: 지난에 대한 인상은 어떠셨어요?
남: 역사가 유구하고, 풍경도 아름다운 멋진 곳이었어요.
질문: 남자는 왜 선물을 가져왔는가?

A 출장을 가서
B 여행을 가서
C 이 간식들은 모두 비싼 거라서
D 지난에 대한 인상이 좋아서

해설 여자는 남자에게 여행을 가서도 어떻게 선물 사 올 생각을 했냐고 말했다. 따라서 정답은 B이다.

8
男：你觉得这台空调怎么样？
女：功能倒是挺强大，价钱也便宜。
男：那就买这个吧？
女：但是这个样式，好像不太适合我们家的装修风格。
问：女的对什么不满意？

남: 이 에어컨 어떤 것 같아?
여: 기능이 오히려 정말 좋고, 가격도 저렴해.
남: 그럼 이걸로 살까?
여: 그런데 디자인이 우리 집 인테리어 스타일과 맞지 않는 것 같아.
질문: 여자는 무엇이 마음에 들지 않는가?

A 기능　　B 가격　　C 디자인　　D 인테리어

해설 여자는 에어컨의 기능과 가격은 좋지만 디자인이 집 인테리어 스타일과 맞지 않는 것 같다고 했으므로 정답은 C이다.

9
女：终于搬进新家了！
男：从平房到楼房，条件是好了，但邻里关系没有以前那么密切了。
女：这有什么关系？再说跟以前的邻居也不是没矛盾。
男：我还是挺喜欢院子里的那种气氛。
问：男的是什么意思？

여: 드디어 새집으로 이사 왔다!
남: 단층집에서 다층 건물로 오니 조건은 좋은데, 이웃과의 관계가 예전만큼 가깝지는 않아.
여: 그게 무슨 상관이야? 게다가 예전의 이웃이랑 갈등이 없었던 것도 아닌데.
남: 난 그래도 정원의 그런 분위기가 더 좋아.
질문: 남자의 말은 무슨 뜻인가?

A 단층집에 사는 것이 더 편리하다
B 새집의 조건이 좋지 않다
C 이웃과 갈등이 있다
D 이웃과 관계가 좋기를 희망한다

단어 平房 píngfáng 명 단층집 | 楼房 lóufáng 명 다층 건물

해설 남자는 다층 건물로 이사 오니 이웃과의 관계가 가깝지 않아 아쉽다는 식으로 말했으므로 정답은 D이다.

10
男：他三年就打下这么大一片市场，真是没想到。
女：是啊，听说他还没有任何背景，都靠自己。
男：对，完全是白手起家。
女：真是创造了一个奇迹。
问："白手起家"的意思可能是什么？

남: 그가 3년 만에 이렇게 큰 시장을 만들어내리라고는 정말 생각지도 못했어요.
여: 그러게요. 듣자 하니 그는 아무런 배경도 없이 스스로 한 거래요.
남: 맞아요. 완전히 자수성가한 거예요.
여: 진짜 기적을 만들어냈어요.
질문: '자수성가'란 무슨 뜻인가?

A 수작업으로 상품을 제작하다
B 매우 큰 시장을 만들어내다
C 경제적 지원이 없다
D 기적을 만들어내다

단어 白手起家 báishǒu-qǐjiā 자수성가하다

해설 여자는 그가 아무런 배경도 없이 스스로 시장을 만들어낸 거라고 했으며, 남자는 '白手起家(자수성가)'라는 표현으로 이에 동의했다. 따라서 '白手起家'란 경제적 지원 없이 스스로 성공했음을 뜻한다는 것을 알 수 있다. 정답은 C이다.

11-12
第11到12题是根据下面一段对话：
女：什么是四合院？
男：11 四合院是中国华北地区民居中的一种建筑形式。
女：我的意思是问为什么叫"四合"院。
男："四"指东、西、南、北四面，12 "合"就是四面房屋围在一起，中间形成一个方形的院子。
女：哦，谢谢你，我明白了。
11. 问：四合院主要分布在中国什么地方？
12. 问："四合院"中的"合"是什么意思？

11-12번 문제는 다음 대화에 근거한다:
여: 쓰허위안이 뭐예요?
남: 11 쓰허위안은 중국 화북 지역 민가의 건축 양식이에요.
여: 제 말은 왜 '쓰허'위안이라고 부르는지를 여쭤보는 거예요.
남: '쓰'는 동서남북 사면을 가리키고, 12 '허'는 사면을 가옥으로

둘러싼 것으로, 가운데에 사각형 형태의 정원을 형성하지요.
여: 아, 감사합니다. 이해했어요.

11 쓰허위안은 주로 중국의 어느 지역에 분포하는가?
　　A 서북　　　B 화남　　　C 화북　　　D 동남

12 '쓰허위안' 중의 '허'는 무엇을 뜻하는가?
　　A 가옥이 둘러싸고 있는 것
　　B 동서남북
　　C 정원이 하나만 있는 것
　　D 하나의 건축 단지

> 해설　11. 남자의 첫마디로 쓰허위안이 화북 지역 민가의 건축 양식이라고 했으므로 정답은 C이다.
> 　　12. 남자는 '쓰'가 사면(四面)을 말하는 것이고, '허'는 사면을 가옥이 둘러싸고 있어 하나의 정원을 형성하는 것이라고 했다. 따라서 정답은 A이다.

13–14
第13到14题是根据下面一段话：

为什么明清时期描写北京历史风貌的文章，作者多数是外地人，特别是江南人呢？ **14** 因为那时北京已成为全国的首都，有识之士纷纷从外地来到北京， **13** 这里的宏伟建筑、优美风光深深地吸引着他们，使他们耳目一新。这些人心有所感，自然要用笔记录下来。至于为什么北京人自己写得少，这恐怕与他们自小生活在这里，对各种事物都习以为常有关，并不等于北京本地缺少才子。

13. 问: 为什么描写北京的文章，多数是外地人写的？
14. 问: 根据这段话，下列哪项正确？

13-14번 문제는 다음 내용에 근거한다:

왜 명청 시기 베이징의 역사적 풍모를 묘사한 글은 작가 대다수가 외지인, 특히 지앙난 사람일까? **14** 왜냐하면 그 시기 베이징은 이미 전국의 수도가 되어 지식인들이 잇따라 외지에서 베이징으로 왔고, **13** 이곳의 웅장한 건축물과 수려한 풍경이 그들을 깊게 매료시키고 신선함을 느끼게 했기 때문이다. 이들은 감동하여 자연스럽게 펜으로 기록을 남겼다. 베이징 사람들이 쓴 기록이 적은 이유에 대해서는, 아마도 그들은 어렸을 때부터 이곳에서 살면서 각종 사물에 이미 익숙해져 버린 것과 관련 있는 것이지, 결코 베이징 본토에 인재가 부족해서가 아니다.

13 왜 베이징을 묘사한 글은 대다수가 외지인이 쓴 것인가?
　　A 베이징에 인재가 부족해서
　　B 베이징에는 별다른 풍경이 없어서
　　C 베이징 사람들은 글 쓰는 것을 좋아하지 않아서
　　D 외지인들이 새롭고 신기한 것들을 쉽게 발견해서

14 이 글에 근거하여 다음 중 어느 것이 정확한가?
　　A 예전에 베이징의 건축물은 적었다
　　B 베이징에 있던 외지인들은 모두 지앙난 사람이었다
　　C 베이징 사람들은 평생 고향을 떠나는 것을 원치 않았다
　　D 베이징은 명청 시기에 이미 중국의 수도였다

> 단어　风貌 fēngmào 풍격과 면모, 풍경 | 文章 wénzhāng 글, 한 편의 문장 | 首都 shǒudū 수도 | 有识之士 yǒushízhīshì 식견이 있는 사람, 지식인 | 宏伟 hóngwěi 웅장하다 | 耳目一新 ěrmùyīxīn 보고 듣는 것이 다 새롭다 | 习以为常 xíyǐwéicháng 습관이 생

활화 되다 | 才子 cáizǐ 재능이 출중한 사람, 인재

> 해설　13. 베이징을 묘사한 글 대다수를 외지인이 썼던 이유는 베이징의 웅장한 건축과 수려한 풍경이 그들에게 더 새롭게 느껴졌기 때문이라고 했다. 따라서 정답은 D이다.
> 　　14. 베이징은 명청 시기에 이미 전국의 수도였다고 했으므로 정답은 D이다. A와 C는 알 수 없는 내용이고, 베이징을 묘사한 글을 쓴 외지인 중에 특히 지앙난 사람들이 많은 것이지 모두 지앙난 사람인 것은 아니므로 B 역시 오답이다.

독해

〈제1부분〉

15–18

치엔종슈 선생이 처음 칭화 대학에 왔을 때 외국어학과의 수업을 맡았다. 가끔 집에서 학생들의 시험지를 채점할 때면 딸 치엔위엔에게 성적 기록을 돕게 했다. 한번은 치엔위엔이 느닷없이 아빠에게 말했다. "잉루어청과 우스량은 사이가 좋아요. 그들은 친구예요." 치엔 선생이 말했다. "네가 어떻게 아니?" 치엔위엔이 과제물을 가리켰다. "잉카가 **15** 보여주고(C 显示) 있어요. 보세요. 전체 반 학생들은 과제물을 모두 파란색 잉크로 썼는데, 이 사람들 둘만 자주색 잉크를 썼잖아요."
16 그녀가 추측한 것이 맞았다(A 她猜得没错). 잉루어청과 우스량은 모두 연극을 좋아했고, 함께 러시아 라브레뇨프의 소설을 연극으로 각색한 「41번째」의 주연을 맡은 적이 있었다. 잉루어청이 포로로 잡혀가는 러시아 장교를 연기했고, 우스량은 **17** 바로(D 则) 그를 압송하는 홍군 여전사를 연기했다. 두 사람은 칭화 대학을 졸업한 후에 함께 베이징 인민 예술 극단에 들어갔고, 부부의 연을 맺어 서로 의지하고 역경을 헤쳐나가며 **18** 평생을(B 一辈子) 함께 보냈다.

> 단어　钱钟书 Qián Zhōngshū [고유] 치엔종슈 [중국 현대 문예 비평가] | 清华 Qīnghuá [고유] 칭화 대학 | 授课 shòu kè 수업하다, 강의하다 | 批阅 pīyuè 읽고 지시하거나 수정하다 | 试卷 shìjuàn 시험지 | 钱瑗 Qián Yuàn [고유] 치엔위엔 | 没头没脑 méitóu-méinǎo 밑도 끝도 없이, 뜬금없이 | 英若诚 Yīng Ruòchéng [고유] 잉루어청 | 吴世良 Wú Shìliáng [고유] 우스량 | 要好 yàohǎo 사이가 좋다, 친밀하다 | 课卷 kèjuàn 과제물 | 墨水 mòshuǐ 잉크 | 紫 zǐ 자주색 | 戏剧 xìjù 연극 | 骆驼剧团 luòtuo jùtuán 낙타 극단 | 俄罗斯 Éluósī [고유] 러시아 | 拉夫列尼约 Lāfūlièníyuē [고유] 라브레뇨프 [러시아의 소설가, 극작가] | 改编 gǎibiān 각색하다, 개작하다 | 被俘 bèifú 생포되다, 포로가 되다 | 军官 jūnguān 장교 | 押送 yāsòng 압송하다 | 战士 zhànshì 전사 | 结为夫妻 jié wéi fūqī 부부의 연을 맺다 | 相濡以沫 xiāngrú-yǐmò 곤경 속에서 서로 의지하고 돕다 | 风雨同舟 fēngyǔ-tóngzhōu 역경을 함께 헤쳐나가다

> 해설　15. 빈칸 뒤의 보어 '出來'와 함께 쓸 수 있는 동사가 와야 한다. 딸은 과제물의 잉크가 '보여주는' 것으로부터 둘이 친구라는 것을 알았으므로 정답은 C이다. '告诉'와 '说明'은 '말로 무언가를 알리다'라는 뜻이므로 문맥상 맞지 않는다. '显得'는 뒤에 보어가 아닌 형용사가 와야 한다.
> 　　16. 빈칸 바로 앞부분의 내용은 치엔위엔이 친구라고 추측한 것이고, 뒷부분은 실제로 그들이 친한 친구라는 것을 설명하는 내용이므로 정답은 A이다.
> 　　17. 빈칸이 있는 문장의 앞 절은 잉루어청이 맡은 배역을 설명하였고, 빈칸이 있는 문장은 우스량이 맡은 배역을 설명하였다. 즉 두 문장이 서로 대조를 이루고 있으므로 빈칸에 들

어갈 단어는 D '则'이다.

18. 빈칸에 올 단어는 앞에 있는 동사 '过'의 뒤에 쓰일 수량사가 되어야 한다. 두 사람은 부부가 되어 온갖 역경을 헤치며 살았다고 했으므로 알맞은 수량사는 B '一辈子'이다.

〈제2부분〉

19 쓰허위안의 대문은 일반적으로 동남쪽이나 북서쪽으로 열린다. 쓰허위안 중 북쪽 방이 본채인데, 다른 방의 규모에 비해 더 크고, 보통 손윗사람의 침실과 일상생활을 하거나 손님을 맞이하는 기능을 갖춘 거실이 있다. 정원 양측에는 동서로 곁채가 있는데, 이는 손아랫사람이 생활하는 곳이다. 본채와 곁채 사이에는 회랑을 만들어 사람들이 왔다갔다 하거나 휴식을 취할 수 있도록 했다.

A 쓰허위안의 대문은 일반적으로 남쪽에 있다
B 본채와 곁채 사이는 서로 통하지 않는다
C 동서쪽의 곁채는 일반적으로 침실과 거실을 포함한다
D 일반적으로 손윗사람이 북쪽 방에서 살고, 손아랫사람이 동서쪽 곁채에 산다

해설 손윗사람은 북쪽에 있는 본채에서 살고, 손아랫사람은 동서 양쪽에 있는 곁채에 산다고 했다. 따라서 정답은 D이다.

20 중국은 고령화 국가의 대열에 들어가는 중이다. 이로 인해 '실버 주택'의 설계는 시장이 주목하는 새로운 화제가 되었다. 현재와 미래의 중국 가정 '421'의 기본 구조에 적합하게 하기 위하여, 실버 주택은 노인들과 자식, 손주들이 모여 살기 편하되, 거주 공간은 서로 독립되도록 설계해야 한다.

A '421' 가정은 조부와 손자 3대를 포함한다
B '실버 주택'은 반드시 노인과 아이가 함께 살게 해야 한다
C '실버 주택'은 주로 중년들을 위해 설계한 주택이다
D '실버 주택'이 출현하게 된 주요 원인은 중국 사회의 저령화 때문이다

단어 步入 bùrù 통 (어떤 단계로) 들어가다 | 老龄化 lǎolínghuà 고령화 | 行列 hángliè 명 대열, 행렬 | 银发 yínfà 명 은발, 실버 | 住宅 zhùzhái 명 주택 | 子女孙辈 zǐnǚ sūnbèi 자식과 손주 | 独立 dúlì 통 독립하다 | 祖孙 zǔsūn 명 조부모와 손자 손녀 | 年轻化 niánqīnghuà 저령화

해설 중국 가정의 기본 구조인 '421'은 조부모와 외조부모 4인, 부모 2인, 외동 자녀 1인을 가리키는 말이며, '421' 구조에 적합하게 하기 위해 노인들과 자손들이 함께 살 수 있어야 한다고 했으므로 정답은 A이다.

21 사람들은 종종 '시정화의'라는 네 글자로 중국의 전통 정원을 묘사한다. 이러한 평가에는 두 가지 뜻이 있는데, 첫 번째는 정원 속 풍경과 자연이 마치 그림 같다는 뜻이고, 두 번째는 정원의 설계가 시와 같은 정감을 구현해냈다는 것이다. 이것은 분명 고대 정원과 산수시, 산수화의 공통점으로, 모두 자연미를 주제로 표현하였으며, 서양의 기하학 규칙의 정원과는 명확한 차이를 보인다.

A 중국 고대 정원의 설계자는 모두 시인이었다
B 중국의 많은 정원은 모두 산수화를 근거로 설계한 것이다
C 중국 고대 정원은 자연미를 표현하는 것을 매우 중시했다
D 중국 정원이 서양 정원보다 질서 정연한 것을 더 중요시한다

단어 诗情画意 shīqíng-huàyì 시적 정취와 그림 같은 아름다움 | 园林 yuánlín 명 정원 | 几何 jǐhé 명 기하학 | 明显 míngxiǎn 형 명확하다, 분명하다

해설 중국 고대 정원은 산수시, 산수화와 함께 자연미를 주제로 표현했다고 했으므로 정답은 C이다. A, B는 지문을 통해 확인할 수 없고, 기하학 규칙으로 설계된 것은 서양 정원이므로 D 역시 정답이 아니다.

22 종루는 베이징시 남북 중축선에 위치한 고대 건축 군으로, 둥청구 띠안먼와이길 북단에 위치해 있다. 원, 명, 청나라 도성의 시간을 알리는 곳이었던 종루는 전국 중점 문화재 보호물이다. 두 건물은 앞뒤 세로로 놓여있는데, 기세가 웅장하고, 우뚝 서 있는 모습이 장관이며, 고대 노동자들의 지혜와 힘의 결정체이다. 종루와 주변에 형성된 많은 후통, 쓰허위안 거주지는 옛 수도 풍경의 중요한 구성 부분으로, 독특한 인문 가치를 지니고 있다.

A 종루는 하나의 고대 건축물이다
B 종루의 주변에는 많은 후통이 있다
C 종루는 베이징시 시청구에 위치해 있다
D 종루의 기능은 악기를 놓아두는 것이다

단어 钟鼓楼 Zhōnggǔlóu 고유 종루 | 坐落 zuòluò 통 ~에 위치하다 | 中轴线 zhōngzhóuxiàn 중축선 [베이징 고대 건축물의 위치의 기준이 되는 중심선] | 组 zǔ 양 조, 세트 | 报时 bàoshí 통 시간을 알리다 | 纵 zòng 형 세로의 | 置 zhì 통 놓다, 두다 | 气势 qìshì 명 기세 | 雄伟 xióngwěi 형 웅대하고 웅장하다 | 巍峨 wēi'é 형 높고 크다, 우뚝 솟다 | 壮观 zhuàngguān 명 장관이다 | 结晶 jiéjīng 명 결정체 | 安放 ānfàng 통 안전하게 놓아두다 | 乐器 yuèqì 명 악기

해설 종루의 주변에 형성된 많은 후통과 쓰허위안 거주지는 옛 수도 풍경의 중요한 구성 부분이라고 했으므로 정답은 B이다. 종루를 설명할 때 양사 '组'가 쓰였으므로 한 채(座)가 아닌 여러 건축물로 이루어져있음을 알 수 있다.

〈제3부분〉

23–25

100여 년 전 미국 등 선진국에서는 신재료, 신기술을 사용하여 고층 빌딩을 짓기 시작했다. 예를 들어 **24** 미국의 유명한 마천루의 높이는 122층인데, 만약 견고한 토대와 벽이 없었다면 분명 중간에서 부러졌을 것이다. 이로 인해 고층 빌딩은 미국의 독창적인 현대 건축 양식을 개척했을 뿐만 아니라, 인류 건축업의 신기원을 선포하며 인류 문명의 새로운 단계의 상징물이 되었고, 이는 뛰어난 역사적 의의를 지닌다.

그러나 미국은 고층 빌딩을 무분별하게 짓지 않고, 원래 있던 문화 전통을 바꾸기 시작했다. 고층 빌딩을 짓는 것은 그저 일시적인 현상이었을 뿐, 20년 전후로 사그라들었다. 현재 미국의 도시 건축물은 일반적으로 두 가지 특징을 지닌다. 첫째, 중심 광장에서 비즈니스 장소로 쓰이던 상징적인 고층 건물을 없애버렸고, 사람들의 주택은 대부분 중저층 건물이다. 둘째, 가장 뛰어난 건축물은 도시의 중심이나 대학교에 있고, 국가 행정 기관이나 권력 기관에 있지 않다는 것이다.

중저층 건물과 비교했을 때, **23, 25** 고층 빌딩의 건설 비용은 불필요한 비용을 많이 증가시켰다. 예를 들어 고층 빌딩의 구조와 재료 비용은 6층 건물보다 1~3배가 더 높고, 보조 설비가 많으며, 매우 비싸다. 거주자도 원래 이렇게 비싼 대가를 치르며 고가의 집을 사지 않을 수 있고, 제곱미터당 값을 최소 절반까지 줄일 수 있었다. **25** 초고층 빌딩의 사용 비용 역시 높은데, 자료가 보여주듯이 미국의 한 24층 건물의 경우, 64년간 사용 유지 비용은 건축 비용의 두 배를 초과했다. **25** 의심할 여지 없이 고층 주

택의 유지보수 및 사용료는 모두 빌딩의 높이와 정비례한다. 고층 건물에 들어가 산다면, 23 인위적인 고액의 관리비가 거주자에게 무거운 부담이 될 것이다.

23 고층 건물을 대량으로 짓는 것에 대해 필자의 태도는:

A 지지한다 B 칭찬한다
C 반대한다 D 의심한다

24 이 글에 근거하여 세계 최초의 마천루는 어디에서 출현하였는가:

A 미국 B 중국
C 대학 캠퍼스 D 중심 광장

25 고층 건물의 문제에 관하여 다음 중 필자가 언급하지 않은 것은 무엇인가?

A 건설 비용이 높다
B 사용료가 높다
C 유지보수 비용이 높다
D 자원을 낭비한다

단어 建造 jiànzào 통 건축하다, 세우다 | 摩天大楼 mótiān dàlóu 명 마천루, 초고층 빌딩 | 坚固 jiāngù 형 견고하다 | 墙体 qiángtǐ 명 벽 | 拦腰 lányāo 부 중간에서 (끊어지다) | 折断 zhéduàn 통 절단되다, 부러지다 | 开创 kāichuàng 통 창립하다, 개척하다 | 独创 dúchuàng 통 독창적으로 만들다 | 宣示 xuānshì 통 공개적으로 표명하다, 선포하다 | 新纪元 xīnjìyuán 명 신기원, 새 역사의 시작 | 非凡 fēifán 형 비범하다, 뛰어나다 | 遍地开花 biàndì-kāihuā 곳곳에서 발전하다 | 固有 gùyǒu 형 고유의 | 搭建 dājiàn 통 짓다, 세우다 | 昙花一现 tánhuā-yíxiàn 잠깐 나타났다가 바로 사라지다 | 退热 tuìrè 통 열기가 사그라들다 | 除去 chúqù 통 제거하다 | 用作 yòngzuò 통 ~으로 삼다, ~으로 쓰이다 | 城镇 chéngzhèn 명 도시 | 政务 zhèngwù 명 정무, 국가 행정 | 权力机关 quánlì jīguān 권력 기관 | 造价 zàojià 명 건설 비용 | 配套设施 pèitào shèshī 보조 설비 | 昂贵 ánguì 형 비싸다 | 住户 zhùhù 명 주민, 거주자 | 代价 dàijià 명 대가 | 天价 tiānjià 명 최고가 | 栋 dòng 양 동, 채 [건물을 세는 단위] | 维修 wéixiū 통 유지보수하다 | 正比 zhèngbǐ 명 정비례 | 人为 rénwéi 형 인위적이다

해설 23. 고층 건물에 대한 필자의 태도는 마지막 단락에 있다. 고층 빌딩은 불필요한 비용을 증가시키고, 보조 설비도 많고 비싸며, 비싼 관리비가 무거운 부담이 될 수 있다고 하는 등 부정적인 측면을 이야기하고 있으므로 정답은 C이다.

24. 본문에서 키워드 '마천루'를 찾아보면, '미국의 유명한 마천루 높이는 122층이다'라고 했으므로 정답은 A이다.

25. 고층 빌딩이 불필요한 비용을 증가시켰고, 사용료 및 유지보수 비용도 비싸다고 언급했지만, 자원 낭비에 대해서는 언급하지 않았으므로 정답은 D이다.

26-28

후통은 베이징 특유의 오래된 도시 골목이다. '후통'은 원래 몽골어로 작은 골목을 의미한다. 후통은 자금성 주위를 둘러싸고 있으며, 대부분 중국 역사상 원, 명, 청, 세 시기에 형성된 것이다. 베이징 고대의 도시 건설에는 엄격한 계획이 있었기 때문에, 후통은 모두 비교적 곧다. 후통의 방향은 대부분 정동, 정서향이어서, 이를 연결하면 마치 두부 덩어리같이 반듯하고 구부러지지 않았다. 후통 안의 건물은 거의 다 쓰허위안이다. 베이징의 후통은 촘촘하게 널려 있어 정확히 셀 수도 없다. 속담에 이르기를 '유명한 후통은 3600개이고, 26 이름 없는 후통은 소털을 능가한다.'라고 하는데, 통계에 따르면 베이징의 크고 작은 후통은 모두 7000여 개가 있다고 한다.

이러한 후통이 겉으로 보기에 모양이 다 비슷하다고 생각하면 안 된다. 이들의 특색은 모두 서로 다르며 명칭도 다양하다. 어떤 것은 사람 이름으로 이름을 지었는데, 예를 들면 원 승상 후통 같은 것이다. 27 어떤 것은 시장이나 상품을 가지고 이름을 지었는데, 예를 들면 금붕어 후통 같은 것이다. 어떤 것은 베이징 사투리로 이름을 지었는데, 예를 들면 벙어리 저금통 후통 등이다. 베이징에서 가장 긴 후통은 둥쟈오민샹으로, 전체 길이가 6.5km이다. 가장 짧은 후통은 이츠빤따지에로, 10여m를 넘지 않는다. 가장 좁은 후통은 치엔먼의 따스란 지역의 치엔스 후통을 꼽을 수 있는데, 넓이가 0.75m밖에 되지 않아서 조금 뚱뚱한 사람은 숨을 참아야만 통과할 수 있다.

후통은 도시의 맥박일 뿐만 아니라, 베이징 일반 서민들의 삶의 장소이기도 하다. 베이징 사람들은 후통에 대해 특별한 감정이 있는데, 28 후통은 서민들이 집 대문을 출입하는 통로일 뿐만 아니라, 한 채 한 채가 모두 민속 풍경 박물관이며, 사회생활의 수많은 흔적이 찍혀 있는 곳이다. 옛 베이징의 삶의 숨결은 후통의 모퉁이 안에, 쓰허위안의 모든 벽돌과 기왓장 안에, 주민들 이웃 간의 정 안에 스며있다. 이 안에 있어야만 깊이 있게 체험할 수 있다.

26 속담 '이름 없는 후통은 소털을 능가한다'의 의미로 가장 알맞은 것은:

A 어떤 후통은 좁다
B 어떤 후통은 유명하지 않다
C 후통의 수가 많다
D 후통에서 종종 시합이 열린다

27 상품으로 이름을 지은 후통은:

A 원 승상 후통 B 금붕어 후통
C 둥쟈오민샹 D 치엔스 후통

28 후통에 관하여 다음 중 옳지 않은 것은 무엇인가?

A 후통은 주로 원, 명, 청, 세 시기에 형성되었다
B 후통 안에는 많은 쓰허위안이 있다
C 후통은 현재 이미 박물관이 되었다
D 후통에는 아직 많은 사람이 거주한다

단어 小巷 xiǎoxiàng 명 골목, 좁은 길 | 蒙古语 Měnggǔyǔ 고유 몽골어 | 紫禁城 Zǐjìnchéng 고유 자금성 | 串 chuàn 통 꿰다, 엮다 | 豆腐 dòufu 명 두부 | 方正 fāngzhèng 형 정사각형 모양의, 반듯한 | 歪斜 wāixié 형 구부러지다, 비뚤다 | 星罗棋布 xīngluó-qíbù 별처럼 촘촘히 널려 있다 [밀집된 것을 형용함] | 俗话 súhuà 명 속담, 옛말 | 赛 sài 통 이기다, 능가하다 | 模样 múyàng 명 모양, 모습 | 五花八门 wǔhuā-bāmén 각양각색이다 | 文丞相 Wén chéngxiàng 원 승상 | 土语 tǔyǔ 명 사투리, 방언 | 闷葫芦罐 mènhúlu guàn 벙어리 저금통 | 屏住 bǐngzhù 억누르다, 참다 | 脉搏 màibó 명 맥박 | 通道 tōngdào 명 통로 | 烙 lào 통 찍다, 굽다 | 砖瓦 zhuān wǎ 명 벽돌과 기왓장

해설 26. 본문에서 해당 속담을 찾아보면 그 문장 뒤에 '베이징의 크고 작은 후통이 모두 7000여 개가 있다'고 했으므로 이를 통해 후통의 수가 매우 많음을 알 수 있다. 따라서 정답은 C이다.

27. 후통 중에는 사람 이름, 상품, 베이징 사투리로 이름을 지은 것이 있다고 했는데, 그중 상품으로 이름을 지은 것을 찾아보면 정답은 B이다.

28. 마지막 단락에서 후통은 베이징 일반 서민이 삶의 장소라고 하면서 후통을 박물관에 비유하여 사회생활의 흔적이 찍혀 있다고 했다. 즉 실제로 박물관이 된 것은 아니므로 정답은 C이다.

쓰기

〈제1부분〉

29

北京四合院　　的　　样式　　很具有　　代表性。
　관형어　　　　　　주어　　부사어+술어　목적어

베이징 쓰허위안의 양식은 대표성을 지닌다.

해설 동사술어문의 어순배열 문제이다.
① 동사 '具有'는 '가지고 있다, 구비하다'라는 뜻으로 문장에서 술어 역할을 하고, 정도부사 '很'의 수식을 받을 수 있다.
② 술어 '具有'의 목적어는 '代表性'이며, 주어는 '样式'이다.
③ 조사 '的'는 명사를 수식하는 관형어를 만들어준다. '北京四合院'은 '的'와 함께 쓰여 '样式'를 수식하는 관형어를 만들 수 있으므로 '样式'의 앞 관형어 자리에 놓는다.

30

该产品　　已经　　具备了　　基本　　功能。
주어　　　부사어　　술어　　관형어　목적어

이 상품은 이미 기본적인 기능을 갖추고 있다.

해설 동사술어문의 어순배열 문제이다.
① 동태조사 '了'를 근거로 '具备了'는 술어 자리에 온다.
② '具备了'의 목적어는 '功能'이며, 주어는 '该产品'이 된다.
③ '已经'은 부사어로 술어 앞에 위치하며, 형용사 '基本'은 '功能'을 꾸미는 관형어 자리에 와야 한다.

31

我很　　感激　　那位亲切的长辈　　曾经给我的　　帮助。
주어+부사어　술어　　　　　목적어(주어+술어+목적어)

나는 그 친절한 선배가 일찍이 나에게 준 도움에 아주 감격했다.

해설 주술구 목적어의 어순배열 문제이다.
① 동사 '感激' 뒤에 오는 목적어는 단순한 명사 외에 주술구 목적어도 올 수 있다. '感激'의 주어는 사람이 되어야 하므로 '我很'이 주어 자리에 온다.
② '帮助'는 명사로 동사 '感激'의 대상이 되므로 목적어 자리에 놓는다.
③ '曾经给我的'는 조사 '的'를 근거로 '帮助'를 수식하는 관형어임을 알 수 있다. 또 '曾经给我的'의 앞에는 주어가 필요하므로 '那位亲切的长辈'가 주어가 된다. 따라서 주술구 목적어는 '那位亲切的长辈曾经给我的帮助'의 순서로 쓰면 된다.

〈제2부분〉

32

	以	前	的	居	住	形	式	都	是	平	房	,	它	有
利	于	与	邻	居	打	交	道	,	在	家	里	接	待	邻	居
是	日	常	生	活	的	一	部	分	。	但	由	高	楼	大	厦
组	成	的	住	宅	小	区	使	邻	居	关	系	发	生	了	变
化	。	由	于	高	楼	大	厦	的	居	住	形	式	大	都	是
封	闭	式	,	人	们	都	关	闭	门	窗	,	邻	居	之	间
的	相	处	自	然	减	少	了	。

예전의 거주 형태는 모두 단층집이었다. 이는 이웃들과 인사하기에 편리했고, 집에서 이웃을 대접하는 것은 일상생활의 한 부분이었다. 그러나 높은 빌딩으로 구성된 아파트 단지는 이웃과의 관계에 변화가 생기게 했다. 높은 빌딩의 거주 형태는 대부분 폐쇄식이어서 사람들은 문과 창문을 닫게 되었고, 이웃과 함께 어울리는 것이 자연적으로 줄어들었다.

단어 大厦 dàxià 명 큰 건물, 빌딩 | 小区 xiǎoqū 명 아파트 단지

15 纸上谈兵

모범 답안

듣기
1 B   2 D   3 A   4 C   5 B   6 C   7 D
8 B   9 C   10 D   11 C   12 D   13 B   14 C

독해
15 B   16 C   17 A   18 D   19 C   20 B   21 C
22 C   23 C   24 B   25 D   26 A   27 D   28 D

쓰기
29 他对这种军事理论有很深的理解。
30 谁都没有资格轻视别人。
31 这个故事讽刺的是那些不懂得灵活变通的人。
32 모범 답안은 p.233 해설 참조

듣기

〈제1부분〉

1
女：老板派咱儿子去完成这次的任务不是好事吗？你为什么这么不高兴？
男：儿子的毛病是只会讲大道理，缺乏实际锻炼。如果让他去，八成儿会把事情弄糟。
问：对于儿子去完成这次任务，父亲的态度是什么？

여: 사장님이 우리 아들을 파견해서 이번 임무를 완수하도록 시킨 건 좋은 일 아니에요? 당신은 어째서 이렇게 기분이 안 좋아요?
남: 아들의 문제는 그저 이론적인 원칙만 말할 줄 알 뿐, 실제 경험이 부족하다는 거예요. 만약 그를 가게 한다면, 십중팔구 일을 망칠 거예요.
질문: 아들이 이번 임무를 완수하러 가는 것에 대해 아버지는 어떤 태도인가?

A 지지한다   B 반대한다
C 기쁘다   D 부끄럽다

단어 八成(儿) bāchéng(r) 부 십중팔구, 거의 │ 弄糟 nòngzāo 망치다

해설 남자는 아들이 이론에만 강할 뿐 실제 경험이 부족하기 때문에 파견한다면 십중팔구 일을 망칠 거라고 했다. 따라서 아버지는 아들의 파견에 반대한다는 것을 알 수 있다.

2
男：你为什么不想去幼儿园呢？
女：小朋友们骂我是胆小鬼，不跟我玩儿。
问：女孩儿为什么不愿意去幼儿园？

남: 왜 유치원에 안 가려는 거니?
여: 친구들이 나보고 겁쟁이라고 놀리면서 나랑 놀지 않아요.
질문: 여자아이는 왜 유치원에 가길 원하지 않는가?

A 일어나기 싫어서
B 선생님이 싫어서
C 유치원이 재미없다고 생각해서
D 친구들과의 관계가 좋지 않아서

해설 남자가 유치원에 가기 싫은 이유를 묻자, 아이는 친구들이 겁쟁이라고 놀리면서 같이 놀지 않는다고 대답했다. 따라서 정답은 D이다.

3
女：这次夏令营是一个挑战，看看你是不是真的可以独立了。
男：您放心吧，我一定没问题。
问：他们最可能是什么关系？

여: 이번 여름 캠프는 하나의 도전이야. 네가 정말로 독립할 수 있을지 한번 보자.
남: 걱정하지 마세요. 전 분명 문제없을 거예요.
질문: 그들은 어떤 관계일 가능성이 가장 큰가?

A 엄마와 아들   B 아빠와 딸
C 부부   D 친구

단어 夏令营 xiàlìngyíng 명 여름 캠프

해설 여자가 이번 여름 캠프는 하나의 도전이니 혼자 독립할 수 있는지 보자고 했는데, 이를 통해 여자는 엄마, 남자는 아들임을 유추할 수 있다. 따라서 정답은 A이다.

4 男：今天的会议有什么重要内容?
　　女：我跟你一样，没有参加会议的资格。
　　问：女的是什么意思?

남: 오늘 회의에 무슨 중요한 내용이 있었나요?
여: 저도 당신과 똑같이 회의에 참석할 자격이 없어요.
질문: 여자의 말은 무슨 뜻인가?

A 회의는 중요하지 않다
B 당신은 반드시 알아야 한다
C 나도 모른다
D 나는 참석할 시간이 없다

해설 남자가 회의 내용에 대해 묻자, 여자도 회의에 참석할 자격이 없다고 대답했다. 따라서 여자는 회의에 대해서 아무것도 모른다는 것을 알 수 있다.

5 女：这孩子整天这么没脑子，以后可怎么办哪?
　　男：没关系，长大了慢慢就会懂事了。
　　问：女的觉得孩子怎么样?

여: 이 아이는 온종일 이렇게 생각이 없으니, 앞으로 어떡하죠?
남: 괜찮아요. 크면 천천히 철들 거예요.
질문: 여자는 아이가 어떻다고 생각하는가?

A 철들었다　　　　B 어리석다
C 꼼꼼하다　　　　D 효성스럽다

단어 整天 zhěngtiān 온종일, 하루 종일 | 脑子 nǎozi 명 생각, 기억력

해설 여자는 아이가 온종일 생각이 없다며 걱정하고 있으므로 정답은 B임을 알 수 있다.

6 男：战国时期，各个国家之间的竞争非常激烈。
　　女：其实哪个时代都一样，那时候人才也是关键。
　　问：女的想说明什么?

남: 전국 시기에는 각 나라 간의 경쟁이 대단히 치열했지요.
여: 사실 어느 시기나 다 똑같은데, 그 시기에는 인재 역시 매우 중요했어요.
질문: 여자는 무엇을 설명하려 하는가?

A 승리하고 싶다면 인재에 의지해야 한다
B 적극적으로 경쟁에 참여해야 한다
C 전국 시기에는 인재가 중요했다
D 시대에 이미 변화가 생겼다

해설 여자의 말 속의 '인재' 때문에 A와 C 중에 헷갈릴 수 있지만, 여자가 말하고자 한 것은 전국 시기에 인재가 중요했다는 것이므로 정답은 C이다.

〈제2부분〉

7 女：老王不在你们公司工作了吗?
　　男：他被派到上海分公司去任总经理了。
　　女：原来是升官了啊!
　　男：是啊，干了这么多年，也该轮到他了。
　　问：关于老王，可以知道什么?

여: 라오왕은 당신 회사에서 일하는 거 아니었어요?
남: 그는 상하이 지사의 지사장으로 부임 받아 갔어요.
여: 승진한 거로군요!
남: 맞아요. 이렇게 여러 해 동안 일했으니, 마땅히 그의 차례여야지요.
질문: 라오왕에 관하여 알 수 있는 것은 무엇인가?

A 사직했다
B 출국했다
C 줄곧 상하이에서 일했다
D 이 회사의 오래된 직원이다

단어 分公司 fēngōngsī 명 지사, 자회사 | 任 rèn 동 임명하다, 담당하다 | 升官 shēng guān 동 승진하다, 직위가 오르다

해설 남자는 라오왕이 상하이 지사의 지사장으로 부임 받아 갔다고 하면서 여러 해 동안 일했다고 했다. 따라서 정답은 D이다.

8 男：太倒霉了! 这次真是上了个大当!
　　女：之前我就再三地阻止你，你不听我的，能怪谁呢?
　　男：是啊，早知道听你的就好了。
　　女：现在后悔也晚了。
　　问：男的怎么了?

남: 정말 재수 없어! 이번에 진짜 크게 사기당했어!
여: 예전에 내가 여러 번 말렸는데, 내 말 안 듣더니, 누굴 탓하겠니?
남: 그러게. 일찌감치 네 말을 들었으면 좋았을걸.
여: 이제 후회해도 늦었어.
질문: 남자는 어떠한가?

A 늦게 왔다
B 사기당했다
C 여자가 자기를 말리지 않았다고 원망한다
D 여자의 말을 들은 것을 후회한다

단어 怪 guài 동 책망하다, 원망하다 | 受骗 shòu piàn 동 속임을 당하다

해설 남자의 첫마디로 '크게 사기당했다'라고 했으므로 정답은 B이다.

9 女：我们为什么不主动去跟他们竞争呢?
　　男：现在的形势是敌强我弱，我们要做的就是坚守阵地。
　　女：我觉得你太小心谨慎了。
　　男：谨慎总比冒险好。
　　问：男的是什么意思?

여: 우리는 왜 그들과 적극적으로 경쟁하지 않는 거죠?

남: 지금 형세는 적이 강하고 우리가 약하니까, 우리가 해야 할 일은 진지를 굳게 지키는 거예요.
여: 내 생각에 당신은 너무 조심스럽고 신중한 것 같아요.
남: 신중한 것이 항상 모험보다 낫지요.

질문: 남자의 말은 무슨 뜻인가?

A 경쟁해야 한다
B 모험해야 한다
C 조심해서 나쁠 것 없다
D 상대방이 손해를 볼 것이다

단어 坚守 jiānshǒu 통 굳게 지키다 | 谨慎 jǐnshèn 형 조심스럽다, 신중하다 | 冒险 màoxiǎn 통 모험하다

해설 여자가 남자에게 너무 조심스럽고 신중한 것 같다고 하자, 남자는 신중한 것이 모험보다 낫다고 대답했다. 따라서 정답은 C이다.

10
男：为什么每次老张骂你，你都不出声？
女：我懒得跟他吵。
男：什么懒得跟他吵，我看你明明是吵不过他。
女：他年纪比我大，资历比我老，我当然只能让着他了。
问：关于女的，可以知道什么？

남: 매번 라오장이 너를 욕하는데, 왜 넌 아무 말도 안 하는 거야?
여: 나는 그와 말싸움하기 싫어.
남: 뭐가 싸우기 싫다는 거야. 내가 보기에 넌 분명히 그와 싸워서 못 이기니까 그런 것 같은데.
여: 그는 나보다 나이도 많고 경력도 오래돼서, 내가 당연히 그에게 양보할 수밖에 없어.

질문: 여자에 관하여 알 수 있는 것은 무엇인가?

A 라오장보다 나이가 많다
B 자주 라오장을 욕한다
C 라오장보다 대단하다
D 라오장과 싸우고 싶지 않다

단어 出声 chūshēng 통 소리를 내다 | 懒得 lǎnde 통 ~하기 싫다 | 资历 zīlì 명 자격과 경력 | 让 ràng 통 양보하다

해설 여자는 라오장과 말싸움하기 싫고, 라오장이 자신보다 나이도 많고, 경력도 많아 그에게 양보할 수밖에 없다고 대답했다. 따라서 정답은 D이다.

11-12
第11到12题是根据下面一段对话：
女：11 昨天你不是说先等等，看看对方的反应怎么样吗？
男：我又想了想，觉得这件事迟早是要解决的，还不如先拿出一个有利于我们自己的方案。
女：你这主意改得可真快。
男：别说这么多了，还是快想办法吧。
女：知己知彼才能百战百胜呢，12 现在我们完全不了解对方的情况，怎么拿方案啊？这不是纸上谈兵嘛！
11. 问：男的原来的想法是什么？
12. 问：女的是什么意思？

11-12번 문제는 다음 대화에 근거한다:

여: 11 어제 당신이 먼저 좀 기다렸다가 상대방의 반응이 어떤지 본다고 하지 않았어요?
남: 내가 다시 생각해봤는데, 이 일은 조만간 해결될 것 같으니, 차라리 우리에게 유리한 방안을 먼저 내놓는 것이 더 나을 것 같아서요.
여: 당신은 생각이 참 빨리도 바뀌네요.
남: 이제 그만 얘기하고, 어서 방법이나 생각해요.
여: 지피지기면 백전백승이라고 하잖아요. 12 지금 상대방의 상황을 전혀 모르는데, 어떻게 방안을 내요? 이게 바로 탁상공론 아닌가요!

11 남자의 원래 생각은 무엇이었는가?

A 생각을 바꾼다
B 탁상공론이다
C 먼저 상대방의 반응을 본다
D 유리한 방안을 내놓는다

12 여자의 말은 무슨 뜻인가?

A 생각을 바꿔야 한다
B 상대방과 연락해야 한다
C 바로 새 방안을 내놓아야 한다
D 상대방의 상황을 먼저 알아야 한다

단어 知己知彼 zhījǐ-zhībǐ 지피지기, 나를 알고 상대를 알다 | 百战百胜 bǎizhàn-bǎishèng 백전백승이다

해설 11. 여자의 첫마디에서 남자가 원래 했던 말에 대해 언급했다. 원래는 좀 기다렸다가 상대방의 반응을 보자고 한 게 아니었냐고 반문하는 말로 보아 정답은 C임을 알 수 있다.
12. 여자의 마지막 말에서 상대방의 상황도 모르면서 방안을 내놓는 것은 탁상공론이라고 했다. 즉 여자는 상대의 상황을 먼저 알아야 방안을 낼 수 있다는 뜻이므로 정답은 D이다.

13-14
第13到14题是根据下面一段话：

13, 14 有些中国人言必称汉唐，因为汉朝和唐朝确实是中国古代历史上最值得骄傲的两个朝代，经济条件好，军事力量强。不过仔细想一想，其实这两代也并不是从头到尾都繁荣富强。汉朝最值得称赞的主要是汉高祖以后的一百多年，代表人物是汉文帝和汉武帝；唐朝也一样，总共约三百年江山，最令后人怀念的大概也只有唐太宗的"贞观之治"和唐玄宗的"开元之治"两段时间。

13. 问：说话人认为汉朝和唐朝怎么样？
14. 问：根据这段话，下列哪项正确？

13-14번 문제는 다음 내용에 근거한다:

13, 14 어떤 중국인들은 입만 열면 한나라와 당나라를 이야기하는데, 왜냐하면 한나라와 당나라가 실로 중국 고대 역사상 가장 자랑스러워할 만한 두 시기였고, 경제 조건이 좋았으며, 군사력이 매우 강했기 때문이다. 그러나 자세히 생각해보면, 사실 이 두 시기는 처음부터 끝까지 번영하고 부강했던 것은 결코 아니었다. 한나라에서 가장 칭찬할 만한 것은 주로 한 고조 이후의 100여 년으로, 대표적인 인물로는 한 문제와 한 무제가 있다. 당나라도 마찬가지로, 대략 총 300여 년의 정권에서 후세 사람들이 가장 그리워하는 시기는 아마도 당 태종의 '정관의 치'와 당 현종의 '개원의 치' 두 시기뿐일 것이다.

13 화자는 한나라와 당나라가 어떻다고 생각하는가?

A 영웅이 매우 많았다
B 번영하고 부강했다
C 경제가 낙후됐다
D 환경이 힘들었다

14 이 글에 근거하여 다음 중 어느 것이 정확한가?

A 한나라에는 3명의 황제가 있었다
B 당나라는 모두 100여 년의 역사가 있다
C 중국인들은 한나라와 당나라를 자랑스럽게 여긴다
D 한나라와 당나라 시기에는 줄곧 번영하고 부강했다

단어 言必称 yánbìchēng 입만 열면 이야기한다 | 称赞 chēngzàn 통 칭찬하다 | 汉高祖 Hàn Gāozǔ 고유 한 고조 | 汉文帝 Hàn Wéndì 고유 한 문제 | 江山 jiāngshān 명 한 국가의 정권 | 怀念 huáiniàn 통 회상하다, 그리워하다 | 唐玄宗 Táng Xuánzōng 고유 당 현종 | 开元之治 Kāiyuán zhī zhì 개원의 치 [당 현종 전기의 태평성세]

해설 13. 한나라와 당나라는 경제 조건이 좋았고 군사력 역시 강했다고 했으므로 정답은 B이다.

14. 녹음의 첫 부분에서 중국인들은 한나라와 당나라를 고대 역사상 가장 자랑스러워할 만한 시기라 여겨 자주 입에 올린다고 했다. 따라서 정답은 C이다.

독해

〈제1부분〉

15-18

시합이 끝남을 알리는 호루라기 소리에 따라, 톈진 남자 농구의 감독은 두 팔을 번쩍 들고 농구장으로 뛰어 들어가며 감격한 듯이 소리 질렀다. "우리가 이겼어! 우리가 이겼어!"

"정말 꿈만 같은 순간이네요. 우리가 놀랍게도 정말로 지난 대회의 우승팀을 꺾어버렸어요!" 그는 대형 스크린에 보이는 점수를 보며, **15 여전히 이 결과가 믿기지 않는 듯 했다(B 仿佛仍然不敢相信这个结果)**. "맞아요. 우리가 해냈어요! 모든 선수가 다 대단했어요!"

기자 발표회가 다가오자 그는 겨우 마음을 가라앉히고, 모두에게 왜 이렇게 감격했는지 설명했다. "이번 **16 승리(C 胜利)** 는 정말 쉽게 온 것이 아닙니다. 시합 전에는 우리가 이길 거라고 보는 사람이 거의 없었어요. 우리는 **17 무시당했었죠(A 轻视)**. 하지만 결과적으로 우리의 **18 절대적인(D 绝对)** 우세로 모든 사람들의 의혹을 물리쳤습니다. 우리가 해냈어요. 저는 팀원들이 무척 자랑스럽습니다."

단어 哨声 shàoshēng 명 호루라기 소리 | 吹响 chuīxiǎng 불어 울리다 | 天津 Tiānjīn 고유 톈진 | 举 jǔ 통 들다 | 双臂 shuāng bì 두 팔 | 高喊 gāohǎn 큰 소리로 외치다 | 梦幻 mènghuàn 명 꿈과 환상 | 比分 bǐfēn (경기의) 득점, 점수 | 临近 línjìn 통 다가오다, 근접하다 | 发布会 fābùhuì 발표회 | 看好 kànhǎo 통 잘 되리라 예측하다 | 优势 yōushì 명 우세, 장점 | 回击 huíjī 통 반격하다 | 质疑 zhíyí 통 질의하다

해설 15. 빈칸에는 감독이 지난 시합의 우승팀을 이기고 난 뒤의 감상을 표현하는 내용이 와야 한다. 결과는 이미 우승이지만, 스크린 상의 점수를 보며 여전히 믿기지 않는 듯 했다는 내용인 B가 가장 적합하다.

16. 빈칸 앞의 '这场(지시대사+양사)'이 있으므로 빈칸에는 명사가 와야 한다. 빈칸 앞부분에서 시합에서 이겼다고 했으므로 의미상 알맞은 명사는 C '胜利'이다.

17. 빈칸의 앞 절 '시합 전에는 우리가 이길 거라고 보는 사람이 거의 없었다'에 근거하여 의미상 알맞은 단어는 A '轻视'다.

18. 빈칸은 명사 '优势'를 수식할 수 있는 형용사가 와야 한다. 자신의 팀만의 우세에 의혹을 물리친 거라고 했으므로 가장 알맞은 형용사는 D '绝对'이다.

〈제2부분〉

19 기원전 260년 조괄은 군사를 이끌고 출정했다. 줄곧 맹목적으로 자신감에 차서 진나라 군대를 깔보던 그는 염파의 전쟁 방식을 완전히 바꾸었고, 억지로 병서의 이론을 들고 와 주동적으로 진나라 군대를 공격했다. 결국 수십만 명의 조나라 군대는 전부 몰살 당하여 소중한 생명을 잃게 되었다.

A 조괄은 매우 겸손했다
B 조괄은 염파의 의견을 물었다
C 조나라 군대가 주동적으로 이번 공격을 일으켰다
D 이번 전쟁의 결과는 조나라의 승리였다

해설 조괄은 병서의 이론을 억지로 적용하여 진나라 군대를 주동적으로 공격했다고 했으므로 정답은 C이다.

20 진(秦)나라와 진(晋)나라 사이에 전쟁이 발생했을 때 진(晋)의 혜공은 정나라가 바친 말을 타고 가려고 했다. 대신 경정이 혜공에게 충고하며 말했다. "예로부터 전쟁을 할 때는 그 나라의 좋은 말을 써야 합니다. 왜냐하면 본토에서 나고 자란 말이 길을 잘 알고 명령에 따르기 때문이지요. 다른 나라의 말을 쓰면, 다스리기 쉽지 않습니다. 게다가 정나라의 말은 보기에는 건장해 보여도, 실제로는 아무런 능력도 없는데 어떻게 전쟁을 하겠습니까?" 그러나 혜공은 경정의 권고를 듣지 않았다. 전투가 시작된 후 진(晋)나라의 마차는 제멋대로 날뛰었고, 결국 진(秦)나라 군대에 패하였다.

A 진(晋)나라는 진(秦)나라를 물리쳤다
B 전쟁을 하려면 반드시 현지의 말을 써야 한다
C 혜공은 대신의 의견을 귀담아들었다
D 이 전쟁에서 진 원인은 말이 병이 났기 때문이다

단어 秦 Qín 고유 진나라 | 晋 Jìn 고유 진나라 | 郑 Zhèng 고유 정나라 | 驾车 jià chē 운전하다, 마차를 끌다 | 庆郑 Qìng Zhèng 고유 경정 | 劝告 quàngào 통 권하다, 충고하다 | 惠公 Huìgōng 고유 혜공 | 打仗 dǎzhàng 통 전쟁하다, 전투하다 | 土生土长 tǔshēng-tǔzhǎng 현지에서 나고 자라다 | 听从 tīngcóng 통 (남의 말을) 듣다, 따르다 | 强壮 qiángzhuàng 형 건장하다 | 打响 dǎxiǎng 통 전투가 시작되다 | 一气 yíqì 수량 한바탕 | 选用 xuǎnyòng 통 골라 쓰다 | 听取 tīngqǔ 통 귀담아듣다

해설 혜공이 정나라가 바친 말을 타고 전쟁에 나가려고 하자, 대신 경정은 본토에서 나고 자란 말을 써야 한다고 충고했다. 따라서 정답은 B이다.

21 후난성 박물관에는 세계 최초의 지도 세 폭이 보존되어 있는데, 이들은 1973년 12월 창샤 마왕뚜이 한묘에서 출토된 것이다. 비단에 다양한 색으로 그린 이 한나라 시기의 지도는 지금으로부터 약 2000여 년의 역사가 있다. 지도상에는 산맥, 하류, 주거지가 그려져 있고, 9개의 군대를 강조하여 표시했다. 지도의 정확도로 보자면, 오늘날 현지의 지리 상황과 기본적으로 같은데, 이것은 당시의 지도 제작 기술이 이미 매우 높은 수준에 달했음을 말해준다.

A 이 지도들은 현재 국가 박물관에 보존되어 있다
B 한나라는 지금으로부터 3000여 년의 역사가 있다
C 이 지도들은 아마 군사 관련 일에 사용되었을 것이다
D 현지의 지리 상황에 큰 변화가 생겼다

단어 湖南 Húnán [고유] 후난성 | 出土 chūtǔ [통] 출토하다, 발굴되어 나오다 | 长沙 Chángshā [고유] 창사 [도시명] | 马王堆 Mǎwángduī [고유] 마왕뚜이 [중국 후난성에 있는 고분] | 墓 mù [명] 무덤 | 彩色 cǎisè [명] 다양한 색깔 | 帛 bó [명] 견직물의 총칭 | 距今 jùjīn 지금으로부터 | 山脉 shānmài [명] 산맥 | 河流 héliú [명] 강, 하류 | 居民点 jūmíndiǎn [명] 거주지 | 着重 zhuózhòng [통] 치중하다, 강조하다 | 精确度 jīngquèdù [명] 정확도

해설 창사에서 발견된 이 지도에는 산맥, 하류, 주거지 및 9개의 군대가 표시되어 있는데, 이중에 군대를 강조하여 표시했다고 했으므로 정답은 C이다. 이 지도는 후난성 박물관에 보존되어 있다고 했으므로 A는 오답이고, B는 지문에 언급되지 않았다. 지도를 만들 당시의 지리 상황이 현재와 기본적으로 같다고 했으므로 D 역시 오답이다.

22 두예(222년~285년), 자는 원개(元凯)로, 징짜오 뚜링(현재의 샨시 시안 둥난) 사람이다. 서진 시기의 저명한 정치가, 군사가, 학자였으며, 오나라를 멸하고 통일한 전쟁의 통솔자 중 한 사람이었다. 그는 선비의 풍모를 지닌 장수였고 박학다식하여 '두무고'라고 불렸는데, 그 뜻은 그가 무엇이든 다 알아서, 마치 무기고 안에 각양각색의 무기와 같다는 뜻이었다.

A 두예는 샨시(山西) 사람이다
B 두예는 오나라를 멸하는 통일 전쟁에 참여할 수 없었다
C 두예는 학식이 매우 풍부한 사람이었다
D 두예는 각양각색의 무기를 사용할 줄 알았다

단어 杜预 Dù Yù [고유] 두예 | 元凯 Yuánkǎi [고유] 원개 | 京兆杜陵 Jīngzhào Dùlíng [고유] 징짜오 뚜링 [중국의 옛 지역명] | 西晋 Xī Jìn [고유] 서진 | 灭 miè [통] 멸하다, 없애다 | 统一 tǒngyī [통] 통일하다 | 统帅 tǒngshuài [명] 최고사령관, 통솔자 | 儒将 rújiàng [명] 선비의 풍모를 지닌 장수 | 博学多才 bóxué duōcái 학문이 넓고 재능이 많다 | 武器库 wǔqìkù [명] 무기고

해설 두예는 박학다식하여 '두무고'라 불렸다고 했으므로 정답은 C이다. 두예는 '山西'가 아닌 '陕西' 사람이며, 오나라를 멸하는 통일 전쟁에 참여했다고 했다. 두예를 많은 무기를 감춰둔 무기고에 비유한 것이므로 D 역시 정답이 아니다.

〈제3부분〉

23-25

동한 말기, 조조는 북방을 통일한 후 80만 명의 대군을 이끌고 남하했다. 그는 유비를 물리치고 징저우 강북 지역을 점령하였으며, 다시 강남 동오 지역을 빼앗고자 했다. 유비는 시아커우까지 퇴각했고, 동오의 손권과 연합하여 손-유 연합군을 결성하고, 함께 조조의 공격에 대항했다.

조조의 군대는 비록 많았지만, 먼 길을 오느라 병사들은 이미 매우 지쳐있었다. 게다가 북방 사람들이 남방으로 왔기 때문에 기후와 풍토가 맞지 않아 전투력에 극심한 타격을 받았다. 23 해전에 적응하기 위해 조조는 병사들에게 적벽에 주둔하면서 쇠사슬로 전함을 연결하고 다시 그 위에 나무판자를 깔으라고 명령했다. 24 이렇게 하니 배가 흔들리지 않았고, 북방의 병사들이 전쟁을 하는 데 도움이 되었다.

25 동오의 장군 주유는 부하 무관인 황개의 계책을 이용하여 황개를 거짓으로 투항하게 했는데, 실제로는 이 기회를 틈타 불을 지르려는 계획이었다. 조조는 이를 진짜라고 믿었다. 그날 조조 군대의 장수와 군사들은 동오의 명장이 투항하러 온다는 것을 듣고, 구경하려고 잇달아 뱃머리로 몰려들었다. 생각지도 못하게, 황개의 작은 배가 가까이 왔을 때 동남풍을 이용하여 배에 불을 질렀고 조조의 배들은 순식간에 타오르기 시작했다. 게다가 배들이 쇠사슬로 묶여 있었기 때문에 누구도 도망칠 수가 없었다. 눈 깜짝할 사이에 배들은 이미 불바다가 되었다. 조조 군대의 병사 대부분은 불에 타죽었고, 많은 사람들이 강에 떨어져 익사했다.

이와 동시에 주유는 조조의 배들에 불이 나는 것을 보자마자 바로 정예병을 이끌고 강을 건너 공격했다. 북쪽 연안에 있던 조조의 군대는 뒤에 얼마나 많은 군사가 공격해올지 몰라, 놀라서 사방으로 도망쳤다. 유비와 주유는 함께 강과 육지로 나누어 바싹 추격했고, 조조의 군대를 대파했다.

적벽대전 이후 조조는 북방으로 도망갔고, 이렇게 하여 삼국이 병립하는 형세가 만들어졌다.

23 '적벽대전'에서 '적벽'이란:

A 한 사람이다 　　　　B 하나의 색깔이다
C 한 지역이다 　　　　D 하나의 군대이다

24 조조는 왜 병사들에게 전함을 쇠사슬로 연결하라고 명령했는가?

A 이렇게 하면 물에 쉽게 떨어지므로
B 북방 사람들은 배를 타는 것에 익숙하지 않으므로
C 더 많은 사람들이 강을 건너게 하려 했으므로
D 그의 병사가 너무 많아 관리하기 힘들었으므로

25 전쟁에서 거짓으로 투항한 사람은:

A 유비　　B 손권　　C 주유　　D 황개

단어 刘备 Liú Bèi [고유] 유비 | 占领 zhànlǐng [통] 점령하다 | 荆州 Jīngzhōu [고유] 징저우 | 夺取 duóqǔ [통] 무력으로 빼앗다 | 退 tuì [통] 물러서다 | 驻 zhù [통] 멈추다, 정지하다 | 夏口 Xiàkǒu [고유] 시아커우 [지명] | 孙权 Sūn Quán [고유] 손권 | 联合 liánhé [통] 연합하다 | 抵抗 dǐkàng [통] 저항하다, 대항하다 | 兵马 bīngmǎ [명] 군대 | 远道而来 yuǎndào ér lái 먼 곳에서 오다 | 精疲力竭 jīngpí-lìjié 기진맥진하다 | 水土不服 shuǐtǔ bù fú 기후와 풍토가 맞지 않다 | 赤壁 Chìbì [고유] 적벽 [지명] | 驻扎 zhùzhā [통] 군대가 주둔하다 | 铁链 tiěliàn [명] 쇠사슬 | 铺上 pūshang 깔다 | 平稳 píngwěn [형] 평온하다, 안정되어 있다 | 周瑜 Zhōu Yú [고유] 주유 | 部将 bùjiàng [명] 부하 무관 | 黄盖 Huáng Gài [고유] 황개 | 计策 jìcè [명] 계획, 계략 | 假装 jiǎzhuāng [통] ~한 척하다, 거짓으로 어떤 행위를 하다 | 投降 tóuxiáng [통] 투항하다 | 趁机 chènjī [부] 기회를 틈타 | 放火 fàng huǒ [통] 불을 지르다 | 信以为真 xìn yǐwéi zhēn 거짓을 진짜라고 믿다 | 驶 shǐ [통] 운전하다, 몰다 | 燃烧 ránshāo [통] 연소하다, 타다 | 一眨眼 yì zhǎyǎn 눈 깜짝할 사이 | 功夫 gōngfu [명] 시간 | 淹死 yānsǐ [통] 익사하다 | 带领 dàilǐng [통] 인솔하다, 이끌다 | 精兵 jīngbīng [명] 정예병, 우수하고 강한 군사 | 渡江 dù jiāng 강을 건너다 | 四处 sìchù [명] 도처, 사방 | 逃散 táosàn [통] 도망쳐서 뿔뿔이 흩어지다 | 水陆 shuǐlù [명] 수로와 육로 | 大败 dàbài 참패시키다, 대파하다

해설 23. 조조는 자신의 군대를 해전에 적응시키기 위해 '赤壁这个地方(적벽)'에 군대를 주둔시켰다고 했으므로 정답은 C이다.

24. 조조는 배를 쇠사슬로 연결시키고 나무판자를 깔아 배가 흔들리지 않게 하여 북방의 병사들이 전쟁을 하기에 유리하게 했다고 언급했다. 즉 북방에서 온 병사들을 해전에 적응시키기 위해 이러한 조치를 취했던 것이므로 정답은 B이다.

25. 동오의 장군 주유는 황개의 계책을 이용하여 거짓으로 투항시키고 실제로는 불을 지르고자 했다. 따라서 거짓으로 투항한 사람은 D '황개'이다.

26-28

기원전 279년 역량을 집중하여 초나라를 물리치기 위해 진나라 왕은 조나라와 화친하고자 했고, 주동적으로 조나라 왕에게 사람을 보내 양국 사이에 있는 미엔츠라는 곳에서 만나기로 했다. **26** 조나라 왕은 진나라에게 나쁜 계략이 있을까 걱정되어 가고 싶지 않았다. 그 당시 조나라 왕 밑에는 가장 유능한 두 명의 대신이 있었는데, 한 명은 인상여라는 사람이었고, 한 명은 장군 염파였다. 인상여가 말했다. "왕께서 가시지 않는다면, 조나라가 약하고 겁도 많아 보일 것입니다." 조나라 왕은 그리하여 약속을 승낙하였고, 인상여가 수행하였다. 염파는 국경까지 배웅하였고, 조나라 왕에게 인사를 하며 말했다. "대왕의 이번 행차는 거리로 봐서 30일을 넘기지 않을 것으로 보입니다. **27** 만약 대왕께서 30일이 되도록 돌아오시지 않는다면, 제가 태자를 왕으로 세우는 것을 허락해주시길 청하며, 이렇게 하면 진나라도 폐하를 이용해서 조나라를 위협하지 않을 것입니다." 조나라 왕은 생각한 끝에 염파의 견해에 동의했다.

미엔츠에 도착해 조나라 왕은 진나라 왕과 만났다. 술자리에서 진 왕이 말했다. "과인이 듣기로 조 왕께서 음악을 좋아하신다고 하시니, 왕께서 거문고를 연주해주시길 청합니다!" 조 왕은 거문고를 연주하기 시작했다. 진나라의 사관이 앞으로 나와 다음과 같이 기록했다. "모년 모월 모일, 진 왕과 조 왕이 동맹을 맺고 술을 마시며 조 왕에게 거문고를 연주하라 명령했다." 인상여가 말했다. "조 왕께서도 진 왕께서 음악을 연주하시는 데 능하다 들었습니다. 청컨대 제가 진 왕께 타악기를 바치면 진 왕께서 이를 두드리며 서로가 즐기도록 하소서!" 진 왕은 당연히 조 왕을 위해 악기를 두드리고 싶지 않았다. 인상여가 말했다. "만약 대왕께서 원하지 않으신다면, 다섯 걸음 이내에서 제가 제 피를 대왕의 몸에 튀게 하겠습니다!" 진 왕은 처음의 계획을 망치지 않기 위해 불쾌한 듯 타악기를 두드렸다. 인상여는 고개를 돌려 조나라 사관에게 쓰도록 했다. "모년 모월 모일, 진 왕이 조 왕을 위해 타악기를 연주했다." 잠시 후 진나라의 대신이 말했다. "조 왕께서 조나라의 15개 성을 진 왕의 생신을 축하하는 선물로 주시기를 청합니다." 인상여가 대답했다. "그렇다면 진나라의 수도를 조 왕의 생신 축하 선물로 주시기를 청합니다."

연회가 끝날 때까지 진 왕은 시종일관 우위를 점하지 못했다. 염파가 군사를 이끌고 국경에서 지원하고 있었기 때문에 진 왕은 어쩔 수 없이 조 왕의 일행을 돌려보냈다. **28** 인상여는 지혜롭고 용감하게 조나라 왕의 안전을 지켰고, 조나라의 위신도 떨어뜨리지 않았다. 이것이 바로 역사상 유명한 '미엔츠 회동'이다.

26 진 왕이 조 왕과 미엔츠에서 만나기로 약속했을 때 조 왕은:

A 진 왕의 진심을 의심했다
B 염파를 자신과 동행하게 했다
C 진 왕의 초청을 거절했다
D 진 왕과 매우 만나고 싶어 했다

27 염파는 왜 30일 후 조 왕의 아들을 왕으로 세우는 것을 건의했는가?

A 조 왕이 너무 연약해서
B 조 왕이 너무 겁이 많아서
C 조 왕이 돌아오지 못해서
D 진 나라의 위협을 받지 않으려고

28 이 '미엔츠 회동'에 관하여 다음 중 어느 것이 정확한가?

A 진 왕은 거문고를 연주하며 조 왕을 환영했다
B 진 왕은 결국 조 왕을 돌아가지 못하게 했다
C 조 왕은 15개 성으로 진 왕의 생일을 축하했다
D 인상여는 조나라의 존엄을 지켜냈다

단어 集中 jízhōng 동 집중하다 | 和好 héhǎo 동 화목하다, 화친하다 | 渑池 Miǎnchí 고유 미엔츠 | 相会 xiānghuì 동 만나다 | 得力 délì 형 유능하다 | 蔺相如 Lìn Xiāngrú 고유 인상여 | 软弱 ruǎnruò 형 연약하다 | 赴约 fùyuē 동 약속한 사람을 만나러 가다 | 随行 suíxíng 동 수행하다, 따라가다 | 边境 biānjìng 명 국경 지대, 변방 | 行程 xíngchéng 명 여정 | 威胁 wēixié 동 위협하다 | 酒席 jiǔxí 명 술자리, 연회 | 弹琴 tán qín 거문고를 타다 | 史官 shǐguān 명 사관 | 会盟 huì méng 동맹을 맺다 | 饮酒 yǐn jiǔ 술을 마시다 | 演奏 yǎnzòu 동 연주하다 | 乐曲 yuèqǔ 명 음악 작품 | 缶 fǒu 명 진흙으로 만든 일종의 타악기 | 溅 jiàn 동 튀다 | 祝寿 zhùshòu 동 생신을 축하하다 [주로 노인에게 씀] | 占上风 zhàn shàngfēng (전쟁 혹은 경기에서) 우위를 점하다 | 接应 jiēyìng 동 돕다, 지원하다, 보급하다 | 机智 jīzhì 형 기지가 넘치다, 지혜롭다

해설 26. 조 왕은 진 왕이 만나자고 했을 때 어떤 나쁜 뜻이 있을까 걱정되어 가고 싶지 않았다고 했다. 따라서 정답은 A이다.

27. 염파는 조 왕이 30일 안에 돌아오지 않는다면 조 왕의 아들을 왕으로 세우겠다고 하면서 이렇게 해야 진나라가 조나라를 위협하지 못할 것이라고 했다. 따라서 정답은 D이다.

28. 마지막 단락에서 인상여는 지혜롭고 용감하게 조 왕의 안전을 지켰고 조나라의 위신도 떨어뜨리지 않았다고 했다. 따라서 정답은 D이다.

쓰기

〈제1부분〉

29

他	对	这种军事理论	有	很深的	理解。
주어		부사어	술어	관형어	목적어

그는 이런 종류의 군사 이론에 대해 이해가 깊다.

해설 개사구의 어순배열 문제이다.

① 개사 '对'는 대상을 이끌어낸다. 주어 '他'와 함께 쓰였으므로 '他对'를 문장 맨 앞에 놓고, 대상인 '这种军事理论'을 개사 뒤에 놓는다.

② '有'는 술어 자리에 놓고, 명사 '理解'를 목적어 자리에 놓는다.

③ '很深的'는 명사를 수식하는 관형어로 목적어 '理解' 앞에 놓는다.

30

谁	都	没有资格	轻视	别人。
주어	부사어	술어1+목적어1	술어2	목적어2

누구도 남을 무시할 자격이 없다.

해설 연동문의 어순배열 문제이다.

① '没有资格'는 '동사+명사' 구조로 문장에서는 '술어+목적어'가 된다.

② '轻视' 역시 동사이며, 대상은 '别人'이 되어야 한다. 이 역시 '술어+목적어' 구조이므로 연동문을 만들어야 함을 알 수 있다. 연동문에서는 부정의 의미를 나타내는 '没有'가 보통 첫 번째 술어 자리에 위치한다. 따라서 '没有资格轻视别人'의 순서가 된다.

③ 사람을 가리키는 의문대사 '谁'는 주어 자리에, '都'는 부사어이므로 술어 앞에 놓는다. 연동문에서 부사는 일반적으로 첫 번째 동사 앞에 온다.

31

这个故事　讽刺的是　那些　不懂得　灵活变通的人。
　　　주어　　　술어　　　　　　　관형어　　　　목적어

이 이야기가 풍자하는 것은 융통성을 모르는 그런 사람들이다.

해설 관형어의 어순배열 문제이다.
① '讽刺的是'의 동사 '是'를 근거로 문장의 술어 자리에 와야 함을 알 수 있다.
② 문맥상 '讽刺的是'의 주어는 '这个故事'가 되어야 한다. 또 목적어는 '灵活变通的人'이 되어야 자연스럽다.
③ 남은 제시어들로 관형어를 만들어주면 된다. 관형어를 배열 하는 순서는 '지시대사+기타 성분+的'이므로 '那些'가 가장 앞에, '不懂得'가 '灵活变通的人'의 바로 앞에 오면 된다.

〈제2부분〉

32

　　我儿子从小头脑聪明，但他有一个毛病，就是只会讲大道理，缺乏社会经验。他大学毕业后，跟我说自己要独立，要创办自己的公司。我劝他还是先找工作积累社会经验，但他不顾我的再三阻止，执意设立了一个公司。结果没多久不仅公司倒闭了，而且浪费了宝贵的时间和金钱。

　　우리 아들은 어렸을 때부터 머리가 똑똑했지만, 단점이 하나 있었다. 바로 이론만 말할 줄 알 뿐 사회 경험이 부족하다는 것이었다. 아들은 대학 졸업 후에 독립해서 회사를 창업하겠다고 했다. 나는 그에게 일단 취직해서 사회 경험을 먼저 쌓으라고 했지만, 아들은 나의 여러 번의 만류를 듣지 않았고, 고집을 부려 회사를 차렸다. 결국 얼마 지나지 않아 회사는 파산했고, 귀중한 시간과 돈을 낭비했다.

단어 创办 chuàngbàn 통 창립하다 | 执意 zhíyì 통 자신의 견해를 고집하다 | 设立 shèlì 통 설립하다 | 倒闭 dǎobì 통 파산하다

16 体重与节食

모범 답안

듣기
1 B　2 B　3 A　4 C　5 C　6 A　7 A
8 C　9 D　10 B　11 A　12 B　13 C　14 D

독해
15 C　16 B　17 C　18 A　19 B　20 D　21 C
22 D　23 A　24 B　25 A　26 D　27 A　28 D

쓰기
29 这次总共有两百多人来报名。
30 医生决定采取中医的治疗方法。
31 经理觉得小刘办事不太可靠。
32 모범 답안은 p.239 해설 참조

듣기

〈제1부분〉

1
女：一到周一，我就发现这体重又上去不少，真没办法。
男：还说呢，周末又在家做什么好吃的了吧？
问：男的是什么意思？

여: 월요일만 되면 체중이 또 많이 늘었다는 걸 발견해. 정말 대책이 없어.
남: 말해 뭐 해. 주말에 집에서 또 뭐 맛있는 거 만들었지?
질문: 남자의 말은 무슨 뜻인가?
A 여자가 살쪘다고 생각하지 않는다
B 주말에 많이 먹으면 안 된다
C 여자의 요리가 갈수록 좋아진다
D 여자에게 맛있는 걸 만들어달라고 한다

해설 여자가 체중이 늘었다고 하자, 남자가 주말에 또 맛있는 거 만들었냐고 물었는데, 이 말은 주말에 뭘 많이 먹어서 체중이 늘었다는 뜻이다. 따라서 정답은 B이다.

2
男：小明吃坏肚子了，又吐又拉。
女：那你赶紧带他去看急诊吧。
问：小明怎么了？

남: 샤오밍이 배탈이 나서 토하고 설사해요.
여: 그럼 당신이 얼른 데리고 응급실에 가봐요.
질문: 샤오밍은 어떠한가?
A 위가 아프다   B 설사를 한다
C 다쳤다   D 알레르기이다

단어 吃坏 chī huài 잘못 먹다 | 吐 tù 동 토하다, 게워내다 | 急诊 jízhěn 명 응급 진료 | 拉肚子 lā dùzi 설사를 하다 | 过敏 guòmǐn 동 알레르기 반응을 보이다

해설 남자의 첫마디에서 샤오밍이 배탈이 나서 토하고 설사한다고 했으므로 정답은 B이다.

3
男：昨天散步碰到你舅舅了。他气色不错，走起路来挺有精神的。
女：得谢谢您介绍了那位专家，吃了他开的汤药，我舅舅现在好多了。
问：关于舅舅，可以知道什么？

남: 어제 산책할 때 당신 외삼촌을 만났어요. 혈색도 좋으시고, 걸을 때 아주 활력 있으시던데요.
여: 그 전문가를 소개해주셔서 정말 감사드려요. 그분이 지어주신 탕약을 먹고, 우리 외삼촌이 지금 많이 좋아지셨어요.
질문: 외삼촌에 관하여 알 수 있는 것은 무엇인가?
A 몸이 잘 회복되었다
B 의학 전문가이다
C 매일 산책하러 간다
D 걸을 때 활력이 없다

단어 气色 qìsè 명 안색, 기색 | 汤药 tāngyào 명 탕약

해설 여자의 외삼촌은 남자가 소개해준 전문가가 지어준 탕약을 먹고 많이 좋아졌다고 했으므로 정답은 A이다.

4
男：最近，胃总不舒服，想去人民医院看看，又怕排队人多，挂不上号。
女：你可以预约呀，打个电话或上网都很方便。
问：关于挂号，女的建议怎么办？

남: 요즘 위가 계속 아파서 인민 병원에 가보고 싶은데, 대기자가 많아서 접수할 수 없을까 봐 또 걱정이네요.
여: 예약하면 돼요. 전화하거나 인터넷으로 하면 매우 편리해요.
질문: 접수에 관하여 여자는 어떻게 하라고 제안했는가?
A 의사를 찾아서 접수한다
B 일찍 줄을 선다
C 전화해서 예약한다
D 다른 병원으로 바꾼다

단어 挂号 guà hào 동 접수하다

해설 남자가 병원에 가려 하는데 대기자가 많아 접수가 안 될까 걱정하자, 여자가 전화나 인터넷으로 미리 예약하면 편리하다고 답했다. 따라서 정답은 C이다.

5
男：刘大夫，手术做完都一个星期了，我什么时候可以出院？
女：昨天检查报告出来了，没问题。明天拆线，后天就可以办手续了。
问：女的是什么意思？

남: 리우 의사 선생님, 수술한 지 벌써 일주일이나 됐는데, 저는 언제 퇴원할 수 있나요?
여: 어제 검사 결과가 나왔는데, 문제없네요. 내일 실밥을 풀고, 모레 수속 밟으면 되겠어요.
질문: 여자의 말은 무슨 뜻인가?
A 일주일간 더 관찰해야 한다
B 결과 보고를 기다려야 한다
C 실밥 풀고 퇴원해라
D 수술이 이상적이지 않다

단어 拆线 chāi xiàn 실밥을 풀다

해설 남자가 언제 퇴원할 수 있을지 묻자, 여자는 검사 결과에 문제가 없으니 내일 실밥을 풀고 모레 수속을 밟으라고 대답했다. 따라서 정답은 C이다.

6
女：小李，你腿上的伤是怎么弄的？还在流血呢。
男：不要紧，打网球时不小心摔倒了，过几天就好了。
问：小李的腿是怎么受伤的？

여: 샤오리, 네 다리의 상처는 어떻게 된 거야? 아직 피가 나고 있어.
남: 괜찮아. 테니스 칠 때 실수로 넘어졌어. 며칠 지나면 괜찮아질 거야.

질문: 샤오리의 다리는 어쩌다 다쳤는가?
A 테니스 치다 넘어졌다
B 눈 오는 날 미끄러졌다
C 어떤 사람과 싸웠다
D 실수로 부딪혔다

단어 摔倒 shuāidǎo 넘어지다 | 滑倒 huádǎo 미끄러지다 | 打架 dǎjià 통 때리며 싸우다

해설 여자가 다리의 상처에 대해 묻자, 남자는 테니스 칠 때 넘어졌다고 했으므로 정답은 A이다.

〈제2부분〉

7
男：今天有客户来谈合同，恐怕我接不了孩子了。
女：不行，我下午有课，要4点才能完。
男：今天不是周三吗？他有篮球课，4点50才下课呢。
女：我怎么给忘了，那没问题了，我去吧。
问：他们在商量什么事？

남: 오늘 거래처에서 계약하러 와서, 아마도 애를 못 데리러 갈 것 같아.
여: 안 돼. 나는 오후에 수업이 있어서 4시나 돼야 끝나.
남: 오늘 수요일 아니야? 걔는 농구 수업이 있어서 4시 50분에 마치잖아.
여: 어쩜 그걸 잊었지. 그럼 문제없어. 내가 갈게.
질문: 그들은 무엇을 상의하고 있는가?

A 누가 애를 데리러 갈 수 있을지
B 누가 거래처를 만나러 갈지
C 휴가를 내야 할지 말지
D 농구 수업을 할지 말지

단어 客户 kèhù 고객, 거래처 | 合同 hétóng 계약

해설 대화의 전체적인 주제를 파악해보면 애를 데리러 가는 일에 대해 상의하고 있음을 알 수 있다. 따라서 정답은 A이다.

8
女：明明，你每天早上刷牙太快了，刷不干净。
男：我赶时间嘛，不然，上课要迟到了。
女：医生说，必须持续三分钟，三个面都刷到，才能保证所有牙齿都刷干净。
男：好吧，下次我注意。
问：女的建议男的怎么刷牙？

여: 밍밍, 너 매일 아침 양치질을 너무 빨리 해서, 깨끗하게 안 닦는 거 같아.
남: 시간에 쫓기니까요. 그렇지 않으면 수업에 지각할 거라고요.
여: 의사 선생님이 그러셨어. 3분 동안 지속해서 세 면을 다 닦아야만 모든 치아를 깨끗하게 닦을 수 있다고.
남: 알겠어요. 다음번에 주의할게요.
질문: 여자는 남자에게 양치질을 어떻게 하라고 제안했는가?

A 빨리 닦아야 한다
B 하나 하나 닦아야 한다
C 3분 동안 닦아야 한다
D 밖에서 안으로 닦아야 한다

해설 여자는 의사 선생님의 말을 근거로 3분 동안 지속해서 세 면을 다 닦아야 한다고 했다. 따라서 정답은 C이다.

9
男：大妈，请问您要办理什么业务？
女：我要查一笔钱是不是到账了。
男：柜台排队的人比较多，如果是卡的话，您在那边的自助机上也可以。
女：我不太会操作，还是麻烦你帮我取个号吧。
问：男的是做什么工作的？

남: 아주머니, 어떤 업무를 처리하려 하시나요?
여: 돈 입금이 되었는지 확인하려고요.
남: 창구에 줄 선 사람이 많은데, 만약 카드라면 저쪽 ATM 기기에서도 가능해요.
여: 저는 조작할 줄 몰라요. 그냥 대기번호 좀 뽑아주세요.
질문: 남자는 무슨 일을 하는가?

A 의사
B 계산원
C 우편배달부
D 은행 직원

단어 到账 dào zhàng 입금 되다 | 柜台 guìtái 명 은행의 업무 창구 | 自助机 zìzhùjī 명 ATM기, 자동판매기 | 操作 cāozuò 통 조작하다 | 取号 qǔ hào 번호를 뽑다 | 收银员 shōuyínyuán 명 계산원, 캐셔 | 邮递员 yóudìyuán 명 우편배달부

해설 대화에서 언급된 말 중 '到账', '卡', '自助机' 등의 단어로 미루어 볼 때 은행에서 일어나는 상황임을 알 수 있다. 남자가 여자에게 도움을 주고 있으므로 남자의 직업은 D '은행 직원'임을 알 수 있다.

10
女：大夫，我脸上又红又痒，眼睛也痒得不行。
男：多长时间了？这两天吃了什么？
女：昨天去海边玩儿，吃了海鲜，晚上就发现不对了。
男：我怀疑你是过敏了，先去做个检查吧。
问：医生怀疑女的怎么了？

여: 의사 선생님, 저 얼굴이 빨갛고 가려워요. 눈도 가려워 죽겠어요.
남: 얼마나 됐나요? 요 며칠 뭘 먹었죠?
여: 어제 바닷가에 놀러 가서 해산물을 먹었어요. 저녁에 잘못됐다는 걸 알아차렸어요.
남: 알레르기가 의심되네요. 우선 검사 한번 해보죠.
질문: 의사는 여자가 어떻다고 의심하는가?

A 감기에 걸렸다
B 알레르기이다
C 눈에 염증이 생겼다
D 소화 불량이다

단어 痒 yǎng 형 가렵다 | 发炎 fāyán 통 염증이 생기다

해설 의사는 여자의 상태를 듣고 알레르기가 의심된다고 말했다. 따라서 정답은 B이다.

11-12

第11到12题是根据下面一段对话：

男：从你的片子上看，骨头没问题，11 腰疼是肌肉劳损的原因。
女：那您说，我该怎么治疗呢？
男：12 卧床休息，可以擦点儿缓解疼痛的药膏，好了以后加强腰背部的肌肉训练。
女：大夫，能开点儿止疼药吗？
男：可以是可以，但我们一般不建议吃，除非疼得受不了。
女：那我还是忍一忍吧。

11. 问：女的怎么了？

12. 问：医生让她做什么治疗？

11-12번 문제는 다음 대화에 근거한다：

남：사진으로 보면 뼈에는 이상이 없어요. 11 허리가 아픈 건 과로로 근육이 손상돼서 그런 거예요.
여：그럼 전 어떻게 치료해야 하죠?
남：12 침대에 누워서 쉬시고, 통증을 완화하는 연고를 좀 발라보세요. 좋아진 후에는 허리와 등 부위의 근육 훈련을 강화하고요.
여：의사 선생님, 진통제를 처방해주실 수 있나요?
남：할 수는 있는데, 저희는 보통 드시는 걸 추천하지 않아요. 견딜 수 없이 아픈 게 아니라면요.
여：그럼 저도 한번 참아볼게요.

11 여자는 어떠한가?

　A 과로로 허리 근육이 손상됐다
　B 뼈가 부러졌다
　C 근육이 늘어났다
　D 두통에 불면증이다

12 의사는 그녀에게 어떤 치료를 하라고 했는가?

　A 가급적 빨리 수술한다
　B 연고를 바른다
　C 진통제를 먹는다
　D 허리 부위의 근육을 수술한다

단어 骨头 gǔtou 명 뼈 | 腰疼 yāo téng 허리가 아프다 | 劳损 láosǔn 동 과로로 인해 다치다 | 治疗 zhìliáo 동 치료하다 | 缓解 huǎnjiě 동 완화되다, 풀어지다 | 疼痛 téngtòng 형 아프다 | 药膏 yàogāo 명 연고 | 止疼药 zhǐténgyào 진통제

해설 11. 의사는 여자의 허리가 아픈 이유가 과로로 근육이 손상돼서 그런 거라고 했다. 따라서 정답은 A이다.

12. 여자가 어떻게 치료해야 하는지 묻자, 의사는 연고를 바르고, 허리와 등 근육 훈련을 하라고 했다. 따라서 정답은 B이다.

13-14

第13到14题是根据下面一段话：

上世纪四十年代，国外有研究机构发表的报告称，我们每吃1卡路里的食物就需要补充1毫升的水。这种说法迅速传播开来，到了我们耳朵里，它就成了"每天应该喝8杯水"。

一位运动学家称："每天8杯水的量，相当于我们每天要补充2.5升液体。"但他表示，"液体并不一定非水不可。其中大约750毫升液体来自我们每天所吃的食物"。这个量其实很容易就达到了。所以我们常说的所谓"8杯水"，只是在提醒我们应该多喝水，而且最好在口渴之前主动喝水。

事实上，过量饮水反而容易引起身体水肿。在体育界，人们并不鼓励运动员在训练时过多补水，至今，也从未有过体育运动中由于脱水致死的报道。

14 所以，在饮水问题上，适量就好。13 每个人身体的承受能力并不同，如果"8杯水"对你来说实在很难接受，那么可能"8杯水"就会导致你饮水过量。

13. 问：关于补水，我们可以知道什么？

14. 问：这段短文主要想告诉我们什么？

13-14번 문제는 다음 내용에 근거한다：

지난 세기 40년대 해외 연구 기관이 발표한 보고서에 따르면, 우리가 1칼로리의 음식물을 섭취할 때마다 1㎖의 물을 보충해야 한다고 한다. 이 내용은 빠르게 퍼져서 우리 귀에까지 들어왔고, '매일 반드시 8잔의 물을 마셔야 한다'는 말이 되었다.

한 운동학자는 이렇게 말했다. "매일 8잔의 물의 양은 우리가 매일 2.5ℓ의 액체를 보충하는 것과 같다." 하지만 또 이렇게 밝혔다. "액체가 반드시 물이어야 하는 것은 아니다. 그중 대략 750㎖의 액체는 우리가 매일 먹는 음식물에서 온다." 이 양은 사실 쉽게 도달할 수 있다. 그래서 우리가 항상 말하는 '8잔의 물'이란 단지 물을 많이 마셔야 한다는 것을 일깨워줄 뿐이며, 또 가장 좋은 것은 갈증이 나기 전에 자발적으로 물을 마셔야 한다는 것이다.

사실 과도하게 물을 마시는 것은 오히려 신체의 부종을 초래하기 쉽다. 체육계에서 사람들은 운동선수가 훈련할 때 물을 많이 보충하는 것을 권장하지 않으며, 지금까지 체육 운동 중에 탈수로 인해 사망했다는 보도는 없었다.

14 따라서 물을 마시는 문제에 있어서 적당량이면 된다. 13 사람마다 신체가 감당하는 능력이 결코 같지 않기 때문에, 만약 '8잔의 물'이 당신에게 정말로 버겁다면 '8잔의 물'은 물 섭취량을 과하게 만들 수도 있을 것이다.

13 수분 보충에 관하여 우리가 알 수 있는 것은 무엇인가?

　A 훈련할 때는 반드시 많이 보충해야 한다
　B 음식물은 수분을 보충할 수 없다
　C 개인이 감당하는 능력은 다르다
　D 아프다면 물을 많이 보충해줘야 한다

14 이 글이 우리에게 주로 말하고자 하는 것은 무엇인가?

　A 매일 8잔의 물을 마셔야 한다
　B 갈증이 난 후 물을 마신다
　C 물 섭취 보고는 과학적이지 않다
　D 매일 마시는 물은 적당량이어야 한다

단어 机构 jīgòu 명 기구, 기관 | 卡路里 kǎlùlǐ 칼로리 | 毫升 háoshēng 양 밀리리터(㎖) | 迅速 xùnsù 형 신속하다, 빠르다 | 传播 chuánbō 동 전파하다 | 水肿 shuǐzhǒng 명 부종 | 脱水 tuōshuǐ 동 탈수되다 | 适量 shìliàng 형 적당량이다 | 承受 chéngshòu 동 감당하다, 이겨내다

해설 13. 녹음의 마지막 부분에서 물을 마시는 문제에 있어 사람마다 신체가 감당할 수 있는 능력이 결코 같지 않다고 했으므로 정답은 C이다.

14. 녹음의 내용은 하루 8잔의 물을 마셔야 한다는 일설에 관해 설명하면서, 반드시 8잔을 마셔야 한다기보다 갈증이 나기

전에 물을 보충해주고 적당량을 마시는 것이 중요하다고 말하고 있다. 따라서 정답은 D이다.

독해

〈제1부분〉

15-18

옛날 훼이지에 아주 심각한 전염병이 창궐하여 며칠 이내에 만여 명이 죽었다. 이러한 상황을 마주하자, 현감 종리이는 밥도 못 먹고 잠도 자지 못했다. 그는 쉬지 않고 자신을 15 책망했다(C 责备). "백성들이 고통받는데, 내가 구해줄 수가 없구나. 이러고도 내가 존경받는 현감이라 할 수 있겠는가?" 종리이는 감염될 위험을 16 무릅쓰고(B 冒), 한 집씩 환자를 보러 가서 그들의 가족을 위로하고, 아랫사람들에게 의사를 모셔와 새로운 약을 개발하라고 명령했다.

며칠 후, 새로운 약이 만들어졌지만 바로 환자에게 마시게 할 수 없었다. 왜냐하면 그 안에 몇 가지 독성이 있는 약초가 있었기 때문이었다. 이때 종리이가 말했다. "17 간단한 일 아니냐(C 这不很简单吗). 내가 시험해보면 된다." 아랫사람들이 잇달아 손을 내저으며 만류했지만, 그는 모두의 반대를 상관하지 않고 손을 뻗어 약을 18 빼앗아(A 抢) 마셨다.

빠르게 전염병은 제어되었고, 종리이의 찌푸려진 미간 또한 펴졌다.

단어 会稽 Huìjī [고유] 훼이지 [춘추 시대 절강성 동쪽에 있던 도시명] | 爆发 bàofā [동] 폭발하다, 갑자기 터져 나오다 | 传染病 chuánrǎnbìng [명] 전염병 | 县官 xiànguān [명] 현감 | 钟离意 Zhōng Líyì [고유] 종리이 | 解救 jiějiù [동] 구하다, 구출하다 | 父母官 fùmǔguān [명] 옛날 지방 장관에 대한 존칭 | 看望 kànwàng [동] 방문하다, 문안하다 | 聘请 pìnqǐng [동] 초빙하다, 모시다 | 研制 yánzhì [동] 연구 제작하다 | 毒 dú [명] 독 | 草药 cǎoyào [명] 약초 | 不顾 búgù [동] 고려하지 않다, 상관하지 않다 | 皱眉头 zhòu méitóu 눈살을 찌푸리다, 미간을 찌푸리다 | 舒展 shūzhǎn [동] (주름, 구김살 등을) 펴다

해설 15. 빈칸 뒤의 목적어 '自己' 앞에 놓일 수 있는 동사가 와야 한다. 뒷 문장을 보면 백성들의 고통을 자신이 구할 수 없는데 무슨 존경 받는 현감이라고 하겠느냐며 자신을 책망하고 있다. 따라서 정답은 C이다.
16. 빈칸 뒤 조사 '着'를 근거로 빈칸에 들어갈 단어의 품사는 동사임을 알 수 있다. 목적어 '危险'과 의미상 어울리는 동사는 B '冒'이다.
17. 새로운 약이 개발됐지만 독성 때문에 환자들에게 주지 못하자, 종리이는 자신이 마셔보면 된다고 했으므로 문제없다는 뜻을 나타내는 C가 정답이다.
18. 아랫사람들의 만류에도 불구하고 약을 마시는 상황에 어울리는 표현은 A '抢'이다.

〈제2부분〉

19 옛말에 병은 입으로 들어오고 화는 입에서 나간다고 했다. 우리는 매일 충분한 양의 음식을 섭취해야 생명을 유지할 수 있다. 그러나 이 음식들이 위생적인지 아닌지, 청결하게 했는지 아닌지를 우리는 항상 지켜봐야 하며, 항상 주의해야 한다. 입으로 들어오는 것을 첫째 관문으로 지켜야 하며, 그렇지 않으면 질병이 찾아올 것이다.

A 사람은 매일 무언가를 먹어야 해서, 병을 얻는 것을 피할 수 없다
B 병을 얻고 싶지 않으면, 음식의 위생에 주의해야 한다
C 병을 얻고 싶지 않으면, 구강 위생에 주의해야 한다
D '더럽더라도 먹으면 병에 안 걸린다'는 말은 일리가 있다

단어 祸 huò [명] 화, 불행 | 卫生 wèishēng [명] 위생 | 清洁 qīngjié [형] 청결하다, 깨끗하다 | 到位 dàowèi [동] 실현하다, 달성하다 | 跟进 gēnjìn [동] 뒤를 따르다 | 把 bǎ [지키다] | 口腔 kǒuqiāng [명] 구강 | 不干不净 bù gān bú jìng 더럽다, 불결하다

해설 입으로 들어오는 것, 즉 먹는 것의 위생에 주의해야 하며, 그렇지 않으면 병에 걸릴 수 있다고 했다. 따라서 정답은 B이다.

20 배가 고프면 꼬르륵꼬르륵 하고 소리가 나는데, 이것은 전에 먹었던 음식이 소화가 다 되어 위가 비었는데, 위 안의 위액은 계속 분비되고 있기 때문이다. 이때 위의 수축이 점차 커지면서, 위 안의 액체와 기체가 뒤섞여서 꼬르륵 소리가 나는 것이다. 다음부터는 배에서 꼬르륵 하고 소리가 난다고 해서 부끄러워하지 말자. 왜냐하면 이것은 인체의 정상적인 반응이기 때문이다.

A 배에서 꼬르륵 하고 소리가 나는 것은 배불리 먹지 않았다는 뜻이다
B 식전에 물을 마시면 배에서 소리가 날 수 있다
C 음식물이 소화 될 때 배에서 소리가 날 수 있다
D 배에서 소리가 나는 것은 종종 사람을 민망하게 한다

단어 咕噜咕噜 gūlūgūlū [의성] 꼬르륵, 우르르 | 胃液 wèiyè [명] 위액 | 分泌 fēnmì [동] 분비하다 | 收缩 shōusuō [동] 수축하다 | 气体 qìtǐ [명] 기체 | 翻搅 fānjiǎo 뒤섞다, 휘젓다

해설 배의 꼬르륵 소리는 정상적인 반응이기 때문에 부끄러워하지 않아도 된다는 문장을 미루어 보아 정답이 D임을 알 수 있다. 꼬르륵 소리는 위가 비어 있는 상태에서 액체와 기체가 뒤섞여서 나는 것이라고 했으므로 A와 C는 정답이 아니고, B는 지문에 언급되지 않았다.

21 전 세계에 발표된 실험 보고와 31개의 장기 임상 연구를 종합해보면, 다이어트는 날씬한 몸매를 장기적으로 유지할 수 없게 한다고 한다. 5년 내에 다이어트를 한 사람의 3분의 2는 떨어버린 살이 다시 자기 몸으로 돌아오는 것을 속수무책으로 바라보고만 있어야 했고, 심지어 더 많은 '친척'을 달고 오기도 했다. 또한 청소년에게 이러한 체중 요요 현상의 결과는 더욱 심각한데, 젊었을 때부터 습관적으로 다이어트를 했던 사람은 5년 후에 다이어트를 한 적 없는 같은 나이대의 사람보다 보편적으로 몸무게가 더 많이 나갔다.

A 청소년의 다이어트는 건강에 대한 위험이 심각하다
B 다이어트를 한 사람의 3분의 2는 성공했다
C 다이어트를 하는 대다수의 사람들은 요요 현상의 결과를 직면하게 된다
D 다이어트는 날씬한 몸매를 5년간 지속하게 한다

단어 临床研究 línchuáng yánjiū 임상 연구 | 眼睁睁 yǎnzhēngzhēng [형] 멍하니 눈 뜨고 바라보다, 속수무책으로 바라보다 | 肥肉 féiròu [명] 비계, 살 | 反弹 fǎntán [동] 원래대로 회복하다 [어떤 사물이 변했다가 원래의 상태로 돌아오려는 현상을 비유함] | 后果 hòuguǒ [명] (나쁜 측면의) 결과

해설 다이어트를 하는 사람의 3분의 2는 살이 다시 찌는 요요 현상을 겪는다고 했으므로 정답은 C이다. 지문에서 말한 '亲戚'를 달고 온다는 표현은 다이어트를 하기 전보다 살이 더 많이 쪘다는 것을 비유한다.

22 많은 의과 대학이 연합하여 진행한 이 연구에서, 극소수의 사람을 제외하면 대다수 사람들의 체중 증가는 토요일부터 시작되었고 체중 감소는 화요일부터 시작된다는 것을 발견했다. 이 연구는 사람들의 체중 변화가 일주일 내에 하나의 분명한 규칙을 보인다는 것을 밝혀냈는데, 근무일과 주말의 체중의 임시 변화는 정상적인 현상으로 봐야 한다는 것이다.

A 많은 사람들의 체중은 토요일에 최고조에 달한다
B 극소수 사람들의 체중은 변하지 않고 유지될 수 있다
C 체중 변화의 규칙은 아직 연구를 시작한 사람이 없다
D 체중은 일주일 내에 임시적인 변화가 발생할 수 있다

해설 연구에 따르면 근무일과 주말의 체중의 임시 변화는 정상으로 봐야 한다고 했으므로 일주일 동안 체중에 변화가 생길 수 있다는 것을 알 수 있다. 따라서 정답은 D이다. 토요일부터 체중이 증가하기 시작한다고 했으므로 A는 오답이고, B는 알 수 없는 내용이다. 첫 부분에 의과 대학의 연합 연구를 진행했다고 언급했으므로 C 역시 오답이다.

〈제3부분〉

23-25

사람들은 속상할 때 눈물을 흘리고, 기쁠 때도 눈물을 흘린다. 23 그러나 당신이 눈물을 흘리든지 아니든지, 당신의 눈은 계속 눈물을 만들어내고 있다. 눈물은 눈의 보호 작용을 한다는 것을 알고 있는가? 눈물은 당신의 눈을 건조하지 않게 할 수 있다. 눈은 어떤 특수한 부위에서 줄곧 멈추지 않고 눈물을 만들어내는데, 바로 이것이 눈을 촉촉하게 유지한다.

만약 당신이 거울을 마주하고 자세히 본다면, 당신은 눈꼬리 쪽에 매우 작은 구멍을 보게 될 것이다. 24 이 작은 구멍들은 모두 하나의 모세혈관으로 연결되어 있고, 이 모세혈관은 코로 통하는데, 바로 이 모세혈관들이 밤낮을 가리지 않고 눈물을 천천히 배출해내는 것이다. 만약 이들이 이렇게 하지 않는다면, 당신은 줄곧 눈물이 그렁그렁한 상태로 보일 것이다.

당신이 울기 시작하면 더 많은 눈물이 만들어지는데, 이 작은 구멍들은 제때 눈물을 배출해낼 수 없어서, 넘치는 눈물이 얼굴로 흐르게 된다.

눈물은 눈의 안전에 도움이 된다. 만약 공기 중에 유해 물질이 있다면, 당신의 눈은 눈물을 만들게 되는데, 이 눈물은 당신의 안구를 덮어서 유해 물질이 눈으로 들어가는 것을 막는다.

콘택트렌즈를 착용하는 것은 눈을 건조하게 만든다. 어떤 사람들은 어쩔 수 없이 눈 안에 안약을 넣어 눈을 촉촉하게 유지한다.

23 본문에 근거하여 다음 중 어느 것이 정확한가?

A 눈은 줄곧 눈물을 만들어내고 있다
B 기쁠 때는 눈물이 나오지 않는다
C 눈물은 감정을 전달하는 데 도움이 된다
D 렌즈를 착용할 때는 안약을 넣어야 한다

24 본문에서 언급한 '눈꼬리 쪽의 작은 구멍'은 어떤 작용을 하는가?

A 눈물을 만든다
B 눈물을 배출한다
C 눈을 촉촉하게 유지한다
D 유해 물질을 막는다

25 본문은 다음 중 어떤 종류의 잡지에서 발췌했을 가능성이 가장 큰가?

A 『대중 건강』 　　　　B 『사회백과』
C 『동물 세계』 　　　　D 『사람과 자연』

단어 哭泣 kūqì 동 흐느껴 울다 | 眼泪 yǎnlèi 명 눈물 | 泪液 lèiyè 명 누액, 눈물 | 干涩 gānsè 형 메마르다, 뻑뻑하다 | 湿润 shīrùn 형 촉촉하다 | 眼角 yǎnjiǎo 명 눈가, 눈꼬리 | 孔 kǒng 명 구멍 | 细管 xìguǎn 명 모세혈관 | 昼夜 zhòuyè 명 낮과 밤 | 汪汪 wāngwāng 형 그렁그렁하다 [물이나 눈물이 가득 찬 모양을 나타냄] | 有害物质 yǒu hài wùzhí 유해 물질 | 眼球 yǎnqiú 명 안구 | 隐形眼镜 yǐnxíng yǎnjìng 콘택트렌즈 | 滴 dī 양 한 방울씩 떨어지다

해설 23. 우리가 눈물을 흘리는지 아닌지에 관계 없이 눈은 계속 눈물을 만들어내고 있다고 했다. 따라서 정답은 A이다. 기쁠 때도 눈물을 흘린다고 했으므로 B는 오답이고, C는 본문에 언급되지 않았다. 렌즈를 낄 때 안약을 넣는 것은 일부 사람에 한해 그렇다고 했으므로 D 역시 오답이다.

24. 본문에 언급된 '눈꼬리 쪽의 작은 구멍'들은 모세혈관으로 연결되어 밤낮으로 눈물을 배출한다고 했으므로 정답은 B이다. A, C, D는 모두 눈물의 작용에 대한 설명이다.

25. 이 글은 눈물의 작용에 대해 이야기하고 있으므로 가장 적절한 것은 A이다.

26-28

감기는 일반인들에게 가장 익숙한 작은 병이라고 할 수 있다. 일단 증상이 나타나면 거의 의사는 필요하지 않고, 대다수의 사람들은 자신의 경험을 바탕으로 '감기'라는 진단을 내린다. 어떤 사람은 여기저기를 뒤져 한약이나 양약을 찾아 먹고, 26 어떤 사람은 이를 악물고 버티는데 건강이 회복되거나 **견딜 수 없을 때**까지 버틴다. 어떤 사람은 한시의 지체도 없이 의사를 찾아가 항생제를 처방받거나 아예 링거를 맞기도 한다…… 그럼 감기는 도대체 버틸 수 있는 걸까?

목이 건조해지거나 음식을 삼킬 때 불편하며, 동시에 맑은 콧물이 흐르거나 재채기나 코막힘 등의 증상이 있을 때 이것이 바로 의학상 말하는 일반 감기이다. 즉 바이러스가 일으킨 급성 비염 혹은 인두염이다. 일반 감기는 5~7일간 지속되며, 보통 열이 나지 않고, 코와 목구멍 부위가 불편한 것 외에 다른 증상은 모두 경미하다. 따라서 많이 쉬고 물을 많이 마시는 것에 주의하고, 필요하다면 증상을 완화하는 비 처방약을 먹을 수도 있지만, 27 항생제는 복용하지 않아도 된다.

목구멍 부위의 증상이 비교적 심각하고, 통증과 타는 듯한 느낌이 심하며, 심지어 밥을 먹고 물을 마시는 것조차 힘들다면 급성 인두염과 급성 편도염에 조심해야 한다. 거울을 보며 입을 벌리고 혀뿌리 부분을 눌렀을 때 만약 목구멍 부위가 빨갛다면, 의사의 도움을 구하고 항생제 치료를 받아야 하며, 이를 악물고 계속 억지로 버티면 안 된다.

28 그러므로 일단 증상이 나타나면, 어떤 감염인지를 확실히 아는 것이 가장 중요하다. 만약 확실치 않다면, 바로 의사에게 도움을 구해야 하고, 병을 지속시키지 않기 위해 일반 감기의 치료 원칙을 단순히 상부 호흡기 감염에 적용하지 말아야 한다.

26 본문에 근거하여 밑줄 친 '挺不住'는 무슨 뜻인가?

A 피곤해서 못 올라간다
B 몸이 매우 괜찮다고 느낀다
C 이가 아파서 먹을 수가 없다
D 병 증세가 심각해서 참을 수 없다

27 일반 감기에 관하여 본문에서 알 수 있는 것은 무엇인가?

A 약을 안 먹어도 된다
B 밥 먹고 물 마실 때 힘들다
C 단지 코만 불편하다
D 모두 재채기에서 시작된다

28 본문은 주로 감기의 어떤 방면에 대해 말하고 있는가?
A 주요 증상　　　　B 발병 원인
C 약 복용 지식　　　D 치료 원칙

단어 算得上 suàn de shàng ~한 셈이다 | 病状 bìngzhuàng 몡 병세, 증상 | 凭 píng 꽤 ~에 따라, ~를 근거로 | 诊断 zhěnduàn 동 진단하다 | 翻箱倒柜 fānxiāng-dǎoguì 샅샅이 뒤지며 철저히 조사하다 | 咬牙 yǎoyá 이를 악물다 | 挺 tǐng 동 버티다 | 迫不及待 pòbùjídài 잠시도 지체할 수 없다 | 抗素 kàngshēngsù 뗑 항생제 | 吊瓶 diàopíng 뗑 링거 | 嗓子 sǎngzi 뗑 목구멍 | 咽 yàn 동 삼키다, 목구멍으로 넘기다 | 流鼻涕 liú bítì 콧물을 흘리다 | 打喷嚏 dǎ pēntì 재채기하다 | 鼻塞 bísè 코가 막히다 | 急性 jíxìng 뗑 급성 | 鼻炎 bíyán 비염 | 咽炎 yānyán 인두염 | 程 chéng 동 가늠하다, 헤아리다 | 处方药 chǔfāngyào 처방약 | 服用 fúyòng 동 복용하다 | 烧灼 shāozhuó 불에 데다, 화상을 입다 | 剧烈 jùliè 동 격렬하다, 극렬하다 | 扁桃体炎 biǎntáotǐyán 편도염 | 舌头 shétou 뗑 혀 | 寻求 xúnqiú 동 찾다, 구하다 | 借助 jièzhù 동 ~의 도움을 빌다 | 硬 yìng 뷘 고집스럽게, 완강하게 | 感染 gǎnrǎn 동 감염되다 | 求助 qiúzhù 동 도움을 구하다 | 套 tào 동 틀에 맞추다, 적용시키다 | 上呼吸道 shànghūxīdào 상부 호흡기 [콧구멍, 목구멍, 기관 등] | 病情 bìngqíng 뗑 병세, 증상

해설 26. 감기에 걸리면 어떤 사람은 이를 악물고 버티는데, 건강이 회복되거나 견디지 못할 때까지 버틴다고 했다. 따라서 정답은 D이다.

27. 일반 감기에 걸렸을 때는 잘 쉬고 물을 많이 마시는 것이 중요하고, 항생제를 복용하지 않아도 된다고 했으므로 정답은 A이다. B는 급성 인두염이나 편도염에 해당하는 증상이고, C와 D는 모두 정확하지 않은 내용이다.

28. 이 글은 감기 증상에 따라 어떻게 치료하면 되는지를 이야기하고 있다. 마지막 단락에서 어떤 증상인지 확실치 않으면 의사의 도움을 구하고, 일반 감기 치료 원칙을 적용하면 안 된다고 했으므로 정답은 D이다.

쓰기

〈제1부분〉

29
这次　总共　有　两百多人　来报名。
주어　부사어　술어1　목적어　술어2

이번에 모두 200여 명의 사람들이 와서 신청했다.

해설 연동문의 어순배열 문제이다.
① '有'와 '来报名'은 모두 동사이므로 연동문을 만들어야 함을 알 수 있다. 연동문에서 '有'가 나오면 첫 번째 술어 자리에 놓아야 한다. '有'의 목적어는 두 번째 술어의 행동 조건이나 동작의 대상이 된다.
② '两百多人'은 첫 번째 동사 '有'의 목적어이자 두 번째 동사 '来报名'의 대상이다.
③ 연동문에서 일반적으로 부사는 첫 번째 술어 앞에 오므로 '总共'은 '有' 앞에 놓고, '这次'는 어떤 시점을 나타내므로 문장 맨 앞 주어 자리에 놓는다.

30
医生　决定　采取　中医的　治疗方法。
주어　술어　　목적어(술어+관형어+목적어)

의사는 중의학 치료 방법을 채택하기로 결정했다.

해설 동사구 목적어의 어순배열 문제이다.
① 먼저 동사에 주목해서 그와 어울리는 단어를 연결해보자. 동사 '决定'은 '결정하다'라는 뜻으로 주어로는 사람인 '医生'이 와야 한다. 동사 '采取'는 '治疗方法'를 목적어로 쓸 수 있다.
② '中医的'는 '治疗方法'를 수식하는 관형어가 될 수 있으므로 '采取中医的治疗方法'의 순서로 쓰면 된다.
③ 술어 '决定'은 명사가 아닌 동사구 목적어를 취하므로 '采取中医的治疗方法'가 목적어가 된다.

31
经理觉得　小刘　办事　不太　可靠。
주어+술어　　목적어(주어+부사어+술어)

팀장님은 샤오리우가 일 처리하는 것이 그다지 믿을만하지 않다고 생각한다.

해설 주술구 목적어의 어순배열 문제이다.
① '经理觉得'는 '주어+술어' 구조이므로 문장 맨 앞에 놓는다. 동사 '觉得'를 근거로 목적어는 동사구 또는 주술구가 와야 함을 알 수 있다.
② 형용사 '可靠'는 부사 '不太'의 수식을 받을 수 있으므로 '不太可靠'의 순서로 쓴다.
③ '不太可靠'의 주어는 '小刘'가 '办事'하는 것이므로 목적어 자리에 주술구인 '小刘办事不太可靠'가 올 수 있다.

〈제2부분〉

32

　最近为了拥有苗条的身材，不少女性都在减肥。而这种趋势使得她们误认为自己很胖，因此勉强自己绝食、过度运动。这不仅导致营养不良，还会引发各种疾病。我们要记住，如果要减肥，应该采取适当的措施，减肥效果才会明显。

최근 날씬한 몸매를 갖기 위해 많은 여성들이 다이어트를 한다. 그러나 이러한 추세는 그들이 자신을 뚱뚱하다고 잘못 생각하게 하여, 억지로 음식을 끊거나 과도한 운동을 하게 만든다. 이는 영양 불량을 초래할 뿐만 아니라 각종 질병을 야기할 수도 있다. 만약 다이어트를 하려면 적당한 조치를 취해야만 다이어트 효과가 분명하다는 것을 기억해야 한다.

단어 勉强 miǎnqiǎng 톙 마지못해, 내키지 않다 | 绝食 juéshí 동 음식을 끊다, 단식하다

17 在最美好的时刻离开

모범 답안

듣기
| 1 D | 2 D | 3 A | 4 C | 5 C | 6 D | 7 A |
| 8 C | 9 B | 10 A | 11 C | 12 B | 13 C | 14 A |

독해
| 15 D | 16 A | 17 B | 18 C | 19 C | 20 B | 21 C |
| 22 D | 23 C | 24 B | 25 C | 26 C | 27 D | 28 A |

쓰기
29 他要给自己争取更多的时间。
30 老刘刚给我推荐了一份工作。/ 老刘给我刚推荐了一份工作。
31 这是最容易被人忽视的细节。
32 모범 답안은 p.246 해설 참조

듣기

〈제1부분〉

1
女：这个胃药你晨起和入睡前各一次，一次两片。记住了吗？
男：好的，我明白了，谢谢大夫。
问：胃药应该怎么吃？

여: 이 위장약은 아침에 일어나서 그리고 잠들기 전에 각 한 번씩, 한 번에 두 알입니다. 기억하셨죠?
남: 알겠습니다. 이해했어요. 감사합니다, 의사 선생님.
질문: 위장약은 어떻게 먹어야 하는가?

A 식사 전에 먹는다
B 식후에 먹는다
C 하루에 3번이다
D 아침, 저녁 각각 두 알씩이다

단어 胃药 wèiyào 圆 위장약 | 晨起 chén qǐ 아침에 일어나다 | 入睡 rùshuì 툉 잠들다

해설 여자는 위장약의 복용법을 설명하면서 아침에 일어나서, 자기 전에 한 번씩 두 알을 먹으라고 했다. 따라서 정답은 D이다.

2
男：亮亮是不是感冒了？一直打喷嚏。
女：是，幼儿园这段时间感冒的小朋友特别多，肯定被传染上了。
问：亮亮是怎么感冒的？

남: 량량은 감기 걸린 거 아니에요? 계속 재채기를 해서요.
여: 네, 유치원에 요즘 감기 걸린 애들이 많아서, 분명 옮았을 거예요.

질문: 량량은 어떻게 감기에 걸렸는가?
A 너무 얇게 입었다
B 자다가 감기에 걸렸다
C 노는 게 너무 피곤했다
D 아이들한테 옮았다

해설 정답의 핵심은 '传染'에 있다. 유치원 애들한테 분명 옮았을 것이라는 여자의 말을 근거로 정답은 D이다.

3
男：老婆，我的腰带用最里面的洞眼也有点儿松了，你得帮我再打个洞了。
女：好的。看来，你这段时间减肥很有效果嘛。
问：从对话中，可以知道男的什么？

남: 여보, 내 허리띠 가장 안쪽 구멍에 차도 조금 느슨해요. 당신이 구멍을 하나 더 뚫어줘야겠어요.
여: 알겠어요. 보아하니 당신 요즘 다이어트가 효과가 있나 봐요.

질문: 대화를 통해 남자에 대해 알 수 있는 것은 무엇인가?
A 다이어트가 성공적이다
B 다이어트 하는 것은 고통스럽다
C 체중이 증가했다
D 허리띠가 너무 짧다

단어 腰带 yāodài 圆 허리띠 | 洞眼 dòngyǎn 작은 구멍 | 松 sōng 圆 느슨하다, 헐겁다

해설 허리띠의 가장 안쪽 구멍에 찼는데도 느슨하다는 남자의 말에, 여자는 다이어트가 효과가 있는 것 같다고 했다. 즉 남자가 살이 많이 빠졌다는 뜻이므로 정답은 A이다.

4 男: 看你今天还是不怎么动筷子，是拔的那颗牙还疼吗? 要不要给你做碗面条儿?
女: 是还有点儿疼。看着什么都没胃口。
问: 女的是什么意思?

남: 너 오늘도 여전히 젓가락질이 시원치 않은 걸 보니, 뽑은 이가 아직 아픈 거야? 국수 한 그릇 만들어 줄까?
여: 아직 조금 아파요. 뭘 봐도 식욕이 없어요.

질문: 여자의 말은 무슨 뜻인가?
A 요리가 입맛에 맞지 않는다
B 이미 배불리 먹었다
C 이가 아파서 먹고 싶지 않다
D 국수가 먹고 싶다

단어 拔牙 bá yá 이를 뽑다 | 合胃口 hé wèikǒu 입맛에 맞다

해설 여자는 이가 아직도 아프다며 식욕이 없다고 했다. 따라서 정답은 C이다.

5 女: 小刘怎么辞职了?
男: 干我们这行业的，生活不规律，她孩子小，离不开人。
问: 关于小刘，可以知道什么?

여: 샤오리우는 왜 사직했어요?
남: 우리 업계의 일이 생활이 불규칙한데, 그녀의 아이가 아직 어려서, 사람이 없으면 안 되거든요.

질문: 샤오리우에 관하여 알 수 있는 것은 무엇인가?
A 새로운 직업으로 바꿨다
B 몸이 별로 좋지 않다
C 아이를 돌봐야 한다
D 임신한 지 얼마 안 됐다

단어 怀孕 huáiyùn 통 임신하다

해설 여자가 샤오리우가 사직한 이유를 묻자, 남자는 그녀의 아이가 아직 어려서 사람이 없으면 안 된다고 대답했다. 즉 아이가 어려서 돌봐야 한다는 뜻이므로 정답은 C이다.

6 男: 昨天的电影你觉得怎么样?
女: 开头部分还挺精彩，但结尾部分太平常了，有点儿乏味。
问: 女的觉得电影怎么样?

남: 어제 영화 어땠어?
여: 시작 부분은 아주 좋았는데, 결말 부분이 너무 평범해서 좀 지루했어.

질문: 여자는 영화가 어떻다고 생각하는가?
A 시작 부분을 이해하지 못했다
B 배우가 예쁘다
C 결말이 의외였다
D 스토리가 그녀를 실망시켰다

단어 乏味 fáwèi 형 재미없다, 무미건조하다 | 出人意料 chūrényìliào 예상 밖이다

해설 여자는 영화의 결말 부분이 너무 평범해서 지루했다고 말했으므로 영화에 대해 실망했음을 알 수 있다. 따라서 정답은 D이다.

〈제2부분〉

7 男: 准备什么时候登记呀?
女: 就我生日那天吧，以后生日和结婚纪念日一块儿过，好记。
男: 哟，那马上就要到了，要你妈过去陪陪你吗?
女: 不用，等婚礼的时候您跟妈再过来吧。
问: 女的马上就要做什么了?

남: 언제 신고할 계획이니?
여: 제 생일날로 하려고요. 나중에 생일과 결혼기념일을 함께 보내면, 기억하기도 좋잖아요.
남: 오. 그럼 금방 오겠구나. 네 엄마를 너랑 같이 가게 할까?
여: 아니에요. 결혼식 때 엄마랑 같이 오세요.

질문: 여자는 곧 무엇을 하려 하는가?
A 혼인 신고를 한다
B 여행을 간다
C 결혼식을 올린다
D 생일을 축하한다

단어 登记 dēngjì 통 등록하다, 신고하다 | 庆祝 qìngzhù 통 축하하다

해설 남자가 첫마디로 말한 '登记'는 여자의 바로 다음 말 속 '结婚纪念日'를 통해 '혼인 신고'임을 알 수 있다. 여자가 생일날 신고하려 한다고 하자, 남자가 금방 오겠다고 했으므로 여자가 곧 하려고 하는 행동은 A '혼인 신고'이다.

8 女: 行李都准备好了吗? 要我给你叫个车吗?
男: 不用，一会儿公司刘秘书开车来接我。
女: 你换好登机牌了吗?
男: 换好了，昨晚就打印出来了。放心吧。
女: 到了给我来个短信。
问: 他们现在最可能在哪儿?

여: 짐은 다 준비됐어요? 차 불러 줄까요?
남: 괜찮아요. 이따가 회사의 리우 비서가 차로 데리러 올 거예요.
여: 당신 탑승권은 변경했어요?
남: 변경했어요. 어제저녁에 인쇄했어요. 걱정하지 말아요.
여: 도착하면 문자 보내요.

질문: 그들은 어디에 있을 가능성이 가장 큰가?
A 정류장   B 회사   C 집   D 공항

해설 여자가 차를 불러줄지 묻자, 남자는 회사의 비서가 차를 가지고 데리러 올 거라고 했으므로 두 사람은 아직 집에 있음을 알 수 있다.

9 女: 彤彤高考填报志愿的事，我怎么都觉得她那么报不太好。
男: 女儿大了，这事我们还是应该尊重她的愿望。
女: 家里还有安眠药吗? 这两天总睡不着。
男: 我看你是心事太重了，你少操点儿心比吃什么药都强。
问: 女的这两天为什么睡不好?

여: 통통의 대학 입시 원서 작성하는 일 말이야. 나는 아무리 생각해도 애가 지원을 잘 못하는 것 같아.
남: 딸아이도 이제 다 컸는데, 이 일은 우리가 걔의 뜻을 존중해줘야지.
여: 집에 수면제 있어? 요 며칠 계속 잠을 못 잤어.
남: 내 생각에 당신은 걱정이 너무 많아. 걱정을 좀 줄이는 게 어떤 약을 먹는 것보다 낫지.

질문: 여자는 요 며칠 왜 잠을 잘 못 잤는가?

A 수면제를 먹는 걸 잊어서
B 아이의 일이 걱정돼서
C 남편과 싸워서
D 몸이 별로 좋지 않아서

단어 彤彤 Tóngtong [고유] 통통 [인명] | 高考 gāokǎo [명] 대학 입학 시험 | 填报 tiánbào [동] 기입하여 보고하다 | 志愿 zhìyuàn [동] 지원하다 | 安眠药 ānmiányào [명] 수면제 | 心事 xīnshì [명] 고민거리 | 操心 cāo xīn 걱정하다

해설 요 며칠 계속 잠 못 잤다는 여자의 말에 남자는 걱정이 너무 많은 것 같으니 걱정을 줄이라고 했으므로 정답은 B이다.

10
男: 小李精神状态不太好, 抽空儿你找他聊聊, 安慰一下。
女: 他怎么了?
男: 最近, 公司业务不太顺利, 心理压力比较大。
女: 我看最好的办法是放他几天假, 出去玩儿玩儿。
问: 女的觉得小李现在需要做什么?

남: 샤오리의 마음이 그다지 좋지 않아. 네가 시간 내서 그와 이야기 좀 나누고 위로해줘.
여: 무슨 일이래?
남: 요즘 회사 업무가 순탄치 않아서, 심리적인 스트레스가 큰가 봐.
여: 내 생각에 그는 며칠 휴가를 내고, 나가서 좀 노는 게 제일 좋겠어.

질문: 여자는 샤오리가 현재 무엇을 해야 한다고 생각하는가?

A 긴장을 풀고 휴가를 보내야 한다
B 열심히 일해야 한다
C 정신과 의사 선생님을 만나야 한다
D 친구와 이야기해야 한다

단어 抽空儿 chōukòngr [동] 짬을 내다, 시간을 내다 | 心理医生 xīnlǐ yīshēng [명] 정신과 의사 선생님

해설 샤오리의 마음이 안 좋다는 말을 듣고 여자는 그가 휴가를 내고 좀 놀아야 한다고 말했다. 따라서 정답은 A이다.

11-12

第11到12题是根据下面一段对话:

女: 夏天冰箱里保存的东西一多, 就特别容易有异味。
男: 11 我听说拿几块新鲜的桔子皮放在冰箱里, 可以去掉异味。
女: 这季节哪儿来的桔子啊? 11 据说, 茶叶也能吸收异味。
男: 12 你别打我那龙井茶的主意, 我都舍不得喝, 能给你这么浪费?
女: 看你小气的。
男: 我们同事说, 拿一小块生面放冰箱里, 效果也不错, 你试试。
女: 这倒是从没听说过, 那晚上做馒头时, 我留一块。

11. 问: 这两个人主要在讨论什么事?
12. 问: 关于男的, 从对话中可以知道什么?

11-12번 문제는 다음 대화에 근거한다:

여: 여름에 냉장고에 보관한 음식이 많으면, 이상한 냄새가 나기 쉬워.
남: 11 듣자 하니 신선한 귤껍질 몇 조각을 냉장고에 넣어두면 냄새를 없앨 수 있대.
여: 이 계절에 어디 귤이 있겠어? 11 듣자 하니 찻잎도 냄새를 흡수할 수 있대.
남: 12 너 내 룽징차 가져갈 생각하지 마. 나도 마시기 아까운데, 너한테 이렇게 낭비할 수 있겠어?
여: 인색한 것 좀 봐.
남: 내 동료가 그랬는데, 밀가루 반죽 한 덩어리를 냉장고에 두면 효과가 좋대. 한번 시도해봐.
여: 그건 여태껏 들어본 적이 없네. 그럼 저녁에 만두 만들 때 한 덩어리 남겨둬야겠다.

11 이 두 사람은 주로 무엇을 논의하는 중인가?

A 저녁에 무엇을 먹을지
B 어떻게 과일을 보관할지
C 어떻게 냉장고의 이상한 냄새를 없앨지
D 언제 쇼핑하러 슈퍼에 갈지

12 남자에 관하여 대화를 통해 알 수 있는 것은 무엇인가?

A 밥을 할 줄 안다
B 차 마시는 것을 좋아한다
C 귤을 사고 싶다
D 찻잎을 사려고 한다

단어 异味 yìwèi [명] 이상한 냄새 | 桔子 júzi [명] 귤 | 去掉 qùdiào [동] 없애버리다 | 茶叶 cháyè [명] 찻잎 | 打主意 dǎ zhǔyi 방법을 생각하다, 이익을 얻어낼 궁리를 하다 | 龙井茶 Lóngjǐngchá [고유] 룽징차 | 生面 shēngmiàn [명] 밀가루 반죽 | 橘子 júzi [명] 귤

해설 11. 두 사람은 냉장고의 이상한 냄새를 없앨 수 있는 방법에 대해 각자 들은 바를 이야기하고 있다. 따라서 정답은 C이다.

12. 여자가 찻잎을 언급하자, 남자는 자기도 마시기 아깝다고 했으므로 차를 좋아한다는 것을 알 수 있다.

13-14

第13到14题是根据下面一段话:

我们的皮肤就像一个袋子把我们包裹在里面。我们的身体里大部分都是水分, 同海水一样, 我们身体里的水也是咸的, 也会蒸发。13 风和阳光都会带走体内的水分, 而皮肤能阻止身体里的水分流失。太强的阳光会伤害我们, 皮肤则可以保护我们

242

避免受到日晒。同样，皮肤也可以让我们远离那些脏东西，这是非常重要的，因为有些脏东西会让我们生病。皮肤还可以感受外界事物，它能感知冷暖，感受到疼痛。例如：篝火让我们觉得温暖，而砸在脸上的雪球则会让我们觉得冰冷和疼痛。

13. 问: 关于皮肤，下列哪项正确？
14. 问: 这段短文主要介绍的是皮肤的什么？

13-14번 문제는 다음 내용에 근거한다:

우리의 피부는 마치 우리를 싸고 있는 봉투와도 같다. 우리의 체내 대부분은 모두 수분인데, 바닷물처럼 체내의 물 또한 짜고 증발할 수도 있다. 13 바람과 햇빛은 체내의 수분을 가져갈 수 있는데, 피부는 체내의 수분이 유실되는 것을 막을 수 있다. 너무 강한 햇빛은 우리를 다치게 할 수 있는데, 피부는 우리가 햇볕에 타지 않게 보호할 수 있다. 마찬가지로 피부는 우리가 더러운 것에서 멀리 떨어지게 할 수 있는데, 이것은 대단히 중요하다. 왜냐하면 어떤 더러운 것들은 우리를 병들게 할 수 있기 때문이다. 피부는 또 외부의 사물을 느낄 수 있는데, 추위와 더위를 감지하고 통증을 느낄 수 있다. 예를 들어 모닥불은 우리가 따뜻하다고 느끼게 하고, 얼굴에 부딪히는 눈덩이는 추위와 통증을 느끼게 한다.

13 피부에 관하여 다음 중 어느 것이 정확한가?
  A 인체의 통증을 줄일 수 있다
  B 우리가 외부의 사물을 느끼는 것에 영향을 끼친다
  C 체내 수분의 유실을 막을 수 있다
  D 타인과 접촉해서 병이 나는 것을 피하게 한다

14 이 글은 피부의 무엇을 주로 소개하는가?
  A 역할   B 구조   C 보호   D 위생

단어 包裹 bāoguǒ 동 싸다, 포장하다 | 蒸发 zhēngfā 동 증발하다 | 流失 liúshī 동 유실되다, 흘러나가 없어지다 | 感知 gǎnzhī 동 느끼다, 감지하다 | 篝火 gōuhuǒ 명 모닥불 | 砸 zá 동 박다, 찧다, 내리치다 | 雪球 xuěqiú 명 눈덩이, 눈뭉치

해설 13. 바람과 햇빛은 체내의 수분을 빼앗아 갈 수 있는데 피부가 그것을 막는다고 했으므로 정답은 C이다.
14. 피부는 체내의 수분이 증발하는 것을 방지하고, 더러운 것에서 멀어지게 하며, 외부의 사물도 느낄 수 있게 한다고 했다. 즉 이 글의 주제는 피부의 역할이다.

독해

〈제1부분〉

15-18

베이징 사람들의 손님 배웅에는 많은 15 규칙(D 规矩)이 있다. 가끔 오는 손님이나 노인 손님은 반드시 대문 밖까지 배웅하거나 16 부축해야(A 扶) 하며, 작별 인사 후 손님이 멀리 가는 것까지 보고서 집으로 돌아온다. 어른들은 아이들에게 다음과 같이 가르친다. 절대로 손님과 작별 인사를 막 마친 후에 바로 몸을 돌려서 오면 안 되고, 더욱이 손님이 막 발을 떼서 얼마 가지 않았는데 뒤에서 바로 문을 닫으면 안 되며, 문 닫는 소리가 커서 만약 손님에게 들린다면 아주 예의 없는 것이다.
베이징 사람들은 헤어질 때 친절함을 표하기 위해 '온 가족이 다 나와야 하고'(환자 제외), 손님을 대접할 때 반드시 처음부터 끝까지 한결같이 해야 함을 매우 17 중요시한다(B 讲究). 특히 아이를 교육할 때, 손님이 갈 때는 반드시 자신의 손에 있던 '일거리'를 멈추고, 18 몸을 일으켜 어른들과 함께 손님을 배웅해야 하며(C 起身和大人一起送客), 절대로 자신이 노는 것만 신경 쓰면 안 된다고 가르친다.

단어 道别 dàobié 동 이별하다, 작별 인사를 하다 | 目送 mùsòng 동 눈으로 전송하다 | 失礼 shīlǐ 동 예의에 어긋나다 | 对待 duìdài 동 대하다 | 有始有终 yǒushǐ-yǒuzhōng 시종일관, 처음부터 끝까지 한결같다 | 切 qiè 부 반드시, 절대로 | 玩耍 wánshuǎ 동 놀다, 장난치다 | 规矩 guīju 명 규칙, 규율

해설 15. 빈칸이 있는 문장은 베이징 사람들이 손님을 배웅할 때 지켜야 할 규칙, 규율이 많다는 뜻을 나타내야 한다. 따라서 정답은 D이다.
16. 빈칸에 들어갈 동사는 앞 절의 '不常来的客人'과 '老年客人'을 배웅할 때 쓸 수 있는 동작으로 알맞은 것을 고르면 된다. 가끔 오는 손님을 배웅할 때는 '送'이고, 노인 손님은 '부축해야' 하므로 정답은 A '扶'이다.
17. 빈칸은 손님을 배웅할 때 베이징 사람들이 어떻다는 것인지를 의미하는 단어가 와야 한다. 뒷 절을 보면 온 가족이 배웅해야 하고, 처음부터 끝까지 한결같아야 한다고 했으므로 베이징 사람들은 손님 배웅을 매우 중요시함을 알 수 있다. 따라서 정답은 B이다.
18. 앞 절 '손님이 갈 때는 하던 일을 멈추고'에 이어서 자연스럽게 연결될 수 있는 내용을 찾으면 정답은 C이다.

TIP

▶规律
① 명사로 쓰여 사물의 발전 추세나 객관적으로 이미 존재하는 법칙을 가리킨다.
  自然规律 자연 법칙
  发展规律 발전 법칙
  经济规律 경제 법칙
② 형용사로 쓰여 '규칙적이다'라는 뜻을 나타낸다.
  生活很有规律 생활이 매우 규칙적이다

▶规矩
① 명사로 쓰여 인위적으로 규정한 규칙, 법 제도를 가리킨다.
  遵守规矩 규칙을 준수하다
  定规矩 기준을 정하다
  符合规矩 기준에 부합하다
② 형용사로 쓰여 '단정하고 정직하다'라는 뜻을 나타낸다.
  特别规矩 매우 단정하고 정직하다

〈제2부분〉

19 대화는 사회활동에 없어서는 안 될 부분이자, 하나의 예술이기도 하다. 속담에 이르기를 '말 한마디로 사람을 웃게 하고, 말 한마디로 사람을 뛰게 한다'라고 했다. 관건은 당신이 말을 절묘하게 할 수 있는지 없는지에 달려 있다.

A 대화는 상대방의 이해가 필요하다
B 대화는 사람을 즐겁게 하기 위함이다
C 대화를 할 때는 말하는 것이 적절한지에 주의해야 한다
D 대화는 하나의 무용 예술이다

단어 交谈 jiāotán 동 이야기를 나누다, 대화하다 | 社交 shèjiāo 명 사회활동 | 得体 détǐ 형 (언행이) 적절하다, 알맞다

해설 대화의 관건은 말을 절묘하게 할 수 있는지 없는지에 달려있다고 했다. 즉 말을 적절히 하는 것이 중요하다는 뜻이므로 정답은 C이다.

20 봄은 겨울에서 여름으로 가는 과도기의 계절이다. 비록 기온이 올라가고 날씨는 점차 따뜻해지더라도, 북쪽의 찬 공기가 아직 센 편이라 며칠 간격으로 한 줄기씩 나뉘어 남쪽에 가까워진다. 찬 공기가 남하하면서 세력이 약해지면, 따뜻한 공기가 다시 이때를 틈타 북상한다. 찬 공기와 따뜻한 공기의 움직임이 빈번해지면서 날이 따뜻해졌다 추워졌다 하는 현상이 나타난다. 추위와 더위의 변화가 잦아지고, 하루 사이에 기온의 변화가 꽤 커질 때, 만일 사람들이 너무 일찍 겨울옷을 벗는다면 감기에 걸리기 쉽다. 따라서 '봄에 두껍게 입는 것(春捂)'이 좋다.

A 봄에 기온이 오르는 것은 일반적으로 비교적 빠르다
B 봄에 찬 공기와 따뜻한 공기는 항상 서로 교대로 움직인다
C 봄은 가장 쉽게 감기에 걸리는 계절이다
D 너무 일찍 겨울옷을 벗는 것을 '春捂'라고 한다

단어 过渡 guòdù 통 넘다, 건너다 | 回升 huíshēng 통 다시 상승하다 | 股 gǔ 양 가닥, 줄기 | 侵 qīn 통 가까워지다, 침범하다 | 减弱 jiǎnruò 형 약해지다, 약화되다 | 乍暖还寒 zhà nuǎn huán hán (늦겨울과 초봄에) 날씨가 갑자기 따뜻해졌다가 다시 추워지다 | 春捂 chūn wǔ '春捂秋冻'에서 온 말로, 봄에 두껍게 입고 가을에 얇게 입는 것이 몸에 이롭다는 뜻 | 交替 jiāotì 통 교체하다, 교대하다

해설 봄에는 찬 공기와 따뜻한 공기의 움직임이 빈번해져 날이 따뜻해졌다 추워지는 현상이 나타난다고 했다. 따라서 정답은 B이다. A는 지문에서 확인할 수 없고, 일찍 겨울옷을 벗어서 감기에 쉽게 걸린다는 것이지 봄이 가장 쉽게 감기에 걸리는 계절인 것은 아니다. '春捂'는 겨울에서 봄으로 넘어갈 때 옷을 두껍게 입어야 함을 뜻하는 말이므로 D 역시 답이 아니다.

21 아침 식사는 하루 세끼 중 가장 중요하다. 아침 식사는 우리가 밤에 소비한 영양분을 즉시 보충해주고, 우리가 오전 내내 활기 있게 공부하거나 일할 수 있게 한다. 어떤 조사에 따르면, 습관적으로 아침을 먹는 아이는 아침을 먹지 않는 아이보다 건강이 훨씬 좋고, 더 튼튼하게 자라며, 쉽게 병에 걸리지 않는다고 한다. 공부할 때 주의를 더 집중하고, 반응도 더 빠르며, 이해력이 우수하여 성적이 더 좋다고 한다.

A 아침 식사의 영양은 세끼 식사 중 가장 풍부하다
B 인체는 아침 식사에서 흡수하는 영양분이 가장 많다
C 아침을 먹는 아이는 더 쉽게 성적이 오른다
D 성인과 비교하여 아침 식사는 아이들에게 더 중요하다

단어 消耗 xiāohào 통 소모하다, 소비하다 | 精力 jīnglì 명 힘, 에너지 | 充沛 chōngpèi 형 넘쳐흐르다, 왕성하다

해설 아침을 먹는 아이가 공부할 때 주의를 더 집중하고, 반응도 더 빠르며, 이해력이 우수하여 성적이 더 좋다고 했다. 따라서 정답은 C이다.

22 TV 프로그램의 사회자로서, 나는 일하면서 종종 '피크엔드 법칙'을 활용한다. 예를 들어 프로그램을 진행할 때 오프닝과 비교하여 우리는 더 많은 에너지를 클로징에 쏟는데, 이렇게 해야 관중들이 프로그램에 대해 더 강한 인상을 받기 때문이다. 비록 많은 사람들이 '피크엔드 법칙'을 전혀 알지 못한다고 해도, 그들은 경험 속에서 이러한 방법의 중요성을 체득할 수 있을 것이다.

A 관중은 통상적으로 클로징에 더 관심을 갖는다
B 많은 사람들이 '피크엔드 법칙'을 인정하지 않는다
C '피크엔드 법칙'은 프로그램 제작의 이론이다
D '피크엔드 법칙'은 '나'의 일에 도움이 된다

해설 이 글의 '나'는 '피크엔드 법칙'을 일하면서 활용하는데, 이렇게 하면 관중들이 프로그램에 대해 더 강한 인상을 받는다고 언급했다. 따라서 정답은 D이다.

〈제3부분〉

23-25

25 우리의 건강 관념 중에 사람들이 모두 받아들이는 견해가 하나 있는데, 바로 '채소와 과일을 많이 먹자'이다. 영국에서 1994년에 시작된 '매일 5그릇의 과일과 채소' 운동은 일찍이 많은 사람들의 지지를 받았다. 영국 옥스퍼드 대학의 전문가 마이크는 다음과 같이 말했다. "'매일 5그릇의 과일과 채소'라는 슬로건은 사람들에게 '균형 잡힌 식사'를 해야 한다고 단순히 말하는 것보다 당연히 훨씬 더 효과적이었습니다. **23** 어쨌거나 소위 '균형 잡힌 식사'의 진정한 함의를 알 수 있는 일반인이 몇 명이나 되겠습니까?"

24 세계 보건 기구는 일찍이 사람들에게 매일 먹는 과일과 채소가 400g 이상이 되는 것이 가장 좋다고 제안했다. 그러나 얼마나 많은 나라들이 이 수준에 도달할 수 있겠는가? **24** 영국인은 당시 1인당 과일과 채소의 평균 섭취량이 이 수치의 반 정도 밖에 되지 않았지만, 덴마크인은 600g에 도달할 수 있었다. 그리스도 훨씬 '기준을 초과'했는데, 평균 '6그릇의 채소 외에 3그릇의 과일'을 먹는다. 평균적으로 한 그릇당 80g이라고 계산했을 때 720g에 달한다.

연구는 음식 때문에 야기된 심장병과 암 발병률이 낮은 나라의 사람들은 평균적으로 과일과 채소의 섭취량이 모두 높고, 가장 높은 것은 매일 10그릇에 달한다고 밝혔다. 따라서 '매일 5그릇의 과일과 채소'는 확실히 신체 건강에 도움이 되며, 좀 더 많이 먹는다면 효과는 아마도 더 좋을 것이다.

그러나 어떤 가공식품이 우리의 과일과 채소 섭취량을 보충할 수 있는지에 관해서는 많은 국가가 엄격한 관련 규정이 없다. 우리가 가공을 거친 과일과 채소를 먹으면서 '건강한 생활의 새로운 기준'에 도달했다고 생각하고 있을 때, 사실은 오히려 더 많은 소금, 설탕 그리고 지방을 먹고 있는지도 모른다.

23 '균형 잡힌 식사'에 관하여 전문가 마이크의 생각은:

A 기준을 통일시키기 어렵다
B 실질적으로는 해내기 어렵다
C 일반인들은 잘 모른다
D 더 많은 홍보가 필요하다

24 세계 보건 기구의 과일과 채소 섭취량에 대한 제안에 관하여 본문을 통해 알 수 있는 것은:

A 덴마크인은 받아들이기를 원하지 않는다
B 영국인의 평균 섭취량이 가장 적다
C 많은 국가에서 실행하지 못하고 있다
D 그리스인은 매일 10그릇에 도달한다

25 본문은 다음 중 어떤 종류의 잡지에서 발췌했을 가능성이 가장 큰가?

A 『과학 기술의 최첨단』
B 『농업 천지』
C 『가정 의사』
D 『글로벌 영화와 TV』

단어 观念 guānniàn 명 관념 | 蔬果 shūguǒ 명 채소와 과일 | 牛津大学 Niújīn Dàxué 고유 옥스퍼드 대학 | 含义 hányì 명 함의, 내포된 뜻 | 世界卫生组织 Shìjiè Wèishēng Zǔzhī 고유 세계 보건 기구 | 克 kè 양 그램(g) | 丹麦 Dānmài 고유 덴마크 | 心脏病 xīnzàngbìng 명 심장병 | 癌症 áizhèng 명 암 | 发病率 fābìnglǜ

명 발병률 | 加工食品 jiāgōng shípǐn 가공 식품 | 前沿 qiányán
명 최첨단, 선도적인 위치에 있는 것 | 环球 huánqiú 명 전 세계, 글로벌 | 影视 yǐngshì 영화와 텔레비전

해설 23. 옥스포드 대학의 전문가 마이크는 '균형 잡힌 식사'의 함의에 대해 과연 몇 명이나 알겠냐고 반문했는데, 즉 일반인들은 이것을 잘 모른다고 생각함을 알 수 있다. 따라서 정답은 C이다.

24. 세계 보건 기구는 매일 400g 이상의 과일과 채소를 섭취해야 한다고 제안했는데, 본문에 언급된 영국, 덴마크, 그리스 중 영국인의 평균 섭취량이 가장 적으므로 정답은 B이다.

25. 본문은 '과일과 채소를 많이 먹는 것'에 대한 글이므로 건강과 관련된 잡지인 C가 가장 적절하다.

26-28

날씨가 갑자기 추워지고 온도가 떨어지면 직접 인체를 자극하여 위장의 기능을 불규칙하게 만들고, 이로 인해 정상적인 소화와 흡수에 영향을 주게 된다. 28 따라서 추운 겨울철에 우리는 반드시 항상 자신의 위장 변화에 주의하고 잘 보호하여 성공적인 '위 보호 전쟁'을 해야 한다.

현대인의 업무 스트레스는 갈수록 많아지고, 종종 바빠서 식사를 잊거나 설령 배가 고파도 밥 먹으러 갈 시간도 없기 마련이다. 장기간 이렇다면 위에 매우 큰 자극을 주게 된다. 특히 겨울에는 위 자체가 쉽게 병이 날 수 있어서, 만약 식사가 규칙적이지 않으면 위산 분비 이상을 더욱 쉽게 일으켜 위의 부담을 가중시킨다. 따라서 매일 규칙적으로 제때 식사하는 것이야말로 가장 효과적인 위 보호 방법이다. 26 만약 하루 세끼를 제때 먹을 수 없다면, 하루에 5~6번으로 나누어 한 번에 조금씩 먹어도 되고, 매일 규칙적이기만 하면 된다. 이렇게 하면 장과 위를 보호할 수 있을 뿐만 아니라 다른 일을 그르칠 일도 없게 된다.

위장병이 있는 친구들은 모두 알겠지만, 27 위가 예민할 때 만약 '딱딱한 음식', 예를 들어 생선이나 고기 등을 먹는다면 매우 불편하다고 느낄 것이다. 바로 이 때문에 위장 보호에 대해 우리는 부드러운 정책을 취해야 한다. 죽, 국수, 따뜻한 우유 등은 모두 괜찮은 선택이다. 당연히 이들을 제외하고도 음식을 만드는 과정에서도 최대한 찌고, 끓이고, 걸쭉하게 끓이거나 삶는 등의 조리 방법을 선택하여 위에 대한 자극을 줄여야 한다.

신체의 건강은 정기적인 운동과 뗄 수 없으며, 건강한 몸이야말로 질병의 습격을 방어할 수 있다. 당신의 위장이 겨울에 지나친 손상을 받지 않게 하려면, 위 부위의 보온이 중요하다. 온도가 너무 낮으면 복부가 차가워져서 위장을 불편하게 하므로, 이 계절에는 너무 짧은 옷을 선택하지 말아야 한다.

당연히 상술한 것은 모두 기본적인 보건 방법이고, 가장 중요한 것은 역시 꾸준히 유지하는 것이다. 왜냐하면 위장의 관리와 보호는 하루 만에 되는 것이 아니기 때문이다. 동시에 위장병의 발생과 발전은 사람의 정서, 마음가짐과 밀접하게 관련되어 있다. 그러므로 위를 보호하고 다스리는 동시에 일과 휴식의 적절한 안배에 주의하여 즐겁고 안정적인 정서를 유지해야 한다.

26 본문은 매일 규칙적으로 식사할 수 없는 사람들에게 어떻게 건의했는가:

A 아침을 최대한 많이 먹어라
B 매번 최대한 잘 먹어라
C 식사하는 횟수를 늘려라
D 위를 다스리는 약을 먹어라

27 본문에서 말한 '딱딱한 음식'이 가리키는 것은:

A 기름에 튀긴 식품
B 죽이나 국수
C 온도가 너무 뜨거운 음식
D 소화가 잘 안 되는 음식

28 다음 중 본문의 제목으로 가장 적합한 것은:

A 겨울철 '위 보호 전쟁'
B 식사를 규칙적으로 하자
C 위를 다스리는 것은 보온에서부터 시작하라
D 위 건강 식품을 가볍게 논함

단어 刺激 cìjī 통 자극하다 | 使得 shǐde 통 ~하게 하다 | 紊乱 wěnluàn 형 무질서하다, 어지럽다 | 寒冷 hánlěng 형 춥고 차다 | 胃酸 wèisuān 명 위산 | 佳 jiā 형 좋다, 아름답다 | 进食 jìnshí 통 식사하다, 밥을 먹다 | 政策 zhèngcè 명 정책 | 蒸 zhēng 통 찌다 | 煮 zhǔ 통 끓이다 | 烩 huì 통 걸쭉하게 끓이다 | 炖 dùn 통 푹 고다, 푹 삶다 | 烹饪 pēngrèn 통 요리하다 | 抵御 dǐyù 통 막아내다, 저항하다 | 侵袭 qīnxí 통 침입하여 습격하다 | 腹 fù 명 배 | 保养 bǎoyǎng 통 보양하다 | 调养 tiáoyǎng 통 건강을 보살피다, 몸조리하다 | 成就 chéngjiù 통 이루다, 달성하다 | 劳逸结合 láoyì jiéhé 일과 휴식의 적당한 안배 | 浅谈 qiǎntán 통 가볍게 논하다 [주로 글의 제목에 쓰임]

해설 26. 만약 하루 세끼를 제때 먹을 수 없다면 하루에 5~6번으로 나누어 조금씩이라도 먹으라고 했다. 따라서 정답은 C이다.

27. 본문에서 '딱딱한 음식(硬菜)'를 찾아보면, 생선이나 고기와 같은 딱딱한 음식을 먹을 때 불편하게 느낄 거라고 언급했다. 따라서 정답은 D이다.

28. 이 글의 주제는 첫 번째 단락에 있다. 날씨가 추워지면 위장의 기능을 불규칙하게 하고 정상적인 소화와 흡수에 영향을 미치므로 성공적인 '위 보호 전쟁'을 해야 한다고 했다. 따라서 정답으로 가장 적절한 것은 A이다.

쓰기

〈제1부분〉

29

他要给　　自己　　争取　　更多的　　时间。
주어　　부사어　　술어　　관형어　　목적어

그는 자신에게 더 많은 시간을 확보하려고 한다.

해설 동사술어문의 어순배열 문제이다.

① '争取'는 동사이므로 문장의 술어 자리에 놓는다.
② '争取'의 대상, 즉 명사 '时间'은 목적어가 되며 그 앞에 수식어 '更多的'를 놓는다.
③ '他要给'는 인칭대사 '他'를 근거로 주어 자리에 놓을 수 있다. 개사 '给'는 바로 뒤에 명사나 대사가 올 수 있으므로 '自己'를 놓는다.

30

1) 老刘　　刚　　给我　　推荐了　　一份工作。
　　주어　　부사어　　술어　　　　목적어

라오리우는 방금 나에게 일 하나를 추천해주었다.

2) 老刘　　给我　　刚　　推荐了　　一份工作。
　　주어　　부사어　　술어　　　　목적어

라오리우는 나에게 방금 일 하나를 추천해주었다.

해설 부사어의 어순배열 문제이다.
① 조사 '了'가 있는 '推荐了'를 술어 자리에 놓는다. 추천을 하는 주체는 사람이어야 하므로 '老刘'가 주어가 된다.
② '推荐了'의 대상인 '一份工作'를 목적어 자리에 놓는다.
③ 부사 '刚'과 개사구 '给我'는 문장에서 부사어 역할을 하므로 술어 앞에 오는데, 순서는 '刚给我'나 '给我刚' 모두 가능하다.

31

这是	最容易	被人	忽视的	细节。
주어+술어		관형어(부사어+개사구)		목적어

이것은 가장 쉽게 사람들이 소홀히 여기는 세부 사항이다.

해설 관형어의 어순배열 문제이다.
① '这是'는 '주어+술어' 구조이므로 문장 맨 앞에 온다.
② 주어 '这'가 가리키는 대상, 즉 목적어는 '细节'이다.
③ '最容易'는 부사, '被人'은 개사구로 모두 '忽视'를 수식하는 부사어로 쓰였다. 이 순서대로 '忽视' 앞에 배열하고, 조사 '的'는 목적어 '细节'를 수식하는 관형어를 만들어 주므로 '最容易被人忽视的'의 순서로 '细节' 앞에 쓴다.

〈제2부분〉

32

　我去年参加过中国朋友的婚礼。我的朋友穿了很漂亮的旗袍作为婚纱，显得很有魅力。司仪主持得热热闹闹的，大家都像参加一个愉快的派对一样为新郎新娘庆祝，度过了愉快的时间。这场婚礼给我留下了深刻的印象。

나는 작년에 중국 친구의 결혼식에 참석한 적이 있다. 내 친구는 예쁜 치파오를 웨딩드레스로 입었는데, 매우 매력 있어 보였다. 결혼식 사회자는 떠들썩하게 예식을 진행했고, 다들 즐거운 파티에 참석한 것처럼 신랑 신부를 위해 축하해주며 즐거운 시간을 보냈다. 이 결혼식은 나에게 깊은 인상을 남겼다.

단어 旗袍 qípáo 명 치파오 | 婚纱 hūnshā 명 웨딩드레스 | 司仪 sīyí 명 결혼식 사회자 | 派对 pàiduì 명 파티 | 新郎 xīnláng 명 신랑 | 新娘 xīnniáng 명 신부

18 抽象艺术美不美

모범 답안

듣기
1 D　2 A　3 B　4 B　5 A　6 C　7 B
8 B　9 C　10 A　11 A　12 C　13 A　14 D

독해
15 D　16 B　17 A　18 B　19 D　20 C　21 D
22 B　23 C　24 D　25 B　26 D　27 C　28 B

쓰기
29 上海给我留下了极其深刻的印象。
30 哪怕是一分钟他也不愿意再等了。
31 成语"画龙点睛"便出自关于他的传说。
32 모범 답안은 p.253 해설 참조

〈제1부분〉

1
女: 你拍的这些人物照片，构图、光线都很专业，真让人佩服！
男: 还差得远呢，摄影只不过是我的业余爱好。
问: 男的说话时，态度怎么样？

여: 당신이 찍은 이 인물 사진들은 구도나 명암 모두 매우 전문적이네요. 정말 감탄케 하는군요!
남: 아직 멀었어요. 사진 촬영은 단지 제 여가 취미일 뿐이에요.
질문: 남자는 말할 때 태도가 어떠한가?

A 자신만만하다　　B 거만하다
C 부끄러워한다　　**D 겸손하다**

단어) 构图 gòutú 동 구도를 잡다

해설) 사진을 잘 찍는다는 여자의 칭찬에 남자는 '아직 멀었다'는 말로 겸손해하고 있다. 따라서 정답은 D이다.

2
男: 小李会好多种乐器，弹钢琴、拉二胡，真是多才多艺啊！
女: 她还是我们合唱团的领唱呢。
问: 关于小李，下列哪项正确？

남: 샤오리는 여러 종류의 악기를 다룰 줄 알아. 피아노 치기, 얼후 켜기, 정말 다재다능해!
여: 그녀는 또 우리 합창단의 리드 보컬이기도 해.
질문: 샤오리에 관하여 다음 중 어느 것이 정확한가?

A 취미가 광범위하다
B 지휘를 맡은 적이 있다
C 악기를 수리할 줄 안다
D 영화를 연출한 적이 있다

단어) 拉二胡 lā èrhú 얼후를 켜다 | 多才多艺 duōcái-duōyì 다재다능하다 | 领唱 lǐngchàng 동 선창하다 | 指挥 zhǐhuī 동 지휘하다

해설) 남자가 샤오리는 피아노, 얼후 등 다룰 줄 아는 악기가 많다고 했고, 여자는 그녀가 합창단의 리드 보컬이기도 하다고 말했다. 따라서 샤오리는 여러 가지 취미를 갖고 있음을 알 수 있으므로 정답은 A이다.

3
女: 刘主任，这次的展览我们准备的作品很丰富。
男: 你们的设计方案我很满意。看得出是下了很大功夫的，辛苦啦！
问: 他们谈论的是什么事？

여: 리우 주임님, 이번 전시에 우리가 준비한 작품이 매우 풍성합니다.
남: 여러분의 디자인 방안에 나는 매우 만족해요. 많은 노력을 기울였다는 걸 알 수 있겠네요. 수고했어요!
질문: 그들은 어떤 일을 말하고 있는가?

A 무술 시합　　**B 작품 전시**
C 시장 조사　　D 광고 디자인

해설) 여자가 이번 전시에 준비한 작품이 풍성하다고 말했고, 남자는 이에 대해 칭찬하고 있으므로 이들은 작품 전시에 대해 이야기하고 있음을 알 수 있다.

4
男: 你怎么还去电视台，你唱的那首歌昨天不是录完了吗？
女: 导演来电话，说昨天漏了一段，让我再去补录一下。
问: 女的为什么要去电视台？

남: 당신 왜 방송국에 또 가요? 당신이 부른 그 노래는 어제 녹음 다 끝난 거 아니었어요?
여: 감독님이 전화하셔서, 어제 한 파트가 누락됐으니 추가 녹음하러 다시 오라고 하셨어요.
질문: 여자는 왜 방송국에 가야 하는가?

A 프로그램을 진행하려고
B 노래를 녹음하려고
C 드라마를 찍으려고
D 감독과 만나려고

단어) 补 bǔ 동 보충하다 | 录制 lùzhì 동 녹음하다

해설) 남자가 왜 또 방송국에 가는지 묻자, 여자는 감독님이 전화해서 추가 녹음하러 오라고 했다고 말했다. 따라서 선택지 중 '녹음 (录制)'이 들어간 B가 정답이다.

5
女: 听说这次来复试的考生，有一大半专业基础课考试都没通过。
男: 你别在这儿制造紧张气氛，我对咱们儿子很有信心。
问: 说话的人是什么关系？

여: 듣자 하니 이번에 2차 시험을 보는 학생들 대부분이 전공 기초 과목 시험을 통과하지 못했대요.
남: 당신 여기서 긴장된 분위기 조성하지 말아요. 나는 우리 아들에게 믿음이 있다고요.
질문: 대화 중인 사람들은 무슨 관계인가?

A 부부　　B 아빠와 딸
C 선생님과 학생　　D 친구

단어) 复试 fùshì 명 2차 시험 | 基础课 jīchǔkè 명 기초 과목

해설) 남자의 마지막 말 중 '咱们儿子'를 근거로 두 사람이 부부임을 알 수 있다.

6
男: 这是什么画展啊？说实话，我一幅也看不懂。
女: 你不懂就别乱说，这可都是抽象派大师的作品。
问: 女的认为男的怎么样？

남: 이건 무슨 그림 전시회야? 솔직히 말해서 나는 하나도 이해가 안 간다.
여: 모르겠으면 함부로 말하지 마. 이건 모두 추상파 대가의 작품이야.
질문: 여자는 남자가 어떻다고 생각하는가?

A 화가를 존중할 줄 모른다
B 독특한 안목을 가졌다
C 예술을 감상할 줄 모른다
D 명인이 될 수 없다

단어 画展 huàzhǎn 圆 회화 전시회 | 眼光 yǎnguāng 圆 안목

해설 남자가 그림을 이해하지 못하겠다고 하자, 여자는 모르겠으면 함부로 말하지 말라고 했으므로 남자가 예술을 감상할 줄 모른 다고 생각함을 알 수 있다. 따라서 정답은 C이다.

〈제2부분〉

7 男： 妈，您要喝点儿什么？冰箱里有冷饮。
   女： 不着急，结婚证呢？快让我看看！
   男： 瞧把您急的，好像去登记结婚的是您不是我。
   女： 我这不是不放心吗？你快点儿！
   问： 妈妈着急要做什么？

남: 엄마, 뭐 좀 마실래요? 냉장고에 찬 음료가 있어요.
여: 급할 거 없어. 혼인 증명서는? 어서 보여줘 봐!
남: 뭐가 그리 급하세요. 혼인 신고한 사람이 제가 아니라 꼭 엄마인 것 같네요.
여: 내가 걱정돼서 그러는 것 아니니? 어서!
질문: 엄마는 급하게 무엇을 하려고 하는가?

A 찬 음료를 마신다
B 혼인 증명서를 본다
C 아들에게 문자를 보낸다
D 아들을 신고하러 가게 한다

해설 여자는 남자에게 혼인 증명서를 빨리 보여달라고 재촉하고 있다. 따라서 정답은 B이다.

8 男： 现在很多影院都有网站，上网就可以订票，还可以挑选座位。
   女： 那我怎么付钱呢？
   男： 你可以通过网银付，也可以到影院取票时付。
   女： 这还真方便，我也来试试。
   问： 女的接下来想要做什么？

남: 요즘 많은 영화관이 모두 웹사이트가 있어서, 인터넷으로 표를 예매할 수 있고 좌석도 고를 수 있어.
여: 그럼 어떻게 돈을 내요?
남: 인터넷 뱅킹으로 낼 수 있고, 영화관에 가서 표를 찾을 때 낼 수도 있지.
여: 이거 진짜 편리하네요. 나도 한번 해봐야겠어요.
질문: 여자는 이어서 무엇을 하려고 하는가?

A 현금을 인출하러 은행에 간다
B 인터넷으로 영화표를 예매한다
C 인터넷에서 물건을 산다
D 영화를 보러 영화관에 간다

단어 订票 dìng piào 표를 예매하다 | 挑选 tiāoxuǎn 圆 고르다, 선택하다 | 取钱 qǔ qián 인출하다, 출금하다

해설 남자가 인터넷으로 영화표를 예매하고 좌석도 고를 수 있다고

말해주자, 여자는 자기도 해봐야겠다고 했으므로 정답은 B이다.

9 女： 最近有个纪录片正在热播。
   男： 是什么方面的？好看吗？
   女： 片名叫《风味》，不但介绍美食，还介绍了各地的风俗文化以及相关厨师的个人成长经历，值得一看。
   问： 这是一部关于什么内容的纪录片？

여: 최근에 다큐멘터리 하나가 절찬리에 방영 중이야.
남: 어떤 분야인데? 재미있어?
여: 제목은 「풍미」이고, 맛있는 음식을 소개할 뿐만 아니라, 각지의 풍습 문화와 관련 요리사의 개인 성장 경험도 소개하는데, 볼 만해.
질문: 이 다큐멘터리는 무엇에 관한 내용인가?

A 풍경 명소   B 과학 상식
C 각지의 맛있는 음식   D 역사 인물

단어 纪录片 jìlùpiàn 圆 기록물, 다큐멘터리 | 热播 rèbō 圆 절찬리에 방영하다 | 厨师 chúshī 圆 요리사

해설 여자가 말하고 있는 다큐멘터리의 주제는 '맛있는 음식'이고, 또 각지의 풍습 문화, 요리사 등도 소개되고 있다고 했다. 따라서 정답은 C이다.

10 男： 影视频道今晚播出一个新的连续剧，是李京主演的。
   女： 这个李京是挺会演戏的，上次演的那个医生也很好。
   男： 他可是现在最红的男演员，片约不断。
   女： 这次他演个什么角色？
   男： 好像个工厂的车间主任。
   问： 关于李京，可以知道什么？

남: 영화 채널에서 오늘 밤에 새 연속극을 방영해. 리징이 주연이야.
여: 리징은 연기를 꽤 잘하더라. 지난번 그 의사 연기도 좋았어.
남: 그는 지금 제일 인기 있는 남자배우라서 출연 계약이 끊이지 않아.
여: 이번에 그는 어떤 역할을 연기해?
남: 공장의 작업 주임인 것 같아.
질문: 리징에 관하여 알 수 있는 것은 무엇인가?

A 관중들의 사랑을 받고 있다
B 예전에 안과 의사였다
C 최근에는 거의 촬영을 하지 않는다
D 영화 감독이 되고 싶어 한다

단어 连续剧 liánxùjù 연속극, 드라마 | 主演 zhǔyǎn 圆 주인공으로 연기하다 | 片约 piànyuē 圆 출연 계약 | 角色 juésè 圆 역할, 배역 | 车间 chējiān 圆 작업장 | 眼科 yǎnkē 圆 안과

해설 두 사람의 대화 속에서 리징은 최근 제일 인기 있는 남자배우이며 출연 계약이 끊이지 않는다는 것을 알 수 있다. 따라서 정답은 A이다.

11-12

第11到12题是根据下面一段对话：

男：你刚吹的乐器是叫笛子吗？
女：对，这是中国传统的民族乐器，**11 是用竹子制作的。**
男：你吹的曲子真好听，叫什么名字？
女：《小放牛》，这是一首经典的笛子独奏曲。
男：我学过钢琴，不知道笛子难不难学？
女：**12 你有音乐基础，手指也灵活，学起来会很快，**我教你。

11. 问: 关于笛子，可以知道什么？
12. 问: 女的为什么认为男的会学得很快？

11-12번 문제는 다음 대화에 근거한다:

남: 당신이 방금 분 악기는 피리인가요?
여: 맞아요. 이것은 중국 전통의 민족 악기인데, **11 대나무로 만들었지요.**
남: 당신이 연주한 곡은 정말 듣기 좋네요. 제목이 뭐예요?
여: 「소방우」예요. 클래식 피리 독주곡이죠.
남: 저는 피아노를 배운 적이 있는데, 피리는 배우기 어려운지 아닌지 모르겠네요?
여: **12 당신은 음악의 기초가 있고, 손가락도 유연하니, 배우기 시작하면 매우 빨리 배울 거예요.** 제가 가르쳐줄게요.

11 피리에 관하여 알 수 있는 것은 무엇인가?

　A 대나무로 만들었다
　B 마스터하기 어렵다
　C 손가락으로 뜯으며 연주한다
　D 독주에 적합하지 않다

12 여자는 왜 남자가 빨리 배울 수 있을 거라고 여기는가?

　A 자신이 잘 가르쳐서
　B 피아노를 잘 쳐서
　C 음악의 기초가 좋아서
　D 민족 악기를 배운 적이 있어서

단어 笛子 dízi 圐 피리 | 独奏 dúzòu 图 독주하다 | 弹奏 tánzòu 图 (현악기를) 뜯으며 연주하다

해설 11. 여자가 피리를 소개하면서 대나무로 만들었다고 했으므로 정답은 A이다.
12. 남자가 피리를 배우는 것이 어려운지 묻자, 여자는 남자가 음악의 기초가 있고 손가락도 유연하니 빨리 배울 수 있을 거라고 했으므로 정답은 C이다.

13-14

第13到14题是根据下面一段话：

13 一位学画画儿的年轻人带着自己花了整整一年时间才画成的一幅瀑布画儿去求见书画大师，想请他指导。大师看了那幅画儿后，摇摇头说："还好，只是没能画出瀑布的声音！"

一年后，年轻人又来求见大师，将一幅自以为更好的瀑布画儿交给大师。大师看了，还是摇摇头说："很遗憾，问题还是一样。"

又过了一年，这位年轻人很有信心地再次求见大师，将一幅自以为完美无缺的画儿捧给大师。大师看后，又一次摇摇头说："年轻人，你还是没能画出瀑布的声音！"

14 年轻人糊涂了，他诚恳地问："大师，晚辈确实不能明白其中的道理，请您指教！"

大师提起画笔，在年轻人的画儿上画了起来，他在瀑布下的水潭边画了两个相对而立的人，其中一个人双手拢音大声喊，另一个人伸着耳朵仔细听。

就这样，年轻人明白了怎样才能画出瀑布的声音，也终于理解了书画的真谛。

13. 问: 关于年轻人第一次带去的画儿，可以知道什么？
14. 问: 关于这位年轻人，下列哪项正确？

13-14번 문제는 다음 내용에 근거한다:

13 그림을 배우는 한 젊은이가 자신이 꼬박 1년이 걸려 겨우 완성한 한 폭의 폭포 그림을 가지고 가서 서화의 대가에게 만나 뵙기를 청하며, 그에게 가르침을 구하고자 했다. 대가는 그 그림을 본 후 고개를 가로저으며 말했다. "그런대로 괜찮지만, 단지 폭포의 소리를 그려내지는 못했군!"

1년 후, 젊은이는 또 대가를 만나기를 청했고, 자신이 생각하기에 더욱 훌륭한 폭포 그림을 대가에게 건넸다. 대가는 보고 나서 또 고개를 가로저으며 말했다. "매우 안타깝지만, 문제는 여전히 똑같네."

또 1년이 지나서, 이 젊은이는 매우 자신 있게 다시 대가를 만나기를 청했고, 자신이 생각하기에 흠잡을 곳 없이 완벽한 폭포 그림을 대가에게 바쳤다. 대가는 보고 나서 또 한 번 고개를 가로저으며 말했다. "젊은이, 자네는 여전히 폭포 소리를 그려내지 못했어!"

14 젊은이는 혼란스러워서 간절히 물었다. "선생님, 소생은 정말로 그 이치를 이해할 수 없습니다. 선생님께서 가르쳐주십시오!"

대가는 붓을 들어 젊은이의 그림 위에 덧대기 시작했다. 그는 폭포 아래의 연못가에 서로 마주보고 서 있는 두 사람을 그렸는데, 그중 한 명은 두 손으로 소리가 잘 전달되도록 큰소리로 외치고 있었고, 다른 한 명은 귀를 내밀어 주의 깊게 듣고 있었다.

그리하여 젊은이는 어떻게 해야 폭포 소리를 그려낼 수 있는지 비로소 알게 되었고, 마침내 서화의 본질 역시 이해할 수 있었다.

13 젊은이가 첫 번째로 가져간 그림에 관하여 알 수 있는 것은 무엇인가?

　A 꼬박 1년 동안 그렸다
　B 스스로 완벽하다고 생각했다
　C 인물화였다
　D 대가가 아주 불만족했다

14 이 젊은이에 관하여 다음 중 어느 것이 정확한가?

　A 그림을 그린 시간이 길지 않았다
　B 실력 향상이 확연했다
　C 머리가 쉽게 혼란스러워졌다
　D 가르침을 구하는 태도가 간절했다

단어 整整 zhěngzhěng 閅 꼬박, 온전히 | 瀑布 pùbù 閺 폭포 | 指导 zhǐdǎo 图 지도하다, 이끌다 | 捧 pěng 图 두 손으로 받쳐 들다 | 水潭 shuǐtán 閺 연못 | 拢音 lǒng yīn 소리가 잘 전달되게 하다 | 书画 shūhuà 閺 서화, 서예와 그림 | 真谛 zhēndì 圐 본질, 참뜻

해설 13. 첫 번째 단락에서 꼬박 1년이 걸려 완성한 폭포 그림을 들고 대가를 찾아갔다고 했으므로 정답은 A이다.

14. 젊은이는 대가의 말을 듣고 몇 년을 계속 노력했고, 대가가 말하는 이치가 무엇인지 몰라 간절히 물었다고 했으므로 정답은 D이다.

독해

〈제1부분〉

15-18

허우바오린의 상성 예술에 대한 15 영향(D 影响)은 다방면에 걸쳐 있다. 그는 상성의 언어를 정화하는 데 앞장섰을 뿐만 아니라, 상성의 심미적 즐거움을 향상시켰다. 그는 많은 전통 프로그램을 각색하여, 해학적이고 유머러스한 교양 있는 상성으로서 생존과 발전을 모색하는 것을 고수하였다. 신중국 성립 이후 그는 적극적으로 '상성 16 개선(B 改进) 운동'을 추진하였는데, 상성에 더욱 건전한 내용을 추가하여 환골탈태시켰다.

어떤 사람은 이렇게 말했다. "애초에 상성이 없었다면 허우바오린도 없었고, 후에 허우바오린이 없었다면 현재의 상성도 없었을 것이다." 이 말은 매우 17 일리(A 道理)가 있는데, 허우바오린은 줄곧 상성을 이야기했고, 한평생 상성을 깊이 연구했으며, 언젠가 많은 사람들의 마음속에 남을 때까지 연구했다. 그가 바로 상성인 것이다.

중국의 저명한 물리학자 치엔쉬에센은 허우바오린의 상성을 듣기 좋아했다. 치엔 선생은 항상 허우바오린의 상성 내용은 건전하고, 격조가 우아하며, 교육적인 의미가 풍부하면서도 매우 유머러스하여, 18 종종 기발하게 포복절도하게 만든다고(B 常常出奇地令人捧腹大笑) 했다. 그것은 진정한 하나의 언어 예술이자 허우바오린의 지혜의 섬광이며, 매우 대단하여 허우바오린을 '위대한 인민 예술가'라 칭하였다.

단어 | 侯宝林 Hóu Bǎolín 고유 허우바오린 | 相声 xiàngsheng 명 상성, 만담 [설창 문예의 일종] | 带头 dàitóu 동 이끌다, 앞장서다 | 净化 jìnghuà 동 정화하다, 깨끗하게 하다 | 审美 shěnměi 형 심미적이다 | 诙谐 huīxié 형 해학적이다, 익살맞다 | 注入 zhùrù 동 주입하다 | 面貌 miànmào 명 면모 | 焕然一新 huànrán-yīxīn 환골탈태하다, 면모가 새롭게 달라지다 | 钻研 zuānyán 동 깊이 연구하다 | 物理学 wùlǐxué 명 물리학 | 钱学森 Qián Xuésēn 고유 치엔쉬에센 | 格调 gédiào 명 격조, 풍격 | 高雅 gāoyǎ 형 고상하다, 우아하다 | 闪光 shǎnguāng 명 섬광 | 了不起 liǎobuqǐ 형 대단하다 | 怪不得 guàibude 부 어쩐지 | 费解 fèijiě 형 난해하다, 이해하기 어렵다 | 出奇 chūqí 형 기발하다, 특이하다 | 捧腹大笑 pěngfù dà xiào 포복절도하다

해설 15. 빈칸에 들어갈 단어의 품사는 명사로, 뒷 문장에서 허우바오린이 상성에 미친 영향, 즉 상성의 언어를 정화하고, 심미적 즐거움을 향상시켰다고 했으므로 정답은 D이다.

16. 빈칸 뒷 절을 보면, 허우바오린이 원래 있던 상성에 건전한 내용을 추가하였다고 했으므로 원래 있던 것을 좋게 바꾼다는 뜻인 B '改进'이 정답이다.

17. 빈칸의 앞부분은 어떤 사람이 허우바오린에 대해 말한 내용이고, 빈칸의 뒷부분은 이 말이 왜 맞는지를 뒷받침해주고 있다. 따라서 '일리가 있다'라는 뜻의 A '道理'가 정답이다.

18. 빈칸의 앞 절 '매우 유머러스하다(十分幽默)'와 일맥상통하는 문장을 고르면 정답은 B이다.

TIP

▶ 改善 : 전체적으로 상황을 좋게 바꾸는 것을 뜻함

改善生活环境 생활 환경을 개선하다
改善条件 조건을 개선하다
改善关系 관계를 개선하다
改善睡眠 수면을 개선하다

▶ 改进 : 원래 부족했던 부분을 바꿔서 나아지게 만드는 것을 뜻함

改进方法 방법을 개선하다
改进设计 디자인을 개선하다
改进态度 태도를 개선하다
改进作风 스타일을 개선하다
改进措施 대책을 개선하다

〈제2부분〉

19 3분의 1의 그림에는 작가의 사인이 없고, 나머지는 작가가 누구인지 표기되어 있었다. 골치 아픈 것은 일부 사인은 일부러 잘못 표기해놓아서, 지원자들이 작가가 대체 누구인지 확인할 수가 없다는 것이다. 그래서 지원자는 자신이 보고 있는 그림이 침팬지가 아무렇게나 낙서한 것이라고 생각할 수 있지만, 사실은 유명한 추상 미술가의 작품일 수도 있다.

A 많은 화가들이 작품에 사인하는 것을 원하지 않는다
B 그림은 모두 유명한 미술가의 손에서 나온 것이다
C 침팬지가 아무렇게나 한 낙서 역시 매우 훌륭하다
D 일부러 사인을 잘못 표기한 것은 지원자들을 골치 아프게 했다

해설 골치 아픈 것은 일부 사인을 일부러 잘못 표기하여 작가가 누구인지 확인할 수 없게 한 것이라고 했으므로 정답은 D이다. A와 C는 알 수 없는 내용이고, 그림 중에는 침팬지가 낙서한 것도 있고 미술가의 작품도 있다고 했으므로 B 역시 오답이다.

20 쉬베이훙은 어린 시절 일본, 프랑스로 유학을 가서 유화와 소묘를 공부하였다. 그는 중국과 외국의 회화 기법을 잘 결합하여 참신하면서도 독특한 스타일을 만들어냈다. 귀국 후 그는 오랫동안 미술 교육업에 종사했고, 중국 미술 대열의 건설과 중국 미술 사업의 발전에 특별한 공헌을 하여 그 영향이 매우 깊다.

A 쉬베이훙이 그린 중국화는 유화보다 낫다
B 쉬베이훙은 귀국 후 중국화를 공부했다
C 쉬베이훙은 우수한 미술 교육자이다
D 쉬베이훙은 어린 시절 주로 소묘 창작에 종사했다

단어 徐悲鸿 Xú Bēihóng 고유 쉬베이훙 [중국의 현대 화가, 미술 교육가] | 油画 yóuhuà 명 유화 | 素描 sùmiáo 명 소묘 | 新颖 xīnyǐng 형 참신하다, 새롭다 | 队伍 duìwu 명 대열, 집단 | 贡献 gòngxiàn 명 공헌

해설 쉬베이훙은 해외에서 유학을 하고 귀국한 후 오랫동안 미술 교육업에 종사했다고 했으므로 정답은 C이다.

21 메이란팡은 중국 경극의 역사를 계승하는 대표적인 인물이다. 그는 경극에 있어서 예술적 혁신을 이루어냈고, 상하이 문명극의 개선점을 흡수하고, 청의, 화단, 도마단의 연기 방식을 종합하여, 역사 시기마다 각각의 형태가 다른 중국 여성 예술 이미지를 형상화했다. 그는 특색 있는 예술과 인 메이파를 형성하여, 경극의 4대 여자 배역의 으뜸을 차지했다.

A 메이란팡은 중국 경극 역사의 일부를 창작했다
B 메이란팡은 청의 등의 연기 방식을 만들어냈다
C 메이란팡은 원래 상하이 문명극의 공연에 종사했다
D 메이란팡은 수많은 여성 예술 이미지를 형상화했다

단어 梅兰芳 Méi Lánfāng [고유] 메이란팡 [중국의 경극 배우] | 承上启下 chéngshàng-qǐxià 위와 아래를 연결시키다, 계승하다 | 改良 gǎiliáng [동] 개선하다, 개량하다 | 青衣 qīngyī [명] 청의 [중국 전통극에서 규수나 정숙한 부인의 역] | 花旦 huādàn [명] 화당 [말괄량이 여자 배역] | 刀马旦 dāomǎdàn [명] 도마단 [무예에 뛰어난 여자 배역] | 塑造 sùzào [동] 인물을 형상화하다 | 独具 dújù [동] 독자적으로 갖추다 | 流派 liúpài [명] 파벌, 유파 | 位居 wèijū [동] ~에 위치하다 | 名旦 míngdàn [명] 중국 전통극의 유명 여자 배역

해설 메이란팡은 역사 시기마다 형태가 다른 중국 여성 예술 이미지를 형상화했다고 했으므로 정답은 D이다. 메이란팡은 역사 일부를 창작한 것이 아닌 역사를 계승했다고 했으므로 A는 오답이고, 상하이 문명극의 개선점을 흡수하고, 청의, 화단, 도마단의 연기 방식을 종합했다고 했으므로 B와 C 역시 오답이다.

22 벽화는 천연 돌벽이나 인공 벽면에 그리는 그림으로, 인류 역사상 최초의 회화 형식의 하나이며, 장식과 미화 역할을 한다. 중국 고대의 벽화는 주로 신전, 궁전, 사원, 왕의 정원, 석굴, 왕릉 등의 건축물에 분포되어 있다.

A 벽화는 주로 천연 돌벽 위에 그린 것이다
B 벽화는 건축물에 장식과 미화 역할을 한다
C 중국 고대 벽화는 주로 절에 집중되어 있다
D 인류 역사상 최초의 벽화는 땅 위에 그린 것이다

단어 壁画 bìhuà [명] 벽화 | 神庙 shénmiào [명] 신전 | 宫殿 gōngdiàn [명] 궁전 | 寺院 sìyuàn [명] 절, 사원 | 庭苑 tíngyuàn [명] 고대에 왕이 동물을 기르거나 식물을 키우던 정원 | 石窟 shíkū [명] 석굴 | 陵墓 língmù [명] 왕릉

해설 벽화는 장식과 미화의 역할을 한다고 했으므로 정답은 B이다. 벽화는 천연 돌벽 외에 인공 벽면에도 그린다고 했으므로 A는 오답이고, 중국 고대 벽화는 절 외에 다양한 건축물에도 분포하고 있다고 했으므로 C도 오답이다.

〈제3부분〉

23-25

치바이스는 중국의 유명한 서화 대가이다. 하루는 시인 아이칭이 88세의 고령인 치바이스를 찾아뵈었는데, 그림 한 폭을 가져와 그에게 진위를 감별해달라고 했다. 치바이스는 돋보기를 꺼내 자세히 보고, 아이칭에게 말했다. "내가 방금 그린 두 폭의 그림을 자네의 이 그림과 바꾸세. 어떤가?"

아이칭은 듣고 난 후 재빨리 그림을 치우고 웃으면서 말했다. "선생님께서 20폭을 가져오셔도 안 바꿀 것입니다." 치바이스는 아이칭이 동의하지 않자, 참지 못하고 한숨을 내쉬며 말했다. "**24** 내가 젊었을 때는 그림을 참으로 열심히 그렸는데, 지금은 퇴보했구먼." **23** 알고 보니 아이칭이 가져온 이 그림은 바로 치바이스의 몇십 년 전 작품이었다.

24 아이칭이 떠난 후 치바이스는 줄곧 찌푸린 눈썹이 펴지지 않았다. 어느 날 밤, 그의 아들이 일어나서 화장실에 가다가 서재의 불이 아직 켜져 있는 것을 보고 들어가 보니, 치바이스가 책상 앞에 정좌하고 한 획씩 모사하고 있었다. 아들은 어리둥절하여 물었다. "아버지 연세도 이리 많으시고 일찍이 이름도 널리 알려졌는데, 어째서 갑자기 모사를 할 생각을 하십니까? 게다가 모사하는 것도 이런 초급 수준을 하고 계세요?"

치바이스는 고개를 가로저으며 빠르지도 느리지도 않게 대답했다. "지금은 내가 유명하고 많은 사람들이 내가 그림을 잘 그린다고 하고, 내가 아무렇게나 한 획을 그어도 잘한다고 생각하지. 나 역시 이런 칭찬에 우쭐대며 무의식중에 스스로에 대한 요구를 느슨하게 했어. 며칠 전 젊었을 때 그린 한 폭의 그림을 보고서야 문득 깨달았단다. 다시는 외부의 그런 칭찬에 판단을 흐리지 말아야겠다고 말이야. 앞으로 열심히 연습하고 자신을 관리해야겠구나."

이때부터 비록 나이가 갈수록 많아졌어도 치바이스는 여전히 매일 연습을 꾸준히 했고, 게으름을 피우지 않았다. 가끔은 그림 한 폭을 위해 그는 심지어 몇 달의 시간을 들이기도 했다.

25 과거의 성공에 만족하지 않고, 자신에 대한 요구를 느슨히 하지 않는 것이 바로 치바이스라는 이 서화의 대가가 사람들을 탄복하게 하는 부분이다.

23 치바이스가 시인 아이칭과 바꾸고 싶었던 그림은:

A 한 폭의 고대 그림이다
B 한 폭의 가짜 그림이다
C 자신의 그림이다
D 20폭 그림의 가치가 있다

24 아이칭이 떠난 후 치바이스는 왜 찌푸린 미간을 펴지 않았는가?

A 그림을 바꾸지 못해서
B 비판을 받아서
C 자신이 늙었다는 것을 발견해서
D 자신이 퇴보했다는 생각이 들어서

25 본문은 치바이스가 사람들을 탄복시켰던 부분이 무엇이라고 생각하는가:

A 다른 사람과 비교하지 않는 것
B 시종일관 자신에게 엄격히 요구하는 것
C 살아있는 한 배우기를 멈추지 않는 정신
D 다른 사람의 칭찬에 냉정히 대하는 것

단어 齐白石 Qí Báishí [고유] 치바이스 [중국 근대의 예술가] | 艾青 Ài Qīng [고유] 아이칭 [중국 현대 시인] | 鉴别 jiànbié [동] 감별하다 | 真伪 zhēnwěi [명] 진위 | 放大镜 fàngdàjìng [명] 돋보기 | 叹气 tànqì [동] 탄식하다, 한숨짓다 | 退步 tuìbù [동] 퇴보하다 | 愁眉不展 chóuméi bù zhǎn 근심으로 찌푸린 눈썹을 펴지 못하다 | 描红 miáohóng [동] 모사하다, 따라 쓰다 | 不解 bùjiě [동] 이해하지 못하다 | 盛名 shèngmíng [명] 높은 명성 | 飘飘然 piāopiāorán 우쭐거리다, 득의양양하다 | 无形中 wúxíngzhōng [부] 모르는 사이에, 무의식중에 | 惊醒 jīngxǐng [동] 깨닫다 | 夸奖 kuājiǎng [동] 칭찬하다, 찬양하다 | 冲昏头 chōng hūntóu (승리, 성공 등으로) 판단력이 흐려지다, 이성을 잃다 | 管住 guǎnzhù 관리하다 | 偷懒 tōulǎn [동] 게으름을 피우다 | 过往 guòwǎng [명] 지난날, 과거 | 活到老学到老 huódào lǎo xuédào lǎo 늙어 죽을 때까지 배움은 끝이 없다

해설 23. 아이칭이 진위 여부를 감별해달라고 했던 그림은 알고 보니 치바이스가 몇십 년 전에 그렸던 작품이었다고 했으므로 정답은 C이다.

24. 치바이스는 아이칭이 가져온 그림을 보고 젊었을 때보다 지금이 더 퇴보했다고 말했고 줄곧 찌푸린 눈썹을 펴지 않았다고 했다. 따라서 정답은 D이다.

25. 마지막 단락에서 과거의 성공에 만족하지 않고 자신에 대한 요구를 느슨하게 하지 않는 것이 사람들을 탄복시켰던 부분이라고 했다. 따라서 정답은 B이다.

26-28

채색 등롱은 '화등'이라고도 불리는데, 중국 한족의 전통 민간 수공예품의 한 종류에서 기원한 것으로, 정월 15일 원소절에 등을 감상하는 풍습과 관계가 밀접하다. **28 중국 각지의 채색 등롱은 종류가 다양하고, 솜씨가 아름다우며, 각각의 특징이 있다.** 대표적인 것을 예로 들면 물고기 등롱이 있는데, 물고기는 중국 민간 미술에서 가장 흔하게 볼 수 있는 조형 주제의 하나로, '해마다 여유가 있음'을 상징한다. 샨시의 물고기 채색 등롱은 제작 기법이 간결하고, 구상이 정교하며, 대나무대로 뼈대를 만들고 겉에 색지를 붙여서 그 모습이 생동감 있다. 배추 등롱은 발음이 '많은 재물'과 유사하여 민간에서는 길함을 상징하는 의미로 쓰인다. **26 배추의 형상을 모방하여, 소박함 속에서 고향을 깊이 사랑하는 서민들의 낙관적인 정신이 드러난다.** 연꽃 등롱의 연꽃은 고결함과 향기로운 아름다움을 지니고 있어서 '꽃 중의 군자'로 불린다. 민간에서는 연뿌리가 같이 자라고 두 송이 꽃이 한 줄기에 피는 것을 천생연분이라고 보고, 신혼을 축하할 때 사용한다. 또한 '해를 이어 여유롭다' 등의 길하고 복을 비는 뜻도 지닌다. 용·봉황 등롱은 저장성 시엔쥐의 뼈대 없이 수 놓아 만든 등롱에 속한다. 전통적인 관념에서 용과 봉황은 모두 길한 동물이며, 행복하고 아름다움이 가득한 소망을 나타낸다. 또한 **27 용·봉황 등롱을 밝히면 귀신을 쫓고 액땜하여 갖가지 병을 없앨 수 있다고 전해진다.** 꽃나비 등롱은 광둥성 포산의 민간 채색 등롱으로, 화려한 모란꽃과 다양한 색의 알록달록한 나비를 주제로 구성되며, 금색의 옥으로 만든 장식물을 달아, 봄이 오고 갖가지 꽃이 만개하고 색색의 나비가 날아다니는 것을 뜻하며, 미래의 아름다운 삶에 대한 사람들의 기대를 나타낸다.

26 본문에 근거하여 다음 중 어느 것이 정확한가?
A 물고기 등롱은 샨시(陝西)성 고유의 민간 채색 등롱이다
B 배추 등롱은 소박한 고향의 숨결을 지닌다
C 결혼을 축하할 때 보통 용·봉황 등롱을 건다
D 꽃나비 등롱의 주제가 되는 조형은 연꽃과 나비이다

27 민간 전설은 어떤 등롱이 각종 질병을 없앨 수 있다고 전하는가?
A 물고기 등롱   B 배추 등롱
C 용·봉황 등롱   D 꽃나비 등롱

28 이 글의 제목이 될 수 있는 것은:
A 채색 등롱의 기원
B 각지의 민간 채색 등롱
C 채색 등롱의 제작 기법
D 정월 15일에 화등을 구경하다

단어 灯彩 dēngcǎi 몡 채색 등롱 | 元宵 Yuánxiāo 고유 원소절 [음력 정월 보름] | 赏灯 shǎng dēng 등롱을 감상하는 풍습 | 优美 yōuměi 혱 아름답다 | 造型 zàoxíng 몡 조형, 만들어낸 물체의 형상 | 简括 jiǎnkuò 혱 간결하고 개괄적이다 | 构思 gòusī 몡 구상 | 精巧 jīngqiǎo 혱 정교하다 | 竹篾 zhúmiè 몡 대오리, 대쪽 | 糊 hū (풀로) 바르다, 메우다 | 近似 jìnsì 비슷하다, 유사하다 | 寓意 yùyì 몡 함축된 뜻 | 朴素 pǔsù 소박하다 | 流露 liúlù 통 무심코 드러내다 | 乡土 xiāngtǔ 몡 향토, 고향 | 莲花 liánhuā 연꽃 | 圣洁 shèngjié 혱 고결하다 | 清香 qīngxiāng 맑고 향기롭다 | 君子 jūnzǐ 몡 군자 | 莲藕 lián'ǒu 연뿌리 | 并蒂 bìngdì 두 개의 꽃이 한 줄기에 달리다 [부부의 사랑을 비유함] | 佳偶天成 jiā'ǒu tiānchéng 좋은 배필은 하늘이 정해준다, 천생연분 | 龙凤 lóngfèng 몡 용과 봉황 | 仙居 Xiānjū 고유 시엔쥐 [도시명] | 针刺无骨花灯 zhēncì wú gǔ huādēng 뼈대를 세우지 않고 다양한 크기의 종이를 붙여 연결하고, 여러 꽃무늬를 수 놓아 만든 채색 등롱 | 美满 měimǎn 혱 아름답고 원만하다 | 驱妖 qū yāo 요괴를 물리치다 | 避邪 bìxié 액땜하다, 액막이를 하다 | 佛山 Fóshān 고유 포산 [도시명] | 富丽 fùlì 혱 매우 화려하다 | 牡丹花 mǔdānhuā 모란꽃 | 七彩 qīcǎi 몡 다양한 색 | 斑斓 bānlán 혱 찬란하다, 다채롭다 | 蝴蝶 húdié 몡 나비 | 配置 pèizhì 통 배치하다, 장착하다 | 如意 rúyì 몡 옥, 비취, 산호, 상아 등으로 만든 장식구 | 饰 shì 장식물 | 来临 láilín 통 이르다, 도래하다 | 齐放 qífàng 통 일제히 피다, 만개하다 | 期盼 qīpàn 통 기대하다, 바라다

해설 26. 배추 등롱은 소박함 속에서 고향을 깊이 사랑하는 서민들의 정신이 드러난다고 했으므로 정답은 B이다.

27. 용·봉황 등롱을 밝히면 귀신을 쫓고 액땜하여 갖가지 병을 없앨 수 있다고 전해진다고 했으므로 정답은 C이다.

28. 이 글은 중국 각지의 다양한 채색 등롱을 자세히 소개하고 있다. 따라서 제목으로 가장 적절한 것은 B이다.

쓰기

〈제1부분〉

29

上海　　给我　　留下了　　极其深刻的　　印象。
주어　　부사어　　술어　　　관형어　　　　목적어

상하이는 나에게 매우 깊은 인상을 남겼다.

해설 동사술어문의 어순배열 문제이다.
① 동태조사 '了'에 근거하여 '留下了'를 문장의 술어 자리에 놓는다.
② '留下了'의 주어로 적합한 것은 '上海'이고, 목적어로는 '印象'이 적합하다.
③ '给我'는 개사구로 부사어 역할을 하므로 술어 앞에 놓는다. '极其深刻的'는 명사를 수식하는 관형어이므로 목적어 '印象' 앞에 놓는다.

30

哪怕是　　一分钟　　他也　　不愿意　　再等了。
접속사+술어1　목적어　주어　부사어　　술어2

설령 1분일지라도 그는 더 이상 기다리는 것을 원하지 않는다.

해설 접속사의 '哪怕'의 위치를 찾는 문제이다.
① '哪怕'는 접속사로 '설령 ~일지라도'라는 뜻이며 '也'와 호응하여 쓴다. 따라서 '哪怕是~ 他也~'의 순서로 우선 배열해 둔다.
② '一分钟'은 가설의 대상이 되므로 '哪怕是一分钟'의 순서로 쓴다.
③ '再等了'는 '他'의 술어가 될 수 있다. '不愿意'는 술어의 뜻을 보충하는 부사어이므로 '再等了' 앞에 놓는다.

31

成语　　"画龙点睛"　　便　　出自　　关于他的传说。
주어　　　　　　　　　부사어　술어　　관형어+목적어

성어 '화룡점정'은 바로 그의 전설에서 나온 것이다.

해설 동사술어문의 어순배열 문제이다.
① '出自'는 동사이므로 술어 자리에 놓는다.

② '画龙点睛'은 '成语'와 함께 하나의 명사구로 묶을 수 있다. '关于他的传说' 역시 명사구인데, 술어 '出自'는 '~은 ~에서 나오다'라는 뜻이므로 문맥에 맞게 '成语 "画龙点睛"'이 주어가 되고, '关于他的传说'가 목적어가 된다.
③ '便'은 부사이므로 술어 앞에 놓는다.

〈제2부분〉

32

　　你有没有业余爱好？现在不少人由于工作或学习忙，不仅没有自由时间，甚至不懂怎样消除压力。我会建议试试欣赏一些美术作品。研究表明，欣赏美术作品有助于缓解压力，还可以让大脑活跃起来，从而放松紧张的情绪。

　당신은 여가 취미가 있는가? 현재 많은 사람들이 업무나 학업이 바빠서, 자유 시간이 없을 뿐만 아니라 심지어 어떻게 스트레스를 해소해야 하는지도 모른다. 나는 미술 작품을 한번 감상해보라고 제안하고 싶다. 연구에 따르면, 미술 작품을 감상하는 것은 스트레스를 완화하는 데 도움이 되고, 대뇌를 활발하게 하여 긴장된 정서를 완화시킨다고 한다.

단어 消除 xiāochú 동 없애다, 해소하다

메 모

다락원 홈페이지에서 MP3 파일
다운로드 및 실시간 재생 서비스

고급 중국어와 HSK의 동시 완성
표준 중국어 5급 상

워크북

편저 姜丽萍
편역 진윤영
펴낸이 정규도
펴낸곳 (주)다락원

책임편집 이지연, 김아령, 이상윤
디자인 김교빈, 최영란
일러스트 이성희

 다락원 경기도 파주시 문발로 211
전화 (02)736-2031(내선 250~252/내선 430)
팩스 (02)732-2037
출판등록 1977년 9월 16일 제406-2008-000007호

HSK标准教程_5上 练习册
姜丽萍 主编
Copyright ⓒ 2016 by Beijing Language and Culture
University Press
All rights reserved
[KOREA] Copyright ⓒ 2018 by Darakwon
[KOREAN] edition arranged with Beijing Language and
Culture University Press

저자 및 출판사의 허락 없이 이 책의 일부 또는 전부를 무단 복제·전재·
발췌할 수 없습니다. 구입 후 철회는 회사 내규에 부합하는 경우에 가능
하므로 구입문의처에 문의하시기 바랍니다. 분실·파손 등에 따른 소비
자 피해에 대해서는 공정거래 위원회에서 고시한 소비자 분쟁 해결 기준
에 따라 보상 가능합니다. 잘못된 책은 바꿔 드립니다.

정가 22,000원(본서+워크북+MP3 CD 1장)

ISBN 978-89-277-2245-8 18720
　　　978-89-277-2212-0 (set)

http://www.darakwon.co.kr
다락원 홈페이지를 방문하시면 상세한 출판정보와 함께
동영상강좌, MP3자료 등 다양한 어학 정보를 얻으실 수 있습니다.